«SAN» CRISTÓBAL PÉREZ DE HERRERA: PÍCARO. INSPIRACIÓN Y NÉMESIS DE MATEO ALEMÁN

«SAN» CRISTÓBAL PÉREZ DE HERRERA: PÍCARO.

INSPIRACIÓN Y NÉMESIS DE MATEO ALEMÁN

Paula Jojima

Published under licence by Brown Dog Books and
The Self-Publishing Partnership, 7 Green Park Station, Bath BA1 1JB

www.selfpublishingpartnership.co.uk

ISBN printed book: 978-1-78545-085-3
ISBN e-book: 978-1-78545-086-0

Cover design by Kevin Rylands

Printed and bound by CPI Group (UK) Ltd, Croydon CR0 4YY

A través de una trayectoria personal de corte nomádico que le ha llevado de su St-Jean-de-Luz natal a Kyoto pasando por un largo periodo de servicio en el Ministère des Affaires Étrangères de Francia, Paula Jojima ha mantenido como constante su interés por la sociedad española del Siglo de Oro.

Diplomada de «l'École des Cadres» de Neuilly, la autora obtuvo la «Licence ès Lettres» y la «Maîtrise» en la Universidad de Lille III con un trabajo sobre el impacto del descubrimiento y colonización en las mentalidades de la España áurea, y el doctorado en la Universidad de Londres (University College London) con una tesis sobre el fenómeno de la pobreza a través de su reflejo en la literatura española del siglo XVI.

Paula Jojima se ha centrado en la lectura crítica de la obra de Mateo Alemán desde una perspectiva hasta ahora no explorada. Sus primeras conclusiones han sido ya publicadas en algunos artículos y dadas a conocer en congresos tanto nacionales como internacionales. Desde 2009 está afiliada al Departamento de Estudios Hispánicos de King's College London como «Visiting Reseach Assistant».

A mi maestro, Ángel María García Gómez

A mi hermano Gerardo,
en memoria de nuestro aita Gerardo Gamecho

ÍNDICE GENERAL

PROEMIO

De corte interdisciplinar histórico-literario y con un marcado viraje interpretativo respecto al canon establecido por la crítica, el presente estudio abarca el conjunto de la obra de Alemán enfocada a través del prisma de sus dos cartas de octubre de 1597 al Doctor Cristóbal Pérez de Herrera, conocido autor en materia de reforma asistencial. Su ambigüedad expositiva sugiere que las cartas se escribieron en un críptico y satírico contrapunto, que este estudio se propone desvelar y descifrar para conluir que, contrariamente a lo que esta correspondencia epistolar parece indicar, Alemán y Herrera no eran auténticos amigos sino viscerales enemigos. Primer y único análisis en profundidad de las cartas, este estudio finaliza proponiendo un nuevo módulo de lectura de la obra de Alemán en el que la presencia de Herrera juega un papel determinante tanto en las dos partes del *Guzmán de Alfarache* como en el *San Antonio de Padua* o tercera parte del «pícaro», y en algunos de sus últimos escritos.

El prestar apoyo a una nueva línea de investigación sobre la obra de un autor tan consagrado y comentado como Mateo Alemán es prueba de generosidad profesional y acto de fe en la seriedad de la propuesta. Por ello quisiera dejar constancia de mi agradecimiento a aquellas personas que me han acompañado en el transcurso de la larga y ardua gestación de lo que ha sido una solitaria y un tanto arriesgada empresa.

Quisiera ofrecer un especial tributo al Profesor Ángel María García Gómez, Catedrático Emérito de Estudios Hispánicos de la Universidad de Londres (University College London) sin cuyo excepcional apoyo este libro y su proceso editorial no hubiesen alcanzado su término, y al Profesor Jesús Bravo Lozano, Catedrático Emérito de Historia Moderna de la Universidad Autónoma de Madrid, por su confianza en la viabilidad de mi tarea. A ambos debo paciente escucha, resolución de dudas, útiles orientaciones y constructiva crítica, tanto en el ámbito literario como en el histórico. Mi gratitud se dirige asimismo al Profesor Donald W. Cruickshank, Catedrático Emérito de University College Dublín, por su incondicional generosidad, y a los Profesores Jonathan Thacker (Universidad de Oxford), David Davies (University College London) y José Martínez Millán (Universidad Autónoma de Madrid) por su alentadora solidaridad. Expreso también mi gratitud a los Profesores Julian Weiss, Catherine Boyd y David H. Treece, por haberme ofrecido en el «Department of Spanish, Portuguese and Latin American Studies» de King's College London la base institucional en la que apoyarme para poder realizar mi proyecto. Por último quiero mencionar de manera especial la inestimable contribución del Doctor Barry Taylor de la British Library de Londres como bibliógrafo, latinista y diseñador gráfico a sus horas en la fase editorial de este libro.

SIGLAS

AdP   Pérez de Herrera, Cristóbal: *Discurso... a la Católica y Real Majestad del Rey Don Felipe Señor Nuestro, suplicándole se sirva de que los pobres de Dios mendigantes verdaderos destos reinos, se amparen y socorran, y los fingidos se reduzgan y reformen*, Madrid, Luis Sánchez, 1595.

AdP [1975] Pérez de Herrera, Cristóbal: *Discursos del amparo de los legítimos pobres, y reducción de los fingidos: y de la fundación y principio de los Albergues destos Reynos, y amparo de la milicia dellos*, Madrid, Luis Sánchez, 1598. Edición de Michel Cavillac, Madrid, Espasa-Calpe, 1975.

AP   Alemán, Mateo: *San Antonio de Padua*, Sevilla, Clemente Hidalgo, 1604.

Alemán, Mateo: *San Antonio de Padua*, Sevilla, Juan de León, 1605.

BCDM Mosquera de Figueroa, Cristóbal: *Comentario en breve compendio de disciplina militar, en que se escrive la jornada de las Islas de las Açores*, Madrid, Luis Sánchez, 1596.

CM   Vallés, Francisco de: *Cartas familiares de moralidad*, Madrid, Luis Sánchez, 1603.

DA   *Diccionario de Autoridades*, Madrid, Imprenta de la Real Academia Española, 1726–1737.

DCP   Soto, Domingo de: *Deliberación de la causa de los pobres*, Salamanca, Juan de la Junta, 1545.

DQ   Cervantes Saavedra, Miguel de: *El ingenioso hidalgo don Quijote de la Mancha*, ed. Luis Andrés Murillo, Madrid, Clásicos Castalia, 1982.

GAI   Alemán, Mateo: *Guzmán de Alfarache*, ed. José María Micó, Madrid, Cátedra-Letras Hispánicas, 1998, tomo I.

GAII   Alemán, Mateo: *Guzmán de Alfarache,* ed. José María Micó, Madrid, Cátedra-Letras Hispánicas, 1998, tomo II.

GAA   Luján de Sayavedra, Mateo: *Segunda Parte de la Vida del Pícaro Guzmán de Alfarache,* Valencia, Pedro Patricio Mey, 1602; en Angel Valbuena Prat, *La Novela Picaresca Española,* Madrid, Aguilar, 1946, pp. 579-702.

OC   Alemán, Mateo: *Ortografía castellana,* México, Jerónimo Balli, 1609.

OVM   Pérez de Herrera, Cristóbal: *Discurso acerca del ornato de la villa de Madrid,*1597.

PM   Pérez de Herrera, Cristóbal: *Proverbios morales,* Madrid, Luis Sánchez, 1618.

RD   Pérez de Herrera, Cristóbal: *Respuestas del Doctor Christóval Pérez de Herrera... a las objeciones y dudas,* Madrid, 1596.

RMA   Barros, Alonso de: *Reparo de la milicia, y advertencias de Alonso de Barros,* 1598.

RS   Pérez de Herrera, Cristóbal: «Relación de los muchos y particulares servicios». Dirigida a Felipe III en enero de 1605. Publicada después como *Relación de los muchos, y particulares servicios, que por espacio de quarenta y un años el Doctor Christóbal Pérez de Herrera, Protomédico de las galeras de España... Protector y Procurador general de los pobres y albergues del, ha hecho* e inserta en sus *Proverbios Morales,* 1618.

BIBLIOGRAFÍA
FUNDAMENTAL

I

Alemán, Mateo: *Mateo Alemán. La obra completa*, eds. Pedro M. Piñero Ramírez y Katharina Niemeyer, Madrid, Iberoamericana Vervuert, Junta de Andalucía-Universidad de Sevilla, 2014.

Alemán, Mateo: «Dos cartas de Mateo Alemán a un amigo», en Edmond Cros, *Protée et le Gueux,* Paris, Didier, 1967, «Apéndice», pp. 433–444.

Bleiberg, German: *El «Informe secreto» de Mateo Alemán sobre el trabajo forzoso en las minas de Almadén,* London, Tamesis Books Ltd, 1985.

Alemán, Mateo: «Prologo» a Alonso de Barros, *Proverbios morales,* Madrid, Luis Sánchez, 1598.

Alemán, Mateo: *Guzmán de Alfarache,* ed. Francisco Rico, Barcelona, Planeta, 1980.

Alemán, Mateo: *Guzmán de Alfarache,* ed. José María Micó, Madrid, Ediciones Cátedra, 1998, 2 tomos.

Alemán, Mateo: *Guzmán de Alfarache*, ed. y estudio de Luis Gómez Canseco, Madrid, Real Academia Española, 2012.

Alemán, Mateo: *San Antonio de Padua,* Sevilla, Clemente Hidalgo, 1604.

Alemán, Mateo: *San Antonio de Padua,* Sevilla, Juan de León, 1605.

Alemán, Mateo: *San Antonio de Padua,* eds. Henri Guerreiro y Marc Vitse. *Mateo Alemán. La obra completa,* eds. Pedro M. Piñero Ramírez y Katharina Niemeyer, Madrid, Iberoamericana-Vervuert, 2014, tomo 2.

Alemán, Mateo: *Ortografía castellana,* México, Jerónimo Balli, 1609; ed. José Rojas Garcidueñas, con estudio preliminar de Tomás Navarro, México, Colegio de México, 1950

Alemán, Mateo: «Elojio» a Luis de Belmonte Bermúdez, *Vida del*

Padre Maestro Ignacio de Loyola, México, Jerónimo Balli, 1609; ed. Francisco A. de Icaza, *Sucesos reales que parecen imaginados de Gutierre de Cetina, Juan de la Cueva y Mateo Alemán*, Madrid, Sucesores de Hernando, 1919, pp. 256–263.

Alemán, Mateo: *Sucesos de D. Frai García Guerra, Arçobispo de México, a cuyo cargo estuvo el govierno de la Nueva España*, México, Viuda de Pedro Balli, 1613; ed. Alice H. Bushee, *The Sucesos of Mateo Alemán*, reprinted by Alice H. Bushee, Extrait de la *Revue Hispanique*, tomo xxv, New York, Paris, 1911.

Luján de Sayavedra, Mateo: *Segunda Parte de la Vida del Pícaro Guzmán de Alfarache*, Valencia, Pedro Patricio Mey, 1602, ed. Ángel Valbuena y Prat, *La Novela Picaresca Española*, Madrid, Aguilar, 1946, pp. 580-702.

Pérez de Herrera, Cristóbal: Relación «de los muchos y señalados servicios que avía hecho hasta entonces en mar y tierra, por espacio de veinte y ocho años» dirigida al rey Felipe III en enero de 1605 y de nuevo en versión ampliada en 1618 con título de «Relación de los muchos y particulares servicios que por espacio de quarenta y un años el Doctor Christóval Pérez de Herrera, Médico del Rey N. S. y del Reyno, Protomédico de las galeras de España... Protector y Procurador general de los pobres y albergues del, ha hecho a la Magestad del Rey don Felipe que está en el cielo y a la de don Felipe III», publicada impresa como anexo de sus *Proverbios morales*, Madrid, Luis Sánchez, 1618.

Pérez de Herrera, Cristóbal: *Discurso del Doctor Christoval Perez de Herrera a la Católica y Real Majestad del Rey Don Felipe Señor Nuestro, suplicándole se sirva de que los pobres de Dios mendigantes verdaderos destos reinos, se amparen y socorran, y los fingidos se reduzgan y reformen*, Madrid, Luis Sánchez, 1595.

Pérez de Herrera, Cristóbal: *Discurso del modo que se podría tener en la ejecución, para el fundamento, conservación y perpetuidad de los albergues, y lo demás necesario al amparo de los verdaderos pobres, y reformación y castigo de los vagabundos destos reinos*. Madrid, 1597.

Pérez de Herrera, Cristóbal: *Discursos del amparo de los legítimos pobres, y reducción de los fingidos; y de la fundación y principio de los Albergues destos Reynos, y amparo de la milicia dellos*, Madrid, Luis Sánchez, 1598.

Pérez de Herrera, Cristóbal, *Discurso del amparo de los legítimos pobres y reducción de los fingidos,* ed. Michel Cavillac, Madrid, Espasa-Calpe, 1975.

Pérez de Herrera, Cristóbal: *Discurso acerca del ornato de la villa de Madrid*, «Segunda Parte» del *Discurso a la Católica y Real Magestad del Rey D. Felipe, Nuestro Señor, en que se le suplica, que considerando las muchas calidades y grandezas de la villa de Madrid, se sirva de ver si convendría honrarla, y adornarla de muralla, i otras cosas que se proponen, con que mereciesse ser Corte perpetua, y assistencia de su gran Monarquía,* Madrid, 1597.

Pérez de Herrera, Cristóbal: *Respuestas del Doctor Christóval Pérez de Herrera, Protomédico de las Galeras de España... a las objeciones y dudas que se han opuesto al discurso que escrivió... de la reducción y amparo de pobres,* Madrid, 1596.

Pérez de Herrera, Cristóbal: *Discvrso del Doctor Christóbal Pérez de Herrera, Protomédico de las Galeras de España, en que suplica a la Magestad del Rey don Felipe nuestro señor, se sirua mandar ver si conuendrá dar de nueuo, orden en el correr de toros, para euitar los muchos peligros y daños que se ven con el que oy se vsa en estos Reynos,* Madrid, 1597, 4 fols.

Pérez de Herrera, Cristóbal: *Dubitationes ad maligni popularisque morbi, qui nunc in tota fere Hispania grassatur, exactam medellam, sapientissimis a Regis cubiculo eisdem Protomedicis generalibus propositae. A doctore Christophoro Perez de Herrera apud trirremes Hispanarum Prothomedico Regio.* Madrid, 1599, 7 fols.

Pérez de Herrera, Cristóbal: *Elogio a las esclarecidas virtudes de la C. R. M. del Rey N. S. Don Felipe II que está en el cielo, y de su ejemplar y cristianísima muerte, y Carta oratoria al poderosísimo Rey de las Españas y Nuevo Mundo Don Felipe III Nuestro Señor, su muy amado hijo,* Valladolid, Luis Sánchez, 1604.

Pérez de Herrera, Cristóbal: *Epílogo y suma de los discursos que escribió del amparo y reducción de los pobres mendigantes y los demás destos reinos, y de la fundación de los albergues y casas de reclusión y galera para las mujeres vagabundas y delincuentes dellos, con lo acordado cerca desto por Felipe II* . Madrid, Luis Sánchez, 1608.

Pérez de Herrera, Cristóbal: *Compendium totius medicinae ad tyrones,* Matriti, Ludouicus Sanctius, 1614.

Pérez de Herrera, Cristóbal: *Proverbios morales, y consejos chistianos, muy provechosos para concierto y espejo de la vida, adornados de lugares y textos de las divinas y humanas letras; y enigmas filosóficas, naturales y morales con sus comentos. Dividido en dos libros. Al Seveníssimo Príncipe Don Felipe de Austria N. S. en manos de don Fernando de Azebedo, Arzobispo de Burgos, Presidente del Consejo, para que lo presente y ponga en las de su Alteza,* Madrid, Luis Sánchez, 1618.

II

Cervantes Saavedra, Miguel de: *El ingenioso hidalgo don Quijote de la Mancha,* ed. Luis Andrés Murillo, Madrid, Clásicos Castalia, 1982.

Barros, Alonso de: *Filosofía cortesana moralizada,* Madrid, Pedro Madrigal, 1587.

Barros, Alonso de: *Memorial de Alonso de Barros, criado del Rey nuestro señor, sobre el reparo de la milicia,* 10 fols. Sin portada, preliminares, lugar ni fecha de impresión (1598?). Cierra con grabado de mano sangrante apretando un manojo de flores de tallos espinosos, y una orla con lema que reza: «A los otros aprovecho». Existe ejemplar en la Österreichsche Nationalbibliothek, de Viena; sig. 72. K. 2.

Barros, Alonso de: *Perla de proverbios morales,* Madrid, Luis Sánchez, 1598.

Barros, Alonso de: *Carta de Alonso de Barros, criado de Nuestro Señor, para el lector,* Madrid, Luis Sánchez, 1598. Incorporada en versión ampliada al «Discurso Octavo» del *Amparo de Pobres* (1598) con título de «Carta de Alonso de Barros, criado del Rey Nuestro Señor, epilogando y aprobando los discursos del Doctor Cristóbal Pérez de Herrera, de la Reducción y Amparo de los Pobres Mendigantes del Reino».

Bernáldez, Andrés: *Historia de los Reyes Católicos,* ed. Manuel Gómez-Moreno y Juan de M. Carriazo, Patronato Marcelino Menéndez Pelayo del Consejo Superior de Investigaciones Científicas, Biblioteca «Reyes Católicos», Crónicas, Madrid, 1962.

Belmonte Bermúdez, Luis: *Vida del Padre Maestro Ignacio de Loyola,* México, Jerónimo Balli, 1609.

Cavillac, Michel: *Le débat sur les pauvres et la pauvreté dans l'Espagne du Siecle d'Or, (1560–1620) – Les pieces du dossier – Textes réunis et présentés par Raphaël Carrasco et Michel Cavillac, Etudes et documents* 4, Toulouse, France-Ibérie Recherche, Université de Toulouse-Le Mirail, 1991.

Giginta, Miguel: *Cadena de oro*, Perpignan, Sanson Arbus, 1584.

Giginta, Miguel: *Atalaya de caridad*, Zaragoza, Simón de Portonariis, 1587, en Cavillac, Michel: *Le débat sur les pauvres et la pauvreté*, pp. 156–179.

Giginta, Miguel: *Tractado de remedio de pobres*, Coimbra, 1579, ed. de Félix Santolaria Sierra, Barcelona, Ariel, 2000.

Mosquera de Figueroa, Cristóbal: *Comentario en breve compendio de disciplina militar, en que se escrive la jornada de las Islas de las Açores*, Madrid, Luis Sánchez, 1596.

Robles, Juan de: *De la orden que en algunos pueblos de España se ha puesto en la limosna, para remedio de los verdaderos pobres*, Salamanca, Juan de Junta, 1545, ed. Instituto de Estudios Políticos, Madrid, 1965, reproducido en Cavillac, Michel: *Le débat sur les pauvres et la pauvreté*, pp. 77–98.

Soto, Domingo de: *Deliberación en la causa de los pobres*, Salamanca, Juan de Junta, 1545, ed. Instituto de Estudios Políticos, Madrid, 1965, reproducido en Cavillac, Michel: *Le débat sur les pauvres et la pauvreté*, pp. 49–73.

Vallés, Francisco de: *Cartas familiares de moralidad*, Madrid, Luis Sánchez, 1603.

Vives, Luis: *De Subventione Pauperum*, 1526, Madrid, Publicaciones Españolas, 1960, reproducido en Cavillac, Michel: *Le débat sur les pauvres et la pauvreté*, pp. 13–40.

III

Actas de las Cortes de Castilla (1563–1627), Madrid, 1869–1918, tomos 28, 30 y 31.

Diccionario de Autoridades, Madrid, Imprenta de la Real Academia Española, 1726–1737.

Gonzáles Dávila, Gil: *Teatro de las grandezas de la Villa de Madrid, Corte de los Reyes Católicos de España*, Madrid, Tomás Iunti, 1623.

Gracián, Baltasar: *Agudeza y arte de ingenio*, ed. Evaristo Correa Calderón, Madrid, Clásicos Castalia, 1969.

Gracián, Baltasar: *El Discreto*, ed. Aurora Egido, Madrid, Alianza Editorial, 1977.

Ménestrier, P. C. F.: *L'art des emblèmes on s'enseigne la morale par les figures de la fable, de l'histoire, et de la nature*, Paris, J. B. de la Caille, 1684.

Mercado, Luis de: *Libro en que se trata con claridad la naturaleza, causas, providencia y verdadero orden y modo de curar la enfermedad vulgar, y peste que en estos años se ha divulgado por toda España*, Madrid, Várez de Castro, 1599.

Pérez, Antonio: *Cartas de Antonio Pérez, Epistolario español*, ed. Eugenio de Ochoa, I, BAE, 13 (Madrid 1850).

Pescioni, Andrea (trad.), *Historias prodigiosas y maravillosas de diversos sucesos acaecidos en el Mundo. Escriptos en lengua francesa por Pedro Bouistan, Claudio Tefferant, y Francisco Beleforest. Traduzidas en romance castellano, por Andrea Pescioni, vezino de Sevilla*, Medina del Campo, Francisco del Canto, 1586.

Salazar y de Mendoza, Pedro de: *Crónica de el Gran Cardenal de España, Don Pedro Gonçález de Mendoça, Arçobispo de la muy Santa Yglesia Primada de las Españas, Patriarcha de Alexandría, Canciller mayor de los Reynos de Castilla, y de Toledo. Por el Doctor Pedro de Salazar y de Mendoza, Canónigo Penitenciario de la misma muy Santa Yglesia*, Toledo, María Ortiz de Saravia, 1625.

Zamudio de Alfaro, Andrés: *Orden para la cura y preservación de las secas y carbuncos, que por mandado de los señores del Supremo Consejo del Rey Nuestro Señor escribió el doctor Andrés Zamudio de Alfaro, alcalde y examinador mayor, protomédico general, médico de cámara de S. M., y del consejo de la santa general inquisición*, Madrid, Luis Sánchez, 1599.

CAPÍTULO
PRIMERO

El propósito de este trabajo es analizar las dos cartas, descubiertas y editadas por Edmond Cros en 1965, que Mateo Alemán dirigió a Cristóbal Pérez de Herrera el 2 y 16 de octubre de 1597[1]. Este análisis conlleva una revaluación de la naturaleza de la relación personal que existió entre ambos y una revisión de la obra completa de Alemán. Análisis de las cartas, revaluación y revisión están íntimamente ligados. Las dos primeras facetas recibirán mayor atención en este trabajo mientras que la última será objeto de un posterior estudio. La relación personal que las cartas desvelan e iluminan es así como hilo de Ariadna que servirá más tarde de guía para trazar la trayectoria de Alemán mediante una propuesta de lectura que pondría de manifiesto la presencia en sus escritos de un elemento aglutinante que presta cohesión interna al conjunto de su obra.

Sobre la interacción ideológica y personal entre Alemán y Pérez de Herrera ofrecí ya un primer avance en varios escritos acerca de la relación entre el *Guzmán de Alfarache* del primero y el *Amparo de pobres* del segundo[2]. Abundando ahora sobre el tema y subrayándolo, el análisis

---

[1]   Edmond Cros, «Deux épîtres inédites de Mateo Alemán», *Bulletin Hispanique, t. lxvii (1965), pp. 334–336; Protée et le Gueux. Recherches sur les origines et la nature du récit picaresque dans «Guzmán de Alfarache»*, Paris, Didier, 1967, pp. 433–435 (introducción) et 436–444. Las cartas del 2 y 16 de octubre serán en adelante citadas respectivamente como «primera carta» y «segunda carta».

[2]   Paula Jojima, «Spanish Attitudes to Poverty as Reflected in a Selection of Representative Literary Texts: c.1500–c.1635», Tesis Doctoral dirigida por Ángel María García Gómez, University of London, University College London, 1997, cap IV, pp. 116–191; Paula Jojima, «El *Guzmán de Alfarache*: en favor o en contra de Cristóbal Pérez de Herrera y su *Amparo de pobres*», en José Martínez Millán (ed.), *Europa dividida: La Monarquía Católica de Felipe II*, Actas del Congreso

de las cartas vuelve a poner en tela de juicio la opinión generalmente aceptada acerca de la personalidad de Pérez de Herrera, sobre todo como reformador modélico en materia asistencial a los pobres, al mismo tiempo que rotura el terreno para cuestionar la veracidad de su autobiográfica *Relación de servicios*, principal fuente documental de la que emana el juicio favorable que de su autor ha forjado la crítica[3]. Un

internacional: Felipe II (1598–1998), Universidad Autónoma de Madrid 20–23 abril 1998, Madrid, Parteluz, 1998, tomo IV, pp. 327–345 (sobre este artículo, véase Peter Dunn, «Mateo Alemán in an Age of Anxiety», en Linda Schwartz (ed.), *Studies in Honor of James O. Crosby*, Newark, Delaware, Juan de la Cuesta, 2004, p. 133 n. 5; Paula Jojima «Aproximación a un intento de identificación del misterioso interlocutor de Mateo Alemán», en María Luisa Lobato y Francisco Domínguez Matito (eds), *Memoria de la Palabra*, Actas del VI Congreso de la Asociación Internacional Siglo de Oro, Burgos 15–19 julio 2002, Madrid, Iberoamericana Vervuert, 2004, tomo II, pp. 1083–1092; Paula Jojima, «Cristóbal Pérez de Herrera como *leitmotif* en la obra de Mateo Alemán», ponencia leída en «Papers on the Literature, History and Visual Arts of the Spanish Golden Age (1474–1681)», Golden Age Research Symposium, University College Cork, 24–26 noviembre 2006; Paula Jojima, «Mosquera de Figueroa y su oposición al proyecto de reforma asistencial del Dr. Cristóbal Pérez de Herrera», ponencia leída en «Papers on the Literature, History and Visual Arts of the Spanish Golden Age (1474–1681)», Golden Age Research Symposium, University College Cork, 19–21 noviembre 2010.

[3] «Relación de los muchos y particulares servicios, que... el Doctor Christoval Pérez de Herrera, Protomédico de las galeras de España, Medico del Rey N.S. y del reyno, Protector y Procurador general de los pobres y albergues del, ha hecho a la Magestad del Rey don Felipe II, que está en el cielo, y a la de don Felipe III». Elevada por primera vez al monarca en 1605. Citada en adelante como RS. Una segunda versión ampliada de esta petición sería de nuevo enviada al monarca hacia el verano de 1618 (vease *Amparo de pobres* [1975], Intr., p. lxx). Por añadidura Herrera trasladaría su RS a la arena pública incluyéndola, conjuntamente con un memorial político elevado a Cortes en 1617, en la edición de sus *Proverbios morales, y consejos christianos muy provechosos para concierto y espejo de la vida, adornado de lugares y textos de las divinas y humanas letras; y enigmas filosóficas, naturales y morales, con sus comentos*, Madrid, Luis Sánchez, 1618 (citada en adelante como PM), volumen misceláneo que se publicaría a mediados de 1618 y que iba dirigido y dedicado al Príncipe heredero «en manos de don Fernando de Azevedo, Arçobispo de Burgos, Presidente del Consejo, para que lo presente y ponga en las de su Alteza». Por medio de éste, en apariencia inocuo, deslizamiento de planos – del privado al público – Herrera estaba en realidad convirtiendo en legado autobiográfico un texto que había sido compuesto con fines de autopromoción. Herrera estaba legando a la posteridad una imagen ficcionalizada

cotejo entre las cartas y esta fuente no ofrece apreciaciones coincidentes sobre la figura de Herrera y su obra. Por otra parte, y al mismo tiempo, las cartas nos proporcionan un valioso documento sobre el propio Alemán como escritor y como hombre. Además de en las cartas, mi cuestionamiento de la naturaleza de la relación entre Alemán y Herrera se apoyará en testimonios de Mosquera de Figueroa, Alonso de Barros, Francisco de Vallés y Lope de Vega, sus contemporáneos, que también enjuiciaron la personalidad y actividades de Pérez de Herrera[4].

El sesgo algo intrincado de las cartas postula no sólo un análisis detallado y ceñido de las mismas sino también su lectura en el registro irónico-satírico utilizado con frecuencia por Alemán en su redacción. Mi análisis se servirá de este registro como importante clave interpretativa. Adelantándome a mis propias conclusiones apunto ya desde ahora que mi examen desvela que, contrariamente a lo que en un primer registro de lectura las cartas parecen enfáticamente indicar y a mi entender se ha venido erróneamente afirmando, Alemán y Herrera no eran amigos entrañables sino enconados enemigos. Iniciada y desarrollada dentro del marco del programa asistencial a los pobres, la contienda entre ambos dejaría su impronta en el *Guzmán de Alfarache* de 1599, cuya redacción es contemporánea de las cartas, en el *Guzmán de Alfarache* de 1604 y en el *San Antonio de Padua* (1604)[5], tres obras que considero como

de su persona y trayectoria que, dado el contexto en el que se presentaba, daba la impresión de ir presuntamente revestida del rigor y la legitimidad de un documento histórico. Así es como se veía Herrera; así es como Herrera se proyectaba. Es por lo tanto de suponer que antes de narrarse por escrito en su RS, Herrera describía en público su trayectoria como protomédico de galeras en parejos términos de heroicas hazañas. Herrera estaba mezclando los ámbitos poético e histórico. Este mecanismo psicológico de subrepticia substitución o suplantación de registros, tan propio de Herrera, representa el molde que a un nivel temático sirvió de yunque (*incus*: GAII, «Epigramma», Fratis Custodii Lupi, p. 30), noción en la Aleman forjó su propia «poética historia» (GAI, paratextos, p. 113) y que en otro lugar expresaría como «martillos» de la «herrería» (*Ortografía castellana*, México, Jeronimo Balli, 1609, p. 14. Citada en adelante como OC por la edición de José Rojas Garcidueñas, con estudio preliminar de Tomás Navarro, México, Colegio de México, 1950).

[4]   Escritores que la crítica, a mi entender erróneamente, considera favorables a Herrera.

[5]   *San Antonio de Padua* (Sevilla, Clemente Hidalgo, 1604; citado en adelante como AP). Otra edición utilizada en este trabajo es la de Sevilla, Juan de León, 1605. Para

primera, segunda y tercera parte del «pícaro»[6]. En lo que a Herrera atañe, fuera del *Amparo de pobres* (1598) se encuentran también indicios de este conflicto en *Discurso acerca del ornato de la villa de Madrid* (1597) y posteriormente en los *Proverbios morales* (1618), su postrera obra[7]. Mi trabajo sugiere que el enfrentamiento entre Alemán y Herrera desbordaba el ámbito personal y llegó a convertirse en una auténtica *cause célèbre*. Considero que el citado conflicto también se refleja en el *Guzmán* apócrifo de Juan Martí, 1602, obra que, como ya ha sido observado por un sector de la crítica, parece defender la postura de Herrera en materia asistencial. Añado que mediante la conversión del falso Guzmán, el apócrifo restituye la doctrina reformadora del

---

Guzmán de Alfarache utilizo la edición de José María Micó, Madrid, Cátedra-Letras Hispánicas, 1998, tomos I y II; citado en adelante como GAI para *Guzmán* (1599) y como GAII para *Guzmán* (1604).

[6] P. Jojima, «Aproximación a un intento de identificación», pp. 1085 y 1087. Este artículo parece haber sido conocido por varios críticos que con posterioridad a su fecha de publicación (2004) reflejan o se hacen eco de lo expuesto en él acerca del *San Antonio de Padua* como tercera parte de *Guzmán de Alfarache*; véase Mateo Alemán, *Guzmán de Alfarache*, ed. y estudio de Luis Gómez Canseco, Madrid, Real Academia Española, 2012, p. 818; y Francisco Rico, «Prólogo» a Michel Cavillac, *Guzmán de Alfarache y la novela moderna*, Madrid, Casa de Velázquez, 2010, p. x. Referencias a los citados críticos se recogen en *San Antonio de Padua*, Henri Guerreiro y Marc Vitse (eds.), «Introducción», pp. 26–27. Esta edición es el tomo II de *Mateo Alemán. La obra completa*, Pedro M. Piñero Ramírez y Katharina Niemeyer (eds.), Madrid, Iberoamericana Vervuert, 2014.

[7] (a) Cristobal Pérez de Herrera, *Discurso… a la Católica y Real Majestad del Rey Don Felipe Señor Nuestro, suplicándole se sirva de que los pobres de Dios mendigantes verdaderos destos reinos se amparen y socorran, y los fingidos se reduzgan y reformen*, Madrid, Luis Sánchez, 1595, 24 fols. Este primer discurso se publicó en versión ampliada en 1598 bajo el título: *Discursos del amparo de los legítimos pobres y reducción de los fingidos; y de la fundación y principio de los albergues destos reinos, y amparo de la milicia dellos*, Madrid, Luis Sánchez, 1598, 183 fols. Estos discursos conocidos como *Amparo de pobres* son citados en adelante el primero como AdP, y el segundo (según la edición de Michel Cavillac de 1975) como AdP [1975]; (b) «Discurso acerca del ornato de la villa de Madrid», «Segunda Parte» del *Discurso… al Rey D. Felipe… en que se le suplica, que considerando las muchas calidades y grandezas de la villa de Madrid, se sirva de ver si convendria honrarla, y adornarla de muralla, y otras cosas que se proponen, con que mereciese ser Corte perpetua, y asistencia de su gran Monarquia*, Madrid, 1597 (citado en adelante como OVM).

Amparo de pobres que había sido derrocada por el testimonio del pícaro auténtico en el *Guzmán de Alfarache* (1599).

El rasgo quizá más excepcional de esta enemistad es que se haya mantenido oculta hasta hoy pese a haber sido desplegada en la arena pública durante más de dos décadas. Su secreto reside en haber sido expresada en clave cifrada, talismán protector de ambos contendientes[8].

---

[8] Existen indicios de clave cifrada incluso en OC. Alemán fusiona el tema de esta obra con el de su relación personal con Herrera utilizando los signos alfabéticos y ortográficos como cifras de interpretación. Adelanto aquí una muestra de este proceso de codificación. Alemán ilustra el razonamiento subyacente a la regla ortográfica de la consonante «m» que únicamente admite «juntarse» por las consonantes «b m p» – que presenta como algo excepcional – recurriendo a una selección de tres vocablos, «amparo, ambos, inmunidad», y concluye revelando que lo considera como algo totalmente injustificado. Alemán explica como tras el proceso de inhalación de la «m» junto a «estas tres letras i no… otras… recojiendo el aliento y cerrando los labios» al parecer se opera un fenómeno metabólico de tipo sincrético en cuya exhalación las dichas palabras, amparo, ambos, inmunidad, «quedan pronunciadas con el mismo aliento que sale fuera de entre los mismo labios» como fundidas en un mismo fonema (OC, p. 95). El primer ejemplo escogido por Alemán no es fortuito; es una deliberada evocación gráfica del concepto emblemático de su crítica al programa de reforma asistencial de Herrera en torno al cual se desarrolló entre ellos una enemistad que, en 1609 y ya en México, Alemán puede por fín expresar con mayor libertad aunque bajo cubierta de clave paródica. (La última edición del AdP fue publicada en forma de epítome en 1608, año en que Alemán zarpaba para México con el texto de OC en cartera que finalizaría una vez en el nuevo mundo). Desde México, Alemán reta a su enemigo de siempre a que se atreva a luchar «con armas iguales» (OC, p. 68). En el ejemplo elegido Alemán desarrolla la necesidad de reformación ortográfica frente a un uso que considera de alguna manera corrupto e inaceptable: «quedando de ambas letras hecho un mismo cuerpo, aunque de sílabas diferentes, i no me satisfaze» (OC, p.95). La naturaleza fusional de la cláusula («de ambas letras hecho un mismo cuerpo») que Alemán utiliza como metáfora para rechazar la yuxtaposición de dos elementos ortográficos en apariencia iguales («ambas de una especie») pero a su juicio incompatibles («aunque de sílabas diferentes») evoca, como se verá más adelante, la definición de amistad que Alemán había proporcionado a Herrera en su segunda carta: «que tú y yo seamos una misma cosa y cada individuo medio del otro». Adelanto aquí que en este caso se trataba de una figura que encarnaba un simulacro de unión, también, pese a las apariencias, incompatible, ya que como se verá era plasmación de una amistad traicionada por Herrera. Utilizada por Alemán en su obra, esta relación de fusión aparente sería el disfraz bajo el cual podría expresar su repudio de Herrera y de su AdP. Aunque Alemán rechaza esta unión de letras por considerarla como mala y superflua imitación de las lenguas clásicas, lo inusitado y contundente de su

La protección oficial de la que Herrera disfrutaba hacía peligroso el ejercer una crítica abierta en contra de sus designios en materia asistencial. Por parte de Alemán se imponía en consecuencia el despliegue de la ironía paródica como registro de redacción y clave de lectura de sus escritos[9]. Herrera y Alemán utilizaban distintos vehículos

repudio sugiere un segundo registro de lectura, haciendo pensar que en efecto lo hasta aquí expresado eran «titulillos y rodeos» (OC, p. 96) utilizados como preámbulo para atacar el meollo del asunto. En OC la vena satírica de Alemán contra lo que considera ser un falso intento de incompatible asimilación ortográfica le lleva incluso a decir que Quintiliano la tenía por «áspera… por parecerle desapasible su mujido». Lo excesivo de su reacción sugiere que Alemán estaba refiriéndose paródicamente y por analogía al doble plagio adulterador del que sus propias letras, su obra, habían sido víctimas. Nos referimos al plagio de Herrera, que desarrollaremos más adelante, y al de Juan Martí, ambos como se verá ligados entre sí, con cuyas falsas y burdas imitaciones Alemán no quería que su «pícaro», auténtico amparo de pobres, fuese asimilado por considerarlas de tan baja calidad que las asocia a un mugido inadmisible: «seguirse una *m* a otra, ni otra letra consonante siendo ambas de una especie no se deven admitir entre nosotros»(OC, pp. 95–96).

[9]   Escritura cifrada, *double entendre* y contrapunto eran moneda corriente: véase Carlos Vaíllo y Ramón Valdés (eds.), *Estudios sobre la sátira española en el Siglo De Oro*, Nueva Biblioteca de Erudición y Crítica, Madrid, Editorial Castalia, 2006. Informando a Antonio Pérez sobre el progreso de su traducción de Tácito «que andaba ya muy adelante», Álamos de Barrientos escribía desde prisión a su señor «que debajo de estos nombres de Tiberio y Sejano, tocaba muchos puntos de la Historia, porque así no se tardase tanto en salir al público algo que entendiesen los amigos, y que sería la señal una estrella en la márgen». Marañón añade al respecto que «sin duda, Tiberio no era otro que Felipe II… Sejano, el favorito perseguido… era el mismo Antonio Pérez»: Gregorio Marañón *Antonio Pérez. El hombre, el drama, la época*, Buenos Aires-México, Espasa-Calpe Argentina, S.A. 1947, tomo. I, p. 338. Se ha opinado que en la comedia de Calderón *El secreto a voces*, los dos amantes, Federico y Laura, para poder comunicarse libremente «speak a double-discourse. A public message of compliance is countered by a private message of resistance»: David Román, «Calderon's Open Secret. Power, Policy and Play in *El secreto a voces* and the Court of Philipp IV», en José A. Madrigal (ed.), *New Historicism and the Comedia: Poetics, Politics and Praxis*, Boulder, University of Colorado, 1997, p. 71. Consciente de la dificultad de interpretación presentada por su obra pero sintiéndose ya libre en México, «soi libre, *y Antono* se lo confieso, i que salgo con libertad, osadamente al tablado» (OC, p. 68), Alemán puede proporcionar claves de lectura tanto en OC como en su «Elogio» a la *Vida del Padre Maestro Ignacio de Loyola* (México, Jerónimo Balli, 1609), obra de su amigo y paisano el escritor satírico Luís Bernáldez Bermúdez. En OC indica que se observe detenidamente la puntuación ya que mediante ella se

de expresión: el primero daba a conocer sus opiniones en tratados sobre las materias más diversas; el segundo se proyectaba a través, sobre todo, de su obra literaria. Ello sin embargo no explica que, a excepción de las cartas de Alemán a Herrera de 1597, no se hubiese dado reconocimiento directo e inequívoco tanto entre los dos hombres como entre sus respectivas obras. A excepción de las cartas no nos queda prólogo, poema panegírico, texto ni cita alguna en el que el uno aluda abiertamente al otro; nada que registre su relación como una relación de amistad. Parece como si de tácito y común acuerdo Alemán y Herrera hubiesen optado por desconocerse. Sin embargo, Alemán y Herrera se conocían y durante tiempo fueron vecinos del madrileño barrio de San Martín[10]. Hasta hoy la crítica los ha venido considerando como

expresa «el ánimo del que lo escrivió». Indica la importancia semántica de la «señal conocida», específicamente aplicada a determinadas oraciones, que «si se las trocase, poniéndoles otra, les trocaría el sentido, i aun de proposición de fe, la harían ereje». Alemán no está hablando únicamente en un registro filológico (estudiado por Tomás Navarro Tomas en su «Estudio preliminar» de OC, pp. xiii–xxxix). Alemán no quiere ser malinterpretado, no quiere que sus escritos sean tomados por sacrílegos; por ello está invitando al lector a hacer una lectura cómplice de su texto a un segundo registro de lectura: una lectura sintonizada con el adecuado registro, receptiva de su intención. Como indica Tomas Navarro (p. xxi), el «valor expresivo de la palabra», sobre el que Alemán tanto insiste, «no consiste tanto en la pronunciación de los sonidos como en los efectos de la entonación»; modulación también interior, igualmente aplicable en sus efectos al lenguaje escrito. Alemán ilustra este punto invitando a su lector a percatarse de las «diferencias de cantos, el contrapunteado i glosas dellos». Rica diversidad tonal y semántica, sobre todo a la vista de su burdo origen: «el son de los martillos de una herrería?» (OC, p. 14). Alemán estaría aquí indicando que, para ser debidamente entendida, su cromática obra debería ser leída a la luz de sus orígenes, de su fuente de inspiración; a saber, el martilleante discurso de Herrera sobre el que Alemán había forjado su rica gama de registros, incluyendo el paródico.

[10] Alemán intervino en la compra, mediada por un tal Cristóbal Blázquez, de una casa que Herrera adquirió al reincorporarse a la Corte en la calle Preciados, junto al postigo de San Martín. Poco después (c. 1592–1593), Alemán le vendió unas casas de su propiedad ubicadas en la calle del Reloj. En mayo de 1601 Herrera da poder al doctor Nicolás Bocangélico «para que cobre de Mateo Alemán – vecino de la calle del Reloj – 2,450 reales que éste le debía de los alquileres de unas casas de la calle de Preciados». Al parecer Herrera «administraba esas casas por cuenta de Cristóbal Blázquez desde 1594» (AdP [1975], Intr., pp. xxxiii–xxxiv y liv–lv). El que Herrera se sirviera de un podatario parece indicar que las relaciones entre Alemán y Herrera no

íntimos amigos. A mi entender, la etiología de esta opinión proviene de una interpretación equivocada del sentido de las dos cartas que

eran tan fusionales como Alemán lo daba a entender en su segunda carta, o bien que se habían deteriorado, ya que el exigir un pago en aquellos momentos de particular estrechez para Mateo, cuyas deudas poco después acabarían por llevarle a la cárcel, no parece señal de amistad. Por otra parte, el doctor Bocangélico era médico de la emperatriz María, «adicta al recogimiento de pobres» (AdP [1975], Intr., pp. liv–lv y n. 68). De ello se puede colegir que en 1601 Herrera seguía contando con un círculo influyente de partidarios que no se había resignado al estancamiento de su programa reformador y que, en vista del interés despertado en 1603 por el traslado del Hospital General al Albergue de Pobres de Madrid, confiaban en la posibilidad de que el abandonado proyecto consiguiese arrancar esta vez. (Quizá incitado por ello, Herrera en abril y septiembre 1603 pide al Reino una ayuda de costa que cubriese los retrasos de su sueldo como procurador general de los pobres, impagado durante tres años y medio). Así parece haberlo también creído Juan Martí, *alias* Mateo Luján, quien en 1602 recoge en fondo y forma la esencia del discurso reformador de Herrera, asegurando su máxima divulgación en la plática de un ermitaño, camino de Damasco del falso Guzmán, como si el *Guzmán* apócrifo tuviere por misión la reactivación de los contenidos del *Amparo de pobres*. No es fortuita la publicación en 1603 por Francisco de Vallés, primogénito del Doctor Vallés, de una carta que en respuesta a otra que le había enviado Herrera había redactado en 1597 sobre el «amparo y reformación, que trata de los pobres mendigos, animándole que prosiguiesse lo començado» («Carta primera… al Dr. Cristóbal Pérez de Herrera, Medico de su Magestad», en Francisco de Vallés, *Cartas familliares de moralidad*, Madrid, Luis Sanchez, 1603; citada en adelante como CM). Contrariamente a la postura defendida por la crítica, la carta no es expresión verdadera sino simulacro de apoyo. Frente a la amenaza de una posible retoma del asunto por parte de Herrera, la publicación en 1603 de la carta de Vallés, en apariencia anacrónica ya que trataba de un proyecto abortado como si fuere un proyecto de candente actualidad, adquiría función de atalaya con miras a refrescar la memoria colectiva del Reino, alertándole sobre el peligro de un posible relance del asunto. La carta de Vallés revela la gravedad y el cariz de las acusaciones de las que Herrera y su proyecto habían sido objeto; acusaciones cuyo alcance iba mucho más lejos que lo que daba a entender la versión edulcorada de las mismas presentada por Herrera en sus *Respuestas del Doctor Christoval Perez de Herrera, Protomédico de las Galeras de España… a las objeciones y dudas que se le han opuesto al discurso que escrivio… de la reducción y amparo de los pobres*, Madrid, 1596 (citada en adelante como RD). Una versión ampliada de este escrito (RD) formaría el «Discurso Quinto» de su AdP de 1598. La carta de Vallés, que en su momento analizaremos, es un documento importante para comprender la dimensión de escándalo público que, desde fecha muy temprana, el programa reformador y su autor habían alcanzado entre los medios iniciados.

Alemán dirigió a Herrera, cuya excepcional naturaleza las convierte en un documento histórico-literario de primer orden. Dejan constancia de la relación que los enlazó y constituyen la única fuente documental que nos permite estudiar la naturaleza y alcance de dicho lazo. Puesto que en la primera carta, fechada el 2 de octubre de 1597, Alemán anuncia la llegada y propósito de su «pícaro», la correspondencia revela asimismo aspectos ignorados de la relación entre la vida y obra de Alemán y pone de manifiesto el sesgo autobiográfico y el entronque ideológico de su pulsión creadora[11]. Escritas en octubre de 1597, las cartas se insertan dentro de una cronología y de un marco histórico que serán objeto de atención preliminar previo al análisis de las cartas. Este enmarcamiento incluye datos históricos y aspectos ideológicos relacionados, directa o indirectamente, con el programa asistencial que precedieron a la redacción de las cartas entre aproximadamente 1577 y 1597.

Hacia mediados de la década de los años noventa Herrera despuntó como figura destacada en la cosa pública. Autor en 1595 de un breve discurso de reforma asistencial[12] se había convertido en el hombre de la reforma y conocería una sideral ascensión que causó sorpresa e incluso conmoción en algunos círculos: «en solo dezirlo ha espantado a tantos», como expresa Francisco de Vallés en una carta dirigida al mismo Herrera

---

[11] A este respecto se ha considerado que la publicación de las cartas por Cros cambió el rumbo de la lectura crítica del *Guzmán*. Acabó con el postulado «irrealista» que hasta entonces limitaba el problema de la mendicidad planteado por el relato picaresco a una mistificación sociológica sin significación política. (Michel Cavillac: *Pícaros y mercaderes en el Guzmán de Alfarache*, Granada, Universidad de Granada, 1994, p. 472).

[12] De este discurso inicial se publicaron dos versiones en 1595: la primera con 10 fols. y la segunda corregida y aumentada con 24 fols. Esta segunda versión es la utilizada en el presente estudio. A decir del propio Herrera en la segunda versión el primer discuro «es el propio en la sustancia que este» (AP 1595, fol. 21v.). Herrera repartió más de 800 ejemplares de una y otra versión en la península y en los dominios españoles (AdP [1975], Intr., pp. xxxvi–xxxvii). Durante los tres años siguientes Herrera desarrollaría este discurso inicial en un libro dividido en nueve discursos, conocido como «Discursos del Amparo de Pobres», publicado en 1598 del que «se imprimieron mil y quinientos cuerpos», que Herrera repartió gratis (AdP [1975], Intr., p. xlviii). Como se ha indicado ambos discursos, el de 1595 y el de 1598, son citados en este estudio como AdP.

en 1597[13]. Su involucración en el asunto del pauperismo constituyó para Herrera un salto a la fama. Como consecuencia de factores estructurales y coyunturales el incremento del pauperismo había tomado proporciones alarmantes en la España finisecular. Los pobres morían literalmente por las calles sin recibir ayuda alguna ni corporal ni espiritual. Desbordado por la magnitud del problema, el Reino era consciente de la necesidad imperiosa de encontrarle una solución urgente. En su gran mayoría, la opinión bien informada era favorable a la adopción de una propuesta viable que pudiese aliviar lo desesperado de la situación. Muchas de las mejores mentes, «doctos varones» en palabras de Alemán en su primera carta, se habían volcado en su estudio y los memoriales al respecto se multiplicaban. La pregunta que uno se hace es la de si la preocupación que la elección de un programa reformador, «inventado» por Herrera según su propia expresión, causaba en un importante sector se puede atribuir al hecho de que el elegido era un neófito en materia tan especializada y tan diferente a la de su propia profesión de médico; o bien si el «espanto» pudiera haber sido provocado por algún rasgo psicológico de su personalidad que hiciera pensar que Herrera era un candidato poco idóneo para el desempeño de tan grave tarea[14]. En todo caso, el estudio de las vicisitudes por las que atravesó el programa reformador hasta ser abortado debe tener presente los reparos y controversia que desde un principio causó el protagonismo adquirido por Herrera en el asunto.

[13] Francisco de Vallés, CM, fol. 4v. Como se ha indicado esta carta fue redactada en 1597. En un soneto dedicado al «Discurso Segundo» del AdP [1975], Lope utiliza la misma expresión de desconcierto: «Que así acertase Herrera, ¿a quién no espanta? / Cura por cierto ha sido peregrina, / que dar al alma y cuerpo medicina, / de la Física humana se adelanta». Vallés y Lope presentan a Herrera como una suerte de *stupor mundi*, pero lo excesivo del registro utilizado hace que nieguen aquello mismo que afirman.

[14] Pretendiendo seguirle el juego, Vallés ironiza sobre la presunción de innovación reiterativamente reivindicada por Herrera y revela el grado de irrisión que su propuesta había suscitado en determinados círculos de opinión: «Y assi si de su obra de V. m. huviere burladores piense que es de Dios; que es grande, de mucha importancia y consideración. Porque si V. m. truxera alguna... nueva invención de vanidad a la Corte, unos tras otros le siguieran todos... mas como trae obras de Dios, no basta que sea la invencion nueva, para que por esso siquiera den muestra de que se aplacen» (CM, fols. 11r.–v.).

Las múltiples obras de Herrera como asiduo polígrafo desbordaban el ámbito asistencial y abarcaban los temas más diversos y especializados. Dejando a un lado su propio campo de la medicina sobre el que todavía no tenía nada publicado, Herrera multiplicaría sus publicaciones a partir de 1595[15]. A la salida en este año de su primer discurso sobre el amparo de pobres, ampliado poco después, le sigue en 1597 un discurso sobre la ejecución del citado programa, un discurso reformador sobre la fiesta taurina y otro sobre un amplio programa de reforma socio-urbanística de la Villa de Madrid. Todos ellos poseían una dimensión política y este último constituye una de las primeras reacciones frente a la propuesta de traslado de la capitalidad a Valladolid, asunto que acabaría por convertirse en auténtica polémica[16]. La temprana intervención de Herrera en el asunto, anterior a su difusión pública mediante los canales tradicionales de opinión, sugiere su cercanía a la cúpula del poder. En efecto, Herrera parece haber gozado desde muy temprano del favor de Don Rodrigo Vázquez Arce, Presidente del Consejo Real de Castilla, quien en esta capacidad ocupó también la presidencia de las Cortes que se celebraron en Madrid de 1592 a 1598[17]. Este patronazgo, que se dejaba ya entrever desde su discurso sobre el amparo de pobres de 1595, quedaría proclamado oficialmente en 1596 con el inicio de la ejecución del programa asistencial, dos años antes de la publicación de la versión definitiva del *Amparo de pobres* (1598). Gracias al sostén de Vázquez Arce, el proyecto de Herrera nunca fue considerado como una propuesta más entre las múltiples que se presentaban al Consejo en materia reformadora. Desde un primer momento y con asombrosa rapidez, este respaldo oficial lo convertiría en un programa de estado dotado de medios excepcionales. Dada la involucración de Arce en

---

[15] Véase Apéndice I.

[16] AdP [1975], Intr., p. xliii.

[17] El soplo inspirador de una visión de tanta envergadura como la presentada en las diversas propuestas de Herrera y que desbordaba ampliamente el asunto de la reforma de la mendicidad, no emanaba a mi entender de Herrera sino del Presidente Arce, quien había concebido un sistema de control social del trabajo y del ocio de las clases populares que incluía la mano de obra de los menesterosos desempleados sobre la que pensaba ejercer absoluta potestad. Inicialmente, Arce introducía cautelosamente su propósito reformador a través de los tratados de Herrera, su testaferro e inconspicuo portavoz de sus designios.

un programa de cuya ejecución tomaría pronto las riendas, sería más ajustado designarlo como el proyecto reformador conjunto de Arce y Herrera. Así parece haberlo sido percibido por sus contemporáneos en algunos círculos de iniciados, como lo sugieren las referencias que, de manera más o menos velada, hacen a esta colaboración Mosquera de Figueroa en un *Comentario* de 1596 que describe la jornada de las Azores, Vallés en una carta redactada en 1597, Alemán en su carta del 2 de octubre de 1597, Barros en su *Reparo de la milicia,* (1598), y Lope de Vega en su soneto al «discurso sexto» del *Amparo de pobres* (1598), dedicado no a Herrera sino al propio Arce, como si fuere co-autor de la obra[18].

Es legítimo preguntarse hasta qué punto la opinión pública general estaba en un principio al corriente del grado de involucración del Presidente Arce en el proyecto reformador. Herrera concluía su discurso de 1595, dirigido al Rey, con una breve referencia al «licenciado Rodrigo Vázquez Arze, su Presidente de Castilla», a quien propone por su «piadoso y justo zelo» como posible y deseable benefactor de su obra en Toledo[19]. Esta referencia va seguida de un ruego para que su proyecto reformador en su conjunto fuese sometido a la consulta del «Presidente

---

[18] Cristóbal Mosquera de Figueroa, *Comentario en breve compendio de disciplina militar, en que se escrive la jornada de las Islas de las Açores,* Madrid, Luis Sánchez, 1596, fol. 100v. (Citado en adelante como BCDM); Vallés, CM, fols. 9v.,13v. y 22r.; Alonso de Barros, *Reparo de la milicia y advertencias de Alonso de Barros,* Madrid, Luis Sánchez, 1588 (citado en adelante como RMA). Estas referencias son una selección de otras posibles.

[19] Herrera se acoge a una interpretación oportunista de las disposiciones testamentarias del difunto cardenal Quiroga quien encargaba favorecer a «obras pías» (AdP, fol. 23v.). Vázquez Arce era uno de los albaceas del recién fallecido Cardenal Quiroga. Amigo y protector de Antonio Pérez, a cuya intervención debía la silla primada, Quiroga había sido gran benefactor del programa reformador del canónigo Giginta y su innovadora red de Casas de Misericordia; esquema al que el «incondicional apoyo del arzobispo iba a dar un impulso decisivo... En menos de seis meses, todas las dificultades quedaron superadas. Aprobada la reforma por el Ayuntamiento de Toledo... así como por muchos teólogos y humanistas... el nuevo hospital de los pobres [de Toledo] se hallaba terminado al acercarse el invierno de 1580, albergando ya cerca 600 mendigos» (Michel Cavillac, «La reforma de la Beneficencia en la España del siglo XVI: la obra de Miguel Giginta», *Estudios de Historia Social,* núms 10–11 (1979), p. 18.

de Castilla y juezes señalados, y su Consejo»[20]. Nada de ello podía, sin embargo, haber preparado al Reino para la asombrosa aceleración del proceso reformador y el giro que éste iba a tomar. El 8 de septiembre de 1596, en un solar que había pertenecido al Cardenal Quiroga, tenía lugar la ceremonia de colocación de la primera piedra del Albergue de Pobres de Madrid, edificio emblemático del programa reformador de Arce y Herrera. La inauguración oficial de la construcción de este

[20] AdP fol. 24r. «Y si a V.M le pareciere que el Licenciado Rodrigo Vázquez de Arze, su Presidente de Castilla, con el piadoso y justo zelo que tiene de distribuyr la hazienda del Cardenal don Gaspar de Quiroga Arçobispo de Toledo… con los demás testamentarios, en obras pías, como el se lo dexo muy encargado, ayudassen desta hazienda con renta perpetua a las casas de albergue del Arçobispado de Toledo, de adonde a el le procedió la que tenia y la hacienda que dexo, seria muy a propósito, y memoria muy insigne a satisfacción y obligación de su ultima voluntad, y disposición de derecho, pues es obra de tanta caridad y importancia, hecha en favor de los pobres de su Arzobispado, y seria exemplo para que los demás Perlados se animen en vida y muerte a favorecer estos albergues» (AdP, fol. 23v.). Mediante esta propuesta, que involucraba protagonísticamente a Arce en materia asistencial, Herrera intentaba utilizar el ejemplo del fallecido Cardenal Quiroga como modelo póstumo de benefactor de la reforma asistencial, instando con ello a los demás prelados del Reino a que apoyasen su propio programa de reforma, como lo había hecho el Cardenal con las Casas de Misericordia, en particular con la del Arzobispado de Toledo; institución que Herrera evita tácticamente nombrar específicamente, aludiendo a ella simplemente como «la que tenia» (la ciudad de Toledo). En su lugar, Herrera opta por el apelativo «casas de albergue», con lo que borra de la memoria pública el programa asistencial de Giginta, no mencionado, y sus «casas de misericordia»; al mismo tiempo que, por medio de la fusión de los términos «casa» y «albergue», recupera por asociación conceptual la legitimidad otorgada por el patronazgo de Quiroga al programa de su predecesor para aplicarla a su propio proyecto de «albergues» y suplantar por inferencia la figura de Quiroga por la de un nuevo patrón, Arce. Mediante esta sutil substitución Herrera podía deslizarse por el camino surcado por Giginta, al mismo tiempo que obliteraba la memoria de su autor, y presentarse como único y gran innovador en materia asistencial y como creador de la noción de «albergues». Sus palabras indican que para 1595 Herrera ya contaba con el apoyo de Arce, y Arce con la colaboración de Herrera. Apoyados en la prepotencia de Arce, ambos daban al parecer por descontado que podían contar con el consentimiento de los demás testamentarios para aplicar a su propio programa el legado del recién fallecido Cardenal Quiroga. El monumental Albergue de Pobres de Madrid, emblema de la reforma de Arce y Herrera cuya construcción se inició en 1596, se levantaría en un terreno que había pertenecido al difunto Cardenal Quiroga y se sufragaría con fondos que en parte substanciosa también provenían de su legado.

monumental edificio sirvió de escenario para anunciar públicamente que la jefatura del programa reformador pasaba a manos del Presidente, asistido en la cúpula por Pérez de Herrera. La alianza entre ambos quedaba oficialmente sellada, al mismo tiempo que se inauguraba el inicio efectivo de la ejecución de la reforma. Concebido con envergadura de alcance planetario[21] y proyección de obra imperecedera de la que daba testimonio la inscripción *Posteritati S.* burilada en una lámina de plomo inhumada con la piedra fundacional, el programa asistencial de Arce y de Herrera, cuyos nombres y cometido aparecían unidos para «memoria en siglos venideros»[22], se había convertido en un asunto de estado[23]. Tamaño auge en tan breve espacio de tiempo de lo que había comenzado en 1595 como el modesto discurso de un obscuro *amateur* era indicativo de la existencia de una relación de cercanía entre sus co-autores anterior al inicio del proyecto.

[21] «no solamente se ha de poner por obra en estos reinos, sino también en los de Portugal, Aragón y Navarra, y en toda Italia, Flandes, y en los demás de V.M. y en particular en la insigne ciudad de Roma... y aun en las Indias» (AdP, [1975], pp. 187–188). Este discurso trata de la ejecución del programa y fué publicado en suelta en 1597.

[22] «a imitación de lo que los pasados antiguos han usado con nosotros en los fundamentos de obras insignes y grandiosas, cuando les dieron principio» (AdP [1975], p. 237).

[23] Ello explica la necesidad de una segunda «aprobación» para la versión definitiva del *Amparo de Pobres* entonces en proceso de elaboración (AdP [1975], p. xli). Encargada a fray Martín Vázquez Arce, sobrino del Presidente y obispo electo de Puerto Rico, esta segunda aprobación, fechada el 12 de febrero de 1597, recoge en efecto el citado viraje. Martín Vázquez de Arce aprueba unos discursos que «tratan del amparo de los legítimos pobres y reformación de los vagabundos», a lo que añade «y otras materias políticas destos reinos». La aprobación inicial a cargo de don Alonso de Coloma, canónigo de la Catedral de Sevilla, fechada el 20.12.1596, se limitaba al asunto de la ayuda a los «verdaderos pobres». El hecho de que la segunda aprobación fuese encargada a un sobrino de Arce tiene aires de nepotismo. Sugiero que se trató de una maniobra con la que Arce logró asegurarse la aprobación, o por lo menos el silencio, de la Iglesia sobre un programa laico dotado de autoridad política y puesto en manos de unos reformadores cuya legitimidad en materia asistencial estaba puesta en tela de juicio por un importante sector de opinión tanto religioso como civil. Desde un punto de vista legal, esta segunda aprobación concedía formalmente a Arce *carte blanche* para tomar decisiones políticas en materias que se había cuidado muy bien de no especificar.

Arce, quien ocupaba la Presidencia del Consejo desde 1592, no había dado muestra pública de interés en el asunto de la reforma asistencial antes de 1596 ¿Cuál pudo, pues, haber sido el factor o los factores de la propuesta de Herrera que hubiesen podido actuar como catalizadores capaces de despertar el interés del Presidente, hasta el punto de decidirle en tan breve tiempo a asumir la jefatura del proyecto?[24]. Desde el momento de su elevación a la Presidencia en 1592, Vázquez

[24] No era la primera vez que un Presidente del Consejo apoyaba a un reformador. Don Antonio Rodríguez Mauriño de Pazos había sido el «más firme valedor» del programa de Giginta desde «mucho antes que fuese presidente». Desde 1576, cuando Giginta presentó sus ideas ante las Cortes, Pazos había seguido con gran interés el asunto y había recibido al canónigo «varias veces en su casa» (M. Cavillac, «La reforma de la Beneficencia» p. 16 n. 37). Por su parte, Giginta dedicaría al Presidente Pazos, Obispo de Patti, su *Tradado de remedio de pobres*, Coimbra, 1579. El interés de Pazos por la reforma de la beneficencia se remontaba a sus años de colegial de San Clemente en Bolonia. En cuanto a Giginta, su programa asistencial fue la gran pasión de su vida. Pazos, prelado «gallego cauto y recto», era amigo de Antonio Pérez y del Cárdenal Quiroga. Pazos «perdió pronto el favor real (1583) y tuvo que retirarse a su obispado de Córdoba» (M. Cavillac «La reforma de la Beneficencia», p. 16 n. 36). Esta pérdida de favor real se debió en parte a las maquinaciones de Arce, quien durante la Jornada Portuguesa llegó a gozar de influencia preponderante en la gestión gubernativa; gestión que maniobraba desde Lisboa y que incluía el control de la distribución de la gracia real y «el funcionamiento de buena parte de las instituciones residentes en Madrid, tales como el Consejo Real» entonces presidido por Pazos (Ignacio Javier Ezquerra Revilla, «La distribución de la gracia durante la anexión de Portugal: Rodrigo Vázquez de Arce (1578–1583)», en Pedro Fernández Albaladejo, Virgilio Pinto y José Martínez Millán (coord.), *Política, religión e inquisición en la España moderna: homenaje a Joaquín Pérez Villanueva*, Madrid, Universidad Autónoma, 1996, pp. 267–286, p. 279.). Años más tarde, como se ha indicado, se daría de nuevo el caso de una estrecha colaboración entre Presidente y reformador: Arce y Herrera. Esta vez la involucración del Presidente en el asunto sería absoluta y la reforma estaría en manos de dos laicos sin experiencia en el asunto. Conviene recordar que durante un breve espacio de tiempo las estancias de Arce y Giginta en Lisboa coincidieron, aunque no por ello colaboraron el uno con el otro. Arce fue enviado a Portugal en la primavera de 1579 y Giginta se encontraba en Lisboa desde 1578, donde sus propuestas reformadoras habían gozado de gran aceptación con el Cardenal Don Enrique, influyentes teólogos y las mismas cortes, y se había llegado a aprobar su proyecto de construcción de una red de casas de la misericordia. Todo ello tuvo sin embargo que ser suspendido por los disturbios entre partidarios de Felipe II y partidarios del Prior del Crato en torno a la sucesión al trono de Portugal. A finales de 1579 Giginta se trasladaría a Coimbra donde publicaría su *Remedio de pobres*. En la primavera de 1580 deja Portugal a donde nunca regresaría.

de Arce necesitaba encontrar un proyecto que le permitiese reafirmar públicamente lo que consideraba como su derecho incontestable: el mantenimiento de su posición de supremacía como Presidente del Consejo de Castilla, primero de los Consejos[25]; preeminencia que a la sazón se veía amenazada por un firme proyecto de reforma del Consejo que emanaba del mismo rey. Herrera le proporcionó el instrumento idóneo para alcanzar esta meta: un proyecto de reforma asistencial lo suficientemente ambiguo y maleable como para poder ser cortado a su medida y adaptado a sus planes. Dado el alcance pandémico del pauperismo y de la mendicidad, su control se había convertido en uno de los asuntos más acuciantes con los que se enfrentaba el Reino. A nuestro entender, el agente detonador que propulsó a Arce por el camino de la reforma asistencial no fue su sentido de la justicia y compasivo altruismo, sino su conocimiento de la personalidad y habilidades de Herrera, en quien sabía que podía confiar para alcanzar su propósito de mantener e incluso incrementar sus prerrogativas sobre el ejecutivo. Esta colaboración entre Arce y Herrera en Madrid sería congruente con la relación que se habría iniciado entre ellos hacía tiempo en Lisboa[26] cuando Arce, en función de embajador de España, no sólo desempeñó una delicada misión de negociación jurídico-diplomática en el marco de la anexión de Portugal[27], sino que asimismo inició el proceso secreto

[25] «como es el Consejo de Castilla supremo y donde se deve apurar y ajustar lo proveído por los otros consejos quando convenga, no es justo que sea en nada moderado ni excluido por ningún otro consejo ni junta»: Rodrigo Vázquez Arce, «Advertencias que tocan al Consejo» en respuesta a una «Instrucción» del Rey de 1597 (Luis María García-Badell Arias, «La frustración de Felipe II: el fracaso de la reforma del Consejo Real de Castilla de 1598», en José Martínez Millán (ed.), *Europa Dividida: La Monarquía Católica de Felipe II*, Actas del Congreso Internacional: Felipe II (1598–1998), Universidad Autónoma de Madrid 20–23 abril 1998, Madrid, Parteluz, 1998, tomo I, pp. 307–339 y 323.

[26] «Allí, tal vez, pudo [Herrera] relacionarse con el futuro presidente del Consejo Real, Rodrigo Vázquez Arce, su más seguro valedor, quince años más tarde, en la causa de los pobres» (AdP [1975], Intr., p. xxii).

[27] Con el fin de agilizar la gestión del aparato estatal durante la Jornada Portuguesa, en la que el Rey estaba por primera vez físicamente separado de sus Consejos, se crearon Juntas de Gobierno *ad hoc*. Como se ha indicado, ello permitió que el letrado Arce llegase a participar de manera influyente en tareas de gobierno, incluyendo la distribución de la gracia real. Durante la larga ausencia del monarca con la salida a

contra Antonio Pérez, asunto que se convertiría en su gran pasión de
odio para el resto de sus días[28]. Fue en Lisboa donde Arce consiguió
recoger personalmente una serie de declaraciones de diversos testigos
que le permitieron establecer una primera información secreta con la
que incoar causa criminal contra el secretario real; tarea para la que
Arce precisó de la colaboración de informadores discretos[29]. Este fue
el marco en el que pudo haberse iniciado su trato con el joven doctor
Herrera, quien se había desplazado a Lisboa tras el traslado de la Corte
a esta ciudad en 1580 sin al parecer función o puesto designado. Esta
es la impresión que prevalece, pese a la ambigüedad expositiva utilizada
por Herrera al respecto en su *Relación* (fol. 168r.)[30]. Este previo

Monzón y Barcelona (1580–1585) «tanto el rey como las élites dirigentes se percataron
de que el gobierno y la jurisdicción eran materias diferentes. La jurisdicción debía
ser aplicada por los *letrados* como especialistas en leyes que eran; pero las decisiones
políticas debían ser tomadas por el rey en unión con los poderosos de la sociedad, los
nobles». Arce, distinguido letrado que «había participado en tareas de gobierno», sería
así «relegado de tales funciones para reducir su labor a los Consejos» (I. J. Ezquerra
Revilla, «La Distribución de la Gracia», p. 284). Sin embargo, con su elevación a la
Presidencia del Consejo Real, cargo que por uso y abuso había adquirido prebendas
excepcionales, Arce esperaría recuperar en el ámbito ejecutivo el papel influyente del
que había gozado durante su estancia en Portugal.

[28] El 1 de julio de 1590 Arce firmó en Castilla sentencia de muerte contra Antonio
Pérez.

[29] Al parecer, no le pareció prudente al rey tocar en esta primera serie de pesquisas el
asunto del asesinato de Escobedo, ya que ello hubiera supuesto abrir una información
sobre el crimen en la que el nombre del monarca hubiera salido a relucir. El ataque
contra Antonio Pérez iría por otro cauce. Como indica Marañón, «los testigos no
respondían más que a las preguntas concretas que formulaba el juez; y estas preguntas
solo se referían a la inmoralidad de Antonio». El rey habría así instruido una «visita»
secreta sobre la inmoralidad de su secretario como pretexto para perseguirle sin
necesidad de tocar el motivo verdadero. Aunque se da el 30 de mayo de 1582, fecha
de la primera declaración, como inicio de la información judicial, existen indicios
y declaraciones que apuntan a que el proceso había comenzado tiempo antes. (G.
Marañón, *Antonio Pérez, (El hombre, El drama, La época)*, Buenos Aires-México,
Espasa-Calpe Argentina, S.A, 1947, tomo I, p. 504).

[30] Arce fue enviado a Lisboa, junto al doctor Molina, en función de embajador de
España para plantear formalmente el derecho de Felipe II al trono portugués ante
el anciano Cardenal Don Enrique, quien no tenía descendencia directa. Ambos
formaban parte de una ofensiva diplomática: «la labor de los agentes sociales enviados

conocimiento entre los dos hombres podría aportar una respuesta a otra interrogante: ¿de quién y cómo surgió la idea de confiar un asunto tan grave y especializado como el de la reforma asistencial a un neófito desconocedor de la materia, como lo era Herrera?[31] Conviene

por el Rey Prudente, resultó decisiva para crear un clima de opinión favorable a la unión, ya que supieron actuar con destreza y eficacia movilizando a sus familiares y a la nobleza en general en favor de las pretensiones de Felipe II. Finalmente, no se olvidaron de convencer a los letrados que debían dictar sus pareceres acerca de la sucesión en el reino... Rodrigo Vázquez se distinguió en la importante labor de granjear para la causa filipina a numerosos funcionarios» (I. J. Ezquerra Revilla «La Distribución de la Gracia», pp. 274–275). La sociedad romana descrita en la conclusión del GAI (1599) y al comienzo del GAII (1604) evoca la sociedad lisboeta durante el periodo de la anexión propiciada por la muerte del Cardenal D. Enrique, rey de Portugal de 1578–1580, fallecido como el Cardenal del *Guzmán*, anciano y soltero sin progenie o heredero designado. En la novela, la sociedad romana es marco de las intrigas y febril actividad diplomática del amo de Guzmán, el Embajador de Francia (o de España, a discreción de Alemán), consumado negociador tanto *vis-à-vis* del anciano Cardenal con quien «tuvo estrechas amistades» (GAI, p. 464) como respecto a sus tácticas de espionaje político, con las que «sin descubrirse, recibía pareceres y disfrutaba lo más esencial dellos» (GAII, p. 60). Así como la Roma del anciano Cardenal y el Embajador evocan la Lisboa del Cardenal Don Enrique y de Arce en función de Embajador, de parecida manera Guzmán, el gracioso informante al servicio del Embajador sin «plaza ni oficio» señalados (GAI, p. 465), trae a la memoria el impreciso papel desempeñado por Herrera al servicio de Arce en el asunto de la reforma asistencial, como queda apuntado en la siguiente nota 31. Si ello era aplicable a su colaboración oficial en el asunto reformador ¿en qué términos podría describirse su probable colaboración oficiosa con Arce durante la jornada portuguesa de c.1580–83, durante la cual Arce hubo de precisar la colaboración de informadores en el desempeño de su misión? ¿Sería quizá apto expresarlo en términos guzmanianos: «generalmente le servía y generalmente me pagaba» (GAI, p. 465) ?. Como ilustración de la ambigua relación entre embajador y gracioso, Guzmán utiliza una expresión que hace recordar la acusación de homosexualidad lanzada contra Antonio Pérez en el ámbito de su relación con sus criados mancebos; acusación recogida secretamente por Arce en Lisboa. Guzmán indica que corrían rumores acerca de la conducta de su amo. Le achacaban a Guzmán que desde que había entrado a su servicio se había despertado en la conducta del Embajador algo que «no se le había sentido hasta entonces», añadiendo el narrador que era muy probable «que con mi calor brotase pimpollos» (GAII, p. 64 y n. 42). Recordemos que Antonio Pérez era conocido como «el Pimpollo» (G. Marañón, *Antonio Pérez*, tomo I, p. 354). Véase Apéndice II.

[31] La lámina de plomo que conmemoraba el inicio de la construcción del Albergue de Madrid (1596) expresaba la contribución de Herrera al proyecto reformador en

recordar que Herrera, después de unos doce años como médico de galeras, se acababa de reincorporar a un Madrid muy distinto del que había conocido entre 1577 y 1580 como jovencísimo asistente del Protomédico Doctor Olivares. La explicación de la designación de Herrera para el cargo de reformador habría que buscarla en Lisboa, en Cartagena y en el barrio madrileño de San Martín.

Herrera y Arce no se conocieron en la Corte sino que se reconocieron, como Ozmín y Daraja en el coso. En esta narración interpolada en el *Guzmán de Alfarache* (1599), el lector contemporáneo iniciado, el «discreto», quedaba invitado a establecer un paralelo entre las trayectorias de Ozmín y de Herrera, y a reconocer respectivamente su secreta relación con las figuras más encumbradas del coso y de la Corte: Daraja y Arce. En el caso de Ozmín y Daraja, como en el de Herrera y Arce, se trataba de una relación preexistente y disimulada que los protagonistas estaban decididos a reanudar. En cada caso, el favor de la codiciada prenda, Daraja y Arce, fue alcanzado por un desconocido foráneo: Ozmín en el coso y Herrera en la Corte. En ambos casos, el de la novela de ambientación histórica y el de la historia real de sesgo fabuloso, se trató de una actuación oportunista en la que los protagonistas utilizaron sin escrúpulo alguno todo aquello que se les presentaba en su trayectoria,

---

términos vagos. La inscripción le menciona por su «*solertia et precibus*» (AdP [1975], p. 238), atributos que le situaban en un campo distinto del doctrinal, científico o técnico, necesario para el desempeño de la función de reformador. Pese a su reiterativa reivindicación de autoría del mismo (AdP, [1975], paratextos, pp.10 y 13–16; RS, fols. 174r.–175v.), la contribución de Herrera al programa reformador no parece haber consistido en una tarea precisa sino en el manejo de habilidades de índole psicológica indisociables de su personalidad. En la placa conmemorativa *Posteritari. S.*, Herrera queda definido a nivel oficial por dos rasgos idiosincráticos. Por su viveza de espíritu (*solertia*), también traducible como astucia; y por sus dotes de persuasión (*prex*), que dado el contexto expresaría su destreza como consumado suplicador y divulgador de su reforma. Su cercanía a Arce y a los círculos progresistas como vecino del barrio de San Martín, sus entradas como médico de Casa y Corte en las intimidades de los procuradores de cuyo cuidado médico estaba encargado, y su contactos con otros círculos cortesanos, permitía que Herrera circulara entre todos estos grupos actuando como portavoz e intercesor en favor del programa asistencial capitaneado por Arce. Quizá de ello derivaría su citada descripción. Sus contactos, sin embargo, no incluían el mundo de los menesterosos, del que Herrera no parecía tener grandes conocimientos: en este sector, sus fuentes tienden a ser secundarias.

tanto ideas como personas, para conseguir su propia meta. En el caso de Herrera y Arce, esta meta podría ser descrita como la búsqueda de su respectivo engrandecimiento en el marco de una relación mutuamente beneficiosa[32].

La trayectoria de Ozmín fue azarosa y expuesta a más de un riesgo. Ozmín no dudaría en disimular su verdadera identidad bajo los más diversos avatares. En su primera suplantación identitaria «fingió ser hijo» de un poderoso caballero, tomándose por cual se hizo llamar Don Rodrigo (GAI, p. 220), más tarde Ozmín lograría salvarse de ser ejecutado en la horca como un villano[33] gracias a una feliz intervención que provenía de muy alto, del propio padre del don Rodrigo auténtico[34]. La clausura de la carrera de Herrera como protomédico de galeras (1580–1592) tuvo lugar en condiciones un tanto misteriosas poco después de una

---

[32]   Quizá lo percibiese así Baltasar Gracián, quien, según apunta Micó, «copió y elogió con entusiasmo» el pasaje que empieza en «luego que llegó» y termina en «eran grados de gloria» (GAI, p. 236, n. 43; Baltasar Gracián, *Agudeza y arte de ingenio*, ed. Evaristo Correa Calderón, Madrid, Clásicos Castalia, 1969, tomo I, Discurso LXII, p. 245). Gracián recogió y alabó así pues la parte de la novela interpolada que describe la revelación y consagración de Ozmín como campeón del coso y el subsiguiente engrandecimiento de Daraja: «Que todo para Daraja eran grados de gloria». Ambos aspectos aparecen relacionados mediante la secreta complicidad entre Daraja y Ozmín, el misterioso embozado y su fuente de inspiración.

[33]   GAI, p. 256.

[34]   Se trataba de una «real provisión» conseguida *in extremis*, debida principalmente a las súplicas de Daraja y confiada al «poderoso caballero» de quien inicialmente Ozmín se había hecho pasar por hijo. La escena de la interrupción de la ejecución de Ozmín se presenta con el dramatismo de una salvación milagrosa en el marco de un grave asunto de estado. Es interesante notar que para expresar la liberación de Ozmín por los alguaciles Alemán recurre a una expresión que pudiere ser tomada por paradójica: «desamparando a Ozmín». Lo que pudiere responder a un deseo de establecer un acercamiento entre la figura de Ozmín y la figura de Herrera, indisociable de la noción de amparo, y quizá incluso a una intención de trasladar el asunto al terreno forense en el que «desamparar la apelación» significa el tener que abandonar un recurso por cuestiones de procedimiento (*Diccionario de Autoridades*, Madrid, Imprenta de la Real Academia Española, 1726–1737; citado en adelante como DA). Ozmín no fue declarado inocente, sino que el curso natural del proceso al que estaba sometido hubo de ser abandonado por acatamiento a la autoridad suprema del monarca de quien la orden emanaba. ¿Estaría Alemán aludiendo a algún incidente en la vida de Herrera cuya resolución se asemejase a la de la citada intervención?

pesquisa sobre un fraude de bastimentos destinados a la provisión del bizcocho para los galeotes, en cuyo marco Herrera fue interrogado entre los oficiales de las galeras sospechosos de complicidad en el asunto[35]. A decir del propio Herrera en su *Relación de servicios*, él fue el único de los interrogados en ser «dado por libre», logrando con ello salvarse de ser degollado como lo fueron cinco de los interrogados. ¿Estaría Alemán insinuando que, como en el caso de Ozmín, la liberación de Herrera se hubiese también debido a la intervención de algún alto personaje? Según declaración de Herrera, su retorno a Madrid en 1592 fue resultado de un mandato del Protomédico Francisco de Vallés, quien «le ordenó se viniesse a Madrid»(RS, fol.168r.). La veracidad de esta declaración es más que cuestionable puesto que el doctor Vallés, retirado ya en 1591 en el Convento de los Agustinos de Burgos, falleció en septiembre de 1592[36]. La pregunta que surge es si Rodrigo Vázquez Arce, y no Vallés, cuya elevación a la Presidencia en 1592 coincide con la fecha en que Herrera vuelve a Madrid, pudo haber sido quien interviniese en el nombramiento de Herrera como médico de Casa y Corte en calidad

---

[35] «solo el fue dado por libre entre los dichos oficiales, de las visitas que el Adelantado Mayor de Castilla, y Don Juan de Acuña Marques de Valle... hizieron en ellas con tan gran cuydado y zelo del servicio de V. M. y de castigar culpados, donde huvo tantos…» (RS, fol. 171r.–v.).

[36] María Soledad Campos Díez, *El real tribunal del protomedicato castellano (siglos xiv–xix)*, Cuenca, Ediciones de la Universidad de Castilla-La Mancha, 1999, p. 378. La relación de Herrera con el ‹divino› Vallés merece ser reconsiderada. En la «Dedicatoria al lector» de su *Compendium totius medicinae ad tyrones* (Matriti, Ludovicus Sanchez, 1614), Herrera presenta al insigne Protomédico como su mentor, «celeberrimus inter medicos regios primus magister meus et vere Maecenas» (véase AdP [1975], Intr., p.xvi, n.11). Esta declaración tiene visos de ser falsa. De haber sido cierta, Herrera la hubiera incluido en su RD (1596) y en su RS (1605). En RD se ve en la tesitura de tener que presentar sus credenciales en defensa de su vocación y capacitación médica (fols. 13v.–14r.), pero no acude al Dr. Vallés como referente; en su RS designa a Vallés como «Protomedico del Rey… insigne varon en nuestra facultad» (fol. 168r.) pero no como su maestro y mecenas. De haberlo sido, Herrera no hubiera esperado hasta 1614 para divulgar esta información y no la habría omitido de nuevo en la versión ampliada y publicada de su RS (1618). En los 49 folios de la primera de sus CM, redactada en 1597, el Licenciado Francisco de Vallés, Prior de Santa María de Sar, hijo del ‹divino› Vallés, no hace alusión alguna a esta presunta relación entre su padre y Herrera, destinatario de la carta.

de «supernumerario» en espera de una vancante. La crítica ha venido considerando este nombramiento de Herrera como recompensa a su distinguida actuación como protomédico de galeras[37]. Por mi parte sugiero que se trató más bien de una componenda ingeniada para que Herrera pudiera salir adelante en un momento de apuro que amenazaba su carrera[38]. Por ello cuando su posición de supernumerario se llegó a convertir en puesto fijo no se puede hablar de promoción sino mas bien de un descenso de categoría respecto a su anterior función de Protomédico de galeras[39].

La interpolación de una novela de ambientación histórica como conclusión al libro primero de *Guzmán* (1599) es una estrategia de

[37] Así lo da a entender el propio Herrera quien describe sus servicios en las galeras como «grandes y estraordinarios» (RS, fol. 168r.).

[38] En su RS Herrera narra de manera confusa el final de su carrera en las galeras. Esta confusión pudiera ser deliberada para camuflar el hecho de que quizá no hubiese sido tenido por enteramente inocente aunque fue «dado por libre». En su calidad de protomédico, Herrera era el encargado del control del abastecimiento de las galeras. A este respecto declara que gracias a la excepcional eficacia de su gestión consiguió pingües ahorros para la hazienda Real «en medicinas y dietas» y, conjuntamente, que la calidad del «bizcocho de los remeros… y los demás bastimentos fuessen buenos». Herrera hace hincapié sobre este extraordinario logro, indicando que «vivió y exercitó con tanta limpieza su oficio, que el solo fue dado por libre», pese a haber tenido «ocasión entre manos de poderse aprovechar de mucha hacienda» (fol. 171r.–v.), como si el propio protomédico fuere consciente de lo insólito e increíble de su conducta que presenta como ejemplar. Hubiere o no incredulidad pública al respecto, es sin embargo digno de nota el que en 1604 Herrera siguiese como médico supernumerario sin sueldo fijo, y que tres años más tarde continuase presentando peticiones en Cortes al respecto. En 1617 Herrera denunciaba haber sido sometido a un trato desfavorable respecto al resto de sus colegas médicos y reclamaba la paridad de sueldo con los mismos (AdP [1975], Intr., pp. lvi–lviii y lxviii). Es difícil concebir que Herrera hubiese sufrido un trato tan discriminatorio en el ámbito de la medicina si, como él afirmaba, el prestigioso doctor Vallés hubiese verdaderamente sido su maestro y mecenas.

[39] Herrera tendría que esperar hasta 1607 para conseguir regularizar parcialmente su situación, recibiendo a partir de entonces un sueldo anual de 40,000 maravedís, la mitad de lo que le hubiese correspondido como médico del Reino. En contrapartida, Herrera se comprometía a renunciar a los 20,000 que venía cobrando como procurador general de los pobres (AdP [1975], Intr., p. lviii); función, añado, que dicho sea de paso no ejercía puesto que la ejecución de su programa de reforma no se había llevado a cabo.

escritor. Situando tácticamente este *plat de résistance* al final del libro primero y mediante una *mise en abîme* de cuento dentro de cuento, Alemán desvía la atención del lector, trasladándola imperceptiblemente desde un registro ficticio a un registro histórico, como invitándole a explorar la interacción de ambos planos[40]. Una vez allí, Alemán dirige, por asociación analógica, la atención de su lector hacia un asunto de actualidad: la relación entre Herrera y Arce[41]. Alemán aprovecha la novela interpolada para, bajo guisa aprobatoria, denunciar mediante el desenmascaramiento de las imposturas del proteico Ozmín «algunas estratagemas y cautelas de los fingidos»; términos con los que Alemán describe en su primera carta a Herrera la finalidad de su «primera parte del pícaro».

[40] Recordemos que el «pícaro» es descrito como una «poética historia». A este respecto notamos el posible deslizamiento de «Alfarache» a «Ajarafe» en la novela interpolada (GAI, p. 249), parajes ambos que el autor, a un primer y segundo registro de ficción, sitúa cercanos a Sevilla, como en realidad lo está la comarca del Aljarafe, con San Juan de Aznalfarache cercano a Gelves.

[41] La novela interpolada y su marco histórico ofrecen a nivel onomástico, circunstancial y psicológico puntos tangenciales con las figuras y actuaciones de Arce y del polifacético Herrera. Aquí me limito a notar las frecuentes instancias en las que la mención de un tal «Jaime Vives, hijo del mismo» y la de Don Rodrigo aparecen en el capítulo que nos ocupa (GAI, pp. 243, 246, 256 y 257 el primero; pp. 232, 234, 235, 241, 246, 255 y 256 el segundo). El apellido del primero trae a la mente a Juan Luis Vives, (Cavillac «Ozmín y Daraja à l'épreuve de l'Atalaya», *Hommage à Maxime Chevalier*, B.H. t.92, p.155), teorizador y padre del concepto laico de reforma asistencial. Ozmín (*alter* Herrera) se apodera de su identidad, declarándose de su linaje. Además de una velada alusión al posible origen judaico de Herrera sobre el que existen serios indicios, la impostura de Ozmín apunta a la filiación ideológica de Herrera en materia asistencial; filiación que se esmeraba en ocultar ya que Vives, de origen hebráico, era tenido por hereje y toda asociación con su pensamiento era peligrosa. Conviene sin embargo notar que, como en el caso de otras de sus fuentes ideológicas, Herrera adulteró el pensamiento de Vives. En cuanto al Don Rodrigo poético, su figura suscita la del Don Rodrigo histórico, y no solo por razones onomásticas. El Rodrigo poético era odiado por su «arrogancia falsa». Sus competidores «hablábanle bien, queríanle mal. Vertíanle almíbar por la boca, dejando en el corazón ponzoña... Metíanlo en sus entrañas, deseando vérselas despedazadas». El Rodrigo poético es un personaje amalgama, a la vez sujeto y víctima de las características más significativas del histórico Don Rodrigo Vázquez de Arce, soberbio y tan proverbialmente hipócrita que era conocido como el «ajo confitado».

Dada la actualidad del asunto, el elemento comparativo entre carta y novela interpolada había sido previsto para provocar la reacción del lector. Sin embargo la publicación de la novela interpolada se hizo esperar, (el *Guzmán* sólo logró publicarse en 1599), creándose con ello un desfase imprevisto entre esta obra y las cartas de 1597 a Herrera que dificulta la comprensión de su interrelación. La «primera parte del pícaro»[42] ya compuesta para 1597 obtenía la aprobación el 13 de enero de 1598 bajo el título de «Primera parte del Pícaro Guzmán de Alfarache». El 16 de febrero de ese mismo año fue concedido el privilegio a «un libro intitulado Primera Parte de la vida de Guzmán de Alfarache, atalaya de la vida humana»[43]. Sin embargo, el Consejo Real dispensador de la tasa se demoró más de un año en concederla el 4 de marzo de 1599 «a un libro intitulado Primera Parte de Guzmán de Alfarache». Ello no sólo provocó el retraso de la publicación de la obra hasta la primavera de 1599 sino que fue también un intento de desnaturalizarle el título en su esencia, suprimiendo el calificativo definitorio de «pícaro» que le había otorgado su propio autor en su carta a Herrera del 2 de octubre de 1597. Ni «pícaro» ni «atalaya»: el título del libro sometido a la apreciación del Consejo parece haber sido depurado de toda tentación de veleidad interpretativa, en un intento de evitar cualquier sugerencia de posible asociación tendenciosa. El considerable retraso de su publicación y los vaivenes de su título apuntan a la intervención de algún tipo de censura, aunque no sin embargo la eclesiástica ya que la «aprobación» estaba concedida desde el 13 de enero de 1598. El largo periodo de lucha durante el cual la publicación del *Guzmán* (1599) estuvo detenida, con toda probabilidad por orden del Consejo[44], es expresado por Alemán como «el proemio pasado… el

---

[42]   Primera carta 1597.

[43]   El privilegio esta firmado por el Príncipe no el Rey, y por un periodo de «seis años», pese a que Alemán había solicitado licencia para «veinte años»

[44]   El 7.07.1558 se ordena por el Rey Felipe II que en España no se imprima ningún libro sin licencia del Consejo Real. En la Recopilación de leyes de 1592 el Rey mandó que «las licencias que se dieren para imprimir de nuevo algunos libros de cualquier condición que sean, se den por el Presidente y los del nuestro Consejo, y no en otras partes» (véase Cristóbal Pérez Pastor, *Bibliografía madrileña o descripción de las obras impresas en Madrid*, Madrid, Tipografía de los Huérfanos, 1891–1907, tomo I, Intr., pp. xiv–xv).

barbarismo… de los ignorantes a cuya censura me obligué»[45]. Teniendo en cuenta que su fecha de publicación coincidió muy de cerca con la de la caída en desgracia y destierro del Presidente Arce[46], puede sugerirse que el principal obstáculo a su publicación fue la oposición de Arce. El manuscrito de la «primera parte del pícaro», ya terminado para octubre de 1597, entraría posiblemente en circulación clandestina entre los círculos iniciados a partir de dicho momento, creando una febril expectativa. Por muy hábilmente que Alemán hubiese «disfrazado sus documentos»[47], el manuscrito del «pícaro» representaba una bomba de relojería que amenazaba tanto a los discursos sobre *Amparo de pobres* como a la reputación de Herrera y de Arce, cuya evocación poética el lector discreto podía reconocer y no ciertamente sólo en la historia de Ozmín y Daraja, como veremos.

¿Dónde y cuándo pudo haberse despertado la vocación de Herrera en materia asistencial y de dónde provenía su capacitación para el asunto? Se ha dado por supuesto que ello se produjo durante el periodo que ejerció como médico de galeras. Este supuesto puede, sin embargo, cuestionarse a la luz de su *Amparo de pobres* (1595 y 1598) en el que Herrera resume en una sola frase sus doce años de experiencia con los galeotes, a los que acusa, como si se tratase del peor de los crímenes, de haber andado «por el mundo vagabundos en hábito de pobres fingidos». Herrera emite este juicio genérico sin prestar atención a la posible falta de correlación entre crimen y castigo[48], sin una sola anécdota que humanice con un nombre, con un recuerdo personalizado su evocación de los desdichados condenados: como si el protomédico hubiese pasado por las galeras sin reparar en que la chusma se componía de hombres concretos de carne, hueso y espíritu[49]. Herrera, autodeclarado médico

---

[45] GAI, «Del mismo al discreto lector», p. 110.

[46] Desterrado en la primavera de 1599, Arce es evocado «como el que sale a voluntario destierro y no es en su mano la vuelta» (GAI, p.110).

[47] GAI, «Elogio de Alonso de Barros», p. 116.

[48] Muy distinta es la postura de Alemán, quien ya en el primer capítulo de GAI (1599) hace hincapié sobre el desproporcionado rigor del castigo reservado a las faltas veniales de los pobres: «por menos de seis reales vemos azotar y echar cien pobretos a las galeras» (GAI, p. 134).

[49] La glacial indiferencia expresada por Herrera hacia la humanidad del forzado

de cuerpos y almas, limita a esas palabras displicentes el capítulo sobre lo que constituía su principal, por no decir su única, fuente documental directa sobre el asunto del pauperismo y pasa a alimentar su discurso con lo que otros le han contado. En realidad, la propuesta de Herrera se basa en gran medida en información proveniente de testimonios ajenos[50].

A su regreso a Madrid en 1592, Herrera se instaló en el barrio de San Martín donde compró una casa, transacción en la que intervino Mateo Alemán, vecino del mismo barrio. La participación de Alemán en el acomodo de Herrera tiene visos de no haber sido fortuita. Se da por probable que Alemán y Herrera se habían conocido en fecha reciente en el contexto de la ya mencionada investigación sobre el fraude de cereales destinados a la fabricación del bizcocho para las galeras llevada

parece ser reflejada por analogía en el reproche del pícaro al cabeza de la oficialidad: «el capitán como señor y cabeza, nunca suele por su autoridad empacharse con la chusma... ni sabe quién somos» (GAII, p. 499). Paralelismo negativo que realza lo reprensible de la conducta del primero ya que Herrera era además el médico en jefe de las galeras.

[50] Herrera no utiliza el método científico de observación directa. Sus fuentes y observaciones son casi en su totalidad secundarias. Parece ser un maestro en recabar información ajena. Damos algunos ejemplos que ilustran esta característica. En AdP, fols. 5r.–8r. leemos las siguientes apostillas: «me contó el padre fray Pablo de Mendoça»; «le conto un soldado muy honrado a Andrés de Prada»; «me ha contado Don Francisco Mena de Barrionuevo»; «me contó el Doctor Francisco Gonzales de Sepúlveda, medico de la general Inquisicion... que le sucedió a un medico amigo y praticante suyo, que también me lo ha contado ami»; «dexare aquí de poner muchos sucessos de consideración, que algunas gentes de crédito me han contado, sabiendo que trato escrivir desta materia»; «Solo no passare en silencio lo que me dixeron Juan de Chaves de Sotomayor, Corregidor que fue de Cordova, y el Doctor Santiago Cabeça de Baca su teniente...»; «me contó un hermano del hospital General desta Corte»; «informándome de personas religiosas, y de otras muy virtuosas, y prudentes... me han contado, se sospecha...»; «Y echase de ver el modo de bivir desta gente en unas juntas que también se dize se hazen en España [...] que personas que los han visto, han contado y avisado lo que importa atajar V.M. estas congregaciones»; «Y entre otras personas graves que me han contado esto, es uno de mucho crédito y prendas, que se llama fray Pedro de Mena»; «Y junto a la ciudad de Soria, me contaron el camarero, y secretario del Duque de Medinaceli, unos hidalgos de mucho credito, vieron otra junta de grandissimo numero dellos»; «y juntandose mucha gente a oyrlos, ser causa de muchos hurtos... y por ventura, según se ha contado».

a cabo en los puertos del Mediterráneo (entre otros el de Cartagena) entre 1589–1591. Como protomédico encargado del bastimento de las galeras, Herrera, como ha quedado indicado más arriba, fue interrogado como imputado en el marco de las pesquisas que se llevaron a cabo entre los oficiales de la escuadra[51]. Como interino de la Contaduría Mayor, Alemán se encontraba por aquellas fechas en Cartagena actuando como fiscal encargado de investigar las cuentas del tesorero de la ciudad. Se ha sugerido que esta comisión de Alemán y la visita a las galeras de la escuadra del Adelantado, de la que Herrera formaba parte, pudieran estar relacionadas[52]. Me inclino por esta hipótesis. Herrera no suministra en su *Relación* (1605) información espacio-temporal sobre el episodio de las «visitas», como si hubiese querido borrar toda pista sobre las circunstancias concretas de un importante incidente de su vida que debería de haber recordado con esmero ya que, como consigna con orgullo, «solo el fue dado por libre»[53], y se salvó de ser ejecutado. En contraste, Alemán recoge su visita a Cartagena con precisión forense en su *San Antonio de Padua* (1604). Reseña lugar, día, hora y otras circunstancias del ‹milagro› que inspiraría la composición de esta hagiografía de 417 folios, en memoria de su santo patrón, a cuya intervención atribuye la salvación de su vida cuando en realidad ésta nunca estuvo en peligro[54]. A mi entender, tanto Herrera con su penuria de datos como Alemán con su abundancia de detalles se están refiriendo, desde prismas diferentes, a un mismo episodio: la gran pesquisa sobre el fraude de bastimentos[55]. En la relación del incidente milagroso que,

[51] Como se ha indicado, sería el mismo Herrera quien hablando en tercera persona brindase información suplementaria sobre el hecho de que su cargo estaba particularmente expuesto a oportunidades de fraude: «teniendo ocasión entre manos de poderse aprovechar de mucha hacienda» (RS, fol. 171v.).

[52] A este propósito se pregunta Cavillac si «¿estaría ligada su comisión con la visita de las galeras? En todo caso, no parece disparatado suponer que el doctor Herrera y Alemán, unidos ambos por un mismo afán de justicia, trabarían o renovarían por esta fecha una amistad que no hará sino afirmarse con el paso del tiempo» (AdP [1975], Intr., pp. xxx–xxxi.).

[53] RS, fols. 171r.

[54] AP, fols. 347r.–349r.

[55] Se puede establecer un paralelismo entre las proyecciones que respectivamente en

supuestamente, le había causado tanto terror y que sitúa en el marco de una «visita»[56] de navío en Cartagena, Alemán estaría parodiando el temor que Herrera hubo de experimentar durante la visita a las galeras en torno al asunto del bizcocho. Alemán pudiera estar insinuando que, como había ocurrido en su propio caso, también Herrera se había salvado de milagro. Alemán estaría asimismo invitando al lector a conjeturar sobre la identidad del altísimo patrón que intervino en la salvación de Herrera. Puesto que Alemán precisa, de manera gratuita y como si quisiere atraer la atención sobre el asunto, que la intercesión de San Antonio de Lisboa, dicho de Padua[57], tuvo lugar el día de San Sebastián, sugiero que está invitando al lector a asociar por nemotecnia al intercesor con la anexión de Portugal, causada por la muerte de Don Sebastián[58]. Alemán estaría apuntando a Arce, gran intercesor en

los planos terrenal y divino Alemán ofrece de sus dos grandes intercesores, Herrera en el primero y San Antonio en el segundo. En su «carta segunda» Alemán declaraba a Herrera como su electo, el favorito de todo su entorno tanto pasado como presente, tenido «en mas que a todos». En su hagiografía Alemán seleccionó el caso del milagro de Cartagena, «entre otro mucho numero dellos» propiciados por su celestial patrón, como «entre todos… tan importante y mas notorio» (AP, fol. 347 r.–v.). Sugiero que el común denominador superlativo de ambas instancias es indicativo de su común entronque. En la carta segunda se aplicaba a Herrera el hombre y en el caso de Cartagena se aplicaba por analogía al más grave incidente en el que hubiese estado involucrado Herrera, del que habría salido ileso gracias a la intervención de su propio ángel de la guarda, de su muy alto intercesor. La ubicación espacio temporal que Alemán ofrece del episodio de Cartagena evoca por su casi litúrgica y minuciosa solemnidad a la proporcionada por Herrera respecto a la de la ceremonia de colocación de la primera piedra del Albergue de Madrid, simbólico inicio de su edificio reformador. Quizá con ello Alemán esté estableciendo un paralelismo entre ambas instancias, indicando que su estancia en Cartagena, donde con toda probabilidad conoció a Herrera, puede considerarse como la primera piedra de lo que sería su edificio literario y obra reformadora.

[56] En su caso se trataba de una visita de inspección protocolaria en la que él era el agasajado por las autoridades («a ver hazer la visita»: AP, fol. 347v.), no de una visita encuesta de tipo judicial como en el caso de Herrera en la que este se encontraba sentado en el banquillo de los sospechosos.

[57] «Y… aviendose de llamar San Antonio de Lixbona (por aver nacido y crecido en ella) lo llamaremos de Padua» (AP, 1605, «Letor»).

[58] Acaecida en la batalla de Ksar el –Kébir (Alcazarquivir) en 1578. Incrédulo sobre

el asunto de la anexión, como el «patrono» de Herrera[59] que habría intervenido en su favor en «mucho numero» de casos (AP, fol. 347r.).

Conocedor de que Herrera estaba preparando una elaborada *Relación de servicios*[60] con el fin de obtener mercedes, Alemán se adelanta con su propia hagiografía a la autoencomiosa autobiografía de Herrera, preludiando su sesgo fabuloso y denunciando a un segundo nivel de lectura la falsedad de las hazañas bélicas y humanitarias que el Doctor allí se atribuiría, en particular las situadas en el marco de la anexión de Portugal más de veinte años antes. En su *Antonio de Padua,* Alemán afirma, de manera un tanto desafiante, poder demostrar la autenticidad de su milagro de manera incontestable: con «papeles auténticos» y las declaraciones de numerosos testigos presenciales[61]. Sin embargo, la gravedad del incidente y su milagrosa cura[62] son exageraciones basadas en una interpretación subjetiva de los hechos. Alemán no fue herido sino que creyó haberlo sido: «una pieça de artillería, que me pareció averme dado con ella, de que me causo mucho temor». En realidad la primera pieza nunca llegó a alcanzarle. A continuación se disparó una segunda que le atravesó no la cabeza sino el sombrero, recibiendo el golpe de un «pedaço de madera del tamaño de una gruessa castaña», el cual salió de un «taco, de trapos encendidos de la pólvora en la cabeza»[63]. El impacto le causó un «chichón», que se describe como

la veracidad de la noticia de su muerte, el pueblo portugués creó en torno a su figura la leyenda del Rey Sebastián, que durante mucho tiempo mantendría viva su milagrosa presencia en el imaginario colectivo.

[59] Alemán estaría sugiriendo que el origen de la relación entre Arce y Herrera, que había transformado a éste último en intercesor máximo del programa de reforma asistencial respaldado por el gobierno, había que buscarlo en Lisboa en el marco de la anexión.

[60] Véase Apéndice III.

[61] AP, fol. 347v.

[62] Refiriéndose a la desaparición del chichón que le causo el golpe y como si se tratase de un hecho asombroso, declara Alemán que «el bulto que me hizo, lo tuve por espacio de una ora… el cual era de hechura de un medio huevo a la larga, y se deshizo, sin dexar alguna señal, ni un solo pelo cortado» (AP, fol. 348v.).

[63] En realidad Alemán no fue alcanzado por la carga propia de una pieza de artillería («pólvora, balas y taco» DA) sino, como queda abundantemente explicitado, por parte

resultado de «una grande batería, por donde cupiera un gruesso huevo, quedándoseme pegado a la cabeça»[64]. Creyendo haber recibido «grande daño», Alemán declara histriónicamente que dejándose «caer sobre los pechos del alcalde mayor», quien a su vez le abrazó, le dijo: «muerto me an». En vena jocunda atribuye a milagro el hecho de que el impacto, fuera del «chichón», no le causase mayor daño: «sin otro algún daño». Abundando sobre el asunto y exagerándolo satíricamente[65], Alemán consigue desenmascarar el engaño de aquéllos que, pasado el tiempo y lejos del lugar de la acción, se atribuyen hechos que, aunque en realidad hubiesen sido fútiles, ellos describen como heroicos o milagrosos; impostura que Alemán ridiculiza cuando apostilla: «Todos lo tuvieron a grande milagro de Dios, no haverme hecho pedaços... y cuando fuera un taco de papel, que saliera de un arcabuz, aun pudiera matar a un hombre como se ha visto muchas vezes» (AP, fol. 348v.)[66].

de un «taco», es decir un «bodoquillo de esparto, cáñamo, u papel, que se echa sobre la carga de las escopetas, para ajustarla con la baqueta, y que el tiro salga con fuerza» (DA, s. v. «taco»).

[64] AP, fol. 348r.–v.

[65] Alemán dice haber temido que la fragata en la que se encontraba se fuese a «fondo» como resultado del impacto de la otra «parte del taco, de trapos encendidos de la pólvora» que le había dado a él en la cabeza. Como si se tratase de algo pavoroso añade que el «tapete» que llevaban había prendido fuego tras el impacto, «y pareció que la fragata se iva a fondo, según el golpe grande que recibió» (AP, fol. 348r.).

[66] En Cartagena no hubo milagro (P. Jojima: «Aproximación a un intento de identificación», p. 1092). Se trata de una farsa cuyo significado debe ser interpretado desde un segundo nivel de lectura que invita a replantear el sentido y propósito de una dilatada hagiografía de 417 folios, presuntamente compuesta para cumplir un voto religioso y dedicada a la más que consagrada figura del santo quizá más popular y venerado del *Flos Sanctorum*. A un primer nivel de lectura, el AP hubiese sido una hagiografía superflua que no añadía prácticamente nada a lo ya conocido sobre la vida del santo. Quizá el aspecto más intrigante del asunto sea su fecha de redacción y publicación. ¿Cómo explicar la irrefrenable urgencia que Alemán parece haber sentido precisamente en 1604 por cumplir un voto que decía haber hecho trece años antes? En el episodio del milagro naval Alemán parece tener muy presente a Herrera. Como si deseara establecer una relación entre el tono de su propio episodio milagroso, presentado con paródico patetismo como ataque naval perpetrado por sorpresa con el inesperado lanzamiento de una pieza de artillería desde un navío flamenco, y la acusación de sabotaje que Herrera hacía en sus discursos respecto a la actuación de los

En cuanto a la confirmación testimonial que Alemán ofrece respecto
a la verificación del milagro del que dice haber sido objeto, es asimismo
provocativo al afirmar «que puedo (por papeles auténticos, que tengo en
mi poder, y mucho numero de testigos, que oy son bivos y se hallaron
presentes) verificarlo» (AP, fol. 347v.). En 1604, Alemán apoyaba con
presuntas pruebas escritas y testigos presenciales la autenticidad de un
incidente a todas luces fabricado, al menos en lo que a la peregrina
interpretación de su sentido atañe. Sugiero que se trataba de una parodia
directa de las pruebas de autenticidad que al parecer corroboraban la
Relación de Herrera reunidas en «papeles» que el Doctor decía tener
«enquadernados»[67] y que designa como «el original»[68] donde, a su decir,
se recogían «tantas provanças y fees de insignes varones, y Capitanes
Generales, y otros»[69] a las que en las márgenes de su *Relación* hacía
referencia: «constando por las márgenes de la verdad y puntualidad,
con que esta el original»[70]. Puesto que los acontecimientos narrados
en la *Relación* de méritos se remontan a 1577, muchos de los testigos
allí citados en 1605, fecha de la elevación de la *Relación* al monarca, ya

artilleros «olandeses… nuestros enemigos» quienes, a su decir, desde el seno mismo de
la armada española cargaban «las pieças sin echarles balas» con el propósito de causar
la derrota de España. Ambos ejemplos se hacen eco de un mismo trasfondo histórico
de candente actualidad: la cuestión flamenca en la que Flandes era tenido como el
enemigo interno de la monarquía. La diferencia entre ambos es que en el caso de
Alemán el histrionismo es deliberado y va dirigido a la citada observación de Herrera;
en el caso de Herrera, parece tratarse de un juicio personal sobre la peligrosidad de la
amenaza flamenca, expresado fuera de lugar y sin traza de ironía. Mediante un anodino
estribillo, Alemán denuncia la falta de rigor histórico en el análisis de Herrera, quien
no dudaba en exagerar a fin de causar efecto. Herrera describe el aducido sabotaje de
los artilleros holandeses como algo rutinario que «ya se ha visto algunas veces» (AdP,
fol. 19r.–v.). Alemán generaliza burlescamente el efecto mortífero de un hipotético
taco de papel lanzado por un arcabuz «a espacio de dos picas» como algo que «ya se
ha visto muchas vezes» (AP, fol. 348v.). Alemán está recreando aquí una descarga sin
balas, tal y como la había descrito Herrera en su AdP.

67 RS, fol. 167 r–v; margen de v.

68 RS, fol. 166v.

69 RS, fols. 166v.–167r.

70 RS, fols. 166v.–167r.

habían fallecido[71]. La diferencia entre ambas reivindicaciones residía en que la de Alemán estaba formulada en vena provocativamente paródica, mientras que la de Herrera pretendía ser tomada con toda seriedad. En su hagiografía, tácticamente distribuída por el propio autor en una primera edición de 1604 probablemente no autorizada, Alemán estaba advirtiendo a los círculos de poder próximos al nuevo entorno regio sobre la dudosa veracidad de las reivindicaciones de Herrera en su *Relación* y sobre la dudosa autenticidad de las pruebas que presentaba en apoyo de las mismas[72]. Simulando haber sido objeto de un milagro, Alemán denunciaba la impostura de Herrera, quien en su *Relación* se presentaba como héroe y santo. El que Alemán en su *San Antonio de Padua* no dudase en presentarse como un ser pusilánime pero con delirios de heroísmo tenía por diana la denuncia de la conducta de Herrera, quien en su *Relación* afirmaba haber sido herido en las Islas Azores de un arcabuzazo que «le passo el cuerpo, de que estuvo a punto de muerte» (RS, fol. 168v.). Al invitar a su lector a establecer por inferencia una relación entre las devastadoras consecuencias de una verdadera descarga de artillería, en el contexto de una auténtica batalla naval, y la presunta gravedad del impacto de un arcabuz cargado de un taco de papel[73], en el marco de un acto oficial de reconocimiento, una

[71]   Uno de estos testigos ya fallecidos era el Marqués de Santa Cruz, Don Álvaro de Bazán, Capitán General de la armada durante la Jornada de las Azores, donde Herrera dice haberse distinguido en su actuación militar (RS, fol. 168 r.–v. y margen). Don Álvaro fue el auténtico héroe de las Terceras, bajo cuyo mando sirvió Mosquera de Figueroa. Mi trabajo cuestiona la veracidad de las declaraciones de Herrera en su RS sobre el papel desempeñado por él en la primera jornada de las Terceras. Conviene aclarar aquí que la llamada «armada del Andaluzia» (BCDM, fol. 13r.) en la que el protomédico Herrera estaba supuestamente enrolado (AdP [1975], Intr., p. xxiii), no estaba al mando de Don Álvaro de Bazán sino de Don Alonso de Bazán. En la primera jornada, según Mosquera, esta armada compuesta de galeras no pudo «passar adelante por la aspereza de los mares y contrario tiempo que les hizo» (BCDM, fol. 13r.). Cabe por lo tanto preguntarse en qué año y en qué capacidad se incorporó Herrera a las galeras.

[72]   Cabe preguntarse si la intervención de Alemán, quien con su hagiografía de 1604 se había adelantado como «precursor» a la RS de Herrera (enero 1605), pudo de alguna manera haber influido en la tibieza de la respuesta que sería reservada por el Consejo de Estado a la petición de Herrera en su RS (fols.178v.–180r.).

[73]   El vocablo «taco» tiene también el significado de «cañutillo de madera, con que

«visita» (AP, fol. 347v.), Alemán está también parodiando el relato que de las circunstancias bélicas y gravedad de su herida de arcabuz Herrera hacía en su *Relación* (RS, fol. 168v.); lance sobre cuya veracidad Alemán parece expresar un gran escepticismo y del que Mosquera de Figueroa ya había ofrecido otra versión mucho menos dramática en su *Comentario* de 1596, consignando que Herrera: «fue herido de un arcabuzazo en un hombro»[74]. Para apreciar la ironía paródica de Alemán conviene situar ambos casos, el relatado por Alemán y el relatado por Herrera, en un adecuado trasfondo. Ambos episodios tienen como contexto (virtual en el caso de Alemán; real en el caso de Herrera) el escenario quizá más mortífero y sangriento de toda contienda de la época: la batalla naval. Dentro de este contexto, los dos incidentes, tanto el de Herrera como el de Alemán, aparecen como triviales.

Manteniéndonos dentro del marco general de desvelar en la obra de Alemán los posibles paralelismos entre las vidas y obras de Alemán y Herrera, es digna de ser notada la semejanza entre el desenlace de otros dos episodios ya aludidos anteriormente y que a continuación reseñamos con más detenimiento. Primero y en marco histórico, el interrogatorio a que fue sometido Herrera durante la visita judicial a las galeras, evocado por el propio Herrera en su *Relación* (1605)[75]. Segundo y en marco poético, la investigación a que fue sometido el pícaro al concluir la novela. En el primer caso, sólo Herrera fue «dado por libre», pero «fueron cinco personas degolladas y otros muchos echados a galeras» (RS, fol. 171r.–v.). En el segundo, sólo el pícaro fue desherrado, permitiéndosele

---

juegan los muchachos, metiendo unos tacos de papel, y apretándoles con un palito salen, causando el aire algún ruido» (DA, s. v. «taco»).

[74] BCDM, fol.100v.

[75] Es posible que el interrogatorio fuera también recordado por aquellos observadores conocedores de los entresijos del escándalo del que Herrera se jactaba haber salido airoso. El milagro de Cartagena tuvo lugar en 1591. También en Cartagena y con toda probabilidad en el mismo año tuvo lugar la puesta en libertad de Herrera, acontecimiento que algunos con ironía consideraron igualmente milagroso. Por aproximación al milagro de Cartagena se podría inferir que de la milagrosa liberación de Herrera quedarían quizá también «mucho numero de testigos... bivos [que] se hallaron presentes» (AP, fol.347 v.). Sin duda el final de GAII hubo de despertar la curiosidad de más de un observador y reavivar la memoria histórica de un incidente en su día notorio pero que quizá comenzaba a ser olvidado.

andar «como libre» por la galera, pero «ahorcaron cinco» galeotes «y a muchos otros … dejaron rematados al remo». Este paralelismo entre ambos episodios suscitado como cuadro final del *Guzmán* (1604) fija iconográficamente en la mente del lector el episodio histórico protagonizado por Herrera y sugiere que Alemán conocía el asunto desde dentro, quizá por haber intervenido de alguna manera en la pesquisa[76]. Se da asimismo un elemento de convergencia en el comportamiento de Herrera y del pícaro en dos acontecimientos previos, relacionados con el desenlace de ambos episodios. Remontándose a sus probables orígenes, Cavillac contextualiza el interrogatorio de Herrera en torno al asunto del bizcocho relacionándolo con las alteraciones sociales

---

[76] El paralelismo tuvo que haber sido observado por aquellos lectores que tuvieron acceso a ambos textos. La publicación de GAII y la elevación de la RS de Herrera al monarca fueron prácticamente coincidentes. El «Privilegio» de GAII lleva fecha del 4 de diciembre de 1604 y el billete de transmisión del «memorial y papeles… del Doctor Christoval Pérez de Herrera» por el duque de Lerma al Consejo de Estado está fechado el 4 de febrero de 1605, lo que indica que Herrera presentó su memorial en enero de 1605, como él mismo anota («El año de mil y seiscientos y cinco por el principio del»: RS, fol. 177v.); momento en el que acababa de salir en Lisboa la segunda parte del *Guzmán*, precedida por muy poco por la salida en Sevilla de una tirada limitada, y probablemente no autorizada, del AP. La publicación anticipada pero controlada de la tercera parte, AP, con anterioridad a la publicación de la segunda, GAII, fue un magistral golpe publicitario. Zanjaba por partida doble todo intento de plagio de la segunda parte. No sólo adelantaba el guión sino que al situarlo en un registro trascendental lo hacía inalcanzable para todo potencial plagiario. El pícaro estaba a salvo en un *non plus ultra*, más allá del cual no había posibilidad de continuidad narrativa posible. Por otra parte, creaba una cierta expectativa respecto a la salida del GAII (1604), obra que a su vez Alemán utilizaría como vehículo publicitario del AP de 1605, versión oficial de la tercera parte de la obra. Esta arriesgada táctica pudiera explicar la partida de Alemán a Portugal después de finalizar la redacción de su hagiografía; salida que dado su apresuramiento ha sido descrita en términos de fuga. La edición de 1604 parece haber sido distribuida entre los *cognoscenti*, aquellos «cuantos della pudieron alcanzar parte» (GAII, «Elogio», p. 28). De circulación limitada entre circuitos selectos, la hagiografía de 1604 proporciona asimismo el trasfondo necesario para un enjuiciamiento debidamente informado de la autoencomiosa RS que Herrera estaba a punto de elevar al Consejo de Estado. Como se ha apuntado más arriba, en su tibia reacción a este documento las autoridades pudieron haber estado influidas por la visión que tanto GAII (1604) como el AP (1604 y 1605) ofrecían de Herrera a aquel discreto lector que sintonizando con la intención de Alemán supiese leer estas obras en el adecuado registro.

acaecidas poco antes en Barcelona como consecuencia de una «crisis de subsistencias» que afectó gravemente a la economía catalana[77]. Herrera relata en su *Relación*[78] un amago de sublevación del pueblo barcelonés, describiéndose como quien había desempeñado un papel crucial en su supresión, sin por ello dar explicación alguna sobre las causas que lo habían provocado. Uno queda con la impresión de que Herrera está evitando suministrar cualquier indicio de ubicación temporal de este acontecimiento para evitar que se pudiera establecer un lazo entre el levantamiento popular en él recogido y la subsiguiente pesquisa de la oficialidad de las galeras; pesquisa que, repetimos, pese a describirse en ella como ejemplar protagonista de la misma, Herrera presenta envuelta en una total opacidad espacio-temporal.

El estallido del escándalo del fraude del «bizcocho» destinado a la armada española tuvo lugar en Barcelona en 1588. Sus responsables eran los especuladores genoveses a quienes el Virrey Manrique de Lara había concedido privilegiadas «licencias de exportación», ayudados de sus cómplices, los funcionarios españoles encargados de suministrar el «bizcocho» a las galeras[79]. Los *Consellers* de la ciudad protestaban que con ello se daba «ocasión a que hoy el trigo valiese el doble más que valdría, si no se hubieran dado tales licencias»[80]. Sus peticiones fueron sin embargo desatendidas ya que los especuladores pertenecían a las capas más altas de la sociedad. Ello hizo que el *Consell des Cent* reaccionase sin demora «apoderándose para provisión de la ciudad, de los trigos almacenados y preparados para sacarlos del Principado.

[77] En 1588 y en un ambiente de crisis «propicio al desarrollo del vagabundeo, la orden de requisar trigo para las tripulaciones de las galeras de Su Majestad, dada por el virrey a fines de 1587, cobró una dimensión mucho más dramática cuando se supo que los genoveses cargaban de noche grandes cantidades de cereales, so pretexto de fabricar el ‹bizcocho› de la armada española» (AdP [1975], Intr., p. xxix).

[78] RS, fol.170r.–v.

[79] Las «licencias de exportacion» abarcaban «no sólo el dinero destinado a financiar la guerra de Flandes, sino también materias primas (el hierro y la lana) imprescindibles para la economía catalana, y productos alimenticios de primera necesidad, como el trigo, el aceite o el vino» (AdP [1975], Intr., p. xxviii).

[80] AdP [1975], Intr. p. xxix n. 26. Véase J. Carrera Pujal, *Historia política y económica de Cataluña: siglos xvi y xviii*, Barcelona, 1947, tomo I, pp. 148–149.

Por toda Barcelona cundió entonces el alboroto, sublevándose los ... oficiales catalanes contra la persona de Manrique de Lara que se opusiera a la decisión de los *Consellers*»[81]. Cavillac plantea la posibilidad de que la grave pesquisa realizada poco después entre los oficiales de la escuadra del adelantado, entre los cuales se encontraba Herrera, estuviese directamente relacionada con los acontecimientos de Barcelona. Por mi parte, como lo he indicado, me inclino a pensar que ambos episodios forman parte de un mismo asunto, y que ello explica el intento del Doctor Herrera de desligar las dos vertientes, soslayando toda precisión sobre la fecha y el lugar de la pesquisa.

Herrera se encontraba en Barcelona en el momento de la sublevación. En su *Relación* se congratula de haber intervenido como heroico protagonista en el asunto, defendiendo los intereses de la corona y logrando impedir que la «gente plebeya irritada» que «avia tomado una resolución en desservicio de su Magestad... y daño del Reyno» (RS, fol. 170r.) llevase a cabo su propósito. A decir del propio Herrera, su intervención en el asunto se debió al hecho de «que aviendo sabido en secreto» los planes de la gente plebeya «previno, y dio parte dello al dicho Adelantado, y al Doctor Diego Pérez su Confesor» (RS, fol. 170v.). Estando «el fracaso a punto de executarse», la dramática intervención *in extremis* de este venerable predicador, quien dada su avanzada edad hubo de acudir ayudado por Herrera quien lo llevaba «casi en sus braços», logró gracias a su prestigio y dotes de persuasión impedir se llevara a cabo la «execución» de la citada sublevación[82].

El dato preciso que la *Relación* de Herrera brinda sobre el carácter secreto de su intervención en el episodio barcelonés evoca la actuación del pícaro en su secreta revelación a la oficialidad de la galera del proyecto de levantamiento que le había sido comunicado secretamente: «díjele secretamente» (GAII, p. 521). Ambos episodios escenifican dos levantamientos abortados *in extremis* por medio de una delación. En

---

[81] AdP [1975], Intr., pp. xxviii–xxxi.

[82] Dada la característica ambigüedad expositiva de Herrera, que le permitía presentarse como protagonista de hechos atribuibles a otros, conviene recordar que fue la alocución del doctor Diego Pérez de Valdivia la que había conseguido aplacar a la multitud exaltada (RS, fol.170r.–v.) En este asunto, el papel de Herrera se había limitado al de informante secreto.

ambos casos, el histórico y el poético, los protagonistas, Herrera y el pícaro, actuaron como informantes, impidiendo un levantamiento. Se pueden, sin embargo, cuestionar los móviles que movieron a los citados protagonistas. En ambos casos el protagonista delator actuaba movido por intereses personales y esperando ser recompensado. Herrera alaba su propia intervención en el episodio barcelonés describiéndolo como un «hecho insigne y muy importante…y digno de gran remuneración» (RS, fol. 170v.). En el marco de nuestra aproximación histórico-poética la realidad sobrepuja a la ficción. En efecto, la apreciación del pícaro frente a la reacción del capitán no es jactanciosa, como la de Herrera, sino de cínica lucidez: «exagerando el capitán mi bondad, inocencia y fidelidad». Tanto Herrera como el pícaro han actuado como atalayas previniendo a las autoridades del peligro que se avecinaba. ¿Estaría de alguna manera relacionada la excepcional puesta en libertad de Herrera, tras la pesquisa en la que fue el único dado por libre, con el tipo de servicio que como informante secreto parecía haber prestado durante su periodo como protomédico, o quizá incluso en la fase anterior durante su estancia lisboeta?[83].

[83] ¿Estaría Herrera, a cuyo cargo corría el «bizcocho de los remeros» y «demás bastimentos» (RS, fol. 171r.), involucrado en el fraude de cereales destinados a fabricar el «bizcocho» para la armada española?; ¿albergaría algún sector de opinión dudas al respecto?; ¿sería ésta la sospecha evocada, disimulada en la gratuita e inocua observación formulada por el pícaro, quien rememorando su embarque en las galeras subraya el hecho de no haber querido «remojar el bizcocho»? (GAII, p.497). En un cierto registro esta declaración puede ser interpretada como una provocación con la que Alemán amenazaba con sacar a relucir un asunto sobre el que quizá se había echado un tupido velo respecto a la actuación de Herrera. Como colofón, considero oportuno aportar la siguiente aclaración. En el episodio barcelonés relatado por Herrera en su RS, hay que someter a examen la naturaleza de la colaboración entre Herrera y Diego Pérez de Valdivia, en apariencia solidaria. Discípulo de Juan de Ávila, Diego Pérez había conocido los calabozos de la Inquisición de Córdoba antes de instalarse en Barcelona «donde el Consejo le había ofrecido la cátedra de Escritura». Predicador de renombre según su amigo y fiel oyente Miguel Giginta que se encontraba en Barcelona (c. 1583–1585), Diego Pérez era conocido como «el Apostólico, por la grande caridad que se conoce en él». Encargado del recogimiento de pobres, desempeñó un papel importante en el establecimiento de la Casa de Misericordia de Barcelona, cuyas puertas se abrieron en 1583 bajo el empuje del propio Giginta. (M. Cavillac, «La reforma de la Beneficencia», pp. 20–21). En el episodio de la sublevación de Barcelona de 1588, Diego Pérez, gran conocedor de los

Tras esta revaluación de la última etapa de Herrera en las galeras, y de su posible conexión con la etapa final del pícaro a bordo de su poética galera en *Guzmán* (1604), retomamos el hilo de su trayectoria a raíz de su retorno a Madrid en 1592, donde se instala cerca de Alemán en una casa del barrio de San Martín. Foco de intelectuales progresistas y bullidero de ideas, San Martín era un barrio puntero en materia asistencial. Alemán y su círculo de amigos, entre los que se encontraban Alonso de Barros y Francisco de Vallés, estaban comprometidos de lleno con las iniciativas y debates que se estaban llevando a cabo sobre temas de asistencia a los pobres[84]. Herrera, neocatecúmeno en la materia, se inició en ellos al abrigo de las inquietudes y conversaciones de los miembros de este grupo. Este contacto hubo de suponer para Herrera su inserción en un núcleo pensante de la Corte, su pasaporte a la *intelligentsia*. Ello explica que algunos de sus vecinos de barrio y parroquia fuesen más tarde sus principales críticos en materia de reforma. Herrera recurriría principalmente a la ayuda de Mateo Alemán, beneficiándose de su amplio y profundo caudal de intelectual comprometido en materia social. Como debido a sus respectivas experiencias, en galeras el primero y en las minas de Almadén el segundo, ambos compartían conocimientos sobre el mundo de los galeotes, se puede suponer que inicialmente Herrera se presentaría a Alemán como su aliado natural en materia asistencial.

En 1593, Alemán había abandonado voluntariamente su puesto como funcionario de la Contaduría Mayor, espoleado quizá por su epifánica experiencia como juez visitador encargado por el Consejo de Ordenes para inspeccionar y dar cuenta de la situación y número de los forzados que cumplían su condena desentrañando el azogue en

---

problemas en que se veía sumida la ciudad catalana, intercedería en su favor con una carta al Rey enviada el mes de junio del mismo 1588 en la que expresaba como los Consellers estaban «muy desconsolados» porque no se querían escuchar sus peticiones en Madrid (AdP [1975], Intr., p. xxx, n. 29). Su postura es muy distante de la de Herrera, quien en su RS de 1605 no muestra comprensión o compasión alguna por las preocupaciones de los *Consellers* e ignora el sufrimiento del pueblo barcelonés al que describe despectivamente como «la gente plebeya irritada» presta a sublevarse.

[84] AdP [1975], Intr., pp. xlv–xlviii.

las minas de Almadén arrendadas a los Fugger[85]. Desempleado y en
situación materialmente precaria que le acercaba anímicamente a la

---

[85] La investigación fue motivada por las «hablillas y murmuraciones» que corrían
en torno a los malos tratos recibidos por los galeotes. El capítulo noveno de la
«Instrucción Original» (12.01.1593) indicaba que la mina padecía «desorden, daños,
inconvenientes», considerando la visita como necesaria para «remediar todo lo malo» y
procurar establecer para los galeotes un régimen de vida que «tanto importa al servicio
de Dios y de su Majestad». La investigación puso al descubierto la inhumana situación
a la que estaban sometidos los forzados así como irregularidades en la administración
de la mina. Los Fúcares hicieron valer su influencia y en marzo de 1593 recibió
Alemán, sólo un mes después de iniciar su gestión, orden tajante de abandonar «sin
detenimiento alguno… el negocio en que está tocante a Almadén, en el punto y estado
que estuviere» y de remitirlo al «Consejo». Previo a este inesperado fin de misión y
siguiendo un protocolo de instrucciones recibidas del Consejo de Ordenes, Alemán
había conseguido, mediante un escrupuloso interrogatorio personalizado, establecer
en un tiempo record un informe que recogía los delitos de condena y condiciones
penitenciarias de cada uno de los forzados. Alemán había conseguido reconstruir de
manera detallada la historia de los galeotes desde que estos habían empezado a ser
enviados a la mina en 1566. (German Bleiberg, *El «Informe Secreto» de Mateo Alemán
sobre el trabajo forzoso en las minas de Almaden*, London, Tamesis, 1985). Acatando
ordenes, Alemán remitió al Consejo su informe, conocido como «Informe secreto»,
cuyo carácter confidencial haría que fuera archivado no conduciendo así a mejora
alguna en la situación de los forzados. La misión que le había sido asignada se daba
por concluida. Uno se pregunta de qué alta instancia provenía la orden que obligó al
Consejo de Ordenes a abortar sin más dilación una encuesta que este mismo Consejo
acababa de encargar, y a qué organismo, aludido como el «Consejo», tuvo que remitir
Alemán su informe. No se puede descartar que se tratase del Consejo Real, a menudo
designado como «el Consejo» a secas. Reflexionando sobre las razones que movieron
a encargar la investigación, se pregunta Bleiberg si el Consejo de Ordenes estuvo
motivado por una preocupación de orden humanitario, o bien si «habría cierto interés
en buscar un pretexto para censurar la orientación del Consejo de Hacienda. ¿Por
qué esa impaciencia por hallar precisamente los originales de los asientos entre la
Corona y los Fúcares?»; documentos que según este crítico deberían de «encontrarse
más bien en el archivo de algún organismo real» (G. Bleiberg, *El «Informe Secreto»*,
p. 18). Indico a este respecto que Arce, a la sazón Presidente del Consejo Real, había
sido Presidente del Consejo de Hacienda de 1584 a 1592. ¿Estaría Arce de alguna
manera relacionado con la orden de interrupción de la visita a Almadén? Frente a
la existencia de un infierno subterráneo poblado de seres reducidos a un estado de
total deshumanización y después de lo que llamaríamos secuestro de su informe por
las autoridades, Alemán, conmovido y desasosegado por su experiencia, cambió de
ocupación y dio un giro dramático al rumbo de su vida.

de aquellos desgraciados que tanto le habían conmovido, Alemán se había volcado en comprender las causas de la poliédrica desintegración física y espiritual que afligía al mundo de los menesterosos. Más que procurar resolver prácticamente el asunto mediante una reglamentación de los mendigos, Alemán se esforzaba en ampliar el debate situando la mendicidad en su adecuado contexto como epifenómeno del complejísimo problema del pauperismo. Perspectiva indisociable de una visión reformadora de la sociedad en su conjunto. Alemán intentaba concienciar a la opinión pública, incitándole a luchar contra las causas de la pobreza y no contra el pobre, cuya figura desacralizada e incluso demonizada por algunos intentaba rehabilitar por medio de su obra escrita. Esta empatía otorgaba al compromiso de Alemán con la causa de los pobres una dimensión vocacional de por vida, misión que desarrolló de manera indisociable a la de su vocación de escritor. A partir de los primeros meses de 1593 viviría entregado a su misión, alejado del mundanal ruido: «Huí de la confusa corte… Retiréme a la soledad»[86]. Alemán, quien a decir de Barros era un estudioso nato[87], había optado por retirarse del mundo para seguir su inclinación natural: «habiéndose criado desde sus primeros años en el estudio de las letras humanas». Por otra parte, y en principio con mucho menos tiempo a su disposición y una formación en letras humanas inferior a la de Alemán, Herrera, médico supernumerario de Casa y Corte, tuvo probablemente que haber recurrido con frecuencia a su vecino de barrio en busca de información sobre el tema en el que ambos trabajaban[88].

[86] GAI, «Al Vulgo», p. 109.

[87] GAI, «Elogio de Alonso de Barros», p. 117.

[88] Defendiéndose de las críticas de las que era objeto, Herrera reivindica en su RD lo que describe como una vida de dedicación a su oficio de médico, atendiendo a sus exigencias conjuntas de práctica y de estudio, lo que le lleva a tener que admitir públicamente que a la «ocupación» de reformador, que no era «derechamente de [su] profesión», le había dedicado «los ratos» que le habían «sobrado» (RD, fol. 13v.). Incluso teniendo en cuenta la ayuda divina que Herrera declaraba haber recibido, el observador contemporáneo tenía con toda probabilidad que concluir que, dadas las limitaciones impuestas por las exigencias de su profesión médica, su contribución a la reforma asistencial tenía que ser cualitativa y cuantitativamente inferior a la de quien como Alemán se había consagrado a ello de lleno. Como si estuviese por inferencia evocando las críticas de las que Herrera era objeto, Barros precisa que a Alemán no

La parroquia de San Martín había lanzado un importante programa de reforma asistencial. En 1594 se fundaba el Hospital de la Concepción, institución puntera de un programa de asistencia gestionado por la Hermandad de la Misericordia de la que, como se ha venido aceptando, Alemán y su entorno eran cofrades y a la que también se adheriría Herrera tras su instalación en el barrio[89]. En este contexto, Alemán y sus amigos podían considerarse como hermanos entre sí, y a su vez ser también tenidos como hermanos de Cristóbal Pérez de Herrera. Con su solidamente estructurada red asistencial, San Martín era un teatro de operaciones pionero, si bien su proyecto era mucho más modesto que el posteriormente propuesto por el programa oficial de Arce y Herrera. Los miembros de lo que denominaremos como círculo de San Martín eran discípulos espirituales y continuadores del programa de reforma del desaparecido canónigo rosellonés Miguel de Giginta (c.1534–1588), al que servían de portavoces y cuya inacabada trayectoria estaban decididos a proseguir. Su filiación ideológica quedaba inscrita en el «privilegio» otorgado al *Guzmán* (1599) donde esta obra aparece nombrada como «un libro intitulado...*atalaya de la vida humana*», título evocativo de la trayectoria reformadora de Miguel Giginta en su *Atalaya de caridad* (1579)[90].

se le podía reprochar el «haberse entremetido en ajena profesión» (GAI, «Elogio», p. 117).

[89] Pedro M. Piñero indica que Alemán «formó parte del grupo madrileño de ‹repúblicos› que... fundó la *Cofradía del Santísimo Nombre de Jesús* en la parroquia de San Martín», con el fin «de aliviar la vida de los menesterosos, atender a los enfermos en sus dolencias y ayudarles en sus últimas horas. Corrían los años 1595 y 1596» (Pedro M. Piñero Ramirez y Katharina Niemeyer (eds.), *La obra completa de Mateo Alemán*, Madrid, tomo I, p. 119). Se puede suponer que la Cofradía del Santísimo formaba parte de una estructura asistencial más amplia, y que esta cofradía encajaba dentro del ámbito de actividades de la Hermandad de la Misericordia. En cualquier caso, lo crucial desde nuestra perspectiva es que Alemán y su círculo estaban activamente comprometidos en la obra social que se estaba llevando a cabo en el barrio de San Martín, como mienbros de una u otra de estas dos cofradías.

[90] Miguel Giginta, *Atalaya de caridad*, Zaragoza, Simón de Portonariis, 1587, en Raphaël Carrasco et Michel Cavillac, *Le débat sur les pauvres et la pauvreté dans l'Espagne du Siècle d'Or* (1520–1620) – Les pièces du dossier – *Etudes et documents*, 4, France-Ibérie Recherche, Université de Toulouse-Le Mirail, Toulouse 1991, pp, 157–179.

A pesar del cuidado con que su propio autor intentaba probarlo, el programa de Herrera no era una creación *ex nihilo* sino que se inscribía dentro de una larga tradición[91]. Desde la publicación del *De subventione pauperum* (1526) de Luis Vives, el debate en torno a la reforma asistencial había conocido momentos señeros. En España, la gran controversia entre fray Domingo de Soto y fray Juan de Robles «alias de Medina» en 1545 había polarizado a la opinión pública instaurando un amplio foro de debate[92]. Tres décadas después Giginta había conseguido lo que hasta entonces se consideraba impensable. Su visión ofrecía una síntesis que permitía un acercamiento entre las posturas ideológicamente polarizadas tras las que se habían atrincherado las dos principales escuelas de pensamiento que prestaban atención al problema asistencial. Aunque sacerdote, Giginta «se situaba manifiestamente en la línea de los reformadores laicizantes, para quienes secularización venía a significar racionalización»[93]. No veía incompatibilidad entre los ámbitos civil y religioso en lo relativo a la reforma asistencial. Como tampoco veía incompatibilidad entre catolicismo y erasmismo. Giginta se situaba en el terreno del «compromiso». En palabras de Michel Cavillac: «A sus ojos, *Philosophia Christi* y Contrarreforma no son nociones antinómicas; la religión católica, por el contrario, ha de asimilarse lo mejor de las doctrinas derivadas de Erasmo, para afirmarse como una auténtica fuerza de progreso»[94]. Su prematura desaparición c.1588 puso fin al notable avance conseguido por su labor innovadora. Giginta gozó en su día tanto del apoyo del entonces Presidente del Consejo de Castilla, Don Antonio Rodríguez Mauriño de Pazos,

---

[91] Herrera no menciona a ninguno de los tratadistas sobre reforma asistencial, pasados o contemporáneos. Entroncando su filiación directamente con el mundo antiguo, cita sin embargo a Justiniano, creando la impresión de que entre éste y su propia obra existía un vacío, excepción hecha de la recopilación de las leyes de la Partida a las que también hace referencia (AdP, fol. 3v.). Este sesgo marcadamente jurídico en la presentación de su programa apunta a la influencia de Arce, quien como destacado letrado probablemente privilegiaba la legalidad sobre la misericordia en materia asistencial.

[92] Véase Apéndice IV.

[93] AdP [1975], Intr., pp. cxxvi–cxxvii.

[94] AdP [1975], Intr., pp. cxxvii–cxxviii.

como de la protección del Cardenal Don Gaspar de Quiroga[95]. Sin por ello excluir la participación de la Iglesia, Giginta había logrado la transferencia del programa asistencial al ámbito laico gubernamental, consiguiendo el inicio de su implementación a nivel regional gracias al apoyo de las Cortes y a las donaciones del cardenal[96]. Sin embargo, el empeño de proseguir con su programa a nivel de gobierno falló después de su muerte por razones coyunturales y no se pudo lograr un consenso de acción concertada a escala nacional.

Desde su posición de médico de Casa y Corte, es posible que Herrera, quien tenía entradas en la intimidad de la vivencia cortesana, transmitiera a ciertos círculos influyentes ideas y proyectos que había recogido en San Martín, haciéndolos pasar como propios. Ese fue su pasaporte inicial, sus credenciales en materia reformadora. Sin embargo Herrera no se contentaría con ello. Contaba con el apoyo de Arce a quien conocía desde su periodo lisboeta, quien quizá le debiese algún favor y a quien estaba dispuesto a complacer de nuevo. Como se ha indicado, Arce luchaba para mantener su supremacía y la de su Consejo,

---

[95] Recogiendo y ampliando lo hasta aquí notado al respecto, indicamos que ya en 1576 Giginta contaba con el apoyo de Don Diego de Covarrubias, entonces presidente del Consejo Real de Castilla, y había sido llamado por los procuradores en Cortes reunidas en Madrid para exponerles detalladamente sus proyectos. Se designó una comisión para estudiar los aspectos prácticos de su propuesta de reforma. Se imprimieron 550 ejemplares de su memorial sobre el remedio de pobres y se acordó incluir el tema del «remedio de pobres» en los capítulos de Cortes (M. Cavillac, «La reforma de la Beneficencia», p. 14 y n. 31). Pese a la pugna de la oposición, Giginta había conseguido movilizar el interés de la facción humanista de la Corte y en 1578 salía para Portugal, donde residiría hasta 1580. Muy bien recibido en la capital lusa, Giginta contó de inmediato con el apoyo del Cardenal Don Enrique y de un gran número de teólogos. Su proyecto de las Casas de Misericordia fue aceptado, y su tratado de *Remedio de pobres*, ampliación dialogada del memorial de 1576, fue publicado en Coimbra en 1579. Aunque por esas fechas se encontraban en Lisboa, ni Arce ni Herrera, quien llegaría en 1580, estuvieron al parecer activa y directamente relacionados con la obra de Giginta. Según Herrera, su propio interés en el problema del pauperismo se inició en las galeras, y su programa reformador fue fruto de inspiración divina y no del ejemplo y escritos de anteriores reformadores. Véase Apéndice V.

[96] Giginta dedicó al Cardenal Quiroga su tratado *Cadena de oro* (Perpignan, Sanson Arbus, 1584), «recopilación glosada de citas bíblicas en torno a ‹nuestra obligación con los pobres›» (M. Cavillac, «La reforma de la Beneficencia», p. 21).

y Herrera le proporcionó una oportunidad y un arma adecuada para conseguirla. Esta no era otra que la idea de un programa de reforma asistencial desarrollado en la línea de Giginta por los intelectuales progresistas del barrio de San Martín, en particular por Mateo Alemán, aunque doblegado a los fines de Arce, lo que garantizaba que la autoridad civil llevaría las riendas del asunto. Sería éste un gran programa laico de estado, apoyado en la autoridad del poder ejecutivo encabezado por Arce, asistido por Herrera, que permitiese al Presidente desplegar su potestad jurídico-gubernativa de manera incontestada. Sin embargo, Herrera no actuó como intercesor en defensa de los ideales de San Martín. La propuesta asistencial esbozada por el citado grupo no encajaba con los designios de Arce, a cuyos intereses políticos había que adaptarla, lo que conllevaba la adulteración de sus principios[97]. Como lo había hecho la década anterior en Lisboa, Herrera entró al servicio de Arce[98] y en consecuencia traicionó el ideal de reforma asistencial del barrio de San Martín. Herrera no fue el vehículo portador de la voz de Alemán. Por el contrario, fue el obstáculo que impidió que su voz se dejara oír[99]. Como veremos más adelante, de ello se hace eco la primera

[97]   Este proceso de plagio adulterador, sobre el que volveremos, fue recogido por analogía en GAII, pp. 59–60 y otras.

[98]   Herrera, quien como médico supernumerario no tenía sueldo fijo, dedicaba gran parte de su tiempo al programa reformador. ¿De qué vivía y cómo sustentaba a su familia? En 1597 se le deniega una solicitud, elevada a Cortes el 18 de junio, para suplir al doctor Ramírez, enfermo a la sazón, como médico del Reino con un salario de 10,000 maravedís. Sin embargo, sólo dos meses después y por merced de Felipe II, Herrera recibe como cargo vitalicio la escribanía mayor de las rentas de la ciudad de Toro y su partido con un salario anual de 21,220 maravedís. Al parecer, Herrera no contaba con el reconocimiento del cuerpo médico, pero sí disfrutaba de apoyo en otras esferas de las que recibía notables favores ajenos a su profesión.

[99]   Alemán deplora el robo de propiedad intelectual del que fue víctima a manos de Herrera, robo sobre el que reiteradamente volvería a lo largo de su obra y que analiza a continuación en genérica primera persona del plural: «Con esto se quedan muchas cosas faltas de remedio… Entéranse primero del negocio como pueden y, dando de mano a el verdadero autor, después lo disponen de modo que lo ponen de lodo y, vendiéndolo por suyo, sacan previlegio dello […] como no lo supieron entender, tampoco se dan a entender. Desta manera se pierden los negocios, porque no pudo éste quedar tan enterado en lo que le trataron, como el propio que se desveló muchas noches, acudiendo a las objeciones de contra y favoreciendo las de pro» (GAII, pp.

carta a Herrera del 2 de octubre de 1597 en la que Alemán se lamentaba de que ni siquiera «los ecos» de su voz llegaban al «oído poderoso». El plagio adulterador de Herrera parece haber tomado por sorpresa a los miembros del círculo de San Martín, sorpresa de la que Alemán se hace portavoz y que queda también reflejada en la primera carta: «Fue permisión de Dios, causada de nuestra negligencia... que de nada se haga un algo... que atribule un reino entero»[100].

Al encabezar la ejecución de un gran programa de reforma al que había dotado de resonancia y proyección planetarias sin precedentes, Arce intentaba defender y reafirmar su autoridad ante el peligro que representaba el que, como parte de una reestructuración del aparato de gobierno, se hubiera previsto una reforma a fondo de las competencias y funcionamiento del Consejo Real. La finalidad de esta reforma era poner limites a la prepotencia del Consejo Real sobre los demás órganos de poder y gobierno, sobretodo la alcanzada por su Presidente de cuya «voluntad» todo dependía y cuyo «margen de maniobra» debía de ser controlado[101]. Se preveía el retorno del Consejo a su función original, la jurisdiccional, y su separación del ámbito ejecutivo dentro del engranaje gubernativo[102]. Esta reforma del Consejo Real había sido asignada personalmente a Arce como condición vinculada a su nombramiento a la Presidencia del mismo. El Rey y su Consejo de Estado habían dado

59–60).

[100] Primera carta. A juzgar por lo despectivo de su expresión, una «nada», el tal grupo no parece haber tenido al neófito Herrera como una lumbrera en materia asistencial.

[101] Se daban grandes quejas sobre la arbitrariedad que existía en el funcionamiento del Consejo, por lo que el «cercenar» la preeminencia adquirida por la figura del presidente se había convertido en un asunto de primer orden (L. M. García-Badell Arias, «La frustración de Felipe II», pp. 314–319).

[102] «Felipe II quiso poner freno a la preponderancia que había adquirido el presidente y al descontrol en el despacho de los negocios, fundamentalmente en las materias de gobierno, que eran dos caras de la misma moneda. Con este fin, el rey intentó... disminuir las facultades de la presidencia y... crear una sala de Gobierno que suplantara al Consejo pleno y que funcionara como un consejo aparte dentro del mismo tribunal. En cuanto a la figura del presidente, su margen de maniobra quedaba sensiblemente reducido». (L. M. García Badell, «La frustración de Felipe II», p. 310).

por supuesto que contaban con la colaboración de Don Rodrigo[103]. Sin embargo, su reacción fue inesperada y profundamente hostil a la propuesta; se negó rotundamente a ejecutarla[104]. Al parecer no se había reparado hasta qué grado se identificaba Arce con su función presidencial. En total contradicción con su anterior postura[105], Arce se sentía amenazado en algo que ahora consideraba al parecer como su prerrogativa inalienable: la incontestada supremacía del Presidente del

[103] Durante la jornada portuguesa y como miembro destacado de la facción «castellanista» favorable a la anexión, Arce controló a distancia «el funcionamiento de buena parte de las instituciones residentes en Madrid, tales como, el Consejo Real», y «fijó el reparto de materias entre Consejo Real y Cámara de Castilla». Fue asimismo encargado de la administración de la gracia (I. J. Ezquerra Revilla, «La Distribución de la Gracia», p. 279). Marco de actuación este último en el que Arce, quien supervisaba las «propuestas de consejeros y corregidores formuladas por Pazos», consiguió «mediante su desautorización presentar a sus allegados» (Ignacio Javier Ezquerra Revilla, «Justicia y gobierno en el siglo XVI. El Consejo Real de Castilla durante el reinado de Felipe II (1556–1598)», Tesis Doctoral dirigida por José Martínez Millán, Universidad Autonóma de Madrid, 1999, p. 471). Arce menoscababa con ello la autoridad de Pazos, a la sazón Presidente del Consejo Real, y consolidaba su propia red clientelar.

[104] Del 15 de noviembre de 1597 data una «Instrucción» esbozando la Ordenanza que Felipe II pensaba promulgar para una reforma del Consejo Real. En su respuesta del 26 de noviembre, Vázquez de Arce alega que la reforma propuesta «quita al Consejo y a quien en él presidiere, el auctoridad que hasta aquí ha tenido en el gobierno y administración de justicia». En consecuencia resta «fuerza a la justicia» y tiene que ser rechazada ya que «qualquier movimiento se enderezaría de golpe contra la persona y auctoridad real, que tanto conviene quede conservada para darla a sus juezes supremos del tribunal cabeza de la justicia, el qual, por esto, se debería tener por cosa sagrada o inacesible, pues son los que más vivo representan a la Persona real. Y mal se podrá conserbar ésta reputación resolviéndose como está dicho». El monarca declaraba en la «Instrucción» que pensaba crear una sala de gobierno formada de cinco consejeros y «que éstos ayan de ser a elección y nombramiento mío y por tiempo de un año [...] de lo que se tratare en esta sala, no sea menester dar quenta en Consejo, por escusar el rodeo y dilación que esto sería, sino que se me de a mí». García-Badell subraya el hecho de que por primera vez aparece explícita la voluntad del monarca de que la sala de gobierno quedase «desgajada en gran medida del resto del Consejo» (L. M. García-Badell, «La frustración de Felipe II», pp. 320–321).

[105] Cuando desde Portugal maniobraba por cercenar la capacidad de actuación del entonces Presidente Pazos.

Real Consejo de Castilla y en consecuencias la suya propia[106]. Ni el Rey ni su Consejo de Estado parecen haber calibrado en su justa medida lo que quizá era el rasgo más definitorio de la personalidad de Arce: su soberbia[107]. Quizá ignoraban el alcance de la misma. Conocido como el «ajo confitado», Arce era diestro en el arte del disimulo.

Arce intentó hacer abortar el proyecto de reforma de su propio Consejo utilizando como instrumento de disuasión la implementación de un férreo programa de ejecución de otro proyecto reformador; el de lo que podría llamarse «su» reforma asistencial[108]. Arce parece haber sostenido un pulso con el Rey al respecto durante todo el transcurso de su presidencia; prueba de resistencia en la que sería el rey y no Arce quien repetidamente daría su brazo a torcer, sugiriendo la posibilidad de que Arce ejerciese cierto imperio sobre la figura del monarca[109]. El

[106] En 1597, Vázquez Arce seguía respondiendo a toda propuesta de reforma del Consejo con la misma amenaza: pedía licencia para retirarse, como ya lo había intentado en 1592, 1593 y 1594, indicando «que aya de quedar este oficio más desautoriçado de lo que esta por lo pasado y que yo padezca una afrenta pública tan conocida… porque en tal estado menguado de onrra, no podría satisfacer a las obligaciones del cargo, antes ninguno de los públicos se puede bien servir sin autoridad, quánto más el mayor dellos» (L. M. García-Badell, «La frustración de Felipe II», p. 321).

[107] Vázquez Arce era diametralmente opuesto a la propuesta real. En su respuesta, rechaza toda propuesta regia de nueva ley ni ordenanza y aboga por el mantenimiento de la preeminencia del tribunal y del presidente, ya que importa «dar mucha auctoridad a este Consejo, favoreciendo a los dél, haziéndoles merced y honrrándoles, y todo por mano de su Presidente». El rey debía afirmar la superioridad de este órgano puesto que «como es el Consejo de Castilla supremo y donde se deve apurar y ajustar lo proveído por los otros consejos quando convenga, no es justo que sea en nada moderado ni excluido por ningún otro consejo ni junta» (L. M. García-Badell, «La frustración de Felipe II», p. 323).

[108] El 16 de enero de 1597 el presidente del Consejo Real enviaba una «Instrucción» a cincuenta ciudades y villas relativa a la ejecución del programa de reforma asistencial. En noviembre de ese mismo año, Arce rechazaba en su totalidad la «Instrucción» de Felipe II sobre la propuesta de reforma del Consejo Real. Rechazo que llevaba sosteniendo desde 1592.

[109] Quizá ello pudiere explicarse por el hecho de que en un asunto tan delicado como el de Antonio Pérez, que según Marañón «tocaba a las entretelas del Rey», Arce se había prestado a ser «instrumento ciego de los designios» del monarca. (G. Marañón, *Antonio Pérez*, tomo I, p. 503).

hecho de que Arce no fuese miembro de la gran obra social del barrio de San Martín, ni de la Hermandad de la Misericordia y Hospital de la Concepción fundado en 1594, que sin embargo contaba con un nutrido contingente de altas personalidades del mundo civil, es prueba elocuente de su inicial indiferencia hacia el problema[110]. Arce monopolizó el control de la ejecución del programa asistencial como estrategia de contraataque para reafirmar públicamente su decisión de no renunciar a lo que consideraba su derecho de intervención en el ejecutivo. El hecho de que su visión reformadora se limitase al ámbito de los pobres mendigos que no podían defenderse, omitiendo el intervenir en otros sectores de la sociedad, le permitía ejercer su poder sin exponerse a molestar a aquéllos que, en caso contrario, hubiesen podido derrocar sus planes. Herrera precisa en su *Amparo de pobres* que la reforma ha de llevarse a cabo «por mano de gente poderosa, y no contra ellos»[111]. Desde este mismo prisma y a juzgar por el sesgo dominante en este tratado, Arce y Herrera consideraban que el gran incremento del pauperismo era resultado de una vida de ocio como opción vocacional

---

[110] Como si se tratase de una iniciativa exclusiva o predominantemente religiosa, Herrera menciona nominalmente a dos clérigos como «fundadores» de este programa asistencial, «el padre Fray Sebastian de Villoslada… y el Maestro Juan Diez» (AdP, fol. 13v.). En 1598 añade el nombre de un tercero también religioso, el doctor Francisco Aguilar de Terrones (AdP [1975], p. 68), con lo que, por inferencia, conseguía otorgar al suyo propio la originalidad de presentarse como un proyecto pionero de carácter mixto cívico-religioso. Esta conjunción de lo cívico y de lo eclesiástico estaba ya, sin embargo, inscrita en el ideario de Giginta y su programa y continuaba presente en el de sus sucesores ideológicos del barrio de San Martín, como queda ilustrada en la lista de fundadores del Hospital de la Concepción recogida por el cronista Gil González Dávila (*Teatro de las grandezas de la Villa de Madrid, Corte de los Reyes Catolicos de España*, Madrid, Tomas Iunti, 1623, p. 304) entre los que se encontraban Don Francisco de Contreras Presidente de Castilla, y Don Fernando Carrillo Presidente de Indias, cuya mención a nuestro entender Herrera había deliberadamente omitido en su AdP con el fin de realzar el papel del Presidente Arce como incontestada señera figura de alto dignatario civil, y cabeza única del mayor proyecto de reforma asistencial de todos los tiempos. Notamos asimismo que Herrera ni en 1595 ni en 1598 hace mención alguna de la «Cofradía del Santisimo Nombre de Jesús» fundada por el grupo de «repúblicos» de la que formaban parte su presunto íntimo amigo Alemán y su círculo, y a la que no se puede descartar que Herrera mismo estuviese afiliado.

[111] AdP [1975], p. 220.

propia de los estamentos bajos. Mediante la ejecución del programa de reforma asistencial, Arce proyectaba reactivar la dinámica productiva del Reino utilizando el trabajo forzado de aquéllos que, a su entender, se encontraban en paro voluntario y parasitario. El control del programa le permitiría tomar las riendas de la gran maquinaria de gobierno y mantener de forma indirecta el control de la provisión de oficios[112]. A ello apuntaba Herrera en el epílogo de su *Amparo de pobres* (1598) cuando, en el contexto de la ejecución del programa reformador, anunciaba que se preveía organizar una «junta en casa del presidente una o dos veces al mes, y en ella se vean las residencias de todos los corregidores y jueces de Vuestra Majestad sobre este particular, para que teman el haber de pasar y verse por el mismo presidente cómo se han gobernado y ejercitado en sus oficios, en materia de piedad y cuidado de pobres; por cuyas manos han de ser consultados a Vuestra Majestad para mayores oficios»[113].

Bajo el influjo de anteriores debates en torno a la reforma asistencial, la opinión pública iniciada había alcanzado un cierto grado de madurez. Quería cambio, pero era consciente de la dificultad de encontrar una solución racional y económicamente viable que también protegiese la humanidad y dignidad del pobre. Por otra parte, lo agudo de la crisis predisponía a favorecer la adopción de medidas de urgencia. Dado el apoyo de Arce, el programa de Herrera ofrecía la ventaja de tener garantizada su ejecución, con posibilidad de intervención inmediata y control de la situación. Todo ello con la garantía, reiteradamente asegurada por Herrera, de que los medios previstos para la reforma del pobre serían siempre benignos y respetuosos con su humanidad: «blandos y suaves». Si a ello se añade el que, según Herrera, la ejecución de su programa se realizaría sin costo alguno para las arcas reales y sin molestia para el Reino, se puede comprender que una propuesta de solución tan engañosamente fácil gozase inicialmente de importante popularidad. La propuesta de Herrera era un cebo en el que parte de

---

[112] En efecto, uno de los propósitos de la propuesta de reforma del Consejo Real de Castilla era el acabar con la «tupida red clientelar» creada por las «amplísimas posibilidades de manipulación que tenía el presidente». (L. M. García-Badell. «La frustración de Felipe II», pp. 319–320).

[113] AdP [1975], pp. 210–211.

la opinión estaba dispuesta a picar. Ello no obstante el consenso no era universal. La crítica clarividente del grupo minoritario conocedor de las entretelas del proyecto oficial reaccionó contra la tentación de aceptar una solución a cualquier precio. Se movilizó con el fin de alertar a la opinión pública sobre el engaño, en el que algunos habían caído, de tomar la propuesta de Arce y de Herrera como continuación de una reforma situada en la línea de Giginta. Herrera, quien se había servido de las propuestas de reforma anteriores sin por ello reconocer deuda alguna hacia sus autores, a quienes nunca mencionaba, presentaba su programa como una «cosa grande» y en todo novedosa de la que se presentaba repetidamente como el «inventor»[114]. Sin embargo, puesto que se trataba de un plagio adulterador, el programa de Herrera ofrecía un engañoso parecido cosmético con las propuestas precedentes. En ello radicaba su mayor toxicidad.

El análisis de Herrera se caracteriza por una tendencia clasificadora que reificaba al pobre reduciéndolo a una nomenclatura[115]. Herrera presentaba su análisis como panacea a la incontrolable hipertrofia del mundo de los desposeídos. El suyo era un sistema regido por un criterio de selección inalcanzable que limitaba el derecho a ser considerado pobre «verdadero» a un pequeño número de ancianos y tullidos desahuciados de remedio. Los demás eran considerados como

[114] AdP [1975], «Carta... al Lector», p. 15. El «Discurso Octavo» incluía asimismo como epílogo a esta obra una carta de Alonso de Barros (pp. 253–261) que reproducía, en versión ampliada, con nuevo título y diferente función, una carta que el mismo Barros había publicado por cuenta propia en suelta hacia enero del mismo año, 1598. La carta anunciaba el lanzamiento del programa de Herrera. El propósito de la carta original había sido adulterado en su versión ampliada incluida en el AdP [1975]. Considerada por la crítica como aprobación de los «discursos» del AdP, la carta ha sido interpretada como un elogio a Herrera. Escrita en lenguaje cifrado de clave satírica, era en realidad una obstrucción disimulada para alertar al público sobre el verdadero sentido del programa reformador y sobre la intención de su autor. Barros la concluye pidiendo riguroso castigo contra «los inventores de maldades y cosas feas»; es decir, contra el propio autodesignado «inventor» del AdP, Herrera. Lo hace, como caballo de Troya, desde dentro de los «discursos» del «inventor» de la falsa reforma. Más adelante volveremos sobre la trayectoria de esta carta y del singular manejo de la que fue objeto.

[115] Ya desde Vives, la aplicación de categorías a los pobres era cosa normal y estaba a la base de todo programa reformador. La singularidad de Herrera reside en el criterio de selección y uso que hace de estas categorías.

pobres «fingidos». Se podría decir que, en última instancia, su meta era transformar al pobre de hacienda en pobre de espíritu para conseguir su sometimiento voluntario[116]. El rico es el gran ausente de la visión reformadora de Arce y Herrera. La relación entre la abundancia de éstos y la necesidad de los pobres es una coordenada que no figura en su planteamiento. Esta ausencia relacional fue desde un primer momento objeto de recriminación por parte de la oposición y constituye la esencia de la «séptima objeción» en la que queda claramente expresada[117]. La objeción apunta a que así como existen mendigantes fingidos que vagan por los reinos de las Españas, «también andan en ellos muchos ricos sin ocupaciones» y que tan reprobable es la conducta de éstos como la de aquéllos. Herrera se muestra renuente a contestar a una objeción que sin embargo no le era posible eludir. Su respuesta es una bizantina defensa de postura, contraponiendo la obligación del pobre de ganarse el pan con el sudor de su frente con el derecho a la ociosidad como privilegio exclusivo del rico, y ello por divino designio: «fuera de que quiere Dios que aya diferencias de personas y estados» (RD, fol. 7v.)[118].

[116] Vallés denuncia con mordacidad el propósito demagógico de Herrera. Parafraseando con mal contenido entusiasmo el discurso de Herrera, indica paródicamente cómo una vez convertidos a la pobreza de espíritu los pobres de hacienda «no solo se tendrán por dichosos… sino por dichosísimos … Y para que vean en quanto han de tener sus capas rotas, y sepan hazer precio de los remiendos que traen, y los tengan por encomiendas del cielo, y divisas de la bienaventurança, oygan lo que dize S. Geronimo…». Siempre en la misma línea, Vallés lleva la manipulativa ambigüedad de la doctrina de Herrera a sus últimas consecuencias y denuncia su inversión conceptual, que por inferencia transformaba al rico en «vicario» de Dios (CM, fol. 28r.–v.). Véase Apéndice VI.

[117] «También ha avido pareceres que es bien que se disimule, que todos los mendigantes verdaderos y fingidos baguen por estos Reynos, pues también andan en ellos muchos ricos sin ocupaciones: objeción cierto bien escusada a la qual no quería responder; mas, porque se satisfaga quien la opuso y los que la han oydo me ha parecido no dexarlo assi» (RD, fol. 7r.).

[118] Entre los ejemplos ilustrativos utilizados para legitimar la lucha contra la ociosidad del pobre, Herrera cita a los persas, quienes «aborrecían… la ociosidad y el ser glotones, que todo anda mezclado» de tal manera que llegaban a tener «por cosa flaca escupir con demasía o sonarse las narices y otras evaquaciones superfluas». Herrera identifica a Xenofonte como su fuente histórica, y refuerza la legitimidad de su postura apoyándose en otro ejemplo protagonizado por Ciro quien «se preciava de no admitir los soldados a comer si primero no sudavan» (RD, «Séptima objeción»,

Este esbozo a grandes rasgos, esquemático e inevitablemente simplificador, del programa reformador de Herrera y Arce tiene como meta mostrar el lado oculto del *Amparo de pobres*, cuya doble cara conceptual fue la causa de su fracaso. Esta obra proponía un programa falso, sin concordancia entre fondo y forma, entre discurso y ejecución; o en palabras de Alemán en su primera carta, entre «intención» y obra. La visión global del programa de Herrera requiere una lectura conjunta de dos de sus tratados sobre el tema: el *Amparo de pobres* y un discurso reformador injerto en la segunda parte del *Discurso de las grandezas de la villa de Madrid* (1597), en el cual de manera un tanto insospechada, bajo el título de *Discurso acerca del ornato de la villa de Madrid*, revelaba la verdadera naturaleza represiva de un programa que preveía que «condenassen» a los pobres llamados fingidos, «vagabundos... y otros ociosos (que seran muchos)» a trabajos forzados «por los años que pareciere... en lugar de echarlos a galeras»[119], y emplearlos «a la fabrica de las murallas de la villa de Madrid»; empresa faraónica que Herrera compara con orgullo a la de la construcción de las pirámides de Egipto[120]. El que casi simultáneamente Arce y Herrera se permitiesen expresar una doble visión reformadora que presentaba dos posturas contradictorias sobre los medios propuestos para la reforma de los pobres es en sí prueba del sentido de prepotencia e invulnerabilidad que la Presidencia del Consejo parecía otorgar tanto a su detentor Arce como por una suerte de ósmosis a su acólito Herrera.

En su primera fase, la oposición al proyecto de Herrera se remonta a 1595 y sigue muy de cerca la segunda edición, aumentada y revisada, del *Amparo de pobres* del mismo año. Esta oposición fue expresada colectivamente a través de once «objeciones y dudas» sometidas a Herrera «de palabra»[121] por conducto de Don García de Loaysa, maestro del príncipe y limosnero mayor, quien actuó como su portavoz[122].

fols. 7v.–8r.).

[119] OVM, fol. 14r.

[120] OVM, fols. 14v.–15r.

[121] AdP [1975], p. 221.

[122] El que persona de la importancia de García de Loaysa, Limosnero Mayor del Reino, fuese designada como portavoz de la oposición al proyecto de un médico

Herrera las contestó sin demora a comienzos de 1596 en sus *Respuestas,* cuya publicación impresa otorgaba a su contestación carácter oficial. Esta obra es un documento valioso en más de un aspecto. Recoge las objeciones y dudas que fueron presentadas oralmente por García de Loaysa, las cuales no hubiesen llegado a nuestro conocimiento de no haber sido consignadas por escrito por el propio Herrera, si bien no se puede descartar la posibilidad de que exista una injerencia de su línea

supernumerario recién incorporado a la Corte y desconocido en los medios reformadores, es indicio de que la opinión pública iniciada era consciente del respaldo del que gozaba el proyecto de Herrera. Las facilidades de publicación con las que Herrera parecía contar apuntarían en la misma dirección. Ya desde 1595, detrás de Herrera se vislumbraba la figura de Arce. Por otra parte y quizá por encima de todo, la figura de Don García de Loaysa hacía veces de mascarón de proa de la reforma de Giginta. El canónigo rosellonés le había dedicado su *Atalaya de caridad* (1587), describiendo su cargo de Limosnero Mayor como «officio de Atalaya en el... caso de pobres». Mediante este gesto y el uso compartido de la significativa palabra «atalaya», Giginta le otorgaba el papel de custodio oficial de los principios que sustentaban su autobiográfica trayectoria reformadora. Frente a la interpretación que Herrera estaba llevando a cabo, tergiversando los conceptos en gran parte plagiados de la reforma anterior de Giginta, Loaysa sería el encargado de actuar como portavoz de las «objeciones y dudas» formuladas por la oposición. Loaysa no figura entre los representantes del clero que en 1595 firmaron un documento en apoyo del programa de Herrera, documento que no sería incluído en el programa asistencial hasta el «Discurso Octavo» del AdP [1975], pp. 245–248. En el «Discurso Primero» del AdP [1975], Herrera cita por primera y única vez el nombre de Loaysa junto con los de Rodrigo Vázquez Arce y Diego de Yepes, produciéndose con ello la errónea impresión de que el Limosnero Mayor se había contado desde un principio entre los grandes pilares del programa de Herrera. Su presunto apoyo al programa del AdP, dudoso incluso en 1598, no cuadra con el hecho de que unos meses después los *Proverbios morales* (Madrid, Luis Sánchez, 1598) de Alonso de Barros, cuyo «Prologo» corría a cargo de Mateo Alemán, fueran dedicados a García de Loaysa, quien en el espacio que medió entre ambas publicaciones (AdP y *Proverbios*) había sido elevado a la Silla Primada de Toledo. No era posible situarse junto con Barros y Alemán en el campo de los seguidores de Giginta y apoyar al mismo tiempo a Herrera y su programa; ello hubiese representado un conflicto de lealtades e intereses. Si hubo intervención de Loaysa en el programa de Herrera, sería cosa de última hora; quizá como medida para intentar rescatar un programa que después de todo contaba con el apoyo del Consejo Real; un programa que, aunque abocado al fracaso y amenazado de público escándalo, involucraba al estado.

editorial en su recopilación reformulada[123]. En su *Respuestas,* Herrera parece querer zanjar de manera abrupta y precipitada una consulta en la que sólo pocos meses antes, en la segunda edición de su discurso de 1595, había invitado a la opinión pública a participar[124].

A principios de 1596, Herrera daba el asunto por concluído y declaraba que toda duda suplementaria, si todavía la hubiere, debía en lo sucesivo ser presentada «por escrito a su Presidente de Castilla y Juezes señalados por V.M. o su Consejo»[125]. Esta declaración daba a sus *Respuestas* un sello de legitimidad irrevocable y revelaba también indirectamente la identidad de la autoridad suprema que presidía y regía un programa reformador cuya autoría, por razones tácticas, se intentaba atribuir en su totalidad a Herrera. Es el Presidente del Consejo y no Herrera quien aparece aquí como el auténtico dueño del programa. A pesar de que las dudas suscitadas seguían sin resolverse y atañían primordialmente a lo precipitado, falto de reflexión y contradictorio del programa propuesto, el debate se daba por cerrado desde un punto de vista teórico y los artífices del proyecto pasaban a la etapa siguiente, entrando sin más en su fase de ejecución[126]. El *Amparo de pobres* de

---

[123] En estas RD de Herrera, García de Loaysa no es mencionado ni una sola vez. Asimismo hay que hacer notar la ausencia de respuesta a la «décima objeción», cuyo enunciado asimismo brilla por su ausencia. En sus RD, Herrera pasa de la «novena objeción», con la que concluye su alegato de defensa (fol. 14r.) contra los detractores de su AdP, a la «Ultima y undécima duda a que responde… para acabar de facilitar la execución, y perpetuar el discurso que escrivio… en la materia de la reducion y amparo de los pobres mendigantes de sus Reynos», respuesta al parecer publicada en suelta poco después, también en 1596. Por lo tanto desconocemos el contenido de la décima objeción, aunque en la introducción a su respuesta undécima Herrera dice que habiendo «respondido a diez dudas y objeciones que se opusieron» a su discurso «fue Dios servido ofrecerme otra duda de mucha importancia a que responder y procurar allanar».

[124] «Y pido muy encarecidamente, y suplico a las personas prudentes y doctas que este papel vieren, me la hagan, de dezir otra manera de remedio para atajar lo mas conveniente y a proposito que el que yo diere aqui, o enmendarlo, quitandole lo que les pareciere superfluo, o añadiendole algo que le falte, pues no será tan dificultoso a lo inventado ponerle lo que tuviere de menos» (AdP, 1595, «Al lector»).

[125] RD, fol. 13v.

[126] En su citada carta a Herrera redactada en 1597, Vallés hace hincapié en la oposición que los discursos de Herrera habían ya suscitado y en la que preveía que iban

1595, completado con las *Respuestas* del 1596, recogía en fondo y forma la esencia del programa de reforma asistencial. Sin embargo, y pese a su parcial desarrollo, seguía siendo un proyecto abocetado que adolecía de falta de adecuada maduración. La precipitación que tendía a sacrificar el estudio en profundidad del asunto en aras de su rápida puesta en ejecución era una de las características de Herrera que más llegó a alarmar a los observadores. El proyecto conjunto de Arce y de Herrera pasaría con gran celeridad a su fase de ejecución no tanto para responder a la urgencia de un problema acuciante sino y por encima de todo porque con ello sus autores conseguirían acallar a la crítica iniciada, cuyas crecientes incursiones en la materia consideraban enfadosas. La crítica, inicialmente directa, oficial y verbal, se vio obligada a volverse oblicua y oficiosa; además de escrita a partir de 1596 en acatamiento a las instrucciones de Herrera en sus *Respuestas*.

Con la salida a escena de Arce como ejecutor del programa, la reforma asistencial había dejado de ser tema abierto a debate público y se había convertido en asunto de acatamiento a la autoridad, o bien de reto a la misma ¿Quién iba a ser el atrevido que intentara enfrentarse con la máxima figura jurídica del Reino? La imparable maquinaria de gobierno se había puesto en marcha con el Presidente al mando. Frente a tamaño riesgo la oposición que contrariamente a las previsiones de Arce y Herrera no se había amilanado, pasaría a la clandestinidad. Sus más arrojados portavoces, Mosquera de Figueroa, Vallés, Barros, Lope y, por encima de todo, Mateo Alemán prosiguieron con su arriesgada misión. Sus escritos, tanto privados como públicos, se inscriben en el marco de las dudas, objeciones y graves acusaciones de las que fueron objeto conjunto Arce, Herrera y su proyecto. Utilizarían la ironía satírica como camuflaje y arma de combate para obstaculizar, retrasar e incluso impedir la ejecución de lo que era un mal pergeñado y dañino proyecto que, bajo capa de eficacia, adulteraba el mensaje evangélico

a seguir suscitando: «De donde sacará V. m. consuelo de la contradicion que tuviere, y ha tenido» (CM, fol. 23v.). Dirigiéndose a Herrera en la misma carta, comenta con irónico candor que «aunque *loquutus sis sensate*, y con tan eficaces razones, que conveiçan lo que dizen los contrarios, *non dabitur tibi locus*, al menos acerca dellos.» (CM, fols. 23v.–24r.). Comentario éste indicativo del poco respeto en que eran tenidos los discursos de Herrera, que conseguían al parecer incluso consolidar la postura de sus contrarios.

y atentaba contra la suerte del pobre. Es esto lo que Alemán quería remediar en su «primera parte del pícaro». Por las razones aducidas, la oposición se había visto reducida a lo que llamaríamos un cuerpo de élite, a una falange ideológica consciente, pese a su corto número, de su superioridad ética e intelectual frente a la capacidad motriz de Arce y Herrera. Dado el caso omiso que se hacía de sus recomendaciones, la oposición se radicalizaría y, alentada más tarde por la caída de Arce, llegaría incluso a imponer condiciones. Ello explica los vaivenes, ajustes y reajustes, añadidos y supresiones de última hora que caracterizaron la azarosa trayectoria de los «discursos» de Herrera en su segunda etapa de gestación y su inacabada recomposición final en la versión definitiva del *Amparo de pobres* de 1598[127].

[127] De esta recomposición se tratará en otra parte de este estudio. Aquí nos limitaremos a mencionar dos cambios significativos introducidos sin duda a última hora. En primer lugar, la inclusión de un «Discurso Nono» dedicado al amparo de la milicia, «Del ejercicio y amparo de la milicia destos reinos», tan dispar en fondo y forma del resto de los discursos anteriores que obligaría a pensar que está redactado por otra pluma e imbuido de otros valores, pero que, sin embargo, Herrera se vio en la tesitura de tener que incluir en su tratado, aunque aportando algún tipo de justificación: «Después de haber escrito a V.M. los discursos precedentes en la materia del amparo y reducción de los pobres mendigantes… me pareció no salir fuera del propósito e intento a que voy enderezado, recopilar en éste lo que en el discurso tercero se trata» (AdP [1975], p. 269). En su conclusión Herrera vuelve sobre el asunto y precisa que «por ser este último del amparo de gente tan necesitada dél como son los soldados, parece que no me he apartado del intento que en los ocho discursos precedentes he llevado» (AdP [1975], p. 300). En realidad el abandono de la milicia por Arce y Herrera había sido absoluto y denunciado por la crítica. Alonso de Barros los singulariza implícitamente como los máximos responsables de la citada situación (RMA, fol. 1v.). Alemán deplora el abatimiento de la milicia y acusa a los responsables no sólo de inacción sino de interesada difamación al respecto: «cuán abatida estaba la milicia, qué poco se remuneraban servicios, qué poca verdad informaban dellos algunos ministros, por sus propios intereses» Lo hace en términos indisociables de Herrera y su reforma: «cómo se yerran las cosas porque no se camina derechamente al buen fin dellas, antes al provecho particular que a cada uno se le sigue» (GAI, p. 360). En segundo lugar, el otro cambio que parece haber sido cuestión de última hora en la reconfiguración del AdP fue la aparente supresión de «una carta de mucha erudición y dotrina» que Herrera decía haber recibido en «confirmación» de sus discursos. Lo excepcional de esta omisión queda plasmado en el hecho de que el anuncio de esta carta, al parecer prevista como discurso décimo, no hubiese sido eliminado de la «tabla de los discursos» una vez que se hubiese optado por no incluirla en el texto del AdP.

Mosquera de Figueroa inaugura esta nueva estrategia en su *Comentario en breve compendio de disciplina militar, en que se describe la jornada de las Islas Açores* (Madrid, Luis Sánchez, 1596) donde, de manera insospechada, plantea cuestiones pertinentes al programa de reforma asistencial y a la relación del Presidente con Herrera. A partir de este momento y quizá debido a la pauta marcada por esta obra, la crítica a Arce y Herrera cambia de registro. Su competencia profesional y su integridad moral serían examinadas y puestas en entredicho. Sin embargo Mosquera se mantiene irreprochable a nivel formal. Ha leído las *Respuestas* de Herrera y siguiendo sus directivas expresa sus dudas y objeciones en su *Comentario*, presentándolas (de manera solapada, se sobreentiende) «por escrito»[128] al Presidente, a quien su tratado va

Es posible, como se ha indicado, que esta carta fuera la que Vallés le escribió en 1597 en presunta confirmación de sus discursos; carta que curiosamente su autor publicaría en 1603. Dado el sesgo satírico de su crítica, demoledora bajo capa de loa, no se puede descartar que Herrera, quien en 1598 se enfrentaba con la amenaza de un escándalo público en torno a su controvertido programa, optase *in extremis* por no incluirla. Es también posible que esta carta fuera la primera de Alemán a Herrera del 2 de octubre de 1597, cuya conclusión de estudiado descuido Herrera podría estar parodiando. Alemán ponía final a esta carta con una vaga promesa de continuación: «que por ventura si me acordare te escribiré otro día». Por su parte, Herrera concluye un tanto desenfadadamente su «tabla de los discursos» anunciando en tercera persona el citado «decimo discurso» fantasma, con un «piensa el autor imprimir una carta de mucha erudición y dotrina que le han escrito en confirmación destos discursos»(AdP [1975], p. 316). El escrito al que Alemán aludía era la primera parte de su «pícaro», contra-discurso del programa reformador de Herrera, cuya publicación se encontraba obstaculizada, con toda probabilidad, por orden de Arce. En su AdP, Herrera podría estar provocativamente apuntando a esta misma circunstancia, de la que se puede suponer que era cómplice. Herrera llega incluso a describir el emblema que había dispuesto para el misterioso escrito que hubiese constituido su décimo discurso: «tiene por emblema un hacha que toma lumbre y se enciende de un sol que sinifica el ingenio humano». En su OC, Alemán concluye su dedicatoria haciendo referencia a un emblema sobre el efecto reparador que la acogida que le brindara Méjico le había tenido sobre su ánimo, renovando su apetito por «nuevos estudios, no menos útiles i necesarios, que si reparas en ello, es cosa cierta, que (como la luz de la hacha) solo aquese tiene onrra que la puede dar a otros, no disminuyendo la suya» (OC, p. 6), cuya evocación iconográfica parece hacerse eco de la anunciada por Herrera respecto al discurso décimo.

[128] RD, fol. 13v.

dirigido y dedicado. Pero Mosquera va más allá de las dudas y objeciones. Lleva a cabo una denuncia del programa de reforma asistencial y de la gestión gubernativa del Presidente, haciendo hincapié en su abandono de la milicia.

La pregunta que surge es la de qué relación podía existir entre un programa de reforma asistencial de candente actualidad en 1596 y la crónica de una contienda militar acaecida trece años antes, pero publicada asimismo en 1596. A la luz del tenor de esta última se puede decir que el hilo conductor que los enlaza es la relación entre Arce y Herrera, establecida inicialmente en el marco de la anexión de Portugal, y sus consecuencias cuando esta relación es reanudada en la década siguiente en el marco de la reforma asistencial en Madrid. Testigo de ambos acontecimientos, Mosquera creía tener la adecuada perspectiva histórica para dejar constancia de la relación entre ambos hechos y para enjuiciar el alcance de la misma. Mosquera fue el primero en aceptar el desafío lanzado por Arce y Herrera. Su *Comentario,* que en canto llano se presentaba como una crónica militar, fue el salvoconducto que le permitió expresar en contrapunto su crítica a la reforma asistencial[129]. La osadía de Mosquera se hace más comprensible si recordamos que de alguna manera se trataba de un desafío entre pares; entre quien, como él, había sido juez supremo en la guerra y quien, como Arce, era juez supremo en la paz. Auditor General de la Armada, Mosquera había participado en la Jornada de las Azores también activamente como soldado; contienda en la que asimismo había participado Herrera como médico y, a su propio decir, como soldado. Arce, hombre de despacho, figura del letrado por antonomasia, era el gran ausente de los escenarios bélicos. Desde esta perspectiva, no era Arce sino Mosquera quien, a través de su *Comentario,* actuaría como supremo relator-censor para dictaminar quienes se habían comportado como auténticos héroes y quienes eran los fingidos que,

---

[129] Es quizá posible que esta estrategia de Mosquera fuera imitada por Herrera y Arce cuando utilizan el memorial urbanístico para, asimismo en un lugar inusitado, atacar a los que se oponían a su reforma asistencial, en especial a lo expuesto por Mosquera en su BCDM, al que el discurso urbanístico tiene claramente presente en su «Segunda Parte» (OVM, fols. 9v.–10v.) aunque no se refiere a ello directamente. En esta publicación, Herrera, bajo capa de discurso urbanístico, da rienda suelta a su auténtica visión reformadora (OVM, fols. 11r.–16r.), muy distinta de la expuesta en el AdP y a veces en descarada contradicción con ella.

como Herrera, se hacían pasar por lo que no eran, restableciendo con ello una verdad histórica que había sido adulterada.

Mosquera ubica su *Comentario* dentro de la tradicional oposición entre armas y letras. Recuerda que la consolidación de la anexión de Portugal acabó ganándose por las armas a un altísimo precio de dolor y sangre vertidos por la milicia; milicia abandonada, entre cuyas filas se incluye Mosquera a sí mismo, lamentando la indiferencia de los jurisconsultos hacia el oficio de «Auditor General [de la Armada] y sus partes, de quien poca o ninguna memoria haze el derecho, ni los que escriven en el, siendo tan diverso su estilo de proceder». Juez militar y soldado, Mosquera es uno de los olvidados por el Presidente Arce, representante supremo de la figura del letrado que, sin haberse arriesgado nunca en ningún escenario de batalla, fue recompensado después de su intervención en Lisboa con una ascensión sideral que le había elevado a la cúspide del poder. Es a él a quien Mosquera recuerda los sacrificios de los hombres de armas, haciéndole personalmente responsable de su abandono[130], reprochándole asimismo el desprestigio en el que había caído su propia función de Auditor General[131]. Se puede

---

[130] La provisión de asistencia para este cuerpo había sido excluida del programa de reforma donde no se hace mención alguna de la situación del soldado. Sin embargo, se especifica que «los verdaderos pobres de Dios» eran los «mancos, tullidos, y contrahechos a nativitate, y sin violencia, ni invención» (AdP, fol. 4v.), criterio de selección que naturalmente implicaba la descalificación de los soldados, víctimas de la violencia de la guerra.

[131] Mosquera declara que escribe para cumplir con un deseo del héroe de las Azores, Don Álvaro de Bazán, Marqués de Santa Cruz, Capitán General de la Armada, quien le había encargado el relato de los acontecimientos «muchos días antes que muriesse» (BCDM, fol. 9r.). Su tratado se presenta flanqueado por la evocación de dos insignes figuras que desempeñaron un papel protagonístico durante el episodio de la anexión portuguesa. Por una parte, el «Licenciado Rodrigo Vázquez Arze, Presidente del supremo Real Consejo de Castilla, Señor de la Villa del Carpio, cavallero de la orden de Alcántara, Comendador de la Magdalena», a quien Mosquera reserva la «Dedicatoria» al inicio de la obra. Por otra, Don Álvaro de Bazán, Marqués de Santacruz, Capitán General de la Armada durante la Jornada de las Azores, fallecido en 1588, a cuya memoria Mosquera reserva un encomioso y dilatado «Elogio» impreso al final de la obra. Este elogio había sido redactado anteriormente en el marco de un encargo imperial que testimoniaba el prestigio alcanzado por el marqués, circunstancia ésta que, a juicio de Mosquera, justificaba su inclusión como punto final de su BCDM

establecer un paralelo entre el nivel de empatía expresado por Mosquera hacia el soldado y el expresado por Alemán hacia el pobre en general, con quien se identifica en su correspondencia de octubre del 1597[132]. Como se ha indicado, la crítica de Mosquera hizo mella profunda en Arce y Herrera, como se desprende de lo expresado en 1597 por este último en su *Discurso acerca del ornato de la villa de Madrid*[133]. Sin

(fols. 152r.–183r.); justificación cuyo propósito de actualidad queda sutilmente disimulado mediante un complejo ardid. Apéndice VII.

[132] Además Guzmán tampoco se olvida de esta categoría de necesitados (GAI, p. 360).

[133] En la «Segunda Parte» de OVM, Herrera se defiende de sus detractores como si sus ataques estuvieren en el campo de la mera posibilidad: «Bien se que avra algunos que me culparan, pareciendoles, que escrivo y suplico a V.M. muchas materias diferentes y desproporcionadas a mi talento y profesión» (OVM, fol. 9v.). Sin embargo, las críticas dirigidas a Herrera a este respecto eran ya un hecho consumado. Por ello, habiéndolas por inferencia recogido, Herrera defiende a los que, en materia del bien común, abandonando sus propios cuidados «gastan el tiempo en bien de la Republica». Defiende asimismo a los que «toman a su cargo» la jefatura de los asuntos públicos. Describe a estos hombres de presunto generoso espíritu cívico como víctimas indefensas de la saña de sus detractores: «reprehendidos… [y] murmurados… perseguidos y afligidos con tanto estremo». Esta apasionada defensa de Herrera resulta un tanto histriónica cuando uno se percata de que implícitamente se aplicaba tanto al mismo Herrera como a su todopoderoso protector Arce, y a su actuación conjunta. Herrera acusa a esos opositores que «llevados del amor propio» actúan movidos por «odio, embidia, y mala voluntad» (OVM, fols. 9v.–10r.). Pese a formular sus quejas en el marco de un tratado de urbanismo, no cabe duda de que Herrera se estaba refiriendo principalmente a los ataques lanzados contra su obra de reforma asistencial, puesto que como se ha indicado aduce al reproche del que ya era públicamente objeto y que el mismo había recogido en su RD. En su respuesta a la «Sexta Objeción» Herrera admitía que se le reprochaba el inmiscuirse en «cosa tan importante y de tanta consideración» (RD, fol. 6v.). Dirigidas a la oposición en general, es posible que sus combativas quejas tuvieran como blanco más específico algo que Mosquera había insinuado en su BCDM (1596), obra donde el concepto de «amor propio» aparece en dos ocasiones aplicado críticamente (con el consabido ambiguo y prudente recato *de rigueur*) tanto a Arce como a Herrera. Primero, en su «Dedicatoria» al propio Presidente Arce, y más adelante, ya en el *corpus* de la obra, en relación con su denuncia de aquellos impostores que motivados por «amor propio» se excedían en «las relaciones de sus hazañas». Aquí su objetivo era Herrera. Mosquera también se explayaba sobre el hecho de que la reforma de Herrera había sido «encargada» al Presidente (BCDM, fol.100v.). La reacción de la crítica no parece haber cohibido a Herrera, quien en 1597

embargo, no parece que se tomara medida alguna para asistir al soldado necesitado. Habría que esperar a 1598 para que la intervención decisiva de Alonso de Barros en el asunto con la publicación de su *Reparo de la milicia*[134] obligara a Herrera a añadir un discurso sobre el «Ejercicio y amparo de la milicia» como última entrada a su recopilación final del *Amparo de pobres*[135].

El acercamiento al texto de Mosquera precisa un ajuste conceptual acorde con las normas hermenéuticas sugeridas por el propio autor, quien tanto en su dedicatoria a Arce como en los folios introductorios aclara que, contrariamente a lo que el título parece prometer, su intención no era «tratar de fundamento la materia profundísima y larga del arte militar porque sería atrevimiento querer comprender en tan corto volumen su grandeza». En la dedicatoria precisa que «aunque en este comentario hago memoria de las Islas Açores donde serví a su Magestad de su Auditor General de la armada y exercito, teniendo

---

se muestra provocativamente prolífico y polifacético en materia de publicaciones. Los folios de OVM aquí utilizados (fols. 9r.–11v.) presentan un valioso muestrario en apoyo de nuestra propuesta de lectura respecto al sentido de los escritos dirigidos a Herrera por Mosquera, Vallés, Alemán y Barros. Véase Apéndice VIII.

[134] Con referencia a la ingratitud de algunos sectores frente al sacrificio de la milicia, Alonso Barros en su RMA se expresa con estas palabras: «en pago de tanta obligación como les tenemos, y en recompensa de tanto bien como por ellos recibimos, les pagamos tan mal, que aunque vengan mas acuchillados que lo queda el toro bravo muerto a manos de gente covarde, y aunque no traygan braços ni pernas, y los veamos quebrados los ojos, y quemado el rostro con este fuego artificial… no ay hombre tan piadoso que dellos se duela, ni los mire como a los otros hombres, antes ay algunos tan inhumanos, que aun ponerlos en el catalogo de los pobres mendigantes, quando se trata de su remedio les parece demasia y cosa fuera de proposito» (RMA, fols. 1r.–v.). Las palabras finales apuntan con el dedo a los máximos responsables de este abandono a cuyo cargo estaba la reforma asistencial: Arce y Herrera, quienes al parecer rechazaban el incluir a los soldados necesitados en el «catalogo» de pobres verdaderos. Aunque Herrera no mostraba interés alguno en la suerte de la milicia, había sin embargo escrito en 1597 un «discurso» sobre *«dar de nuevo orden a la corrida de toros»* (1597), dedicado a Felipe II a quien como era bien sabido la fiesta taurina disgustaba. Véase su título completo en «Bibliografía».

[135] Como se ha indicado, el «Discurso Nono» sobre el amparo de la milicia, incorporado a la edición definitiva del AdP (1598), es a nuestro entender atribuible a otra pluma; asunto sobre el que volveremos en su momento.

atención de lo que se apunta de cosas de guerra, y del oficio del Auditor General y sus partes…ya se podrá tener esta historia de las Islas por accesoria». Es decir, el *Comentario* no era un tratado de arte militar, ni tampoco exclusivamente la crónica de una contienda. El sentido del *Comentario* iba más allá de las Azores. La finalidad de su escrito era restablecer la verdad y la justicia. Por aquellos años corría al parecer entre el público una versión adulterada, difundida por falsos héroes, de los hechos bélicos acaecidos en las Islas Terceras, «mezclando cosas fabulosas y sin fundamento, con las que son tan ciertas y claras como la luz del día»[136]. La distorsión de los hechos había llegado a tal extremo que Mosquera se vio en el deber moral de intervenir. Este es el motivo por el que Mosquera opera más allá del modulo narrativo. Su intención es enmendar, ofreciendo una versión correcta de los hechos; y corregir, dando de manera personalizada «a cada uno lo que es suyo»[137].

Mosquera hace hincapié sobre la autenticidad de su relato que presenta como la única versión fidedigna de lo acaecido, ya que en él recoge la «realidad y verdad» de lo ocurrido como testigo presencial. Mosquera ilustra la gravedad del delito de falsificación histórica apoyándose en el prestigio de las fuentes clásicas: «Porque si Catón y Marcio tribunos de la plebe, establecieron ley penal contra los que en las relaciones de sus hazañas excediessen de la verdad, con estar de por medio el amor propio, quanta mayor pena merecerá el que excediere y lisongeare en las agenas»[138]. Mosquera indica que aquí no se trataba del esquema clásico de un sólo individuo, estereotipo del soldado embustero y fanfarrón, sino de una relación de complicidad entre dos individuos. Estaba aludiendo no a una situación genérica, por lo menos no exclusivamente, sino a un caso específico y contemporáneo lo suficientemente notorio como para justificar tamaña represión pública. La identidad de los imputados, el que falseaba los hechos y su consentidor, sería reconocida por el lector, y su pública denuncia en el *Comentario* haría las veces de juicio frente al tribunal de la historia. Mas todo ello debía de ser indagado a un segundo nivel de lectura sugerido en la «Dedicatoria», donde Mosquera

[136] Dedicatoria a Don Álvaro de Bazán, hijo, del «Elogio» dirigido a su homónimo padre difunto, Don Alvaro de Bazán (BCDM, fol. 184v.).

[137] BCDM, fol. 9r.–v.

[138] BCDM, fol. 9v.

parecía invitar al Presidente a descubrir el sentido de su texto más allá de la historia de las Islas Azores, que allí presenta como mero pretexto.

¿A quién estaría aludiendo Mosquera cuando buscaba restablecer la verdad, al parecer adulterada por un falso discurso de los hechos relativos a la jornada de las Azores? En su «Dedicatoria» quedaba implícito que quizá el Presidente y Mosquera compartían al respecto un terreno de conocimiento en el que sobraban las explicaciones. Mosquera se limita a apuntar que la finalidad primera del *Comentario* que dedica a Arce es que por muy «inferior» que dice hallarse respecto a su destinatario «ninguna cosa ay de que los libros no puedan sacar algún fruto si con este fin proceden en este tiempo del bivir y no bivir, (que assi llama el Filosofo al que se gasta en el sueño de las esperanzas)». Mosquera dejaba a Arce *carte blanche* para que éste sacase de su texto la o las lecciones que le pareciesen apropiadas. Dada la jactancia con que en su momento de declive personal[139] Herrera se ufanaba en su *Relación* (1605) de sus proezas bélicas en la Jornada de las Azores, en realidad el único escenario bélico en el que hubiese participado, no es difícil imaginar cuál no sería su presunción en su momento de auge cuando, bajo la protección de Arce, irrumpió en la Corte en la década de los años noventa. Después de doce años de ausencia, el protegido del Presidente trendría mucho que contar y pocos serían los que se atreviesen a verificar la veracidad de los hechos. Ya en su *Amparo de pobres* (1595) había presentado Herrera sus credenciales, parejamente como aguerrido hombre de armas que se ha puesto «en tantos peligros de perder la vida, recibiendo heridas de mucho riesgo en defensa de la Fe Católica, y servicio de V. M», y como hombre de letras, «porque las letras de los hombres de bien, y de honra, no embotan la lança en las ocasiones»[140].

En su «Dedicatoria» y en el texto del tratado, Mosquera llama la atención del lector, como si ello precisase algún tipo de justificación, sobre el momento que ha elegido para publicar, hacia el verano de 1596,

---

[139] El declive de Herrera se inicia alrededor de 1598–1599 a raíz de la caída, destierro y muerte de Arce. La crítica en contra de su persona y obra es anterior a estas fechas.

[140] AdP, fol. 3v. A la luz de las fabulosas hazañas narradas en su RS, cuya veracidad es más que cuestionable, es lícito sospechar de la veracidad de otras aseveraciones de Herrera en diferentes contextos.

la crónica de un evento acaecido trece años antes[141]. Una vez indicada la importancia que el lector debía de otorgar a la fecha de publicación, Mosquera no suministra ninguna razón específica que la explicase, fuera de que hasta entonces había estado generalmente muy ocupado. Sin embargo, la justifica explayándose sobre una consideración de fondo: dice haber sido consciente de que su obra exigía un gran rigor analítico y expositivo: «teniendo atencion a la necesidad que avia de que estas cosas saliessen bien limadas y consideradas, sin exceder ni agraviar». Declara haber precisado de un dilatado marco histórico-temporal para poder calibrar adecuadamente un acontecimiento de la magnitud del asunto tratado en su *Comentario*; acontecimiento cuyas repercusiones seguían afectando la configuración y el curso de la sociedad en el momento en el que él escribía: «Mirando la grandeza del sujeto, no requeria poco espacio de tiempo, para poner cada cosa en su devido lugar, y dar a cada uno lo que es suyo». El impacto de lo ocurrido seguía siendo tal que, como se ha indicado, Mosquera describe su misión de cronista en términos de restablecimiento de la justicia con el mismo énfasis que hubiese reservado a un asunto de candente actualidad: «que si acertare yo a hazer esto, no ganaré pequeña gloria en mi profesión, usando recta y proporcionalmente de las mas alta justicia distributiva, que se puede hallar entre los hombres, procurando dar a cada uno lo que se le deve» (BCDM, fol. 9r.–v.). Mosquera se estaba adentrando en terreno acotado para el Presidente Arce como cabeza de la justicia. La expresión «grandeza del sujeto» que Mosquera utiliza para explicar su circunspección en el enfoque del asunto, podría también ser aplicable (a un segundo registro) a la figura del propio Arce, a quien Mosquera en la dedicatoria de su *Comentario* se dirige con deferencia para marcar la altura de su cargo. Por la misma razón, y quizá con un toque de ironía, Mosquera concluye expresando su deseo de no haber herido la sensibilidad de persona alguna: «querría que ninguno saliese disgustado deste breve compendio» (BCDM, fol. 8v.). Consciente de la severidad de su crítica al presidente, Mosquera se estaba curando en salud. En realidad su *Comentario* trataba de un asunto a doble carril cronológico:

---

[141] Este caso de disyunción temporal es comparable a la que separó el acaecer del milagro del que Alemán fue objeto en 1591, y el cumplimiento del voto hecho en tal ocasión con la publicación del AP en 1604, trece años más tarde.

la narración de una jornada bélica acaecida hacía trece años en 1583, e incorporada en ella la corrección de la versión adulterada de los hechos que algunos venían difundiendo por la Corte coetáneamente a la fecha de publicación del *Comentario*. La tasa lleva fecha del 28 de mayo de 1596 y la dedicatoria a Arce es del 30 de mayo 1596. Su publicación parece por lo tanto situarse en un momento equidistante entre la primera indicación directa de una colaboración entre Arce y Herrera, anunciada en las *Respuestas* del último publicadas a principios de 1596, y su refrendo oficial mediante la ceremonia inaugural de la construcción del Albergue de Madrid que tendría lugar el 8 de septiembre del mismo año y de la que probablemente ya se rumoreaba en algunos círculos con anticipada expectativa. La polémica suscitada por esta alianza y por su grandioso programa reformador quedaba así en efecto recogida por Mosquera en su *Comentario* (BCDM, fol. 100v.). Como reacción a las *Respuestas* de Herrera, Mosquera parece haber iniciado la contraofensiva seleccionando una estratégica fecha de publicación para su propia obra. De ahí la importancia de subrayar la elección del momento. Mosquera, quien escribía en fecha próxima a la ceremonia inaugural del 8 de septiembre, sería el primero en anunciar y denunciar públicamente la colaboración entre Arce y Herrera en el asunto de la reforma asistencial. El contenido del folio 100 v. relativo a la colaboración entre Arce y Herrera en el ámbito del amparo de pobres constituía un auténtico adelanto informativo sobre una materia de candente actualidad.

Mosquera rinde homenaje a todos los participantes en la contienda de las Açores. Hace hincapié en el papel jugado por las tripulaciones de las galeras y nombra específicamente a aquellos soldados que se distinguieron, mencionando sobriamente la heroicidad de sus actos. Sin embargo, cuando hace referencia a Herrera, a quien nombra en dos ocasiones entre los que se destacaron, Mosquera cambia de registro. Cuando declara que se propone «poner cada cosa en su debido lugar, y dar a cada uno lo que es suyo» (BCDM, fol. 9r.), Mosquera no sólo está cumpliendo con un deber de gratitud y rigor histórico hacia los olvidados cuya memoria va a rescatar, sino que asimismo está implícitamente anunciando que se dispone a examinar la actuación de Herrera en la contienda, como si el verdadero alcance de la misma precisase ser revaluado situándolo en su adecuado contexto. Después de presentar el cruento trasfondo de una batalla naval, «porque ninguna cosa hay mas cruel, y digna de temerse…donde los hombres sobrepujados a si mismos en esfuerzo y osadía mueren entre le fuego y el agua», Mosquera describe momentos de auténtica carnicería: «una pelota de los enemigos que defendían la trinchera lleva la cabeza al timonero de una barca … los que en la barca venían no lo sintieron». Con todo ello crea un cuadro dantesco de descarnado realismo en el que evoca imágenes espectrales de muertos, de amputados, de ciegos, de heridos con brazos y piernas quebrados. Este es el telón de fondo contra el que las actuaciones de Herrera deben de ser analizadas (BCDM, fols. 70r. y 100v.).

La primera mención que se hace de Herrera no señala ni se corresponde con ningún hecho notable, fuera de aportar un comentario muy general sobre el comportamiento del equipo médico de la armada[142]. Se narra cómo, siguiendo las órdenes de Don Juan Benavides Bazán[143], algunos enfermeros acompañados de esclavos recogieron a los soldados heridos en acción y los llevaron a las galeras para ser atendidos. La gravedad de su estado se describe con crudo realismo: «unos venían como muertos… otros abrasados los rostros con barriles de pólvora». Mosquera evoca sus gemidos y su juventud: «quemados por poca advertencia de bisoños». Estos despojos humanos «con el buen recaudo del hospital, y con la vigilancia y cuydado de los médicos de la armada, y particularmente del Doctor Christoval Pérez de Herrera, a quien su Magestad después hizo merced del titulo de Protomédico de las galeras de España, y con la buena cura del Doctor Antonio Pérez y los demás cirujanos, casi todos alcançaban sanidad y murieron muy pocos»[144]. El lector se pregunta en qué pudo haber consistido la especial naturaleza de la «vigilancia y cuydado» dispensados por Herrera para justificar su realce sobre el resto de sus colegas y su consiguiente promoción al Protomedicato de galeras. En una época en la que los recursos de la medicina clínica eran limitados, el papel desempeñado por la cirugía era de primera importancia en el tratamiento de los heridos. Sin embargo, Mosquera parece conceder aquí más importancia a la actuación de los médicos que a la de los

---

[142] BCDM, fol. 70r.

[143] Don Juan de Benavides Bazán, Doctor en Teología, Chantre y Canónigo de Salamanca, era administrador del hospital y enfermería del ejército, y sobrino de Don Álvaro de Bazán, capitán general de la armada.

[144] BCDM, fols. 70r.–v.

cirujanos en el proceso recuperativo de los enfermos.

La postura adoptada por Mosquera es provocativa. Sugiere que la mera «vigilancia y cuydado» de los galenos era una panacea que conseguía la cura de los desahuciados, cuyo irremediable estado acababa sin embargo de describir con crudo realismo. A juzgar por su promoción al protomedicato, Herrera parece haberse distinguido entre sus colegas como máximo taumaturgo. La de Mosquera es una visión aseptizada de la realidad, más evocativa de un ambiente de convalecencia en un sanatorio que de un espacio designado a operaciones de traumatología – predominantemente de amputaciones – en un hospital de campaña. Mosquera está desvelando una narrativa falsa que para el discreto lector contemporáneo tenía, sin embargo, mucho de *déjà vu*. Por una parte esta narrativa recogía ecos del papel protagonístico que Herrera, quien en aquellos momentos gozaba de gran prestigio como protegido del Presidente, se arrogaba alardeando de sus dotes curativas y humanitarias como preeminente médico militar. En su *Relación* Herrera se describe no sólo como alguien dotado de mano de santo sino como si hubiese ejercido como único galeno de la armada[145]. Por otra parte, la noción de que los desahuciados sanaban sin más, como por milagro, bajo la «vigilancia y cuydado» de Herrera reflejaba con ironía el esquema de su propuesta de reforma asistencial. A la luz del subtexto bélico y de la cuestionable curación de los heridos en la jornada de las Açores, el lector de 1596 quedaba invitado a cuestionar la veracidad y viabilidad del programa reformador públicamente proclamado como panacea a todos los males que afligían al Reino en el momento en el que leía el *Comentario*.

La segunda mención que se hace de Herrera en el *Comentario* (BCDM, fol. 100v.) aparece desconectada de la primera. Sin embargo, está ligada a ella mediante su ubicación en un contexto parecido: el traslado de los heridos desde el lugar de combate hasta las galeras para ser curados. Aunque desconocemos con exactitud el espacio temporal que separaba estas dos menciones, entre una y otra Herrera parece haber sido promocionado. En la primera (BCDM, fol. 70r.) era Don Juan Benavides Bazán, administrador del hospital, quien se encargaba

---

[145] RS, fols. 168v.–169r. Mosquera, sin embargo, subraya la abundancia de médicos, cirujanos y enfermeros asistidos por esclavos.

de organizar la recogida de los heridos; en la segunda, Don Pedro de Toledo encarga directamente al doctor Pérez de Herrera que «hiziesse retirar a los que habían sido heridos en las escaramuzas para que los curasen en las galeras». Quizá como resultado de su promoción a Protomédico de galeras, aquí Herrera parece haber sido relevado de su misión curativa, para dedicarse a una actividad de tipo organizativo actuando como una suerte de vehículo mediador. Herrera era ahora el encargado no tanto de transportar a los heridos, función desempeñada por enfermeros asistidos por esclavos, cuanto de dirigir su transporte a las galeras. Durante la ejecución de esta función Herrera «fue herido de un arcabuzazo en un hombro». Se reseña que Herrera «no solo... sirvió en su ministerio» organizando la retirada de los heridos sino que «resistiendo a los enemigos, para que no acabassen de matar a los caydos, los defendió con la espada»[146]. Aunque leída a *prima facie* esta acción de salvamento puede, como se ha indicado más arriba, sugerir una figura heroica, una vez situada en su adecuado contexto queda reducida a un tipo de intervención universal y anónimamente practicada no sólo por los enfermeros y esclavos sino también por la población civil de todas edades y sexos[147]. El que Herrera defendiese espada en mano a los «caídos» parece en un principio acto de notable valor, pero cuando se repara que su intervención se sitúa en el marco de escaramuzas entre mangas de mosqueteros y arcabuceros[148], en enfrentamientos donde los combatientes se batían a cierta distancia con armas de fuego, la figura de Herrera espada en mano adquiere un cariz histriónico; relato de capa y espada con visos un tanto burlescos.

La descripción que el *Comentario* hace de Herrera «resistiendo a los

---

[146] BCDM, fol.100v.

[147] Mosquera indica que «toda la gente, assi viejos como mujeres, no entendían otra cosa, sino ocuparse en llevar a los heridos de su campo a medicinarlos y curar de ellos, y en venir cargando refrescos de pan, agua y vino, y de otras cosas regaladas para esforzar a los soldados que escaramuzavan, de manera que toda suerte de personas se puede dezir que peleava, cada uno acudiendo al oficio o ministerio que le tocava, como los que divididos en bandos assían a los desafíos de gladiadores» (BCDM, fol. 69v.).

[148] «sobrevino en esta coyuntura el capitan Juan Fernandez de Luna con una manga de mosqueteros, y cargando sobre los enemigos, los hizieron retirar con mucha priessa» (BCDM, fol. 100v.–101r.).

enemigos» se desgaja del resto de la narrativa por su sesgo algo cómico. Mosquera está parodiando la versión que al parecer Herrera difundía sobre su propia heroicidad. En su *Relación*, Herrera declara que el año «que se entró y ganó la isla Tercera, sirviendo de Protomédico general de la armada, y exercito, fue herido en la del Fayal de un arcabuzazo que le passo el cuerpo, de que estuvo apunto de muerte, por retirar ciertos heridos a las galeras, por orden de Don Pedro de Toledo, Marques de Villafranca, Capitan general que ha sido de las galeras de España … adonde le fue forçoso con la espada en la mano y gran valor, defender los dichos heridos de una manga de arcabuzeros Franceses, que los querían matar»[149]. Existen graves discrepancias entre la versión que de la actuación de Herrera ofrece Mosquera en su *Comentario* de 1596 y la que Herrera ofrecerá mas tarde en su *Relación* de 1605[150]. La versión

---

[149] RS, fol.168v.

[150] A título de ejemplo: la herida de un arcabuzazo «en el hombro» consignada por Mosquera (BCDM, fol. 100v.) se transforma en Herrera en «un arcabuzazo, que le passo el cuerpo, de que estuvo a punto de muerte» (RS, fol. 168v.). Sin embargo, Herrera cita el BCDM de Mosquera como referencia legitimadora de la heroica acción de salvamento que él reivindica en su RS (fol. 169r.): «fuera de las fees y papeles, que dello tiene con los demas, refiere este hecho el Licenciado Mosquera de Figueroa, Auditor general que fue de aquella armada y exercito, en el libro que anda impresso de sus Comentarios de la disciplina militar, folio 100, en que escrive la jornada de las dichas islas, y particularmente la que se hizo a la del Fayal» (RS, fol. 169r.). Según Mosquera, Herrera recibió el título de «Protomédico de las Galeras de España» después de la jornada de las Islas Terceras, es decir «después» de 1583 (BCDM, fol. 70r.). Por su parte, Herrera declara con confusa cronología que habiendo sido nombrado «Protomédico de las galeras de España» fue llamado para ello a la ciudad de Lisboa «quando entró el Rey… a tomar la possession de aquel Reyno». Dice haber asistido en las galeras «doze años, hasta el de noventa y dos». Herrera da así a entender que ejerció de Protomédico desde 1580 hasta 1592, año en el que se reincorporó a la Corte. Afirma sin embargo que su «título» de Protomédico le fue despachado «el año siguiente de ochenta y cuatro» (RS, fol. 168r.). Pero ¿siguiente a qué año? Herrera parece indicar que el despacho del título fue una mera formalidad ya que, según él, su nombramiento era efectivo desde 1580. Contrastando lo dicho por Herrera y lo afirmado por Mosquera, sugiero que la merced que Herrera recibió en 1584 no fue una mera formalidad. Este, y no antes, fue el año en que Herrera fue oficialmente nombrado Protomédico, lo que además cuadraría con lo dicho por Mosquera. En este marco de confusión cabe preguntarse a partir de qué año exactamente se incorporó Herrera a las galeras y en qué calidad sirvió hasta su nombramiento como

de Mosquera, que contaba con el prestigio de su cargo y su intachable reputación personal, no parece haber suscitado controversia alguna respecto a su veracidad. Su *Comentario* era además una obra publicada, un escrito sometido a escrutinio público, mientras que la *Relación* de Herrera (1605) era un informe privado, un memorial interno elevado por el interesado al monarca, que sería publicado como apéndice a sus *Proverbios morales* (1618), obra miscelánea, ocho años después de la muerte de Mosquera en 1610, quien, sobra decirlo, ya no podía

Protomédico en 1584. Otra incógnita relacionada con lo dicho es la relativa a su participación en la primera jornada de las Azores. Herrera rememora «particularmente entre otras muchas jornadas» su servicio en el «año de ochenta y dos, en la batalla Naval en que fue vencido y muerto Felipe Estroci, donde fuera del gran riesgo que corrió su vida el día della, hallandose con las armas en la mano, fundó un hospital de heridos y enfermos en la Isla de San Miguel, en la Ciudad de Puntadelgada» (RS, fol. 168v.). Herrera basa su reivindicación en una supuesta fe emanada del propio Don Álvaro Bazán, Marques de Santacruz. Como lo indica al margen del folio 168v., esta fe constaba en el «folio 27» de un presunto «original» que al parecer acompañaba a su memorial. Aunque se centra más en particular en la Segunda Jornada, la decisiva, Mosquera no hace mención alguna de que Herrera hubiese participado en la Primera Jornada. Sin embargo, reseña que el Marqués de Santa Cruz, tras durísima batalla, «dexo en la isla de San Miguel dos mil y quinientos hombres de guarnición, a cargo de Agustín Iñiguez de Çarate, Maestre de Campo de aquella isla, y tomo la buelta de la ciudad de Lisboa donde llegó el 15 de septiembre» de 1582 (BCDM, fol. 12r.). En contraste con la ausencia de toda referencia a la presunta actuación de Herrera en la primera jornada, a la sazón ya supuesto Protomédico, Mosquera detalla muy al por menor el papel desempeñado por las galeras en la primera y segunda jornadas. Rinde tributo a las tripulaciones de los bajeles que, pese a no estar adaptados a las rutas oceánicas de gran travesía por estar diseñados para el cabotaje, consiguieron por primera vez en su historia llegar a las Azores para asistir a la armada. Mosquera subraya el hecho de que las galeras aprestadas «el año pasado» en Andalucía bajo el mando de Don Alonso de Bazán (notamos que aquí no se trata de Don Alvaro de Bazán) «no pudieron passar adelante por la aspereza de los mares y contrario tiempo que les hizo» (BCDM, fol. 13r.). Este «año passado» se refiere a la Primera Jornada de 1582. Pero si las galeras tuvieron que regresar ¿cómo consiguió Herrera llegar a la Isla de San Miguel? Como se ha indicado se puede incluso dudar sobre si en realidad Herrera llegó a participar en la Primera Jornada. A este propósito sería interesante poder seguir la trayectoria del doctor Juan de la Fuente, Protomédico de las galeras de España, nombrado Médico de Cámara el 3 de Junio de 1575, quien sirvió en Lisboa hasta el 14 de Septiembre de 1581 y fue con la armada a la isla Tercera. (véase Juan Riera y Juan Granda-Juesas (eds.), *Historia del Protomedicato en España (1477–1822)*, Valladolid, Universidad de Valladolid, 1987, p. 214).

contradecirlo[151]. Aunque Herrera fue herido de un arcabuzazo en un hombro, en el espeluznante contexto de las heridas de guerra la suya no parecería ser digna de especial atención. Su insignificancia como herida queda subrayada por el hecho de que Mosquera justifique su mención en la crónica apuntando que su mérito consistía en haberla recibido en

[151] Aunque de manera deshilvanada y cronológicamente un tanto confusa, Herrera insiste en su RS sobre su actuación bélica en el citado año de 1582 aportando otro ejemplo para ilustrarla. Relata en detalle un episodio acaecido en 1582 durante la travesía «desde la ciudad de Lisboa a la de Cadiz, de adonde se entendio saliera el Marques de Santacruz con el armada» a bordo de una urca en la que Herrera iba embarcado (RS, fol. 171v.). Herrera se presenta aquí como brillante artífice de una muy «alabada» estratagema urdida con el fin de salvar del ataque de unos piratas rocheleses el valioso cargamento que el navío transportaba , «mas de quatrocientos mil ducados de V.M. y la recamara del Marqués de Santa Cruz para el viage». El propio Herrera admite que no posee prueba documental alguna que corrobore la veracidad de la hazaña cuando indica, en tercera persona, que de «solo este servicio … no hizo información, ni cogio papeles». Por nuestra parte cuestionamos su veracidad a la luz de los interrogantes que nuestro replanteamiento de los acontecimientos de 1582 suscita, incluyendo el hecho de que el Marques de Santa Cruz zarpó de Lisboa y no de Cádiz. Herrera apela al «credito» que en esta ocasión merece apoyándose en «la gran puntualidad y verdad con que trata lo demas y toda su vida professa dezirla». Dice no tener otra prueba que su palabra por haber fallecido o estar ausentes «las pocas personas que ivan en la urca» (RS, fols. 171v.–172r. márgenes). El episodio parece ser una prueba fabricada con el fin de hacer hincapié en el papel desempeñado por Herrera durante la primera jornada de las Azores, asunto sobre el que sospechamos corrían dudas. La cornucopia documental con la que Alemán avalaba la autenticidad del milagro de Cartagena (AP, fol. 347v.), adquiere una nueva jugosidad si se la saborea en contraste con la penuria de pruebas presentada por Herrera en corroboración a su también taumatúrgica intervención. Mosquera recomendaba el Antiguo Testamento como el mejor tratado de estrategia militar, aconsejando a sus soldados: «que si fuessen curiosos … en el texto sagrado verian esas maravillas para nuestro govierno y se hallarian mas capaces e inteligentes … quando en lugar de alegar a Cesar, Scipion, Anibal, alegassen a Dios, que fue … generalissimo … y refiriessen a Gedeon» (BCDM, fol. 6v.). Herrera por su parte relata consecutivamente dos episodios similares en los que se presenta como gran estratega. En el segundo dice haber actuado «a imitacion de lo que la Divina Escritura cuenta de aquel famoso Capitan Gedeon» (RS, fols 171v.–174r.). ¿Estaría Mosquera parodiando las relaciones que de sus presuntas actuaciones bélicas Herrera presentaba en la corte durante sus años de privanza en la década de los años noventa?, o bien ¿sería Herrera quien había tomado al pie de la letra los consejos estratégicos de Mosquera sin percatarse de su vena paródica? Ello es tanto más sorprendente cuanto que Mosquera llega incluso a precisar que estaba hablando en «cifra» (BCDM, fol. 7v.).

el marco de una acción presentada enfáticamente como caritativa: «que por avérsela dado [la herida] por causa tan piadosa, merece particular memoria en este libro». La de Herrera no fue una hazaña heroica, ni fue medida con el mismo rasero que las demás. Para valorar la conducta de Herrera se emplean parámetros diferentes de los aplicados al resto de la milicia. A estos se los medía por sus obras. A Herrera se le mide por su grado de intención piadosa; criterio autónomo, subjetivo, no visible al ojo externo e independiente del resultado de su actuación. Dentro de un escenario de pesadilla, la actuación bélica de Herrera aparece por inferencia reiteradamente subrayada como trivial y desproporcionada al reconocimiento y recompensas que por ella había recibido. Con sutil ironía, Mosquera pone frente al lector un cuadro falto de equidad y sobrado de favoritismo hacia Herrera, tan manifiesto que hacía innecesaria toda explicación suplementaria. Mediante la ausencia de todo comentario negativo explícito, Mosquera consigue efectuar una denuncia que hable por sí misma. Denuncia que asimismo invitaba al lector de 1596 a examinar y poner en cuestión el fundamento de la reciente promoción de Herrera como máximo reformador del Reino. Los parámetros que Mosquera utiliza para encuadrar la actuación de Herrera en las Azores son en efecto por analogía una crítica de la dicotomía observada en el comportamiento de Herrera en el campo de la reforma asistencial, donde, según sus críticos, no existía correspondencia entre la piadosa intención reiteradamente expresada en sus escritos sobre la materia y la naturaleza de las duras medidas previstas para la ejecución del programa asistencial[152]. La ironía de Mosquera se hace más patente cuando al ampliar su comentario sobre la piedad de Herrera en el marco bélico añade como colofón lo que en realidad era asunto medular de su *Comentario*: la hiperbólica referencia a la reforma asistencial. Mosquera establece un parangón entre ambas instancias, la bélica y la

---

[152] Herrera menciona explícitamente la bondad de su «intención» cinco veces en 24 folios de su AdP. En la primera «aprobación» al AdP, 1598, fechada el 20 de diciembre de 1596, Don Alonso de Coloma, canónigo doctoral de Sevilla, subraya el hecho de que en los discursos del Doctor Herrera se «descubre… su buena intención». Estas palabras de Coloma sugieren que quizá existían dudas al respecto. Dudas que al parecer no lograban disiparse ya que el propio Alemán en su primera carta a Herrera de 1597 sigue cuestionando su intención: «si… tuviera tu intención verdadero efecto, sin duda me dejara el ánimo con… apacible sosiego».

reformadora, y el respectivo nivel de piedad manifestado por Herrera en una y otra: «aunque, con otras obras de caridad que vemos hechas por su industria y orden, ya viene a ser esta la menor, como se muestra en aquella grande empresa de la reformación y amparo de los pobres mendigantes destos reynos, y alvergues que se fundan en las ciudades de España, en tiempo del Católico, y Christianissimo Rey Don Felipe segundo nuestro señor, encargada esta obra a la singular discreción y christiandad de su Presidente de Castilla dignissimo, el señor licenciado Rodrigo Vázquez Arce»[153].

Mediante la interpolación en la crónica de un evento pasado de esta evocación de un proyecto asistencial de actualidad en 1596, Mosquera crea una atmósfera devota de sesgo competitivo por medio de la cual consigue relativizar tanto el grado de piedad que había movido a Herrera en su hazaña de las Islas Terceras como la alardeada magnitud de su vocación como reformador asistencial. El escalafón valorativo utilizado por Mosquera situaba la primera en último lugar y la segunda en lugar de primacía, como la máxima obra de caridad llevada a cabo por Herrera. El salto cronológico le permite asimismo insinuar que el origen de la relación entre Arce y Herrera, asunto de candente actualidad en 1596, se remontaba al momento de la anexión de Portugal. Conocedor de las sospechas que envolvían la sinceridad de la empresa reformadora y la relación entre Arce y Herrera, el lector contemporáneo iniciado podía sacar sus propias conclusiones y aplicar al texto de Mosquera el adecuado registro de lectura: la ironía satírica.

Mosquera fue al parecer el primero en anunciar públicamente el grado de involucración del Presidente en la reforma. Indica que era Arce y no Herrera quien en realidad estaba a cargo de ella. Mosquera alerta al Reino de lo que sería oficialmente revelado el 8 de septiembre de 1596 en la solemne ceremonia inaugural con la que se iniciaba la construcción del Albergue de Madrid. Concluye su segunda y última referencia al papel desempeñado por Herrera, antaño en las Azores y como reformador asistencial en 1596, declarando que «por estos y otros servicios del doctor en esta jornada, le hizo su Magestad merced de renta de por vida»[154]. Como la naturaleza de estos «otros servicios»

---

[153] BCDM, fol. 100v.

[154] BCDM, fol. 100v.

no queda especificada, el lector queda en duda si Herrera había sido recompensado por los servicios pasados, por los presentes o bien por ambos. La frase sugiere un lazo entre los servicios presentes prestados por Herrera en el proyecto de reforma y los prestados la década anterior. Suscita la existencia de una correspondencia entre el tratamiento de favor recibido entonces y su presente elección como reformador máximo. Invita a sospechar que ambos hechos pudieren emanar de una misma fuente: la asociación de Herrera con Arce. Relación ésta que Mosquera ha ubicado dentro del marco de la anexión de Portugal mediante la inserción de la figura del Presidente, como encargado de la ejecución del proyecto de reforma asistencial, en la segunda mención que el *Comentario* hace sobre la actuación de Herrera en la Jornada de las Islas Terceras[155]. Mediante esta inserción Mosquera consigue dejar constancia histórica de la relación entre ambos y el programa asistencial. En el caso de Herrera, queda denunciada la desproporción entre actuación y recompensa, a cuya luz la falta de atención a las necesidades asistenciales de la milicia en el programa de reforma aparece como omisión imperdonable. Por ello Mosquera sigue abogando en defensa de los derechos de los «caballeros aventureros, y soldados, que en esta empresa» sirvieron a su rey «sin sueldo y con sus personas, que a estos se les debe de hacer merced»[156]. Lo que Mosquera consigue al incluir dentro de una crónica militar una referencia detallada de la relación entre Arce y Herrera y su programa asistencial es dejar constancia histórica de una situación que él estima ser lo suficientemente significativa como para ser recogida y archivada con miras a la posteridad. Mosquera parece apuntar al hecho de que se trataba de una situación que debía de ser ubicada en su amplio y debido contexto que se remontaba a la década anterior y que tenía ramificaciones de candente actualidad. Por medio de su dual encuadre del *Comentario*, enmarcado entre las evocaciones de las figuras de Arce y Bazán, Mosquera parece convidar a un cotejo entre la proyección histórica del uno y del otro. El epígrafe en memoria de Don Álvaro de Bazan, incluído en el *Comentario*, bajo el membrete de *Posteritati S.*[157] y el encabezamiento de la inscripción

---

[155] BCDM, fol. 100v.

[156] BCDM, fol. 128v.

[157] BCDM, fol. 181r.

de la placa conmemorativa del programa reformador de Arce y Herrera *Posteritati S.*, también específicamente destinado a la posteridad, parece otra señal coincidente que apuntaría en dirección al establecimiento del citado paralelismo[158]. De forma específica y presentado en una *mise en abîme* como inconspicuo apéndice a un «Elogio» al Marqués de Santa Cruz, la obra incorpora traducido al castellano un epígrafe latino a la gloriosa memoria del marqués que se encontraba labrado en el palacio del Viso, sede de la familia. Tras un gesto que podía parecer superfluo[159] se disimula una estrategia que otorgaba al epígrafe del difunto marqués la contundencia lapidaria de la consagración de una figura pública en la Roma clásica: «titulo preconial» o incluso «triunfal» como «algunos autores» lo llamaban «antiguamente»[160]. En esta evocación, la voz de Mosquera quedaba fundida con la *vox populi*, liberándolo así de posibles acusaciones de *lèse-majesté* respecto a Arce, cuyo proceso de autoglorificación, el cual incluía la ya citada inscripción en la lámina conmemorativa de su obra reformadora, había sido menoscabado por las tácticas empleadas por Mosquera en su *Comentario*, incluyendo su evocación de «aquella grande empresa de la reformación y amparo de los pobres mendigantes»[161] con la que parece hostigar miméticamente la lámina conmemorativa. Mediante la introducción del epígrafe dedicado a Bazán, Mosquera parece estar invitando a su lector a establecer un paralelismo entre la figura de Don Álvaro y la de Don Rodrigo respecto a su respectiva entrada en el panteón de la memoria histórica bajo una misma inscripción: *Posteritati. S.*[162]

La acusación de Mosquera viene revestida de un simulacro de halago. En su «Dedicatoria» concede a Arce un tratamiento de reverencial deferencia. Se dirige al Presidente como si fuese el Altísimo, frente a cuya

---

[158] Dada la fecha de publicación del BCDM no sería de extrañar que Mosquera estuviese al tanto del diseño de esta placa conmemorativa.

[159] Don Álvaro de Bazán, hijo, a quien el «Elogio» a su padre iba dedicado, debía de conocer al dedillo un epígrafe inscrito desde el «primero de enero de 1585» en un muro del edificio de su casa familiar.

[160] BCDM, fol. 180v.

[161] BCDM, fol. 100v.

[162] Véase Apéndice IX.

grandeza Mosquera afecta humillarse, evidenciando así la proverbial soberbia de Arce: «Si el don que se ofrece, huviere de tener alguna proporción con el que lo recibe, rarísimo seria el ingenio que mereciesse dedicar a V.S. sus obras». Mosquera subraya su propia insignificancia, «que tan inferior me hallo», y su «osadía» en hacer llegar a manos del Presidente el fruto de un trabajo que describe como «pequeño servicio». Mosquera parece estar denunciando una situación que, bajo el férreo control de Arce, mantenía paralizado y enmudecido al sector pensante. Situación en la que «los ánimos, aunque generosos, recogidos en si mismos» y desconfiados de alcanzar la que llaman «inmortalidad entre los hombres» preferían renunciar a las «altas empresas» antes que exponerse a ser sometidos a la censura del Consejo, como queda inferido. Se sabía que si el Consejo se oponía no había creador que pudiese obtener el derecho a publicar. Aludiendo al «dissimulo de sus imperfecciones», simulando aludir a las imperfecciones de su propio proyecto, Mosquera critica bajo capa al Presidente, ironizando sobre su proverbial hipocresía y disimulo. Presentado como dolencia común de todo ser humano, el «amor propio» queda también asociado al Presidente: «y quando esta breve escritura no diere aquel gusto que me representa el amor propio (que es enfermedad del genero humano) usará V.S. conmigo como suele con todos, de su mansedumbre y prudencia en averlo leydo y dissimulado sus imperfeciones, como quien está tan adornado destas y otras virtudes».

Mosquera concluye su *Comentario* ofreciendo un gráfico y elocuente fresco de la sociedad española contemporánea de cuyo estado de desintegración hace implícitamente responsable a Arce. Mediante la evocación de una España ideal en la que se consiguiese «que entre los hombres fuesse favorecida la justicia, que las leyes se guardassen, que los que professan letras con moderación biviessen alegres, y los demás de la republica sin fraudes ni daños se enriqueciessen», Mosquera pone a contraluz de realce las carencias y vicios de los que adolecía la nación bajo la presidencia de Arce, quien ya llevaba cuatro años a la cabeza del Real Consejo. La visión idealizada que Mosquera describía no era un futuro alcanzable sino un mero futurible. Era una situación virtual condicionada por un imposible. La condición *sine qua non* para hacer realidad la ensoñación esbozada por Mosquera hubiese tenido que ser la reforma moral del Presidente: «Que todo esto se halla, quando el que govierna sabe poner en su punto la severidad con la dulçura, refrenando a los soberbios con castigos, alentando a los humildes y virtuosos con premios, que por consistir en esso la perpetuydad del buen estado de la republica… vino el Filosofo Democrito a llamar al castigo y al premio verdaderos Dioses»[163].

Mosquera recoge el estado de corrupción y opresión en el que estaba sumida la sociedad española. Sin embargo, no menciona la falsa mendicidad, sugiriendo con esta omisión que la etiología del síndrome que afligía al Reino se situaba en otro registro. Presenta un país en plena crisis de valores que precisaba una reforma general y en particular una reforma deontológica de la cúpula de poder. Esta reforma, y no un sucedáneo limitado a la reforma de los pobres mendigantes, hubiese sido la llave dorada que diera acceso a un siglo dorado. En su dedicatoria, su alusión a un mundo bueno y hermoso, del que también Alemán se hará eco en su primera carta del 2 de octubre de 1597, cuando añora una vuelta «al siglo dorado» sugiere que ambos, Mosquera y Alemán, pertenecían a un mismo círculo de intelectuales que, habiendo luchado por un mundo mejor, veían que su ideal había sido traicionado. Mosquera parece estar aludiendo al ambiente de temor y censura que al parecer abrumaba a los grupos pensantes, la *intelligentsia* del momento, a los que quería se le devolviese la libertad para que recuperasen su «alegría». Mosquera y Alemán sabían que se enfrentaban con una misión imposible. Mosquera proponía la reforma del Presidente, del «supremo»; Alemán, la del «máximo» Herrera. Ello no obstante, ambos concluyen con una declaración de pretendida confianza. Mosquera espera que, bajo Arce, la nación alcance el anhelado estado de armonía y bienestar: «veremos en España cumplirse lo que suplicaba Apolonio a sus Dioses, que entre los hombres fuesse favorecida la justicia …». Por su parte, Alemán simula creer en la capacidad de Herrera de «enmendar y corregir» su discurso basándose, le dice, en la «confianza que puedo hazer de ti en todo». Los anhelos de cambio expresados

---

[163] Fue por ello por lo que Mosquera incluyó en su BCDM, discretamente y a manera de apéndice, un pequeño tratado de pedagogía moral («Siguense las reglas de vida, que el Diacono Agapito escrivio para el Emperador Justiniano», fols. 126r.–127v.), dirigido implícitamente a la reforma ética del Presidente. Al abogar por un gobernante que aunase justicia y compasión, Mosquera está por inferencia denunciando la dureza e hipocresía del Presidente.

por Mosquera y Alemán y el cumplimiento de sus deseos estaban sin embargo subordinados a la condición de que, como queda inferido, sus interlocutores leyesen y aplicasen los consejos contenidos en los escritos que respectivamente les habían dedicado: a Arce, en el *Comentario*; a Herrera, en el escrito prometido en la primera carta y que Alemán le pensaba enviar «otro día». Como estos escritos de Mosquera y Alemán eran correctivos, el cambio recetado en ellos a Arce y Herrera corría de alguna manera a cargo de los primeros.

Mosquera incluyó en su *Comentario*, a modo de apéndice, las reglas de vida que el diácono Agapito envió al emperador Justiniano, indicando que lo hacía «por ser muy útiles a todos los príncipes y gobernantes cristianos», categoría que naturalmente incluía a Arce. Al legitimar su proyecto de reforma en su *Amparo de pobres* de 1595, Herrera omitía toda mención de sus predecesores en la materia y se remontaba directamente a las leyes civiles del emperador Justiniano relativas al examen de los pobres para descubrir a los ociosos[164], sugiriendo de alguna manera que entre Justiniano y él mismo había habido un gran vacío en el asunto asistencial[165]. Al recurrir a Agapito como mentor de Justiniano, Mosquera apela a normas morales de superior autoridad. En sus recomendaciones, Agapito condena todo atisbo de soberbia que pudiera haber existido en Justiniano, a quien insta a la humildad, a la justicia, a la equidad, a la clemencia, a la misericordia, y a una especial compasión hacia los pobres. Le pone en guardia contra la lisonja y

---

[164] «negocio tan encomendado y establecido por leyes civiles del Emperador Justiniano» que pese a haberse intentado hazer «algunas vezes» o bien «por no se aver hallado la traça que convenia… o por descuydo, o negligencia de los que començaron la execucion dello», siempre había fracasado y «no ha tenido el efecto que se desseava» (AdP, fol. 3v.). Esta es la situación que Herrera se proponía enderezar con su propio programa reformador.

[165] Recogiendo el sentir de la oposición, Vallés parodia el grado de innovación que Herrera se arrogaba en materia reformadora y que en su AdP intentaba legitimar apoyándola en fuentes clásicas y bíblicas: «Y si huviere quien diga que no lo venda por nuevo, pues es cosa intentada de tiempo tan antiguo, que de la Odissea de Homero se colige, que luego que se destruyó Troya, huvo quien la propusiesse: Diga V. m. que es verdad; mas aquellos, y muchos hereges que despues aca lo han propuesto, no lo tratavan como Christianos y Católicos, como V. m. lo trata, para remedio de los verdaderos pobres, y corrección de los fingidos y vagabundos, sino para persecución y extirpacion total de la mendiguez, y de los pobres necesitados» (CM, fols. 11v.–12r.).

contra los que fingen amistad. Condena el favoritismo y denuncia de manera específica el «tratar como beneméritos y dignos de honra a los que no lo son». Agapito hubiese condenado tanto el programa de Arce y Herrera como la relación de privilegio que el primero concedía al segundo. Lo que Mosquera está veladamente indicando es que el propio Arce dejase de ser un déspota nepótico y se transformase en un gobernante justo y misericordioso. La solución de la crisis que afligía al reino estaba en manos de Arce. Bastaba con que éste aplicase a su comportamiento las leyes de Agapito: «para gozar desta felicidad no será necesario desear, quando fuese posible, que retroceda el pasado tiempo, sino contentos con el presente rogar a Dios nos guarde a V.A. muchos años». Pero era en la incapacidad de reforma personal de Arce, aquejado de soberbia, donde residía la tragedia que condenaba al Reino y en particular a los círculos pensantes a «este tiempo del vivir y no vivir»[166]. ¿Cómo podía Mosquera haberse atrevido a recetar a Arce la lectura de las reglas de vida que Agapito envió a Justiniano cuando en su dedicatoria le había presentado como líder perfecto, a quien las reglas de Agapito hubiesen sobrado? ¿Cómo podía a renglón seguido insinuar que la perfección de Arce podía ser mejorable? El tratado de Mosquera es un buen preludio para el entendimiento de la clave de lectura aplicable a la correspondencia de octubre de 1597 de Mateo Alemán a Herrera, cuya admiración por la inmejorable perfección de «Máximo» y su obra son asimismo más que cuestionables.

Como última consideración antes de nuestro acercamiento al análisis de esta correspondencia, conviene calibrar el asombroso apelativo de «Máximo» con el que que Alemán se dirige a Herrera en sus cartas[167].

[166] Consciente de que bajo Arce no había esperanza de cambio, Mosquera había cualificado su exhortación con una cauta advertencia: «quando fuese posible».

[167] El 16 de enero de 1597 Arce ponía en marcha la ejecución del programa mediante el despacho de una «Instrucción» en 14 puntos enviada a 50 ciudades y villas. Herrera publica poco después un *Discurso del modo que parece se podría tener en la ejecución, para… los albergues, y… amparo de los verdaderos pobres, y reformación y castigo de los vagabundos destos reinos* (citado en adelante como DE), Madrid, 1597. Esta inversión secuencial, en la que la práctica precedía a la teoría, deja entrever el orden jerárquico que articulaba la colaboración entre Arce y Herrera. Arce ocupaba el primer lugar, seguido de Herrera, su testaferro. El superlativo «Máximo» que Alemán reserva a Herrera en sus cartas de octubre de 1597 es paródico.

A la luz de lo hasta ahora dicho, se impone preguntar si en su cartas a «Máximo» Alemán estaba dirigiéndose a un autor consagrado o bien a un autor difamado. La sexta objeción, recogida por Herrera en sus *Respuestas* de 1596, cuestionaba sus credenciales en materia reformadora. Como se ha indicado se le reprochaba el ocuparse de asuntos ajenos a su profesión y se ponía en tela de juicio su competencia para llevar a cabo el programa reformador. Sus críticos, en palabras del propio Herrera, lo consideraban como «persona de diferente facultad, y a quien no competía materia de tantas veras y gobierno». La acusación de actuar fuera de su profesión sería un reproche sostenido a lo largo de su trayectoria y una característica que Herrera compartía con el ‹pícaro›, de quien decía Barros que «sin hacer profesión…usurpa oficios ajenos a su inclinación, no dejando ninguno que no acometa, perdiéndose en todos y aun echándolos a perder, pretendiendo con su inconstancia e inquietud no parecer ocioso, siéndolo más el que pone la mano en profesión ajena que el que duerme y descansa retirado de todas». El rasgo que según Barros distingue diametralmente a Alemán del pícaro, «el opuesto de su historia», es que Alemán no se había entremetido «en ajena profesión»[168]. También se acusaba a Herrera de desatender su propia profesión de médico debido a su involucración en la reforma. Aunque en sus *Respuestas* (1596) Herrera no recoge esta acusación de manera específica, no era una de las menores que le fueron hechas ya que se defiende de ella indirectamente en tono un tanto desafiante, que sorprende si se tiene en cuenta que se estaba dirigiendo directamente al Rey: «Y es bien que entienda V.M. y el mundo que siempre ha desseado me haga V.M. merced en mi oficio, que por esta ocupación no he dexado ni dexo de acudir a el y a mis estudios… y que pues en materia

---

[168] GAI, «Elogio de Alonso de Barros», p. 117. Alemán trata del asunto de la usurpación de oficios ajenos por personas sin capacitación o vocación para ejercerlos, y del escándalo público por ello causado (GAI, pp. 290–293). Su diatriba parece estar dirigida principal y reconociblemente a Herrera y al asunto de la reformación: «Pero volviendo a estos tales, cuanto a Dios, no dudo su castigo, y cuanto a los hombres, te sabré decir que abren puerta a la murmuración y a que hagan dello pública conversación, diciendo, como dije antes, los fines que creí fueran secretos, teniendo lástima de tantos méritos tan mal galardonados y de un trueco tan desproporcionado, viendo a los malos por malos medios valer más y a los buenos con su bondad excluidos y desechados» (GAI, p. 292).

tan importante, y que no es derechamente de mi profesión, ha sido
Dios servido de ayudarme, para que sepa dezir y discurrir algo, que ha
satisfecho a tantos entendimientos de muy doctos varones… que en
lo que fuere ella sabre exercitarla, y entenderla como es razon y como
es notorio en muchos actos publicos desta Corte y otras ocasiones con
experiencia de veinte años de exercicio del»[169]. La «profesión» del pícaro
es críticamente descrita por Barros como el «arte a que le inclina».
Según el *Diccionario de Autoridades,* el vocablo «arte» incluye entre
otros significados el de la «sagacidad y astucia de alguna persona, y la
habilidad con que dispone de las cosas». Descritas en estos términos,
las habilidades del pícaro y las de Herrera, celebrado por su *solertia*[170],
presentan cierta afinidad.

A la luz de las reservas expresadas por un sector de la opinión
pública contemporánea hay que preguntarse qué credenciales ofrecía
Herrera para haber sido elegido como reformador oficial del Reino; y
dónde y cuándo había adquirido los amplios conocimientos no sólo en
«ley de Dios y natural, y verdadera Teología, Económica, y política»,
reformulados como «Sacra teología, y Derecho divino y humano, y
en la Económica, Ética y Política» que, según su propia declaración,
eran necesarios para el desempeño del oficio[171]. Muchos veían a

---

[169] RD. fols. 13v.–14r. La reforma y la medicina eran dos campos de intensa actividad
que requerían total dedicación. A ojos del observador contemporáneo, su práctica
conjunta parecería empresa imposible. Vallés recoge esta incompatibilidad de
funciones, parodiando una posible defensa de la capacidad de Herrera para hacerlas
compatibles: «Y no porque David se yua al campo, y hazia ausencia, y se ocupó en
hecho tan grande, se vino descuydado de las ovejas, ni las dexava perdidas: pues
advierte la Escritura, que *Surrexit mane et commedauit gregem custodi.* Y assi V. m. no
piense, que por atender a hazer una obra de tanto servicio de Dios, y ocuparse en ella,
dexará de valer, y hazer su oficio de Medico muy bien, y ganar mas, y alcançar para
sus hijos: porque Dios, que le toma por medio para ésta obra, le dará capacidad para
hazer lo uno y lo otro, y atender a todo con aceptación de su Rey, y aprovacion de los
que le avran sido contrarios al intentarla» (CM, fols. 8v.–9r.).

[170] AdP [1975], p. 238.

[171] AdP, fol. 21v.; AdP [1975], p. 245. En irónica referencia a Herrera, Alemán
describe en su «Prólogo» a los *Proverbios* de Alonso de Barros la obra de su amigo con
fórmula similar como la «quinta essencia de la Etica, Politica, Economica». Aunque
utiliza los citados términos, connotativamente herrerianos, en el caso de Barros su
elogio es sincero. En su «Elogio» al GAII, también es sincero Luis de Valdés cuando

Herrera como a un forastero proveniente del mundo de las galeras, desconocedor del terreno que se había brindado a reformar. El mundo despiadado, violento, prosaico, y, según el mismo Herrera, de incesante ocupación para el protomédico no era el ámbito adecuado para adquirir la formación intelectual que requería el cargo de reformador asistencial del Reino. Recordemos a este propósito que Guzmán de Alfarache también se había convertido en una suerte de reformador: «No es impropiedad ni fuera de propósito si en esta primera [parte] escribiere alguna dotrina». Pero sus credenciales al respecto eran excepcionales, basadas como estaban no sólo en su inteligencia sino también en su larga experiencia como galeote. El pícaro era «un hombre de claro entendimiento, ayudado de letras y castigado del tiempo» a quien la fortuna adversa había hecho hombre «prudente»[172]. Alemán parece estar invitando al lector discreto a establecer una relación entre el discurso reformador del pícaro y el discurso reformador de Herrera, concebidos ambos aproximadamente por los mismos años. El del pícaro era fruto de una experiencia directa madurada en el tiempo, «aprovechándose del ocioso de la galera»,y naturalmente del propio trabajo de su creador Alemán[173]. Por otra parte, el discurso de Herrera, según nos lo dice él mismo presentándose como parangón de laboriosidad, se había pergeñado en los «ratos» que le habían «sobrado»[174]. Su gestación

describe en la misma vena la obra de Alemán como «una escuela de fina política, ética y euconómica» (GAII. p. 28). Herrera despertaba en algunos un asombro parecido al expresado por Vicente Espinel hacia el polifacetismo del pícaro. En los paratextos de GAI, Espinel dedica un epigrama comparando a Guzmán con un médico de cuerpos y almas; figura holística que comprendía los planos corporal y espiritual con la que a Herrera le gustaba describir su propia misión. Espinel, sin embargo, ha tomado la precaución de precisar que su elogio a Guzmán debía de ser leído en la clave mordaz propia del epigrama. Sugiero que el asombro que Herrera suscitaba en el sector de opinión era un asombro igualmente paródico.

[172] «Aún quisiera la fortuna derribarme de aquí, si pudiera; mas, como no puede su fuerza estenderse contra los bienes del ánimo y la contraria hace prudentes a los hombres, túveme fuerte con ella» (GAII, p. 519).

[173] Al propio Mateo Alemán era asimismo aplicable la definición de «hombre de claro entendimiento, ayudado de letras y castigado del tiempo» (GAI, «Declaración para el entendimiento deste libro», p. 113).

[174] «que por esta ocupación no he dexado ni dexo de acudir a el [su oficio de médico]

se asemejaría más a la del «sermoncito» estudiado por «muchos ignorantes»[175] condenados al patíbulo que malgastaban el precioso rato que les quedaba de vida en preparar un discursito que les permitiera lucirse. La alusión a la proclividad de sus coetáneos a escribir discursos, presentada como una moda que afectaba incluso a los condenados a muerte, puede ser entendida como una advertencia dirigida a Herrera, autor del discurso reformador, avisándole por analogía sobre lo descabellado de su arriesgada empresa.

La formación en medicina y posterior vocación reformadora de Herrera hay que considerarla a la luz de sus antecedentes. Su formación bajo el doctor Francisco de Vallés, reivindicada por Herrera en 1614[176], es más que dudosa. Sin embargo, no cabe duda que hizo sus prácticas de fin de carrera[177], cursada en Salamanca, como asistente examinador del entonces Protomédico Doctor Diego de Olivares[178] en el Tribunal del Protomedicato. Es desconcertante el observar la desproporción entre su nivel de formación como estudiante de fin de carrera y la magnitud de la responsabilidad que le fue encomendada en su periodo de prácticas, que conllevaba la concesión o el rechazo de licencias para el ejercicio de la medicina y cirugía en el Reino[179]. Lo anómalo de la

y a mis estudios, sino que los ratos que me han sobrado me he ocupado en ello» (RD, fol. 13v.).

[175] GAI, p. 113.

[176] Como se ha indicado, Herrera celebra al Doctor Vallés como «celeberrimus inter medicos regios, primus magister meus et vere Mecenas» (*Compendium*, «Dedicatoria al lector»). Sin embargo, los registros universitarios de Alcalá no atestiguan que Herrera hubiese cursado en la complutense donde Vallés vacó su cátedra en 1572 al ser nombrado médico de cámara y protomédico (AdP [1975], Intr., p. xvi).

[177] «Si llegó o no a licenciarse, y después a doctorarse, en la Facultad de Medicina de Salamanca, ése es otro misterio: que sepamos, no aparece como licenciado ni tampoco como doctor en el fichero de Grados de dicha universidad» (AdP [1975], p. xvii).

[178] El doctor Olivares fue médico personal de Don Carlos, a quien asistió en sus últimos momentos. Su figura, relacionada por algunos con las circunstancias de la muerte del príncipe, ha sido rehabilitada por Morejón (Antonio Fernández Morejón, *Historia bibliográfica de la medicina española*, Madrid, Viuda de Jordán e Hijos, 1842–1852, tomo III, pp. 130–145).

[179] Herrera describe esta situación hablando de sí mismo en tercera persona: «asistió en

situación se agudiza cuando se repara que entre 1577 y 1580 Herrera, contrariamente a lo que se ha venido diciendo, actuó como asistente único del Protomédico. Herrera y sólo Herrera había sido el elegido de Olivares. Habría que esperar a la pragmática del 11 de noviembre de 1588, dada por Felipe II, para que se dispusiese que hubiese siempre en el Tribunal «un Protomédico, y tres examinadores que por nos fueran nombrados»[180].

Esta reforma del Protomedicato se llevó a cabo en respuesta a las frecuentes acusaciones presentadas en Cortes contra la codicia y venalidad de los protomédicos y asistentes examinadores, acusaciones que apuntaban claramente al máximo responsable de la situación[181], al Protomedico Diego de Olivares, figura controvertida y corrupta cabeza del Tribunal del Protomedicato, quien no desempeño cátedra ni dejó escrito médico alguno. Este Olivares fue el auténtico mentor del jovencísimo[182] asistente examinador Herrera, cuyo salto de las aulas salmanticenses al Tribunal del Protomedicato está todavía por estudiar;

casa del dicho Doctor [Diego de Olivares] ayudandole a examinar a todos los Médicos y Cirujanos, y a las demas personas, que en el discurso de tres años se examinaron en estos Reynos» (RS, fol. 167v.).

[180] María Soledad Campos Díez, *El real tribunal del protomedicato*, p. 68.

[181] Ya en la sesión de Cortes del 6 de Julio de 1581 «se trató y votó, aunque sin resultado… la manera de remediar las causas de tanto daño». En esta sesión crucial se pidió «por capítulo de Cortes, que por el mucho desorden que hay a causa de dar el protomédico licencia para curar, así de Medicina como de Cirugía, a personas sin letras ni suficiencia para poder hacerlo, de que se siguen notorios daños en todo el Reyno, y esto podría ser que naciese de los derechos que le vale al proto-médico dar estas licencias, su Magestad sea servido para remedio dello, mandar que los proto-médicos sean dos, los cuales juntos examinen… sin que por ello lleven derechos […] y que los dichos proto-médicos debajo de conciencia no puedan recibir por esta causa ninguna dádiva ni presente ni lleven otro aprovechamiento sino los quinientos ducados, so pena de que excediendo dello, queden sugetos a la visita como todos los oficios públicos» (J. Riera y J. Granda-Juesas , *Historia del Protomedicato*, pp. 33–34).

[182] Herrera tenía o bien 19 o bien 21 años en 1577. No se ha encontrado su fe de bautismo. El propio Herrera suministra dos fechas distintas para calcular la de su nacimiento. En AdP, 1598, se presentan como «Salmanticensis, aetatis suae 42», y en su *Compendium* (1614) como «Salmanticensis medicus regius, aetatis suae 56». Luego Herrera podía haber nacido o bien en 1556 o bien en 1558. (AdP [1975], Intr., p. xiii).

estudio que debería de incluir un examen de la naturaleza de la relación que le unió a Olivares. Basándose en la declaración del propio Herrera se ha venido sosteniendo que esta relación se fundó en la brillantez del joven candidato desplegada en el marco de un examen que pasó frente al Protomédico, quien impresionado le «escogio» y llevó consigo a Madrid para convertirlo en su asistente examinador «en casa del dicho doctor»[183]. Sin embargo sabemos por otras fuentes, las de las Cortes, que la búsqueda de la excelencia no era siempre un rasgo definitorio del doctor Olivares, a quien se achacaba el ser personalmente responsable de la desastrosa situación en la que había caído la práctica médica en España: «desempeñada por hombres sin instrucción llevando la mayor culpa el Protomédico Dr. Olivares»[184]. Frente a la falta de un criterio

---

[183] RS, fol. 167v.

[184] La prueba de que la mayor parte de la responsabilidad del estado de corrupción del protomedicato era achacada al Dr. Olivares queda ilustrada por las actas de las sesiones de Cortes del verano de 1584. El 27 de agosto, el diputado Francisco Orense propuso que «atento quel doctor Olivares, médico de su Magestad, era muerto, era ahora coyuntura de suplicar a su Magestad fuese servido de remediar … tanto desorden». El 29 de agosto, se acordó se diese al rey un memorial en nombre del Reino suplicándole que «atento que el doctor Olivares, proto-médico, examinaba y daba licencia para poder usar oficio de cirujanos y barberos sin ser personas que tuviesen la suficiencia que era menester, se mande que de aquí adelante el examinar para los tales oficios, lo hagan los tres médicos de la Cámara de su Magestad o los dos de ellos, y no de otra manera». El 14 de septiembre los comisarios encargados de remitir el memorial dieron cuenta de como «en cumplimiento de su comisión sobre lo de los proto-médicos» habían suplicado al monarca «por el remedio en esta ocasión de ser muerto el proto-médico» (véase J. Riera y J. Granda-Juesas, *Historia del Protomedicato*, pp. 36–37). La insistencia con la que el Reino subraya la muerte del protomédico Olivares como superación de lo que hasta entonces había sido el mayor obstáculo que impedía el saneamiento de la concesión ilícita de licencias médicas, podría sugerir que el doctor Olivares, presentado como causante de la situación, hubiese quizá gozado de una protección real que al parecer le hacía inmune a la crítica y le permitía actuar corruptamente con toda impunidad. La reacción del Reino parece indicar que ello era un hecho conocido por la opinión pública iniciada, que al parecer se había visto obligada a tolerarlo en vida del protomédico. Desconocemos el origen de este posible *laissez faire* regio hacia Olivares. Se puede conjeturar si ello pudiere estar de alguna manera relacionado con las obscuras circunstancias en torno a la muerte de Don Carlos de quien Olivares, como se ha indicado, era médico personal, y a quien al parecer asistió sólo en los últimos momentos: «Le visitaba solo el doctor Olivares,

deontológico claramente observable, se deben reexaminar los móviles que pudieron haber impulsado a Olivares para elegir a Herrera como examinador asistente. Olivares, asimismo salmantino, habría quizá intuido o de alguna manera sabido que podía contar con la complicidad de Herrera, en quien podía haber existido una natural inclinación a la intriga[185]. Su periodo como asistente del corrupto Olivares constituyó la escuela de vida en la que el joven provinciano recién llegado a Madrid adquirió su formación en los arcanos de la Corte; bastidores del poder a los que el discípulo del galeno más influyente del Reino tendría posible entrada[186]. Cuando en 1592 se reincorpora a la Corte, Herrera era para muchos un desconocido venido de fuera que podía forjarse su propia leyenda; pero para otros, particularmente en el ámbito de la medicina,

protomedico de España; pero consultaba despues fuera de la habitacion del príncipe con los otros médicos del rey» (A. Fernández Morejón, *Historia bibliográfica de la Medicina Española*, tomo III, p. 138).

[185] En su RS Herrera especifica el factor determinante que motivó la elección efectuada por Olivares, de quien Herrera fue el «escogido». Olivares le «truxo de la Universidad de Salamanca su patria» donde, acababa de comenzar a «pretender Catedras», a la «villa de Madrid». El citado factor, «su habilidad y letras» (RS, fol. 167v.), por la manera con que queda expresado parece sugerir un concepto fluido cuyo campo de aplicación trascendería el ámbito estríctamente aplicable a los estudios de medicina, en el que dado su nivel de formación, apenas «graduado», su espectacular salto como asistente examinador del protomédico no parece justificado. Es difícil asociar dicho factor con un rasgo psicológico o intelectual específico, sin embargo debía de ser un rasgo lo suficientemente idiosincrático como para que el propio Herrera lo considerase como autodefinitorio, e incluso pudiere sugerir que Herrera ya quizá para entonces se hubiese forjado un cierto renombre al respecto del que, como precisa, Olivares tuvo «noticia». Notamos que la «maña» o «habilidad» era asimismo un rasgo indisociable del pícaro quien, como si se tratase de una figura de mímesis invertida respecto a la autobiográfica definición de Herrera, queda precisado que la utilizaba como astucia para suplir a su falta de «letras» (GAII, p. 54).

[186] A este propósito conviene tener en cuenta que Herrera tenía también a su cargo el cuidado médico de los criados de la Casa Real, sin por ello tener un salario designado. Herrera parece haberse movido con soltura en su nuevo entorno, ya que se le llega incluso a encargar en 1580 el buscar amas de leche para los principes, hijos de Ana de Austria: «se ocupó en buscar, y escoger amas de leche para criar a V.M. y a sus Altezas hermanos de V. M. con gran amor, cuydado y deseo de acertar… y ayudó a escoger [a] doña Mariana de Vargas… la primera que dio leche a V.M…. y le acabo de destetar, como es notorio…» (RS, fol. 168r.).

su persona estaría indisociablemente asociada no con la figura del muy respetado «divino» Doctor Vallés sino con la intrigante actuación del sombrío Doctor Olivares. Por su parte, Herrera tenía que haber sido depositario de algún que otro secreto relacionado con la actuación de su mentor, quien le habría iniciado en el campo de la corrupción médica y probablemente también en el tráfico de influencias. Quizá era por ello por lo que algunos se mostraban adversos a todo intento de promoción del galeno, ralentizando el progreso de su carrera médica. Ya al servicio del Presidente Arce, Herrera seguiría siendo para algunos aquel asistente del corrupto Olivares, sólo que ahora no examinaba a los médicos sino a los pobres.

Lo hasta ahora expuesto ha ido encaminado a crear un marco que nos permita examinar el sentido de las cartas que Alemán dirigió a Herrera en octubre de 1597, cuyo contenido va más allá y cala más hondo que una crítica a la dudosa competencia profesional de Herrera en materia asistencial. Las cartas son un examen de conciencia que somete a Herrera a un proceso de intención, dirigido doblemente a su vocación reformadora y a su amistad con Alemán. La primera carta ofrece el aliciente añadido de anunciar la «primera parte del pícaro», presentada en indisociable relación con el discurso de Herrera por su propio autor[187], Alemán, quien además proporciona una primicia crítica de la misma al definirla simplemente como «el pícaro» y no como *Primera Parte de Guzmán de Alfarache*. El que Alemán en una correspondencia privada, anterior a la publicación de *Guzmán de Alfarache* (1599), confiase a Herrera como *sub rosae* el concepto temático de su obra establece un lazo especial entre Herrera y la figura del «pícaro». Alemán parece dar por descontado que Herrera conocía lo suficiente sobre su obra como para no tenerle que dar muchas explicaciones al respecto. Herrera es el confidente y el destinatario con cuyo conocimiento previo de la materia Alemán parecía contar[188]. Las cartas de 1597 son un como palimpsesto,

---

[187] Alemán establece un paralelismo entre la «intención» del «curioso discurso» de Herrera, y el «intento» de su «primera parte del pícaro».

[188] De haber existido armonía entre sus respectivos escritos y dado que Alemán tenía su primera parte ya compuesta, Herrera hubiese podido incluir la carta del dos de octubre ya bien en su discurso octavo, como lo hace con otros escritos que le habían sido enviados «en confirmación de los demás discursos», ya bien en su discurso

dos voces y dos textos, cuya lectura *à double sens* intento recuperar con mi análisis.

Dado el éxito sin precedentes que sería reservado al *Guzmán* (1599) y si las posturas de Alemán y de Herrera hubieren sido coincidentes y su amistad tan auténtica como la crítica ha venido sosteniendo, se puede conjeturar sobre si Herrera, como consumado autopublicista, no hubiese aprovechado la ocasión de hacer público el incondicional y entusiasta apoyo que el autor de una obra tan celebrada le había ofrecido por escrito, aunque éste hubiese sido expresado en el ámbito privado de una correspondencia personal no publicada. Como lo hace con los escritos de Mosquera y Vallés, que sí habían sido publicados, Herrera hubiese podido citar esta correspondencia directamente en su *Relación* (1605), o bien incluirla como referencia en su anunciado cuaderno aparte en el que, a su decir, hacía acopio de testimonios y probanzas en apoyo de su relato. Podía asimismo haber utilizado esta declaración de amistad ideológico-personal incluso para robustecer la ortodoxia de su propio programa reformador en el marco de su edición del *Amparo de pobres* de 1608, cuando Alemán era ya autor consagrado no solamente del *Guzmán* (1599 y 1604) sino también del *San Antonio de Padua* (1604), hagiografía que trataba asimismo del tema de la pobreza y de la reforma asistencial[189].

Como preparación al análisis de las cartas de 1597 de Alemán a Herrera, conviene tener en cuenta que Alemán conocía aspectos del comportamiento de Herrera que no han sido suficientemente explorados por la crítica[190]. En su *Relación,* Herrera confirma la alta

décimo como la misteriosa «carta» que le había sido enviada «en confirmación destos discursos». Esta omisión indica no sólo que sus visiones no eran armónicas sino que Herrera sabría que «la primera parte del pícaro» no obtendría permiso de publicación por el Consejo Real de Castilla.

[189] Este trabajo explora más adelante la polisemia del AP, obra cuyo doble sentido va más allá de una hagiografía de corte tradicional, lo que explica el que Herrera evitase toda mención de la misma. A su vez esta obra, que como se ha indicado también se ocupa del tema de la pobreza y su asistencia, no hace mención nominal, explícita y directa de Herrera y de su AdP.

[190] El que, por ejemplo, pese a las demoledoras críticas contenidas en los escritos de Mosquera y Vallés, Herrera en su RS (fols. 169r. y 175r.) no repare en citarlos como pruebas legitimadoras de su excepcional actuación como soldado y como reformador

opinión que de su reputación como médico se tenía, «la acetación en su facultad», utilizando como ilustración el haber sido recibido por el Reino como «tercero medico supernumerario en futura sucesión de la primera plaça que vacasse» a paridad de estimación con los otros dos médicos oficiales del Reino «de los de más opinión y letras desta Corte», y el haber así recibido «por ayuda de costa tanta cantidad, como sus compañeros tuvieron de salario, y ayudas de costa en el tiempo que duraron aquellas Cortes, desde que fue recibido en ellas, y después le dio el salario de ochenta mil maravedís cada año como a los demás Médicos sus compañeros»[191]. Herrera, sin embargo, mentía al dar estos datos, y lo hacía con desarmante descaro ya que su *Relación* iba dirigida al Rey por vía de su Consejo de Estado al que había sido remitida por un «villete del Duque de Lerma»[192]. La denegación de su petición para suplir al Doctor Ramírez como médico del Reino[193] en 1597 tenía que ser *vox populi*; sus repetidas peticiones de enero, marzo y junio de 1604 presentadas en Cortes solicitando la generosidad del Reino «atento a lo que sirve, y que no tiene salario»[194] eran asimismo del dominio público. De esta patente contradicción en los datos se deduce que Herrera o bien mentía a las Cortes o bien mentía al propio rey. Sea cual fuere la respuesta, se hace ineludible observar que, por alguna razón psicológica o circunstancial que nos es desconocida, Herrera se sentía al parecer con el derecho de hacer uso público de la mendacidad.

Parece quedar claro que el régimen que se aplicaba al Doctor Herrera era diferente del utilizado para sus colegas. ¿Cuál era la auténtica naturaleza de los servicios por los que Herrera recibía un trato particular respecto a sus colegas médicos del Reino? ¿Se trataba de servicios

pone, a mi entender, en tela de juicio el valor del soporte validatorio con fees y probanzas, que decía presentar en cuaderno aparte, de los hechos reivindicados en su propia autobiográfica RS. Ello cuestiona asimismo la lucidez de su discernimiento y sugiere la presencia de un autosugestivo candor, o bien de una capacidad de maña manipulativa. En ambos casos, estamos en presencia de un comportamiento que invita a un replanteamiento de la personalidad psico-intelectual de Herrera.

[191] RS, fol. 176v.

[192] RS, fol. 177v.

[193] AdP [1975], Intr., p. xl.

[194] AdP [1975], Intr., p. lvi.

prestados en el pasado, como los veladamente aludidos por Mosquera en su *Comentario*[195]; o bien de servicios presentes, como las «acertadas curas» que a decir del propio Herrera «hizo en casa de los Procuradores de Cortes», por los que fue específicamente gratificado durante toda la duración de «aquellas Cortes»[196] Herrera se estaba refiriendo aquí a las Cortes reunidas en Madrid (1592–1598), presididas por Rodrigo Vázquez Arce, durante las cuales se pergeñó y comenzó la ejecución del ambicioso programa de reforma asistencial, capitaneado por Arce asistido por Herrera, para cuya realización se precisaba la buena disposición consensuada de los Procuradores. ¿Actuaría Herrera como enviado especial encargado, bajo capa de galeno, de desempeñar el papel de «intercesor» del programa en «casa de los Procuradores del Reino»? En su *Relación*, Herrera declara que «viendo el Reyno su zelo y cuidado en lo que trabajó, y escrivio acerca del amparo de pobres, le nombró sin pedirlo por Protector y Procurador general de los destos Reynos»[197]. En realidad, Herrera, en su discurso sobre la «ejecución» del programa, había solicitado para Arce el «cargo y dignidad» de «Protector general destos pobres y familia de Cristo»[198]. Poco después, «consciente del disfavor que amenazaba entonces a Rodrigo Vázquez Arce», solicita para sí a través de las Cortes el dicho nombramiento de «protector y procurador general de los pobres y albergues destos reinos»[199]. Aunque, al parecer, este nombramiento nunca fue ratificado por el Reino, a partir de esta fecha Herrera recibiría un salario de 20.000 maravedís, cantidad que al parecer seguiría percibiendo hasta el 31 de mayo de 1607[200].

A la luz del cuestionable sentido de lealtad en la amistad que este comportamiento revela por parte de Herrera, en este caso respecto a su protector Arce, este trabajo explora el asunto sugiriendo que parecido

[195] BCDM, fol. 100v.

[196] RS, fol. 176v.

[197] RS, fol. 176v.

[198] AdP [1975], pp. 189–190.

[199] AdP [1975], Intr., p. xlix. Cavillac recoge la citada «inexactitud». En realidad se trata de una prueba señera del corrupto proceder de Herrera, quien al parecer no sentía reparo alguno en mentir públicamente sobre datos perfectamente verificables.

[200] AdP [1975], Intr., pp. l y lviii.

comportamiento respecto al propio Mateo Alemán es perceptible en el reproche que éste le dirige en sus dos cartas de octubre de 1597; en particular en la segunda, dedicada al tema de la amistad y su traición en relación específica con la amistad que se suponía existir entre ambos. Nuestro trabajo sugiere asimismo que esta amistad traicionada por Herrera constituye una de las principales constantes en la obra de Alemán.

APÉNDICE I

Herrera escribió relativamente poco sobre medicina. De sus aproximadamente cuarenta publicaciones, solo ocho están dedicadas a esta disciplina, en la que se iniciaría en fecha un tanto tardía, 1599. Pese a que en su *Relación* (RS, fol. 176v.) afirma lo contrario, Herrera no parece haberse ganado el respeto de sus colegas. Incluso en el momento de mayor auge en su privanza con Arce le fue denegada, tras doble votación, su petición, elevada en Cortes el 18 de junio de 1597, de suplir al doctor Ramírez, en cese por enfermedad, para ocupar una de las dos plazas de médico del Reino (AdP [1975], Intr., p. xl). Expresada por medio de las Cortes, esta falta de apoyo del cuerpo médico a las pretensiones de Herrera produjo un largo estancamiento en el avance de su carrera profesional. Herrera tendría que esperar a la jubilación del doctor Ramírez para percibir su primer sueldo anual fijo, aprobado por decisión tomada en Cortes el 31 de mayo de 1607. Pero en su caso, en vez de cobrar los 80.000 maravedíes que correspondían al cargo de médico del Reino, que al parecer desempeñaba pero del que no era titular, su sueldo anual se vería reducido a la mitad (40,000 mrs.) «en espera de que haya alguna vacante» (AdP [1975], Intr., p. lviii). Este acomodo conllevaba además la renuncia a la anualidad de 20.000 maravedíes que Herrera venía cobrando como «protector general de los pobres». La desconfianza del cuerpo médico respecto al progreso de Herrera desde su llegada a la Corte refuerza la sospecha de que el nombramiento de Herrera como médico de Casa y Corte en 1592 no se había debido a la intervención del doctor Vallés. De haberlo sido así, el prestigio del «divino» protomédico hubiese sido la llave dorada que le hubiera garantizado una buena acogida por parte de lo más respetado del estamento médico. Sugiero así que el supuesto impacto de su primera intervención en el ámbito de la epidemiología (RS, fols 175v.–176r.) precisa una reevaluación.

Su primer escrito fue un folleto en latín de solo siete folios en el que Herrera expresaba sus dudas acerca del tratamiento recomendado para la cura de las secas y carbuncos, cuestionando la actuación del equipo médico encargado del control de la epidemia de peste que por entonces azotaba al Reino[201]. A este escrito se vio obligado a responder el Protomédico

---

[201] Cristóbal Pérez de Herrera, *Dubitationes ad maligni popularisque morbi, qui nunc*

doctor Andrés Zamudio de Alfaro con un incisivo tratado dedicado al Supremo Consejo del Rey[202] en el que declaraba que no lo hacía de *motu proprio* sino en acatamiento a un mandato que había recibido del Consejo para que se oyese al doctor Herrera. Su disgusto queda patente en la dedicatoria[203]. En su tratado, Zamudio viene a decir que las dudas expresadas por Herrera sobre la cura de secas y carbuncos no ofrecían nada nuevo en materia de diagnóstico, profilaxis, terapia, o transmisión de la enfermedad. Eran dudas superficiales y reiterativas sobre aspectos que ya habían sido suscitados, tratados, resueltos y publicados tanto en latín como en castellano por el doctor Luis Mercado para «evitar las dudas y dificultades que pudieran ocurrir», tras consulta previa con los doctores Zamudio, Oñate y Sanabria , médicos de Cámara.[204].

Su aceptación de las propuestas de Herrera es marcadamente escueta y se limita a aspectos generales que parecen más propios del sentido común que de la ciencia médica especializada. Zamudio «conviene con Herrera en dar a los enfermos de comer con más abundancia en esta enfermedad que en otras, y que tengan siempre bebidas cordiales con jarabes acedos»[205]. Zamudio insiste sobre el hecho de que, dadas las medidas ya tomadas y la eminencia de los médicos a cuyo cargo corría el asunto, la orden recibida del Consejo «se podía escusar», añadiendo que «no obstante mi replica V.A. mando se diese el orden». En aquellos

in tota ferê Hispania, grassatur, exactam medellam… Madrid, 1599; 7 fols.

[202] Andrés Zamudio de Alfaro, *Orden para la cura y preservación de las secas y carbuncos, que por mandado de los señores del Supremo Consejo del Rey Nuestro Señor escribió el doctor Andrés Zamudio de Alfaro, alcalde y examinador mayor, protomédico general, médico de cámara de S.M., y del consejo de la santa general inquisición*, Madrid, Luis Sánchez, 1599.

[203] La noción de disgusto implícitamente inscrita en la contestación de Zamudio es propuesta mía. (Antonio Hernández Morejón, *Historia Bibliográfica de la Medicina Española*, Madrid, Viuda de Jordán è hijos, 1846, tomo IV, pp. 70–73).

[204] A. Hernández Morejón, *Historia bibliográfica*, tomo III, pp. 203–205. El tratado de Mercado llevaba el título de *Libro en que se trata con claridad la naturaleza, causas, providencia y verdadero orden y modo de curar la enfermedad vulgar, y peste que en estos años se ha divulgado por toda España*, Madrid, Várez de Castro, 1599. Para su impresión Mercado había recibido 2,000 ducados por disposición regia.

[205] A. Hernández Morejón, *Historia bibliográfica*, tomo IV, p. 73.

momentos de gran tensión en la lucha contra la epidemia, Zamudio se vio por lo tanto obligado a organizar una nueva reunión médica tan excepcional como innecesaria para tratar de las dudas propuestas por Herrera[206].

Esta pérdida de tiempo y energía en un momento de crisis nacional tuvo sin embargo un beneficiario, Herrera, quien en adelante podía jactarse, como lo haría en su *Relación*, de haber desempeñado un papel crucial en el ámbito de la salud pública. Expresándose en tercera persona, Herrera consigna que el impacto de su intervención había movilizado a las más altas instancias del Reino: «escrivio e imprimió unas advertencias en Latín muy útiles… a las quales mando el Consejo respondiesse el Doctor Andrés Zamudio de Alfaro, Protomédico que fue de V.M», quien aprobó «el modo de la curación que puso, con todos los remedios della». Alterando la verdad, Herrera no dudaría en declarar que sus propuestas lograron «mudar el método de la cura» hasta entonces utilizada (RS, fol. 176r.); lo que implicaba que era Herrera quien había conseguido vencer la epidemia de peste. El hecho de que el propio protomédico Zamudio tuviese que aceptar las recomendaciones de Herrera no era indicio de su consagración como médico prestigioso. Lo que la intervención de Zamudio sí subraya es el grado de influencia que Herrera[207] parecía ejercer en el Supremo Consejo. El episodio pondría asimismo en evidencia una actitud prepotente por parte del Consejo tanto hacia las disposiciones regias como hacia la actuación del protomedicato, cuya autonomía en materia de salud pública no parece respetar[208]. Herrera tenía que estar al corriente del encargo encomendado al Doctor Mercado. Con su intervención parece haber buscado el tomar revancha de sus críticos, reivindicado para sí el derecho a hacer alarde público de sus dudas

---

[206] A. Hernández Morejón, *Historia bibliográfica,* tomo IV, p. 71.

[207] Puesto que Herrera seguía siendo médico supernumerario que hasta la fecha no había publicado un sólo tratado médico ni detentaba cátedra alguna, se puede deducir que su influjo se debía a apoyos provenientes de ámbitos exteriores al de la medicina.

[208] El que «las advertencias» de Herrera hubiesen sido escritas «en Latín», hecho que subraya en su RS (fol. 176r.) como si fuese algo digno de ser tenido en consideración contrasta con la actitud de Mercado, quien a decir de Zamudio, pese a haber ya escrito un libro en latín sobre la «curación de las secas y carbuncos» estaba «imprimiendo también en castellano, para evitar las dudas y dificultades que pudieran ocurrir» (A. Hernández Morejón, *Historia bibliográfica*, tomo IV, p. 71).

respecto a proyectos ajenos (como se había hecho con él en el campo de la reforma asistencial), saldando cuentas con un cuerpo médico que le reprochaba ocuparse de asuntos ajenos a su facultad y profesión. Sin embargo, su actuación no parece haber contribuido al incremento de su prestigio como médico, ni haberle granjeado simpatías entre sus colegas de profesión. Todavía en 1615 Herrera seguía reiterando su petición al Reino de que «se le crezca su salario (de médico de las Cortes) a 80,000 mrs.»; pedía un aumento de 40,000 maravedíes para con ello quedar igualado con los demás médicos del Reino, los doctores Salinas, Rojas y Sepúlveda. Solicitud ésta que al parecer fue desatendida y que vuelve a replantear en mayo de 1617, pidiendo la equiparación de su sueldo con el de sus colegas. El tan deseado aumento le fue por fin concedido el 20 de julio de 1617[209].

Las causas que impidieron el avance de Herrera en la carrera médica están todavía por estudiar. La principal quizá fue su dedicación a asuntos ajenos a la medicina a los que reservaba gran parte de tiempo y energía. Ello explicaría asimismo su corto número de publicaciones de materia médica. ¿Qué ocurrió con aquellos quince tratados médicos, cuya lista y títulos proporcionaba en su *Compendium totius medicinae* (1614) y que presuntamente conformarían un segundo volumen de esta obra anunciado pero nunca publicado?[210]. Sorprende que desatendiese la publicación de lo que hubiese supuesto un serio aporte a su campo de especialización, la medicina, para a una edad un tanto avanzada lanzarse por nuevos derroteros, debutando en el trillado campo de la literatura paremiológica con sus *Proverbios morales* (1618).

APÉNDICE II

Presentados como un elemento intrínseco a la propia génesis del pícaro, la figura y caso de Antonio Pérez habían quedado suscitados desde el arranque mismo del *Guzmán* (1599) mediante una reelaboración poética

[209] AdP [1975], Intr., p. lxviii.

[210] Pérez de Herrera, Cristóbal: *Compendium totius medicinae ad tyrones*, Matriti, Ludouicus Sanctius, 1614. La lista aparece en el colofón de esta obra en un apartado titulado «Theoremata et praecepta, quae in alio volumine compendiose etiam, me scripturum promitto».

lo suficientemente articulada como para permitir una reconstrucción identificable de su modelo. El asunto relativo al padre putativo de Guzmán, cuyo atildado afeminamiento había levantado acusaciones de ambigüedad sexual, presenta rasgos similares a los que envolvieron el caso de Antonio Pérez. La descripción física del padre de Guzmán, «blanco, rubio» con «los ojos grandes, turquesados» (GAI, p.140), recuerda el aspecto querubinesco atribuido a los pajes flamencos, tan favorecidos al parecer por Antonio Pérez[211]. Guzmán indica también que su padre era alabado por sus «dientes y manos» (GAI, p.140); característica indisociable de Antonio Pérez, precursor de los cuidados bucales, cuya bien conservada dentadura era objeto de admiración[212]. Pérez es tenido por algunos como el introductor en Francia de los palillos de dientes: «su agua dentífrica y sus plumas mondadientes, circulaban por Paris, solicitados por los más grandes señores»[213]. Marañón describe a Pérez como hombre práctico en la ciencia de la vida que practicaba la «obsequiosidad interesada»[214], repartiendo entre sus protectores productos para la protección de los dientes y guantes de perro adobados de ámbar para cuidado de las manos.

Alemán parece moverse en esta dirección cuando hace que el Guzmán galeote describa con cierta delectación su nueva habilidad fabril adquirida de manera autodidacta «enseñéme a hacer… palillos de dientes muy graciosos y pulidos», a cuyo perfeccionamiento había contribuido con innovaciones de lujoso refinamiento; rasgo insólito en el entorno de las galeras sobre el que hace hincapié, presentándose como inventor único y original del palillo de dientes de alta gama: «con varias invenciones y colores, matizados de oro, cosa que sólo yo dí en ello» (GAII, p. 502). Como si hubiese tenido a Antonio Pérez por modelo, Guzmán, quien por oportunismo pragmático y espíritu de supervivencia se desvivía por complacer a su amo el cómitre, indica por añadidura que había desarrollado esta habilidad y la de la fabricación de

---

[211] Uno de estos pajes, Hans Bloch, es descrito como «blanco y rubio» (G. Marañón, *Antonio Pérez*, tomo. I, pp. 88–89).

[212] Antonio Pérez se preocupaba de sus dientes «con minucia» (G. Marañon, Antonio Pérez, tomo I, p. 348).

[213] G. Marañon, *Antonio Pérez*, tomo I, p. 349.

[214] G. Marañon, *Antonio Pérez*, tomo I, p. 346.

otras fruslerías no sólo porque el saber no ocupa lugar sino también en previsión de eventualidades en las que por necesidad se viere forzado a utilizarlas para congraciar voluntades y conseguir favores: «Quise saber de mi voluntad; que alguna vez podían obligarme de necesidad» (GAII, p. 502). Guzmán indica también que la «peregrina hermosura» de su madre era «natural… sin traer aderezo en el rostro» (GAI, p.144), rasgo que por lo extraño en dama tan galante hace detenerse y recordar la animadversión de Antonio Pérez, *alias* el «peregrino»[215], por los afeites en la mujer y su reconocida preferencia por el rostro al «natural» y por las manos «sin sebillos»[216].

La descripción que Guzmán hace de su madre corrobora nuestra propuesta de que Alemán pudiere estar invitando a su lector a ir más allá del tópico de un cuadro costumbrista, completando un lienzo cuyo pergeño, que desbordaba los lindes de la escena representada en las Gradas de la Iglesia Mayor, ya le había sido proporcionado en *chiaroscuro*, «en los lejos y sombras» por el propio autor (GAI, «Elogio», p. 116). Alemán suministra incluso la fórmula que, más allá de la figura de la madre, atando cabos y recopilando datos, ayude al lector a descubrir la identidad de los modelos temáticos y de las situaciones históricas evocados en su obra: «ayudándose unas prendas a otras, toda en todo, ni el pincel pudo llegar ni la imaginación aventajarse». Para alcanzar el efecto deseado, el método consistía en fusionar diéstramente características de unos y de otros; en el caso de la alusión a Antonio Pérez, ésta se conseguiría aunando pinceladas sacadas del esbozo de la figura del padre con las del de la madre de Guzmán: «las partes y facciones de mi padre ya las dije» (GAI, p. 144).

Mediante la interacción de elementos procedentes del ámbito poético y del histórico, Alemán estaría aquí invitando a su lector de 1599 a recrear el complejo trasfondo que propició la entrada en la arena pública del principal modelo temático del pícaro, modelo inspirado en Herrera, como desarrollaremos más adelante. No nos referimos a su alumbramiento biológico ni a su ubicación en una determinada familia con nombre y apellidos sino a su entronque con el género específico de la

---

[215] La segunda versión de sus *Relaciones* publicada en Londres en 1594 apareció bajo el pseudónimo de Rapahel Peregrino.

[216] G. Marañon, *Antonio Pérez*, tomo I, p. 356.

ilegitimidad social como vía de acceso a la notoriedad. Por ello la escena no se enfoca sobre la figura de los padres, cuya identidad permanece oculta, sino sobre la de los «padrinos» que irrumpen en la historia en el marco del «cristianismo» del «hijo secreto de cierto personaje». Todo ello sugerente de un *demi-monde* un tanto penumbroso, de unos orígenes recubiertos de falsa honorabilidad y de la presencia de protectores[217]. La madre de Guzmán entra en escena acompañada de su protector, anciano caballero miembro de una orden militar. Siguiendo el patrón asociativo utilizado en la propuesta de una posible relación entre Antonio Pérez y el «levantisco» padre putativo de Guzmán, sugerimos que este caballero protector a su vez evoca la figura del septuagenario Rodrigo Vázquez de Arce, caballero de la orden de Alcántara y comendador de la Magdalena. Las dignidades militares de uno y de otro, las del caballero poético y las del Arce histórico, quedan puestas en tela de juicio cuando Guzmán, expresando el sentir de un sector de la opinión pública, describe al protector de su madre como «caballero viejo de hábito militar, que por serlo comía mucha renta de la iglesia» (GAI, p. 144). Esta crítica a la otorgación de dignidades militares a civiles no combatientes aquí parece ir dirigida más específicamente a las concedidas al presidente Arce[218].

La vanidad que su relación con el caballero despertaba en la madre de Guzmán, quien parecía identificarse con el estamento noble de su protector, queda plasmada en el hecho de que se le conociese como la «comendadora», ya que actuaba «como si tuviera colada la encomienda» (GAI, p.158); es decir, como si también a ella se le hubiera conferido la dignidad. Parecido engreimiento se achacaba también a Herrera, quien tendía a tomarse por su valedor, el Presidente del Consejo Supremo. Es por ello por lo que Alemán, en su correspondencia de octubre de 1597, se dirige a él como a «Máximo» y le acusa de endiosamiento en la carta del 16 de octubre. En el episodio que nos ocupa, la coalescencia

---

[217] El origen tanto genealógico como social de Herrera está asimismo envuelto en una desorientadora penumbra que presenta grandes oquedades, y que afecta incluso a su fecha de nacimiento que permanece incierta. (AdP [1975], Intr., xiii–xv).

[218] Arce, y por otras razones, era asimismo acusado por Antonio Pérez de haber comido mucha «renta eclesiástica», apropiándose de la que pertenecía a su primogénito, D. Gonzalo Pérez, preso con el resto de su familia bajo la férula del Presidente Arce. (Antonio Pérez, *Cartas de Antonio Pérez, Epistolario español*, ed. Eugenio de Ochoa, I, BAE, 13 (Madrid, 1850), «Carta cxlviii, A un señor amigo», pp. 554–60, p. 554)

de sus diferentes elementos corre a cargo de la madre de Guzmán, cuya relación con las dos figuras masculinas al inicio de la narración (la del genovés afeminado, padre putativo de Guzmán, evocativo de Antonio Pérez; y la del caballero viejo de hábito militar que tenía a Guzmán por hijo, evocativo de Arce) constituye la placenta que alimentó la gestación de la compleja naturaleza del pícaro, fruto de diversas influencias. El pícaro quien como ente antecede a Guzmán, cuya salida en escena como personaje no tiene lugar hasta el final del capítulo segundo, sería pues el cordón umbilical del que se desgaja Guzmán de Alfarache para entrar de lleno en la narrativa como protagonista (GAI, p. 162). El pícaro, inspirado en Herrera, es a Guzmán lo que en un cierto registro se dice del niño respecto al hombre: el pícaro puede ser considerado como el padre de Guzmán de Alfarache, su origen o modelo temático[219]. La génesis biológica y circunstancial del pícaro esbozada por Alemán en los dos primeros capítulos de la *Primera Parte* se sitúa en un plano metanarrativo o protonarrativo, registro con el que volverá a empalmar según se aproxima el desenlace de la poética historia, y que sería simbólicamente reanudado por el hallazgo del «rastro de la sangre» materna (GAII, p. 461). Con esta pincelada de sesgo biológico Alemán estaba invitando a su discreto lector a reconectar con el substrato esencial del pícaro, apuntándole a que se aproximaba a un momento fusional del relato en el que los planos poético e histórico quedarían inmortalizados en una misma escena final a bordo de la galera. Aspecto sobre el que volveremos en el último capítulo de este trabajo.

El caballero protector no es presentado como un anciano genérico sino como alguien concreto cuya identidad debía de permanecer velada: «cierto caballero viejo de hábito militar». La propuesta de que su descripción pudiera encerrar una alusión a Arce se apoya en el hecho de que la figura de este último queda reiteradamente suscitada, en registro discursivo y en registro narrativo, en los capítulos dedicados a la génesis

---

[219] El pícaro *ur* es un sujeto que permanece anónimo y que en un registro paralelo de lectura también «cuenta quién fue su padre» (GAI, p. 125). Por otra parte y en registro poético simultáneo este pícaro *ur* es el caldo de cultivo generador de Guzmán de Alfarache, cuya específica autobiografía arranca en el capítulo segundo donde queda nominalmente presentado como narrador: «Guzmán de Alfarache prosigue contando quienes fueron sus padres». A partir de este momento ambos componentes y ambos registros quedan orgánicamente fusionados.

del pícaro, como pasamos a ilustrar. El trasfondo conceptual y la clave interpretativa del *Guzmán* (1599) se encuentran en el sermón dirigido por un «docto predicador» a los «señores del Consejo Supremo» (GAI, p.135); sermón al que el pícaro había personalmente asistido un «viernes de la cuaresma» y del que al parecer quería dejar constancia escrita. Preservado cuidadosamente por el narrador como oro en paño, este cuadro evocaría en la mente del lector de 1599 la desacreditada figura del recién depuesto y exiliado Rodrigo Vázquez Arce, Presidente del Consejo Supremo. El púlpito desde el que el predicador pronuncia su sermón admonitorio sobre la necesidad de reforma moral de los ministros de justicia constituye, a un segundo nivel de lectura, la tribuna desde la que el narrador por boca del sacerdote denuncia la conducta venal de cierta categoría de juez, a quien dota de características no ya solamente tipológicas sino claramente asociables con la figura de Arce, máxima autoridad jurídica del Reino.

Actuando como abogado del diablo, el predicador se niega a aceptar las acusaciones que se hacen al juez: «decir deste tal que vende la justicia dejando de castigar lo malo y premiar lo bueno... niégolo y con evidencia lo pruebo». En realidad, por este método de rechazo de generalizaciones inexactas y facilonas, Alemán está subrepticiamente sacando a luz y denunciando implícitamente la conducta de un tipo de juez específico que se beneficia de prácticas nepóticas: «mas el juez que se lo dieron gracioso... ¿quién ha de creer haya en el mundo juez tan malo?». Este juez adultera la misión que le había sido asignada «en confianza para hacer oficio de Dios» y acaba endiosándose: «y así se llaman dioses de la tierra» (GAI, p.137). La soberbia de Arce era tan notoria que Vallés se refiere a él como la «semejança» de Dios en su carta a Herrera, redactada en 1597 (CM, fol. 9v.)[220].

---

[220] Finalizada su larga estancia en el Colegio de Santa Cruz de Valladolid en el que tras ocho años, 1548–1556, y unos principios relativamente poco prometedores «tuvo las Cathedras de Código, y de Digesto viejo, y graduose Licenciado en Leyes» (Pedro de Salazar y Mendoza, *Crónica de el Gran Cardenal de España, Don Pedro Gonçález de Mendoça, Arzobispo de la muy Santa Yglesia Primada de las Españas*, Toledo, María Ortiz de Saravia, 1625, p. 329), Arce se benefició de sus vínculos familiares. Desde altos puestos administrativos, el influjo de estos vínculos se tradujo «de forma inmediata en su provisión por Oidor en la Chancillería de Granada en 1556» (I. J. Ezquerra Revilla, «La Distribución de la Gracia», p. 268. Se podría, pues, decir que de alguna manera

El narrador afina su tiro cuando, siempre so pretexto de querer evitar lo injusto de toda generalización, salta a un riguroso registro eliminatorio indicando que tan reprobable comportamiento sería excepcional, «de mil en uno»[221]. Mediante un cambio de modo verbal, desvela no obstante que no está hablando de un transgresor virtual sino de alguien concreto, quien, aunque no nombrado «consigo lleva el castigo, pues anda señalado con el dedo». La imagen esbozada sugiere la de un juez que fuera figura pública de primer orden, ya que «es murmurado de los hombres, aborrecido de los ángeles, en público y en secreto vituperado de todos» (GAI, p. 138). Semejante notoriedad sólo era atribuible a Arce, el primero de entre los jueces, controvertida figura cuya estrepitosa caída en desgracia y posterior exilio eran asunto de candente actualidad por esas fechas[222].

Arce era uno de aquellos jueces «a quien se lo dieron gracioso» (GAI, p. 137).

[221] Sin embargo modula lo dicho y desvela su auténtico tenor cuando a renglón seguido actúa como portavoz del sentir de un sector de la crítica: «Bien que por ahí dicen algunos que esto de pretender oficios y judicaturas va por ciertas indirectas y destiladeras, o, por mejor decir, falsas relaciones con que se alcanzan» (GAI, p. 137).

[222] Las causas que provocaron su caída siguen siendo todavía un tanto obscuras. Juez implacable de Antonio Pérez y de alguna manera co-protagonista del drama que inmortalizaría al Secretario, Arce sería evocado como auténtico cancerbero de su mujer e hijos por el propio Antonio Pérez en sus *Cartas*. Su grado de ensañamiento respecto a las condiciones degradantes a las que su familia fue sometida durante sus nueve años de encarcelamiento fue tal que Antonio Pérez describe a Arce como sádico antropófago, quien al no poder comer «por vianda en medio de su mesa» las «carnes y almas» de la mujer e hijos del Secretario había encargado a los «galfarrones y criados suyos carniceros» que se las «macerasen… para su entretenimiento». Lo hacía así «por no haber aún reducido a carnicería pública la carne humana, en que andaba muy ocupado». No se puede descartar que aquí la acusación de Antonio Pérez evocase asuntos más allá de su ámbito puramente familiar, y que al evocar la doblez moral del Presidente («el de aquella mesura fingida, el de aquella hipocresía verdadera») a quien aplica su apodo de «ajo confitado», se estuviese refiriendo a su faz pública como modélico reformador de la obra asistencial y «protector» de los pobres. Pérez maldice la memoria de Arce, recién fallecido, y le reprocha el no haber utilizado para con su familia la presunta «piedad» de la que tanto se jactaba: «¡Malaventurado de Presidente de justicia, venturoso si fueras presidente de las obras de piedad para tales subjetos, y para estas horas y para las de ese siglo eterno en que te hallas!». Vázquez Arce mataba a su familia de «hambre», y les privaba de «paño para cubrir aquellas carnes», cuando por otra parte conseguía que S.M. disipase «veinte mil escudos» para sustentar

El narrador continua con el tema, denunciando como infundadas las acusaciones de las que eran objeto los jueces de los tribunales superiores: «no es bien culpar jueces, y menos en superiores tribunales, donde son muchos y escogidos entre los mejores». Su defensa se apoya en el hecho de que, considerando el nutrido número y excelente calidad de los componentes del tribunal, el posible juez infractor se vería refrenado por sus colegas: «y cuando uno por alguna pasión quisiere precipitarse, los otros no la tienen y le irían a la mano» (GAI, p.138). Mediante esta utópica descripción de un perfecto tribunal superior, Alemán está provocando la reacción del lector discreto, quien sabía que Arce actuaba como cabeza del Consejo Supremo y que los demás jueces de los tribunales superiores eran un manojo de electos a dedo cuya selección y promoción estaba en manos del Presidente, quien desde su nombramiento en 1592 luchaba además por mantener la hegemonía de su Consejo y la prepotencia de su cargo.

A continuación y mediante una hilazón secuencial, Alemán lleva a su lector a la Chancillería de Granada, de la que Arce había sido Oidor durante el dilatado periodo de 1556 a 1570. Sin solución de continuidad, el lector ha sido trasladado al inicio de la carrera profesional

a sus «carniceros». Ello en principio aludía al hecho de que Arce hubiese utilizado los «réditos de la pensión eclesiástica» de un hijo de Antonio Pérez para pagar a los «alguaciles y guardas» encargados del encarcelamiento de la familia del Secretario. Sin embargo, puesto que la palabra «carnicero» es un apelativo que se aplicaba a un tipo de juez inclinado a la severidad excesiva que podía incluso ejecutar su sentencia sin justificación, y a un tipo de cirujano dado al tajo y a la amputación sin ningún tipo de compasión por el enfermo, y recordando al mismo tiempo la referencia a las «obras de piedad», la cantidad monetaria citada, y la proximidad cronológica de las situaciones evocadas, Antonio Pérez pudiere estar asimismo aludiendo a los 24,000 ducados de dádiva que Felipe II, influenciado por Arce, había otorgado en 1598 para la construcción del Albergue de Madrid, pieza maestra de la reforma asistencial de Arce y Herrera. En este caso, los epítetos «galfarrón», ocioso, y «carnicero» pudieren aplicarse a los clientes y favorecidos de Arce y a sus causas, incluyendo al propio Herrera. Antonio Pérez evoca el imperio ejercido por Arce sobre el monarca en el asunto de el maltrato de su familia encarcelada . Acusa a Arce de haber sido el cizañero que azuzaba la ira del monarca; le acusa de haberse tomado por el mismo rey: «Por qué no le decías que no era justicia aquello? Por qué no le templabas si estaba enojado?… Por qué? Porque tú eras el enojado, tú eras el que alimentabas el enojo del pincipe, tú eras el rey en aquello». (Antonio Pérez, *Cartas de Antonio Pérez, Epistolario Español*, BAE 13, Carta cxlviii, «A un señor amigo», pp. 554–60, p. 556).

de Arce, cuya lenta e inicialmente poco prometedora trayectoria había culminado años más tarde con su conflictiva elevación a la Presidencia del Supremo, a cuya reforma, como bien era sabido en los círculos iniciados, se opondría con férrea obstinación desde un primer momento. El imponente edificio de la Chancillería de Granada actúa en la narración como metonimia de una justicia inalcanzable que cohibe al pueblo llano y le impide defender sus derechos. Como se lamenta el labrador que tiene que abandonar su pleito: «estas cosas no son para mí… porque en ésta [Chancillería] tienen tan alta la justicia, que no se deja sobajar, ni sé si la podré alcanzar» (GAI, p. 139). El edificio refleja la aplastante soberbia de Arce. La rigidez forense de Arce, de quien el presidente Pazos decía que era capaz de hacer justicia incluso «contra sus padres»[223], parece haber quedado reflejada en la inflexibilidad con que Guzmán interpreta el deber de acatar la ley cuando, como si se tratase de una ilustración de esto último, declara que todo el que la rompiere debería de ser castigado, «aunque mi padre estrenara la horca» (GAI, p. 134).

Se ha indicado más arriba que la proteica figura del pícaro surge enmarañada en un cierto tipo de red relacional que enlaza a la madre con el viejo caballero y con el afeminado «levantisco» (GAI, p. 130). El alcance y significado de estos influjos fundacionales es una de las cuestiones que se plantean en este trabajo, el cual más que sobre la personalidad y trayectoria de Guzmán, aspecto ya explorado por la crítica, se interroga sobre Guzmán como traslación poética de la esencia de un personaje histórico, de un «pícaro» concreto, verdadero «sujeto» del libro. A un segundo nivel de lectura, Alemán estaría invitando aquí a su lector electo a descubrir indicios que, en un plano histórico, le llevaran por analogía a las posibles implicaciones del *affaire* Antonio Pérez en el eclosionar de la relación entre Arce y Herrera, y a la metamórfosis de este último, quien de obscuro y joven galeno se transformó en polifacética figura pública, héroe militar, pensador erudito y adalid de la reforma asistencial.[224]

---

[223] I. J. Ezquerra Revilla, «Vázquez de Arce, Rodrigo», en *Diccionario Biográfico Español*, Madrid, Real Academia de la Historia, 2013, tomo XLIX, pp. 344–347.

[224] El pícaro parece haber heredado una disposición a la ambivalencia sexual por vía paterna. En el transcurso de su formación Herrera recibió, como el pícaro, el

El anonimato con que se cubre la identidad del niño bautizado y de su progenitor, presentados en simbiosis de lo general y lo particular como el «hijo secreto de cierto personaje» (GAI, p. 144), es una señal por medio de la cual Alemán indica a su discreto lector que, desde un registro histórico, la identidad específica del modelo temático del pícaro se va a mantener igualmente escondida. Su identidad, singular o plural, debe de permanecer velada ya que Alemán consideraba «muy ajeno de historias fabulosas introducir personas públicas y conocidas, nombrándolas por sus propios nombres» (GAII, p. 22). Esta identidad anónima del modelo temático del pícaro va más allá de la figura de Guzmán de Alfarache, quien escogió su propio nombre y desveló con un cierto exhibicionismo al lector su concepción y génesis[225]. Siempre a un segundo registro de lectura es como si el pícaro mismo invitase a su lector a asistir a su bautizo y consagración literaria como inmortal protagonista de una obra que adivina sería imperecedera. El pícaro narrador actúa como si necesitase testigos oculares para precintar la obra con un sello de autenticidad que serviría de medida de protección para impedir que nadie intentase algún día manipular la historia de sus orígenes: estos fueron obscuros y el pícaro fue hijo ilegítimo. Como la invitación a todo «curioso lector» sigue todavía vigente, aceptándola por nuestra parte, insistimos en nuestra búsqueda de un posible substrato o modelo temático histórico subyacente a la obra de Alemán, quien por medio del cual, a decir de Barros, había conseguido «felicísimamente el nombre y oficio de historiador, y el de pintor en los lejos y sombras» (GAI, «Elogio», p.116).

La evocación histórica relativa al asunto de Antonio Pérez a la que hemos aludido, y la trama poética del episodio en torno al asunto del padre

influjo de dos hombres maduros, Olivares y Arce, quienes, dada su mayor edad y la protección que le ofrecieron, podían haber jugado el papel de figuras paternas. En un capítulo fundacional que aúna ambigüedad sexual y paternidad ¿estaría Alemán sugiriendo, a un segundo registro de lectura y por inferencia, que ambos aspectos pudieran asimismo estar relacionados en el caso de Herrera?

[225] La escena del «cristianismo» (GAI, p. 144) es una historia dentro de la historia, una *mise en abîme* que ilustra el patrón en el que fue cortado no sólo el propio Guzmán de Alfarache sino otros muchos pícaros; patrón aplicable con probabilidad también a Herrera sobre cuyo padre biológico conocemos muy poco y a quien sus protectores o «padrinos» pudieron haber tenido por hijo espiritual.

putativo de Guzmán presentan más de un punto de convergencia. Ambos alcanzan notoriedad de *cause célèbre*. Son blanco de prejuicios negativos que vician la actuación de sus respectivos acusadores. Los imputados son objeto de acusaciones graves, incluyendo la de herejía[226], y sobre todo la de homosexualidad que parece ocupar el centro del proceso[227]. La imparcialidad de la fiscalía es puesta en tela de juicio. Recordemos que en este asunto se tachaba a Arce, de arbitrariedad en su conducta judicial[228] y de utilizar un «procedimiento, basado en la presunción de culpabilidad del acusado»[229]. Por su parte, Guzmán recoge e interioriza la denuncia dirigida contra su padre y expresa su propia repulsa al respecto, declarándose «capital enemigo» de los que se diesen a «actos de afeminados maricas» (GAI, p. 140). Sin embargo, casi simultáneamente y como portavoz de dos discursos antagónicos, Guzmán cuestiona la falta de equidad en el proceso donde su padre fue declarado culpable: «dime como cuerdo: ¿todo cuanto has dicho es parte para que indubitablemente mi padre fuese culpado?». El narrador exonera a su padre de culpa incluso en el presunto de que su proclividad homosexual hubiese sido cierta. Lo hace apoyándose en una corriente de pensamiento que medicalizaba esa tendencia en vez de criminalizarla: «y más que, si es cierta la opinión de algunos médicos, que lo tienen por enfermedad, ¿quién puede juzgar si estaba mi padre sano?» (GAI, p. 140).

Estas escenas pueden ser leídas en clave simbólica como elementos de un *leitmotiv* subyacente a la trilogía del pícaro. Estos elementos aparecen en los capítulos relativos al rito de pasaje de Guzmán, de la pubertad a su edad adulta; en particular en los que tratan del servicio al embajador, quien le tenía «en lugar de hijo» (GAII, p.141). Aparecen también, reconfigurados, en el *San Antonio de Padua* o tercera parte del ‹pícaro›, en el marco de la relación, amorosamente compleja, del santo con Dios, presentado como figura tanto de padre como de protector: «tampoco quiero mas padre que a ti, que assi me mandas que te llame» (AP, fol. 44v. y fols. 41v.–45v.). La clave de lectura de estos elementos

---

[226] GAI, p. 132; G. Marañón, *Antonio Pérez*, tomo. II, pp. 70–79.

[227] G. Marañon, *Antonio Pérez*, tomo I, pp. 353–363.

[228] G. Marañon, *Antonio Pérez*, tomo I, pp. 501–505.

[229] *Diccionario Bibliográfico Español*, tomo XLIX, p. 346.

se encuentra en los capítulos consagrados a la génesis del pícaro, donde Guzmán adquiere congénita o miméticamente rasgos de un modelo relacional de explotación mutua que reproduciría más tarde en diversas variantes.

Por vía materna, Guzmán procedía de un añejo linaje meretricio que llevaba inscrito en sus entrañas el «apetecer nuevas formas», lo que a un segundo registro de lectura podría ser entendido como una disposición congénita a la metamórfosis. La «comendadora» estaba «dispuesta a saltar por cualquier inconveniente», abandonar al caballero y «mudar de ropa». Guiada, sin embargo, por la «mucha sagacidad suya» y por atávicos reflejos mamados «al pecho de su madre» se le ofreció «ingeniosa resolución» (GAI, p.146). La madre de Guzmán se caracterizaba por su astucia, falta de lealtad y de escrúpulos, lo que le predisponía al cálculo interesado y a aceptar la mejor componenda a cualquier precio. Guzmán parece moverse así en un terreno de conducta proclive al negocio carnal, y a las componendas oportunistas, con la peculiaridad de que por la vía paterna del levantisco había heredado una cierta tendencia a la ambigüedad sexual. El influjo que Guzmán ejerce sobre el embajador es calco del de su madre sobre su propio protector. Si ésta «tenía las llaves y privanza» (GAI, p. 154), Guzmán se describe igualmente como «el de la privanza… el dueño de mi amo… el señor de su voluntad», el que «tenía la llave dorada de su secreto» (GAII, p. 55). Por otra parte, la naturaleza de la relación de Guzmán y el embajador es eco de las acusaciones de homosexualidad dirigidas contra su padre putativo. Guzmán se describe como uno de aquellos «pajecitos pulidetes», que en un registro histórico reflejan a los del entorno de Antonio Pérez, en cuyas manos había puesto el embajador la cura de una dolencia al parecer innombrable, pero adivinada por el discreto lector, de la que había sido desahuciado por la medicina. Secreto este cuya posible revelación colocaba al embajador en posición de vulnerabilidad frente a su depositario, Guzmán. Haciendo alarde de las dotes de plasticidad heredadas de su madre que apetecía «nuevas formas», Guzmán parece aquí haberse metamorfoseado en médico. No era la primera vez que aludía al pecado nefando como enfermedad que requería la intervención de la ciencia médica. Sin embargo, como ha quedado indicado, en su primera alusión (GAI, p. 140) apela a la medicina en apoyo teórico de su línea de defensa en contra de las acusaciones dirigidas a su padre.

En esta segunda referencia, la medicina es utilizada como salaz alusión a prácticas homoeróticas, presentadas en registro irónico como vicio secreto de una figura pública de primer orden, prácticas que Guzmán, se complace en divulgar, mancillando con sus insinuaciones a *posteriori* la reputación de su protector: «puso su cura en mis manos, desahuciado estaba de los médicos» (GAII, p. 64).

En los capítulos iniciales de la obra el aspecto más interesante y desconcertante se encuentra en el hecho de que aquello que Guzmán en ellos rememora parece ser producto de una memoria compartida en registro paralelo con un interlocutor, a quien el narrador se dirige como si éste hubiese estado activamente involucrado en el escándalo que envolvía a su padre. El interlocutor es presentado como testigo presencial de la acusación: «Vuelvo a lo que más le achacaron: que estuvo preso por lo que tú dices o a ti te dijeron» (GAI, p.134); y más adelante: «Pero si es verdad, como dices, que se valía de untos…» (GAI, p. 140). Parece además como si el interlocutor fuera uno de aquéllos a quienes Guzmán designa como murmuradores que mantenían viva la campaña difamatoria contra la reputación de su padre, a quien presenta como víctima de una auténtica caza de brujas. Guzmán expresa un visceral resentimiento contra este interlocutor; alguien que al parecer le es muy cercano y a quien se dirige directamente, profiriéndole reproches como si lo tuviese a su lado, como si se tratase de un vecino de barrio con quien llevara tiempo intercambiando opiniones: «Hombre de maldición, mucho me aprietas y cansado me tienes: pienso desta vez dejarte satisfecho y no responder más a tus replicatos, que sería proceder en infinito aguardar a tus sofisterías» (GAI, p. 139). El narrador concluye la airada filípica contra su interlocutor con un ejemplo analógico de colaboración corrupta de «juez con leyes del encaje y escribano enemigo y de cualquier dellos cohechado» (GAI, p. 140); expresión esta última quizá proverbial pero que Alemán utiliza como si fuese aplicable más en concreto al comportamiento corrupto de su interlocutor. La crítica de Alemán contra la relación entre juez y escribano va más allá del tópico literario. Sugiero que apunta a la colaboración entre el juez Arce y Herrera, quien el 6 de agosto de 1597 había recibido por merced real la escribanía mayor de rentas de la ciudad de Toro y su partido.(AdP [1975], Intr., p. xl). ¿Qué relación podía haber existido entre la función de médico y la de escribano? Dado que dos meses antes, en junio de 1597, el Reino había denegado a Herrera su solicitud a una de las dos plazas de médico del Reino, es difícil no establecer una relación entre ambas instancias en lo que a Herrera atañía. Uno se pregunta a qué preciso propósito respondía la concesión real de la citada escribanía, por qué particular servicio se le concedía y a qué ángel de la guarda debía Herrera esta merced. ¿Estaría Alemán insinuando que Arce era el juez padrino a quien Herrera debía la arbitraria obtención de esta gracia de la escribanía? De ser Arce el designado como el juez «con leyes del encaje» y Herrera el descrito como «escribano enemigo», Alemán estaría atacando la colaboración de ambos en el asunto de la reforma asistencial. Esta colaboración, cuyos orígenes se remontaban a Lisboa (c. 1580–1583), guardaba una cierta relación, como se ha indicado, con el asunto de Antonio Pérez, contra quien Arce en sus funciones de embajador había encargado una encuesta secreta para la que precisaba de la colaboración de informantes de confianza. Alemán no se encontraba por supuesto en Lisboa ni formaba parte del entorno de Arce cuando allí se forjó la causa criminal contra el Secretario de Felipe II. Ausencia evidente que, en el caso de Guzmán, quedaría reflejada en las circunstancias que rodean la acusación en contra de su padre en la que él por su corta edad obviamente no tuvo parte pero en la sí parece haber intervenido su interlocutor.

Sería por lo tanto Herrera quien quedaría evocado por la figura del «escribano» empedernido, presentado como el mayor de los pecadores, incapaz de reformar su vida y conciencia, frente a cuya contumacia el docto predicador de los «señores del Consejo Supremo» tira la toalla: «ni le hallo enmienda más hoy que ayer, este año que los treinta pasados, que siempre es el mismo. Ni sé cómo se confiesa ni quién lo absuelve» (GAI, p. 136). El escribano a quien el narrador describe como el que «siempre es el mismo», no sería otro que Herrera. En referencia a las «respuestas» dadas por Herrera a las «objeciones y dudas» presentadas por la oposición, en las que declaraba que su principal próposito era «no errar ni yr contra caridad», en el *Guzmán*, jugando con la asociación de hierro y yerro, se dice que el escribano «sabrá responder por sí, dando a su culpa disculpa, que el hierro también se puede dorar». El escribano aparece también en ademán de falso pobre, recibiendo «en las palmas de las manos» dinero «que no se les debe». Como queda inferido por la cargazón asociativa de la analogía empleada, este dinero no se reparte con los pobres verdaderos y por ello no «se convierte en sangre y carne» de Cristo. Fagocitado por un falso mediador, en cuya «sangre y carne» queda convertido, el dinero que debía de ser empleado en otros fines es sacrílegamente malgastado en «el mundo» y en el «diablo» (GAI, pp. 136–137). Por la pluma del narrador, el «escribano» ha adquirido rasgos apocalípticos de anticristo luciferino: «pecan de codicia insaciable, tienen hambre canina, con un calor de fuego infernal en el alma, que les hace tragar sin mascar … la hacienda ajena». Queda apuntado que esta definición no es universalmente aplicable a la figura de todo escribano, sino específica a la experiencia personal del narrador: «que no todos deben de ser como los que yo he llegado a tratar».

El personaje Guzmán de Alfarache se abre a la vida con su autobautizo y elección de su propio nombre al final del capítulo segundo. Su génesis sin embargo se encuentra en el capítulo primero. Este capítulo se estructura alrededor de dos grandes temas o influjos vitales presentados como dos cuadros diferenciados que enmarcan el alumbramiento del pícaro. El primero evoca la controversia en torno a la reforma, concebida aquí como regeneración de la sociedad en su conjunto y no limitada al fenómeno aislado de los pobre mendigantes. El pícaro describe aquí la historia de su padre, acusado de corrupción en sus negocios y de supuestas actividades homoeróticas, ubicándola en el marco de prácticas sociales corruptas, al parecer generalizadas en el momento en el que el pícaro narraba su propia autobiografía. Como la corrupción desbordaba lo singular, el pícaro deplora que su padre hubiese sido considerado como caso único. Por su parte, condena los «actos de afeminados maricas», denuncia en general las prácticas corruptas en la gestión de los negocios, y hace hincapié sobre la desigualdad en la aplicacion de las leyes cuando a los ricos se les pasa todo mientras que a los menesterosos «por menos de seis reales vemos azotar y echar cien pobretos a las galeras»(GAI, p.134).

Consciente de sus limitaciones, el pícaro parece sin embargo renunciar de *motu propio* a intervenir veleidosamete en un asunto tan por encima de su capacidad: «¿Quién mete al idiota, galeote, pícaro, en establecer leyes ni calificar los tratos que no entiende?» (GAI, p.134). Como esta consideración la hace Guzmán no más iniciarse la obra cuando su intervención en el asunto se había limitado a comentar una situación que consideraba injusta, sugiero que aquí el pícaro no estaba hablando de sí mismo. El «pícaro» al que alude en su comentario reprobatorio era alguien que había estado directamente involucrado en «establecer leyes» y ocupado en asuntos por encima de su alcance intelectual. Este legislador no era otro que Herrera, «galeote» en tanto que protomédico de galeras, y reformador «idiota», es decir inepto e ignorante a ojos de sus críticos[230].

En cuanto a su intervención directa y personal en un asunto de tal magnitud como el de la reforma asitencial y que a todas luces estaba mal enfocado, el pícaro Guzmán narrador, consciente de su propia insignificancia social, renuncia a todo intento de ingerencia en el tema por la vía oficial: «Corra como corre, que la reformación de semejantes cosas importantes y otras que los son más, va de capa caída y a mí no me toca». La intervención del pícaro Guzmán va por otros cauces. Su perspectiva reformadora se situa en otro registro. El suyo es un mensaje relatado en un género diferenciado: en una poética historia. Su palabra no es de orden legal sino de orden moral. El pícaro sabe que su misión reformadora está abocada al fracaso. Conoce no sólo la naturaleza humana en general sino también la naturaleza específica de su principal interlocutor. Guzmán sabe que el corrupto programa reformador de su interlocutor era impermeable a todo intento de corrección. Guzmán es así consciente de que la suya es una misión imposible: «es dar voces al lobo, tener el sol y predicar en desierto». Ello no obstante, no renuncia a ella. La va a llevar a cabo no personalmente sino por la vía paralela de su poética historia. La misión del pícaro Guzmán queda asimilada a la del Bautista, a la del Precursor cuya voz grita en desierto. La misión de Guzmán se hace eco de la de Alemán, expresada en su segunda carta a Herrera. En esta carta, Alemán lamenta su incapacidad para corregir por vía oficial la adulteradora reforma de su destinatario Herrera: «que ya me hallo incapaz de poder cancelar aun la menor parte dello». Ante esta incapacidad, se asigna el papel de «precursor», la función de aquel que por antonomasia había predicado en el desierto. La misión del pícaro Guzmán y la de Alemán es la misma. Ambos van a actuar como atalayas. No sin embargo para anunciar como el Bautista la buena nueva sino para alertar sobre el peligro que se cernía sobre el Reino con

---

[230] En el soneto que precede al discurso cuarto del AdP de 1598, Fray Prudencio de Luzón celebra, con ironía, a Herrera «cual Legislador [que] nos dais ley nueva la causa de los pobres amparando».

la llegada de Herrera y su falsa reforma.

El segundo tema presentado por Alemán como broche al primer capítulo recoge las características psico-somáticas de una sociedad moralmente degenerada, cuya perversión aparece morfológicamente cristalizada en la figura hermafrodítica del monstruo de Ravena, misterioso portento que sin embargo se presenta como hecho histórico. Se trata pues de una poético-historia, un hecho fabuloso que el narrador situa con precisión en la ciudad de Ravena en el año de 1512. En este mismo año las tropas francesas derrotarían en terrible batalla a las tropas españolas unidas a las pontificias del Papa Julio II. La percepción popular intentaba explicar las desgracias y desastres bélicos que por aquellos años asolaron a Italia como expresión de la ira de Dios en contra de una sociedad corrupta. El portentoso nacimiento del «monstruo de Ravena» habría sido presagio anunciador de la inminente catástrofe. Aunque por su formación de intelectual humanista era reacio a las supercherías de tipo providencialista[231], Alemán utiliza de manera literalista el nacimiento y figura del monstruo, sobre cuya apariencia y significado corrían varias versiones.

A partir de un modelo engarzado en un marco histórico, pero habiendo sin embargo tomado prudente distancia al elegir un caso acaecido en otro tiempo y espacio que ofrecía a discreción del lector la posibilidad en mayor o menor medida de un revestimiento fabuloso, Alemán habría conseguido presentar un cuadro sugerente de la sociedad contemporánea, pero poniéndose a salvo de previsibles represalias. Lo que Alemán deja claro por boca del narrador es que está aludiendo a un acontecimiento acaecido en un pasado próximo que se mantenía muy vivo en la psique colectiva y que evocaba la irrupción de un ser extraordinario en el seno de una sociedad en plena crisis de valores. Por su connotación con la gran derrota de Ravena y por su proximidad cronológica a la fecha de publicación de la «primera parte del pícaro», la derrota de la Armada Invencible 1588 tuvo que haberse suscitado en la mente de más de un lector. De parecida manera, los vicios y lacras

---

[231] Alemán deja patente su rechazo de la superchería en su obra *Sucesos de Frai Garcia Gera, Arcobispo de Mejico* (Mexico, Viuda de Pedro Balli, 1613, ed. Alice H. Bushee, *The Sucesos of Mateo Alemán*, reprinted by Alice H. Bushee, Extrait de la *Revue Hispanique*, tomo XXV, New York, Paris, 1911) en la que rehabilita la figura del Virrey y Arzobispo de México, fray García Guerra.

que caracterizaban a la sociedad italiana de principios del siglo XVI, descritos en el contexto del monstruo de Ravena, tuvieron que haber sido trasladados por asociación a la realidad de la sociedad española del momento, y ello con el fin de que lo acaecido en Italia sirviese de advertencia para que la sociedad española finisecular aceptase ser reformada. En la descripción del monstruo se establece una relación entre sus rasgos fisionómicos y aspectos negativos de orden general de naturaleza moral y ética: el orgullo, la inconstancia y la ligereza, la ambición, la vanidad, la carencia de buenas obras, el robo, la usura y la avaricia. Estas faltas morales parecen más propias de las capas afluentes de la sociedad que de los sectores menesterosos que luchaban por la supervivencia y a los que el narrador protege cuando omite toda mención específica de los falsos mendigos. Además de los mencionados, la lista de vicios incluía la «sodomía», simbólicamente plasmada en los «dos sexos» del monstruo de Ravena[232].

Trasladados al marco específico de la sociedad española contemporánea y a la controversia entonces candente acerca de la «reformación» asistencial, estas pinceladas satíricas de corrupción general tenían que evocar en la mente del discreto lector la crítica que desde ciertos sectores se hacía a la reforma asistencial de Arce y Herrera, reforma que disimulaba la corrupción general y se ensañaba contra los pobres considerados como falsos. De entre los vicios que se enumeran, algunos hacen pensar en los reproches de los que era objeto Herrera. La portentosa aparición del monstruo causó consternación y dió pábulo a diversas conjeturas sobre su significado: «De aquestas monstruosidades tenían todos muy grande admiración; y considerando personas muy doctas que siempre semejantes monstruos suelen ser prodigiosos, pusiéronse a especular su significación. Y entre las más que se dieron, fue sola bien recibida la siguiente» (GAI, p. 142)[233]. Entre la diversidad de interpretaciones que

---

[232] El llamado «pecado nefando» había provocado ciertos escándalos en las clases aristocráticas y era una de las acusaciones dirigidas contra Antonio Pérez (G. Marañon, *Antonio Pérez*, tomo I, p. 353)

[233] Micó sugiere que la historia del monstruo de Ravena pudo haber llegado a conocimiento de Alemán a través de Andrea Pescioni, traductor de las *Histoires Prodigieuses* de Bouistan, Tefferont y Beleforest (GAI, p. 142, n. 83). En efecto, en la traducción castellana de su obra con título de *Historias prodigiosas y maravillosas de diversos sucesos acaecidos en el Mundo. Escriptos en lengua francesa por Pedro*

la imaginación popular le había atribuído, el narrador optó por verla como una figura emblemática de significación precisa y simbolismo único. Esta interpretación unívoca de una realidad abierta a la polisemia parece querer dirigir la atencion del lector hacia el perfil específico de alguna figura contemporánea que el discreto lector podía asociar con el morfotipo del monstruo, su psicología y su impacto en la sociedad. La reacción de «grandísima admiración» provocada por el nacimiento del monstruo en Ravena, era evocativa del «espanto» que la irrupción de Herrera y su programa causaron en algunos círculos selectos[234].

La insistencia de Alemán en circunscribir el significado de la figura del monstruo dentro de los límites de una exégesis única y excluyente invita a explorar la posible existencia de otros sentidos. En efecto, el emblema de un monstruo con pie de ave de rapiña, falto de brazos y dotado de alas, portador de una cruz en el vientre y una Y en el pecho se consideraba como ilustración antonomástica de la hipocresía. Según Menestrier, escritor francés de finales del siglo XVII, la cruz en el vientre representaba la «fausse piété», y la Y era señal de «sa fourberie et sa duplicité ayant toujours deux fins pour tendre à celle qu'elle se propose»[235]. La cruz y la Y simbolizaban así una combinación de picardía, duplicidad y falsa devoción que, aplicadas al marco específico de la reforma asistencial por los lectores iniciados o «personas muy doctas» que podrían haber conocido interpretaciones del emblema similares a la de Menestrier, evocaban rasgos indisociables de Herrera y de Arce, el «ajo confitado», el hipócrita por antonomasia.

En Alemán la cruz y la Y no tienen connotaciones negativas: «Pero la cruz y la Y eran señales buenas y dichosas, porque la Y en el pecho significaba virtud» y la cruz en el vientre, la esperanza de que reprimiendo

---

Bouistan, Claudio Tefferont, y Francisco Beleforest (Medina del Campo, Francisco del Canto, 1586) se da una descripción del monstruo que parece coincidir con la que posteriormente seleccionaría Alemán para su GAI.

[234] Mosquera de Figueroa, Vallés y Barros, y algunos prologuistas del AdP, se refieren paródicamente a Herrera como un ser prodigioso. Años más tarde, Cespedes y Meneses lo describe en los mismos preliminares de PM de 1618 como «portento milagroso y raro».

[235] P. C. F. Menestrier, *L'art des emblèmes on s'enseigne la morale par les figures de la fable, de l'histoire, et de la nature*, Paris, R. J. B. de la Caille, 1684, pp. 57–58.

las «torpes carnalidades» y abrazando la virtud los corruptos alcanzarían la paz: «les daría Dios paz y ablandaría su ira». Es decir, alcanzarían sosiego después de la enmienda y la corrección. En su doble aspecto negativo y positivo, esta dual interpretación del monstruo de Ravena recoge dos figuras antitéticas en un mismo ente. Podría por lo tanto ser tomada por representación iconográfica de la figura del pícaro ya que auna en una misma forma el vicio y la virtud. Esta figura esquizoide parece tallada en el mismo molde conceptual que Alemán utiliza en su segunda carta para describir la amistad como figura fusional y bifronte, que en el caso concreto de la relación entre Alemán y Herrera bajo una apariencia formal de la amistad entrañada representaba su contrario: a saber, la enemistad desgarradora.

En un registro metanarrativo existe una analogía entre el influjo ejercido en la génesis del pícaro por el anciano caballero y el afeminado levantino, y el ejercido por Arce, hombre entrado en años, en la entrada de Herrera a la vida pública, cuyos primeros pasos, como ha quedado indicado, pudieron haberse dado en el marco del asunto de Antonio Pérez, afeminado como el padre putativo de Guzmán. La apología del pícaro en defensa de su padre, víctima de graves acusaciones, sobre ser una advertencia general contra aquellos que ven la paja en el ojo ajeno, «iba mi padre con el hilo de la gente y no fue solo el que pecó» (GAI, p. 142), apunta también, en un segundo registro, al singular ensañamiento desplegado por Arce en contra de Antonio Pérez, cuya conducta era menos excepcional de lo que su implacable y quizá no tan modélico fiscal le reprochaba.

Esta analogía invita al lector a explorar un posible paralelismo entre el pícaro y Herrera. Ambos compartían un nacimiento obscuro. En su *Relación*, Herrera no ofrece el nombre de su padre, laguna informativa que implicaría un deseo de ocultación preñado de sentido[236]. Ambos se

---

[236] RS, fol.180v., ausencia ya apuntada en AdP [1975], Intr., p. xiv: «sobre su padre, ni una línea». Asimismo recogemos otra instancia que apunta en la misma dirección, que ubicamos en un dilatado contexto con el fin de facilitar la comprensión de su sentido. En su «Primera carta de moralidad» dirigida a Herrera, Francisco Vallés describe la cruzada de Herrera en contra de lo que llama en términos analógicos un «Gigantazo soberbio que es la fingida pobreza», comparándola a la lucha entre David y Goliat, con Herrera en el papel de David. Esta traslación al ámbito épico-bíblico de lo que a fin de cuentas era una propuesta de reforma asitencial entre otras muchas otras, apunta

dedicaban a asuntos ajenos a su profesión: las críticas dirigidas a Herrera al respecto han sido recogidas más arriba (RD, 1595 fol. 6v.; OVM, fol. 10r.), el pícaro describe la suya de «gracioso» como la «malilla en el juego de los naipes» (GAII, p.55). Ambos tenían una natural disposición al polifacetismo que la crítica define como proteísmo en el caso de Guzmán. Ambos se distinguían por ciertas habilidades idiosincráticas: *«solertia»* (AdP [1975], p. 237), viveza de espíritu, astucia, en el caso de Herrera, y «maña» o «particular viveza» en el caso del pícaro, quien además puntualiza que ponía en juego esa viveza «por faltarme letras» (GAII, p. 54). Ambos actuaban como vehículos o procuradores de las actividades de sus amos. Guzmán tenía acceso a todas las casas de Roma y bajo capa de falsos pretextos entraba en ellas para después hacer «relación» al embajador «de lo que pasaba en todas partes» (GAII, pp. 64–65). Ya en Lisboa donde se había desplazado con la Corte en 1580, Herrera gozaría probablemente de entradas en las intimidades cortesanas, continuando un esquema de vida que había desarrollado en Madrid cuando en sus tres años como asistente examinador del protomédico Olivares tenía la obligación de curar, sin por ello recibir salario, a los criados de la Casa Real (RS, fols. 167v.–168r.). En un periodo de gran tensión política, Herrera utilizaría esta actividad como instrumento para recabar información de gran utilidad para Arce, quien ejercía entonces en Lisboa la función de embajador y de fiscal en la información secreta en contra de Antonio Pérez. En la década siguiente, como médico de Casa y Corte en Madrid y vecino del barrio de San Martín, Herrera gozaría de accesos y contactos que facilitaron la elaboración y posterior divulgación en diversas esferas del programa de reformación asistencial;

al sesgo satírico de una carta que presenta la singularidad añadida de atribuir a ambos combatientes características comunes. Ofrecemos un botón de muestra. Las palabras del filisteo causaban espanto («stupebat»), y un mismo «espanto» producían las de David. El gigante es descrito como «soberbio», y sus hermanos tenían a David por «soberbio». El «gigantazo soberbio» representaba tanto la «fingida pobreza» como la «fingida humildad» tras la que aquélla se disimulaba (CM, fols. 2r.–4v.); ambos rasgos atribuíbles a Herrera, quien se presentaba como pobre de espíritu. La posibilidad de intercambiable equivalencia entre Goliat y Herrera por personaje interpuesto que Vallés consigue crear invita a proseguir con la aproximación. En dos ocasiones, Vallés describe a Goliat como «espurio y mal nacido» y «espurio y adulterino» (CM, fols. 1v. y 3v.). Esta reiteración no es gratuita. Es una invitación a trasladar estas acusaciones al propio Herrera.

en particular, «en casa de los Procuradores de Cortes» cuya cura según su *Relación* tenía a su cargo (RS, fol. 176v.). Por último conviene recordar que, como Herrera, también Guzmán actuaba en ocasiones como médico. Así como Herrera en su *Amparo de pobres* se presentaba como médico de cuerpos y almas, Guzmán desempeñaba con algunos de sus amos el papel de médico o curandero de síntomas somáticos y anímicos. Con un toque de cinismo, Alemán utiliza la medicina como metáfora para expresar los recursos picarescos empleados por Guzmán para aliviar las dolencias de sus amos, fuere cual fuese su etiología o registro. Hacia el capitán desplegó su ojo clínico: «Sentílo melancólico, triste, desganado; conocíle la enfermedad, como médico que otras veces lo había curado della» (GAI, pp. 366–367). Como «juglar» del Cardenal, el pícaro era un tónico que mantenía al anciano en estado de permanente y asombrosa hilaridad (GAI, p. 455). El embajador, desahuciado de los médicos, «puso su cura en mis manos» (GAII, p. 64). En el caso del caballero, pariente del capitán, de quien se había hecho confidente y cuyo lapso en la melancolía había podido observar, su propósito terapéutico consitía en procurar «tenerlo siempre alegre» (GAII, p. 511). El común denominador de todas estas intervenciones de Guzmán parece ser un subtexto homoerótico, con una dinámica psicosomática variable según el caso y las circunstancias. No se puede descartar que la relación entre Arce (viudo de 54 años, sin descendencia, de aspecto ascético y posición elevada muy comprometida) y Herrera (joven de entre 22 y 24 años, sin ocupación designada, y frecuentador de los ambientes cortesanos) se hubiese prestado a conjeturas en ciertos círculos iniciados en el momento de su encuentro en Lisboa *c.* 1580.

APÉNDICE III

Las pruebas ratificatorias del protagonismo de Herrera en los heroicos hechos descritos en su *Relación*, elevada al monarca en 1605, iban recogidas por separado en una recopilación de «papeles enquadernados» (RS, fol. 167v., al margen) que según el propio Herrera formaban un importante bagaje documental: «constando por las margenes de la verdad y puntualidad, con que està el original, de tantas provanças y fees de insignes varones, y Capitanes Generales» (RS, fol. 166v.); de «tantas provanças, y fees tan autenticas» (RS, fol. 178v.); «y la puntualidad, y verdad de todos los papeles, y fees originales» (RS, fol. 182v.). Dada la presunta altísima procedencia de estos testimonios y la personalidad exhibicionista y controvertida de Herrera se puede suponer que en el curso de la preparación de la *Relación* se diesen filtraciones a ciertos círculos de iniciados, donde la reivindicación por Herrera de tan augustas credenciales daría no poco que hablar. En marcado contraste con la prosopopeya desplegada por el pretendiente Herrera, el Duque de Lerma, a quien la *Relación* había al parecer sido remitida, la despacha al Consejo de Estado con una cierta disciplente celeridad por medio de «un villete» fechado el 4 de febrero de 1605 para que «el memorial y papeles que aqui van del Doctor Christoval Perez de Herrera, se vean» (RS, fol. 178r.).

El memorial de 1605 no parece haber logrado el objetivo ansiado por el Doctor, quien en 1618 reanuda su solicitud en una versión ampliada (RS,178r.–183r.) y en tono marcadamente envalentonado no sólo espera el cumplimiento de las «mercedes prometidas» sino de «otras muchas» (RS, fol. 179v.). Aquí ya no suplica sino que abiertamente exige: «Parece cosa justíssima y devida, se me cumplan las mercedes prometidas [...] honrandome V.M. con alguna merced, cosa particular, y señalada… que resulte en bien y memoria para mis hijos, nietos, y descendientes; sirviéndose V.M.… de mandarme señalar al mismo Consejo de Estado, que lo buelva a ver… [y] se me de el premio que mis servicios, y buen zelo merecen». Herrera declara específicamente que contaba con que el Duque de Lerma fuese «el primero» en interceder por su causa, que «el Presidente del Consejo, el Confessor de V. Magestad y el del Príncipe… o algunos del mismo Consejo supremo de Justicia… vean y consulten a V. Magestad que premio y satisfacion merecen tantos, y tan señalados servicios, assi de lo acordado, y prometido, como de lo que de nuevo he merecido, por los que he ido continuando de treze años a esta parte» (RS, fol. 182 r.–v.).

La falta de inhibición y lo superlativo de sus pretensiones aquí desplegadas revelan una faz oculta de Herrera irreconciliable con la imagen de quien en su *Amparo de pobres* se presentaba como el humilde y altruista paladín de la causa del pobre. Herrera se describía como «tan flaco gusano como yo», y no vacilaba en declarar su desinteresado despegue respecto a las innovaciones aportadas por su programa reformador, los «medios»: «los renuncio como cosa mía, y gusto que se comunique a todos». En patente contradicción con su posterior conclusión añadida en 1618, Herrera comenzaba su *Relación* (la misma que en 1605) declarando que se había decidido a elevar su petición «aunque casi contra mi voluntad, por ser poco inclinado a tratar de mi, pues todo lo que es bueno viene de Dios, *et absit gloriari*» (RS, fol. 166v.). Ya bien fuere cínica arrogancia ya bien ciego candor, su exhibicionismo hacía que Herrera se pusiese en evidencia, como si actuase movido por una compulsión, deliberada o involuntaria, a la pública confesión de sus más recónditas contradicciones internas. Sugiero que este rasgo de comportamiento tan, como se verá, idiosincrático de Herrera, es recogido por Mateo Alemán, quien lo reelabora poéticamente proyectándolo en el género confesional de su obra como «confesión general» de un pícaro.

La retrospectiva ofrecida desde el mirador histórico en el que nos encontramos al concluir este capítulo de nuestro estudio, nos invita a recomendar una cierta circunspección en el acercamiento a las aseveraciones de Herrera, y a recordar que durante tiempo Herrera fue el gran protegido de Arce, quien durante la Jornada Portuguesa fue el todopoderoso dispensador de la gracia real, y luego el *primus inter pares* como Presidente del primero entre los consejos. El tono de la petición de Herrera en 1618 es congruente con el disgusto expresado por D. Fernando de Acevedo, Arzobipo de Burgos y Presidente del Consejo, respecto al comportamiento del primero en Casarrubios durante el viaje de regreso del rey enfermo tras una visita a Portugal[237] (*c.*1619). Este emblemático episodio será tratado en la conlusión de este trabajo. Fuere cual fuese el origen de su conducta, se puede considerar que Herrera, quizá por su edad que incrementaba su desinhibición, se comporta aquí con la altanería de quien habiendo sido en su día muy favorecido sigue creyendo que todo le es debido.

APÉNDICE IV

Este debate había surgido como reacción a las ordenanzas reales de 1540 decretando que se examinaran la naturaleza y conducta de los pobres y la reglamentación de la asistencia que se había empezado a

---

[237] En cuyas manos sin embargo Herrera deposita sus PM para que fuesen remitidos al Príncipe D. Felipe a quien iban dedicados.

implementar en algunas ciudades españolas como Zamora, Valladolid y Salamanca . La distribución de la limosna pasaba a estar bajo el control de la autoridad civil que por cédula del Consejo Real prohibió el derecho a la mendicidad individual y la libertad de movimiento incluso de los pobres considerados legítimos. En su tratado sobre los pobres[238], Domingo de Soto defendía la dignidad y libertad del pobre y su derecho a la mendicidad, que consideraba como sagrado, siempre y cuando el Reino no hubiera cumplido con su obligación de suministrarles una ayuda adecuada o medios para ganar su sustento: «que el Principe tiene autoridad para prohibir que nadie ande a pedir por Dios, con tal que por otra vía provea enteramente todas sus necesidades de comer y vestir y todas las demás, que ninguna les quede y no de otra manera». Soto situaba el asunto de la pobreza mendicante y del vagabundeo en el marco de una problemática que abarcaba a la sociedad en su conjunto, ricos y pobres, en dinámica interacción: «allende de la ley natural, con la ley de cristianos que nos manda amar los prójimos como a nosotros mismos y que seamos todos como miembros de un cuerpo, ni dice ni conforma que haya entre nosotros tantos por extremo ricos y tantos por extremo pobres» (DCP, cap.11: «Si los mendigos es mejor recogerlos que permitirles mendigar). Soto denunciaba también la indulgencia con que se enjuiciaba la conducta de los ricos y el implacable rigor que la sociedad reservaba para con la de los pobres: «Denme un solo hombre en toda España que por todos los engaños de todos los vagabundos del reino haya sentido en su vida mella en su hacienda. Y si no fuese por poner lengua en ningún trato de gente podría haber hartos que, sólo uno dellos, haya ilícitamente llevado, por ventura, más que todos los pobres del reino; y aquéllos, por ser poderosos, se sufren, y los miserables pobres por no se poder ellos defender no hay quien los pueda sufrir» (DCP, cap. 9: «Del examen de los verdaderos pobres»). Admite que los pobres pueden cometer faltas, pero estas no pueden compararse con las mayores cometidas por los ricos y poderosos: «a las veces, los pobres por consolarse de sus molestias y aflicciones hacen algunas culpas que no son tan grandes como las que otros por gran prosperidad y exceso de regalos cometen» (DCP, cap. 10: «Del examen de la vida y costumbre

---

[238] Domingo de Soto: *Deliberación en la causa de los pobres*, Salamanca, Juan de la Junta, 1545; citado en adelante como DCP.

de los pobres»). En el asunto de la reforma asistencial, Soto subvierte el planteamiento oficial y examina la verdadera intención que animaba a las autoridades en su campaña de regeneración social, ahondando en las gravísimas consecuencias que ello acarreaba para el pobre.: «El fin desta empresa no ha de ser tanto el odio y el hastío de los pobres ni el castigo a los malos que entre ellos hay, como el amor y piedad y compasión de este miserable estado de gente y dar orden como mejor sean proveídos los necesitados. ... empero es de ver si entre los primeros movedores hubo algunos, porque no sospechemos de todos, que desearon y pretendieron esto más por escaparse de muchos pobres que por deseo de colocar sus limosnas en los pocos ...si ... alguno de aquellos Santos Padres vieran este miserable estado de gente tan sitiado y cercado de leyes...» (DCP, cap. 7: «Del fin que se debe proponer en estas instituciones»). Soto anticipa las probables acusaciones de reaccionario inmobilismo de las que más tarde sería objeto. Explica que sus reservas frente a las medidas oficiales no son de orden ideológico o emocional, propias de un religioso antisecularista, sino fruto de una profunda reflexión sobre la gravedad y complejidad de un asunto que precisaba una mayor maduración que la que le había sido otorgada por las autoridades: «Y por ende ninguno tiene que tomar trabajo en disputar conmigo, porque como dicho tengo, yo no pretendo al sino que aunque se haya de seguir lo que está comenzado, se mire más en ello» (DCP, cap. 1). Soto pide que se considerase «que este menospreciado vulgo de gente pobre no tiene fuerzas ni poder para defender sus causas [...] cuanto más que si al rico por injuriarle le quitáis parte de su hacienda, quédale otra parte con que sustente la vida; empero al pobre quien le quita el poder de pedir limosna le quita no menos de la vida, porque no le queda otro agujero donde se meta, sinon la sepultura» (DCP, cap. 9 «Del examen de los verdaderos pobres»).

Dos meses después de ser expuesta, la argumentacion de Soto fue rebatida por fray Juan de Robles en su escrito acerca de los pobres y la limosna[239]. Gran defensor de la secularización de la beneficiencia, Robles apoya el traspaso de poderes del ámbito religioso al ámbito civil: «Bien veo queste negocio es de gobernación, y por consiguiente impertinente para que religiosos tratemos dél». Sostiene con calor las ordenanzas

---

[239] Juan de Robles, *De la orden que en algunos pueblos de España se ha puesto en la limosna, para remedio de los verdaderos pobres*, Salamanca, Juan de Junta, 1545.

reales de 1540 por considerarlas acertadas y necesarias en España, donde no hay «orden alguna ni concierto en el dar de las limosnas». Aunque no cita nominalmente a Vives, Robles apoya su postura en contra de la mendicidad en los ejemplos de reforma asistencial que, a su entender, se habían llevado a cabo con éxito en Flandes y Francia: «Debiera bastar a cualquier persona… ver que siendo los pobres suficientemente proveídos por esta orden… no hay quien lo pueda negar, que haciéndose esto entre los cristianos la verdad del Evangelio y la caridad cristiana resplandecerían mucho más; digo proveyendo de tal manera a los pobres que no tuviesen necesidad de mendigar. Y debiérales bastar ver que dondequiera que dello se ha tratado en el reino y fuera dél, los más en número y los más doctos hombres lo han tenido y firmado por tan cristiana y excelente obra como ella es. Y que con parecer de la Universidad de Lovaina se hizo y hace esto mismo en la ciudad de Brujas y en los más pueblos del Condado de Flandes y con parecer de la Universidad de París se hizo en Hipres y en otros lugares. Y lo que en Zamora se comenzó lo firmó y aprobó la Universidad de Teólogos de Salamanca, quasi sin faltar ninguno» (J. de Robles, *De la orden*, Segunda parte: «De los inconvenientes que algunos hallan en esta santa institución»). Robles quiere que sus lectores sean conscientes de que el programa de reforma asistencial es una tarea colectiva que precisa el apoyo de todos y a la que todos están obligados a contribuir: «Mas por qué aprovecha poco haber visto los muchos bienes que desta santa orden se siguen si con haberlos visto no nos movemos todos a ayudar para que se pueda conservar e ir adelante, menester será poner delante de los ojos a todo el reino y especialmente a los pueblos que tienen esta orden, cuán afrenta es de España que en ella se tenga por imposible o muy dificultoso poderse juntar la limosna que para esto es menester» (J. de Robles, *De la orden*, Tercera parte: «De los provechos manifiestos que desta santa institución la experiencia ha mostrado que se siguen»).

Después de estos puntuales y apasionado debates, las ordenanzas de 1540 no fueron revocadas aunque tampoco llegaron en realidad a implementarse. La postura adoptada más tarde por Herrera parece situarse en la línea marcada por Vives y seguida por Robles[240]. Ello no

---

[240] Aunque se presentaba revestida de una falsa y aparencial cercanía a la postura de Giginta.

obstante, el diferente espíritu que anima la postura de Herrera y la de Robles aparece realzado en sus correspondientes escritos. Como autor de su obra, Robles reprime su protagonismo personal, diluyéndolo en un apasionado alegato en defensa de una visión reformadora concebida como proyecto colectivo de participación ciudadana en el que errada o acertadamente cree con convicción y en cuya elaboración e implementación en la ciudad de Zamora había participado. En contraste, Herrera concibe la reforma asistencial como «su» reforma, como un programa personal, fagocitado de alguna manera por la proyección hipertrofiada de su yo protagonístico. Sin prestar reconocimiento a la labor de sus predecesores, Herrera se proyecta como autor único de un proyecto de reforma nunca visto, como si se tratase de una creación *ex nihilo*, al mismo tiempo que en patente y paradójica contradicción con lo dicho y bajo capa de pobreza de espíritu declara reiteradamente su deseo de pasar desapercibido, como si quisiese autoeclipsarse, subrayando sus limitaciones y flaquezas (AdP, «Al lector» y RD, fol. 6r.). Esta falsa modestia era por otra parte una astucia que le permitía poner de realce la excepcionalidad de haber sido elegido como «instrumento» de Dios.

APÉNDICE V

En su *San Antonio de Padua* (1604), Alemán dedica especial atención a las instituciones asistenciales lisboetas, que describe detalladamente y a las que alaba en grado superlativo. El hospital es «famosísimo» y «en su govierno, riquezas y obras pías, puede competir con la obra mas famosa de la christiandad». Es, precisa Alemán, «obra real» y única. Existe también una «Casa de Misericordia, cuyos hermanos del son trezientos, por iguales partes, al tercio, cavalleros, hidalgos, y ciudadanos. Estos por su orden administran el Ospital real, y no teniendo, ni pudiendo tener un real de renta, gastan cada un año setenta mil ducados en obras de Caridad» (AP, fol. 29v.).

Alemán presenta el sistema lisboeta como un modelo de asistencia civil basado en una gestión honrada, humanitaria y eficaz. El sistema había probablemente recibido su primer impulso de Giginta, promotor de la Casa de Misericordia de Lisboa durante su estancia en Portugal (1578–1580). El entusiasmo de Alemán por una institución que se había mantenido fiel a su designio y función iniciales traería a la memoria el contundente fracaso del presuntamente innovador programa reformador de Arce y Herrera. Alemán hace elocuente hincapié en que su éxito pudiere deberse a que contrariamente a lo que «acostumbran otras naciones» en Portugal no ha habido quien todo lo estropease «inovando, ni machinando que inovar» (AP, fol. 30r.). Dada la fecha en que escribe y publica su *San Antonio de Padua* (1604–1605), Alemán pudiere estar indicando al Reino la importancia de mantener separados, a ejemplo de Lisboa, el Hospital de la Casa de Misericordia para evitar contagios, refrescando al mismo tiempo la memoria colectiva en previsión a la eventualidad de que se llegase a considerar una retoma del programa de Herrera, como parece indicarlo el propio doctor en su *Relación* de 1605 (RS, fols. 174r.–175r.). En este escrito, Herrera guarda silencio respecto al peligro de contagio entre pobres y enfermos que suponía la fusión de las dos instituciones en 1603, aspecto al que no dedica el menor comentario.

La Corte regresa a Madrid a principios de 1606, tras cinco años de estancia en Valladolid donde se había instalado por razones de índole primordialmente sanitaria. El traslado del Hospital General al edificio del Albergue de Pobres, ubicado en las afueras de Madrid y prácticamente sin darle uso, pese a haber sido concebido como el pináculo del programa de Arce y Herrera, respondía al parecer a un designio de saneamiento y regeneración del centro de la villa. Con el retorno de la Corte a Madrid se produce un nuevo brote de interés por el recogimiento de los pobres mendigantes vagabundos. Herrera no pierde ocasión y vuelve a la carga. Respondiendo a una súplica del propio Herrera, las Cortes autorizan en febrero de 1608 la impresión de cien ejemplares de un texto epitomado del *Amparo de pobres,* indicando que su costo «no exceda de 300 reales y se pague a cuenta del Reino» y exigiendo que los ejemplares se entreguen «a los Caballeros procuradores de estas Cortes»[241]. Hacemos notar que en el título de esta publicación ha desaparecido toda mención del amparo de la milicia[242].

---

[241] AdP [1975], Intr., p. lix, n.76, con referencia a *Actas de las Cortes de Castilla* (1563–1627), Madrid, 1869–1918, tomo XXIV, p. 129.

[242] *Epílogo y suma de los discursos que escribió del amparo y reducción de los pobres mendigantes y los demás destos reinos, y de la fundación de los albergues y casas de reclusión y galera para las mujeres vagabundas y delincuentes dellos, con lo acordado cerca desto*

En mayo de 1608 se designan cuatro comisarios para gestionar el asunto con el Presidente del Consejo de Castilla. Este amago de relance del programa de Herrera quedó en agua de borrajas, con su autor al parecer desacreditado. Endeudado con el librero Alonso Pérez por haberle encargado la impresión de 200 ejemplares sobre los 100 que le habían sido autorizados por las Cortes (que se negaban a saldar el impago), Herrera es demandado en 1611 y condenado a abonar su deuda bajo amenaza de cárcel (AdP [1975], Intr., p. lxiii). Entretanto, Herrera interviene en las Cortes el 3 de septiembre de 1609 para «que salgan de Madrid los pobres que no sean reconocidos como tales, y que se señale a los que quedaren con las armas de la Villa». El 11 de septiembre se promulga un auto a tal efecto ordenando que «a los vagabundos se les ponga en las espaldas, o debajo del brazo, una B, y a los ladrones otro hierro con una L para que se les conozca, y que el reincidente vaya a servir a las galeras»[243].

Este episodio es una viñeta ilustrativa de la inagotable capacidad de recuperación y adaptación a nuevas circunstancias de Herrera, quien se afanaba por seguir gravitando alrededor del foco de poder, a pesar de sus repetidos fracasos. ¡Cuán lejos estamos de los medios «blandos y suaves» por los que Herrera abogaba en su *Amparo de pobres* de 1598 (AdP [1975], «Lector», p. 14), cuyo texto epitomado se acababa prácticamente de publicar. El radical endurecimiento de la postura de Herrera podría tacharse de oportunismo y de inconsistencia moral e intelectual. En contraste, la admiración de Alemán por el sistema lisboeta de asistencia, públicamente declarada en su *Antonio de Padua*, implicaba no sólo una abierta crítica a Herrera sino una crítica velada a la corona y al aparente abandono de sus obligaciones respecto a los planes de asistencia a los pobres.

APÉNDICE VI

Glosando sardónicamente el discurso de Herrera, declara Francisco de Vallés que los pobres reformados «esperan por fin a Dios y el medio con que caminan a el, es traydo ... por las manos, como sus Vicarios, de los

por... *Felipe II*, Madrid, Luis Sánchez, 1608.

[243] AdP [1975], Intr., p. lx y n. 79; con referencia a Cristóbal Pérez Pastor, *Bibliografía madrileña*, Madrid, 1891–1907, «Parte Segunda» (1601–1620), p. 462.

que tienen riquezas en este siglo» (CM, fols. 27v.–28r.). Los pobres aquí
aducidos que «dichosissimos» reciben con agradecido gozo la limosna de
los ricos representan a los pobres de hacienda transformados en pobres
de espíritu por la palabra de Herrera, quien en su *Amparo de pobres*
se presentaba como el campeón del imperativo de fusión entre ambas
categorías de pobreza, la de hacienda y la de espíritu. Vallés, utilizando
la ironía paródica explicita el proceso de transformación en la actitud
del pobre quien, una vez reformado por el discurso de Herrera, pasaría
de la insatisfacción causada por su «vanidad» herida «de lo poco que les
dan los ricos» (CM, fol. 27v.) a la dicha máxima. El contentarse con
una situación que permanecía inalterada y con la ramplona limosna
del rico que seguía siendo tan escasa, «esso mesmo», representa el
cambio de perspectiva, la *metanoia* que Herrera ponía como la cosa más
natural del mundo al alcance de todo pobre de hacienda que desease
reformarse según su propio evangelio reformador. El proceso consiste,
explica Vallés, en que el pobre «de aquí adelante» considere que está
«tomando» la limosna «de la mano de Dios», y que ésta le es traída por
«estos arcaduzes de las de los ricos» (CM, fol. 27v.). De esta manera, los
ricos quedarían transformados en instrumentos divinos cuyo papel de
intermediarios de Dios el pobre, iluminado por la palabra de Herrera,
sería capaz de discernir para con ello apreciar el origen divino de la
limosna y respetar a sus mediadores.

La elección del vocablo «arcaduz» con que se describe a los ricos
sugiere sin embargo que Vallés no comulgaba con una visión que como
la de Herrera no representaba una verdadera conversión a la pobreza de
espíritu, sino una incitación a la capitulación voluntaria por parte del
pobre frente a la manipulación del rico. La glosa de Vallés apunta con
el dedo no sólo a la sacrílega suplantación en el discurso de Herrera de
la figura del pobre por la del rico como «vicario» de Dios, sino que con
el mismo gesto apunta asimismo al papel que se había reservado para
sí el propio Herrera en el desempeño de la reforma asistencial. En este
asunto, Herrera se presentaba como el gran intercesor, era por lo tanto
el «rico» que mediaba en la limosna que se daba al pobre. Herrera era así
el «arcaduz» por antonomasia que, dado el valor polisémico del vocablo,
podía asimismo tanto ser tomado por el «medio» o el «conducto» de la
reforma asistencial, como por «el chismoso, el lisonjero, el alcahuete»[244],

[244] DA, s. v. «arcaduz».

145

que manipulaba la divulgación interesada de la misma; reputación que encajaba con la que ya se tenía de él en algunos círculos de iniciados.

APÉNDICE VII

Mosquera declara en su *Comentario* que el «Elogio» a Bazán había sido compuesto con ocasión de un «retrato y armas» del marqués encargado por el «Emperador Rodolfo segundo de Alemania, y Rey de Bohemia y Ungria»[245]. El encargo era indicio del interés que la figura de Bazán despertaba en las más altas esferas y prueba de la ya establecida consagración de su inmortal memoria. El aludido encargo, origen del «Elogio», permite a Mosquera incluir un perfil biográfico de don Álvaro y alabar sus obras y añejo linaje desde el interior mismo de una obra dedicada a Arce, evitando el ser acusado de sabotaje o *lèse majesté* ya que, como se ha indicado, se trataba de un elogio no al marqués directamente sino a su retrato. En realidad el *Comentario* en su totalidad estaba implícitamente dedicado tanto a Arce como a Don Álvaro de Bazán, primogénito homónimo del desaparecido Capitán General, a quien Mosquera presenta su obra como homenaje a la memoria de su padre, cuya presencia perdura en la de su hijo: «conforme a la representación que ordenó la naturaleza, el hijo es la mesma persona y voz del padre» (BCDM, fol. 183v.). Este gesto podía ser arriesgado, por ello es presentado como una especie de co-dedicatoria disimulada[246]. Mosquera toma la precaución de informar explícitamente a Bazán, hijo, que lo que se expresaba en esta segunda dedicatoria sólo iba dirigido y quedaba limitado al «Elogio» dedicado al marqués, su difunto padre: «A Don Álvaro de Bazán… embiandole este elogio del Marqués su Padre» (BCDM, fol. 183v.), implicando que esta segunda dedicatoria no era aplicable ni se extendía al contenido del *Comentario* en su conjunto.

[245] BCDM, fol. 151r. Mosquera concluye su «Elogio» con un epigrama dedicado al citado lienzo (BCDM, fol. 182v.). Existe un retrato del marqués de Santa Cruz por Felipe de Liaño ejecutado en Madrid en 1584. Además del sentido de pintura, «retrato» significaba también una «relación» de las «partes y facciones de alguna persona» (DA, s.v. «retrato»).

[246] Esta dedicatoria dual concede solo un folio y medio al Licenciado Rodrigo Vázquez Arce, mientras que el «Elogio» al retrato de Don Álvaro de Bazán abarca treinta folios (BCDM, fols. 152r.–183r.).

Mediante su evocación del «retrato» del marqués, Mosquera consigue establecer una confrontación iconográfica entre Arce, el letrado todavía en vida, y Bazán, el soldado muerto. Crea la ilusión de invocar la presencia de la figura de Don Álvaro de Bazán padre, para presidir como convidado de piedra el proceso de restablecimiento de la verdad frente al tribunal de la historia. Mosquera se explaya al respecto y en su dedicatoria al hijo revela ser el autor del elogio, declarando que en reconocimiento de la benevolencia del padre hacia su persona se ha sentido en la obligación de consignar por escrito la relación de la «jornada de las Islas de los Açores… y a sacar en publico el comentario que dellas trata». Se podría así entender que el *Comentario* fue escrito en memoria del difunto marqués. Pero la, por así decir, moraleja del comentario va dirigida a Arce, para quien Mosquera no escribe elogio alguno. En la dedicatoria a Bazán, hijo, donde se hace mención de su «comentario» sobre la historia de la «jornada de las Açores», Mosquera hace simbólica entrega al letrado Arce del trofeo de guerra ganado por el desaparecido Capitán General, Don Álvaro de Bazán, padre. Esta oferta es tristemente irónica ya que implica que Arce había conseguido su propio encumbramiento como resultado del esfuerzo del soldado Bazán sin haber corrido riesgo alguno: «que lo que entonces se consiguió en ocasión de Guerra por manos del Marqués, ofrezca yo aora en tiempo de tanta paz, quietud y obediencia, en las del Señor Presidente de Castilla, a quien va dedicada su historia».

Mosquera delinea un proceso no de colaboración sino de tensión entre armas y letras que implica una denuncia de usurpación de méritos. Ofrece a Arce una crónica testimonial del heroísmo de aquellos soldados desconocidos a quienes el Presidente debía su elevación, y a cuya asistencia tenía la obligación moral de acudir. En su simbólica entrega a Arce de la corona triunfal ganada por el desaparecido Bazán, Mosquera está públicamente acusando a Arce de ingratitud por abandono de las necesidades de la milicia, cuerpo entonces totalmente excluido del programa reformador del Presidente y al parecer no considerado como merecedor de ser amparado. En su dedicatoria del «Elogio» de Don Álvaro de Bazán dirigida a su hijo, Mosquera retoma su denuncia de lo que al parecer había sido un proceso de adulteración de la verdad histórica acerca de lo acaecido en la «jornada de las Islas Açores», denuncia ya expresada anteriormente en el corpus de su *Comentario*

(BCDM, fol. 9r.–v.). De lo dicho en la dedicatoria puede deducirse que la acción correctiva de Mosquera se aplicaba tanto a la tergiversación de los hechos bélicos que necesitaban ser enderezados, incluyendo quizá la actuación del propio Herrera, como a una narrativa oficial tendenciosa que pretendiera que la anexión portuguesa se había logrado únicamente por medio de la negociación y que presentase a Arce como héroe de la jornada.

Mosquera compara su escrito correctivo, que define como «discurso», a una «imagen o escultura, que aviendo sido afeada de manos agenas, y agenas de erudición, sin consultarlo comigo se sacó en publico, de suerte que a sido necessario bolver a su primero autor, para darle algún lustre y colores que se le avían estragado, mezclando cosas fabulosas y sin fundamento, con las que son tan ciertas y claras, como la luz del día» (BCDM, fol.185r.). La acusación, expresada como plagio adulterador de una obra original, evoca (de manera precursora, diríamos) lo que en *Guzmán* (1599) sería la esencia misma del discurso correctivo de Alemán respecto al de Herrera. En su dedicatoria a Álvaro de Bazán, hijo, establece Mosquera un paralelismo entre el realismo de su escrito y el de una pintura de Bazán padre: «y si yo huviere acertado en acabar esta pintura, con el decoro y fuerça de palabras que para elogio se requieren, tendralo V.S. en su recamara en igual estimación que el retrato de su padre: pues tanto será mas famoso escrito que pintado». Al apuntar a la intercambiabilidad entre las nociones de retrato y elogio, Mosquera está afirmando el haber escrito un elogio-retrato del Marqués. Este *topos* es similar al utilizado posteriormente por Barros en su elogio al *Guzmán* (1599), obra que celebra por su capacidad de recrear a su modelo tan al vivo que lo hace casi tan reconocible para el lector como si lo hubiese «retratado» (GAI, p. 115). Sus autores se sirven en ambos casos de un lugar común para indicar que están describiendo la verdad. Mosquera no hace un «retrato» pictórico sino un retrato personal y directo del difunto Marqués. Tiene así la osadía de incluir un elogio biográfico al Marqués dentro de una obra dedicada al todopoderoso Presidente Arce.

APÉNDICE VIII

El blanco de las quejas de Herrera en su *Discurso acerca del ornato de la villa de Madrid* (1597) era claramente discernible para el lector discreto. Herrera, testaferro de Arce, utiliza su tratado de reforma urbanística como tribuna para dirigirse a un amplio sector de opinión. Desde allí lanza un desafío a sus detractores para indicarles que ni su protector (se sobreentiende) ni él mismo van a cejar en su cometido ni se van a acobardar. La contradicción de que son objeto ha tenido el efecto contrario, les ha servido de estímulo para «como fuertes y constantes varones proseguir y efectuar lo que intentan, pues el mayor indicio que tiene de ser bueno, es tener muchas contradiciones y dificultades» (OVM, fols. 10r–v.). En su carta de 1597, Vallés parodia tanto la despectiva reacción de Herrera frente a sus opositores como su jactancia al hablar de los altos defensores que, según Herrera habían apoyado su obra: el Presidente del Consejo y los ministros cercanos a su Majestad, «que son los que me dize han favorecido mas a esta obra». Vallés prosigue diciendo que «pues tiene V.m. al Rey y sus ministros propicios, y son los primeros que le creyeron; aunque aya tenido otros contrarios, no le desmaye». Por otra parte, sin embargo, Vallés obliga a Herrera a admitir la virulencia de la crítica de la que ha sido objeto: «Y dezirme que ha avido quien burlasse dessa obra, y contradiciones en ella […] Y assi si de su obra de V.m. huviere burladores, piense… que es grande, de mucha importancia y consideración […] y si le persiguiessen a V.m. o murmurassen algunos, pues tiene tan buen patron y defensor, como el Rey nuestro señor y la ayuda de los ministros graves de su casa y Corte, cuyo juyzio y aprovacion es de mas importancia que todo el resto del Reyno: no le ha de espantar, que por bueno que sea, es al fin el de los otros juyzio de vulgo» (CM, fols 10r.–v., 11r. y 13r.–v.). A pesar de tan egregio apoyo, el programa de Arce y Herrera no se llevaría a cabo. Guzmán parece aludir a este fracaso cuando dice que «es imperfección y aun liviandad notable comenzar las cosas para no fenecerlas… pues en su fin consiste nuestra gloria» (GAII, p. 41). Por boca de Guzmán, Alemán parece estar dando aquí la réplica directamente a Herrera, quien en los paratextos del *Amparo de pobres* se presentaba como el inventor que habiendo «dado principio» a la obra reformadora se contentaba con ello, aunque fuese otro quien «llevase después la gloria de acabarlo perfectamente» (AdP [1975], «Al Lector», p. 16).

APÉNDICE IX

El epígrafe con el membrete *Posteritati S.* dedicado a Don Álvaro de Bazán, insigne soldado y gran héroe de las «Islas del Termino de Lusitania» que «traxo a la obediencia para Su Rey», declara que éste ya había entrado en el Panteón de los Inmortales: «por sus prósperos sucessos fabricó esta memoria ilustre para sus sucessores», habiendo llegado «do ninguno llego», alcanzando el grado de «Capitán general del grande Océano», cuyo término se extendía «desde la China hasta el nuevo mundo» (BCDM, fol. 181r.–v.). Por su parte, la obra reformadora de Arce y Herrera, también de autodeclarada proyección universal (AdP [1975], pp. 187–188), quedaba asimismo inmortalizada en una lámina conmemorativa, colocada en la piedra fundacional del edificio del Albergue, que llevaba también labrado el título *Posteritati S.* y cuyo epígrafe evocaba por su tono el de Mosquera en su *Comentario*[247]. ¿Conocería Mosquera con antelación los pormenores de la ceremonia inaugural del programa de Arce y Herrera, cuyo cariz de autoconsagración quería denunciar? ¿Sería Arce quien en reto y respuesta a la publicación del *Comentario* de Mosquera mandó labrar un epígrafe de largo alcance histórico con el dicho membrete de *Posteritati S.*? ¿Estaría Herrera, guiado por Arce, recogiendo el guante lanzado por Mosquera cuando, a su vez, incorpora el *Posteritati S*, de la lámina fundacional del albergue, en su discurso octavo[248], indicando que se inscribió en «memoria en siglos venideros, a imitación de lo que los pasados antiguos han usado con nosotros en los fundamentos de obras insignes y grandiosas, cuando les dieron principio»? (AdP [1975], p. 237).

---

[247] Aquí ofrezco la traducción en castellano del texto latino de la lámina conmemorativa: «Este sagrado hospicio de pobres de la Anunciación de la Virgen María Madre de Dios, dedicado a la educación para una vida mejor, por mandato y con la ayuda de Felipe II, rey potentísimo de las Españas, y con el favor de su hijo Felipe III, príncipe felicísimo, mediante decreto y apoyo del muy claro varón Rodrigo Vázquez Arce, Protector Supremo, y de otros y con el consenso de los miembros del Consejo Real, interviniendo la pericia y las súplicas del Doctor Cristóbal Pérez de Herrera, salmantino, Protomédico real de las galeras de España» (AdP [1975], «Discurso Octavo», pp. 237–238).

[248] El discurso octavo «trata de algunas instrucciones, relaciones y cartas, en confirmación de los demás discursos».

Mediante la doble dedicatoria de su *Comentario*, Mosquera había logrado sugerir el enfrentamiento de dos grandes figuras contemporáneas: la de Arce, Señor de la villa del Carpio y la de Bazán, Señor de la villa del Viso. El primero, Caballero de la Orden de Alcántara y Comendador de la Magdalena, letrado que se beneficiaba de importantes apoyos familiares. El segundo, Comendador mayor de la Orden de Santiago, vástago de un añejo linaje guerrero y aristocrático, quien era sin embargo hijo de sus obras. El primero, viudo de doña María Siliceo, universal heredero de su hijo Antonio, muerto sin tomar estado, entre cuyos bienes se contaba la villa del Carpio que había sido de su abuelo materno[249], localidad en la que Arce, con proyección aristocrático–dinástica y pese a no tener descendientes directos, había fundado un mayorazgo y construído una lujosa casa-palacio[250]. El segundo, vástago de «casa ilustrísima» en cuyo palacio del Viso, edificio comparable a los más ilustres de la antigüedad, se aunaban cuna y obras: «vino a suplir con industria en este lugar, la amenidad y frescura que le faltó por naturaleza»; palacio que legaría a su nutrido linaje encabezado por su hijo primogénito Don Álvaro de Bazán (BCDM, fol. 181r.–v.).

[249] P. de Salazar, *Crónica*, Libro Segundo, p. 330.

[250] Vidal González Sánchez, cronista de la villa del Carpio, describe las piezas más importantes de esta casa-palacio, y declara que algunas de ellas se contaban entre las mejores y más hermosas fábricas de España. Arce allegó al parecer una gran fortuna e hizo asimismo construir «una cripta para panteón familiar, debajo de la Capilla Mayor del templo parroquial», sobre cuyo pavimento «se colocaron cuatro magníficos mausoleos con sus estatuas yacentes labradas en fino alabastro por grandes maestros de la escultura». Siguiendo sus instrucciones testamentarias, los despojos mortales de sus padres y esposa se trasladarían de la Corte al Panteón familiar de la Villa en «largas procesiones de enlutados, criados y caballeros vistiendo el capuz y la estameña de los duelos» (Vidal González Sánchez, *Carpio. Historia de una villa de la «Tierra de Medina»*, Valladolid, Diputación Provincial de Valladolid, 1999, pp. 43 y 85). El ascetismo que refleja el retrato que el Greco hizo de Arce, quizá fuere proyección de su faz pública y no el rasgo más marcante de su psicología profunda. Conviene recordar que Arce, no obstante ser tenido por un sector de la crícita actual como paradigma de letrado modélico y representante de la mentalidad burguesa, no era adverso al boato aristocrático ni al lujo. Arce, quien había heredado el señorío del Carpio tras la muerte de su hijo, amasaba posesiones y honores. Ello era sabido del Greco quien sin duda conocía también su gráfico apodo de «ajo confitado». El Greco habría quizá críticamente captado la imagen de alguien que se hacía pasar por santo.

Sin tener que hacer explícito el paralelismo entre el letrado Arce y el soldado Bazán, beneficiarios ambos de honores y títulos de ordenes militares, Mosquera estaría aquí estableciendo un contraste entre el *parvenu* y el caballero linajudo, al mismo tiempo que ponía sobre el tapete la controversia sobre la cuestionable legalidad en la adjudicación de dignidades militares a personas civiles ajenas a la profesión de las armas, asunto entonces de candente actualidad. El contraste entre la admiración que Mosquera reserva a Bazán y la actitud negativa que despliega hacia Arce como figura pública y privada son un valioso ejemplo ilustrativo de la importancia de lo singular, de la personalidad específica de ciertos individuos, de las circunstancias y de las relaciones personales como factores de peso a tener en cuenta en el estudio de una situación histórica, sobre todo cuando, como en el caso que nos ocupa, ésta se dramatiza, aunque de forma velada, en la arena pública como un enfrentamiento personal entre individuos de carácter bien marcado[251].

[251] Sin embargo es claro que Mosquera no está haciendo la apología de la nobleza, ni está denigrando a los medianos. Está apuntando a la figura concreta de Arce, alto funcionario letrado, representante de los estamentos intermedios asociados con la noción de progreso, que se proyectaba ostensiblemente como parangón de rectitud y austeridad, y quien sin embargo bajo su otra cara no era un defensor de la noción de definirse como hijo de sus obras, sino que en realidad era un émulo de la nobleza como noción de casta exclusivista, a la que por medio de su señorio de Carpio intentaba imitar. El Doctor Pedro de Salazar, parece subrayar este aspecto cuando, no sin una perceptible traza de crítica ironía, comenta la rigidez del testamento de Arce diciendo que «dexó instituido un vinculo de la villa de el Carpio... [y] como era de tan noble, y de tan limpio, y qualificado linage, entre otras condiciones ordenó, que el que ubiesse de succeder en el, fuesse hijodalgo, limpio de toda mala raza, en propiedad, y en possession, sin que ubiesse fama, ni rumor alguno en contrario. Que lo mesmo fuesse en su muger [...] Muy licitas... son estas condiciones, y llamamientos que se ponen en la succession de los mayorazgos, y los successores en ellos están obligados a cumplillas. Los que de otra manera lo sintieren... se ponen a evidente peligro de ser tenidos por inficionados». Salazar sin embargo revela y argumenta su propia postura personal al respecto: «Con todo esso yo no las pondría, ni consejaré que se pongan. Cada uno deve mirar a la obligación que tiene de conservar la qualidad que Dios le dio, so pena de que le será ingrato. Como ha mostrado la experiencia, en llegandose a probanças, ninguno dexa de probar todo lo que ha menester, con dos, o tres testigos de afirmativa, que hallará qualquier desdichado. Pudiera referir muchos exemplos, que dexo por notorios». Salazar, quien escribía en 1625, tras esta apenas disimulada crítica a las disposiciones testamentarias de Arce, parece azuzar la curiosidad del lector

Pese a provenir de estamentos sociales comparables, Mosquera no se asemejaba a Arce en los fines que uno y otro perseguían ni en los medios para ello utilizados. La división entre defensores y detractores del programa de reforma asistencial de Arce y Herrera no estaba basada, o al menos no exclusivamente, en una confrontación entre aristócratas y plebeyos, entre lo que hoy llamaríamos reaccionarios y progresistas, provenientes por una parte de la rancia nobleza y por otra del patriciado urbano y de las clases medias educadas. Se trataba más bien de una cuestión de ideales y personalidades antagónicos; de un enfrentamiento – incluso dentro de un mismo estamento – entre los defensores de una reforma asistencial limitada que en beneficio propio y de los intereses de un grupo sacrificaba el respeto a la dignidad e intereses del pobre, y los defensores de una reforma asistencial que tenía en consideración la humanidad y beneficio del pobre, para lo cual exigía un planteamiento más amplio que necesariamente incluía la reforma de la sociedad en su conjunto. Esta visión holística de regeneración social que a nuestro entender era la defendida por Mateo Alemán puede ser considerada como una suerte de *aggiornamento* de la reforma propugnada por Trento. Ambas visiones, la limitada y la globalista, se presentaban bajo un mismo rótulo de regeneración social y búsqueda de una solución al problema del pauperismo que respetase la humanidad del pobre

con una alusión a un caso «notorio» reciente, como si se tratase de una ilustración de lo dicho, que por lo tanto implicaba la pretensión de un «inficionado» e «ingrato» a sus orígenes. Esta es una conjetura sobre la que volveremos en la conclusión del presente estudio en el marco de las consideraciones que corrían sobre las pretensiones del Herrera en su etapa final. Salazar concluye su semblanza biográfica de Arce, de la que ofrece dos versiones consecutivas; una en «canto llano» apta para «los libros del Colegio», y otra, la aquí utilizada, en «contrapunto», apta para el lector discreto (*Crónica*, p.329). Salazar evita adentrarse más íntimamente en la personalidad de su biografiado ya que «las muchas partes, y excelencias de Rodrigo Vázquez», así como «todas sus acciones» son «tan alabadas, y compuestas», y opta por poner punto final al asunto: «que es lo mejor hazer aquí alto, y dexallas». Confía el juicio final a las palabras que Tácito escribió en memoria de Helvidio Prisco, que aquí Salazar aplica a Arce. Por lo que dice y sobretodo, por lo que deja de decir, Salazar, quien cuenta con la complicidad intelectual del lector discreto y tacitista, deja gravado para la posteridad su juicio histórico acerca de la controvertida figura del depuesto y desterrado Presidente. (P. de Salazar, *Crónica*, cap. XXXIII, «Rodrigo Vázquez de Arce Presidente de Castilla», pp. 329–332).

mendigo. En realidad, sin embargo, se llega a la conclusión de que una de estas visiones trabajaba con la verdad mientras que la otra se apoyaba en la mendacidad. Confrontación esta entre verdad y mentira que es uno de los grandes temas de la obra de Mateo Alemán y un auténtico proceso de intención respecto a la persona y obra de Herrera.

CAPÍTULO SEGUNDO:
PRIMERA CARTA

Es en sí elocuente que Alemán optase por una expresión epistolar tan alambicada en fondo y ampulosa en forma para dirigirse a un presunto amigo íntimo, contertulio y coparroquiano dedicado al mismo asunto en el que él estaba igualmente volcado. Ello revela una relación incómoda, una crispación afectiva plasmada en una ambigüedad expositiva que invita a la reflexión; con el agravante de que en *Guzmán* Alemán describe al verdadero amigo como a aquel que «dice a su amigo la verdad clara y sin rebozo»[1]. En su correspondencia de octubre de 1597 Alemán encabeza su primera carta del 2 de octubre de 1597 con una invocación: «O amigo Máximo». Sin embargo pronto queda insinuado que pudiere tratarse de una utilización puramente formulaica de la grandilocuente expresión. En efecto, el lector se lleva la impresión de que una vez cumplido el rito protocolario Alemán pasa, sin más preámbulos, a un registro de acusada familiaridad. De ser tomado como objeto de veneración, Herrera pasaba a ser considerado como posible objeto de burla. Este desconcertante vaivén que, en un mismo primer párrafo, oscila entre un comienzo sublime y deferente y un final ridículo, sugiere en efecto que todo ello pudiere ser tomado por «burlas». Lo que el apelativo «Máximo» evoca es el distanciamiento que en la realidad de sus respectivas circunstancias separaba al autor de su destinatario. Alemán era, por así decirlo, un don nadie y Herrera era el protegido del Presidente Arce; privanza sobre la que Alemán hace hincapié, arrancando con ella su segunda carta en la que sólo dos semanas después, el 16 de octubre de 1597, subrayaba con diestra pincelada su notable exceso: «Veo que te has aventajado tanto conmigo,

---

[1]   GAII, p. 155.

155

tanto te has endiosado…»[2]. Alemán interpreta la situación de Herrera en su relación con Arce como una desmesura; juicio negativo que expresa por medio de una figura de polarización diametralmente opuesta al requisito de igualdad presentado en su segunda carta como elemento constituyente de la verdadera amistad: «la verdadera amistad consiste en una igualdad y tal que tú y yo seamos una misma cosa». Al llamarlo «Máximo», Alemán no se estaba dirigiendo a Herrera como a un igual, no estaba hablando con un amigo[3]. Máximo sugiere no sólo lo más excelso del mundo clásico pagano, el «Optimus Maximus» del Jupiter Capitolino, sino también una de las figuras más veneradas del mundo cristiano, la de San Jerónimo, Doctor Máximo por antonomasia[4]. «Máximo» traía a la memoria dos mundos, dos grandes tradiciones culturales, ambas copiosamente utilizadas por Herrera para legitimizar su obra reformadora. Pero «Máximo» es asimismo un apelativo que, utilizado por Alemán en su carta con valor de epíteto, adquiere cualidad de comodín polivalente que sólo connota un superlativo sin atributo preciso. «Máximo» podía así representar tanto la percepción de Herrera sobre Herrera como la percepción de la mirada del otro sobre Herrera. A juzgar por sus escritos y por los comentarios que sobre ello nos han llegado, Herrera se veía como un ser excepcional y como máximo

[2]   Criterio referencial que conviene mantener presente en el acercamiento crítico a las dos cartas. Como el intervalo entre una y otra fue menos de quince días, los efectos del favor de Arce sobre Herrera se extendían a ambas.

[3]   Contrariamente a las apariencias, Alemán estaba hablando con alguien a quien consideraba como su inferior en materia reformadora. Afectado y confundido por el programa de Herrra concluye su primera carta brindándose a escribirle otra vez para indicarle cómo enmendarlo y corregirlo.

[4]   San Jerónimo «a quien la Santa Iglesia a boca llena llama Doctor Máximo, porque verdaderamente fué máximo y admirable en todas sus cosas» (DA, s. v. «maximo»). Quizá de manera más oblicua, el apelativo evoque asimismo la figura de San Antonio de Padua, quien según la presenta Alemán no se quedaba a la zaga en excelencia. En su hagiografía se cuenta como un cierto cardenal, que inicialmente se había opuesto a la canonización de Antonio, al descubrir «ser divina voluntad» que el santo varón fuese canonizado, fue él mismo quien entonó la antifona «*O doctor optime*» durante la ceremonia (AP, fols. 272r.–273r.). Lo gratuito de esta innecesaria observación, recogida con pomposa solemnidad, apunta a que Alemán deseaba quizá dejar constancia de la asociación entre el *doctor optimus* de *San Antonio* y el apelativo de «Máximo» que había aplicado a Herrera.

reformador. Por su parte, Alemán, quien en su segunda carta parodiará su proverbial vanagloria, le veía como el impostor máximo y el máximo fracaso en cuestión de reformación.

Dentro del registro relacional de Mateo Alemán del que nos ha llegado testimonio, el lazo afectivo entre Alemán y Herrera en su manifestación epistolar se revela como atípico. Las declaraciones de amistad dirigidas públicamente por Alemán a Alonso de Barros (1598), Belmonte Bermúdez (1609) y a la memoria de García Guerra (1613) se caracterizan por la sobriedad de su tenor[5]. En contraste, las cartas a Herrera están escritas en un registro dominado por la hipérbole. Por otra parte y pese a su aparente entusiasmo por la figura de Herrera en los ámbitos ideológico y personal, Alemán parece haber preferido mantener su declaración de admirativa amistad hacia Herrera acotada

---

[5] En el caso de García Guerra hace una excepción por tratarse de una persona ya desaparecida cuando Alemán escribe su panegírico, en cuyo caso se contaba con la aprobación del mismo Dios: «pues el mismo nos da licencia que alabemos a los muertos». Consciente de lo que podía erróneamente interpretarse como una capitulación de principio o viraje de conducta, Alemán parece querer dejar constancia aquí de la razón que justificaba su postura respecto a García Guerra cuyas «virtudes i vida exenplar… seviranos de un espejo; donde… juntamente con su ejemplo concertaremos nuestras pasiones i costunbres». Así y todo, esta «Oración fúnebre» (incorporada en *Sucesos de frai García Gera*, pp. 49–63) no está redactada con la grandilocuencia de las cartas a Herrera sino con una emoción intensa pero controlada y canalizada a través de superlativos atribuídos a rasgos específicos de García Guerra en manifiesto contraste con el superlativo *de rigueur* que Alemán aplicaba indiscriminadamente a la figura de Herrera en su totalidad: «I si como… dizen, que Cristo lloró la muerte de Lazaro, por la falta que hazia en el mundo un justo i amigo suyo, licencia nos concede para verter devidas lagrimas, en la falta de un tan observante i religioso principe de la Iglesia, pastor umanisimo; virei dignisimo, capitan jeneral clementisimo, padre piadosisimo, afable y manso… As dejadonos descariados i huerfanos, llevandote a nuestro padre» (*Sucesos de D. Frai Garcia Gera, Arcobispo de Mejico*, p. 62). Francisco A. de Icaza subraya que «los *Sucesos* y la *Oración*… vienen a ser una justa reivindicación del verdadero carácter de fray García Guerra» en torno a los «motivos y circunstancias» de cuya «muerte» se había forjado una leyenda que «menoscababa la buena memoria del prelado, y había que combatirla con la historia verdadera». Para Icaza la intervención de Alemán es muestra elocuente de su carácter: «no elogia Alemán al prócer que llega y del que podrá obtener recompensa inmediata y medros posteriores; sino alaba al que se fué, y para siempre. No espera ni reclama; devuelve y restituye en la única moneda de que dispone: paga una deuda de gratitud» (Francisco A. de Icaza, *Sucesos reales que parecen imaginados*, Madrid, Sucesores de Hernando, 1919, pp. 185–188).

dentro del ámbito epistolar privado, como si se tratase de una relación que no conviniese airear abiertamente en la esfera pública. Contrastando con ello, en la relación entre Alemán y Barros, la oscuridad de Alemán como autor desconocido y lo precario de sus circunstancias no parecen haber sido obstáculo para que ambos declarasen públicamente el doble lazo que les unía, como amigos y como autores, en una recíproca amistad entre iguales: «Y si como es verdad que mi amigo es otro yo, y nosotros lo somos tanto reciprocamente (como a todos es notorio)». La autenticidad de su relación con Barros parece haber despertado en Alemán un sentimiento de abierta fraternidad. Dirigiéndose al lector en su elogio a la obra de Barros, Alemán concluye con estas palabras de ponderación: «la merced que le hizieres en amparalla (como dignamente lo merece) yo tambien la recibo, y a los dos igualmente nos ganas por ello en tu servicio»[6]. Teniendo en cuenta el contexto de este elogio y su fecha de publicación, 1598, lo que tanto énfasis sugiere es que en la vida de Alemán existía coetáneamente otro tipo de relación que no era franca ni podía ser públicamente declarada como recíproca; una relación de amistad traicionada y adulterada, la de Herrera, sobre la que Alemán quería atraer la atención del «benigno letor» en su «Prólogo» a los *Proverbios morales* de Barros. Conviene subrayar que Alemán, aunque en 1598 no tenía todavía nada publicado[7], era sin embargo ya lo suficientemente apreciado en algunos círculos como para haber sido invitado a escribir el prólogo de la segunda edición de un ya famoso libro de Barros, cuyo éxito podía darse por garantizado[8]. Al encargarle el prólogo de sus *Proverbios,* Barros estaba ofreciendo a Mateo Alemán una plataforma pública desde la que, al amparo del prestigio literario del autor, poder darse a conocer y expresar sus agravios sin por ello quedar expuesto a represalias. La oferta de Barros se hizo en un momento de

[6]   A. de Barros, *Proverbios,* «Prólogo» de Mateo Alemán. Mediante la elección del vocablo «amparo» para expresar su deseo de benevolencia por parte del lector hacia la obra de su amigo, Alemán parece estar apuntando a la involucración de Barros en la controversia en torno al AdP y su posicionamiento en ella.

[7]   Excepción quizá hecha de la traducción de dos odas de Horacio, en pliego suelto, sin año ni lugar de impresión.

[8]   Con diverso título, los *Proverbios morales* de Barros eran una segunda edición de su aclamada *Filosofía cortesana moralizada* (Madrid, Pedro Madrigal, 1587).

gran vulnerabilidad para Alemán cuando se amenazaba con acallar para siempre la voz del discurso disidente de su pícaro[9]. Cuando en 1599 el discurso del pícaro consiguió ser publicado, Alemán le devolvería el gesto encargando a su vez a Barros la redacción del «Elogio» a su *Guzmán de Alfarache* (1599)[10], obra que a decir del propio Alemán asimismo precisaba ser «amparad[a]»[11], y en su caso de manera imprescindible dada la índole de su enemigo, a quien designa como «vulgo».

La interacción pública entre Alemán y Barros presenta el interés añadido de que éste último escribiese también una carta sobre Herrera y su obra reformadora[12], hecho que permite establecer un paralelo entre sus respectivos escritos, tanto los recíprocos entre Alemán y Barros, como los que ambos dedicaron a Herrera. El cotejo de este material permite contrastar lo comedido del mutuo y sincero reconocimiento de amistad en los intercambios entre Alemán y Barros con el simulado desbordamiento de febril entusiasmo que ambos reservan a su respectiva apreciación de Herrera. En el entramado de relaciones que se van configurando en torno a las figuras de Alemán y Herrera se vislumbra una comunidad ideológica entroncada en una relación

---

[9]   La publicación de *Guzmán* (1599) se encontraba al parecer impedida por oposición del Consejo Real que sólo le concedería la tasa en marzo de 1599 coincidiendo con la caída en desgracia del Presidente Arce. La expectativa creada en ciertos círculos por las cartas de 1597 acerca de la publicación de la «primera parte del pícaro» tuvo que ser grande. Sin embargo y quizá como indicio de lo grave y espinoso de un asunto de candente actualidad en el que el Presidente había estado directamente involucrado, el «pícaro», pese a su clamoroso éxito comercial, fue recibido en ciertos ambientes con lo que se ha descrito como una «tácita conspiración de silencio»: Francisco Vázquez Villanueva, «Sobre el lanzamiento y recepción del *Guzmán de Alfarache*», *Bulletin Hispanique*, 92 (1990), p. 564.

[10]   El texto de Alonso de Barros es una pieza fundamental para la exegesis de GAI.

[11]   GAI, «Al Vulgo», p. 108.

[12]   La *Carta de Alonso de Barros*, impresa como suelta a comienzos de 1598 antes de la publicación de la versión definitiva de los «discursos» del AdP de Pérez de Herrera, ha sido interpretada como un escrito en apoyo de los mismos, a los que en efecto fue incorporada en versión ampliada. Ello no obstante la carta no significaba adhesión al contenido de los «discursos». Como veremos, su inclusión en el «discurso octavo» del AdP de 1598, fue una decisión táctica tomada con el fin de paliar una crisis. La carta de Barros era un escrito que en realidad advertía al Reino del peligro que se avecinaba con la implementación del proyecto reformador de Arce y Herrera.

de amistad. En ella se pueden observar diversas permutaciones que apuntan a una dinámica de grupo inclinada a manifestaciones de mutuo reconocimiento caracterizadas por la sobriedad en la expresión de los afectos auténticos y por el halago hiperbólico como instrumento de denuncia de la falsa amistad. Dentro de esta esfera de intercambios, Herrera se caracteriza por la unilateralidad de su postura. Aparece como destinatario y receptor de alabanzas, a las que no parece corresponder[13], formuladas en modo tan ampulosamente superlativo que su nombre queda indisociablemente ligado a la noción de *non plus ultra*[14].

Si como su vida y obra lo indican Alemán parece haber sido una persona consistente, leal, agradecida y temperamentalmente propensa al comedimiento en la expresión de sus afectos, su relación con Herrera atrae particularmente la atención del lector. Las cartas son desconcertantes. En un primer registro de lectura, Alemán se presenta como un incondicional del proyecto de Herrera. Su entusiasmo epistolar produce la impresión de tener por finalidad refrendar la esencia misma de un programa reformador, al parecer ya perfecto, concebido y ejecutado por un reformador asimismo perfecto, quien además y por encima de todo era el amigo más entrañable de Alemán. Sin embargo, el atenerse a ese nivel de lectura representa un error interpretativo. El entusiasmo de Alemán es simulado. Para captar su auténtico talante hay que seguir la trayectoria de Alemán en sus cambios de registro. Obedeciendo a un impulso de riguroso escrúpulo intelectual y pese a haberlo considerado al parecer como inmejorable, Alemán se toma el trabajo de hacer la síntesis del programa de Herrera recogiendo sus puntos cardinales. Alemán parece querer elucidar la esencia del pensamiento de Herrera, como sugiriendo que en su autor hubiese algo de elusivo o escurridizo. Lo mismo hace con el aspecto personal de su relación como amigos, para cuyo fin desmenuza el comportamiento de Herrera hacia su persona. Es decir que Alemán duda y por ello somete a Herrera a un riguroso examen como reformador y como presunto amigo, examen del que Herrera no sale bien parado. Es precisamente

---

[13] Véase Apéndice I.

[14] Esta modalidad de trato le seguiría siendo reservada hasta su postrera obra, sus propios *Proverbios*, su bautizo literario y canto de cisne, de cuyos elogios preliminares se seguía desprendiendo todavía en 1618 un ya familiar aire de desmesura.

esta duda de Alemán la que imparte sentido a las cartas de octubre de 1597.

Las dudas de Alemán no habían quedado satisfechas por las *Respuestas* de Herrera de 1596 ni habían sido acalladas tras la terminación de la consulta pública sobre el tema de la reforma. Estas dudas, al igual que las de Mosquera de Figueroa, Vallés y Barros, se inscriben dentro del marco de la reacción provocada en ciertos sectores de opinión por el paso a la ejecución del programa reformador[15], pero no van dirigidas a ningún aspecto específico, tanto teórico como práctico, del mismo. Las dudas de Alemán se sitúan en otro registro y remueven los cimientos mismos del programa cuestionando la ética de su autor. Alemán duda de la «intención» de Herrera y de su capacidad para desempeñar el papel de reformador[16]. Cuestiona la validez intelectual y humanitaria de su proyecto y denuncia la falta de correlación entre la intención declarada y las medidas tomadas para la ejecución de la obra. Alemán asimismo duda de la probidad de Herrera en el ámbito afectivo y personal, cuestiona la sinceridad de su presunta amistad indisociablemente ligada al ámbito asistencial en el que Herrera le había traicionado. En sus cartas a «Máximo», Alemán investiga, expone, denuncia y da su fallo.

En la primera carta se anuncia la llegada de la «primera parte del pícaro», que Alemán introduce como una firme propuesta de programa asistencial. Propuesta que coteja, contrastándola, con el programa de Herrera al que designa como un «curioso discurso». Al terminar esta carta se puede ver claro que sus respectivos manifiestos reformadores no son coincidentes. Alemán la concluye expresando su desasosiego y confusión frente al inicio de ejecución del programa de Herrera; asunto que se brinda a enmendar y corregir. En la segunda carta, Alemán comienza declarando que, pese a las apariencias en contrario, no daba

---

[15] La puesta en práctica del programa fue iniciada con ceremonia simbólica en 1596 y continuada en enero de 1597 con el despacho de las «Instrucciones» de Arce y el subsiguiente discurso de Herrera sobre la «ejecución» publicado alrededor de febrero de 1597.

[16] Herrera mismo reconoce que ha sido objeto de críticas en este último aspecto: «Bien se que avra algunos que me culparan, pareciéndoles, que escrivo y suplico a V.M. muchas materias diferentes y desproporcionadas a mi talento y profesión» (OVM, fol. 9v.).

por supuesta la amistad de su corresponsal hacia su persona[17]. Tras someter a escrutinio el comportamiento de Herrera, Alemán concluye que Herrera es no sólo un mal e ingrato amigo sino su peor enemigo. Las dos cartas recogen conjuntamante la etiología, evolución y desenlace de una amistad traicionada que se había transformado en profunda enemistad. Las cartas constituyen la anatomía autobiográfica de una relación tomada por Alemán como de amistad en el pasado y desvelada en el presente como de enemistad, en la que se entremezclan dos voces antagónicas expresadas en canto llano y en contrapunto. La dificultad interpretativa reside en el hecho de que todo ello va revestido de una pátina engañosa de verdadera amistad tanto en el ámbito ideológico como en el personal. Como si se hubiese apropiado de su objeto de análisis, el conocimiento que Alemán posee de Herrera y de su «discurso», tema de las cartas, es tan penetrante que llega a producir un espejismo de mismidad entre ambos. El registro epistolar adoptado por Alemán hace difícil deslindar los límites divisorios entre autor y destinatario. En ocasiones, no se sabe dónde acaba la voz de Alemán y dónde empieza la de Herrera, como si se tratase de un ejercicio de ventriloquismo más que de un intercambio de posturas a la manera de un diálogo humanista. Mediante un registro epistolar que le permite revelar paulatinamente los móviles y fines de su interlocutor, Alemán está recreando a beneficio de Herrera el proceso del gradual descubrimiento de su doble traición.

Bajo esta luz, las cartas eran una intervención arriesgada. Dirigidas a Herrera, tocaban también de lleno a Arce ya que plasmaban una respuesta crítica al inicio de la fase de ejecución del programa de ambos. En la primera carta, Alemán se expresa a veces como portavoz de un sentir colectivo, en nombre de un círculo de amigos, al que hemos venido llamando el grupo de San Martín, que representaban la voz de la oposición. Pese a su carácter subversivo, las cartas acatan la consigna decretada por Herrera en sus *Respuestas* de 1596. Alemán presenta sus dudas por escrito y lo hace dirigiéndolas no ya al Presidente, sino a su *alter ego*. Al aplicarle los apelativos de «Máximo» y de «endiosado» Alemán está indicando que quizá Herrera se tomaba como emanación del propio Presidente, quien a su vez se consideraba tal vez como

[17] «No entiendas, Máximo, que te llame amigo en ésta [...] hasta saber de ti si lo eres mío».

162

exhalación de la divinidad. Vallés, en su carta a Herrera redactada tambien en 1597, describe en los términos siguientes a Arce y su papel en el asunto de la reforma asistencial: «por medio de V.M. quiere Dios embiar al Rey nuestro señor, y a su semejança que es su Presidente del Consejo, y a los ministros que estan cerca de su Magestad (que son los que me dize han favorecido mas esta obra) el fruto de lo que con ella se gana, que es la gracia de Dios, con que vendran a ser herederos de la bienaventurança.»[18] El lector queda con la duda si Arce es aquí aludido como «semejanza» del rey o como «semejanza» de Dios; o bien si se consideraba a sí mismo como «semejanza» de ambos[19].

Las cartas contienen un reto: el anuncio de la llegada del «pícaro» y de su misión. El pícaro expondrá y denunciará la corrupción de los «fingidos» para que, una vez depurado el terreno, los pobres pudiesen ser «de veras» remediados. La finalidad de las cartas coincide con la del «pícaro», del que son como manual de lectura. Las cartas ofrecen la primera interpretación del sentido de la obra de Alemán brindada por su propio autor a Cristóbal Pérez de Herrera, su interlocutor de excepción y «modelo temático»[20], tanto de las cartas como de las tres partes del pícaro. Con el anuncio de la «primera parte del pícaro», Alemán indica que había conseguido trasladar el asunto de la reforma al ámbito poético, reducto inexpugnable para aquéllos que no poseían el diestro manejo de su temible arma; la creación literaria en clave paródica. Terreno éste difícil de maniobrar para alguien quien, como Herrera, carecía de sólida formación intelectual y finura interpretativa, como consta por su torpe utilización de las fuentes que empleó como aparato legitimador, retórico y conceptual, en su tratado reformador. Como lector de las cartas de 1597 y en su día también de la primera parte del pícaro que éstas anunciaban, Herrera parece encajar en las dos categorías de interlocutor-destinatario descritas por Alemán en las

---

[18] CM, fols. 9v.–10 r.

[19] Ya se ha indicado que Mosquera en la «Dedicatoria» de su tratado se dirigía a Arce como si se tratase del mismo Altísimo. Por su parte, en *Guzmán* se dice que a los jueces se les llama «dioses de la tierra» (GAI, p. 137).

[20] Es decir, «sujeto» o tema de las mismas en el sentido utilizado por Alemán en su carta al «Discreto Lector» (GAI) en referencia al papel jugado en su obra por aquel a quien describe como «un pícaro».

cartas preliminares de su novela: sería «discreto lector» al mismo tiempo que «vulgo» ignorante y enemigo (GAI, pp. 108–112).

Si se considera que Alemán no estaba tratando con un igual sino con alguien, presúntamente más capacitado, que se le había «aventajado» dejándolo a la zaga; con alguien que era tenido por reformador titular del Reino y máxima autoridad en materia asistencial, mientras que Alemán no era tratadista sino mero autor literario que, pese a su edad, no se había estrenado todavía, la primera carta, dedicada en gran parte a instruir a su destinatario en materia reformadora, podría ser tomada por una bravuconería de alguien que se metía en asuntos ajenos a su profesión sobre los que no dudaba en pontificar. En esta hipótesis, la carta de Alemán podría considerarse como una involuntaria bufonada, en la que Alemán haría de gracioso sin habérselo propuesto. ¿Por quién se tomaba su autor? ¿Por quién tomaba a Herrera?[21] La actitud de Alemán en su primera carta respondía sin embargo a otros designios. Se trataba de una estrategia calculada para convertir a Herrera en objeto de burla; estrategia que adquiere coherencia si recordamos que el experto en materia asistencial era Alemán, mientras que Herrera, como ha quedado indicado, era en realidad su falso emulador. En su primera carta Alemán parodia miméticamente la atrevida ignorancia de Herrera, quien no dudaba en presentarse como «tan docto(s) varón(es)» instruyendo a los verdaderos expertos sobre un asunto que desconocía y también adulteraba mediante una interpretación manipulativa y plagiada de sus fuentes.

Como primer paso, la táctica epistolar de Alemán consiste en simular hacer *tabula rasa* de los escritos de Herrera para, desbrozado el terreno

---

[21]   No obstante, los géneros literarios asociados con Alemán y Herrera no estaban netamente diferenciados. Alemán y Barros se refieren al *Guzmán* como «discurso». Por su parte Herrera, designado dos veces por Barros en su «Carta para el Lector» como «nuestro autor», mostraba intereses de creador literato cuando anunciaba que tenía otros escritos «de letras humanas» en un estado avanzado de composición: «a que ya tengo dado muy buen principio» (AdP [1975], «Carta al lector»). Concluye su obra diciendo que ha adornado sus discursos con «emblemas morales y versos» para atraer el interés de «algunas personas aficionadas a curiosidades y letras humanas», las cuales con la «curiosidad» suscitada en ellos por este señuelo «podría ser se aficionasen a ser muy amigos de pobres verdaderos, y caritativos con ellos» (AdP [1975], p. 300). La línea divisoria entre los campos literarios de Alemán y Herrera aparece como un tanto indefinida, como si sus obras perteneciesen a un género híbrido.

del aparato retórico en el que éste envolvía su verdadera intención, poder desvelar la esencia doctrinal de su pensamiento y conseguir desenmascarar su impostura. Alemán deconstruye para, acto seguido, lograr denunciar, mediante una recopilación de sus puntos nucleares, el sistema de construcción de Herrera, sistema forjado con ideas ajenas que, una vez adulteradas, éste había utilizado como pilares de su propio edificio[22]. Cuando estas piedra ajenas no cuadraban bien dentro del

[22] La denuncia de la actitud depredadora de Herrera es una de las constantes de la obra de Alemán. Ofrece una gráfica ilustración de ella en su «Elojio» a la *Vida del Padre Maestro Ignacio de Loyola* de Luis Belmonte Bermúdez donde celebra la conjunción de excelencia literaria, probidad moral y laboriosidad que se daba en su autor: «No es pasion de amistad, no paresca que háblo con exajeracion, por ser de mi patria i nacidos en un bario, que ni aun mayores prendas me haran torcer de lo justo, i puedo con Aristoteles dezir, mi amigo es Platon, pero mucho mas la verdad». Por estar dirigido a un amigo, paisano y coparroquiano, este elogio proporciona un parámetro de comparación tan cortado a la medida que se impone su cotejo con las cartas de Alemán a Herrera, su también coparroquiano y presunto amigo máximo. En 1597 Alemán se expresaba en sus cartas de forma artificiosa y constreñida como si se sintiese bajo amenaza de censura. Ya consagrado autor en voluntario exilio, escribe en 1609 desde México con el estilo esponjado de un hombre que se siente libre. Aludiendo a un comentador de su obra que permanece anónimo Alemán declara ese mismo año en *Ortografía castellana*: «Ya se que se dirá que soi libre, yo se lo confieso, i que salgo con libertad, osadamente al tablado» (OC, p. 68). Por ello en su citado elogio a la obra y figura de su amigo, Alemán no solo declara que Belmonte Bermúdez merece la «estimación i agradecimiento» de sus lectores, a quienes exhorta a demostrárselo («no le seamos ingratos, negandole la deuda»), sino que se explaya sobre lo dicho afeando la conducta de aquéllos que por «invidia notoria, i malicia declarada» son incapaces de agradecimiento. Como si tuviere a alguien concreto en mente, Alemán concluye a renglón seguido delineando el paradigma de ingratitud, que define como deshonroso y consistente en «quitar alguno para el ornato de su casa, las piedras fundamentales del edificio ajeno». (*Vida del Padre Maesteo*... «Mateo Alemán, a la devida estimación de este libro, i de su autor Luis de Belmonte Bermúdez», «Elojio»). Desde México, Alemán goza de libertad para señalar con el dedo a su plagiario de siempre, al citado «alguno»: Herrera, reconocible para todo «discreto lector» como fundador de un «sumptuoso edificio», de una «casa» destinada «para el albergue de los pobres, y reclusion de vagabundas» (OVM, fol. 4r.), obra maestra de su programa reformador que se apoyaba sobre cimientos ajenos que había saqueado. Herrera había presentado como diseño original y propio la «traza» o plano prototipo de la «casa y albergue» de Madrid para que «otras ciudades destos reinos se aprovechen de la traza della, y en las provincias de los estranjeros hagan lo propio», adaptándola a sus posibilidades, por definición más modestas que las del edificio de Madrid: «aunque no sean las que edificaren tan costosas, por ser pocas las ciudades que pueden hacer gastos grandes,

edificio de Herrrea se daban las inconsistencias y contradicciones que tanto se le achacaban. En su recomposición forense del pensamiento de Herrera, Alemán desliza, aquí y allá, fragmentos significativos de su propio pensamiento, como contradiscurso al discurso de su interlocutor. Alemán examina, «como si fuera protopobre»[23], la vida y obras del protomédico en un riguroso proceso indagatorio que, por analogía, se aproxima al que Herrera preveía someter al pobre como medida preliminar y nuclear de su programa de reforma asistencial. Alemán va más allá de la simple pesquisa. Su técnica consiste en conseguir que fuese el propio Herrera quien también revelase públicamente su propia ignominia[24]. Como se ha indicado, Alemán en su primera carta consigue crear el espejismo de desdibujar los lindes divisorios entre autor y destinatario. Alemán se presenta como «muchas noches… desvelándome en el amparo de los pobres». Herrera, por su parte, había concluído sus *Respuestas* en 1596 evocando su dedicación al amparo de pobres como «desvelándome muchas vezes pensando el modo… para la ejecución dello»[25]. Como lo hiciera Herrera en su «Carta al Lector» de su *Amparo* (1595), también Alemán, en su primera carta dice ser consciente de su propia insignificancia frente a tamaña empresa. Herrera: «aunque no era razón que con mi rudo y corto ingenio me atreviera a tratar de materia tan importante y grave, que requería mucho mayor caudal que el mio, principalmente adonde ay tantos y tan buenos entendimientos, como en esta corte y reynos». Alemán: «Pero, como

a lo menos que imiten en lo más que pudieren esta traza» (AdP [1975], p. 232). En realidad la traza propuesta por Herrera no tenía nada de original. Era una copia de la tradicional disposición en forma de cruz ya adoptada en el pasado por las instituciones asistenciales europeas, incluyendo las Casas de Misericordia de Giginta.

[23] GAI, p. 388.

[24] La lectura de la carta que Francisco de Vallés escribió a Herrera en 1597 corrobora el sentido de las misivas de Alemán a Herrera del mismo año. En contestación a otra anterior que Herrera le había al parecer escrito, la carta de Vallés, por medio de una ingeniosa fórmula expositiva, consigue hacer que sea el propio Herrera quien declare y reconozca la gravedad de las acusaciones de las que tanto él como su AdP eran objeto. La información que Vallés proporciona en la carta es fidedigna ya que su autor dice que la recoge del propio Herrera. Como se ha indicado, la carta fue publicada por Vallés en 1603.

[25] RD, fol. 13v.

semejante negocio requería más acción y mayor poder, siempre lo temí, viéndome falto de caudal que pide tan alta mercadería y materia tratada de tan doctos varones que, cuando quisiese decir algo, sería reiterar lo que ellos tienen dicho y estampado y a todos es notorio». En sus respectivas cartas, ambos alegan estar trabajando por el «bien común» y ambos «suplican» por el logro de una reforma en la que declaran estar plenamente comprometidos. Pero, no obstante esta simulada mímesis, sabemos ya que tanto sus respectivas motivaciones como sus respectivos proyectos eran diametralmente opuestos. La primera carta, sobre todo en su primera sección, evoca no una simbiosis, cosa que supondría una preexistente relación armónica, sino una confusión identitaria rayana en lo patológico. Esta carta es en realidad un plagio paródico del plagio original perpetrado por Herrera respecto al pensamiento de Alemán.

Como resultado de la *mise en abîme* de plagio dentro de plagio, Alemán y Herrera con sus respectivos discursos aparecen en la primera carta como indisolublemente amalgamados. Frente a este guión, la pregunta que surge es de dónde proviene la voz inequívocamente crítica que, en un segundo registro, logramos asimismo captar como lectores. La técnica adoptada por Alemán produce el espejismo de una voz en *off*; una voz independiente y de alguna manera incorpórea; sugiere la voz de un narrador que, desde más allá del momento espacio-temporal de la carta, tuviese una visión de atalaya dirigida a la relación entre Alemán y Herrera en su verdadero tenor y a sus respectivos proyectos. La carta es tanto un eco como un pregón que anuncia la voz del pícaro narrador en el *Guzmán de Alfarache*, ya redactado pero todavía no publicado. Es la voz de un consumado creador a quien se puede aplicar el juicio que Gracián reservó a Tácito, su maestro y también el de Alemán, a quien describió como zahorí del entendimiento, gran descifrador de intenciones y fines que lleva siempre consigo la juiciosa contracifra, la clave que le permite realizar la «anotomía del ánimo»[26]. Alemán parece haber penetrado la mente de su interlocutor y de habérsela de alguna manera absorbido. Esta toma de posesión del pensamiento de Herrera,

---

[26] Baltasar Gracián, *El Discreto*, ed. Aurora Egido, Madrid, Alianza Editorial, 1977, XIX, «Hombre juicioso y notante», pp. 312–313. Vease también Elena Cantarino y Emilio Blanco (eds.), *Diccionario de conceptos de Baltasar Gracián*, Madrid, Cátedra, 2005, s. v. «Descifrar», pp. 81–88.

«sujeto»[27] de su misiva, produce la impresión de que Alemán, habiendo hecho abstracción del mismo como ente autónomo, lo hubiese incorporado dentro de su propio discurso epistolar, como amalgama de sus respectivos escritos y de la relación metabólica que les unía, enlazándolos en una sóla espiral narrativa. Alemán se ha convertido en una suerte de gran titiritero, portavoz de dos narrativas pero intérprete único de ambas. Se podría decir que Alemán ha convertido a Herrera en un ente de ficción dramática, a quien proporciona incluso un nombre escénico: Máximo[28]. Parece escribir dirigiéndose también a un público exterior, situado fuera de las cartas y más allá de Herrera. En su primera carta trata de un asunto público de candente actualidad. Habla en nombre de una voz plural, sugiriendo así la existencia de otros actores involucrados en el asunto. Esboza la presencia de grupos encontrados de amigos y enemigos; de un drama representado en el ámbito público en presencia de espectadores cuya opinión y cuyo fallo, como Alemán augura, tendrá graves consecuencias. Con ello Alemán deja establecido el destino bifronte de su carta, aspecto éste estructuralmente fundamental para el entendimiento del *Guzmán de Alfarache,* obra también dirigida a dos públicos lectores.

Pasamos ahora a un análisis cronológico-secuencial de la primera carta, ajustándonos párrafo por párrafo al planteamiento discursivo de Alemán en sus puntos nucleares. Alemán se presenta como un arbitrista voluntariamente *manqué.* El que iniciase su primera carta aclarando que pese a haberse volcado con dedicación a la causa de los pobres había optado por desviarse de la vía reformadora ortodoxa, no quiere decir que Alemán hubiese abandonado su compromiso con la causa del necesitado sino que había decidido no hacerlo por vía de un tratado. Explica su alejamiento de la misma con dos razones. En primer lugar, el terreno memorialista estaba tan trillado por los trabajos

---

[27] El vocablo «sujeto» se utiliza aquí en el sentido de tema principal que se da a esta palabra en la carta al «Discreto Letor» (GAI, p. 112).

[28] Mediante un superlativo que le singulariza y aisla de los demás, Alemán coloca simbólicamente a «Máximo» fuera del ámbito social reconocido, condenándole a un destino solitario que no deja de ser una forma de estigmatización. Herrera, tan proclive a la categorización del pobre, queda él mismo de alguna manera descalificado, convertido en un ente *hors concours.*

de «tan doctos varones» que el pretender añadir algo nuevo hubiese supuesto una vana pretensión: «sería reiterar lo que ellos tienen dicho y estampado y a todos es notorio»[29]. Si a nivel teórico todo estaba dicho y si existía un importante *corpus* de escritos sobre la materia, Alemán parece estar implicando que, sobre tan rico limo, el aporte del propio Herrera era necesariamente insignificante, pese a que él se presentaba como gran innovador[30]. En segundo lugar, la implementación de todo

[29] A pesar de estarse dirigiendo al reformador máximo, Herrera, Alemán no parece incluirle específicamente en la categoría de «doctos varones»; sin embargo lo está haciendo a un segundo registro de lectura en clave paródica.

[30] Herrera no tenía reparo cuando le convenía en defenderse de sus críticos alegando, como lo hacía en su respuesta a la «Quinta objeción», que el último intento de reforma se había infructuosamente comenzado hacía no más de «ocho o nueve años» y que anteriormente se había intentado «muchas y diversas vezes» desde tiempos de los «Emperadores antiguos» (RD, fols. 5r.–6v.). Por una parte, Herrera parece querer legitimar su programa apoyándolo en la larga tradición reformadora precedente; por otra, sin embargo, da a entender que la originalidad de los intentos anteriores era de orden puramente jurídico: «queda provado ser este negocio, por leyes muy antiguas, assi de Gentiles como de Christianos, mandando remediar, y no cosa nueva, como se dize por la objecion que se opone a esto» (RD, fol. 6v.); negocio establecido y codificado «por leyes civiles del Emperador Justiniano, y por las leyes de la Partida y prematicas destos reynos» (AdP, fol. 3v.; AdP [1975], p. 20). Con estas declaraciones, Herrera borraba del mapa la existencia y labor de los reformadores que le eran temporalmente más inmediatos y hacía surgir su propia actuación reformadora como por generación espontánea de un vacío virtual fabricado a su conveniencia. Consciente del oportunismo de Herrera quien no reparaba en las contradicciones de su postura, Vallés le aguijonea recomendándole hacer oídos sordos a sus críticos y seguir reivindicando la excepcionalidad de su obra: «Porque si V.m. truxera alguna… nueva invencion de vanidad a la Corte… le siguieran todos, por dar gusto al apetito de seguir la novedad: mas como trae obras de Dios, no basta que sea la invención nueva… Y si huviere quien diga que no lo venda por nuevo, pues es cosa intentada de tiempo tan antiguo, que de la Odissea de Homero se colige, que luego que se destruyó Troya, huvo quien la propusiesse: Diga V.m. que es verdad» (CM, fols. 11r.–12r.). Como si no se hubiese percatado de la ironía en la carta de Vallés, reivindica Herrera enfáticamente en su AdP (1598) lo novedoso de su programa. Herrera cae en la emboscada que Vallés le tendía llegando incluso en ocasiones a recurrir a los incriminantes ejemplos presentados en CM como si estos legitimaran su postura. Citamos algunos extractos ilustrativos sacados de su «Carta al lector» en *Amparo* de 1598: «Si en las cosas grandes, de mucha importancia y dificultad, se tiene por honra y principio de galardón haberlas intentado y comenzado, justísimamente me puedo dar

programa reformador precisaba poderosos apoyos de los que Alemán no disponía: «semejante negocio requería más acción... mayor poder» y más «caudal». Gracias al favor de Arce, Herrera por otra parte sí que disponía de capacidad ejecutiva. Alemán está matando dos pájaros de un sólo tiro. Por un lado, acusa a Herrera de haber plagiado los tratados de los «doctos varones»; y por otro, de tratar el asunto del amparo de pobres, bajo el ala de su poderoso valedor, como si se tratase de un «negocio» o «alta mercadería» que precisase de un gran «caudal»[31].

por satisfecho y pagado de mucha parte del trabajo y cuidado que en este negocio, tan importante y necesario... he puesto» (AdP [1975], p. 13); «Y aunque la gloria y estima de los negocios, y efetos grandes, es justamente de los primeros inventores dellos, y como tal pudiera pretender lo que se sacare desto, que ha tantos años que se desea ver remediado – pues por historias antiguas y auténticas se sabe, y lo dice Homero, que en el tiempo de los Troyanos se trataba dello –, y que el Rey... habiéndolo considerado... y consultádolo... escogió por medios eficaces, suaves y convenientes para el buen efeto deste negocio los que he propuesto, graciosamente los renuncio como cosa mía, y gusto que se comunique a todos. Y os ruego que, pues ha de ser tan grande... penséis y ayudéis en ello con añadir a lo inventado lo que os pareciere conveniente, cosa menos dificultosa que inventar de nuevo» (AdP [1975], p. 15). En la versión ampliada de su carta y en un párrafo final añadido, concluye Barros que «también es justo» que sean «castigados con gran rigor los inventores de maldades y de cosas feas: porque con esto se acertará a efectuarse negocios importantes, para servicio de Nuestro Señor y bien universal destos reinos». La coincidencia terminológica es aquí deliberada. Barros estaría pidiendo que se castigue al «inventor» de un falso y nocivo programa reformador, Herrera – quien en los preliminares del mismo tratado se autodefinía como el inventor por antonomasia (AdP [1975], pp. 13–16) – para que saneado el terreno se lograra suplantar su impostura con un verdadero programa asistencial.

[31] Herrera habla de la pobreza como de una mercadería que gestionada según su criterio generaría pingües ganancias. Anticipa que a los mendigos legítimos les «sobrará» muy buen dinero con el que harán «muy buenas mandas en vida, y despues de sus dias» en beneficio de las Casas de Albergue, las cuales como herederas universales de los mendigos tendrán «rentas» y se perpetuarán (AdP, fol. 12v.). Al proponer que los pobres de hacienda fueran identificados con «señales», Herrera describía la pobreza en términos ponderativos: «nuestro Señor Jesu Christo la amo mucho y la honro [...] es la pobreza cosa tan divina, que le dio Christo nombre de gran estimación». Este planteamiento le permite asimilar las «señales» de pobres a signos de privilegio como «los abitos de las ordenes de cavalleria» y subrayar las «muchas libertades, privilegios y exempciones» de los pobres (RD, fols. 3r.–v.). Con un toque de ironía de sesgo amplificador, Vallés simula compartir este entusiasmo de Herrera por las presuntas riquezas de la pobreza tan celebradas por el reformador en sus escritos: «No puedo

«QUIEN IGNORA SER LOS POBRES EN TRES MANERAS»

Echando mano de la cartilla elemental de clasificación de pobres y recitándola como si se tratase de una letanía («quien ignora ser los pobres en tres maneras»), Alemán se mofa de las pretensiones de originalidad de Herrera[32], quien presentaba su programa como si se tratase de una creación *ex nihilo*. El atrevimiento de Alemán llega hasta simular que anticipa la reacción de incredulidad de un Herrera presuntamente impactado por el descubrimiento de las mañas de los pobres fingidos reveladas por Alemán en versión propia: «No son burlas,

proseguir mas adelante sin animar a los pobres verdaderos a que sepan estimar el caudal que tienen, y procuren hazer empleo a tiempo, y aprovercharse de la mercaderia que Dios les ha dado entre las manos» (CM, fol. 25v.). Mediante un provocativo empleo de términos mercantiles para describir las ventajas de la pobreza, Vallés está denunciando el sincretismo del discurso de Herrera, quien fusiona los planos terrenal y espiritual haciendo uso adulterado de un lenguaje analógico de tradición evangélica: «Y si les pareciere, que llamar caudal a la pobreza, y mercaderia a la necesidad, es nombre impropio, y sacado de sus quicios; mas impropio es, si bien se mira, llamar (como llaman) bienes los hombres del mundo a sus riquezas: pues no me podran negar, que es mas gruesso mercader, y de mayor caudal el pobre, que en cambio de no tener bienes en este siglo… con su paciencia… espera el cielo, y gozar de su gloria, que es Dios: que no el rico» (CM, fols. 25v.–26r.). Alemán, Vallés y Barros denuncian la explotación de la reforma asistencial a manos de los «fingidos» como Herrera. Barros en su carta decía que en la «esterilidad de la pobreza, y en la amarillez del mismo pobre» se hallaban unas «minas riquissimas» de fácil explotación, «descansada… a nuestra puerta, y casi sin gasto, ni costa», y libres de todo riesgo para el explotador «no con peligro de la vida temporal… no con trabajo de la persona»; minas que Herrera ofrecía a quien apoyase su reforma (Barros, «Carta al lector»). Vallés informa a Herrera de las protéicas artimañas del «demonio», quien «por no aver podido desterrar del todo el uso de dar limosna, ha procurado malear la pobreza, introduziendo entre los mendigos y pobres, maliciosos y fingidos, que quiten a los verdaderos la paciencia porque *Dum superbit impius, inceditur pauper*: y enfrien la caridad de los que hazen limosna» (CM, fols. 12v.–13r.). Para Vallés como para Alemán el «fingido» ensorberbecido («*superbit*») que se infiltra entre los «mendigos y pobres» no es otro que Herrera.

[32] Por otra parte, Alemán en su esquema de división de pobres en «tres maneras» pone asimismo en tela de juicio la propuesta de Herrera, quien dividía a los pobres en dos categorias: «en particular reconozcamos dos generos, unos publicos albergados y señalados: y otros vergonçantes alistados y aprovados por pobres en sus parrochias» (AdP, fol. 24r.).

no son fábulas, no te cuento patrañas ni mentiras»[33]. Pero Alemán no se estaba refiriendo al listado tradicional generalmente adoptado por los tratadistas; a saber, las categorías de pobres verdaderos, pobres fingidos y pobres vergonzantes. Alemán suplanta la nomenclatura consagrada con una nueva división entre los que llama «unos» y «otros», a la que añade un tercer grupo un tanto particular: «pobres de la cámara, de la llave dorada de Dios». Lo que Alemán presenta, aunque con otros términos, como una categorización clásica entre pobres verdaderos y falsos, mirado con detenimiento resulta ser una variante adulteradora de la misma. El sistema clasificatorio presentado por Alemán es tendencioso, cargado de prejuicios estigmatizantes hacia la figura del pobre. En el caso de la pobreza generalmente considerada como verdadera, la de los enfermos e incapacitados, aquí designados displicentemente como «unos», el pobre es sin embargo también presentado como naturalmente predispuesto a la «granjería», aunque se encuentra imposibilitado de llevarla a cabo o de sustentarse por otros medios debido a su total incapacidad física. Queda así inferido que si esta categoria de pobre no práctica la granjeria no es por virtud sino por fuerza mayor. El segundo grupo, el de la pobreza fingida de los aquí designados como los «otros, viciosos y perversos», provoca en Alemán una erupción de candentes acusaciones e improperios que sumen a la figura del pobre en un auténtico estercolero moral: «Estos hijos de ira y de maldición, hijos del pecado, el pecado los trae perdidos y, siendo malos, por ellos pierden los buenos, chupando la substancia de que el pobre se había de sustentar, con que había de crecer y remediarse; adelántanse y consumen la limosna, dejando a los dueños de ella sin substancia y miserables».

En esta versión, «unos» y «otros» son presentados como variantes de una misma categoría, como si ambos grupos entrasen en un mismo saco moral. Pese a la común valoración negativa aplicable a ambos, aparece no obstante una indicación de la existencia entre ellos de los

---

[33] Utilizado varias veces entre narrador e interlocutor en GAI y GAII como expresión de incredulidad frente al descubrimiento de alguna inconcebible pero tristemente auténtica realidad, el termino «burla» invita a un paralelismo entre el ámbito histórico de las cartas y el poético de la novela: «Créeme que te digo verdad y verdades… No son burlas» (GAII, p.185); «No es burla, no encarecimiento ni miento» (GAII, p. 265); «A esto llega la desventura: hacer de las infamias bizarría y honra de las bajezas y de las veras burla» (GAI, p. 334).

denominados como «buenos» («por ellos pierden los buenos»), grupo al parecer auténticamente necesitado, merecedor de ayuda que produce la impresión de haberse deslizado subrepticiamente en un discurso que no le correspondía. Fuera de la intrínseca contradicción que implica el hacer surgir la figura de un pobre verdadero, denominado como «bueno», de un espacio conceptual ocupado por «unos» y «otros» del que la posibilidad de su existencia había sido eliminada de antemano, quizá lo más sorprendente de la exposición resida en que sea el mismo Alemán quien con toda naturalidad revele que ha estado haciendo referencia al discurso reformador de Herrera, que al parecer está glosando. Un inesperado «como dijiste»[34] nos hace recordar que el texto que nos ocupa es una carta destinada al autor del *Amparo de pobres,* cuyos principios reformadores Alemán estaba analizando. Era Herrera en realidad quien en su discurso presentaba al pobre como a un ser sospechoso[35] a quien

[34] La cláusula «como dijiste», y otras similares, aparece con frecuencia en los escritos de Herrera cuando el autor hace repetidas referencias intertextuales a su propio discurso. Ofrezco algunos ejemplos de este uso: «como dixe» (AdP, fol. 7v.); «que digo» (AdP, fol. 20v.); «como se dize en el discurso» (RD, fol. 2r.); «como dixe en su lugar» (RD, fol. 2v.); «como dixe en su lugar» (RD, fol. 4v.); «como dixe en el discurso» (RD, fol. 5r.); «todo lo que tengo dicho y escrito en mis papeles» (RD, «Undecima duda»).

[35] En ciertos sectores de opinión se dudaba a su vez de los propios móviles de Herrera. La opinión pública iniciada ponía en tela de juicio su intención reformadora tal y como él la proclamaba en sus escritos. Vallés le aconseja que por «*Virtutis amore,* mas que por odio de los vagabundos prosiga lo començado» (CM, fol. 38v.). Las sospechas que pesaban sobre Herrera las recoge Vallés cuando le instruye sobre cómo responder a los que cuestionaren su motivación innovadora en materia asistencial, aconsejándole que les aclarase que la diferencia con los «hereges» reformadores con quienes se le pudiese asociar consistía en que él, Herrera, no actuaba para conseguir la «persecucion y extirpacion total de la mendiguez, y de los pobres necesitados» sino para «remedio de los verdaderos pobres, y correcion de los fingidos y vagabundos». La táctica epistolar empleada en su carta indica que Vallés estaba reflejando una realidad. La crítica de hecho ya acusaba a Herrera de actuar como los reformadores «no… Christianos y Catolicos» quienes, añade Vallés, «como el demonio de quien ellos andavan engañados… proponian y tratavan de desterrar los pobres en general, y el uso de la limosna»; acusación de la que el propio Vallés se hace eco no como mero futurible sobre el que estaría poniendo a Herrera en guarda sino como objeción ya vigente que comparte, formula y divulga públicamente por medio de su carta a Herrera publicada en 1603 (CM, fols. 11v.–12v.).

acusaba de fingir su miseria y de optar vocacionalmente por la pobreza como segura vida de ocio[36], abandonando «oficios y labranças que... han dexado por vicio» (RD, fol. 11v.). Sin tener al parecer conciencia de la contradicción, Herrera había reseñado asimismo que los pobres morían «sin sacramentos por las calles y portales»[37], sin por ello sentirse

[36] «esta gente por ser tanta, y andar tan sucia, por su culpa y vicio, como dixe, e industria, al frio y al sol, y mantenerse por ahorrar, o por no trabajar algunos de mantenimientos muy dañosos» (AdP, fol. 7v.).

[37] AdP, fol. 19v. Acusando a los pobres de «un pecado de codicia tan insaciable, que no gastando casi nada, juntan mucho dinero», reseñaba Herrera que se habían «hallado dineros hartos en la pobre ropa de muchos que se mueren por los portales de las casas y calles, que parecia no tener un maravedi que casi son homicidas de si propios, de cuya salvación se puede tener sospecha, pues pudieran procurar conservar sus vidas por mas tiempo» (AdP, fol. 4v.). Barros parodia este análisis de Herrera cuando celebrando la salud como el mayor de los bienes, «porque faltando la salud, todos los otros bienes de la tierra se tienen por acessorios», subraya la parcialidad de su prejuicio en contra del pobre: «la qual [salud] con ser de todos tan amada, parece, que de solos los pobres fingidos es aborrecida, pues con perjuyzio de la republica, la venden por vilisimos precios, y se salen con ello a pesar de los que goviernan... parte... por el mucho estudio que ellos mismos ponen en parecer pobres [...] Y tanto hazen por parecer enfermos, que lo vienen a ser, y aun a morir por las calles. Y lo peor es, que mueren a solas, sin prevención en la vida, y sin ayuda en la muerte [...] por su sola voluntad... porque con la cautela de su avaricia, a todos los que podian ser sus amigos, tienen por sospechosos: y de los que se avian de ayudar, se recatan: y asi quedan solos». Barros prosigue desarrollando en negro *tableau* el abandono y vulnerabilidad del pobre que en nadie puede confiar y vive temeroso de los abusos de los falsos reformadores de la asistencia. Barros enlaza esta implícita acusación con una hiperbólica alabanza del «Doctor Christoval Perez de Herrera», a quien presenta como nuevo salvador del pobre pues «todos estos descuydos y cuydados dessea reparar». Actuando como abogado del diablo, Barros rechaza la objeciones en contra de Herrera («no como algunos piensan») con palabras que le permiten dar a conocer la existencia de la oposición, hacerse eco de sus acusaciones y apuntar con el dedo al responsable de la situación. Frente a los ataques contra el programa reformador, Barros celebra con sorna «el zelo de nuestro autor» y concluye declarando con sarcasmo que éste «gime como la leona, persuadiendo al Rey... y a sus ministros» de la necesidad imperativa de recoger forzosomente a «los que se llaman pobres: porque segun las leyes de su embidia, estando juntos los unos, seran fiscales de los otros, y todos remediados». El «gemido» del pobre, expresión que Barros utiliza como manifestación de su dolor y de llamada a la compasión, y el feroz rugido de la fiera asociado con la actuación de Herrera, crean un contraste analógico que revela el espíritu punitivo que impulsaba la reforma propugnada por Herrera y que éste disimulaba presentándolo como

obligado a revisar su postura y dar cabida a la noción de autenticidad en las manifestaciones de pobreza presentadas por los pobres. Frente a una situación verdaderamente dantesca de compleja etiología, el análisis de Herrera se revelaba como trivial e inadecuado. Herrera acusaba a los mendigos denominados falsos, quienes según su criterio de selección constituían casi la totalidad de los menesterosos, de usurpar y robar la limosna destinada a los pobres verdaderos, haciéndolos responsables de la miseria de los auténticos necesitados[38]: «porque esta gente ociosa, fingiendo ser pobres, nos llevan y usurpan lo que tenemos, y quitan la limosna a los verdaderos pobres, como esta dicho»[39]. En realidad el problema se situaba en otro registro. Por motivos mercenarios, Herrera intentaba presentar como un programa caritativo de amparo al necesitado lo que en realidad era un programa falto de compasión. Por ello y por la gravedad de su nivel de responsabilidad en la gestión fraudulenta de una crisis humanitaria, Alemán en su *primera carta* obliga al propio Herrera a afrontar la enormidad de su impostura. Impostura ésta de tal calibre que de puro increíble parecía cosa de humor, pero que correspondía a una realidad que Alemán en su descarnada interpretación epistolar estaba desvelando: «No son burlas...»[40].

suplicante y conmovedor ruego en defensa del pobre; impostura que Barros denuncia en su «Carta al lector» (1598) describiéndolo asimismo en términos de gemido.

[38] Como resultado de su riguroso criterio de selección, el apelativo de pobre verdadero pasaba a ser un mero referente nocional desprovisto de realidad concreta, excepto como grupo simbólico. El esquema maniqueo de Herrera, con batallones de pobres fingidos que usurpaban la limosna de un puñadito de verdaderos, unido a la desproporción numérica entre estas dos categorías, obliga a plantear la pregunta sobre quién y cómo robaba y se lucraba a expensas de la limosna de quién.

[39] AdP, fol. 20r. En su AdP [1975], Herrera les llamará «usurpadores de la limosna de los otros... ladrones de la caridad y limosna cristiana» (AdP [1975], «Carta al lector»).

[40] En su «Carta al lector» Barros recoge en paródico resumen la esencia ético-conceptual del discurso de Herrera y denuncia el engaño oculto bajo las falsas apariencias de su programa asistencial. Barros declara que Herrera había persuadido con sus gemidos de leona «al Rey... y a sus ministros» para que «se hagan albergues en todo el reino, donde forçosamente sean recogidos, los que se llaman pobres». En la versión ampliada de la citada carta, incluída como parte del discurso octavo del AdP 1598, Barros elabora sobre el tema y añade: «llamarse ha esta casa el Palacio del Desengaño, y serlo ha, por el oficio de los censores que en ella ha de haber».

«COMO DIJISTE» *versus* «COMO LO DIGO»

Mas allá de la categorización de «unos» y «otros», que expresaba el espíritu del discurso de Herrera, existía para Alemán otra visión del asunto, reflejo de una realidad de auténticos «impedidos, enfermos» sin salud para madrugar y a quienes la lesión no dejaba andar. En la carta estos auténticos pobres aparecen como víctimas de la actuación no ya de los pobres fingidos como grupo sino de lo que es presentado como un ente individual. En esta reelaboración del concepto de pobres verdaderos en contraposición a pobres fingidos, Alemán ha introducido una variante mediante el deslizamiento de una noción plural a una singularidad causal, apuntando con ello a las consecuencias de la actuación de un sólo individuo, Herrera, para con los pobres como colectivo.

En la reelaboración del sistema de clasificación de los pobres que Alemán ofrece en su primera carta se observa un punto de inflexión a partir del cual se opera un cambio de registro. Alemán desplaza su punto de mira desde la figura del falso pobre genérico para dirigirlo hacia una figura concreta, la del propio Herrera, quien a su vez queda

Barros está sugiriendo que el engaño no residía en los pobres sino en los censores de la pobreza, quienes disimulaban sus ambiciones de medro cortesano bajo el disfraz de veladores de la moral de los necesitados. En un esquema que podría ser expresado como palacio *versus* albergue, Barros presagia que el engaño de los censores quedaría al descubierto en el desempeño de sus actividades dentro del marco del funcionamiento de los albergues. Dado el desprestigio en el que parecían haber caído, o por lo menos estar cayendo, el programa reformador y sus autores, el pronóstico de Barros podría incluso estar aludiendo no ya a un futuro sino a un presente, el presente del propio AdP en el que lo fingido estaba siendo desenmascarado desde las mismas entrañas del discurso; sin ir más lejos, desde su propia carta en él incluída. Teniendo en cuenta este contexto, se puede sugerir que Barros eligió la expresión «Palacio del Desengaño» por su proximidad evocativa a la expresión «palacio encantado», en su sentido de «casa donde, llamando mucho, no responden» (DA, s.v. «palacio»). Ello no sólo en alusión a la falta de vocación caritativa de los censores que hacían oídos sordos a la llamada del pobre, sino asimismo en referencia al hecho de que con toda probabilidad se preveía que el Albergue de Madrid estaba abocado al fracaso y no conseguiría ni abrir sus puertas. En la misma vena satírica debe de ser leído el soneto que López de Enciso dedica al Doctor Pérez de Herrera y que encabeza el «discurso tercero» del AdP 1598, en el que la palabra «albergue», utilizada en sentido figurativo, ilustra la superfluidad de la reforma de Herrera y su concepto de albergues: «De inmortales renombres eres dino, pues alberga tu ingenio tantos pobres, que al cielo imitas, y a lo humano sobras».

tipológicamente clasificado como el falso abogado del pobre. Mediante una substitución de orden conceptual, Alemán suplanta la figura del falso mendigo acusado por Herrera por la del mismo Herrera, a quien acusa de ser el auténtico usurpador de la limosna del pobre verdadero. El culpable que se adelanta, «el que más madruga y primero se levanta y mejor importuna», es presentado como una figura singularizada, sugerente de un tipo de arribista sin escrúpulos, persistente y calculador que, aprovechándose de la debilidad ajena, explotaba sus dotes de persuasión para adelantarse y presentarse en todo como el primero y máximo exponente en su línea; semblanza esta más en consonancia con la figura concreta de un consumado cortesano en el arte de solicitar[41] que con la figura genérica y multitudinaria de los llamados falsos mendigos[42], caracterizados oficialmente por su indisciplinada vagancia y carencia de capacidad de seducción[43]. En la primera carta, el esbozo del oportunista que había logrado aventajarse a los más débiles apunta a la actuación de Herrera[44] tanto respecto al propio Alemán como al

[41] Alemán lamenta que los pobres «impedidos, enfermos» hubiesen perdido su derecho a pedir limosna como consecuencia de la actuación del fingido solicitador que se les había adelantado usurpando su lugar. El término «solicitar» es indicativo del citado cambio de registro. Si se hubiese tratado de la limosna tradicional la expresión natural no hubiese sido «solicitar» sino pedir la limosna.

[42] La figura del pobre no inválido que recibe limosna antes que el pobre impedido ha sido exonerada en GAI en un episodio que tiene lugar en el zaguán de la casa del cardenal. Guzmanillo, aterido de frio y hambriento después de una noche pasada en el zaguán, recibe a primeras horas de la mañana una generosa limosna, que él no ha mendigado, de un caballero para quien el niño era el primer pobre del día; limosna de la que sin embargo no disfruta pensando que la usurpa por estar destinada a los pobres verdaderos. Guzmanillo parece haber interiorizado aquí la doctrina reformadora sobre los pobres no-inválidos que para Herrera eran pobres falsos. En este episodio Alemán denuncia un sistema que, no satisfecho con la condena terrenal del pobre, le condenaba además a pena eterna al inculcarle un indebido sentido de culpa por recibir la limosna de los inválidos. Para Alemán válidos e inválidos comparten el común denominador de la pobreza, auténtica en ambas categorías.

[43] Regularmente descritos como haraganes, desaliñados, malolientes y con frecuencia como contagiosos.

[44] En el asunto de la reforma asistencial Herrera se había destacado por su «precibus», uno de los rasgos con los que queda inmortalizado en la lámina fundacional del Albergue de Madrid (AdP [1975], p. 238). En su «Carta al lector», Barros parodia

pobre desvalido, con cuya circunstancia y causa nuestro autor quedaría identificado en su segunda carta.

El primer párrafo de la primera carta ofrece dos discursos superpuestos y entrelazados sobre un mismo asunto: la vision de Herrera («como dijiste») y la de Alemán («bien sabes que es así como lo digo». Entre los dos discursos existe sin embargo una gran diferencia de perspectiva. En el primero todos los pobres, «unos» y «otros», parecen compartir un mismo espacio, fagocitando y «chupando la substancia» de la emblemática figura del pobre[45]. En el segundo, el que expresa el sentir de Alemán, es un ente individual con rasgos superlativos el que arrasa con todo: «llévala [la limosna] el que más madruga y primero se levanta y mejor importuna», dejando a los «impedidos, enfermos» sin la ayuda que les era debida. Si ambos discursos expresaran una misma interpretación del asunto, Alemán no tenía porqué haberse justificado al respecto. Lo que es más y puesto que se estaba dirigiendo a un experto en la materia, la justificación de Alemán se hace incomprensible a un primer nivel de lectura, en el que sus explicaciones sobran. Desde su primer párrafo Alemán deja constancia de que está tratando de dos discursos nítidamente diferenciados. Consciente quizá de la dificultad interpretativa planteada por el registro semántico de su obra, en su «Elogio» a la *Vida del Padre Maestro Ignacio de Loyola* (1609) de Belmonte Bermúdez y en el marco de una reflexión sobre la relación entre verdad y mentira y sus diversas permutaciones, Alemán proporciona en retrospectiva al lector la principal clave de lectura de la misma. Revela lo que en su obra es una fórmula constante, presente ya en el primer párrafo de su primera carta a Herrera. Se trata de una fórmula narrativa con fines acusatorios, que consiste en incorporar de manera orgánica «las mentiras ajenas, que quisieron sus dueños acreditar por verdades» dentro de la propia obra, haciéndose con ello «eco de sus vozes… sombra de su cuerpo». Esta modalidad literaria, que suscita un espejismo identitario entre ambas partes, no tiene como propósito celebrar la mentira del modelo temático reproducido, sino todo lo contrario; su meta es denunciar su impostura. Ello se consigue tomando una indispensable precaución,

este rasgo de Herrera cuando lo compara a los gemidos de una leona.

[45] Anuncio de la figura exangüe con la que el propio Alemán se identificará en su segunda carta a Herrera: «ya sabes mi flaca substancia».

anterior o posteriormente declarada, denominada por Alemán como un «antidoto» y que consiste en identificar claramente al falsario «diziendo, a fulano doi por autor». Por medio del este ardid, el autor queda denunciado desde el seno mismo de su propia mentira, como si se tratase de un espejo ventrilocuo; mientras que nuestro autor Alemán, defensor de la verdad, se ha limitado a hacer veces de fiel traslado de los «falsos orijinales» de su modelo, no ha quedado mancillado por la mentira ajena y ha conseguido matar dos pájaros de un tiro: «de manera que diziendo yo mi verdad cito a quien dijo mentira i la mentira misma». Alemán, pues de él se trata, nos ha proporcionado el talismán que da acceso a la arquitectura y medula de su obra, en la que Herrera y su AdP, su «falso orijinal», han quedado orgánicamente incorporados. En su primera carta a Herrera, Alemán se había en efecto ya provisto del antídoto cuando contrapone el «como dijiste» a su «como digo».

«UN CUERPO INFICIONA UNA CASA, UNA CASA UN BARRIO Y UN BARRIO TODO UN PUEBLO»

Manteniéndose en la misma línea, Alemán prosigue su examen enfocando más de cerca el ámbito de actuación de Herrera. Como consecuencia directa de su proceder como falso intercesor del pobre, la crisis humanitaria que afectaba al mundo de la pobreza amenazaba con tomar proporciones pandémicas. Partiendo también de una singularidad, Alemán establece una relación entre contaminación patológia y contaminación ideológica, situando su punto de confluencia en la evocación de la figura del reformador Herrera, autodeclarado médico de cuerpos y almas. Al analizar el proceso de propagación de la pobreza como epidemia que asolaba al reino, Alemán se hace eco de la teoría de Mercado que explicaba el proceso de contagio biológico a partir de un individuo contaminado. En su carta Alemán pretende estar simplemente comentando con el reformador máximo, Herrera, que además era médico, un concepto de propagación infecciosa que ambos podían haber aceptado como válido. Aunque no lo nombra directamente, su exposición evoca la figura de Vives, quien en su *De subventione pauperum* (1526) ya explicaba «el peligro común del contagio de las enfermedades»; proceso cuya etiología con frecuencia podía ser localizada a partir de un ente individual: «¿Cuántas veces vemos que un solo individuo introdujo en la ciudad una cruel y grande dolencia que ocasionó la muerte de muchos, como peste, morbo gálico y otras epidemias semejantes?»[46]. Sin embargo Herrera, aunque gran emulador de Vives[47], había encubierto en su discurso aquellas pistas que pudiesen relacionarle con el seminal tratado del exiliado reformador ya que éste era tenido por hereje. Herrera se esmeraba en distanciarse de Vives en el tema del contagio pestilente, tópico que hubiese podido revelar demasiado claramente su dependencia del valenciano en oposición al cual presentaba la «corrupción [y] coinquinación del aire» como la principal vía de propagación infecciosa[48]. Por otra parte ambos autores acusan a los mendigos pordioseros de ser causantes de la propagación infecciosa en parejos y virulentos términos. Vives los describe «en la misma celebración del sacrificio de la Misa» abriéndose paso «a través de las más apiñadas multitudes con sus llagas repugnantes, con el hedor nauseabundo que exhala todo su cuerpo. Tan grande es su egoísmo y el desprecio que sienten por la ciudad es tan agudo, que no se les da nada de comunicar a los otros la virulencia de su enfermedad, no habiendo casi ningún género de mal que no tenga su contagio»[49]. Por su parte, Herrera se refiere a «esta gente… tan sucia, por su culpa y vicio, como dixe» que «por ahorrar, o por no trabajar» se sustenta de «mantenimientos … malos y podridos que se desechan de las casas … la qual corrupcion y hediondez, saliendo en sus alientos y sudores sucios y de las llagas corrompidas por su invención y culpa … alteran

[46] J. L. Vives, *De subventione*, lib. 2, cap. 1: «Cuánto convenga al gobernador de la ciudad tener cuidado de los pobres».

[47] La lectura que Herrera hacía de Vives era selectiva y tendenciosa. Retiene la dimensión de rigor hacia el pobre ocioso pero omite toda mención de la otra vertiente en la argumentación de Vives, quien enjuiciaba al rico egoísta, derrochador e indolente con la misma o incluso mayor severidad: «en resumen, ladrón es todo aquel que no hace a los pobres particioneros de lo que le sobra, y si no le alcanza el castigo de las leyes humanas, algunas de las cuales las hay punitivas, con toda certidumbre no evitará el castigo de las leyes de Dios» (J. L. Vives, *De subventione*, lib.1, cap. 9: «Que lo que da Dios a cada uno no se lo da para él sólo».

[48] Repetido en el mismo párrafo como «la qual corrupción y hediondez, saliendo en sus alientos… alteran y corrompen al ayre» (AdP, fol. 7v.).

[49] J. L. Vives, *De subventione*, lib. 1, cap. 5. Este capítulo trata de las causas por las que algunos se apartan de hacer el bien.

y corrompen el ayre ... engendrando tabardillos, y a vezes pestes [...]
Y tengo por cierto, que la gente delicada y regalada, que estan en las
Iglesias en apreturas cerca dellos, enferman viniendo a sus casas con
grandes tabardillos ... de que mueren de algunos años a esta parte
mucha gente» (AdP, fol. 7v.)[50].

En su primera carta, Alemán no sólo exhuma y revela la filiación
ideológica que Herrera intentaba ocultar sino que se la impone,
presentándosela por escrito como prueba incontrovertible de su fuente
de inspiración. Partiendo de la imagen de un cuerpo infectado, Alemán
adapta la imagen de Vives a una situación vital que Herrera podía
reconocer. Crea un cuadro emblemático, visualmente impactante, en el
que la figura del pobre genérico quedaba substituída por la evocación de
la figura concreta de un corruptor moral, no nombrado pero reconocible
como Herrera, causante de la «epidemia» que asolaba al reino. Alemán
está aludiendo a la propagación de un discurso contaminado que
atentaba contra la fibra ética de la nación, comprometiendo así la
esperanza de encontrar una auténtica propuesta de remedio contra la
crisis. El cuadro sugiere la figura de un Alemán apuntando con su índice
en dirección de una casa concreta, foco de infección que amenazaba al
reino; casa ubicada en la calle Preciados, en el barrio de San Martín,
en la que se había instalado Herrera a su llegada a Madrid. Casa ésta
de donde arrancaba la raíz de un mal moral que Alemán describe,
analógicamente, como un proceso pandémico, evocativo de la epidemia
de peste que por aquel entonces cundía por el reino: «un cuerpo inficiona
una casa, una casa un barrio y un barrio todo un pueblo»[51]. Por medio
de una sutil concatenación léxica Alemán consigue expresar un cambio
de registro semántico que le permite pasar de un plano físico a un plano
moral: «de la putrefacción salió la corrupción»; como si la figura del
reformador fingido y corrupto hubiese surgido del proceso mismo
de descomposición que afligía al pobre mediante un metabolismo de
podredumbre que «inficionaba» al propio reformador[52].

[50] En este apartado del AdP tan cercano a su fuente de inspiración, Herrera evita la
utilización de la palabra «contagio», nuclear al discurso de Vives.

[51] «Inficionar. En el sentido moral, es imbuir de malas opiniones, o malas doctrinas,
o inducir a mal» (DA, s. v. «inficionar»).

[52] Por otra parte, el primer protomédico doctor Mercado publicaba en 1599 en

«FUE PERMISIÓN DE DIOS, CAUSADA DE NUESTRA NEGLIGENCIA … QUE DE NADA SE HAGA UN ALGO»

El que Herrera hubiera tomado la delantera como reformador cogió por sorpresa al grupo de San Martín. Habían pecado de inadvertencia y no habían reparado en el peligro que representaba el neófito, a su juicio un ser anodino que por inocuo no fue objeto de su debida atención. Alemán lamenta el descuido colectivo y deplora la magnitud de sus consecuencias: «Fue permisión de Dios, causada de nuestra negligencia, por no acudir a lo importante con cuidado, que de nada se haga un algo (contra toda filosofía natural) y deste algo un mucho que atribule un reino entero»[53]. La acción del agente patógeno, designado como «un cuerpo», produjo en el Reino una aflicción no tanto física cuanto anímico-existencial que Alemán describe como tribulación[54]. En lo que toca a la responsabilidad colectiva, Alemán está parodiando a Herrera, quien había achacado el fracaso de los anteriores intentos de reforma al

---

lengua vulgar su tratado sobre la peste como instrumento de combate a escala nacional en contra de la propagación de la epidemia que entonces asolaba al Reino. Uno de los mayores obstáculos con los que se enfrentaba Mercado era erradicar la teoría todavía aceptada por un sector del cuerpo médico según la cual la pestilencia no era directamente contagiosa. En este punto la postura de Herrera parece haber sido un tanto confusa. En su AdP de 1595, indicaba por una parte que el «ayre» era el principal vehículo de transmisión mientras que por otra decía que «mezclar y juntar sanos con enfermos» haría que los pobres recogidos se «contaminarian unos con otros». Herrea intervino en la campaña sanitaria contra la peste con la publicación de un breve tratado en latín en el que expresaba sus dudas respecto a las medidas terapéuticas propuestas por la cúpula médica encargada del asunto. En este tratado no tocaba en absoluto el tema del contagio, aspecto central de la lucha contra la epidemia.

[53] Vallés vitupera a quienes se ensoberbecen por el mero hecho de verse puestos «en algo», en algún pequeño cargo (CM, fol. 30v.). En su «Carta al Lector», Barros evoca las asombrosas e inmerecidas subidas de algunos, al parecer dotados de escasas luces, en los siguientes términos: «el que ayer por la baxeza de sus pensamientos era pobre abatido poniendolos mañana en cosas grandes, puede venir a ser rico y estimado, como muchas veces se ha visto». Es probable que Vallés y Barros, al igual que Alemán, tuvieran en mente el fulminante e inmerecido ascenso de Herrera, a quien los tres tenían por persona de poco peso.

[54] Véase Apéndice II.

«descuydo, o negligencia de los que començaron la execucion dello»[55]; reproche que en el *Amparo de pobres*, aunque no es explícitamente nombrado, parecía ir dirigido al proceso de ejecución del programa de Giginta que, como se ha indicado, fue interrumpido c.1588 como consecuencia de la inesperada desaparición del canónigo rosillonés. Sin embargo, Alemán se está específicamente refiriendo en su carta a la conducta predatoria de Herrera quien, habiendo logrado infiltrarse en el grupo de San Martín, había robado y adulterado sus ideas sobre la reactivación de un programa revisado, aunque dentro de la línea del de Giginta. Lo que Alemán deja claro es que Herrera no formaba parte del grupo tanto desde un prisma ideológico como afectivo. Herrera se presentaba por su parte como alguien que, habiéndose percatado de los errores pasados, había cambiado de dirección para no errar[56]. A la luz de las declaraciones de cambio de rumbo reiteradas por Herrera en su *Amparo de pobres*, cuando Alemán en su primera carta confiesa formar parte del grupo que actuó con «negligencia», está admitiendo ser uno de aquellos pioneros que habían comenzado a retomar la reelaboración de un programa reformador en el espíritu Giginta, vía que su corresponsal no compartía ni en la que tampoco encajaba[57]; de donde se infiere que

---

[55] AdP, fol. 3v. En su «Carta al lector», Barros recoge la indirecta y se la devuelve con una réplica irónica. Presenta a Herrera corrector con sus «gemidos» de una situación lastimosa, achacable a la ineficacia de sus predecesores en la materia: («por el poco cuydado que con ellos [pobres falsos] se tiene») entre los que como intelectual comprometido en la reforma asistencial se encontraba el propio Barros. Barros no está describiendo aquí su versión de la misión de Herrera sino la que el propio Herrera daba de su prodigiosa intervención en el ámbito reformador.

[56] Herrera se vanagloriaba de haber conseguido lo hasta entonces nunca logrado: «aver hallado la traça que convenia» y haber «visto los inconvenientes en que reparó y erró lo passado» (AdP, fol. 3v.). Mas que como deseo, Herrera proyecta el «no errar» como imperativo para poder alcanzar en la ejecución del proyecto aquella perfección que presúntamente había conseguido a nivel teórico en sus discursos. El soneto de Lope de Vega al «Discurso Segundo» del AdP de 1598, debe de ser leído como parodia de la autodeclarada infalibilidad de Herrera: «Que así acertase Herrera, ¿a quién no espanta? [...] Ni se podrá decir que ha errado Herrera». Adelantamos aquí que una de las autoconfesadas constantes en la psique del pícaro era el miedo a errar: «imposible parecía no errar. Mas con el grande cuidado que siempre tuve, procuré acertar» (GAII, p. 519).

[57] En el barrio de San Martín ya se contaba para 1594 con un programa en activo

Herrera quedaba excluído del posesivo cuando Aleman se lamentaba de «nuestra negligencia».

«NO SON BURLAS, NO SON FABULAS, NO TE CUENTO PATRAÑAS NI MENTIRAS. BIEN SABES QUE ES ASÍ COMO LO DIGO»

El lector debe tener presente que en la primera carta, tras una apariencia de simbiótica armonía, se reflejan dos campos enfrentados: uno, del que Alemán es representante y portavoz por convicción ideológica; y otro, que representa la voz de Herrera y de su valedor Arce, nunca directamente nombrado; voz que Alemán reproduce y a la que asimismo sirve de intérprete. Los dos campos representan posturas encontradas sobre un mismo asunto. En el párrafo introductorio de la carta, Alemán ha dejado establecido que la categorización genérica de pobres presentada por Herrera en su discurso y la suya propia no son coincidentes. En su análisis, la actuación del arribista que utiliza sus habilidades para recaudar limosna como medio de medro personal es sugerente de las sospechas que pesaban sobre la actividad asistencial de Herrera. En la carta que le dirige, Francisco de Vallés recoge los rumores de la opinión pública y advierte a Herrera al respecto, en voz propia y como portador de un sector de opinión: «Y si con essas obras pretendiesse alguno alcançar honras, y ser rico de bienes de la tierra, no avria a quien con razon no pareciesse nueva manera, y traza extraordinaria de ambicion,

de asistencia a los vergonzantes y se inauguraba el Hospital de la Concepción de Nuestra Señora: «El Hospital se fundó para pobres de la Parroquia, que la dividieron en cinco quarteles, por ser numerosa y grande. Visitan los nombrados por su junta cada semana dos vezes los pobres vergonçantes. Si tienen noticia que estan dolientes, los consuelan, dan Medico, Cirujano, barbero y botica. [...] Para otra suerte de pobres tienen una enfermeria donde son curados con regalo. Si la enfermedad es contagiosa, tiene camas en el Hospital de Antón Martin, que le dan un tanto cada dia, y los visitan los Diputados. El primer año que se platicò esta obra se curaron 670 personas, y se dieron diez y ocho mil raciones, y se gastaron muchos ducados sin tener un real de renta. Esto es con los enfermos del cuerpo; tambien ay medicinas para el enfermo del alma». El Albergue de Pobres de Madrid, obra de Arce y Herrera, inaugurado el 8 de septiembre de 1596, fue dedicado a «nuestra Señora del Mysterio de la Anunciacion». Por ello era también conocido como «Hospital de la Anunciación» (Gil Gonçález Davila, *Teatro de las grandezas*, pp. 304–305).

y echarian de ver, que con cubierta y capa de caridad andan buscando, *Non quae Jesu Christi, sed quae sua sunt.*» (CM, fols. 35v.–36r.). Es en el marco de este amplio contexto donde adquiere su sentido la insistente auto-justificación de Alemán: «No son burlas... Bien sabes que es así como lo digo». Lo que Alemán está recalcando es que conoce las estratagemas de Herrera y las puede retratar de forma reconocible. En su reiteración, Alemán se está adelantando a la previsible reacción de Herrera, quien negará sin duda las acusaciones: «No son burlas, no son fábulas, no te cuento patrañas ni mentiras». Aunque parece asunto de mentira o engaño jocoso, Alemán no está sino diciéndo la verdad a su corresponsal, a quien también le está anunciando, quizá por encima de todo, la llegada de la «primera parte del pícaro», donde bajo apariencia de fabulación le está contando una historia verdadera, que su corresponsal podrá sin duda reconocer.

Aunque Herrera doraba la pildora en sus *Repuestas,* importa tener presente que la oposición era muy fuerte y que tanto su persona como su programa eran objeto de escarnio. Así lo consigna Vallés, quien recibía su información directamente del propio Herrera[58]. Como se ha venido indicando, la táctica de Vallés consistía en presentar como futurible algo que era ya una realidad: «Y assi si de su obra de V.m. huviere burladores...». Como si se estuviese dirigiendo a un devoto penitente, Vallés lleva el asunto a sus últimas consecuencias recomendando a Herrera, como ejercicio de búsqueda de una auténtica humildad de corazón, el «tratar con los que mal dixessen de sus discursos [manteniéndose] callado: y para mas merecer, no consintiendo que diga nadie mal de los que le persiguieren». Vallés prosigue la frase dejando caer una valiosa precisión sobre el auténtico nivel de oposición al que ya se enfrentaba Herrera como realidad vivida: «pues en las obras lo fue tanto». Le recomienda seguir el ejemplo del rey David quien no dudó en ponerse «a vista de todo el pueblo... tañendo y dançando delante del Arca del Testamento» exponiéndose a ser burlado y tomado por «truhán» a fín de celebrar la gloria de Dios. Situándolo en la línea de David[59], Vallés propone a Herrera la gozosa celebración de una burla que presenta como deseable: «seria... mucha dicha, si acaso fuesse burlado, y tenido V.m. por truhan y

---

[58]   CM, fols.10r.–11r.

[59]   Quizá como velada alusión a los sospechados orígenes judíos de Herrera.

loco en opinion de los hombres, por amor de Dios»[60]. Incluso teniendo
en cuenta que se trataba del consejo de un sacerdote ofrecido en el marco
de una situación confidencial de tipo confesional, la recomendación de
Vallés a Herrera se presenta como extremada e irrealizable. El mismo
Vallés parece reconocer lo inalcanzable de su consejo cuando lo describe
como «una tan heroica» (CM, fol. 31v.) obra. La recomendación de
Vallés a Herrera no puede ser tomada al pie de la letra. No sólo por
lo que tiene de absurda sino por lo que además tiene de, diríamos,
impúdica o transgresiva dentro del citado implícito código. Conviene
reparar en que se trataba de la contestación a una consulta privada de
Herrera a Vallés escrita en 1597 que éste había decidido hacer pública
cuando la carta salió impresa en 1603[61]. La carta de Vallés a Herrera
debe de ser leída en un registro paródico[62]. Lo que Vallés está exigiendo
de Herrera, al parecer como la cosa más natural, es ni más ni menos la
aplicación literal de la noción de pobreza de espíritu, pobreza perfecta
que Herrera, por su parte, exigía con la mayor naturalidad de todo
pobre de hacienda que aspirase a ser reconocido como pobre verdadero.
Vallés está denunciando públicamente la inhumanidad del programa de
Herrera, quien con una liviandad abrumadora exigía actos de heroísmo
por parte del pobre. Esta vía de perfección recomendada por Vallés
a Herrera suponía no sólo el perdón del enemigo sino que pretendía
además la gozosa celebración por parte de la víctima de su propia burla[63].

---

[60] CM, fols. 31v.–32r. Existe coincidencia entre las burlas de las que era objeto el
pícaro, tenido por «truhán chocarrero» (GAI, p. 465) y las que Vallés presagiaba para
Herrera (CM, fols. 31v.–32r.). También San Antonio fue repetidamente objeto de las
más crudas burlas, como queda copiosamente recogido en AP (fols. 297v.–302v.);
dato indicativo quizá de que en los tres casos se estuviese aludiendo a un mismo
individuo.

[61] Dado su contexto, sesgo y formato, es posible que, como iba a ocurrir con las de
Alemán, la carta de Vallés a Herrera hubiese ya circulado desde el momento de su
redacción entre círculos selectos de manera más o menos clandestina.

[62] Vallés era sacerdote. De no haber sido escrita en esta vena, la carta podría haber
sido tachada de sacrílega ya que divulgaba información que, a decir del propio Vallés,
le había sido comunicada por Herrera en la intimidad de una correspondencia privada
(«respondiendo a una carta que le escrivio [Herrera] cerca del amparo y reformación,
que trata de los pobres mendigos»), lo que le otorga un carácter casi sacramental.

[63] En el caso de Herrera los «burladores» eran aquellos críticos, entre los que se

«HAY OTROS POBRES DE LA CÁMARA, DE LA LLAVE DORADA DE DIOS… A QUIEN AVENTAJÓ EN SU CASA Y CORTE, CON QUIEN FAMILIARMENTE SE TRATA Y COMUNICA; ESTOS SON LOS DE ESPÍRITU»

El mayor error en la nomenclatura de Herrera era la asimilación conceptual de dos registros diferenciados de pobreza: la del cuerpo y la del espíritu. Herrera no limitaba la fusión de estos dos aspectos a casos y seres de excepción que hubiesen optado voluntariamente por el ascetismo corporal como vía para alcanzar la pobreza de espíritu. Herrera exigía que todos los pobres de hacienda «fueren virtuosos y verdaderos pobres de espiritu y cuerpo»[64]. Mas que en la reforma, su misión consistiría en realizar la metamorfosis del pobre, denominado fingido según sus parámetros clasificatorios, en pobre de espiritu[65]; descabellada misión cuyo acatamiento exigía como condición *sine qua non* de todo aquel que aspirase a ser incluído en la categoría de pobre verdadero, y que proponía como panacea para solucionar los males del reino. Alemán señala la confusión de Herrera dedicando a la pobreza de espíritu, o tercera categoría en su propia clasificación, un apartado independiente en su primera carta para indicar con ello que, contrariamente a lo que Herrera pensaba, se trataba de un concepto diferenciado de la pobreza de hacienda, tratada en el apartado anterior[66]. Habiendo establecido

contaban Alemán y el propio Vallés, que atacaban su obra y a quienes tachaba de adolecer de «amor propio» y de actuar movidos por el «odio», la «embidia» y la «mala voluntad» (OVM, fols. 9v.–10r.). Se puede sospechar que la exhortación de Vallés a la clemencia heroica había sido bien calibrada para contrarrestar una previsible reacción violenta de Herrera hacia sus escritos. El acoso al que Alemán estaba sometido por parte de su enemigo, y que el mismo denuncia en su segunda carta, debe de ser tomado como traslación de la conducta de Herrera hacia su persona.

[64] RD, fol. 2v.

[65] Quizá por ello se presentaba Herrera como médico de almas en primer lugar, y de cuerpos en segundo. Reseña como «primero, y mayor inconveniente» el que en el Reino hubiere gran número de personas que «ni confiessan, ni comulgan, ni oyen Missa, ni creo saben la dotrina Christiana, y con achaque de pedir limosna, y que son pobres, deven de comer carne en los días prohibidos por la Iglesia, sin licencia de medicos espirituales ni corporales» (AdP, fols. 3v.–4r.).

[66] Vallés denuncia asimismo la confusión conceptual de Herrera mediante una

sus propios parámetros, Alemán prosigue parodiando la adulteración conceptual de Herrera. Para ello ubica el análisis de aquéllos que llama «los de espíritu», presentados como los aventajados de «su casa y corte», los «de la cámara, de la llave dorada de Dios», en un marco en el que corte palaciega y corte celestial quedan confundidas[67]. Por medio de esta técnica de acercamiento e intercambiabilidad entre el plano terrenal y el plano celestial, Alemán consigue hacer destacar que la categoría de los aquí designados como «los de espíritu, pobres ricos y ricos pobres» representa un concepto independiente y diferenciado del generalmente entendido como el de los «pobres de espíritu». Al acometer este nuevo párrafo, el lector ha quedado por lo tanto ya prevenido de que se trata de una definición que invita a reflexión, no aplicable o reducible a la auténtica pobreza de espíritu voluntaria que un primer registro de lectura parece sugerir. Dado su contexto y en un segundo nivel de lectura de registro paródico, la expresión «los de espíritu» es una fórmula definitoria que se presta a manipulación y falseamiento. Es una variante léxico-conceptual que sugiere una interpretación adulterada del concepto de pobreza de espíritu. Encarna la visión frívola de una sociedad en la que los pobres de hacienda serían doctrinalmente forzados a considerar la pobreza material como una riqueza, y en la que los ricos, por medio de una simple declaración de intención de sesgo falsamente altruístico, pretenderían alcanzar el estado de espíritu propio de la pobreza

metáfora en la que el tema es paródicamente presentado por medio de una absurda confusion de planos: «que no seria pobre de espiritu, sino de hazienda, quien vacio de virtudes, truxesse capa rayda: y el que todo lo tuviesse, y de la necessidad del cuerpo supiesse hazer virtud en el alma, *laudabimus eum*: y dessearemos mas su capa remendada con sus meritos, que quantos reynos caducos cubra la capa del cielo» (CM, fol. 29r.)

[67] Como se ha indicado, Alemán retoma en su *San Antonio de Padua* la misma metáfora de fusión de los planos terrenal y espiritual: «Los de la llave dorada, los de la camara de Dios, los que le tratan de ordinario, y tienen con el privança, son los Santos: y como el príncipe gusta, que los de su cámara tengan ayudas de costa, con las intercesiones que negocian, assi quiere Dios, que los de la suya tengan tambien ayudas de ruegos particulares, para mas acidental gloria suya. Porque... assi la gloria acidental de los Santos, tiene su paradero, y viene a cambiar en honra y gloria de Dios. Y para que veas... cuanto importa... tener santos por intercessores» (AP, fol. 309r.–v.). El tema ya había sido tratado en el contexto de la historia interpolada de Ozmín y Daraja: «Que todo para Daraja eran grados de gloria» (GAI, p. 237)

franciscana[68]. Para Alemán, «los de espíritu» formaban así un grupo manipulador que no debía ser confundido con los verdaderos pobres de espíritu y que, tomado literalmente, representaba de manera perversa a los «ricos pobres» y a los «pobres ricos» como binomios equivalentes, intercambiables e igualmente meritorios. «Los de espíritu» conseguían desvalorizar con ello el heroíco sacrificio exigido del pobre de hacienda en su obligatoria conversión a pobre de espíritu, mientras que, por otra parte, reclamaban para sí el marchamo de pobreza espiritual sin tener que abandonar sus ricas prebendas[69]. Lo que Alemán está dando a entender es que la división entre verdaderos y falsos, concepto clave del programa de Herrera donde era exclusivamente utilizado para los pobres de hacienda, era asimismo aplicable a aquellos ricos falsarios que se presentaban como pobres de espíritu. En este género de pobres, los grandes impostores no eran los pobres de hacienda que se hacían pasar por ricos sino los ricos que se hacían pasar por pobres de espíritu. El de «rico pobre» era un apelativo que en algunos círculos otorgaba respectabilidad, legitimidad y una cierta forma de poder. Alemán alude a estos pobres de espíritu como «pobres de la cámara… con quien familiarmente» el todopoderoso, en registro irónico no Dios sino el Rey, «se trataba y comunicaba». Tal era el caso de Herrera, cuya falsa vocación asistencial era la «llave dorada» que, mediante su protector Arce, le había dado acceso a la gracia de su valedor real[70].

[68] Como el propio Herrera, quien declaraba que actuaba «movido» por el deseo de cumplir con el mandato de «Christo nuestro Redemptor», y se describía en otra oportunidad como «tan flaco gusano» (AdP, «Al lector» y RD, «Respuesta a la sexta objeción», fol. 6v.).

[69] Alemán denuncia aquí una postura que explotaba la vulnerabilidad del pobre, a quien se exigía un comportamiento ejemplar. Véase Apéndice III.

[70] Nombrado consejero de Cámara por su actuación durante la anexión portuguesa, Arce era de los de la «la llave dorada». Después de indicar a Herrera que Arce, para entonces Presidente del Consejo, se tomaba por la «semejança» o bien de Dios o bien del rey (CM, fol. 9v.), Vallés sugiere que era el influjo que Arce ejercía sobre Felipe II lo que habría asegurado el apoyo regio para la ejecución del programa reformador. Crítico del citado programa, Vallés insinúa asimismo que el monarca podría haber sido víctima de un grave engaño. La exposicion de Vallés produce la impresión de que la fuente de inspiración del programa manaba de Arce: «Y no son muy pocas señas, que se lo creyó y aprovó el Rey y lo decretò muy bien: cuyo coraçón, porque le tiene

Una vez establecida la existencia de impostores en el campo de la pobreza espiritual, Alemán recurre en su carta a una metáfora continuada como ilustración de su denuncia. El recurso a una metáfora de dilatado desarrollo para tratar de un tipo de pobreza que en principio quedaba fuera del campo de interés de los reformadores asistenciales, subraya no sólo la insistencia de Alemán en repudiar la confusión conceptual de Herrera sino su preocupación por esclarecer el verdadero sentido de la pobreza de espíritu y por denunciar a sus falsos imitadores. Alemán establece así un paralelismo entre el cazador de cetrería y Dios como cazador de almas. Se trata, sin embargo, de una analogía sin correspondencia exacta entre sus correlatos; como si con ello Alemán estuviese apuntado a lo incongruente de la confusión conceptual de Herrera. Mientras que en la alcándara que trae a hombros se agrupan «muchos halcones apihuelados», el cazador lleva en la mano a su elegido, el halcón de «mejor talle y obras» en cuya capacidad predatoria tiene puesta su mayor confianza. Por otra parte, en los divinos hombros del cazador de almas no son halcones sino «pobres apihuelados» los que penden de la alcándara de la necesidad. Dios provee a todos ellos ya que por estar «cercado de halcones» sus pobres «no pueden volar». En esta segunda figura analógica se ha operado una inversión. Aquí el pobre parece ser presa de los halcones, en la alcándara del indefenso a quien el cazador divino protege. Sin embargo, Dios es presentado como «cazador de almas», actividad en la que el pobre ya no sería presa sino reclamo, sugiriéndose con ello que Dios no cazaba con halcones sino que cazaba halcones con los pobres. El papel aquí asignado al pobre de espíritu, comparado por analogía con el mejor halcón del cazador de cetrería, es asimismo el papel de elegido, llevado no sólo «en la mano» sino «al ojo, al regalo» de Dios, como si se tratase de un favorito cortesano. El tratamiento de favor reservado por Dios al «pobre de espíritu» y no al pobre de hacienda, se debía al hecho de que al parecer Dios sabía que

en su mano, le movio la voluntad a que creyesse, y echasse de ver que era obra que tocava a la honra de Dios, y de nuestra religión, en que solo se pretendia remediar, que no tomen su figura, ni representen a Christo hipocritas y fingidos, y pobres que no lo son» (CM, fol. 23r.). El lector queda con la duda de saber si la expresión «tener el corazón en la mano» se refiere a la generosidad del monarca; o bien si con ella Vallés esta sugiriendo que era Arce, más que Dios, quien tenía en su mano el corazón y la voluntad del monarca.

de él había «de resultar su gloria». Por divino cálculo, Dios favorecería a los pobres de espíritu «componiéndoles las plumas de virtudes». Frente a tan burda interpretación de la pobreza de espíritu, el lector iniciado en la técnica de doble registro utilizada por Alemán puede deducir que la metáfora no apunta al verdadero Dios y a su relación con el auténtico pobre de espíritu. El símile se ubica en el plano de la corte terrenal y apunta a un potentado, Arce, que se tomaba por Dios y a su protegido, Herrera, falso pobre de espíritu que actuaba no como San Francisco, sino «como un San Francisco y otros que le imitaron»; es decir, como un falsario que se hacía pasar por santo[71].

La relación entre las dos figuras analógicas – cazador y su halcón preferido por una parte, Dios y campeón de la pobreza espiritual por otra – reserva más de una sorpresa. Entre los dos elementos de la primera figura se da una relación de potencial violencia: el cazador puede literalmente destrozar a aquel halcón que le saliese «de mal natural y malo». En los dos elementos de la segunda figura, Alemán opera una de aquellas sutiles substituciones de las que el pícaro asimismo ofrece diversos ejemplos: «No piense el pobre, por ir en la alcándara de Cristo, que no ha de ser el que debe que, de doce halcones escogidos con él, uno dio en el infierno por su culpa». El pobre aquí aludido no es el pobre genérico sino un pobre «escogido» que parece responder al concepto de pobre de espíritu; pobre electo que al mismo tiempo forma parte del grupo de halcones elegidos: «de doce halcones escogidos con él». De esta manera, el pobre presentado como pobre de espíritu, el tenido como campeón de la gloria de Dios, parece haberse transformado en un halcón, ave predadora por antonomasia. Recordemos que la apelación «los de espíritu» designaba indistintamente al «pobre rico» como al «rico pobre». Alemán pudiera estar evocando aquí la figura de Herrera, quien en su AdP se autoproyectaba como pobre de espíritu ejemplar, aventajado gracias al todopoderoso Arce y quizá por ello invulnerable. Alemán le recuerda que la privanza no es un estado de gracia permanente y garantizado; lo mismo que se gana se pierde. Ello se aplica tanto al caso de la corte terrenal, ilustrado por el halcón destrozado por el cazador; como al de la corte celestial, ilustrado con Judas, cuya traición y condena quedan implícitamente evocados en la alusión a los «doce

---

[71] Véase Apéndice IV.

[halcones] escogidos con él». Por inferencia, Alemán está acusando a Herrera, a quien recuerda el fin que el evangelio depara al traidor de Cristo, ladrón asimismo de la limosna del pobre[72]. En el contexto de las categorias de transgresiones cometidas por los diversos géneros de pobres, la ímpostura del falso pobre de espíritu es para Alemán la más grave y en cierto modo luciferina ya que es perpetrada por el elegido. Por ello es la única para la que Alemán especifica un castigo, tanto en el plano temporal como en el espiritual. En la primera carta, «los de espíritu»[73] se presentan así como un género de falsos pobres de espíritu

---

[72] «No tenía para qué meterse Judas con la limosna de los pobres» (GAII, p. 176, n. 22; véase Jn., 12, 3–6). En esta nota Micó hace referencia intertextual a GAI (p. 284, n. 14) donde se alude al sermón del docto agustino que en el contexto de la gestión de la renta destinada a los pobres alerta a los administradores sobre el peligro de fraude «que sería la sisa de Judas», aludiendo al evangelio «donde se cuenta que el Iscariote, fingiendo preocuparse por los pobres, sólo pensaba en robar» (Jn., 12, 4–6). El agustino se estaba dirigiendo a los limosneros tradicionales «eclesiásticos, prelados y beneficiados» cuya función compara a la de la administración de un hospital. Por medio del sermón sobre el capítulo quinto de San Mateo, Alemán está alertando a los dichos limosneros sobre la existencia de un real peligro de fraude y sugiere con consumada maestría que el fraude aludido provenía no tanto de los falsos pobres que se beneficiaban de la limosna destinada a los verdaderos sino de las actividades concretas de algún administrador hospitalario preciso. Guzmán insinúa con ello que el sector hospitalario, sede de nuevos administradores laicos, era quizá objeto de sospecha e invita a los responsables de la gestión de la renta del pobre a «que abriesen los ojos a quién lo daban, cómo y en qué lo distribuían, que era dinero ajeno de que se les había de tomar estrecha cuenta». Alemán por boca de Guzmán estaba aludiendo a un hecho de candente actualidad: la financiación del Albergue de Pobres de Madrid bajo la gestión de Herrera con bienes en buena parte provenientes del legado del difunto Cardenal Quiroga. Alemán pudiere estarse dirigiendo aquí al propio Don García de Loaysa, Limosnero Mayor, recordándole la misión de atalaya que Giginta le había asignado en su *Atalaya* (1587). A él pudieren estar destinadas las siguientes recomendaciones: «Nadie se duerma, todo el mundo vele: no quiera pensar hallar la ley de la trampa ni la invención de la zancadilla para defraudar un maravedí, que sería la sisa de Judas» (GAI, p. 284). La figura de Judas sería por inferencia asociada con Herrera, ejemplo emblemático de nuevo administrador de la limosna del pobre.

[73] Un significado del vocablo «espíritu» que parece encajar con la categoría de los que Alemán define como «los de espíritu» es la acepción de «vivacidad, prontitud y viveza en concebir, discurrir y obrar» (DA, s. v. «espíritu»). En el asunto de la reforma asistencial Herrera se había singularizado por su «solertia», uno de los epítetos con los que quedaba inmortalizado en la lámina fundacional del Albergue de Madrid, y

que se querían hacer pasar por santos[74]; característica que asimismo compartirían con el pícaro, una de cuyas estratagemas consistía en hacerse pasar por santo, como se narra en *Guzmán de Alfarache* (1604)[75].

hubiese por lo tanto podido encajar en la categoría de «los de espíritu» aludida en la «primera carta». Se podría asimismo sugerir que «los de espíritu» están semánticamente más cercanos a la figura del «gracioso», indisociable de la del pícaro, que a la categoría del verdadero «pobre de espíritu». Guzmanillo era «gracioso» de su señor el embajador de quien había conseguido «la llave dorada de su secreto» gracias a sus habilidades y «particular viveza» (GAII, pp. 52 y 54–55).

[74] Estos falsos imitadores parecen preludiar a aquél que Alemán presentará más tarde inserto en su AP como a un san Antonio.

[75] GAII, pp. 470–472 y 477. El pícaro era ducho en estas artimañas: «Que no hay cosa tan fácil para engañar a un justo como santidad fingida en un malo». Recuerda asimismo el pícaro cómo en un momento de gran prosperidad había sido un cortesano de influencia, un falso devoto tenido como modélico pobre de espíritu. El pícaro fingía «santidad», y con «el rosario en la mano «robaba públicamente». Valiéndose de su prestigio, recogía mucho dinero del que daba muy poco al pobre: «por sola vanagloria, no por Dios, que no me acordaba ni en otra cosa pensaba que… parecer bien al mundo… que teniéndome por caritativo y limosnero, viniesen a inferir que tendría conciencia… y hiciesen de mí más confianza-… ganaba reputación para después mejor alzarme con haciendas ajenas!» (GAII, pp. 475–476). En una determinada fase de su vida, el pícaro había actuado como falso intercesor del pobre. Instancia que el estudioso de la relación entre Alemán y su corresponsal epistolar Herrera percibe como un auténtico *déjà vu* por lo que tiene de evocativo del momento de auge de Herrera como campeón de la causa del pobre y de las sospechas y críticas que su actuación había desencadenado. Herrera declaraba que había juntado «de limosna con increible trabajo mas de cincuenta mil ducados». Hecho sobre el que parece sentir la necesidad de justificarse pública y detalladamente como si precisase sanear su reputación: «no queriendo para mayor claridad (como hombre desinteressado, y de limpieza y zelo) que entrasse este dinero en su poder, sino en el despositario general de la Corte y villa de Madrid» (RS, fol. 175r.). Frente a tanta explicación no solicitada es lícito preguntarse cuáles fueron las motivaciones profundas que impulsaron a Herrera a actuar como campeón de la causa del pobre. Los poemas laudatorios anejos a los discursos del AdP (1598) hacen referencia reiterada a la inmortalidad que sus autores desean para el nombre de Herrera: «heroica empresa que a la fama asombre. O quién tu nombre eternizar pudiera: pero la obra misma al tiempo obligue, que entrambos le darán inmortal nombre.» (discurso segundo); «De inmortales renombres eres dino» (discurso tercero); «y a tu fama inmortal, ilustre Herrera, no pueden tiempo, invidia y tiranía» (discurso octavo); y evocan la inmortalidad de su héroe como laureada coronación triunfal: «Alaben os, Herrera, en cuanto abarca el mar, y el gran Planeta se renueva, vuestras doradas sienes coronando» (discurso cuarto). Estas

«ESTOS PUES, PODEMOS LLAMAR VERDADERAMENTE POBRES… QUE FUESEN ESPEJOS DE HUMILDAD AL RICO»

En un nuevo párrafo con nuevo cambio de registro, concluye Alemán sus reflexiones sobre la tercera categoría de pobres[76] con unas observaciones de orden general que, dado su tenor, parecen ser expresión sincera de su sentir acerca del concepto de auténtica pobreza de espíritu; noción de pobreza voluntaria que en *Guzmán de Alfarache*, obra ya escrita para 1597 como queda indicado, había analizado y celebrado como aquella pobreza a la que «convidamos», como «necesidad que se necesita y no necesitada»[77], y que aquí en su primera carta designa como una «traza celestial», como una disposición de ánimo ejemplar y característica de la verdadera «humildad»[78]. Alemán enlaza aquí con un nuevo tema al

[76] reiteraciones pueden disimular la sospecha de que Herrera actuaba movido por afán de autopromoción y medro. Como se dice en uno de los poemas: «con cebo de logro y granjería recetas dais de vida y regimiento.» (discurso cuarto).

[76] Esta catalogación tripartita no encajaba con el análisis de Herrera, quien concluía su AdP (1595) estableciendo dos «generos» de pobres, «unos públicos… y otros vergonçantes» (AdP, fol. 24r.).

[77] GAI, p.385. Por medio de una metáfora que presentaba a la pobreza no voluntaria como una dolencia o como un castigo («Huésped forzoso en casa pobre») que mantenía a su anfitrión aplastado bajo una agobiante aliteración de efes («Es fiera, fea, fantástica, furiosa, fastidiosa, floja, fácil, flaca, falsa»), Alemán ironiza sobre lo desmesurado de la frívola exigencia de Herrera quien esperaba que el pobre de hacienda, desplegando características propias de la categorización de los pobres de espíritu verdaderos, abrazase voluntariamente a tan punitivo «huesped» y transformase su pobreza sufrida en pobreza elegida y celebrada «que sólo le falta ser Francisca» (GAI, p. 385).

[78] En su carta, Vallés simula prevenir a Herrera contra la tentación de orgullo que pudiera sufrir por la «grandeza del negocio» que había emprendido y de los altos apoyos de los que disfrutaba: «porque el Rey le aya oydo, y le favorezcan sus ministros, no tomarà altivez, ni se ensoberveçera; pues es discreto, y sabra, que el mayor apoyo de las cosas grandes y dificultosas es la humildad» (CM, fol. 29r.–v.). En realidad Vallés estaba acusando a Herrera de haberse engreído y ensorbecido por su papel en el asunto de la reforma y por el apoyo de Arce. Siguiendo su táctica epistolar, a esta altura ya establecida, Vallés continúa recomendando a Herrera la búsqueda y práctica de la auténtica humildad; la «humildad de veras y de coraçon» tan basada en la «virtud que parezca en V.m. como natural y propia», y juzgada limpia de «hipocresia» a «los ojos de los otros» (CM, fol. 34r.). Recomendación esta que deja entrever que la opinión

que serviría de gozne la pobreza de espíritu, entendida como espejo «de humildad al rico». Ello implica que aquél a quien Alemán llama «verdaderamente pobre», habiendo optado libremente por la pobreza como vía espiritual sirve de espejo de humildad al rico y en consecuencia se ha despojado de los atributos de la riqueza. Esta visión recalca la necesidad de correlación entre pobreza material y pobreza espiritual, y rechaza las interpretaciones oportunistas de algunos ricos (como de alguna manera lo era Herrera y lo era mucho Arce, muy acaudalado pese a su ascética figura) quienes con sólo decirlo pretendían ser tomados por verdaderos pobres de espíritu[79]. Aquí ya no se trata de las obligaciones de los pobres sino de las de los ricos hacia los necesitados. Dios «quiso también que, siendo humildes, fuésemos caritativos». Alemán ha accedido al verdadero meollo cristiano de toda propuesta de reforma asistencial y a su más delicada área de controversia: la caridad y su práctica. En este apartado de la primera carta, ilustrado en el siguiente subtítulo del presente capítulo, entre la cal y la arena de un estudiado desorden en el que surgen discordancias y estridencias conceptuales, Alemán deja sin embargo clara la importancia capital que otorgaba a la primera de entre las virtudes cristianas: «No puedo ni sabré decir cómo se debe entender esta verdad para estamparla en el alma, animando los hombres a la necesidad del prójimo, cuando no por caridad, por naturaleza, como lo hacen las bestias de una especie, que unos a otros se conservan en ella».

«DESTA CELESTIAL VERDAD (COMO OTRA VEZ EN OTRO LUGAR LO DIJE) SE OTORGÓ ESCRITURA, ANTE

pública iniciada ya tenía a Herrera por hipócrita. Vallés dedica el resto de su carta a instruir específicamente a Herrera sobre la humildad, recetándosela con estudiada ingenuidad como si creyese en su posible conversión a la auténtica pobreza de espíritu. Vallés, sin embargo, está acusando a Herrera de ser un pobre de espíritu fingido que actuaba con fines mercenarios: «Deseche pensamientos de eternizar su memoria, y serà humilde de veras: no se prometa esperanzas de valer en la tierra, y fundar casa y descendencia» (CM, fol. 35v.).

[79] En su primera carta, Alemán dedica dos apartados diferenciados a la noción de pobreza de espíritu. En el primero describe un falso concepto de pobreza de espíritu, encarnado en el propio Herrera; y en el segundo, mucho más breve, presenta e ilustra una definición de la pobreza de espíritu auténtica, tal y como él la entendía.

SAN MATHEO EN EL CAPÍTULO VEINTE Y CINCO DE SU DIVINO REGISTRO»

Para Alemán la caridad es el imperativo moral supremo. Principio que parece querer inculcar en la mente de su destinatario, como si Herrera no fuese un avezado reformador sino un hereje ignorante que precisase ser instruído. En imitación contrastante con las señales físicas que, como veremos, Herrera quería imprimir en las carnes del pobre[80], Alemán desea «estampar» en el «alma» de su destinatario el principio fundamental («esta verdad… esta celestial verdad») de la Sagrada Escritura[81]. No enteramente satisfecho con una mera exposición epistolar, Alemán hace referencia ahora a otra instancia en la que se había explayado sobre el mismo asunto. Instancia ésta que Herrera o bien conocía o bien iba a conocer; area de complicidad lo suficientemente notoria como para que Alemán se limitase a presentársela con un «como otra vez en otro lugar lo dije». Este plano espacio-temporal al que Alemán apunta mediante una referencia al capítulo XXV del Evangelio de San Mateo, no era otro que el capítulo sexto del libro tercero del *Guzmán de Alfarache* (1599)[82], donde con referencia al citado capítulo evangélico y a su

---

[80] Para todo aquel pobre vagabundo condenado a construir la muralla de la villa de Madrid que intentase huir, Herrera pedía «castigo riguroso … marcandole en un hombro con marca conocida, para que tema mayor castigo si otra vez huyere, pues sera descubierto por ella» (OVM, fol. 14v.).

[81] La homilía de Alemán sobre la obligación de asistencia al prójimo, por compasión o por instinto, no era un gesto superfluo ya que para Herrera el imperativo reformador no era la compasión sino la lucha contra el ocio; no en el rico sino en el pobre, único grupo en el que, a ojos de Herrera, la inactividad era el mayor de los pecados aunque fuera forzosa, situación de ocio obligado que por otra parte no estaba dispuesto ni siquiera a considerar. Para Herrera el ocio del pobre era siempre voluntario.

[82] Pocas líneas más arriba en la primera carta, Alemán ya había recurrido al mensaje evengélico (Mt., 25, 37–40) mediante una paráfrasis: «no podremos alegar ‹¿Cuándo, señor, tuvimos pobre y no le socorrimos?›, porque nos tiene prevenida la respuesta: ‹En verdad os digo que lo que por cualquiera destos pobrecitos habéis hecho, por mí lo hicisteis›». Sin embargo, en esta segunda instancia que aquí tratamos Alemán dirige a su lector Herrera más allá de la carta, a otro lugar y a otro tiempo; a un momento específico de la novela donde el versículo aludido se personaliza y queda ilustrado con una comparación de inspiración mercantilista: «Rico amigo, ¿no estás harto… de oir las veces que te han dicho que lo que hicieres por cualquier pobre,

versículo 40 Alemán había prestado voz, por boca del narrador, a sus propias reflexiones sobre pobreza, caridad y reforma asistencial, temas a los que también había dedicado los capítulos precedentes.

Alemán establece un paralelismo entre la postura de Herrera (cuyo *Amparo de pobres y Respuestas* subyacen a sus cartas) apuntada por un «como dijiste» y la suya propia. El giro «como otra vez en otro lugar lo dije» es un eco del «como dixe en su lugar» utilizado por Herrera en su respuesta a la primera objeción[83]. Pese a las apariencias, sus posturas no eran coincidentes sino encontradas. Frente a la traición de Herrera y dada su propia carencia de poder efectivo, Alemán recurre a su talento creativo y traslada al ámbito poético una situación de candente actualidad. El pícaro, «poética historia», es la tribuna desde la que, amparado por la marginalización social de un pobre de ficción por cuya boca se expresa, Alemán retoma una truncada polémica[84] que en el ámbito de la arena pública le estaba vedada y que allí, en su obra, lleva más allá de las dudas y objeciones, ya levantadas en 1596, hasta la misma denuncia de la impostura de los reformadores fingidos. Por ello, en el ámbito epistolar la exposición de Alemán es más intrincada y confusa que en el ámbito literario, en el que goza de libertad poética y donde, aunque actua como

que lo pide por Dios... Él mismo te queda obligado a la paga, haciendo deuda ajena suya propia?» (GAI, p. 420 y n. 4); comparación que a su vez Alemán retoma y elabora unas líneas más abajo en la carta llevando la analogía de la caridad como transacción comercial a sus últimas consecuencias en términos de codicia especulativa. Presenta a un Dios que se compromete a la «paga de todo con ganancias de ciento por uno» con todo aquel que invirtiese en actos de caridad mediante «escritura» otorgada en el «divino registro». Con esta cruda plasmación de avidez crematística Alemán pone de manifiesto la adulteración que Herrera hacía del mensaje evangélico en su discurso. Al parecer confiaba en la claridad de su alusión y asumía la complicidad interpretativa de su interlocutor Herrera; por ello omite darle explicación alguna sobre su extremosa analogía mercantil. De esta manera informa también a Herrera acerca de la complementariedad de sus dos textos, el histórico de sus cartas y el poético de la novela, invitándole a una lectura conjunta de ambos.

[83] RD, fol. 2v. Esta objeción se enmarcaba en la controversia generada en algunos sectores sobre el criterio utilizado en su AdP tanto respecto al escrutinio de los pobres como en cuanto a la autoridad cívica y moral del ente examinador.

[84] Consulta pública que, como se ha visto, había sido bruscamente suprimida por una orden emanada desde lo más alto y anunciada por Herrera en sus *Respuestas* (RD, fol. 13v.).

distinguido historiador, puede disfrazar «sus documentos»[85]. Mediante su alusión al capítulo XXV de San Mateo, Alemán está recomendando a Herrera una lectura aplicada de la citada sección de su novela como trasfondo conceptual y fiel reflejo de su pensamiento, el cual ayudaría al Doctor a comprender las ambivalencias de su primera carta. Donde Herrera prescribía un implacable examen del pobre y un riguroso control de la limosna, Alemán abogaba por acudir a su mantenimiento, sin por ello negar la necesidad de hacerlo ordenadamente y siempre que fuese llevado a cabo por razones humanitarias y por las entidades adecuadas. Por boca de Guzmán, Alemán enlaza su alegato en favor del derecho del pobre a pedir limosna con una filípica en contra de aquellos «poderosos y ricos» que «se ponían a hacer especulación para dar una desventurada moneda que es una blanca». Utiliza el plural para evocar a los pasados y el singular para dirigirse al especulador presente, modalidad de trato aplicable tanto a un lector genérico como a interlocutor específico: «No seas especulador ni hagas elecciones. Que si bien lo miras no son sino avaricia y excusas para no darla». Por boca de un pobre, Alemán corrige la perversión del mensaje evangélico perpetrada por aquellos a los que llama especuladores de la limosna: «No hay más de un Dios, por Ese te lo piden, a El se lo das, todo es uno». Como portavoz del pobre con quien queda identificado, Guzmán no implora aquí la limosna de su rico interlocutor sino que exige que éste cumpla con su deber de asistencia de hombre a hombre: «Dame tú lo que te pido si lo tienes... que, cuando no por Dios que te lo manda, por naturaleza me lo debes» *(GAI,* p. 420). En su primera carta a Herrera Alemán recalca en términos similares que la asistencia a la necesidad del prójimo es no sólo un deber sino una reacción humana instintiva: «cuando no por caridad, por naturaleza». Lo que sugiere que tanto en su carta como en su novela Alemán se estuviese dirigiendo a un mismo interlocutor, a quien interpela en singular y directamente.

En su *Guzmán de Alfarache,* Alemán prosigue con su apasionada invectiva, en el curso de la cual afina su puntería para identificar más certeramente a su interlocutor. Pasa de un «tú» genérico que podía representar al rico en general, a un «tú» más específico, aunque no

---

[85] GAI, «Elogio de Alonso de Barros, Criado del Rey Nuestro Señor, en alabanza deste libro y de Mateo Alemán, su autor», pp. 115–118.

excluyente del primero: «No te pongas, ¡oh, tú, de malas entrañas!, en acecho, que ya te veo». Alemán parece estar dirigiéndose aquí a alguien concreto, a quien conoce tan bien que puede anticipar su reacción y visualizar su imagen; acercamiento que remacha utilizando un vocativo exclamativo[86]. Se trata de alguien activamente involucrado en el control de la mendicidad a quien Alemán, por boca del narrador, parece hablar de reformador a reformador, solo que a quien Alemán quiere reformar no es al pobre sino a su interlocutor. Alemán matiza su propia postura y le explica que tampoco él es adverso a una regulación de la asistencia: «Digo que la caridad y limosna su orden tiene». Lo que Alemán reprocha a su interlocutor es que se arrogaba la potestad de actuar como fiscal de las circunstancias y méritos del necesitado para recibir la limosna y la caridad: «No digo que no la ordenes, sino que la hagas, que la des y no la espulgues si tiene, si no tiene, si dijo, si hizo, si puede, si no puede. Si te la pide ya se la debes. Caro le cuesta, como he dicho; y tu oficio sólo es dar». El interlocutor es alguien en situación de poder que al parecer se inmiscuye en areas fuera de su oficio. Recordemos que a Herrera, en el contexto de su actividad como reformador se le reprochaba el mismo tipo de indebida ingerencia. Su actitud prepotente parece quedar paródicamente reflejada incluso en el soneto, presuntamente laudatorio, a su discurso cuarto del *Amparo de pobres* que le dedica fray Prudencio de Luzón: «Estados componéis, como Monarca, y cual Legislador nos dais ley nueva, la causa de los pobres amparando: Alaben os, Herrera …». El narrador del *Guzmán de Alfarache* recuerda a su interlocutor que «el corregidor y el regidor, el prelado y su vicario» son los que tienen la dolorosa responsabilidad de examinar a los pobres: «Ese es oficio, ésa es dignidad, cruz y trabajo. No los hicieron cabezas… para reir con truhanes, sino para gemir las desventuras del pueblo»[87]. Son estos dignatarios los que deben, como el «dragón»[88], «velar»

---

[86] El enemigo con quien Alemán está aquí hablando en tono de intimidad es Herrera, a quien con frecuencia trata de tú a tú en las cartas.

[87] Herrera era tenido por algunos por «truhán» (CM, fol. 32r.), y a decir de Barros «gime como la leona» («Carta al lector»).

[88] GAI, p. 422 y n. 8. La vigilancia benéfica de estos dignatarios, a los que se compara a un dragón, tendría función de atalaya. Sin embargo, en un capítulo anterior se ha utilizado la misma figura como emblema del «enemigo» en acecho:

continuamente y tener «clara la vista del espíritu», de modo que «a ti te toca solamente el dar de la limosna». En su respuesta a la primera objeción donde se le reprochaba que tomaba personalmente a su cargo el examen y escrutinio de los pobres en contra de la doctrina de San Gregorio y San Juan Crisostomo, Herrera defendía su postura haciendo una exegesis doctrinal: «A lo qual respondo, distinguiendo, porque esta doctrina se entiende asi». Admite que inicialmente se podría pensar que «es bien que ninguna persona particular se entremeta en examinar los pobres que le pidieren limosna, pues no le toca»[89]. A continuación pasa, sin embargo, a examinar la carta de San Pablo a los Tesalonicences y concluye que, puesto que aquí se dice que el que no trabajare no coma, «aun a qualquiera no le es prohibido, antes esta obligado a corregir a su proximo fraternalmente»[90]. Vallés corrige esta interpretación. Siguiendo la táctica que utilizaba en su trato epistolar con Herrera, a la que hemos apuntado más arriba, pretende con simulado candor aconsejarle y

«porque es un atalaya que con cien ojos vela, como el dragón, sobre la torre de su malicia, para juzgar desde muy lejos nuestras obras» (GAI, p. 308). Alemán aquí comienza el párrafo acusando al enemigo de malas entrañas de estar «en acecho», pero lo concluye encomiando la vigilancia constante, el «velar» de las autoridades protectoras del pueblo con un «teniendo como el dragón continuamente clara la vista del espíritu» (GAI, p. 422). Mediante esta dualidad, Alemán invita a establecer un paralelismo contrastado entre el acecho del malo y la vigilancia del bueno, alertando sobre el peligro de confundir actitudes que podrían ser tomadas por una misma cosa ya que son expresadas mediante unos mismos símiles, dragón y atalaya, indicativos de vigilancia protectora o bien de malévolo acecho. Alemán plasma aquí la intrínseca ambigüedad de su obra, la cual podría ser descrita como atalaya benevolente *versus* atalaya malévola, fuerzas del bien contra fuerzas del mal, Alemán contra Herrera. Alemán está poniendo en guardia a su lector contra la equívoca actitud de Herrera, quien pretendía velar sobre el pobre y sobre el propio Mateo – «cuando duermo… te desvelas» (carta segunda) – cuando en realidad, como revelan las cartas, estaba en acecho de ambos, como en el ámbito poético lo estaba también Soto, quien «se desvelaba» para destruír a Guzmán (GAII, p. 514). El lector queda invitado a interrogarse sobre la posibilidad de un doble sentido en el constante velar del santo, quien «cada dia, y cada dia tantas vezes», según queda precisado en la dedicatoria de la edición de 1604, «milagrosamente» defendía y favorecía a Alemán.

[89] RD, fol. 1v. Utiliza dos veces más la expresión «toca» en el mismo contexto y párrafo.

[90] RD, fol. 2r.

prevenirle, cuando en realidad estaba denunciando el criterio y los métodos de escrutinio del pobre ya propugnados por su corrupto corresponsal en su discurso: «*Male verum examinat omnis corruptus iudex*: y segun andan los tiempos, estan tan sobornados del amor de las riquezas los que las tienen, que si por descuido de la Republica huviesse de quedar a cuenta de los particulares, averiguar quien seran los fingidos y vagabundos, para apartarse dellos, harianlo quiça apartandose tambien de la dotrina de san Pablo, con tan poca caridad, que juzgarian a todos por tales; tomandolo por ocasion para dexar de hazer limosna, y pagarian justos por pecadores: porque es propia condicion de ricos, ser contrarios a los inocentes y pobres»[91]. Esta contextualización histórica, ilustrativa del nivel de controversia generado por el discurso reformador de Herrera, indica que el interlocutor poético en *Guzmán de Alfarache* (1599) y el interlocutor histórico-epistolar, Herrera, compartían circunstancias y características afines. Ambos se inmiscuían en asuntos que no les tocaban, fuera de su profesión. Por otra parte, Alemán les reprochaba, directamente a su interlocutor epistolar Herrera y por boca del narrador a su interlocutor poético, el pretender que actuaban como intercesores del pobre cuando en realidad eran sus acusadores.

VAIVÉN HISTÓRICO-POÉTICO ENTRE CARTA Y NOVELA: FANAL DE MUTUA ILUMINACIÓN[92]

Al indicar que sus dos textos, carta y novela, en los que sus respectivos interlocutores aparecen dotados de rasgos similares, debían ser cotejados por el lector sobre un aspecto central en ambos[93], Alemán parece estar invitando a Herrera, su interlocutor epistolar de identidad conocida, a

---

[91]   CM, fols. 19v.–20r.

[92]   Alcanzado este punto, interrumpimos el análisis lineal de la carta y dedicamos este apartado al estudio semiológico de la relación entre los ámbitos epistolar y poético en la primera sección de la carta. Aclaración ésta que estimamos facilitará la comprensión del resto de nuestra propuesta de relectura de la obra de Alemán. En el apartado siguiente volveremos al módulo secuencial utilizado hasta aquí en el estudio de esta primera carta.

[93]   La primera carta alude a este aspecto con un misterioso referente («como otra vez en otro lugar lo dije»), al parecer anticipo corroborador de lo dicho en la novela.

descubrir el esquema de equivalencia relacional existente entre ambos escritos. El extracto aludido de la primera parte del pícaro[94] ilumina la comprensión del sentido de la primera carta. Mediante referencias intertextuales señalizadas por un uso repetido del evangelio de san Mateo, Alemán, autor de ambos textos, acota un espacio compartido con su lector e interlocutor Herrera, a quien invita a efectuar un deslizamiento desde el plano histórico epistolar al poético de la novela. Alemán, sin especificarlo abiertamente, utiliza el *Guzmán de Alfarache* (1599), ya escrito, como referente durante la composición de la primera carta. La novela es ese otro «lugar» donde Alemán se ha explayado en el desarrollo del asunto que la carta trata de forma más abreviada y menos clara. La novela es guía que facilita la comprensión del sentido de la carta. Sin embargo, la relación de la novela con lo que la crítica ha venido considerando como tema principal de la carta es un aspecto que precisa ser revisado. En el *Guzmán de Alfarache* (1599), el tema del episodio que aquí nos ocupa aparece como exposición de la vivencia y pensamiento del narrador en forma de contradiscurso al discurso de su enemigo; discurso cuya esencia Alemán recoge e incorpora al suyo propio para conseguir denunciarle desde su mismo centro, desde donde el pícaro narrador lo enmienda y corrige. Este nuevo enfoque sugiere una correspondencia entre los planos poético e histórico, pero dando precedencia al plano poético, que invita a una nueva interpretación del plano epistolar. La carta, que inicialmente se había presentado como entusiasta corroboración del discurso de Herrera, se va paulatinamente desvelando como declaración en contra del mismo. Herrera deja de ser visto como un *alter ego* para revelarse como alguien tan distanciado ideológicamente de Alemán que éste se ve obligado a integrar en su discurso el de su corresponsal para enmendarlo y corregirlo desde su propio texto[95]. En el ámbito poético de la novela y en la instancia que nos ocupa, el interlocutor no es un amigo sino un visceral enemigo[96].

---

[94]   GAI, pp. 419–422 y capítulos precedentes. El extracto ha sido utilizado en el apartado anterior. Como Alemán lo indica, la «primera parte del pícaro» estaba ya compuesta cuando se escribe la primera carta.

[95]   Como si se tratase de un asunto tan íntimo que Alemán hubiese optado por intervenir *sub rosa*.

[96]   GAI p. 421.

Dentro del marco de correspondencias que venimos aplicando, la pregunta que ahora surge es la de qué papel desempeñaba en la vida de Alemán un interlocutor epistolar, Herrera, que las cartas presentan bajo falsas apariencias y bajo el seudónimo de «Máximo».

Por obscura y ocasionalmente contradictoria que pueda parecer, la exposición epistolar es lo suficientemente clara, incluso sin tener que recurrir a la ampliación exegética de la novela, como para que se entienda que lo que «como dijiste» y lo que «como otra vez en otro lugar lo dije» no representan posturas coincidentes sino encontradas. En su «Carta al Lector», Herrera describía a la gran mayoría de los pobres, que según su criterio de seleccion no encajaban en la definición de verdaderos, como pobres «fingidos, falsos, engañosos y vagabundos, usurpadores de la limosna de los otros, transgresores de las buenas leyes y costumbres de los reinos… provocadores con sus pecados y excesos de la ira de Dios contra todo el pueblo, y causa de los contagios y enfermedades perniciosas dél, y aun en cierta forma ladrones de la caridad y limosna cristiana, pues con sus desordenes y mal ejemplo de vida la entibian y amortiguan» (AdP [1975], pp. 13–14). En palabras trasladadas por Alemán en su primera carta, «como dijiste», Herrera abogaba por la restricción de la limosna considerando que si se daba «a tres» no se podía darla «a diez». Pero esta última consideración de razonable apariencia cuando era presentada fuera de contexto, una vez ubicada dentro de su apropiado marco conceptual, como el ofrecido por el extracto del *Amparo de pobres* arriba citado, se prestaba a ser cuestionada e interpretada con el debido escepticismo. Por ello, en crítica referencia al verdadero sentir de Herrera del que era fiscal e intérprete, Alemán en su primera carta había trasladado el odio de Herrera hacia la casi totalidad de los mendigos plasmándolo hábil y reconociblemente a la *manière* del *Amparo de pobres* como: «Estos hijos de ira y de maldición, hijos del pecado, el pecado los trae perdidos… siendo malos…como dijiste». Situada en su adecuado contexto epistolar, esta afirmación no es una declaración de conformidad sino de denuncia de la postura de Herrera, quien por su parte no podía por lo tanto comulgar con alguien como Alemán quien, dado el estado de total abandono en el que los pobres estaban sumidos, consideraba la caridad indiscriminada al menesteroso, fuere cual fuese el origen de su necesidad, como el primero y más urgente deber de todo cristiano. Con su injusta e inhumana selectividad asistencial Herrera queda asimilado a aquel grupo de privilegiados, descritos en el *Guzmán de Alfarache*, que «con curiosidad se ponían a hacer especulación para dar una desventurada moneda que es una blanca». Dada su función de examinador «máximo», Herrera podría representar el mayor exponente del citado grupo. A él podrían ir directamente dirigidas las siguientes palabras: «y tú no puedes entender la necesidad ajena cómo aprieta ni es posible conocerla por lo exterior que juzgas, pareciéndote uno estar sano y no ser justo darle limosna» (GAI, p. 420).

En el sistema de referencias cruzadas que constituye el ámbito de complementaria alternancia exegética entre carta y novela, se observan las siguientes coordenadas. La identidad del interlocutor en la «primera parte del pícaro» permanece oculta, mientras que en la carta es la identificación del libro, designado como «otro lugar», la que se mantiene misteriosa; el interlocutor epistolar es Herrera, cuyo *Amparo de pobres* aparece elípticamente evocado como un ámbito no especificado: «como dijiste». Por otra parte, la interrelación entre carta y libro se hace patente si se repara en que, fuera de la primera alusión a San Mateo, en esta misma sección de la carta y sólo unas líneas más adelante se vuelve a acudir a «san Matheo en el capítulo veinte y cinco» como legitimador supremo de lo que Alemán designa «celestial verdad»: el deber de asistencia al necesitado del que él ya había tratado «otra vez en otro lugar». Como se ha indicado más arriba, las expresiones «otra vez» y «en otro lugar» aluden a la novela, lo que pone de manifiesto que Alemán utiliza su carta como manual de lectura a través del cual dirige la atención de Herrera hacia los capítulos de la novela que constituyen el meollo de su propio manifiesto reformador o contradiscurso del programa del doctor. Al describir a san Mateo en términos notariales como custodio supremo ante quien se «otorgó escritura» recogida en «divino registro» otorgando el «celestial» derecho del pobre a la caridad, Alemán está protegiendo su visión reformadora con un escudo inexpugnable. El registro notarial que utiliza le permite parodiar al mismo tiempo el prosaismo y espíritu mercantilista de Herrera.

Mediante esta técnica de correlación, Alemán designa y transforma a su interlocutor epistolar en su lector de elección de la primera parte de su pícaro, y ello incluso antes de haberle anunciado la existencia de la misma, noticia que diferirá hasta la frase siguiente de su primera carta. En la novela, la referencia al capítulo xxv de San Mateo se ubica en el marco de vivencias y reflexiones de Guzmanillo sobre pobreza y mendicidad basadas en el testimonio directo e incontrovertible de su propia historia, la de un pobreto emblemático que describe sus experiencias en primera persona, en términos tanto circunstanciales como existenciales. Por medio del testimonio de Guzmán, Alemán refuta la validez del discurso de Herrera cuya experiencia en el ámbito de la pobreza y reforma asistencial era indirecta y se apoyaba en testimonios ajenos. Entre otros reproches, Herrera acusaba al pobre de no «confessar, ni oyr Missa»; de tener «mucha gula, comiendo y beviendo siempre» y de «comer carne en los dias prohibidos por la Iglesia, sin licencia de medicos espirituales ni corporales», y de «grande ociosidad de vida»[97]. Cartilla en mano y como si estuviese enmendando y corrijiendo errores en el discurso de Herrera, Alemán se toma el trabajo de precisar que Guzmanillo, cuya autobiografía era una «confesión general», no comía carne los días de vigilia, oía misa a diario, «comía… lo necesario», en el «beber» era «templado» y era un modelo de laboriosidad: «todo lo hacía sin rezongar ni haronear»[98] Dado lo específico de estas características, Guzmanillo se presenta como la negación de la construcción emblemática de la figura del pobre esbozada por Herrera en el arranque de su discurso que nuestro picarillo desmonta pieza por pieza. En una substitución metamórfica digna de Ovidio, esta imagen de Guzmanillo parece haber conseguido suplantar en la psique colectiva la visión del pobre según Herrera[99]. Como queda indicado, Alemán apoya la necesidad de introducir orden y medida en la asistencia para que sea llevada como es debido y por personas adecuadas. Utilizando una metáfora de cetrería, que enlaza con la utilizada en la primera carta, Alemán sin embargo deroga por boca de Guzmán toda categorización de los pobres de corte herreriano: «que el pobre nunca engaña ni puede, aunque su fin es ése; porque quien da no mira al que lo da y el que pide es el reclamo que llama las aves y

---

[97]   AdP, fol. 4r.

[98]   GAI, pp. 164, 284, 332–333 y 301.

[99]   Así parece sugerirlo la mirada de Murillo en sus lienzos de niños mendigos. El pintor era lector del *Guzmán de Alfarache*, (1599), obra de la que se encontró un ejemplar de la edición de Sevilla, Juan de León, de 1602 en su estudio, (Programa de la Exposición del Museo de Bellas Artes de Bilbao, «El joven Murillo», 19 de noviembre de 2009 al 17 de enero de 2010).

él se está en su percha seguro»[100]. Consciente del grado de desolación que asolaba a los pobres del Reino, Alemán exonera la figura del pobre válido, tenido por falso según el criterio reformador, por medio de la experiencia vital de Guzmanillo a quien, en la primera parte, presenta como figura enternecedora totalmente ajena a la imagen espeluznante que del pobre proyectaba Herrera en su discurso. En su contradiscurso, Alemán evoca el abandono y soledad del pobreto: «¿Qué haré, dónde iré, o qué será de mí?»[101], lamento que repetirá como un *leitmotiv*. La riqueza secreta que Herrera achacaba a este grupo es aquí presentada como mítica: «Lo que más llegaba eran pedazos de pan»[102]. Se les daba ropa «tan vieja, que no valiera más de medio real… y a quien lo daba no era de provecho ni lo estimaba». Solo la imaginación del pobre otorgaba valor a estos harapos: «Para nosotros era mucho… Era una mina en el cerro de Potosí»[103]. Las cavilaciones de Guzmanillo suministran a Alemán otras razones, el desempleo y la necesidad de conmover al rico, para explicar la mendicidad de jóvenes sanos harapientos: «Y si estando vestido no hallas amo, ¿de qué has de comer? Estáte quedo, que si bien vestido pides limosna, no te la darán»[104]. Pero lo que Alemán consideraba como la agresión más perversa contra el pobre era el intento de los falsos reformadores de obligarle a interiorizar lo que ellos, desde sus torres de marfil, consideraban ser la culpa del menesteroso. No contentos con acusarle y castigarle por su pobreza, querían además que el pobre se sintiera culpable, robándole la poca alegría que pudiere todavía albergar con la esperanza de alguna buena limosna[105]. Alemán denuncia esta perversión del discurso de Herrera cuando hace que el propio Guzmán exprese su sensación de culpa: «pidiendo sin tener necesidad,

---

[100] GAI, p. 420.

[101] GAI, p. 331.

[102] GAI, p. 387.

[103] GAI, p. 400

[104] GAI, p. 386.

[105] En su «Carta al lector», Barros evoca con triste ironía la suerte que el programa reformador de Herrera tenía deparada para aquellos pobres desasistidos cuyo único recurso era mendigar: «solo trato de los que ponen toda su esperança en el modo de pedir».

lo quitábamos al que la tenía, usurpando nuestro vicio el oficio ajeno»[106]. Utilizado como mero instrumento para la salvación del rico, el *Amparo de pobres* condenaba al pobre a una vida de ejemplar sumisión a las abusivas reglas de los poderosos jueces de cuerpos y almas, a una forzada pobreza de espíritu que le privaba incluso de su única libertad, la del derecho a la mendicidad[107], y le sumía en un perverso dilema existencial. Como se lamenta Guzmán: «El mendigo con el reclamo de sus lamentaciones recibe la limosna, que convierte en útil suyo, metiendo a Dios en su voz, con que lo hace deudor, obligándole a la paga. Por una parte me alegraba cuando me lo daban, por otra temblaba entre mí cuando me tomaba la cuenta de mi vida. Porque, sabiendo cierto ser aquél camino de mi condenación, estaba obligado a la restitución, como hizo el florentín.»[108]. Por medio de Guzmán, quien en la segunda parte vuelve a mencionar al florentín, el de la «la famosa manda de la albarda»[109] como si esta herencia fuera el fabuloso tesoro de una figura proverbial, Alemán está aludiendo paródicamente a la propuesta que Herrera hacía a los mendigos reformados, a quienes «les sobrara muy buen dinero, para que persuadidos algunas vezes de religiosos… hagan muy buenas mandas en vida, y despues de sus días» (AdP, fol. 12v.).

Así como a nivel existencial la asimilación por parte de Guzmanillo de los valores del discurso demagógico oficial propugnados por Herrera representa una corrupción que adultera su alegato, en otro plano la incorporación del discurso de Herrera dentro del de Alemán introduce una contradicción conceptual que adultera y dificulta el entendimiento

[106] GAI, p. 404.

[107] «Así que la libertad en pedir sólo al pobre le es dada. Y en esto nos igualamos con los reyes […] La otra libertad es de los cinco sentidos» (GAI, p. 407).

[108] GAI, p. 420. Alemán suministra ejemplos ilustrativos del concepto de pobres sometidos que Herrera con perversa confusión hubiese aprobado como pobres de espíritu. El mísero y contrahecho hijo de Pantalón Castelleto, grotesco ejemplo de pobre que por contaminación ideológica combinaba la pobreza de hacienda con la de espíritu, se sintió en la obligación moral de dejar todo su haber «al señor natural, a cuyo cargo estaban todos los pobres, con que descargaba su conciencia» (GAI, p. 414). Más adelante Alemán mencionará a unos pobres reformados, también florentinos, a los que describe como tristes figuras lobotomizadas (GAII, p. 165).

[109] GAII, p. 165.

del sentido de su propio discurso. Se trata de una estratagema narrativa que mediante la introducción de un elemento de ambigüedad le permite maniobrar para soslayar la prohibición de la censura. Por otra parte es una táctica que le ofrece la posibilidad de pagar a Herrera con su propia moneda. Posesionándose de su discurso e incorporándolo tácticamente en el suyo, Alemán consigue crear tal confusión que el de Herrera, como parte tanto de la primera parte del pícaro como de la primera carta, es difícilmente reconocible, reproduciendo con ello el plagio adulterador que Herrera había perpetrado en su propio trabajo. La dificultad interpretativa de los escritos de Alemán es mayor en el ámbito epistolar, no sólo por tratarse de un espacio más reducido sino también por su marco histórico, esfera más expuesta a la ingerencia del Presidente del Consejo Real. Por ello, hacemos hincapié en la deformación efectuada por Alemán cuando traslada a las cartas los grandes temas presentados de manera más explicita en la primera parte del pícaro, temas de los que seguidamente damos un botón de muestra.

«Y SIN DUDA DIOS HIZO… AL POBRE POBRE PARA ENRIQUECER DE GLORIA AL RICO»[110]

Para Herrera el pobre no era un fin sino un medio para conseguir sus propios objetivos. Alemán parodia esta interpretación de la función del pobre sustituyendo lo que en la primera parte del pícaro había expresado como «No hizo Dios tanto al rico para al pobre como el pobre para el rico»[111] (indicando que la salvación del rico quedaba subordinada a su comportamiento hacia el pobre) por lo que en su carta define como «Dios hizo… al pobre pobre para enriquecer de gloria al rico»[112]. Esta frase, que ilustra el alcance de la desviación del mensaje evangélico a manos de Herrera, merece una contextualización detallada. Así lo entendía Alonso de Barros, quien en su «Carta para el lector» desenmascara de forma directa y personalizada la sed de fama y gloria como el verdadero motor de

[110] Aquí reanudamos el análisis secuencial de la primera carta.

[111] GAI, p.421.

[112] Declaración tan corrupta como la anteriormente notada en la misma carta acerca de la función del pobre de espíritu como fuente de gloria divina: «el pobre de espíritu, de quien [Dios] sabe que ha de resultar su gloria».

la vocación asistencial de Herrera. Para quien como Herrrera se describía como el «tan flaco gusano» elegido como «instrumento»[113] divino, Barros exhorta irónica y públicamente aquéllo que el Doctor de verdad ansiaba y disimulaba: «Por tan piadoso intento, por obra tan necesaria… el [autor] merece mucha honra, y mucho premio». Barros llevaría la sátira hasta reclamar una doble coronación de Herrera, merecedor a usanza romana de «la corona obsidional» y de la corona «civica», como máximo defensor de la patría en su lucha contra el «enemigo universal» y contra el «riguroso cerco con que la tienen oprimida» los «enemigos domesticos»; es decir, «los pobres fingidos»[114]. Vallés por su parte denuncia la sed de gloria de Herrera, simulando paródicamente aconsejarle sobre el peligro de querer inmortalizarse en el caso improbable de que le asaltara la tentación de intentar hacerlo valiéndose de su función como reformador asistencial: «Deseche pensamientos de eternizar su memoria… no se prometa esperanças de valer en la tierra, y fundar casa y descendencia»[115]. Por otro lado, Alemán denuncia en su carta la mercantilización de la caridad, que en manos de Herrera se había convertido en una lucrativa inversión, definiéndola a su vez como un producto financiero de máximo

---

[113] RD, fol. 6v.

[114] A. de Barros, «Carta al lector». Pese a no aplicarle directamente el apelativo de Máximo, Barros se está refiriendo a Herrera a la usanza romana con la misma o mayor grandilocuencia que lo hacía Alemán en sus cartas. Barros estaba aludiendo a Vives quien instaba a que se volvieran a reconocer los virtudes ético-cívicas de valor y generosidad tan celebrados en la antigüedad: «Para quienes asumieron este empeño generoso, inventáronse los títulos de *Libertadores*, de *Salvadores* y tantas coronas como excogió la Antigüedad, símbolos de la virtud y de la gloria; a saber: la corona de grama para aquel que en campaña salvase la vida de un ciudadano, la corona de encina para quien hiciera levantar un cerco» (*De subventione*, libr. 1, cap. 3: «Cual sea la razón de hacer bien»). En la carta de Barros, Herrera quedaba por lo tanto paródicamente asimilado como bufón coronado a las grandes figuras del mundo romano. Para subrayar lo cáustico de su crítica Barros se había abstenido de proseguir con su símil. Se detiene elocuentemente en la instancia en que Vives declaraba: «También la medicina fué tenida en gran aprecio y atribuída a invención de los dioses: *El hombre médico*, dice Homero, *vale por muchos hombres*. Y Dios manda prestar al médico honra y acatamiento»; en este caso no era cuestión de coronas!

[115] CM, fol. 35v. El soneto que Lope dedica a Herrera en los preliminares al discurso segundo del AP (1598) se presta asimismo a una lectura paródica sugiriendo el ansia disimulada de inmortalidad que Herrera tenía: «O quien su nombre eternizar pudiera».

rendimiento: «con ganancias de ciento por uno». En esta misma línea, Barros solicita un premio para Herrera en reconocimiento a su lucrativa explotación de la «esterilidad de la pobreza, y… amarillez del mismo pobre»[116], como si por su palidez plateada éstos fueran las minas de Potosí. Alemán denunciaba también la función utilitarista a la que el reformador tenía previsto reducir la actividad del pobre, una vez completada su purga del considerado como pobre fingido. El pobre reformado, el considerado verdadero por Herrera, pobre en cuerpo y espíritu, quedaba reducido a un puñado de deshauciados electos y voluntarios cuya función consistiría en actuar como chivos expiatorios intitucionales o *pharmakos* del rico. A un nivel escatológico, el comportamiento modelico del pobre verdadero actuaría como contrapeso y regulador espiritual de los excesos del rico, cuya salvación y gloria garantizaba, asegurando además el equilibrio social. La figura de pobre reformado que Herrea proyecta en su *Amparo de pobres* es la de un mendigo mascota, una suerte de fetiche o escapulario propiciador de la dicha del rico: «con estas señales que traeran… les daran todos limosna de muy buena gana, aunque anden aseados y de buen color sanos haziéndonos tan gran provecho como es darla nosotros con mas caridad, satisfacion, gusto y alegria» (RD, fol. 3v.). Esta presentación del pobre como producto de consumo puesto a disposición del rico contiene su involuntaria propia crítica intrínseca que ya desvela indirectamente la clamorosa ausencia de la figura del rico en la visión reformadora de Herrera[117], de cuya necesaria reforma éste ni se había percatado.

---

[116] A. de Barros, «Carta al lector».

[117] En este último aspecto Herrera se lleva la palma de la singularidad. Entre los grandes tratados reformadores, el suyo es el único que exonera al rico de toda responsabilidad en materia asistencial. Se podría decir, con algo de ironía, que en ello consistía la originalidad de su contribución. En Herrera el rico es tema tabú. En sus *Respuestas* muestra su renuencia a responder a la «Septima Objeción» en la que se le reprochaba su silencio frente a la ociosidad de muchos ricos: «objecion cierto bien escusada a la qual no queria responder, mas porque se satisfaga quien la opuso y los que le han oydo me ha parecido no dexarlo assi». Cuando por fin la responde, su respuesta es alambicada y embarazosa. Apoyándose en una epístola de San Pablo comentada por Santo Tomás, Herrera expone su propia exegesis: «el que anda ocioso teniendo necesidad de ganar la comida pudiendo trabajar peca por el peligro en que se pone de hurtar, y mas si halla en que ocuparse y lo dexa de vicio, fuera de que este tal si pide limosna la hurta al verdadero pobre que no lo puede ganar, y si fuesse este rico o menos necesitado conforme a su calidad y estado que puede passar sin pedirla

«SI COMO LO ESCRIBISTE, TUVIERA TU INTENCIÓN VERDADERO EFECTO, SIN DUDA ME DEJARA EL ÁNIMO CON APACIBLE SOSIEGO»

La referencia oblicua que se hace en la primera carta a la primera parte de la novela («como otra vez en otro lugar lo dije») marca un momento gozne y es una señal anticipatoria mediante la cual Alemán abría paso al auténtico meollo de la misiva. Dado el previsible impacto de la llegada del «pícaro», cuyo anuncio se disponía a impartir a su interlocutor a renglón seguido, Alemán, utilizando su carta como manual de lectura, había dirigido la atención de Herrera hacia el epicentro de su poética historia como preparación para la comprensión del sentido de la misma. Alemán estaba guiando a Herrera a través de los meandros de su narración, dirigiéndolo certeramente a la ubicación de la clave de su manifiesto reformador o contradiscurso del *Amparo de pobres*. A través de Mateo xxv le había conducido al capítulo de su novela que, en el ámbito poético, reproducía el tenor de un discurso de reforma asistencial, con la particularidad de que en este caso se trataba de un monólogo a dos voces entre el pobreto Guzmanillo y un rico reformador: «Rico amigo, ¿no estás harto… de oír las veces que te han dicho que lo que hicieres por cualquier pobre… lo haces por el mismo Dios…? […] ¿qué te pones a considerar si gano, si no gano, si me dan, si no me dan? Dame tú lo que te pido» (GAI, p. 420). Mediante esta estratagema, Alemán designa a su destinatario epistolar, Herrera, como su lector de elección. Lector a quien, por un lado, suministra grandes exordios como «vulgo», y a quien, por otro, informa sin más preámbulos sobre la existencia

y aun trabajar y ocuparse (como ay muchos que con todo esso andan mendigando) este peca mas gravemente… siendo cierto que toda la limosna que se ha juntado fingidamente se deve restituir a los verdaderos pobres. Mas los hombres a quien dio Dios de comer, calidad y hazienda, aunque anden ociosos (que seria mejor que no lo anduviessen, sino que se ocupasse siempre)… pero estos ricos como no sean viciosos no contravienen a este precepto, porque no han menester hazer cosas que no devan para mantenerse y bivir… y los tales casi siempre tienen artas ocupaciones… y ansi destos ay muy pocos no ocupados en algo fuera de que quiere Dios que haya diferencias de personas y estados, y ansi a unos da hazienda de patrimonios con que coman y bivan con descanso, y con que agan bien a pobres, y otros quiere que ganen con su sudor la comida …» (RD, fol. 7r.–v.).

de la «primera parte del pícaro», confiado en que le iba a comprender como «lector discreto» iniciado en el asunto[118].

Cuando anunciaba en la primera carta la existencia de la «primera parte del pícaro»[119] era este el trasfondo conceptual que Alemán quería que Herrera tuviese presente, ayudado de una enigmática declaración cuyo sentido ambiguo sería esclarecido mediante el conocimiento del nucleo de pensamiento de Mateo Alemán expresado en aquel «otro lugar». Huelga decir que si bien la «primera parte» todavía no había salido impresa, Herrera conocía más que de sobra la postura de Alemán en materia reformadora. En el plano histórico, es este el trasfondo sobre el que Alemán invita a Herrera a reflexionar, en monólogo epistolar a dos voces, sobre lo que se presenta como una grave duda. La duda de Alemán recae sobre la relación entre el discurso de Herrera y la primera parte del pícaro. A pesar de su aparente meta común, Alemán sabía que entre ambos se daban graves discrepancias. Como la primera carta lo irá devanando, su duda parece brotar de las diferencias reveladas por el paso a la ejecución del programa de Herrera, diferencias cuya etiología pudiera situarse en la divergente intención que motivaba los discursos de éste y los escritos de Alemán.

Alemán presenta el discurso de Herrera, la «primera parte del pícaro» y la primera carta como compartiendo un mismo objetivo que su carta expresa como: «la reducción y amparo de los mendigos del reino». Este es el «principal intento» de su novela y el tema central y único del que «solo» pretende «tratar» en su carta. La «primera parte del pícaro» y la carta comparten pues una misma intención central. Ambas tienen un mismo autor-narrador en Alemán, y unos mismos principales interlocutores-destinatarios en Herrera y el anónimo interlocutor de Guzmán, quienes, como se ha indicado, compartían rasgos y papeles afines por lo que al asunto reformador atañía. En la primera carta, la «primera parte del pícaro» aparece presentada en relación con el discurso de Herrera, muchos de cuyos principales temas son incorporados orgánicamente como parte

---

[118] Como pesunto lector único de las cartas, Herrera posee las características que de manera diferenciada Alemán atribuía a sus dos categorías de lectores en las cartas-paratextos del GAI, «vulgo» y «discreto lector».

[119] A la que Alemán sin nombrarla directamente acababa de aludir y hacia la que había dirigido la atencion del lector: «otra vez en otro lugar».

integrante de la carta pero sin indicar claramente su procedencia, con lo que se produce la impresión de que pudieran tratarse de propuestas del propio Alemán. En el marco de la complementaria alternancia entre novela y carta que, como hemos venido observando, invita a la intercambiabilidad, es dado suponer que el discurso de Herrera constituía también un elemento subyacente e indisociable del discurso de la vida del pícaro. A este respecto es importante señalar sin embargo que en el plano epistolar y pese a las apariencias en contrario los discursos de Herrera y Alemán no se entrelazan orgánicamente. Su enmarañamiento sugiere fisión y no fusión. Ello sería indicativo del módulo aplicable a la relación entre ambos discursos en la primera parte del pícaro.

«POR HABER SIDO ESE MI PRINCIPAL INTENTO EN LA PRIMERA PARTE DEL PÍCARO QUE COMPUSE»

Alemán expresa aprensivo temor, falta de «sosiego», frente a una posible diferencia entre la postura de Herrera y la suya propia, en apariencia tan simbióticas. A estas alturas de nuestro estudio sabemos, como lo sabía el propio Herrera, que el malestar expresado por Alemán era puro simulacro. Ambos sabían que sus posturas eran contrarias; en ello no había sorpresa. Así y todo para poder captar la lógica de su razonamiento y aceptar la validez de su sincera alarma frente al paso a la ejecución del programa de Herrera, conviene seguir el procedimiento de Alemán y refrescar con la lectura de su carta los principios éticos que configuraban sus posturas en materia reformadora; principios recogidos a nivel teórico en sus respectivas obras: el discurso de Herrera y «la primera parte del pícaro». Ello permitirá dilucidar si existían o no suficientes indicios de desavenencia entre ambos escritos como para poder detectar su presencia llegado el momento del paso a la ejecución del programa de reforma de Herrera. El cotejo de dos obras en géneros tan dispares como el poético y el tratadístico sobre un mismo tema, «la reducción y amparo de los mendigos del reino», no es trabajo fácil. El discurso de Herrera ya ha sido presentado en la primera parte de este estudio. Sobre la «primera parte del pícaro» recogemos, sin por ello pretender reducirla a un tratado de reforma asistencial[120], dos de

---

[120] En su primera carta Aleman había declarado que éste había sido su «principal intento». Se trataba de un escrito correctivo de lo escrito por Herrera. Su finalidad era

sus momentos más significativos al respecto. Son dos momentos en los que el niño Guzmanillo comprende con lucidez de adulto el engaño al que como pobre está siendo sometido por parte del discurso oficial; discurso manipulador que no contentándose con proyectar una imagen falsa del pobre quiere conseguir que sea el mismo pobre quien acabe por aceptarla. Estas dos instancias ilustran respectivamente el proceso de tentación y el momento epifánico de revelación de la verdad que consigue salvar la salud mental de nuestro protagonista. En la primera, el esportillero Guzmán medita sobre el significado de la metáfora del cuerpo místico de Cristo[121], aplicándola a su propio «mísero cuerpo» de menesteroso harapiento, necesitado de sentido y verdad. En la segunda, el Guzmanillo mendigo cavila sobre la verdadera intención disimulada detras del examen del pobre[122] y de sus necesidades, credo del programa de reforma asistencial de Herrera. Guzmanillo rechaza en ambos casos el discurso reformador oficial contaminado y se rebela contra su falsedad mediante su propio contradiscurso. Subrayando la clarividencia del niño que le permite mantener incolume su sentido crítico, Alemán confiere a su comportamiento en estos dos momentos una solemnidad de corte sacramental. El niño habla como un profeta, expresando verdades de orden atemporal, tan auténticas cuando las decía de niño como más adelante en el presente del narrador maduro, que es el presente de Alemán. La sabiduría del niño se mantiene inalterada en el narrador adulto, su «juicio de ahora y entonces»[123]. Su denuncia de la hipocresía del rico calculador que bajo capa de racionalizar la asistencia cavila sobre la distribución de la limosna mantiene su actualidad tanto en el niño como en el Guzmán adulto, quien reduplica y defiende con pasión la conducta de Guzmanillo cuando el recuerdo de su infancia le trae a la memoria como los poderosos manipulaban a los necesitados: «gastábaseme la paciencia, y aún hoy se me refresca con ira, embistiéndoseme un furor de rabia en contra dellos, que no sé cómo lo diga»[124]. En los dos

conseguir que los pobres «fuesen de veras remediados».

[121] GAI, pp. 285–286.

[122] GAI, pp. 420–422.

[123] GAI, p. 286.

[124] GAI, p. 420.

momentos a los que hacemos referencia lo fingido no es el pobre sino el discurso oficial; Guzmanillo es verdaderamente pobre en ambos casos. Este postulado socavaba las bases del esquema de Herrera y ponía de relieve que su discurso teórico y el de Alemán eran discursos opuestos y que sus diferencias no se limitaban a la implementación del programa reformador.

En la primera carta, Alemán anuncia la llegada de la primera parte del pícaro y a modo de cita intertextual se refiere a ella con un «como otra vez en otro lugar lo dije». De esta manera, queda consignado en primera persona que en la novela que la carta anuncia es el propio Alemán quien se expresa directamente por medio de la voz del narrador[125]. Siendo ello así, lo que en la novela expresa a su interlocutor en materia de «reducción y amparo de los mendigos del reino» es asimismo trasladable al discurso que Alemán dirige a su interlocutor epistolar Herrera. Es indispensable mantener presente el profundo desacuerdo que existe entre ambos discursos, el de Herrera y el de Alemán, para poder comprender el sentido de la paradójica declaración de Alemán, quien parece vacilar respecto al paso a la ejecución del discurso de Herrera «para lo cual… se ha tomado traza», como si su desasosiego hubiese surgido por generación espontánea del temor de un probable equívoco frente a lo que erróneamente se hubiese podido tomar por un perfecto asentimiento previo: «sólo pretendo tratar tocante a la reducción y amparo de los mendigos del reino, de quien con estilo grave y singular elocuencia hiciste un curioso discurso que si como lo escribiste tuviera tu intención verdadero efecto, sin duda me dejara el ánimo con apacible sosiego, por haber sido ése mi principal intento, en la primera parte del pícaro que compuse».

Tras un largo preámbulo imbuido de un sincretismo doctrinal, mimético y confuso en el que apenas se deja entrever que manejaba dos escritos diferenciados y antagónicos sobre un mismo asunto, Alemán revela en la segunda sección de la primera carta que en realidad él y Herrera[126] tenían cada uno su propio programa, llegando incluso a

---

[125] En su primera carta, Alemán se está refiriendo a sí mismo cuando dice «lo dije», reiterando así su proyección directa y personal en el libro y expresando en primera persona su involucración en el mismo.

[126] Autor e interlocutor.

emitir abiertamente graves reservas sobre el programa reformador de su corresponsal. Al ofrecer su reacción frente al inicio de la fase de ejecución del programa de Arce y Herrera, Alemán expresa inquietud y duda si éste lograría realizar en la práctica lo que en su discurso reiteraba[127] ser su verdadera «intención» respecto a la crisis asistencial: «que mi intención, sabe Dios, no es otra, sino que se remedie por qualquier camino que sea mejor»[128]. El temor de Alemán hubiese sido comprensible en el presupuesto de que hubiese existido un total acuerdo entre sus respectivas posturas; en cuyo caso, el éxito de la fiel ejecución del programa de Herrera hubiese naturalmente sosegado el ánimo del propio Alemán. Sin embargo, esta armonía entre ambos era puro simulacro. Los temores de Alemán iban por otros derroteros y se situaban en otro registro. La fiel correspondencia entre «intención y obra»[129] como rasero de autenticidad ética es uno de los grandes temas del pícaro y una de sus constantes[130]. Por ello, habiendo observado un desajuste entre el discurso de Herrera y su recién iniciado plan de ejecución, Alemán plantea y elucida en su carta la cuestión de la autenticidad de la intención de Herrera, de la que dudaba. Simulando perplejidad, se pregunta cómo pese a tener ambos

[127] Herrera lo reiteraba con ahínco defensivo porque existían graves sospechas al respecto. En su AdP, Herrera reafirma que su intencion es buena (AdP, «Carta al lector» y fols. 9r.,16r., 21r.).

[128] AdP, «Carta al lector».

[129] «Y no se sabe de alguno que con intención sin obra se haya salvado; ambas cosas han de concurrir, intención y obra» (GAII, p.176).

[130] «quien ha de conservar amistad ha de procurar que sus obras correspondan a sus palabras» (GAII, p. 154). Alemán ilustra con un ejemplo sublime la importancia capital de la intención. Si ésta falta en el sacerdote celebrante, no tiene lugar la transubstanciación sacramental del pan y del vino. Si por el contrario ella está sinceramente presente: «aquel pan y vino ya no son vino ni pan: porque con las palabras del sacerdote (aunque sea el mayor de los pecadores teniendo intencion de consagrar) dexa el pan de ser pan y el vino vino, y son el mismo Dios verdadero CHRISTO Señor nuestro)» (AP, fol. 108r.) La fractura que se había producido en el espíritu de Alemán a causa de la traición de Herrera, que ni hacía lo que decía ni deseaba de verdad lo que decía anhelar, tuvo secuelas anímicas de largo alcance que sólo serían subsanadas años después en el Nuevo Mundo mediante su encuentro con Frai García Guerra, Arzobispo de México y Virrey, a cuyo servicio estuvo hasta la muerte del prelado. De este santo varón decía significativamente Alemán que «Hazía lo que dezía, i obrava lo que mandava» (*Sucesos de D. Frai García Gerra*, «Oracion Funebre», p. 58).

«la reducción y amparo de los mendigos del reino» como meta común pudiere haber falta de concordancia entre sus respectivos discursos por lo que respecta al paso a la acción. Remontándose a la etiología de esta posible discordancia, Alemán plantea la comparación entre sus respectivos escritos en términos de «tu intención» *versus* «mi intento», simulando reducirla a una cuestión de énfasis como si se tratase de dos nociones intercambiables. La injerencia de Alemán, aparentemente impertinente[131], en el asunto asistencial queda justificada cuando descubre a Herrera que también él había compuesto un trabajo sobre el tema[132]. Trabajo que consideraba como algo muy serio ya que el temor de que su visión no llegase a realizarse correctamente le causaba una profunda alteración de ánimo, que describe enfáticamente como ausencia de «sosiego»[133]. Como si se tratase de una carta escrita en estilo tragicómico, Alemán alterna un registro grave para describir la seriedad del asunto con un tono casi liviano para presentar sus respectivos escritos sobre el mismo, designando el de Herrera como «un curioso discurso» y el suyo propio como «la primera parte del pícaro». Estas designaciones parecen apuntar a una falta de adecuación entre contenedor y contenido y sugieren ineptitud en sus propuestas. Alemán, sin embargo, no ridiculizaba su propio escrito. Lo que estaba indicando era que en éste ridiculizaba al de Herrera. El rastreo de los verdaderos designios de Herrera llevado a cabo por Alemán en su primera carta podría quizá ser planteado como: «tu intencion» contrapuesto a «mi intento», dos discursos y una duda reafirmada[134].

[131] Conviene reiterar que Alemán se estaba dirigiendo a quien era considerado como máximo experto en la materia: Herrera.

[132] Sin embargo, al principio de la carta se había expresado en contra, queda inferido, de escribir tratados o memoriales sobre el tema, ya que «sería reiterar lo que ellos [doctos varones] tienen dicho y estampado y a todos es notorio».

[133] Alemán no había dado a conocer su visión reformadora en escritos de tipo tratadístico ni especificado en la carta a qué género literario pertenece su «primera parte del pícaro». Presuntamente dependía de lo propuesto por Herrera como vehículo para dar a conocer su propia propuesta. Ello no obstante, sabemos que sus programas eran antagónicos. Lo que preocupaba a Alemán, por lo tanto, era la puesta en marcha del programa de Herrera, de un programa contrario a sus ideales. Por ello examina cuidadosamene el asunto en su primera carta.

[134] Aunque se inscriben en el marco de las «objeciones y dudas» ya suscitadas al discurso

«DANDO A CONOCER ALGUNAS ESTRATAGEMAS Y CAUTELAS DE LOS FINGIDOS, ENCARGO Y SUPLICO, POR EL CUIDADO DE LOS QUE SE PUEDEN LLAMAR, Y SON SIN DUDA CORPORALMENTE POBRES»

Sorprende que Alemán viese su obra como un «discurso»[135], o por lo menos como vehículo de un discurso reformador. Ello queda inferido cuando Alemán establece un paralelismo entre el discurso de Herrera y su propio escrito, como si en ambos casos se tratase de obras pertenecientes a un mismo género[136]. La carta no da a entender que el «pícaro» fuese una obra de ficción. Para Alemán el discurso de la vida del pícaro era expresión de una realidad extraída de un presente directamente vivido. Al ofrecer las primicias de su obra a Herrera, éste aparece como su lector de elección en potencia; como si el haber sido elegido como interlocutor epistolar fuese un anticipo del papel que Alemán le tenía reservado a nivel poético. El entramado de la carta, cuyo desarrollado se asemeja al de una novela por entregas en la que el suspense debe mantenerse de párrafo a párrafo, respondía al hecho de que en ella Alemán estaba anunciando a Herrera, gradualmente y con la debida cautela, la llegada del «pícaro» y de su misión correctiva, preñada de consecuencias para Herrera y su reforma. El «principal intento» de la primera parte del pícaro lo expresa Alemán con estas palabras: «dando a conocer algunas estratagemas y cautelas de los fingidos, encargo y suplico, por el cuidado de los que se pueden llamar, y son sin duda corporalmente pobres, para que, compadecidos dellos, fuesen de veras remediados». Para Alemán

de Herrera de 1595 por un importante sector de opinión, Alemán había trasladado el desarrollo de sus propias dudas a un registro diferenciado y personalizado; esbozado en su primera carta y anunciado en ésta de forma un tanto críptica como «la primera parte del pícaro que compuse».

[135] GAI, p. 125; «Al discreto Lector», p. 112; «Declaración para el entendimiento deste libro», p. 113; «Elogio de Alonso de Barros», p. 116.

[136] Sus discursos no pueden ser considerados como meramente coincidentes en tema y cronología. El «pícaro» fue concebido como antítesis al «curioso discurso» de Herrera. Su principal tema era la reforma asistencial vista por Herrera y corregida por Alemán. Como hilo conductor nemotécnico, *Guzmán* (1599) arranca con una referencia al «curioso lector» (GAI, p. 125) con la que apunta al «curioso discurso», expresión esta última aplicada por Alemán en su primera carta al discurso reformador de Herrera.

la causa de los pobres era algo más que un programa de reforma social; era una auténtica vocación. Alemán era consciente de las consecuencias que podrían derivarse del paso a la ejecución del programa de reforma de Herrera. Para evitarlo, recurre Alemán a su «primera parte del pícaro» con el fin de que los «que son sin duda corporalmente pobres… compadecidos dellos fuessen de veras remediados». El enfático «de veras» indica que esta cualidad no se daba en el programa de Herrera, cuya meta era otra. El remedio ansiado por Alemán no podía alcanzarse mediante este programa. Alemán lograría su cometido previo saneamiento del terreno. Alemán afirma con énfasis que los pobres mendigos no sólo parecen sino que «son sin duda corporalmente pobres». Contrariamente a Herrera Alemán no duda de su intención y los exime de examen[137]. Por ello no sólo declara que son, tal y como lo parecen, sin duda pobres, sino que son merecedores de que se les incluya en la categoría de pobres verdaderos. A este respecto, la visión de Alemán no es reformadora sino predominantemente asistencial; consistía en proporcionarles compasivo y auténtico remedio[138].

El grupo al que Alemán somete a escrutinio es el de los «fingidos». Por medio de esta fórmula sustantivada Alemán sustituye el concepto de pobre fingido por el de «fingido» a secas[139]. Es decir, aquel que aparenta ser otra cosa de lo que en realidad es; como su interlocutor, de cuya autenticidad e «intención» Alemán duda. La visión reformadora de Alemán en la primera parte del pícaro, pergeñada en su primera

[137] Alemán ilustra esta misma actitud cuando por vía de Guzmán amonesta a su interlocutor al respecto: «No es a tu cargo el examen; jueces hay a quien toca» (GAI, p. 421).

[138] La insistencia de Alemán sobre la noción de pobreza corporal responde a su deseo de deslindar nítidamente las categorías de pobreza corporal y de pobreza espiritual. La confusión entre ambas era el gran fallo conceptual de la reforma de Herrera, a cuya corrección, como hemos visto, Alemán ha dedicado la primera parte de esta carta. La misión asistencial de Alemán se encaminaba a remediar la pobreza corporal y material y sus secuelas anímicas. Ese era el ámbito al que su visión reformadora quedaba circunscrita. Para Alemán la pobreza material era un mal tanto físico como moral contra cuyas terribles consecuencias quería luchar con su visión reformadora. La pobreza voluntaria, la de espíritu, era harina de otro costal, como se ha indicado.

[139] De forma analógica a lo que ya había hecho con el grupo a cuyos componentes llamaba «los de espíritu», diferenciándolos de los pobres de espíritu.

carta, tiene por prioridad poner en evidencia y denunciar las engañosas tácticas del «fingido»[140] para, una vez desveladas, abogar eficazmente por el verdadero remedio de los «corporalmente pobres»[141]. Mediante su elección de léxico, Alemán asimila el programa reformador de Arce y Herrera a una emboscada urdida contra la indefensión del pobre, acto de agresión en el que el «fingido», el reformador fingido (como queda inferido) opera mediante «estratagemas y cautelas». Por su parte, Alemán operaría fuera del campo tratadístico oficial acotado por el proyecto de Herrera y su valedor[142] y optaría por la ficción como arma de contraataque y vehículo para exponer su ideal ya que ¿quién iba a sospechar de un miserable pícaro?[143]. Al elegir el vocablo «remedio»

---

[140] Vallés utiliza esta expresión con este mismo sentido cuando en su carta a Herrera se refiere al «daño de los fingidos» (CM, fol. 38r.) y asimismo cuando menciona los disimulados designios del «demonio», quien «por no aver podido desterrar del todo el uso de dar limosna, ha procurado malear la pobreza, introduziendo entre los mendigos y pobres, maliciosos y fingidos, que quiten a los verdaderos la paciencia: porque *Dum superbit impius, incenditur pauper*: y enfrien la caridad de los que hazen limosna» (CM, fols. 12v.–13r.). Vallés no está aludiendo aquí sólo a los mendigos fingidos. El impío que se ensoberbece mientras que el pobre se consume en el fuego no es el mendigo falso sino el reformador vanidoso y fingido, como el propio Herrera. En Vallés los «maliciosos y fingidos» no tenían escrúpulo alguno en soliviantar el ánimo de la opinión pública con un falso programa que en vez de ayudar al pobre creaba un prejuicio negativo en contra suya y demoraba toda toma de acción asistencial, enfriando la caridad. Mientras que el pobre abandonado se consumía, los falsos reformadores se engrandecían. Vallés está denunciando principalmente la reforma de Arce y Herrera, cuyo propósito no era reglamentar la limosna sino acabar con los mendigos. Arce y Herrera eran los auténticos «fingidos», apelativo utilizado de forma sustantivada respectivamente en las cartas de Alemán y Vallés a Herrera de 1597.

[141] Esta es también la estructura de la primera carta en la que Alemán comienza por examinar y revelar la falsedad de Herrera a nivel doctrinal. Lo mismo hace con el inicio de la ejecución del programa asistencial del AdP. Sólo una vez expuesta esta doble adulteración abogará Alemán abiertamente por la causa de los pobres, libre ya de la interferencia de posturas que se prestaran a confusión.

[142] Años más tarde, Alemán reiteraría su renuncia al género tratadístico: «Bien sé yo cómo se pudiera todo remediar con mucha facilidad, en augmento y consentimiento de la república, en servicio de Dios y de sus príncipes; mas ¿héme yo de andar tras ellos, dando memoriales» (GAII, p. 268).

[143] «Por decir verdades me tienen arrinconado, por dar consejos me llaman pícaro y me los despiden. Allá se lo hayan… Diré aquí solamente que hay sin comparación mayor

---

y no el término «amparo» para describir su concepto de asistencia al pobre, Alemán indicaba su ubicación ideológica en el asunto. Seguía

número de ladrones que de médicos y que no hay para qué ninguno se haga santo, escandalizándose de oír mentar el nombre de ladrón» (GAII, p. 269). Como quien no quiere la cosa, el pícaro ha conseguido deslizar una analogía conceptual entre ladrón y médico, símile que dado el tenor general de la obra va más allá del tópico y podría tratarse de un dardo más en dirección del médico Herrera, dirigido también tanto al primero como al segundo plagio del que Alemán había sido víctima; instancias ambas en las que el Doctor había jugado un papel crucial. Alemán suministra información suplementaria acerca del sentido específico de su denuncia, invitando a quien en ella alude a hacer un examen de conciencia: «pregunte[se] a sí mesmo, por aquí o por allí, qué ha hurtado en esta vida, y para esto sepa que hurtar no es otro que tener la cosa contra la voluntad ajena de su dueño». Al referirse a sí mismo en su primera carta en primera persona con un «encargo y suplico» dirigido a su propia actuación en el ámbito del remedio de los pobres, Alemán está reivindicando para sí el papel de intercesor del necesitado, función que Herrera se había reservado en su programa reformador. Si Alemán en su primera carta presenta su intervención en la «primera parte del pícaro» como una acción correctiva para que los pobres fuesen de «veras remediados» es porque ello no se había conseguido en el marco de la reforma de Herrera. Alemán está acusando por inferencia a Herrera de ser un «fingido» intercesor del pobre. En su discurso sobre la «ejecución», Herrera proponía la creación del cargo de «Procurador general destos albergues y de los demás pobres del reino», al que atribuía las funciones de «administrador general» y de «fiscal y síndico de las cosas tocantes a la ejecución de las premáticas que sobre ello se ordenaren» (AdP [1975], p. 191), que aunque no lo especifica al parecer había previsto asignarse. En noviembre de 1598 cuando la pérdida de favor de Arce, a quien en su discurso de 1597 había propuesto como «Protector general» de los pobres, comenzaba a ser conocida en ciertos sectores, Herrera suplica al rey a través de las Cortes que se le adjudique a él el citado puesto: «se le nombre por protector y procurador general de los pobres y albergues destos reinos» (AdP [1975], Intr., p. xlix). Hago notar que la expresión «procurador de pobres» también se aplicaba al «sugeto que se mezcla o introduce en negocios ù dependencias, en que no tiene interés alguno: y si cae en persona de no buen crédito, o que perjudica à alguno, se suele decir, Quien le mete à Judas en ser procurador de pobres» (DA, s. v. «procurador»). Alemán al recomendar por boca del pícaro la necesidad de incrementar la vigilancia y control en la distribución de la ayuda destinada al pobre, aludía al comportamiento ejemplar que deberían de tener los «administradores», tal si lo fueren de un «hospital», para evitar fraudes que compara con «la sisa de Judas» (GAI, p. 284). Dada la proximidad cronológica, no se puede descartar que aquí Alemán pudiere estar aludiendo al cargo de «administrador», o por inferencia procurador de pobres, del sistema de albergues que Herrera se había reservado para sí, sobre la probidad de cuyo desempeño Alemán y la opinión crítica podían haber albergado grandes reservas.

el cauce que el malogrado reformador Giginta abriera en su seminal *Remedio de pobres* (1579). Alemán sigue al canónigo rosillonés cuando indica que su visión reformadora no daba cabida a un examen de los corporalmente pobres ya que sin duda lo son; de parecida manera a como Giginta había expresado su rechazo del derecho de indagación unilateral que los poderosos se habían arrogado sobre los pobres: «Si los pobres pudiesen examinar a los ricos, cuanto que hallarían que corregir»[144]. Alemán, fiel a las recomendaciones de su desaparecido inspirador y mentor espiritual, concedería al pobre, por medio de su pícaro, el derecho a este subversivo escrutinio.

Para Alemán, la «primera parte del pícaro» es por encima de todo expresión de su contribución al debate reformador. Si bien se ha dado por descontado que las miras y sentires de Alemán y Herrera, considerados además como amigos modélicos, eran fundamentalmente coincidentes, las cartas reducen esta comunidad de miras al hecho de que ambos trabajaban sobre un mismo asunto, enunciado por Alemán como «la reducción y amparo de los mendigos del reino». Fuera de este punto, sus respectivas posturas e intenciones no estaban en armonía ni en el espíritu que las animaba ni en sus fines y módulos de gestión. Alemán duda de la intención que subyace al programa de Herrera; cuestiona su planteamiento del problema y las medidas, las «trazas», que se han tomado para su ejecución; y dice desconocer sus verdaderos fines, dando a entender que eran fines disimulados al adjetivarlos como «ignotos». Es decir, Alemán reprueba el proyecto de Herrera en su totalidad. Su existencia no sólo le produce desasosiego sino que le deja con una «gran preñez»; es decir, con una sensación de presagio amenazador y en grande confusion[145]. Es por ello por lo que Alemán había compuesto como reacción al mismo un auténtico contradiscurso con formato de lo que llamaremos pícaro *versus* pícaro. Fuera de estas grandes líneas directrices, Alemán no ofrece sin embargo medidas específicas para la concreción de su visión reformadora. Su misión parece haber consistido en desvelar las malas artes de los fingidos antes de que fuese demasiado tarde, y conseguir que la opinión pública, una vez informada, se mobilizase en favor de la causa de los necesitados para

---

[144] M. Giginta, *Tratado de remedio de pobres*, ed. Félix Santolaria Sierra, p. 86.

[145] DA, s. v. «preñez».

darle verdadero remedio. Alemán no pretende reformar a los «fingidos», a los falsos reformadores, porque sabe que no son reformables. En la propuesta asistencial de Alemán la intención de reforma no va dirigida a Herrera sino a un programa reformador frente al que experimenta tal desconcierto que lo etiqueta como «curioso discurso». Sin embargo, no sería a su autor a quien Alemán encomendaría la enmienda del mismo. Como si desconfiase de la capacidad de Herrera para tamaña empresa, Alemán cierra su primera carta anunciándole quien se encargaría del asunto. Le informa que se había autodesignado como corrector del discurso de Herrera y de su ejecución: «que por ventura si me acordare te escribiré otro día, para que… lo enmiendes y corrijas».

El *Guzmán de Alfarache* se designa, en palabras de Alemán su primer y más fidedigno crítico, como «la primera parte del pícaro», expresión en la que queda elidida toda mención nominal de su protagonista Guzmán de Alfarache. Con ello, Alemán parece estar indicando a su lector Herrera que consideraba su escrito como parte de una obra de mayor alcance que preludiaba una continuación y otras partes, como algo que iba asimismo más allá del protagonista Guzmán, de cuyo nombre no se había querido acordar. La elección del término «el pícaro» como rótulo semántico de su obra junto con la referencia por una parte a Guzmán de Alfarache como «nuestro pícaro»[146], y por otra la noción de que «el sujeto deste libro» es «un pícaro»[147] apuntan a la existencia en la novela de dos protagonistas «pícaros» que cohabitan en una misma obra, aunque a distintos planos. El que Alemán en su primera carta hubiese encapsulado la presentación de su obra dentro de un vocablo, «el pícaro», que suena a apodo, sugiere también que quizá Herrera supiera ya que la crítica iniciada, entre la que el manuscrito habría circulado clandestinamente, le había aplicado también a él este sobrenombre, genérico sólo en apariencia[148]. Lo que Alemán estaba expresando a modo

[146] GAI, «Declaración para el entendimiento deste libro», pp. 113–114.

[147] GAI, «Al Discreto Lector», p. 112.

[148] Alemán rememora años más tarde la metamorfosis operada en el título de su obra por obra y gracia del lector: «que habiéndolo intitulado *Atalaya de la vida humana*, dieron en llamarle *Pícaro* y no se conoce ya por otro nombre» (GAII, p. 115). El apelativo de «pícaro» no traslada la ternura que Alemán reserva a Guzmanillo en GAI. Al evitar su forma diminutiva, Alemán está indicando que sus tiros apuntan

de confidencia era su propia interpretación de la obra, brindada a su corresponsal sin necesidad de «largos exordios»[149], seguro de que éste le entendía. Mediante una escueta referencia al «pícaro», Alemán establece en el ámbito privado epistolar una forma de complicidad entre autor y lector de la primera carta análoga a la que en 1599 dejaría establecida en el ámbito público de los paratextos del *Guzmán de Alfarache* donde invita a su lector e interlocutor a «picardear» con las cosas del «pícaro» que era el «sujeto del libro», es decir su modelo temático[150].

«PARA LO CUAL, CON PREVENCIÓN DIGNA DE GRANDE ALABANZA Y TAL QUE PARECE HABER SIDO COMUNICADA CON DIOS Y POR DIVINA INSPIRACIÓN SUYA REVELADA SE HA TOMADO TRAZA»

Una vez localizada la ubicación de los dos discursos reformadores y simulando todavía que se trataba de discursos afines, Alemán pasa en su carta[151] a la evaluación de las medidas tomadas para dar comienzo a la

a otro blanco: pícaro no es lo mismo que picarillo. Tampoco describe una figura genérica aplicable a un grupo. Sugiere la imagen concreta y quizá siniestra para la psique colectiva contemporánea de un «pícaro» adulto como Juan Rubio, uno de los asesinos de Escobedo que por influencias paternas (su padre estaba al servicio de Antonio Pérez) había conseguido esconderse de la justicia trabajando como pinche en las cocinas del rey, y era conocido por todos como «el pícaro» (G. Marañon, *Antonio Pérez*, tomo I, p. 76). El vocablo «pícaro» podía así sugerir una mala persona, un individuo específico. Para el discreto lector era evocativo de aquél a quien Alemán designa como «el ser de un pícaro sujeto deste libro», quien además sería principal tema del mismo (GAI, «Al Discreto Lector»).

[149] GAI, «Del mismo al discreto lector», pp. 110–112.

[150] Alemán no sólo asumía que entre lector discreto y autor existía un *terrain d'entente* sino que daba también por supuesto que lector-interlocutor y «pícaro» compartían un terreno de complicidad. Sabía que eran de la misma pasta, capaces ambos de «picardear» con las mismas cosas. Alemán despertaba maliciosamente con ello la curiosidad del primero al mismo tiempo que le anunciaba que se disponía a desvelar públicamente la esencial naturaleza del segundo, lo que tenía serias implicaciones para aquél por lo que ambos tenían en común.

[151] En la carta ambos discursos aparecen fusionalmente enmarañados.

ejecución del programa de Herrera[152]. Como movido por un incontrolable entusiasmo, Alemán pone por las nubes las primeras medidas tomadas por Herrera y su divina fuente de inspiración: «comunicada con Dios y por divina inspiración suya revelada», palabras que en el registro de lectura ya establecido apuntan a Arce como origen inspirador de las medidas adoptadas[153]. Al sostener que su labor reformadora estaba divinamente inspirada, era el propio Herrera quien había dado pie a la crítica de Alemán, el cual en su primera carta añade irónicamente que esta inspiración «parece» haber sido «revelada»[154]. Trasladado del plano histórico de las *Respuestas* de Herrera y de la primera carta de Alemán al plano poético del *Guzmán de Alfarache*[155], el concepto de revelación se retoma y corre a cargo del propio pícaro, quien brinda una confesión en la que, como se ha indicado, reconoce que «daba… a entender por

---

[152] En esta nueva sección de la carta, Alemán pasa revista a la «Instrucción» de Arce sin nombrarla específicamente y al discurso sobre la ejecución de Herrera, ambos de enero del 1597. Expresa un juicio general sobre la contribución global de Herrera al asunto reformador tanto a nivel teórico como práctico. Alemán recoge asimismo conceptos clave como «duda», «inconvenientes», «objeción», como recordatorio a Herrera de que son asuntos que siguen pendientes y sin resolver. Para poder proseguir con su crítica, todo ello sigue siendo expresado por Alemán en su carta en módulo paródico.

[153] Vallés presta atención al mecanismo de transmisión de la inspiración de Herrera, supuestamente de origen divino, atribuyéndolo a la intervención de un ángel de la guarda sugerente del soplo del omnipotente Arce que controlaba la voluntad del monarca: «Y no dudo sino que quando su Angel de guarda, con la voluntad de Dios, le puso en essos pensamientos, que se le hizieron tan dificultosos… que le pareceria imposible a sus fuerças… sin osar sacar a luz el parto de tan buena inspiracion: que sin duda creo, si me lo quiere confesar, que tuvo gran impulso de Dios, quando se atrevio a hazerlo. Y si como humilde lo disimulare V.m. o no se lo aya querido Dios dar a sentir tanto, que lo pueda confessar: pues no ha bastado a entibiarle la mucha contradicion que ha tenido, basta para que yo entienda que fue Dios el motivo que le llevò a executarlo» (CM, fols. 22r.–23r.).

[154] Respondiendo a la «sexta objeción» en la que se le acusaba de meterse en asuntos fuera de su profesión y más allá de su capacidad, Herrera declaraba: «Respondo que ha sido Dios servido encaminar este negocio por este camino tan flaco, tomandolo por instrumento para cosa tan grande… poco importa ser cuyo fuere, ni de un tan flaco gusano como yo, pues todo lo que es bueno y verdad procede de su mano» (RD, fol. 6v.)

[155] GAII, pp. 475–476.

indirectas» que actuaba impulsado por «divina revelación»[156] en la época en que se hacía pasar por limosnero y amparador de pobres cuando en realidad sólo buscaba su propio acrecentamiento y tenía «dañada la intención»[157].

Tras una primera reacción de simulado entusiasmo frente a los primeros pasos ya dados para la ejecución del proyecto de Herrera, Alemán cambia de registro, parece dar marcha atrás y expresa una primera objeción: «Muy bien me ha parecido pero dígote de cierto que lo quisiera ver en otra manera». Se trata sin embargo de una objeción que no puede ser tomada como verdadera crítica puesto que se reduce a una cuestión de deseo de énfasis presentada en términos modulados («con más calor proseguido») respecto a las medidas tomadas. Las palabras con las que se formula esta objeción se hacen eco de la expresión utilizada por Herrera en su «Carta» preliminar al *Amparo de pobres* (1595) en la que invitaba a «las personas de buen zelo, y desseosos del bien común» a que diesen «calor» a «negocio de tanta importancia»[158]. Sin embargo y mirada en su totalidad

---

[156] GAII, p. 476. El AP recoge asimismo en detalle de qué manera se le comunicaba la ciencia infusa a Antonio por «divina revelación», y cómo éste dejaba a sus oyentes «confusos y admirados» (AP, fols. 93v.–95r,). En la tabla de materias del «Libro segundo» del AP se deja constancia de las repetidas ocasiones en las que Dios comunicaba con el santo lisboeta por «divina revelación».

[157] Admisión reiterada dos veces prácticamente seguidas en GAII, p. 475.

[158] En su primera carta, Alemán utiliza el giro «con más calor» como si fuera una llamada de solidaridad con la ejecución del programa de Herrera. Lo que sin embargo Alemán está sacando a luz es que para Herrera «calor» en su trato con el pobre tenía sentido de rigor y no apoyo. En su discurso sobre la ejecución de enero de 1597, Herrera anunciaba un cambio de rumbo de estrategia en su método de «inquirir y buscar vagabundos», categoría de pobres fingidos hacia la que hasta entonces se habían empleado «medios algo suaves» que ahora convendría hacer «mas rigurosos». Una vez asegurado el inicio de la ejecución de su programa en 1597, Herrera se mostraría tal cual era en realidad con un giro cuya radicalidad sólo quedaría revelada sin tapujos en su *Discurso acerca del ornato* (1597). En este tratado, Herrera lleva la recomendación de Vives (sin mencionarlo) sobre proporcionar trabajo a los pobres en «obras públicas» (*De subventione*, lib. 2, cap. 3) a un límite rayano en la condena del pobre a trabajos forzados (OVM, fols. 14r.–16r.). Esta pudiera ser la base del reproche de Alemán cuando acusa a Herrera de haberse desviado y no haber actuado «conforme» a su previo «buen acuerdo». En la siguiente sección de la carta, Alemán continúa su denuncia mediante una expresión de afectado entusiasmo hacia el rigor

la objeción de Alemán («lo quisiera ver en otra manera, con más calor proseguido y conforme a nuestro buen acuerdo ejecutado») no era una mera propuesta de tipo cosmético sino una objeción de fondo expresada con ironía a la medida de selección adoptada por Herrera en el marco de la ejecución de su programa. Alemán denuncia un sistema que sometía a los pobres a un perverso reparto de papeles, valorativamente escalonado en materia de indigencia y descapacitación, en el que se premiaba a sus máximos exponentes. Los finalistas, el grupo de desahuciados de todo remedio, recibían el derecho a la apelación de «pobre legítimo» y a la práctica de la mendicidad controlada, siempre que fuesen considerados auténticos pobres de espíritu. La «traza» propuesta por Herrera como primera medida de ejecución de su programa consistía en la obligación del pobre mendigo de llevar una señal distintiva como prueba oficial de legitimidad. Medida ésta que ya había provocado la reacción de la oposición que en su «segunda objeción» tachaba de «cosa infame y dura traer señales los pobres»[159]; crítica que Herrera refuta en su respuesta donde compara la citada señal, que describe como distintiva de «cosa tan divina» como la pobreza, a los «abitos de las ordenes de cavalleria». En su primera carta, Alemán describe la «traza» de Herrera como el porte obligatorio de una «tablilla sobre el pecho» y rechaza la argumentación de Herrera por medio de la parodia. Por inferencia recuerda a su interlocutor que en el imaginario colectivo las connotaciones asociadas con la pobreza eran negativas y degradantes, y que en consecuencia la señalización del pobre no era signo de elección sino marca estigmatizante tanto en lo físico como en lo moral. La palabra «tablilla» sugiere las «tablillas de San Lazaro» y evoca la figura de un pobre ulceroso, andrajoso y contagioso. Por otra parte, al asociar la «tablilla» del pobre a la «señal» que tienen puesta «encima de la puerta» de los «mesones y casas de posadas», Alemán está subrayando que la «señal» del pobre estaba lastrada como indicio de prejuicio infamante asimilable a la dudosa reputación de las citadas casas de posadas; por eso exclama con ironía: «como si en ellas nos dijesen: ‹Aquí está Dios, aquí dan posada de vida eterna, éste es el mesón de los caballeros de Cristo; quien aquí entrare será bien acogido... no le hurtarán ladrones... ni sus vestidos comerá la polilla›». Asimismo, al

empleado en la categorización y control de los pobres.

[159] RD, fol. 3r.

comparar la «traza» restrictiva de Herrera a un «pasaporte de pobres» que concedia licencia de libre circulación y garantizaba derechos («Hame satisfecho mucho... en que lleven licencia para pedir con pasaporte de pobres») Alemán está poniendo en evidencia mediante este paródico eufemismo la cuestionable validez de la argumentación ofrecida por Herrera en sus *Respuestas* a las objeciones y dudas propuestas por la oposición[160]. Alemán revela asimismo que entre ellos había existido un acuerdo previo[161] del que Herrera se había desviado subrepticiamente, sin al parecer haber informado a Alemán de su viraje. No sólamente había traicionado «nuestro buen acuerdo» sino que, según Alemán, había adulterado el espíritu ético de un «buen» proyecto. Por añadidura, Herrera actuaba así en seguimiento de «algunos fines» que a Alemán le eran «ignotos». Alemán parece albergar la esperanza de que «en adelante» las cosas cambien y corran «con orden diferente». La esperanza con que Alemán anticipa este cambio traduce su grado de involucración en el asunto: «Mucho me alegraré cuando esta señal vea puesta no en los que la traen sino en los que la deben traer». A un segundo registro, ello puede entenderse como deseo por parte de Alemán de que la señal estigmatizante la traigan aquéllos que como Herrera habían sido señalados en su novela.

Si Alemán se permite criticar en su primera carta una medida del programa de Herrera que acababa de describir en la misma carta como revelada por «divina inspiración» es porque el referente de esta

---

[160] En la «novena objeción» se le pedía a Herrera que tuviese en consideración el pudor y la vejación que sin duda experimentarían aquellos «pobres honrados», personas que habían caído en la necesidad, a quienes se sometiese a «andar señalados». Herrera contestó que si a «alguno destos pobres vergonçantes... se le ofreciere necesidad de caminar a alguna parte por razon de pleyto o otra ocasion legitima, podra llevar de adonde saliere alguna carta o cedula de recomendacion del administrador y diputados, los quales miren y examinen la necesidad de caminar con gran cuydado, que sirva de pasaporte para alvergarse en el camino en las casas de alvergue... con que pida por tiempo limitado, y con fee y señas de la persona por el viaje, hasta bolver a su casa por camino casi derecho... para que en todo lo que es pedir limosna no aya engaño ni fraude» (RD, fol. 12r.–v.). Herrera elude el problema que se le había planteado, pero deja sin embargo patente el sesgo rigorista de un programa que no dudaba en sacrificar la dignidad del pobre al acatamiento de un sistema de control deshumanizante, fueren cuales fueren sus circunstancias.

[161] Este «nuestro» podría asimismo aludir al grupo que hemos venido llamando de San Martín del que formaban parte tanto Alemán como Herrera.

cláusula es Arce, el dios de Herrera, no siendo concebible que Alemán se permitiese semejante critica de haber creído que se trataba de un programa inspirado por el verdadero Dios. Es asimismo difícil de aceptar que un Alemán que sólo unas líneas más arriba acababa de presentar su propio credo reformador declarando que no dudaba de la autenticidad de la pobreza de los pobres que parecieran pobres, acto seguido recomendase sin más preámbulos un rigor en la selección del pobre todavía mayor que el propugnado por Herrera. Lo que Alemán estaba en realidad defendiendo era el reconocimiento de la categoría de pobre legítimo para todos aquellos necesitados que el escrutinio de Arce y Herrera excluía. A juicio de Alemán, todos ellos eran merecedores de ser tenidos y asistidos como lo que en realidad eran; a saber, pobres de verdad. Su deseo de corregir la medida de selección del programa de Herrera no va en el sentido de aplicar una mayor restricción sino una mayor tolerancia y una drástica revisión conceptual del criterio de selección. Ese es el meollo de su objeción. Los corporalmente pobres por serlo de verdad no necesitaban llevar distintivo discriminatorio. El subtexto de la carta de Alemán sugiere que la categoría que debiera ser señalizada era la de los moralmente corruptos, encabezados por los fingidos intercesores del pobre, tales como Herrera y Arce.

Alemán expresa su disgusto por el cambio de rumbo de Herrera respecto al «acuerdo» original, pero no especifica en qué o en quién ha depositado su esperanza para conseguir que la situación cambie «en adelante». En este punto, Alemán se limita a presentar sus objeciones. Su técnica consiste en ocupar de alguna manera el lugar del propio Herrera para posesionarse de su discurso y presentarlo como si fuere suyo propio; método que, con fines paródicos, le facilita el presentarse como mas papista que el papa. Es una táctica que le permite neutralizar la posibilidad de contradicción por parte de Herrera, quien difícilmente hubiese podido atacar sus propias propuestas aunque le fueren presentadas metabolizadas por la sonrisa picaresca de Alemán. En la sección siguiente de la primera carta, Alemán selecciona algunos de los ejemplos más llamativos del discurso de Herrera y dándoles «más calor» los magnifica hasta dejarlos revelados en su grotesca realidad. Algunos de estos ejemplos habían ya sido elaborados en la «primera parte del pícaro». Ello permitía a Alemán administrárselos a Herrera de forma controlada a espera de incrementar la dosis cuando fuera publicado el «pícaro». Libro éste en el que Alemán había depositado su esperanza de conseguir ese cambio de «orden» que pronosticaba para en «adelante» en relación con la implementación del programa de Arce y Herrera; declaración que pudiera ser interpretada como amenaza. La táctica empleada tanto en la carta como en la novela que ésta anuncia le sirve asimismo a Alemán de instrumento de venganza con el que devuelve a Herrera el plagio adulterador que éste había llevado a cabo al posesionarse, corrompiéndolo, de un proyecto de reforma preexistente. Es táctica que le permite además soslayar la censura presentando su crítica disfrazada bajo capa de ampuloso halago[162].

«QUE YO NO LLAMO POBRE, NI LO ES, EL ROTO... SINO... EL QUE FUERE LISIADO Y NO LISIADO SOLAMENTE SINO IMPEDIDO... INÚTIL PARA TODO TRATO Y OFICIO»

Según Herrera, el pobre, por muy minusválido que fuere, tenía en la gran mayoría de los casos que ser tarado de nacimiento para ser considerado como auténtico: «los verdaderos pobres de Dios, mancos, tullidos y contrahechos a nativitate, y sin violencia, ni invención»[163]. En paródica respuesta a este rigorismo selectivo[164] y sin alterarlo marcadamente, Alemán ofrece la visión de Herrea como si se tratase de la suya propia: «que yo no llamo pobre, ni lo es, el roto sino es el que fuere lisiado y no lisiado solamente sino impedido para podello ganar, inútil para todo trato y oficio». Como ilustración gráfica de ello, Alemán ofrece en su novela el caso de Pantalón Castelleto, el mozo[165]. Es este un pobre emblemático que de puro desahuciado no poseía ni nombre propio. Sin embargo, según el criterio catalogador de Herrera, el hijo de Castelleto no hubiese sido considerado como pobre legítimo, exclusión que Alemán critica mediante su esperpéntica presentación. No era inválido

---

[162] Esta tipo de halago es característica indisociable del trato reservado a Herrera por parte de sus detractores, lo que en ocasiones les permitía atacarle desde dentro de su propia obra. Así ocurre en los paratextos del AdP de 1598 y sobretodo en los de sus *Proverbios morales* (1618).

[163] AdP, fol. 4v.

[164] Este rigorismo está también inspirado en Vives (*De subventione*, lib. 2, cap. 3), pero reelaborado de manera todavía más estricta en el discurso de Herrera.

[165] GAI, pp. 412–414.

de nacimiento sino como resultado de la intervención de su padre, quien lo había tullido para dejarle como herencia una minusvalía que le asegurara el derecho a la mendicidad. El hijo de Pantalón Castelleto es una construcción híbrida, un compuesto de diversos aspectos a cual más grotesco pero coincidentes con la visión de Herrera. Lo trágico de la burla de Alemán es que estaba demasiado cercana a la realidad para ser tomada por tal. Como si fuera un escrupuloso discípulo de Herrera que hubiera interiorizado los principios de su doctrina[166], el tullido legó en testamento una albarda para sustento de los demás pobres, cumpliendo así con la restitución a la que, según Herrera, el pobre estaba obligado[167].

Siguiendo siempre la táctica de presentar los argumentos de Herrera como si fueran suyos propios y simulando defenderlos a ultranza, Alemán denuncia en su primera carta el principio doctrinal subyacente al pensamiento de Herrra que consistía en culpabilizar al propio pobre de las miserias de las que era víctima: «Luego no es culpa de la naturaleza, sino invención de haraganes, amigos de ser viciosos». Herrera ofrecía soluciones tan drásticas como facilonas a lo que era un grave y complejo síndrome que afectaba al cuerpo social en su conjunto[168]: «se atajara y

---

[166] Para hacer resaltar el trato degradante que se daba al pobre, Alemán inscribe al florentín en el mundo de los títeres: Pantalón es nombre que sugiere un personaje de la *commedia dell'arte*.

[167] Herrera recogía en su discurso el hecho de que «se ha visto algunas vezes que se han hallado dineros hartos en la pobre ropa de muchos que se mueren por los portales de las casas y calles, que parecia no tener un maravedí» (AdP, fol. 4v.). En respuesta a este desenfreno, Herrera anunciaba el advenimiento de un pobre reformado a quien le «sobrara muy buen dinero» que legará a la institución asistencial reformadora para contribuir a su mantenimiento y perpetuidad: «hagan muy buenas mandas en vida, y despues de sus dias, a estas casas… las quales es justo hereden los bienes de los suso dichos, no teniendo herederos forçosos… para perpetuarse en ellas esta memoria tan solene con algunas limosnas que algunas buenas gentes yran dando» (AdP, fol. 12v.).

[168] Sin percatarse al parecer del carácter contradictorio de su propuesta reformadora, indica Herrera que los pobres morían «miserablemente por las calles, campos, y portales» (RD, fol. 2v.). Aseveración ésta que había ya reiterado cuando declaraba que muchos pobres «se mueren por los portales de las casas y calles» (AdP 1595, fol. 4v.) y que por ello había que amparar a los pobres «para que no se mueran por los portales y calles, desastrada y miserablemente» (AdP 1595, fol. 14r.). En otra ocasión insta a exterminar la limosna y la holgazanería porque así los pobres «no moriran sin sacramentos por las calles» (AdP 1595, fol. 19v.). Comentando con Herrera «la

cesara la descendencia dellos, y sucession para adelante en este vicio de mendigar y vivir sin ocupaciones» (AdP, fol. 19v.). Tras la aplicación de su reforma, Herrera pronosticaba su efecto de panacea: «los unos se bolveran a sus oficios que avian dexado por andar ociosos, y otros contentandose con lo que han juntado, que en muchos pienso sera muy buen caudal, se recogeran a algun trato o modo de bivir» (AdP, fol. 11r.)[169]. Herrera detalla sus universales beneficios y prosigue con el mismo tema: «y aun de los que quedaren o bolvieren de los hospitales por inutiles aprovados, que seran muchos menos de los que se piensa, se podran entresacar los mas sanos y menos impedidos para algunos ministerios... que el que no tiene pies, sabiendo coser, puede exercer su oficio... y algunos guiando ciegos de los mismos, o ayudando a llevar algunos tullidos en carretones» (AdP, fol. 11v.)[170]. Como si se tratase de un diálogo pero a una sóla voz, en la que la que se escucha fuera eco amplificado de la que no se oye, Alemán prosigue simulando asentir con los despropósitos de Herrera: «Con muchos destos defectuosos, ya que no con todos, se hincheran otras tantas plazas para servir en obras del campo y en la república».

Herrera, quien en su *Amparo de pobres* y hasta la forzada inclusión del «Discuros nono» en 1598, excluía toda provisión para el soldado necesitado, esperaba tonificar la vocación militar del reino, entonces en plena crisis, mediante el acceso a la milicia de los pobres ociosos, una vez reformados («y muchos se yran a la guerra de que tenemos

contradicion que tuviere, y ha tenido», Vallés concluye su razonamiento con las siguientes recomendaciones: «aunque *loquutus sis sensate*, y con tan eficaces razones, que conveiçan lo que dizen los contrarios, *Non dabitur tibi locus*, al menos acerca dellos» (CM, fols. 23v.-24r.). Vallés está apuntando que la oposición que Herrera experimentaba tenía su raíz en la contradicción conceptual presente en el propio discurso reformador de Herrera.

[169] «y a otros los ocuparan y desparciran desde las partes dichas en los oficios y labranças que se sepa han dexado por vicio, y en las obras publicas de fortificaciones y edificios» (RD, fol. 11v.).

[170] Barros parodia la propuesta de Herrera cuando proponiendo a su vez una utilización todavía más extremada de «los soldados ciegos, viejos, y tullidos» de los que «se podria sacar mucho provecho», menciona «el concierto que hizieron el ciego, y el tullido, aviendo de yr un camino, que el ciego que tenia fuerças llevasse a cuestas al tullido que tenia ojos» (RMA, fols. 7v.–8r.).

tanta necesidad, pues por esta causa pienso se halla muy poca gente que vaya a ella por agora»)[171], sin al parecer percatarse de lo contradictorio y provocativo de su postura. Barros responde paródicamente a esta sugerencia en su *Reparo de la milicia* (1598)[172], donde haciendo un certero guiño a las inverosímiles propuestas de Herrera presenta una extravagante sugerencia. Propone que se fortifique la defensa de los «lugares maritimos, que mas que otros estan sujetos à rebatos de enemigos» mediante la creación de destacamentos militares estacionados en unas «casas que se llamasen de milicia», integrados por soldados «ciegos, viejos, y tullidos» que en grupitos de a «quatro» y «puestos sobre la muralla con un arcabuz, defenderian su portillo» (RMA, fol. 7v.) y se encargarían además de formar a los bisoños en el arte de ingeniería militar[173].

Si en su primera carta Alemán amplifica el tenor del discurso de

[171] AdP 1595, fol. 11r.

[172] Breve tratado escrito al parecer para contribuir al esfuerzo de Mosquera de Figueroa en su contraofensiva contra la indiferencia de Herrera y Arce hacia la suerte de la milicia. En él Barros denuncia abiertamente el rechazo de los reformadores (implícita pero reconociblemente Arce y Herrera) a incluir a los soldados heridos y mutilados en campaña dentro de la categoría de pobres legítimos: «que aunque vengan mas acuchillados que lo que queda el toro bravo muerto ... y aunque no traygan braços ni pernas... ay algunos tan inhumanos, que aun ponerlos en el catalogo de los pobres mendigantes, quando se trata de su remedio les parece demasia y cosa fuera de proposito» (RMA, fol. 1r.–v.). Barros parece estar haciendo referencia aquí al hecho de que Herrera, quien no se conmovía frente a la suerte de los soldados, acababa sin embargo de escribir un tratado en favor de la regulación de las corridas de toros (1597), fiesta que como era bien sabido era del desagrado de Felipe II.

[173] Frente a una acuciante necesidad de remedio de la milicia en tiempo presente a la que no había atendido y curándose en salud, Herrera prevee para un futuro utópico e indeterminado la formación en el arte y ciencias militares de una selección compuesta de los que «parecieren mas habiles» de entre los niños pobres reformados, grupo necesariamente muy reducido, quienes en «quatro o cinco seminarios de dos dozenas dellos cada uno», a su decir llegarían a constituir el bastión más importante en la defensa del Reino siendo «famosos ingenieros tan necessarios en el uso y exercicio militar, haziendo fuerzas inexpugnables... y otras industrias necessarias para la fortificacion destos Reynos y conquistas de otros, y para ser maquinistas, niveladores, y artilleros famosos, tan necessarios en mar y tierra (que todo se incluye en esta ciencia fundada en sus principios, demostracion, razon, geometria, y aritmetica)» (AdP, fols. 18v.–19r.) Véase Apéndice V.

Herrera[174], en su «pícaro» lo contradice abiertamente[175]. En la carta simula presentar el ocio del pobre como vocacional, alegando que es por ello por lo que no se encuentran «más oficiales, más trabajadores y gente de servicio». En la novela, sin embargo, presenta gráficamente las dificultades laborales que Guzmanillo tiene que afrontar en su busqueda de empleo: «Ya estoy en la calle, arrojado y perseguido, sobre despedido. ¿Qué haré, dónde iré, o qué será de mí? Pues a voz de ladrón salí de donde estaba ¿quién me recibirá de buena ni de mala gana?»[176]. Alemán

[174] A título de ejemplo indicamos que la gran cantidad «de moças sanas que andan vagabundas» (AdP, fol. 11r.), todas ellas «tan libres y perdidas, haziendo mil insolencias de noche y de día … echando niños recién nacidos en poços por no criarlos y los que violentamente procuran echar de sus cuerpos, y mal parir, por estar mas desocupadas para sus maldades y otras crueldades que hazen» (RD, «Ultima y undecima duda»), aparecen en la primera carta de Alemán como un «infinito número de mozuelas perdidas que, cursadas en la torpeza de sus vicios, cebadas en ellos y en brutas carnalidades, no quieren ocuparse en ministerios domésticos». Véase Apéndice VI.

[175] Audible en GAI, la voz del discurso de Herrera se articula a veces de manera tal que pueda ser confundida con la voz de Alemán. Estos son los casos sobre los que advierte Alemán en la carta al «Discreto lector» definiéndolos como «lo que hallares no grave ni compuesto».

[176] GAI, p. 331. El narrador lamenta la dramática indefensión del pobre frente a calamidades creadas por la naturaleza o por la maldad del hombre: «era el año estéril de seco y en aquellos tiempos solía Sevilla padecer» (GAI, p. 169); los «ricachos poderosos… lo quieren tragar todo para que sus casas estén proveídas y su renta multiplicada sin poner los ojos en el pupilo huérfano ni el oído a la voz de la triste doncella… ni los hombros al reparo del flaco ni las manos de caridad en el enfermo y necesitado» (GAI, p. 172). Derrochan millares de ducados para «sí mismos» y «para dar medio cuarto de limosna la examinan». Por boca del narrador denuncia Alemán la insaciable codicia del rico y su tácita complicidad con las autoridades que permitían la gestión fraudulenta de los abastos y productos de primera necesidad. El narrador culpa a los poderosos que «arrinconaban a los que lo estorbaban, porque eran pobres». Alemán parece estar aludiendo aquí a la crisis por la que atravesaba el Reino durante la redacción del *Guzmán*. Entre las voces de denuncia acalladas por las autoridades estaba la del propio Alemán, desestimado en su crítica social porque era pobre, como lo indica en su primera carta, «poco aprovechan razones al que falta poder con que acreditallas… del pobre nada es bien recibido cuando tesoros ofrezca», y que aquí reitera: «y, si pobres, basta» (GAI, p. 172). Alemán concluye su invectiva con una invitación a su interlocutor a que sacase sus propias conclusiones, invitación que dada su formulación lejos de ser retórica pudiere estar dirigida a Herrera: «No te digo más,

cierra esta última sección de la carta con una declaración de simulado optimismo sobre el efecto de panacea que presuntamente seguiría a la puesta en práctica de la reforma según Herrera: «Y, habiendo abundancia en todo, vendría a bajar el excesivo precio de las cosas». Declaración ésta que parodiaba muy de cerca el análisis de Herrera sobre una situación que éste interpretaba de manera diametralmente opuesta a la percibida por Alemán; a saber, las nefastas consecuencias del paro voluntario de los pobres ociosos previo a la implementación de su reforma eran según el Doctor las causantes directas de la crisis: «porque al presente por aver tantos vagabundos ... pienso valen tan caras las hechuras de las cosas»; «por ser (como dixe en su lugar) la ociosidad la fuente de todos los males y vicios, y con la ocupacion, todo sera de aqui adelante prospero y abundante»[177].

En la primera carta, Alemán alterna elementos sacados del discurso de Herrera, que presenta como suyos, con lo que es su auténtica y propia visión que los contradice, sin por ello explicitar el mecanismo que mueve sus vaivenes conceptuales, cuya interpretación se deja en manos del discreto lector. Mientras Herrera declaraba querer privar de procreación a los pobres no reformados con medidas con las que «se atajara y cessara la decendencia dellos»[178], Alemán en su carta dice asimismo querer «atajar», pero en su caso no ya la procreación del pobre sino una de las grandes causas de su degradación: «la ociosidad», fuente y origen de «lujurias, juegos, blasfemias, hurtos». Alemán, contrariamente a Herrera, no hace al pobre responsable de su estado de ocio sino su víctima en paro forzoso. Tampoco piensa que la ociosidad sea privativa del pobre. En *Guzmán de Alfarache* (1599), Guzmanillo es presentado como modelo de laboriosidad hasta que con su llegada a la casa del Cardenal se inicia en el mundo de la indolencia, imperante en el ámbito

haz tu discurso» (GAI, p. 172). Como si se tratase de un retante ejercicio comparativo entre sus respectivos discursos, Alemán declara con insistencia por boca de su narrador el haber sido «testigo» (GAI, p. 170) presencial de los abusos cometidos por las autoridades, contrastando por inferencia este testimonio directo con el empleado por Herrera, quien predominantemente recogía por vía indirecta sus datos sobre los abusos cometidos por los pobres.

[177] AdP, fol. 19v. y RD, «Última y undécima duda», en su conclusión.

[178] AdP, fol. 19v.

de la opulencia, que tanto temía y repudiaba Alemán en su carta: «Estos daños (Máximo mío) quisiera yo atajar». Además de alejarle del enfoque eugenésico del discurso de Herrera, las declaraciones de Alemán al respecto lo presentan como reformador para quien la eliminación de la ociosidad es un aspecto primordial de su visión regeneradora pero aplicable en su caso tanto a ricos como a pobres. Como reformador, su propósito, independiente y diferenciado del de Herrera, era una meta que todavía no se había alcanzado. Por ello se expresa en imperfecto de subjuntivo: «quisiera».

«DEBERÍASE CRIAR PARA ESTO UN PADRE DE POBRES»

Es interesante notar que en el momento en que redactaba su primera carta, octubre de 1597, cuando Herrera estaba llevando su programa a la práctica, Alemán se viese en la tesitura de tener que plantear por escrito a su presunto amigo cual era su propia visión reformadora, cuya realización precisaría la creación de un cargo y dignidad que denomina «padre de pobres». Ello corrobora que su proyecto y el de Herrera no eran coincidentes. Alemán elabora este aspecto en un nuevo apartado de su carta. Aunque nunca directamente nombrado, Vázquez de Arce está presente en la primera carta. Si la visión de Alemán hubiera sido idéntica a la de Herrera, Arce hubiese sido el candidato idóneo para desempeñar la función de «padre de pobres» en la implementación de este común proyecto de reforma. Pero mientras Alemán presentaba su propuesta como si se tratase de un futurible, Herrera en su discurso sobre la ejecución de su programa, publicado unos meses antes de que la carta se redactara, ya había propuesto a Arce como «dueño», como candidato único para ejercer la jefatura de su obra reformadora. La pregunta que surge es cuál pudo haber sido la intención de Alemán al ignorar esta propuesta de Herrera, como si no quisiere reconocer su existencia o validez. ¿Pretendía quizá denunciar su formulismo? La propuesta de Herrera en favor de la candidatura de Arce podía en efecto considerarse como mera formalidad. Arce era ya *de facto* el auténtico patrón de la obra reformadora. Su papel había quedado oficialmente confirmado en 1596 en la ceremonia inaugural de la construcción del Albergue, su nombre labrado en la lámina fundacional del edificio, y todo posteriormente reafirmado en 1597 mediante el despacho de su

«Instrucción» proclamando el inicio de la ejecución del programa de reforma. Si existía ya una cabeza para el programa de Herrera ¿a qué programa sería aplicable la propuesta de Alemán y cuáles serían sus características? ¿Estaría Alemán aludiendo a un programa alternativo, o bien a algún proyecto truncado que no llegó a realizarse? La declaración de Alemán y las preguntas que ella suscita invitan a un cotejo entre la visión de Herrera y la que Alemán expone en la primera carta.

Por encima de ciertos puntos de contacto, sus respectivas propuestas se diferenciaban en un fondo conceptual que las hacía divergentes. Allí donde Alemán propone la creación de un «padre de pobres», Herrera había reservado para Arce el título de «Protector general de los pobres y familia de Cristo». Aunque la nomenclatura de Alemán parece corresponder a primera vista a la definición canónica del dignatario supremo en todo programa reformador de sesgo progresista, su singularidad residía en que con ella estaba evocando una situación ideal de paternidad. Alemán pasa a lamentar que este ideal no se ponga en práctica, infiriendo con ello su rechazo de la situación real ya existente, creada por el programa de Arce y Herrera. Siguiendo su ya establecida fórmula, Alemán pasa al cotejo de su ideal con la realidad. Contrasta la figura de un verdadero padre de pobres con la de un jefe supremo en materia asistencial cuyas características irá, sin embargo, devanando con tal maestría que la semblanza tipológica resultante parece emanación del concepto de «padre de los pobres» con el que queda engarzada para desgajarse después de él hasta terminar ofreciendo gradualmente un perfil antitético al de «padre de pobres». Este nuevo perfil final se corresponde con la figura de Arce. Al inicio de su descripción para Alemán este reformador supremo «debiera ser lego, de buena vida, blando y afable a los buenos, severo y áspero a los malos, no aceptador de ruegos, ni exceptador de personas». Fuera de haber añadido un detalle que parece expresar su apoyo por la candidatura de un laico («debiera ser lego»), la descripción de Alemán es una mera ampliación del concepto de padre de pobres. Sin embargo, la afabilidad que este paternal título sugiere queda comprometida con otros rasgos mucho menos benignos que sigue añadiendo, incorporándolos como si formasen parte del título inicial. Vuelto ejecutor máximo, el padre parece haberse transformado en un padrastro de quien se esperaba que «con mero mixto imperio, cuchillo, y horca, pudiese administrar justicia». Avatar de crueldad presentado en dramática oposición a su otra cara de «lego de buena vida, blando y afable». Mediante esta construcción semántica, evocativa de una personalidad jánica, Alemán está introduciendo la figura de Arce, conocido vulgarmente como el «ajo confitado» por su doblez psicológica. Sin ni siquiera tener que deletrear su nombre, Alemán ha suplantado la figura ideal de un «padre de pobres» por la despiadada de un histórico «Protector general» que se hacía pasar por «blando y afable». El ejecutor esbozado por Alemán actuaría necesariamente como máximo jefe: «serviría de poco si tuviese superior que desbaratase sus designios, y, cada uno por su utilidad y ensanchar su jurisdicción andando encontrados, no tendría efecto el fín que se pretende, como en muchas cosas graves, por haber dos o más cabezas en ellas, ha sucedido»[179]. Alemán apunta aquí a la figura de Arce, ironizando sobre su afán de poder omnímodo. Tanto en el proyecto de reforma del Consejo Real como en el de reforma asistencial, Arce reclamaba para sí una incontestada primacía[180].

Después de haber contrastado su propuesta ideal de un «padre de pobres» con la realidad de un «Protector general de los pobres» propuesto por Herrera, pero omitiendo toda mención directa a este segundo, Alemán expresa su impotencia mediante un *desideratum* a doble cara en añoranza de un ideal frustrado: «¡Qué de cosas pudiera el tal remediar! Paréceme que las veo y vuelto atrás al siglo dorado, cumpliendo nuestro deseo». Alemán está haciendo aquí referencia a un primer programa concebido, con anterioridad al viraje de Herrera, por hombres de buena voluntad, en un momento de verdad y armonía que describe como el «siglo dorado». Ideal de programa asistencial que fue traicionado por Herrera. Alemán no estaba proponiendo lo que Herrera proponía. Abogando por la creación de un «padre de pobres»

---

[179] Como garantía del triunfo asegurado para su programa, declaraba Herrera que, contrariamente a los fallidos intentos anteriores, el suyo tenía «cabeça y superior» (RD, fol. 5v.).

[180] Incontestable «cabeza» del programa de reforma asistencial, Arce sostenía simultáneamente un pulso con el propio monarca y defendía su presunto derecho a la supremacía como Presidente del primero de los Consejos. Su afán de poder, que provocó roces jurisdiccionales con los demás Consejos, queda recogido por el Presidente del Consejo de Hacienda, Don Francisco de Rojas, Marqués de Poza, a quien Alemán dedica significativamente su GAI.

que dado el contexto era indisociable de Giginta le había permitido poner al descubierto la suplantacion del programa original perpetrada por Arce y Herrera.

Giginta era la principal, aunque nunca mencionada, fuente de inspiración del programa de Arce y Herrera, cuya importancia Alemán reivindica en su carta[181]. En el apartado «De vergonzantes» del capítulo «Remedio del amparo» de su discurso de *Amparo de pobres* de 1595, Herrera presenta la propuesta de fundación, a nivel de parroquias, de «una cofradía de la Misericordia de pobres vergonçantes». Formulada de manera ambigua, su propuesta produce la impresión de emanar de una idea original y propia todavía no realizada: «me parece a proposito mandar V.M. siendo servido, que en todo el Reyno por perrochias de los lugares del, se fundasse una cofradia de la Misericordia de pobres vergonçantes, eligiendo cada año en ella un mayordomo que se llama padre de los pobres»[182]. Sin embargo sabemos que el barrio de San Martín, pionero en reforma asistencial y del que Alemán, Vallés y Herrera eran vecinos, se había ya dotado de un amplio y activo sistema de asistencia desde diciembre de 1594[183]. Herrera menciona «Vitoria, Lisboa y Valencia» como ciudades en las que «como dizen» ello ya «se haze». En postrero lugar y como de pasada alude a lo que: «se ha comenzado a hacer con mucha caridad y cuydado en Madrid, en la parroquia de San

---

[181] En *Atalaya de caridad*, Giginta había asignado una nueva acepción a la tradicional noción de padre de pobres. En el contexto de una visión reformadora que preveía la transferencia al poder civil de uno de los cargos hasta entonces reservados a la Iglesia, Giginta trasladaba la noción de padre de pobres a la figura del Rey (M. Cavillac, «La reforma de la beneficiencia», p. 52).

[182] AdP, fol. 13 r.–v.

[183] El AdP de 1598 contiene un «Discurso segundo» con un apartado sobre «lo que se hace en la Parroquia de San Martín de la Villa de Madrid, para socorro de pobres vergonzantes della». Michel Cavillac nota la ausencia de este capítulo en el primer discurso del AdP de 1595 atribuyéndola a la proximidad temporal entre la fecha del inicio del sistema de asistencia a los enfermos pobres de la feligresía de San Martín (diciembre 1594) y la de la redacción del AdP a principios de 1595. Nuestro estudio disiente al respecto y sugiere que la postura de Herrera respecto a San Martín en su AdP, publicado hacia el verano de 1595, fue deliberada. La inclusión en la versión del AdP de 1598 del apartado dedicado a la obra asistencial de la Parroquia de San Martín parece haber sido un gesto obligado; consecuencia de la presión ejercida por la oposición en la reconfiguración del AdP en su versión definitiva de 1598.

Martin»[184]. Con lo escueto de esta referencia, Herrera resta importancia a la ejemplar tarea asistencial de colaboración cívico-religiosa, en el espíritu de Giginta, que se estaba llevando allí a cabo. Al referirse más tarde en su primera carta al «padre de pobres», Alemán denunciara esta maniobra de Herrera, quien había traicionado a sus hermanos cofrades a cuyo amparo se había formado en materia asistencial[185]. Habría que esperar a la versión definitiva del *Amparo de pobres* (1598) para que Herrera, presionado por la oposición y por la pérdida de gracia en que comenzaba a caer Arce, dedicara un apartado entero de su «Discurso segundo» a lo «que se hace en la Parroquia de San Martín de la Villa de Madrid, para socorro de pobres vergonzantes della»[186]. En este apartado desaparece toda mención de propuesta sobre el cargo de padre de los pobres[187]. La suplantación de esta figura paternal por la de un rígido Protector era así reflejo de una triste realidad. Según avanza su carta, la denuncia de Alemán se va haciendo cada vez más atrevida. Tenido en cuenta el citado adecuado contexto, Alemán parece no sólo estar apuntando a Arce con el dedo, sino estar acusándole implícitamente de ser un «padre de pobres» fingido, y un «Protector» falso. Para Alemán y su grupo del barrio de San Martín, el inicio de ejecución del progama oficial de Herrera suponía la pérdida de toda esperanza de realizar su

---

[184] AdP 1595, fol. 13v.

[185] En su «Carta al lector» (1598), Barros denuncia la manipulación de Herrera. Omitiendo toda mención nominal de San Martín y en un registro de lectura a doble carril declara Barros: «no hablo de los envergonçantes, cuya miseria es mayor: porque no se publica, y de cuyo remedio trata largamente el Doctor Herrera en sus discursos, y se ha començado a poner en execución por algunas parrochias». La ironía de Barros, quien había publicado su carta en suelta a principios de 1598 y antes de la publicación del AdP (1598), reside en que utilizando la noción de «enseña por su contrario», que Hernando de Soto aplica al GAI en su poema-elogio, consigue hacer resaltar la insuficiencia de la mención que en el AdP de 1595 Herrera había concedido a la parroquía de San Martín cuya obra asistencial despacha en dos paletadas (AdP, fol. 13v.). El comentario de Barros podría asimismo sugerir que la nueva versión, «largamente» tratada, que Herrera ofrece de la obra de San Martín en el AdP de 1598 pudo haber sido motivada por la crítica de Barros.

[186] AdP [1975], pp. 70–75.

[187] Cargo por otra parte indisociable de la organización de la Cofradía de la Misericordia según su primera referencia a la misma (AdP, fol. 13v.).

propio programa. Como indica la carta, «su deseo» colectivo no se ha «cumplido»[188].

En su primera carta, Alemán demuestra poseer absoluto dominio sobre un asunto que conoce desde dentro. Trata del discurso de Herrera en sus circunstancias y trayectoria. Informa a su lector-interlocutor, Herrera, e incluso le proporciona datos. Es Alemán quien propone y quien levanta dudas y objeciones, a las que él mismo responde como si emanaran del propio Herrera. Como queda indicado, la dificultad de interpretación consiste en que a veces lo hace en nombre propio, a veces en el de Herrera, y a veces como si lo estuviese haciendo en nombre de ambos. «Considera en la desvergüenza que algunos mendigos piden por las iglesias. Sabes que me parece que no como pobres, pero como delincuentes y mal hechores están retirados en ellas». Alemán se está refiriendo aquí a los pobres que acosaban a los fieles distrayéndoles de sus devociones: «si un pecador quiere volverse a Dios... cuando más fervoroso en su conversión... negociando con el eterno Padre... le conceda indulgencia de sus culpas, llega un bellacón, ministro del infierno, enviado por Satanás a impedir el paso de la oración... no se contenta que por señas lo despidan hasta que lo den o le hablen». En este punto, Alemán no se contenta con invitar a Herrera a reflexionar sobre el problema sino que además se pone en su lugar («Bien conozco de tu prudencia lo mal que desto sientes»), y contesta a su propia objeción en nombre de su corresponsal como si le estuviese leyendo el pensamiento. Alemán, sin embargo, no está adivinando nada ya que Herrera había tratado antes de este mismo problema en su *Amparo de pobres* y en sus *Respuestas*.

En su *Amparo de pobres*, Herrera denuncia las molestias que la conducta de algunos mendigos causaba a los feligreses en sus devociones, presentándolas como ejemplo ilustrativo tanto de una grave intrusión en la esfera privada como de una grave perturbación del orden público. A sus ojos, ello justificaba la necesidad de tomar medidas restrictivas respecto al acceso de los mendigos a las iglesias y a la práctica de la mendicidad. Este control sería garantizado mediante

---

[188] Expresado en términos indisociables del AdP, el eco de la denuncia de esta traición fratricida, sugerente de la noción de «cofradía», se escucha incluso en las postrimerías del *Guzmán*: «¿cuál hermano desamparó a su buen hermano?» (GAII, p. 506).

la ejecución de su programa[189]. Por otra parte, Herrera asegura en este mismo escrito que su reforma garantizaba el mantenimiento del fervor caritativo, compromiso que expresa de manera enfática[190] mediante analogías de sesgo térmico, tales como evitar su «enfriar» y su «entibiar»[191]. En su primera carta, Alemán auna estos dos aspectos y reelabora paródicamente el proceso deductivo del razonamiento de Herrera. Interpretada por Alemán, la propuesta de Herrera cristaliza en el ridículo espectáculo de la recaída de un pecador cuyo proceso de redención había sido impedido por la injerencia de un «ministro del infierno, enviado por Satanás» en guisa de pobre «bellacón», expresado todo con vocablos de brebaje de botica y cambios de temperatura en el agua: «de manera que el buen hombre cuando quiere volverse a cobrar no es con el calor que antes tenía; fue jarro de agua fría que, entibiando la caliente, le remitió a los grados en que estaba». El pobre ha sido transformado en «ministro de Satanás», y el feligrés importunado en la figura trágica de un gran pecador en su camino de Damasco, todo ello en terminos paródicamente grandilocuentes. Alemán recurre aquí al registro burlesco para denunciar también la interpretación que Herrera hacía de los tratados que plagiaba. La imagen del «enfriamiento» de la caridad, consecuencia del reprobable comportamiento de algunos pobres incluso dentro de las iglesias, ya había sido utilizada por Giginta en su *Remedio de pobres*[192]. La diferencia radicaba en que la propuesta de Giginta sobre la reorganización de la asistencia respondía a un deseo de

[189] «podraseles más justamente mandar y ordenar que no entren en las yglesias mientras se celebran los oficios divinos a pedir, ni estorvarnos el oyr missa con devoción, pues la avran oydo en sus albergues y casas» (AdP, fol. 12r.).

[190] Quizá lo subrayaba porque como se ha indicado existían grandes sospechas respecto a la autenticidad de su vocación asistencial.

[191] «la mas principal razón es, importar mucho para que la caridad no se resfrie» (AdP 1595, fol.12r.); «no nos resfriemos y entibiemos en la caridad» (RD, fol. 1v.).

[192] M. Giginta, *Tratado de Remedio de Pobres*, ed. F. Santolaria, cap. 2, «De diversas cosas que se suelen decir contra los pobres», p. 74. Este era uno de los ejemplos con los que Giginta ilustraba la necesidad de implementar su programa. Por ello Alemán, atando cabos, en su carta apunta a la fuente de inspiración de Herrera y hace hincapié en que tampoco en esta ocasión se trataba de una idea original suya («Esto fue lo que todos pretendimos que se remediara») sólo que, como se ha indicado, Giginta y Herrera no actuaban movidos por un mismo espíritu.

defender la causa del pobre, mientras que la de Herrera disimulaba otros fines. Para eliminar al mendigo de la plaza pública, Herrera demonizaba al pobre y dramatizaba las consecuencias de una conducta que por ende generalizaba. Es esto lo que Alemán denuncia[193].

«BIEN SABES QUE PUEDO RESPONDERTE Y ASÍ NO ME PONES LA OBJECIÓN DEL PUEBLO O VULGO»

En su primera carta a Herrera, Alemán es el auto-declarado hombre sin poder que sin embargo da muestras de dominar y controlar el asunto de la reforma. En el ámbito epistolar, Alemán es el gran artífice. Utilizando un registro de alternancias, que le permite oscilar entre lo uno y lo otro, Alemán muestra a Herrera, protegido máximo de la máxima autoridad del Reino, que puede incluso trocar plazas con él[194]. Con una nueva permutación en el cotejo de sus respectivos discursos, Alemán invierte los papeles y adjudica a Herrera el papel de «vulgo», lo que implica que se reserva para sí el papel de reformador oficial. Presentando dos guiones sobre un mismo asunto, en un primer guión Alemán ofrece una visión grotesca del peligro que para la sociedad acomodada representaban el desorden y descontrol del mundo de la pobreza. Habla de vagabundos indolentes que andan «por las calles vendiendo frutas, membrillos, nueces, [y] dátiles de Berbería», cuando con la fuerza de sus brazos, hercúleos se sobreentiende, podrían «arrancar de raíz no un árbol membrillo pero un grueso nogal y conquistar a Berbería»; grupos que además albergan en sus filas «algunos acechadoras espías (como yo he conocido) que entrando en cada casa, miran de día libremente como de noche pueden robarlas»[195]; histriónico *tableau* que Alemán ofrece

---

[193] Conocedor de la verdadera meta de Herrera, Vallés le advertía en su carta que «*Virtutis amore*, mas que por odio de los vagabundos prosiga lo començado» (CM, fol. 38v.).

[194] Como de alguna manera lo hacía el mismo Dios en el marco de la relación entre ricos y pobres. Por medio de la figura ejemplar del pobre de espíritu como espejo de humildad para el rico, Alemán recordaba en su carta a Herrera «que quien al pobre hizo pobre y al rico rico, pudiera trocar los brazos y trocar las bendiciones».

[195] Alemán parece estar haciendo aquí un guiño al contexto en el que Herrera utiliza la palabra «espía» en relación con las peligrosas actividades de los que «fingen ser pobres de Dios, no lo siendo»: «me han contado, se sospecha, en este habito han

como obra de su propio pincel. Alemán actúa como si, habiéndose posesionado del pensamiento de Herrera, aplicase sobre él un implacable lente de aumento, revelando su perversión, lo exagerado y tendencioso de su juicio, y lo inadecuado de sus propuestas de reforma[196]. Acto seguido, Alemán se adelanta a la previsible «objeción del pueblo o vulgo», con quien Herrera queda por un fugaz momento identificado: «Bien sabes que puedo responderte y así no me pones la objeción del pueblo o vulgo». Alemán responde con afectada y desabrida altanería a la impertinente objeción. Sin embargo, la potencial «objeción» del «vulgo» no es de manera alguna asociable con la verdadera postura de Herrera. La voz de donde emana la «objeción», a la que Alemán simula quererse adelantar, queda articulada en un segundo guión que ofrece una valoración alternativa de las actividades de los pobres[197]. Este segundo guión atribuído al «vulgo» tiene un enfoque distinto del primero, el cual reflejaba la verdadera postura de Herrera. Plantea el problema en términos objetivos y libres de prejuicio contra el pobre, pero no por ello de manera adversa a una visión organizadora expresada en términos viables y conciliatorios como prueba de que la oposición a Herrera no estaba basada en una actitud inmovilista[198]. En la primera carta la identificación del «pueblo» con el «vulgo» y con el propio Herrera es un ardid utilizado por Alemán como instrumento de denuncia que apuntaba a la despectiva condescendencia con que aquél trataba a sus

andado, y deven de andar por los reynos de V.M. algunos hereges de diferentes sectas, y espias suyas, y de Moros y Turcos; y otras gentes de leyes perniciosas y malditas» (AdP, fol. 7r.); y «se tiene por cierto que con… achaque de romeria entran en ellos las mas de las espias» (AdP, fol. 16v.).

[196] Alemán parece haber tomado aquí elementos fisíparos provenientes de diversas partes del AdP de 1595, creando con ello un montaje que presenta como un hecho cierto («como yo he conocido»), en parodia del sesgo indiscriminado y la inexactitud de datos presentados por Herrera como incuestionables.

[197] La supuesta objeción del «vulgo» que Alemán anticipa y parafrasea en su carta se hubiese al parecer expresado como un «cuánto importa que por las calles anden las tales cosas y se vendan, para que la doncella honesta, la viuda recogida, y el necesitado o enfermo compre en su puerta lo que en la plaza no puede».

[198] Alemán en su «pícaro», Vallés en su carta y Barros en sus escritos se muestran favorables a la necesidad de una reorganización de la asistencia: «Digo que la caridad y limosna su orden tiene» (GAI, p. 421).

críticos desde la altura de su privanza. Para Herrera, lo acertado de su propuesta reformadora era tan evidente que se permitía afirmar «que qualquier ingenio por corto que sea, si se para a pensar y discurrir en ello, lo alcançara»[199]. Vallés hace hincapié en esta desdeñosa actitud de Herrera hacía sus contradictores cuando, aludiendo al alto apoyo del que el Doctor se jactaba, parodia su postura hacia el resto de la opinión pública: «es al fin el de los otros juyzio de vulgo»[200].

«¡QUÉ PUDIERA DECIRTE DE COSAS SI HUBIERA DE SATISFACER MI GUSTO! ¡CUÁNTAS, CONTRA ÉL, DEJO DE ESCRIBIRTE!»

Aunque indica que hubiera deseado proseguir con su análisis del «curioso discurso» de Herrera en su paso a la ejecución, al parecer Alemán se ve obligado a abandonarlo. Alemán interrumpe su revisión crítica del *Amparo de pobres* en el plano epistolar porque sabe que en el ámbito histórico de la vida real en el que se situa su correspondencia sería arriesgado proseguirla. Alemán tenía la primera parte del pícaro en cartera y sabía que esta interrupción era cosa pasajera ya que su crítica continuaba en el ámbito poético. Alemán decide pasar a otro punto de su carta. En el apartado anterior Alemán había desplegado un muestrario de habilidades como juglar de conceptos y registros de escritura, ilustrativos del tratamiento que había reservado al discurso de Herrera en su «primera parte del pícaro», sin precisarle que en la carta misma le estaba ofreciendo un extracto de la obra con su manual de lectura con anterioriedad a su impresión. Alemán presenta su escrito como dirigido no ya al discurso reformador del *Amparo de pobres* sino al mundo de la pobreza y sus engaños, al ámbito de los pobres «fingidos» cuyas «estratagemas y cautelas» daba en su «primera parte» a conocer. Sin embargo, en un segundo registro, Alemán desenmascara

---

[199] AdP, fol. 14v.

[200] CM, fol. 13v. Como parte de su respuesta a la segunda objeción declara Herrera: «verdad es que dice el vulgo que hace la pobreza hacer cosas bajas y vilezas, pero entiéndese esto en gente viciosa y de mala inclinación, que no son pobres de espíritu, aunque lo sean algo de bienes temporales, y fingen gran necesidad por no trabajar» (AdP [1975], p.142).

en su carta a los «fingidos» reformadores, informando de sus engaños, «estratagemas y cautelas», y a uno de ellos en particular, a su exponente máximo, Herrera, quien es así y a un mismo tiempo destinatario y modelo temático de la carta. La lectura de la carta tuvo que alarmar a Herrera quien aunque no hubiese tenido todavía acceso directo al manuscrito de la «primera parte», se tenía que percatar de la amenaza que la carta contenía en clave cifrada. Alemán se había limitado a dejar caer que poseía algo que a ojos de Herrera tenía que aparecer como un arma secreta, arma de cuya naturaleza sólo le revela que estaba simbióticamente relacionada con el tema tratado en el *Amparo de pobres*[201]. No le descubre a qué género pertenecía ni el uso preciso que pensaba dar al escrito que ha denominado como «primera parte del pícaro». La ambigüedad con que presenta este escrito en la carta, tampoco ofrecía a Herrera la posibilidad de denunciarlo a la censura. La carta no ofrecía asidero por dónde cogerlo ni nada que se le pudiese reprochar. Dado el contexto de candente controversia en torno a la reforma asistencial, Arce y Herrera podían sin embargo haber temido que Alemán trasladase al foro público su mensaje epistolar privado. Por otra parte, es posible que en un primer momento no se percatasen del alcance potencial de la intervención de un escrito que, en términos utilizados por el pícaro, se podría analógicamente describir como «un maltrapillo» que les hacia «cocos»[202]. En última instancia, era el Consejo Real quien tenía la última palabra sobre el derecho a publicar la novela ya que sin su acuerdo no se dispensaba la tasa.

Una vez alcanzado este punto en la carta, Alemán había cumplido con la primera etapa de su misión. Amplia tarea ésta de la que la carta era un botón de muestra, una advertencia que dejaba constancia del entronque histórico y personal de su obra. Establecida la correlación entre el plano poético de la «primera parte del pícaro» y el histórico de la carta a Herrera, la carta pasa a tratar de cómo y a quién preveía Alemán encomendar el auténtico remedio de asistencia a los necesitados y la corrección de la falsa reforma de Herrera. En el plano epistolar de su

---

[201] En palabras de Alemán en la primera carta, «tocante a la reducción y amparo de los mendigos del reino».

[202] GAI, p. 239.

vida real, Alemán reitera su vocación personal de intercesor del pobre[203] y toma a su cargo la misión de comunicar al propio Herrera como enmendar y corregir su discurso para lograr que «todo se remedie». En el contexto histórico, esta mision de Alemán tenía algo de temerario quijotismo dado que más allá de Herrera se erguía amenazante la figura del Presidente Arce, su protector máximo.

Alemán se presenta como alguien que por razones no especificadas se ha visto obligado a poner punto final a su diálogo con Herrera y ello no por agrado sino en contra de su «gusto»: «¡Qué podría decirte de cosas si hubiera de satisfacer mi gusto! ¡cuántas contra él dejo de escribirte!». Parece estar cansado de repetir una misma letanía a Herrera, machacándole un asunto que ya se había debatido en otros ámbitos: «Y aun estas [cosas] pudiera excusar pues no las ignoras». Esta declaración de Alemán es un elemento importante en el esclarecimiento del sentido de su carta. Su declaración de tedio podría ser aplicable a sus dos registros de lectura. En ambos casos el examen que Alemán ha efectuado del programa de Herrera es de sesgo correctivo. Aplicable tanto a un primer registro en el que fingiendo creer en la bondad de su intención Alemán ha instado a Herrera a dar más «calor» a su programa, como al registro de la verdad en el que le hace por inferencia ver el alcance de las consecuencias de su impostura que la carta ha desvelado. Mediante una fórmula bifronte aplicable a los dos niveles semánticos de su discurso epistolar, Alemán está advirtiendo a Herrera que era él, Alemán quien, pese a sus circunstancias adversas, tenía en sus manos las riendas del asunto y podía marcar su rumbo. Alemán podía estar delegando su misión en Herrera, quien tenía el poder de llevarla a cabo. O bien podía estar delegándola en el pícaro. Sea por lo que fuere, Alemán parece anunciar su intención de renunciar a una intervención directa en el mismo: «dejemos lo que no es nuestro, sirvamos la pelota a quien con ella haga alguna chaza, valga de apuntamiento».

---

[203] Por lo tanto, esta vocación no se limitaba el ámbito poético de la «primera parte del pícaro» donde a su propio decir encargaba y suplicaba por el cuidado de los corporalmente pobres.

«DEJEMOS LO QUE NO ES NUESTRO, SIRVAMOS LA PELOTA»

Los proyectos de reforma asistencial de Alemán y Herrera no eran compatibles. Estaban tan distantes entre sí como las situaciones personales de sus autores. Alemán define a Herrera como «Máximo» y a sí mismo como «pobre», como pobre por antonomasia por su «falta de poder», pero consciente sin embargo de su valía: «del pobre nada es bien recibido, cuando tesoros ofrezca». Herrera no actuaba como portavoz de la visión de Alemán, quien se lamentaba de no poder hacer llegar su voz «al oído poderoso» siendo así que Herrera era el protegido del Presidente del Consejo. Alemán no estaba sin embargo sólo. Parece haber gozado de cierta preeminencia entre algunos círculos involucrados como él en el asunto asistencial, y como él apartados del centro de poder y decisión cuya jefatura estaba en manos de Arce. Alemán invita colegialmente a este nucleo de allegados a abandonar toda tentativa de intervención por la vía tratadística, toda tentativa de intentar corregir por las buenas con ánimo de cooperación el discurso reformador de Arce y Herrera: «dejemos lo que no es nuestro». Les propone una vía alternativa de acción: «sírvamos la pelota…valga de apuntamiento para que con ajeno calor cobren vida nuestros muertos deseos y todo se remedie».

Su invitación a alejarse del nucleo de poder podría ser entendida como una retirada táctica que hubiese dejado el campo libre a Herrera, quien gozando de influyente patronazgo se hubiese podido beneficiar de lo que había sido impulsado originalmente por Alemán y otros como él. Es decir, que el saque inicial del avezado pelotari aludido por inferencia en la analogía hubiese sido vivificado «con ajeno calor» por Herrera. Para ser válida, esta interpretación presupondría que Alemán y su círculo compartían un ideal común con el reformador oficial, condición que al no cumplirse elimina *de facto* a Herrra como posible referente del jugador que recibe el relevo en la imagen metafórica del juego de pelota. Para esta función Alemán tenía en mente a su pícaro. Sería éste quien conseguiría dar «calor» de vida en «nuestros muertos deseos»[204],

---

[204] Contrariamente al citado grupo, Herrera podía exponer su visión reformadora e iniciar su implementación sin trabas. Sin embargo, el impacto que le produjo la primera carta puede detectarse en las palabras que utiliza en la conclusión de su «Carta

los «deseos» del grupo original de intelectuales comprometidos en la reforma. En palabras de nuestro propio fénix Guzmán: «vuelve a nacer mi vida con la historia»[205]. Este grupo no incluía a Herrera, quien como reformador oficial no precisaba de la intervención de terceros para llevar a cabo su programa. Consciente quizá de que su declaración suponía un reto arriesgado, Alemán se atrinchera a renglón seguido en la parodia entroncando con el discurso de Herrera, hacia el que parece deslizarse, como si en su citada declaración se hubiese estado refiriendo a él exclusivamente y como si el programa de éste fuera el cauce natural de su propia visión reformadora: «pues queriéndolo ejecutar será fácil»[206]. Alemán, sin embago, no está proponiendo que sean las medidas previstas para la ejecución del programa de Arce y Herrera las que se utilicen para poner en práctica su propio pensamiento. Está parodiando su manera de actuar, siendo por ello por lo que presenta lo ajeno como propio, deformándolo para hacerlo encajar dentro de sus propios fines. Alemán remeda, reduciéndolas a su mínima expresión, las disposiciones tomadas para la ejecución del programa arce-herreriano que el Presidente había despachado poco tiempo antes bajo la fórmula sintetizada de una instrucción en catorce puntos, dirigida a cincuenta ciudadades y villas con voto en Cortes, con el fin de coordinar y agilizar el proceso. Alemán basa su parodia en el máximo grado de destilación aplicado al resumen del programa, destilacion que paradójicamente pone de realce no ya como se hubiese podido esperar la densidad de su esencia sino la vacuidad de su contenido, que consigue hacer encajar en una sóla frase: «Pues queriéndolo ejecutar será fácil, dando trazas cómo cada partido sustente sus pobres, el medio que se ha de tomar en remitillos a ellos, cómo los peregrinos y pasajeros vayan registrados vía

al lector» en el AdP de 1598. Refiriéndose a su obra, declará allí Herrera: «porque como a hija la amo tanto, que más quiero que viva con ajeno nombre, que no verla muerta con el mío».

[205] GAI, «Guzmán de Alfarache a su vida» (poema en paratextos).

[206] Herrera había titulado «Duda de la facil execución» su respuesta a la objeción relativa al paso a la acción de su programa (RD, fol. 9v.). Algunas de las modalidades de paso a la ejecución que Alemán presenta como sugerencias propias y que la carta parodia, habían sido previamente presentadas por Herrera como propuestas serias (AdP, fol. 16r.–v.) y serían posteriormente reelaboradas por Arce en el marco de su «Instrución» del 16 de enero de 1597. (AdP [1975], pp. 248–252).

recta, y en la república se sepa quién vaga en ella».

En la última sección de su carta, Alemán contrapone lo «nuestro» con lo que no lo es, subrayando con ello el desarraigo de Herrera respecto a ese colectivo que repetidamente designa como pluralidad: «dejemos lo que no es nuestro... tratemos de nuestro negocio». Deja además constancia escrita de que él y su grupo habían sido marginalizados: «no somos llamados ni escogidos y, cuando nos convidemos, nos faltan vestiduras de bodas, no vamos a ellas». ¿A qué acontecimiento pudieran aludir estos desposorios? Mas allá de su referencia evangélica, las «bodas» parecen evocar la ceremonia inaugural con la que se dio comienzo a la ejecución del programa de Arce y Herrera[207], sellando la unión entre ambos inmortalizada en 1596 en la lámina de plomo colocada debajo de la piedra fundacional en la que sus nombres pasarían unidos a la posteridad[208]. Por otro lado, este acto simbólico sellaba también la ruptura entre las dos tendencias reformadoras y entre aquellos que respectivamente las representaban. A partir de este momento existían dos posturas diferenciadas y antagónicas frente a un mismo asunto, escisión que Alemán expresa en su carta, por una parte, como «lo que no es nuestro»; y por otra, como «nuestro negocio»[209]. El tiempo apremiaba: «que no es tiempo de otra cosa». Esta sensación de urgencia apuntaba al hecho de que los plazos marcados para comenzar la puesta en práctica del programa contrario estaban a punto de cumplirse. Sin embargo, los miembros del grupo del que Alemán era portavoz, preveían que un programa que se apartaba de la «via recta»[210] estaba abocado a terminar en estrepitoso fracaso, y ellos se preparaban a disfrutar del espectáculo

---

[207] Es decir, la colocación de la primera piedra del albergue de Madrid en 1596.

[208] Ceremonia de alianza que, como ya hemos sugerido, está asimismo evocada en las bodas de Ozmín y Daraja en GAI.

[209] Conviene hacer notar que Alemán se está dirigiendo a su grupo y no a Herrera, quien no formaba parte del grupo.

[210] Con esta expresión Alemán hace un guiño a la de «camino derecho» utilizada por Herrera como indicación de la pauta a seguir por los pobres peregrinos a quienes se prohibía que se apartaran de su ruta (AdP, fol. 16r.), y a la de «recta vía» utilizada por Arce en el punto 12 de su «Instrucion» (1597) como plasmación del trazado de conducta que había ordenado como hoja de ruta de su programa de reformación exclusivamente destinado a «todos los que mendigan». (AdP [1975], p. 251).

secretamente y a salvo desde las gradas del coso: «y para no errar en público brindémonos con los trabajos ajenos de secreto, no seremos murmurados; no nos metamos en el coso donde nos tiren garrochas, porque cuando se nos caigan y sacudamos de nosotros los palos de la reprehensión, a lo menos no despediremos los hierros de habernos metido en lo que no era nuestro»[211]. Alemán, que antes había denunciado la marginalización a la que había sido sometido su grupo, celebra ahora que sus miembros se hayan mantenido firmes en defensa de sus principios negándose a participar en la «boda» Esta negativa representaba su más seguro salvoconducto de integridad frente al juicio del Reino y de la historia. Nunca podrían ser tachados de colaboracionismo con el programa oficial. La mayor falta de este proyecto viciado, su fallo estructural era que trataba de un tema que sus autores, Arce y Herrera, no conocían a fondo y hacia el que no sentían vocación alguna. Se habían metido en

---

[211] Alemán desarrolla en GAI el tema de la indebida injerencia en asuntos ajenos y las nefastas consecuencias que este tipo de acción predatoria puede acarrear para el plagiario: «¿Pues no consideras, pobre de ti, que lo que llevas a cargo no lo entiendes ni es de tu profesión y, perdiendo tu alma, pierdes el negocio ajeno… ¿No sabes que para salir dello tienes necesidad forzosa de saber más?… ¿Preguntáronte por ventura o tú contigo mismo heciste algún escrutinio si te hallabas capaz, con suficiencia, si lo podrías o sabrías hacer bien, sin encargar la conciencia yéndote al infierno y llevando contigo a quien te lo dio?». Unas líneas después prosigue: «¿Y tú no ves que cuando lo vienes a entender o a pensar que lo entiendes, que es lo más cierto, ya lo tienes perdido y al dueño dél con los días que has ocupado y disparates que has hecho? Usa tu oficio, deja el ajeno. Mas no es la culpa tuya, sino del que te lo encargó. Cambio es que corre sobre su conciencia» (GAI, pp. 282–283). Más adelante, Alemán sigue aleccionando a su interlocutor, a quien acusa de haberse apropiado de algún asunto de gran importancia ajeno a su profesión para el que no estaba capacitado y de haberlo echado a perder: «Pues en verdad que no pudistes, porque lo quitastes de su lugar y lo pusistes en el ajeno. Vuelve sobre ti, considera, hermano mío, que es yerro, que no pudiste y porque no pudiste pecaste y porque pecaste no está bien hecho». Como consecuencia de este robo el «dueño verdadero de la cosa» (a quien describe como «hombre discreto, noble, virtuoso, de claros principios, de juicio sosegado y cursado en materias») «se queda pobre, arrinconado, afligido y por ventura necesitado a hacer lo que no era suyo, por no incurrir en otra cosa peor» (GAI, pp. 291–292). En estos largos párrafos, Alemán estaría acusando a Herrera de haberle robado su propuesta de reforma asistencial; de haberla adulterado y en consecuencia de haberle destruido su vida, material y anímicamente. Alemán también evoca en ellos el oprobio público al que Herrera quedaba expuesto, recordándole por medio de una fábula que al falsario «le tiraron garrochas» (GAI, p. 296).

lo que no era suyo con afán de control y poderío. Habían entrado en el azaroso mundo de la reforma asistencial, tomándolo al asalto como país conquistado. Con su engañosa promesa de un programa novedoso que ofrecía una solución rápida, fácil y sin costos se habían convertido en el foco de atención del Reino entero, reunido en Cortes presididas por el propio Arce. Pero el problema de la pobreza había resultado ser un reto que se resistía a su desafío. Por su parte, Alemán y su grupo se guardarían muy bien de meterse en el coso. La oposición por ellos representada había pasado a la clandestinidad. Proseguiría con la defensa de su ideal, pero lo harían recurriendo al sabotaje, a la crítica mordaz del falso proyecto de Arce y Herrera.

«TRATEMOS DE NUESTRO NEGOCIO… BRINDÉMONOS CON LOS TRABAJOS AJENOS DE SECRETO»

La invitación que Alemán hace a su grupo se proyecta como un imprevisto gesto discordante que causa sorpresa. Es una propuesta en apariencia cuestionable e indigna del tipo de lazo de amistad que unía a los componentes del grupo y a la nobleza de su común ideal asistencial. Alemán invita a su grupo a ser espectadores del oprobio público de los[212] que no les habían invitado a su fiesta de bodas, deleitándose en secreto en el previsible desastre de su programa de reforma asistencial, gran proyecto oficial de interés público. Pero Alemán no era malvado ni mezquino. Su atípico comportamiento refleja la actitud predatoria que algunos habían manifestado hacia la labor de su grupo. Aunque nunca nombrados en la carta, Arce y Herrera son reconocibles como aquéllos que aprovechándose de «trabajos ajenos» se metían en lo que no era suyo. El elemento quizá más temerario en la evocación del desastre anunciado es que Alemán estuviese invitando a Herrera a presenciar su propia caída, a compartir el voyeurismo de sus víctimas traicionadas, convertidas ahora en espectadores de su derrota. Alemán no se ha tomado la molestia de explicar a Herrera la identidad de aquellos cuya caída se pronosticaba. Herrera no necesitaba explicaciones ya que como lector discreto sabría reconocerse en el discurso de Alemán[213]. Por otra

---

[212] Su identidad no ha sido revelada.

[213] La coartada de Alemán era perfecta. Puesto que Herrera era quien se había separado

parte, Herrera no podía acusar a Alemán de espíritu de venganza puesto que éste presenta una situación en la que los protagonistas se han metido en el coso voluntariamente[214].

Si entre ambos hubiese habido comunión de miras, el inicio de la ejecución del programa de Herrera lejos de provocar una «gran preñez» hubiese permitido que los «muertos deseos» de Alemán y su grupo cobrasen «vida», como era el caso en aquél a quien en la analogía se había pasado la pelota. Alemán estaba pasando aquí la antorcha al pícaro, quien continuaría su obra hasta acabarla «con toda su perfección»[215]. El disgusto de Alemán respecto al programa de Herrera le lleva a exigir que éste introduzca en él cambios radicales: «si me acordare te escribiré otro día, para que... lo enmiendes y corrijas». Alemán parece haberse autoerigido en censor del programa oficial de Arce y Herrera. Afectado y confundido por el programa oficial, concluye su carta brindándose a Herrera para indicarle como corrector de su discurso de qué manera debía enmendarlo y corregirlo[216].

«Enmendar y corregir» es un concepto que rebota aquí y acullá entre los escritos de Alemán y Herrera, como si se tratase de un *leitmotiv* comodín, portador de significados contradictorios adaptados a las

del grupo, Alemán, simulando que seguía considerando a Herrera como parte del mismo, estaba obligando a Herrera a tener que hacer como si creyese en lo recto de su intención. Como destinatario de una carta que simulaba seguir considerándole como parte del citado grupo, Herrera se veía obligado a aceptar en silencio el espectáculo de su propia humillación, fruto de su propia traición.

[214] En otras palabras, Alemán ha presentado la conducta de Herrera como una acción suicida afín a la que éste reprochaba a los pobres de quienes decía que eran «casi... homicidas de si propios» (AdP, fol. 4v.).

[215] GAII, p. 509.

[216] El concepto de enmienda y corrección es indisociable de la obra de Giginta y quizá sea éste el aspecto en el que Alemán quiere poner el énfasis en la advertencia con la que concluye su primera carta. En su texto preliminar «Al lector» de su *Remedio de pobres* (1579), Giginta pide a su lector que «corrija y enmiende» las faltas que encontrare en su obra. Giginta aludía principalmente a sus dificultades en «el estilo y lenguaje castellano» en el que inevitablemente se encontrarían «faltas de escribir» por ser él «de nación catalan y mal práctico» en una lengua diferente de la suya. En cuestiones de fondo en las que podría haber errado reconoce su «insuficiencia» y se remite a la rectificación del lector (*Remedio de pobres*, p. 66).

necesidades del campo ideológico de quien lo utilizaba. Uno se pregunta cuándo pensaba Alemán escribir a Herrera indicándole cómo llevar a cabo esta operación de enmienda. La perplejidad se debe en parte al hecho de que parece darse una discordancia entre la gravedad del asunto y la falta de urgencia en Alemán, quien se expresa con un vago «que por ventura si me acordare te escribiré otro día». Alemán no tenía al parecer intención de corregir el discurso de Herrera directamente. Lo que Alemán intenta es que su propio discurso, su «primera parte del pícaro», sirva para corregir el discurso de Herrera. A pesar de haber manifestado su desconfianza hacia la capacidad reformadora de Herrera, Alemán pone punto final a su carta con una inesperada e incongrua declaración de confianza en la presunta buena voluntad de Herrera respecto a la enmienda y corrección de su tratado, confianza basada en la opinión de «verdadero amigo» en que Alemán al parecer le tenía «en todo»[217]. Lo que esta desconcertante declaración deja claro es que se trataba de una relación íntima e intensa que abarcaba los ámbitos tanto ideológico como personal.

Sobre el trasfondo ya descrito de falsas apariencias, la oferta de amistad que Alemán brinda a Herrera tiene visos de caliz envenenado considerada a la luz de lo que se dice en *Guzmán de Alfarache* (1604) respecto a la amistad y su expresión. En su primera carta a Herrera, Alemán le está por inferencia anunciando que así como en el ámbito epistolar se ha visto obligado a revestir su sentir de una capa de simulación, en su prometido escrito, su pícaro, su libro, le dirá la verdad sin tapujos: «Y si aquel se llama verdadero amigo que con amistad sola dice a su amigo la verdad clara y sin rebozo... con razón el buen libro es buen amigo, y digo que ninguno mejor, pues dél podemos desfrutar lo útil y necesario, sin vergüenza de la vanidad, que hoy se pratica, de no querer saber por no preguntar, sin temor que preguntando revelará mis ignorancias, y con satisfación que sin adular dará su parecer. Esta ventaja hacen por excelencia los libros a los amigos, que los amigos no siempre se atreven a decir lo que sienten y saben, por temor de interese o privanza... y en los libros está el consejo desnudo de todo género de vicio»[218].

Todo apunta a que en efecto Alemán hubiese optado por escribir

[217] Tal y como Herrera debía de habérselo hecho creer con engaño.
[218] GAII, pp. 155–156.

un libro dirigido a Herrera como pauta de enmienda y correción de su discurso. La «primera parte del pícaro» era la primera sección del libro anunciado. En la primera carta, Alemán se lamenta de no poder explayarse como hubiese deseado: «¡Qué pudiera decirte de cosas si hubiera de satisfacer mi gusto! ¡Cuántas, contra él, dejo de escribirte!». En su «Al discreto lector» del *Guzmán de Alfarache* (1599), Alemán parece reanudar con su interlocutor epistolar el diálogo que dejara interrumpido en la primera carta de 1597: «Mucho te digo que deseo decirte, y mucho dejé de escribir, que te escribo»[219]. Pero aunque en su carta preliminar al GAI lo impreca con un despectivo «oh enemigo vulgo» y en su primera carta lo llamaba «O amigo Máximo», en uno y otro caso se trataba de un mismo interlocutor-destinatario, Herrera, tan presente en el registro histórico epistolar de 1597 como en el de los paratextos del libro en 1599, a quien dirigirá una segunda carta el 16 de octubre de 1597 cuya primera frase contiene una reveladora negación de amistad: «No entiendas, Maximo, que te llame amigo en ésta». La misteriosa condicionalidad respecto al envío de la prometida guía de correcciones expresa temor acerca de las anticipables dificultades de publicación con las que se tendría que enfrentar el «pícaro», pues ello era el escrito anunciado; dificultades que Alemán, tras casi dos años de lucha, describiría en su «Al discreto lector» en términos de pesadilla como «el barbarismo... a cuya censura me obligué» (GAI, p. 110). La primera carta de Alemán a Herrera puede ser entendida como un manifiesto en el que Alemán plantea los términos de su contienda con Herrera, delimita su alcance y expone los medios que va a emplear para llevarla a cabo. Como ha quedado indicado, concluye su carta declarando que es algo que va más allá de la reforma asistencial. Se trata de un elemento aglutinador que lo abarca «todo»[220].

[219] GAI, «Al discreto lector», p. 111. Véase P. Jojima, «El *Guzmán de Alfarache*: en favor o en contra de Pérez de Herrera», p. 331.

[220] Adelanto aquí que la trilogía del pícaro (GAI, GAII y *San Antonio de Padua*, su tercera parte) se nutre de un substrato histórico-biográfico reconocible que sirve de placenta a la traslación poética de la relación entre Alemán y Herrera. Lo ubicuo de esta presencia no debe de sorprender ya que, reiteramos, a decir del propio Alemán su relación con Herrera se extendía a «todo». A lo largo de la obra notamos la reiteración de la expresión «todo es uno». A nuestro entender se trataría de una señal que apunta en dirección a la concatenación monotemática y a las permutaciones de su argumento central.

APÉNDICE I

Herrera no contribuyó a los preliminares de GAI, ni Alemán a los de AdP de 1598. Tampoco Barros invitó a Herrera a participar en los paratextos de sus *Proverbios morales* (1598); quien estaba del lado de Alemán no podía ponerse del lado de Herrera. La inclusión de su *Carta... para el Lector*[221] en el AdP bajo título modificado de «Carta de Alonso de Barros, Criado del Rey Nuestro Señor, Epilogando y Aprobando los Discursos del Doctor Cristóbal Pérez de Herrera, de la Reducción y Amparo de los Pobres Mendigantes del Reino», fue, como se ha indicado, recurso de última hora utilizado por Herrera para evitar mayores daños. Su incorporación al *corpus* de los discursos se realizó con el fin de neutralizar sus dardos y supuso una componenda en la que al parecer Herrera y Barros se vieron ambos obligados a hacer concesiones. Habiendo aceptado un cambio de título que adulteraba el mensaje de la *Carta* original, la cual pasaba así de ser prólogo y advertencia a convertirse en epílogo y aprobación, Barros, en contrapartida, conseguía proclamarse no en favor sino en contra del AdP, y ello desde las páginas del propio tratado pues el sentido de la carta permanecía inalterado. Sugiero que en el marco de esta componenda la oposición consiguió asimismo que a última hora se incorporase en el AdP, como «discurso nono», un tratado sobre el «Ejercicio y amparo de la milicia destos Reinos». Este postrer discurso presenta visos de provenir de otra pluma que la de Herrera, a quien le fue atribuída su autoría por razones tácticas. Pudiera ser una obra de colaboración en la que quizá participaron Barros y Mosquera de Figueroa, para quienes la lucha contra el abandono de la milicia por parte del programa de Arce y Herrera se había convertido en auténtico caballo de batalla. A principios de 1598, Barros había publicado en suelta su *Reparo de la milicia, y advertencias* en el que denunciaba sin ambages a «algunos tan inhumanos» que no se apiadaban del sacrificio de los soldados, «aunque no traygan braços ni pernas» y para quienes «aun ponerlos en el catalogo de los pobres mendigantes, quando se trata de su remedio les parece demasia y cosa fuera de proposito» (RMA, fol. 1r.–v.). Barros estaba apuntando a Arce y Herrera. Este breve tratado,

---

[221] Publicada en suelta a principios de 1598 bajo el título *Carta de Alonso de Barros, criado del Rey nuestro señor, para el lector*, Luis Sánchez, Madrid, 1598.

que en parte parodia los discursos de Herrera, juntamente con el *Comentario* de Mosquera (1596) parece constituir el fondo conceptual del discurso nono. No se trata de un discurso más añadido a última hora, ni una continuación del «discurso tercero» como lo pretende hacer creer Herrera cuando dice que: «Después de haber escrito a V.M. los discursos precedentes en la materia del amparo... de los pobres mendigantes, y todos los demás destos reinos, me pareció no salir fuera del propósito e intento a que voy enderezado, recopilar en éste lo que en el discurso tercero se trata» (AdP [1975], p. 269). El discurso nono es un discurso alternativo inserto dentro del programa de Herrera, del que en realidad constituye un antidiscurso. No es un complemento sino una suplantación subversiva en el que se pide al Príncipe Felipe que abogue ante el Rey en favor de una categoría de pobres hasta entonces excluída del programa asistencial, que «interceda» (AdP [1975], p. 268) para que «de la mano real... salga el remedio de otros verdaderos pobres, que por ser de los más honrados que hay en el mundo, es santa cosa, y muy justa, que no queden sin remedio ... Estos son, Señor, los soldados» (AdP [1975], p. 269*).* El discurso nono se podría considerar como un tratado asistencial independiente no integrado orgánicamente dentro del AdP; tratado con guión propio y estructura paralela que insta a que «se acuda al amparo della [la milicia], favoreciendo a los soldados de todo género, para que en su vejez, o falta de salud por enfermedades, o accidentes de la guerra, no padezcan necesidades grandes» (AdP [1975], p. 268). Propone el nombramiento, anualmente rotativo, de un «protector general de la milicia»[222], designa al «Consejo de Guerra» como organismo rector, y propone crear una «casa amparo de la milicia» (AdP [1975], pp. 275 y 282).

Quizá su rasgo más significativo sea el que Herrera, su presunto autor reconociese o bien se viese obligado a reconocer por primera vez lo que en sus ocho discursos precedentes había ocultado: la existencia, el sacrificio y el sufrimiento de la milicia, y que lo hiciese en primera persona como testigo presencial: «que como he andado doce años entre ellos... he visto las miserias que padecen: porque, fuera de traer las

---

[222] Este nombramiento anual rotativo suponía un ataque a la incontestada omnipotencia de Arce que había sido propuesto como «Protector general de los pobres y familia de Cristo» (AdP [1975], p. 189).

vidas a riesgo de perderlas cada hora… no siempre tienen el sustento necesario, faltos de todas las cosas que para la vida humana son menester… con el rigor del frío, vientos y nieve, y las angustias de los calores» (AdP [1975], p. 277)[223]. Doce años fue el periodo durante el cual Herrera había acumulado pruebas de la supuesta impostura de los pobres fingidos; pruebas que declaraba haber recogido directamente de estos mismos pobres cuando cumplían su condena a galeras. Reducidos a un sólo párrafo al comienzo del AdP (1595 y 1598) sobre el que Herrera había construído su edificio reformador, estos testimonios formaron una pobre base de datos en la que brilla por su ausencia toda compasiva mención de la terrible situación del remero forzado y de las circunstancias que le habían conducido a una condena tan fuera de proporción con la presunta gravedad de su crimen. Según Herrera este crimen, en la gran mayoría de los casos, consistía en haber «andado por el mundo vagabundos en habito de pobres fingidos» (AdP, fol. 3r. y AdP [1975], p. 19). Herrera concluía este párrafo introductorio con un tributo redactado en tercera persona y reservado exclusivamente a su propia actuación militar durante su periodo como protomédico de galeras. En referencia a sí mismo Herrera decía: «poniendose en tantos peligros de perder la vida, recibiendo heridas de mucho riesgo en defensa de la Fe Catolica, y servicio de V.M.» (AdP 1595, fol. 3r.–v. y AdP [1975], p. 20). Autodescrito como heroico soldado, Herrera sin embargo no parecía haberse percatado de la existencia de la milicia hasta la inclusión de un último discurso en su AdP. El discurso nono suponía una admision del olvido al que hasta entonces se había relegado la valentía y heroismo de los soldados, por los que ahora aboga como reconociendo e intentando corregir su anterior negligencia: «se echará de ver que es la gente que casi más merece por sus trabajos, de cuantos hay en este suelo; y más desamparados de todos, pues en esta Corte he visto pedir limosna a algunos que, delante de mis ojos, les vi llevar de balas las piernas y brazos y pelear con mucho valor y ánimo; y otros que hay en otras partes con grandes necesidades, por haber quedado

---

[223] Herrera menciona aquí su propia participación en campañas militares, recalcando que también a él le ha cabido buena parte de los «trabajos y peligros y heridas» de la milicia; penalidades que le eran por lo tanto conocidas desde hacía tiempo pero de las que, a excepción de lo que a las suyas propias atañía, hasta este punto se había guardado de hacer mención alguna.

inútiles, y sin remedio ni favor humano, mas, antes, aborrecidos de algunos que ni están determinados de tomar armas, cuando se ofreciese ocasión» (AdP [1975], pp. 279–280). Se trataba de una confesión que implicaba la revaluación del criterio de selección de los pobres, muchos de los cuales eran tenidos como falsos en su programa reformador por no ser tullidos de nacimiento, como no lo eran los soldados heridos en guerra. Todo ello indica que no se trataba de una admisión espontánea sino de un viraje de alguna manera forzado. El discurso nono representa un movimiento tectónico con el que la oposición consigue subrepticiamente que sea el propio Herrera quien encargase al Príncipe intercesor llamar al orden al propio presidente Arce, recordándole la voluntad del difunto cardenal Quiroga, de quien Arce era uno de los albaceas, acerca de la distribución de su legado, instándole a que parte de las rentas y juros de esta hacienda fuese aplicada a la casa del amparo de la milicia: «remitiéndolo V.M. al presidente, para que… ordene en esto lo que más conviene al servicio de Nuestro Señor y de V.M., y socorro general de gente tan menesterosa y honrada, como se lo dejó encomendado a el presidente el mesmo cardenal» (AdP [1975], pp. 296–297). Con ello se estaba implícitamente acusando a Arce de haber dispuesto irregularmente del legado de Quiroga, que el Presidente había aplicado *avec largesse* al programa del *Amparo de pobres,* su propio programa reformador, en detrimento de otros proyectos asistenciales.

Tanto la «Carta» de Barros como el discurso nono representaban un caballo de Troya que operaba desde el mismo meollo del AdP; estrategia autodestructiva que al parecer Herrera se vio obligado a aceptar y que parece ser indicio del grado de desprestigio en el que habían caído tanto el programa reformador como su autor. Esta estrategia invita asimismo a preguntarse si Herrera era plenamente consciente de las implicaciones de un arreglo tan arriesgado; si actuaba así movido por ingenuidad o por cálculo de ambición. Herrera se presentaba como hombre de armas y de letras, insistiendo, según su conveniencia, ya sobre lo uno ya sobre lo otro: «porque las letras de los hombres de bien, y de honra, no embotan la lança en las ocasiones» *(*AdP, fol.3v.; AdP [1975], p.20). En el discurso nono actua como portavoz del reconocimiento y derecho a premio debidos a «todos los que sirven en este ministerio de la milicia en general»; amplio ámbito que incluía tanto a los «auditores generales de los ejércitos y armadas» como a «los médicos y cirujanos que sirven

... en estas jornadas» (AdP [1975], pp. 291–292). La primera categoría se aplicaba específicamente al caso de Mosquera de Figueroa[224], de cuya causa Herrera se ve indirectamente obligado a ejercer como tribuno. A la segunda categoría se acogía el propio Herrera. Sin embargo, la propuesta del discurso nono lejos de fomentar una noción de derecho indiscriminado a premio para todas las citadas categorías especificaba su estricta regulación. Para los médicos el premio dependía de «la opinión que tuvieren, ingenio y letras, cuidado y fidelidad con que hubieren servido» (AdP [1975], p. 292); es decir, la mirada del otro; incluyendo naturalmente la de cuerpo médico tal en el caso del propio Herrera[225]. En cuanto a los «inútiles y estropeados en la guerra» su derecho dependía de que «por certificaciones o probanzas trajeren averiguado haberles sucedido las tales heridas, o enfermedades, en ella en servicio de V. M.» (AdP [1975], p.282). Estas medidas estaban previstas para atajar los abusos de los impostores, denunciados ya por Mosquera en su *Comentario* (1596). Por lo tanto, Herrera, quien reivindicaba haberse destacado tanto en armas como en letras, estaba en realidad abogando en favor de medidas de estricta regulación que iban en contra de sus propios intereses. Pasadas por este tamiz las pretensiones de Herrera quedaban sometidas a escrutinio. Quizá ello explique el que pese a su supuestamente gloriosa hoja de servicios, Herrera se viese obligado durante el resto de sus días a presentar reiteradamente su *Relación de servicios*, actualizando su versión en busca de mercedes que al parecer no llegaban. Con el discurso nono la oposición aprovechaba la publicación del AdP de 1598 para, utilizándola parasitariamente como vehículo y beneficiándose del interés creado por la dicha publicación del tratado de Herrera, defender y divulgar su propio proyecto de reforma desde dentro de su texto. El discurso nono introducía un nuevo patrón para el proyecto reformador, el Príncipe, y un nuevo consejo, el Consejo

---

[224] A quien cita nominalmente (AdP [1975], pp. 278–279).

[225] Como ha quedado inferido en el *Comentario de Mosquera*, el nombramiento de Herrera al protomedicato de galeras parece haber sido objeto de comentarios. Las reservas respecto a su desempeño de la profesión médica a su retorno a la Corte quedan recogidas por el propio Herrera en sus RD y por Vallés en su CM. Las reiteradas quejas relativas al trato discriminatorio del que a su decir era objeto respecto a sus colegas médicos indican asimismo que Herrera no contaba con la estima de sus pares, postura que parece haber sido compartida por un sector crítico de opinión.

de Estado del que dependía el Consejo de Guerra. Acababa con el monopolio que el Consejo Real, por medio de Arce, había venido ejerciendo sobre el programa del amparo de los pobres al afirmar que «lo que toca a gente de guerra, que tiene necesidad de socorro para sustento de su vida... que en el de Estado y Consejo della se trate de su remedio» (AdP [1975], p. 270) e introducía una expresión lingüística («remedio») que lo relacionaba con la obra de Giginta. Para la primavera de 1598, momento de la publicación del AdP, y dado el estado de salud del rey, la subida al trono del príncipe heredero no se hacía esperar. Con la muerte del rey burócrata acabaría el favoritismo de los letrados y quizá se percibiese ya un cambio de clima más favorable al reconocimiento del estamento militar. Significativamente, el discurso nono esta codedicado al rey y a su inminente sucesor, el príncipe, cuya «intercesión» en el «negocio» del «amparo de la Milicia» (AdP [1975], p. 268) se solicitaba. El príncipe ha substituído a Herrera como intercesor del pobre y específicamente del soldado pobre.

No se puede descartar que entre los que contribuyeron a la elaboración del discurso nono se encontrase la figura de Don García de Loaysa, miembro del Consejo de Estado y Limosnero Mayor. En este discurso se insiste sobre la importancia capital del mantenimiento ininterrumpido del oficio de «limosnero», siempre al servicio del pobre fueren cuales fueren sus circunstancias[226], oficio puesto sin embargo en entredicho por Herrera en su respuesta a la «oncena objeción» donde critica la actuación del limosnero Mayor[227]. En *Ortografía castellana* Alemán dedica el capítulo segundo a la importancia de la «emienda» y corrección de los métodos de enseñanza de las letras utilizados en el pasado y a la necesidad de remediar la «duda», «objeciones, i los inconvenientes que dello resultarían» con el fin de conseguir una «buena ensambladura» en la que «no se le devise la junta, quedando abraçados

---

[226] «Poniendo por ejemplo aquella santa y loable costumbre de Roma, que, aunque vaque el pontificado por muerte de un pontífice... no vaca por esto el oficio de limosnero dél» (AdP, p. 295).

[227] Herrera sugiere que «los seiscientos ducados, que el limosnero mayor de V.M. reparte cada mes de limosna de la hacienda de V.M.» fuesen aplicados a socorrer las necesidades de los que llama «estos pobres vergonzantes, en esta Corte», en vez de seguir dándola como «al presente» se hacía «a muchos que no son pobres» (AdP [1975], p.173).

uno con otro» (OC, pp. 22–23)[228]. Al tratar del «remedio» del sistema antiguo ilustra su ineficacia con un ejemplo, que podría ser tomado como genérico, sobre el tiempo malgastado en el aprendizaje de la escritura: «en cuatro años no acabava el muchacho de sólo escrevir»[229]. Alemán rememora cómo para acabar con esta situación insostenible se ingenió una novedosa «manera de facilitar el escrevir» que al parecer había observado como testigo presencial: «el primero, à quien la vi usar, fue un maestro de su majestad, el rei don Felipe tercero... siendo príncipe; que su alteza, iva cubriendo con tinta negra, las letras que su maestro le dava estampadas con vermellón algo claro, i así las vino a saber hazer, bien i brevemente». El «inconveniente» de este método consistía en que «para imprimir el vermellón, es necesario mojar el papel, i mucho dél se pasa después con la tinta, escriviendo encima; en especial, si el tiempo es úmedo» (OC, pp. 24–25). Alemán utiliza este ejemplo para mostrar la facilidad con que se puede detectar la pluma del auténtico autor en un texto copiado por otro – que habiéndolo impreso, pretende atribuirse la autoría – ya que la escritura original perdura como en un palimpsesto. Dado el contexto y subtexto del ejemplo citado y la dudosa presencia de Alemán como testigo ocular del mismo, se puede sugerir que estuviere paródicamente recreando el proceso de redacción del discurso nono preparado por otros pero calcado por Herrera a imitacion analógica de la técnica utilizada por Loaysa (no nombrado directamente pero inferido) como el citado maestro del príncipe, con su real discípulo. El ejemplo aquí utilizado podría asimismo reflejar el proceso de elaboración de los discursos de Herrera, quien se asimilaba anteriores tratados de reforma, como los de Giginta a los que tuvo acceso. Alemán pudiere estar aludiendo al dilatado proceso de redacción de los discursos de Herrera, quien admitía haber tardado

---

[228] Como si se tratase de un juego, Alemán cambia de registro y pasa de la letra como signo alfabético a «las letras» como areas de conocimiento: «Gramática, Retórica, i Filosofía» (OC, p.24), empleando para sus demostraciones unos conceptos indisociables del proceso de elaboración del discurso de Herrera, como si estuviese indicando a su lector que aquí también se trataba de ello una vez más.

[229] Sin embargo la insistencia de Alemán sobre la autenticidad del asunto – que presenta como si se tratase de un hecho tan excepcional y sonado que precisase ser corroborado por testigos presenciales – sugiere que quizá estuviere aludiendo a algún caso concreto: «los viejos lo saben, los de mi edad lo vieron, ellos lo digan» (OC, p. 24).

«mas de seis dellos [años] en escrivir y imprimir los discursos del Amparo de los legitimos pobres» (RS, fol. 174r.). Puesto que la versión final de estos discursos es de 1598, ello situaría el inicio de la redacción por los aledaños de 1592. En enero de 1597 Arce despachó su *Instrucción* a cincuenta ciudades y villas. Acto seguido redactaba Herrera un primer discurso sobre la ejecución de su programa en el que se adivinaba como en calco y al trasluz el espíritu de Arce. El paso a la práctica marcaba el final de la etapa de redacción en la que Herrera, como el muchacho del ejemplo, llevaba ya estancado cuatro largos años. Quizá Alemán estaba también pensando en la intervención de Loaysa quien en 1596, cuatro años después del inicio del proceso de redacción y tras la publicación de las dos versiones del primer AdP, proporcionó a Herrera en sus diez «dudas» una síntesis estructurada que recogía la voz de la oposición para facilitarle la prosecución de su tarea[230]. Frente al rechazo de acomodo alguno por parte de Herrera[231], la crítica intervendría de nuevo, como se ha indicado, de manera directa y definitiva en 1598 con el discurso nono. Lo tajante de la intervención sugiere el nivel de desprestigio en el que habían caído Herrera y su patrón Arce. El que Herrera se prestase a participar en esta maniobra dejaría traslucir un posible distanciamiento entre él y Arce. En cuyo caso, ello supondría traición por parte de Herrera, quien consciente de la caída en desgracia de su valedor y atraído por el señuelo de aventajamiento personal habría optado por una nueva fuente de apoyo. Anticipándose a la reacción del discreto lector, quien sin duda reconocería a qué instancia se aludía con el ejemplo de los cuatro años de aprendizaje de escritura, y asumiendo el papel del maestro, Alemán parece querer guiar aquí no ya la pluma sino el registro de lectura adecuado en beneficio de su lector. Para ello utiliza como señal el mismo giro lingüístico que había dirigido a Herrera en su primera carta para indicarle el tenor de su escrito: «No es burla, no levanto testimonio, ni salgo de la verdad un punto» (OC, p. 24).

---

[230] AdP [1975], Intr., p. xxxviii

[231] Cuya respuesta a sus críticos se había limitado a su RD.

APÉNDICE II

Este estado de ánimo expresado por el verbo «atribular», que según el DA «regularmente se usa en passiva» para indicar que el sujeto es víctima de la acción de otro, es afín al experimentado por Alemán ante la propuesta reformadora de Herrera, que le ocasionó «gran preñez» (primera carta), y por el descubrimiento de su falsa amistad, que le dejó «suspenso y mudo» (segunda carta). En GAII Alemán recurriría a la misma táctica de desdibujar fronteras entre registros diferenciados para con ello ilustrar satíricamente la conmoción causada por una propuesta descabellada frente a una crisis de proporciones pandémicas. Como se ha indicado, en la primera carta el proceso se opera entre el campo de la patología fisiológica de un cuerpo inficionado, y el anímico de la tribulación de un reino. En el episodio del GAII que aquí nos ocupa se confunde el plano de la patología física con el de la perturbación mental, evocando por asociación la insensatez del programa reformador de Herrera. La asombrosa solución a la pandemia que asolaba al hospital de pobres de Zaragoza fue encontrada por «un grandísimo ingeniero» que se ofreció a «meter en un huevo a cuantos deste mal de todo punto se hubieren hallado limpios y que juntamente con sus personas meterá sus haciendas, heredamientos y rentas y que andarán tan anchos y holgados, que apenas vendrán a juntarse los unos con los otros». El punto que el episodio hace resaltar es que «uno solo se dice que sea sólo el que no ha enfermado; pero hasta este día no se ha podido saber quién sea». En este episodio, sin embargo, la reacción de Guzmán no es de tribulación sino de desprecio tanto hacia las «ordenanzas» o parte discursiva de un programa de «reformación y reparo de costumbres» al que denosta como «arancel de necedades» y que emanaba de «la Razón, absoluto señor», como hacia la traza propuesta por el «grandísimo ingeniero» como medida práctica para la ejecución de un programa que adolecía tanto de malicia como de necedad[232]: «Malicia es ésa y no menos grande que la casa de los necios» (GAII, pp. 343 y 350). Todo ello es evocativo del programa de Herrera en sus aspectos teórico y

---

[232] La figura del «grandísimo ingeniero» evoca la de los «famosos ingenieros» que Herrera preveía formar con un grupo de niños pobres reformados en un futuro utópico. (AdP [1975], p. 107).

práctico, programa que contaba con el apoyo de alguien que como Arce se consideraba «absoluto señor», y había despachado sino «ordenanzas», «Instrucciones» al respecto, y que se basaba torno al concepto de «una casa que se llame, el albergue y casa de los pobres»[233]. Este episodio de contagio general provocado por una absurda orden de mudanza en la que se acordó que los pocos sanos y los muchos enfermos «trocasen las estancias, y así es ya todo el mundo enfermería», sugería gráfica y simétricamente la situación potencial que hubiese podido darse si tras el traslado del Hospital General al Albergue de Pobres de Madrid el proyecto reformador de Herrera hubiese sido retomado. En este caso se hubiese dado un peligro real de contagio al que hubiesen quedado expuestos los «pocos» pobres reformados recogidos en el Albergue frente al gran número de enfermos del Hospital trasladado al mismo recinto. En 1604, fecha de publicación del GAII, el abortado proyecto ya no presentaba el mismo peligro que en su momento de auge en 1597, año en que Alemán escribió sus cartas a Herrera. Sin embargo, el traslado del Hospital General al Albergue de Pobres de Madrid, llevado a cabo en 1603, sí hubiese podido ofrecer una oportunidad para relanzar el abandonado programa, como lo da a entender el propio Herrera en su RS[234]. Este es el peligro sobre el que Alemán quería alertar al discreto lector en su paródico episodio del GAII. No deja de ser irónico el que Herrera se hubiese convertido al parecer en máximo abogado del traslado del Hospital al Albergue por considerar que en su anterior ubicación era un peligroso foco de potencial contagio para los vecinos ricos de su entorno: «por ser dañoso para la vezindad de los edificios y suntuosas casas, que cerca del se han labrado» (RS, fol. 174r.–v.). Este plan de traslado de edificio, que se insinuaba ya en el AdP de 1598[235], revelaba un dramático viraje deontológico respecto a la política de salud pública de los pobres defendida por Herrera en el AdP de 1595. Herrera declaraba aquí que la función de sus «casas de albergue» debía limitarse exclusivamente a la «adminitración de sacramentos,

---

[233] AdP, fol. 9 v.

[234] «con tan gran bien y utilidad pública, por averle mudado de la parte donde estava» (RS, fol. 174r.).

[235] «en el albergue de Madrid espero en Nuestro Señor se fabricará dentro dél. (AdP [1975], p. 216).

y missas, y dormitorio de gente inutil, sin enfermedades que tengan necesidad de curarse de presente». Por encima de todo había que evitar juntar «sanos con enfermos» pues «se contaminarían unos con otros» (AdP, fol. 11v.)[236]. Quizá el cambio de posicionamiento de Herrera se debiese a la constatación de la falta de correlación entre las dimensiones faraónicas del Albergue de Madrid y la función para la que había sido destinado. Su función se limitaba a dar cobijo a un exiguo número de pobres que, tras la purga selectiva de su programa reformador, serían los únicos tenidos por legítimos en el área de Madrid. En consecuencia, el gran Albergue de Madrid, momumental edificio infrautilizado, se hubiese quizá convertido en la plasmación pública del monumental error conceptual del abortado programa reformador de Arce y Herrera. Por ello urgía encontrarle una nueva función.

APÉNDICE III

El engaño queda icónicamente plasmado en el *tableau* que recoge la meditación de Guzmanillo en su función de esportillero. El esportillero había escuchado un sermón de sesgo erasmista predicado por un docto fraile agustino, y en un momento precoz de epifánica iluminación reflexiona sobre la noción del «cuerpo místico». Guzmanillo repara en las consecuencias para el pobre de una exegesis oportunista de un concepto tan enriquecedor como el citado ya que sabía que también él en su «mísero cuerpo» era miembro de ese «cuerpo místico»: «igual con todos en sustancia, aunque no en calidad». Palabras éstas que aseveraban la igualdad ontológica del hombre frente a Dios pero que

---

[236] Por ello Herrera había previsto enviar a los pobres que estuvieren enfermos o con males contagiosos a los hospitales generales. Postura que mantiene y reitera en su AdP de 1598: «Adviértase también que ha de haber por cuenta destas casas de albergue (pues no tendrán casi otra costa de consideración, como se dijo) una sala de incurables en cada hospital general de todos los lugares grandes, adonde se curan males contagiosos… en que asistan [a] los incurables, o viejos decrépitos, imposibilitados para poder salir a pedir, hasta que allí mueran con regalo, y conociendo a Dios». Advertencia a la que sin embargo, y como si no representase una fundamental contradición, introduce una drástica excepción: «aunque en el albergue de Madrid espero en Nuestro Señor se fabricará dentro dél» (AdP [1975], Discurso séptimo, Advertencia séptima, p. 216).

utilizadas tendenciosamente podían servir de legitimación divina para exigir obligaciones al pobre y limitar sus derechos en el ámbito civil. El premio a la vida ejemplar que del esportillero se esperaba como miembro del cuerpo místico consistiría en que «como la viejecita del Evangelio, no faltará quien levante su corazón y los ojos al cielo diciendo: ‹Bendito sea el Señor, que aun en pícaros hay virtud›. Y esto en tí será luz».(GAI, p. 285). Sin necesidad de recurrir a comentario valorativo alguno, Guzmanillo ha dejado al descubierto la iniquidad de una doctrina así interpretada. El narrador se limita a reiterar su postura al respecto; la que tuvo como Guzmanillo y la que seguía teniendo como Guzmán adulto: «Pero a mi juicio de ahora y entonces, volviendo a la consideración prometida…». Guzmán hace en efecto notar que aquéllos de los que él trataba «cuando esta digresión hice» son los mismos de los que hablaba el docto agustino, quien «con quien habló, más que a religiosos y comunidad, fue con los príncipes y sus ministros de justicia» (GAI, p. 286). Guzmán hace hincapié sobre a quien iba dirigido y cómo debía ser interpretado el sermón del agustino sobre el capítulo quinto de San Mateo. Subraya las obligaciones de los poderosos y emplea con ellos la misma táctica que ellos empleaban con el pobre; a saber, el recurso al providencialismo para obligarles a mantener una conducta ejemplar. En la declaración de Guzmanillo se transparenta una constante de la vida de Alemán: su rechazo de la manipulación del pobre por medios demagógicos. Herrera llegaría a decir que los pobres fingidos eran «provocadores con sus pecados y excesos de la ira de Dios contra todo el pueblo» (AdP [1975], «Carta al lector», p. 14). Por su parte y en contraste, el narrador, aquí portavoz de Alemán, establece una correlación entre conducta y sus consecuencias, aplicable a los poderosos que no cumplen con su deber: «¿Pues qué piensas que es darte un oficio o dignidad? Poner cera en esa luz para que ardiendo resplandezca... Eso, pues, has de hacer de tu oficio: embeberlo, encorporarlo en esa luz de tus virtudes y honesta vida, para que todos las vean y todos las imiten … Oye más: ¿cuál vemos primero, la luz o la cera? No negarás que la luz. Pues haz de manera que tu oficio, que es la cera, se vea después de ti, conociendo al oficio por ti y no a ti por el oficio […] ¿Qué piensa el que se hace cera, cuando a uno le quita su justicia o lo que justamente merece y los trasmonta en el idiota que se le antoja? ¿Sabes qué? Derrítese y gástase... fallecen los hijos, mujer, deudos y amigos… andan metidos en profundísima melancolía, sin saber dar causa de qué la tienen. La causa es, amigo, que son azotes de Dios, con que temporalmente los castiga en la parte que más les duele, demás de lo que para después les aguarda» (GAI, pp. 286–287). Hago notar que entre las calamidades con las que Dios, según Guzmán, castigaba a los poderosos se enumeran algunas aplicables a Arce, quien era viudo, había perdido a su primogénito y podría ser considerado de carácter depresivo a juzgar por testimonios que sobre su persona nos han llegado.

APÉNDICE IV

Este trabajo sugiere, como se verá más adelante, que la impostura de falsa santidad denunciada por Alemán en la primera carta, trasladada a un plano poético sería elaborada en el GAII donde Guzmán admite reiteradamente que se había hecho pasar por santo en ocasiones (GAII, lib.3, caps. 6–7). En este proceso Alemán utiliza el molde metamórfico ovidiano y adopta sus mecanismos narrativos atento a la economía de un sistema que, como se ha dicho, «quiere que las nuevas formas recuperen en lo posible los materiales de las viejas»[237] Alemán está preparando a su lector para dar el salto de planos precisado para pasar de la segunda a la tercera parte de su trilogía. Como en Ovidio, el final de una historia tampoco coincide necesariamente con el final del libro, método éste que permite a Alemán dar un botón de muestra de su nueva historia, ofreciendo un anticipo del próximo avatar del pícaro en guisa de santo cuando le faltan pocas páginas para llegar al final de su GAII, o segunda parte del pícaro. En este punto gozne en el que meta y punto de arranque confluyen, Alemán parece estar utilizando «el viejo expediente del novelista por entregas que aguza el apetito del lector por el episodio siguiente»[238]. Siguiendo este método, Alemán indica que la obra continúa y establece la contigüidad de planos y registros, de historias terrenas a historias celestes, de biografía poética a hagiografía histórica; todo ello entrelazado, como en Ovidio, en la espiral única de

[237] Italo Calvino, «Ovidio y la contigüidad universal», en *Por qué leer los clásicos*, Ediciones Calvino, Madrid, 2002, p. 42.

[238] I. Calvino, «Ovidio y la contigüidad», p. 45.

la vida de un mismo sujeto, el «pícaro», dividida en tres partes.

Barros contribuye al caldo de cultivo en que se iría elaborando la postrera metamórfosis del pícaro. En su carta al lector, probablemente sin llegar a conocerlo ya que moriría en 1604, prepara el terreno para que más adelante el lector discreto supiese reconocer al pícaro, incluso cuando este apareciera en su improbable papel de santo. Presenta el albergue de Herrera como un ente jánico, cortado por el mismo patrón que el de la falsa pretensión de santidad detectable en la doble cara del tenido por modélico reformador. Barros parece dar un anticipo del previsible éxito del presunto genial hallazgo de Herrera quien se jactaba de que sus albergues iban a solucionar como por arte de magia el problema del pauperismo, y a quien presenta como dotado de atributos taumaúrgicos. Sin embargo mirado más de cerca uno se percata de que Barros no presenta el albergue como un espacio sagrado donde se producirían milagros auténticos sino como un sistema en el que «como por milagro sanarán los que parecen mancos… los cojos», los afectados de «heridas que parecen incurables… cuartanas… mal de corazón, y gota coral». Se puede deducir que este triunfo terapéutico se lograría poniendo al descubierto las mañas de los pobres quienes, como lo deja suponer este esperpéntico *tableau,* todos eran fingidos. Esta revelación pública de la universal impostura del pobre no aparece sin embargo explícitamente articulada en la carta; queda simplemente inferida en ella ya que Barros aquí no está exponiendo su propia visión sino que está actuando como presunto fiel exponente de la visión de Herrera.

En otro registro y simultáneamente, Barros define en su carta el albergue como templo de monumental engaño («llamarse ha esta casa el Palacio del Desengaño»), mas no debido a las engañifas de algunos pobres, bien conocidas, sino al engaño que la visión de Herrera encerraba y que en la carta queda gráficamente atribuído a la actuación de los censores: «y serlo ha, por el oficio de los censores que en ella ha de haber». Barros ha subvertido los términos del planteamiento de Herrera. Está advirtiendo a Herrera que sería el oficio de los censores y su engañoso propósito los que serían sometidos a examen. Si llevaban a cabo la ejecución de su falso proyecto de reforma, su gran mentira intrínseca quedaría desvelada y expuesta al examen de la opinión pública iniciada. Es la desvelación de este sistema corrupto la que Barros denomina «Palacio del Desengaño». A este registro interpretativo se puede aplicar una acepción de la palabra «censor» según la cual con este vocablo también se designa a los que murmuran, vituperan y maldicen; a los que achacan faltas y defectos a «personas i cosas» que no los tienen. Con este significado, el vocablo es aplicable al censor máximo y a su «procurador general» de los albergues Herrera; en su caso, no sólo por su viciado juicio sobre casi la totalidad de los pobres de hacienda a quienes tachaba de impostura, sino también por el difamatorio acoso al que sometia a sus adversarios, con un especial ensañamiento hacia Mateo Alemán, como dejan ver sus cartas.

APÉNDICE V

El tratado de Barros es una certera arremetida contra la reforma arce-herreriana. El *Reparo de la milicia* es un panfleto cuya incisiva crítica tuvo a nuestro entender el efecto de una descarga de artillería que irrevocablemente desmanteló el avance de la citada reforma. Escrito en estilo tragicómico con miras a soslayar la censura sin por ello amenguar el impacto de su denuncia en contra de una situación insostenible, Barros deplora en su *Reparo de la milicia* la ausencia de toda consideración y asistencia a la milicia; exclusión tanto más inaceptable cuanto que, como Barros declara con triste ironía, se hace «en pago de tanta obligacion como les tenemos, y en recompensa de tanto bien como por ellos recibimos». La injusticia queda patentemente desvelada: «les pagamos tan mal». Barros achaca esta insensible crueldad de trato («y debe ser la causa desta poca piedad») al hecho de que los que aquí «juzgan... esta dellos tan lexos la guerra, que les parece imposible caer en sus peligros; que como no los temen no se duelen de los que sufren los pobres soldados, y por esso no los ayudan» (RMA, fol. 1v.). Barros parece estar apuntando con el dedo a los reformadores responsables de este abandono, y en particular a Arce, máxima figura jurídica del Reino y auténtica cabeza de la reforma, representante del letrado que casi por definición no había pisado nunca un campo de batalla. La figura de Arce, quien pese a lo dicho era sin embargo beneficiario de un hábito de Santiago y de la encomienda de la Madalena, volvería a ser evocada en el contexto de la necesidad de reformar la asignación de dignidades militares, tema sobre el que Barros se expresa con irónica y provocativa franqueza: «Bien entiendo que no ha de faltar quien burle de mi arbitrio, porque trato de cosa tan sabida y trillada, como es que las encomiendas buelvan a su origen y primer instituto: pero tambien se que esta culpa seria loable, si huviesse muchos que diessen en ella, especialmente los que lo pueden remediar» (RMA, fols. 4v.–5r.). Barros está matando aquí dos pájaros de un tiro ya que a un segundo registro de lectura su comentario es asimismo directamente aplicable al *Amparo de pobres* o arbitrio de Herrera, cuya figura está también paródicamente evocando. Con su tratado, publicado en suelta a comienzos de 1598, Barros está dando la voz de alarma. El *Reparo de la milicia* podría considerarse como el golpe que acabó con la percepción del AdP como proyecto viable, serio y respetable. Fuera de una digna retirada, la única vía de salida para el malogrado proyecto era la de somerterlo a un drástico viraje, acomodándolo a la visión de la oposición; viraje que Herrera parece haber aceptado. En efecto, el *Reparo de la milicia* de Barros condujo al *Amparo de la milicia*, postrero discurso del AdP que tanto se había hecho esperar. Como desarrollamos en otro momento, la redacción de este discurso, aunque atribuída erroneamente a Herrera, corrió en gran parte por cuenta del autor de *Reparo de la milicia*.

APÉNDICE VI

En la primera carta la mujer pobre es presentada como congénitamente degenerada, viciosa, sexualmente depravada y vocacionalmente ociosa. Esta sin embargo no es la postura de Alemán. Es reflejo de una mentalidad fomentada por quienes teniendo como Herrera asegurada la publicación de sus escritos los utilizaban como instrumento de propaganda para inculcar la necesidad de tomar medidas coercitivas contra la mujer pobre. Era reflejo de un ansia de control y poder que poco o nada tenía que ver con un esquema constructivo de ayuda y protección de la mujer menesterosa y desasistida. En su carta Alemán parece estar invitando a Herrera a contemplar en directo el lamentable espectáculo evocado por su propia descripción de las mozas pobres en su discurso sobre la «reclusión y castigo para las mujeres vagabundas y delincuentes destos reinos» (RD, Undécima; AdP [1975], pp. 117–131), donde les acusaba de ser las grandes corruptoras de la sociedad. Como si quisiera que Herrera reconociera su responsabilidad por las consecuencias de sus discursos, Alemán parece instarle a reconsiderar su postura cuando le dice como si le tuviese cogido por el brazo: «¿No has visto por ahí hasta los rincones llenos y los campos con infinito número de mozuelas perdidas?». Mediante esta formulación desenfadada e imprecisa con la que arranca su paródica versión del citado escrito de Herrera, Alemán está aludiendo a la falta de rigor informativo en la base de datos presentada por Herrera quien, como se ha indicado, apoyaba sus acusaciones en testimonios ajenos indirectos. Siguiendo la línea marcada por Herrera, la primera carta de Alemán presenta a estas mujeres de manera reificada y deshumanizada, como si fueran una plaga de langosta o castigo bíblico que hubiese invadido los campos y los lugares más recónditos. Esta mirada obliteraba a la mujer pobre como ente individualizado y la reducía a un género indiferenciado.

En el mundo de Guzmanillo las picarillas desaliñadas y descarriadas brillan por su ausencia. No porque Alemán no las viese ni por indiferencia hacia su suerte sino como reflejo de su invisibilidad social. El silencio de Alemán en su novela respecto a las supuestas hordas de mujeres depredadoras y descarriadas es un gesto protector con el que cubre pudorosamente sus cuerpos andrajosos. En su *Guzmán de Alfarache* Alemán amplía el debate incorporando a su reflexión la suerte restrictiva deparada a la mujer de las clases elevadas y a la mujer en su conjunto. Con ello Alemán exonera a la mujer pobre y se remonta a la explotación de la debilidad femenina a manos del hombre, pecado que afligía a la sociedad y del que la mujer no era culpable sino víctima. En el planteamiento de Alemán, la mujer como género queda asimilada al débil y el hombre al poderoso. Su esquema sugiere una sociedad, más compleja que la presentada por Herrera, en la que se pueden vislumbrar nuevos parámetros estructurales para analizar la crisis que asolaba al reino, nuevas perspectivas sobre los explotadores y explotados, y nuevas posibilidades de solidaridad transestamental entre los géneros. En su GAI, Alemán desplaza el eje de acusación que en aquel momento histórico tendía a girar alrededor de la mujer y presenta un mundo de hombres, dominado por el hombre, como traslación poética de la sociedad en que vivía. Como reflejo de la sociedad contemporánea en la que la mujer ocupaba un lugar marginado, Alemán ubica a sus personajes femeninos más relevantes en las márgenes, al principio y al final de su novela. Queriendo romper sin embargo con el molde imperante, Alemán les concede respectivamente un nombre, Marcela y

Clorinia, y una historia propia que va más allá de una mera descipción de su función social genérica.

Por una parte, la madre meretriz y callejera, de clase baja, sin fortuna personal aunque no pobre mendiga, entrenada en un único oficio, el de complacer al hombre y por otra Clorinia, casta patricia encerrada, doncella sexualmente vigilada y uncida por fuerza al sistema de honor masculino estamental, representan dos extremos de una misma sumisión. En estos dos casos la mujer no está protegida sino explotada por el hombre. Su indefensión y dependencia quedan evidenciadas incluso en el caso de Marcela, descrita con ausencia de sentimentalismo como la querida, e incluso la desposada, de hombres de cierto peso económico y respectabilidad social. Sin embargo, detentora de un único haber efímero, su cuerpo, que utilizaba como mercadería de lujo, Marcela era vulnerable. Una vez pasado su momento de auge, privada de protectores y sin otra manera de ganarse la vida, Marcela dependería prematuramente de la explotación de una hipotética hija, una deseada «hermana» – aquí el apelativo no se limita a su lazo de parentesco con Guzmán – de faena y destino que como miembro de su hermandad femenina le pudiera haber ofrecido arrimo. El comercio sexual de esta nueva mujer joven podría haber sido en palabras de Guzmán «báculo de su vejez [y] columna de nuestras miserias» (GAI, p. 161). Estas expresiones llevarían al discreto lector contemporáneo a evocar el programa de reclusión forzada para las jóvenes mendigas vagabundas, cuyos hipotéticos beneficios Herrera describe en términos de «pilares y baculos». Con el ejemplo de Marcela parece apuntar Alemán a lo quimérico del discurso de Herrera, quien mediante categorizaciones tajantes simplificaba la complejidad de las circunstancias personales de aquéllas a quienes quería reformar. Marcela estaba encerrada en el círculo vicioso de su condición, fruto de su nacimiento y circunstancias. En su programa de reforma, Herrera propugnaba el encerramiento de las jóvenes vagabundas en casas de reclusión de «paredes altas», encerrándolas de noche en sus «dormitorios» para que «no hablen, ni vean a nadie… ni por torno [o] reja». Declaraba que «por no verse encerradas sin poder salir jamás» ni «verse emparedadas», las mozas perdidas reformarían su comportamiento. Por su parte, Alemán presenta el caso de la ejemplar Clorinia, quien encerrada en la torre de marfil del estamento social en el que le había tocado nacer, vivía emocinalmente asfixiada y prácticamente emparedada. El planteamiento de Alemán hace pensar en el desperdicio de inteligencia, sensibilidad, creatividad, y madurez emocional; todo ello truncado por una sociedad coercitiva que sometía y anulaba a la mujer. Obligada a reducir su existencia a una cuestión de mera supervivencia, cada una en su circunstancia, la mujer consumía su vida buscando ardides para poder sobrevivir. Con el caso de Clorinia presenta Alemán una sociedad en la que la mujer, a quien Herrera quería encerrar, vivía ya aprisionada. Entre los dos extremos de Marcela y Clorinia, Alemán narra el caso de la mujer del cocinero, amo de Guzmán, la cual vivía tan atemorizada de que sus instintos naturales fuesen detectables que en una ocasión en la que quedó desnuda y potencialmente expuesta a la mirada del otro, con una reacción de represiva autocensura crudamente recogida por Alemán, el pavor le obligó a dar de cuerpo, como si su sexualidad fuese algo sucio y vergonzoso. Guzmán se apiadó de ella diciendo «cuando fuera muy hombre, me avergonzara de su vergüenza» (GAI, p. 324). Alemán presenta un mundo deforme y desvitalizado, cristalizado en la clorótica Clorinia, descolorida y emparedada en aras de los valores de una sociedad enferma. La comitiva de Alemán en su autoexilio a Méjico incluía a «Antonio y Margarita», sus dos hijos naturales cuya existencia era «cosa pública y notoria», y a «doña Francisca… », quien no era otra que su amante Francisca Calderón a quien presentaba como hija (GAI, Intr. de J. M. Micó, pp. 23–24). Alemán no podía estar de acuerdo con el método de encerramiento y control de la mujer propugnado por Herrera. Para Alemán: «el amor ha de ser libre» (GAI, p. 152).

El GAI concluye revestido de luto, al tañido fúnebre de la muerte de Clorinia y en el silencio cómplice de una sociedad que ocultaba su culpa en el mismo meollo de su institución más venerada. Violentada en el seno mismo de una respetable familia patricia, la joven ha muerto desangrada. Símbolo de una potencial maternidad malograda, que nunca llegaría, que le había sido robada. Clorinia muere en «gran secreto»[239], como icono por analogía de todos los abortos a los que estructural y circunstancialmente la sociedad condenaba a la mujer. Con el asesinato de Clorinia, mujer joven, inocente y modélica, sacrificada en aras de los valores corruptos de una sociedad en crisis,

[239] «parecióles ocultar el suceso, refrenando los suspiros y gemidos» (GAI, p. 478).

Alemán subvierte la visión dantesca que Herrera presenta al público en su AdeP[240]. Clorinia vio sesgada su vida, su libertad y su capacidad de amar y de reproducirse con alegría. Con su muerte, el GAI acaba sumido en un duelo, reflejo de una sociedad huérfana que había profanado la figura de la mujer-madre, reprimiendo su pulsión natural y adulterando su principal función. En GAI es el narrador, no su madre, quien siente ternura hacia el niño Guzmanillo pobreto y desamparado; y en GAII, es Marcela quien traiciona, roba y abandona a su hijo: «Porque ni mi madre me acompañó, ni quiso verme y solo fue, solo entre todos» (GAII, p. 491). La lucha por la supervivencia en la que se veía sumida es de tal calibre que Marcela parece haber perdido su instinto maternal. Ello no obstante y pese a presentarla bajo una luz descarnada, Alemán insiste sobre las circunstancias atenuantes, descargándola de gran parte de responsabilidad personal y posando sobre ella la mirada piadosa que se reserva a una víctima, a una pobre madre malograda.

En GAII Alemán seguiría contrarrestando las teorías de Herrera acerca de la natural proclividad a la indolencia y vicio por parte de la mujer pobre con el ejemplo de la bella, hacendosa y virtuosa Dorotea que «deseaba ser monja» y cuyo encerramiento hubiese sido voluntario. La vocación de Dorotea fue rechazada por la orden religiosa en la que ansiaba entrar porque como pobre que era no contaba con medios económicos para su «dote» (GAII, p. 310), con el agravante de que no era una pobre cualquiera, una vagabunda menesterosa, sino la hija exquisitamente educada de una familia venida a menos. Superando sin embargo todas las adversidades que le había deparado la rueda de su fortuna, consiguió ser trabajadora modélica. La historia ofrece la visión edificante de una Dorotea voluntariamente encerrada en «casto» matrimonio y participando activamente en el mercado laboral. Por otra parte, la historia de esta hacendosa ideal pone al descubierto los riesgos que, fuere cual fuese su circunstancia o disposición natural, la mujer contemporánea seguía corriendo a manos del hombre. Alemán ahonda su reflexión sobre la condición femenina y presenta a una Dorotea

[240] Herrera acusaba a la mayoría de las mujeres jóvenes, pobres y sin empleo de haber optado por el paro voluntario para dar rienda suelta a sus tendencias infanticidas y depravadas: «echando niños recién nacidos en pozos por no criarlos, y los que violentamente procuran echar de sus cuerpos y mal parir, por estar más desocupadas para sus vicios, y otras crueldades» (AdP [1975], p. 128).

que acabaría siendo víctima, pero víctima consentidora, de un engaño adulterino. Con su ejemplo Alemán parece estar oponiéndose a la reglamentación de la pulsión erótico-vital propugnada por Herrera en su AdP como medio de control de la sociedad femenina, en particular de la mujer joven pobre en situación de libertad. En la historia de Dorotea, Alemán recuerda a su lector el vigor y la indomable complejidad psico-somática del instinto amoroso que hizo que nuestra «casta» heroína acabase rindiéndose a su propia naturaleza. Alemán pone en guardia a su lector sobre el fallo conceptual y los peligros que se derivan de la noción de perfección, tal y como era elaborada y recetada por Herrera a los pobres de hacienda. La historia de Dorotea, perfecta pero frustrada y particularmente vulnerable a la tentación, ilustra el sesgo hubrístico del programa arce-herreriano, con el que se quería reglamentar la vida social del pobre y controlar su naturaleza.

Alrededor de 1606 se fundó en Madrid una casa de reclusión y castigo de las delincuentes inspirada en el concepto de encerramiento y trabajo forzado defendido por Herrera en su discurso cuarto del *Amparo de pobres*. Esta institución contó con imitadores en Granada, Valladolid y Salamanca. Basada en la que Herrera había denominado «casa del trabajo y labor», fue sin embargo conocida por espontánea elección onomástica como «la galera» de mujeres. Denominación esta de connotación represiva que para sus contemporáneos quedaba al parecer indeleblemente asociada al nombre del doctor Herrera, Protomédico de galeras quien, disgustado por el gráfico e incriminatorio apodo aplicado a la casa de reclusión, decía que «la llamaron la galera impropiamente» (RS, fol. 180r.). Esta reacción no deja de ser sorprendente cuando ya en su RD («Ultima y undezima duda») Herrera había declarado que su programa de reclusión y castigo de las mugeres delincuentes respondía a su deseo de instaurar un sistema penal equitativo entre varones y hembras que armonizase sus respectivas condenas mediante la creación de un sistema coercitivo para las mujeres equiparable a lo que «las galeras» eran para los hombres. En el AdP de 1598 Herrera amplía el listado de castigos masculinos a los que debía de asimilarse el sistema de reclusión y trabajo que proponía para las mujeres, añadiendo el trabajo en las «minas de azogue» al trabajo en galeras. Fue la opinion pública la que decidió de *motu proprio* que la denominacion de «casas de trabajo y labor» fuera suplantada por la palabra «galera». Algo parecido había sucedido en el caso de Alemán cuando su «pobre libro», como lo llama el Guzmán narrador, «habiéndole intitulado *Atalaya de la vida humana* dieron a llamarlo *Pícaro* y no se conoce ya por otro nombre» (GAII, p. 115). En ambos casos el cambio de denominación parece haber sido resultado de la interpretación que el público lector hacía de una y otra obra. Alemán acepta el cambio y no añade comentario alguno porque sabe que el lector iniciado ha dado en el clavo y reconocido al modelo temático de su obra. Herrera muestra su disgusto quizá porque ha detectado parecida sagacidad interpretativa en el lector de su obra. A través de ambos vocablos, pícaro y galera, el lector discreto estaría evocando la controversia en torno a la figura y obra del autodeclarado reformador.

CAPÍTULO TERCERO:
SEGUNDA CARTA

Dos semanas más tarde Alemán escribe de nuevo a Herrera bajo el mismo apelativo de Máximo. Esta carta del 16 de octubre no es el escrito prometido en la anterior. No contiene las recomendaciones de enmienda y corrección al discurso de Herrera anunciadas en su carta del dos de octubre. Alemán aborda y desarrolla ahora un nuevo asunto, el de la amistad y su traición; análisis que, sorprendentemente, aplica a la conducta de Herrera, a quien ahora retira el calificativo de «amigo» con el que le designaba en la primera carta[1]. Este aparente cambio de dirección sugiere un abandono del asunto reformador, una ruptura temática entre ambos escritos[2]. Sin embargo, las cartas están conceptual y emocionalmente concatenadas. La continuidad viene dada por la relación personal que unía a autor e intelocutor, Alemán y Herrera, en una supuesta amistad, cuya reafirmación constituye la conclusión de la primera carta[3] y cuyo cuestionamiento constituye la introducción de la segunda: «No entiendas, Máximo, que te llame amigo en ésta, aunque de veras lo soy tuyo, hasta saber de ti si lo eres mío y si estoy en tu gracia». Pese al radical viraje de orden afectivo-conceptual planteado por su inesperado cuestionamiento de la amistad de Herrera, Alemán retoma en esta segunda carta el hilo conductor de la primera con

---

[1]   Ni en la carta del 16 de octubre ni en ninguna otra ocasión se le volvería a otorgar el calificativo de amigo.

[2]   Alemán no sólo no corrige en ésta segunda carta el discurso de Herrera sino que no vuelve a mencionar abiertamente el asunto. En la segunda carta, las referencias a la reforma asistencial son veladas.

[3]   Alemán declara conocer la «confianza» que puede «hacer» en Herrera, quien en el asunto de la corrección de su programa reformador se comportará como «verdadero amigo», como lo hace «en todo».

desarmante naturalidad; como si ambas posturas, amistad y enemistad, fuesen de alguna manera compatibles, y el secreto de su improbable coexistencia algo que él y Herrera compartían.

La entrada en materia de la segunda carta, directa y sin preámbulos, presupone un alto grado de complicidad entre autor y destinatario, lo que a su vez sugiere que el sentido de la compleja y contradictoria relación entre Alemán y Herrera se encontraba fuera del ámbito epistolar y desbordaba los límites de la correspondencia de octubre del 1597. Era una relación que, a decir de Alemán en su primera carta, lo abarcaba «todo». Quizá el texto rectificativo anunciado en la primera carta había discurrido por otro cauce; un cauce paralelo, extraepistolar, al que Alemán daba por supuesto que Herrera había tenido acceso, y que contenía la clave de lectura de su cambio de talante hacia él en esta segunda carta. En este caso el adverbio demostrativo «ésta» con el que Alemán designa su segunda carta aludiría por inferencia a su carta del dos de octubre e implícitamente también al escrito correctivo en ella anunciado. Este escrito sería la «primera parte del pícaro», a la que la carta del dos de octubre habría servido de paratexto y resumen exegético. Sobre la relación entre la segunda carta y la presunta versión original de la «segunda parte» del pícaro volveré más adelante. Aquí me limito a apuntar la coincidencia temática entre la segunda carta y el *Guzmán de Alfarache* publicado en 1604, cuyo tema central, la amistad traicionada, la carta parece en efecto preludiar.

Se pueden proponer dos hipótesis acerca del sentido y propósito de esta segunda carta. Dentro de un plan elaborado por Alemán, podría ser un anticipo a la publicación de la «primera parte del pícaro». Como complemento de la primera carta, la segunda sería entonces una especie de manual de lectura para facilitar a su interlocutor el entendimiento del *Guzmán de Alfarache*, que, como se ha indicado, no sólo era un contradiscurso respecto al «curioso discurso» de Herrera sino que además contenía una crítica personal de Herrera el hombre[4]; todo ello como parte constituyente del modelo temático basado en la relación entre Herrera y Alemán, cuya presencia impregnaba la obra de éste en su conjunto. Como segunda hipótesis, la carta del 16 de octubre pudo haber sido escrita como reacción a alguna acción concreta de Herrera

---

[4]   Aspecto tratado en la carta del 16 de octubre.

quien, tras haber recibido la carta del dos de octubre, hubiese podido reaccionar impulsivamente frente a la amenaza presentada por el anuncio de la llegada del «pícaro» para él muy comprometedora. Instancia que, de haberse dado, pudo haber actuado como agente detonador. Puesto que la «aprobación» de la *Primera parte del Pícaro Guzmán de Alfarache* lleva la fecha del 13 de enero de 1598 es dado suponer que, antes de esta fecha, el manuscrito de la obra hubiese quizá ya entrado, o estuviese a punto de entrar, en circulación entre los círculos de iniciados, cuya reacción Alemán pudiere haber solicitado como sondaje de opinión. En cuyo caso, Herrera habría reaccionado sin demora mobilizando la influencia de Arce, Presidente del Consejo Real, para obstaculizar e impedir la obtención del permiso de publicación del manuscrito[5]. Existen, en efecto, indicaciones que sugieren que el manuscrito de la primera parte del pícaro se vio sometido a una implacable ofensiva[6] que sólo amainó con la caída en desgracia y destierro de Arce en 1599[7],

[5] Para la publicación era indispensable el acuerdo del Consejo Real.

[6] Alemán habla del «barbarismo y número desigual de los ignorantes, a cuya censura» se obligó (GAI, «Del mismo al discreto lector», p. 110). Alonso de Barros habla de la «rigurosa censura» (GAI, «Elogio», p. 117) de la que nada ni nadie, ni siquiera el gran valor histórico, literario y ético del libro podría salvar a Mateo Alemán y a su obra. Si Alemán conoció una vía dolorosa, para Herrera las cosas habían sido muy distintas cuando en 1598 celebraba las delicias de la impresión de su obra, para cuya salida no había encontrado al parecer obstáculo alguno: «Pues no hay otro medio más fácil, ni menos costoso, para poner en la plaza del mundo los pensamientos y concetos, que el de la impresión» (AdP [1975], «Carta al lector», p. 16). Sin embargo y pese al tono triunfalista utilizado por Herrera para marcar la salida de su AdP, el proceso de elaboración de la versión definitiva de sus discursos se había visto asimismo ralentizado y sometido a algún tipo de control, que en su caso provenía del escrutinio de la oposición sobre su programa reformador.

[7] Tras un largo año de espera, la «Tasa» para GAI fue por fin concedida el 4 de marzo de 1599. Arce saldría desterrado de la Corte en mayo del mismo año. Quizá por tratarse de un acontecimiento impactante, delicado y en más de un sentido cercano a la publicación del libro, el destierro de Arce aparece discretamente aludido en la carta al «Discreto Lector» de GAI: «como el que sale a voluntario destierro y no es en su mano la vuelta». En GAII, sin embargo, el acontecimiento sería evocado de manera detallada y reconocible bajo una alusión al destierro de Clístenes, autor de la ley del destierro en Atenas: «Fue sin duda grandísima y aun gravísima pena, no menor que morir, y fue permisión del cielo que quien estableció la ley, siendo della inventor, la padeciese, pues lo desterraron sus mismos atenienses» (GAII, p. 146). Este

y que probablemente había arrancado a partir del momento en que la existencia del manuscrito se dio a conocer en la correspondencia de 1597. En su apasionada denuncia del comportamiento de Herrera hacia Alemán, la segunda carta podría estar recogiendo las primeras repercusiones de esta ofensiva. Es posible que las dos hipótesis que acabo de delinear sean compatibles. Me inclino sin embargo a pensar que las cartas de Octubre de 1597, aunque dirigidas específicamente a Herrera, quizá circularon clandestinamente entre un grupo selecto de lectores discretos para facilitarles una interpretación del «pícaro». Alemán era consciente de la dificultad exegética de su obra y quería dejar constancia escrita del indisociable entronque de la misma con la historia contemporánea y con su atormentada relación ideológico-personal con Herrera en el marco de la reforma asistencial.

Opino que la motivación de Alemán al redactar las cartas de octubre del 1597 fue poliédrica. Dado lo visceral de la relación ideológico-personal que le unía a Herrera, las cartas encerraban un reto dirigido a éste[8]. Por otra parte, dado lo arriesgado de una empresa en la que Herrera y el mismo Presidente del Consejo Real quedaban puestos en evidencia y temiendo la confiscación de su obra una vez entregada al proceso de tramitación oficial, Aleman habría escrito sus cartas como síntesis exegética de esta obra y como testimonio y memoria de su existencia y propósito. Consciente de la dimensión histórica y del interés público de una obra que trataba de uno de los más graves

apartado parece hacer hincapié en el papel jugado por Arce en el destierro y condena de Antonio Pérez, y en el hecho de que por uno de esos giros de la fortuna fuese el propio Arce quien acabase siendo desterrado en 1599, lo que al parecer le condujo a la muerte en agosto de 1599. En el ámbito de la reforma asistencial, el destierro era una de las medidas dictaminadas por Arce y Herrera como castigo para los pobres no reformados (AdP, fol. 10r. y AdP [1975], p. 79).

[8]   ¿Habría tenido Herrera oportunidad o tiempo para, en esas dos semanas que separaron la primera de la segunda carta, hacerse con un ejemplar del «pícaro» y considerar las implicaciones de su propósito? Dado el importante papel que el Consejo Real desempeñaba en la concesión de los permisos de publicación, quizá Alemán no dudaba de que el protegido del Presidente sería uno de los primeros en ser alertado sobre el asunto. Dando así por supuesto que Herrera tenía o tendría muy en breve acceso al manuscrito, Alemán se brindaba a facilitarle su lectura por medio de sus cartas.

asuntos de estado y de cuya divulgación dependía la suerte de los necesitados del reino, para Alemán todas las precauciones eran pocas frente al peligro de obliteración o adulteración de su sentido, el cual quedaba expuesto a verse reducido a la narración de las aventuras más o menos edificantes de un pícaro. Por ello, para asegurar el fomento y perduración de un segundo nivel de lectura, aunque éste sólo estuviese al alcance de un público limitado, Alemán compuso unas crípticas cartas que encapsulaban en sí mismas la hermenéutica del «pícaro». Las cartas prepararon el terreno; preludiaron y fueron atalayas precursoras de la llegada del «pícaro». Anticipando quizá el bloqueo de su obra por la injerencia de nuevas publicaciones de Herrera, incompatibles con la suya propia y a las que se daría preferencia como así ocurrió, Alemán quiso preparar a la opinión pública iniciada dando algún tipo de salida a su discurso, entonces amordazado[9].

Como colofón a esta breve panorámica, que servirá de trasfondo conceptual a mi análisis de la carta del 16 de octubre, añado que en caso de un posible interrogatorio oficial, Alemán, dado su dominio de la técnica narrativa, podía servirse de sus cartas de octubre de 1597 como coartada ilustrativa de su respetuosa postura en materia de reformación. Con un hermetismo metamórfico inexpugnable, Alemán conseguía decir en ellas una cosa y su contrario. La primera carta podía ser tomada como homenaje a Herrera, reformador oficial; y la segunda, como testimonio de amistad hacia el mismo. Protegidas por su camuflaje retórico, las cartas se inscriben, sin embargo, dentro de un clima de opinión que expresaba dudas y objeciones dirigidas contra las peligrosas actividades de Herrera y Arce que desvelan y denuncian, y que son también recogidas en la carta de Francisco de Vallés a Herrera de 1597

---

[9]   Es interesante observar cómo el «pícaro», a partir del momento de su entrega en 1597 y pese a no haberse publicado hasta el 1599, parece haber influido en la trayectoria y remodelación final de los discursos de Herrera de 1598. Pensamos que, por muy limitada que fuere, la divulgación del manuscrito del «pícaro» con su contra-discurso acerca del programa de Herrera, fue un factor decisivo en el fracaso de este programa de reforma e influyó en la obligada inclusión en AdP (1598) del «discurso nono» dedicado al amparo de la milicia. En reacción a ello, el *Guzmán* apócrifo sería un acto de venganza y un intento de recuperar el terreno con intención de relanzar el abortado programa del AdP.

y en los escritos de Alonso de Barros de 1598[10].

Independientemente de las razones que pudieron haber motivado el envío de la segunda carta sólo dos semanas después de la primera, hay que descartar la hipótesis de que su redacción brotase como respuesta a un incidente puntual. El cambio de rumbo entre ambas cartas no reflejaba una situación de nuevo cuño. Era resultado de una larga gestación, de la observación de un comportamiento sostenido. Se trataba de una carta de hondo calado, no desgajada sino ligada temáticamente a la anterior. La primera carta trataba de la relación ideológica entre sus respectivos discursos y posturas frente a la reforma asistencial; en esta segunda se aborda el tema de la relación personal de dos hombres supuestamente unidos por un lazo la amistad. La amistad es el factor que Alemán ha utilizado como hilo conductor entre ambas cartas. Al afirmar en la conclusión de la primera que la confianza mutua es el nexo entre relación ideológica y relación personal («conocida la confianza que puedo hacer de ti en todo»), Alemán está indicando a Herrera que el substrato relacional al que él da prioridad no es de orden intelectual sino de orden humano y afectivo, basado en la ética de la lealtad de sentimientos compartidos entre dos amigos. La relación intelectual o ideológica sería consecuencia natural de la relación personal. La relación de Alemán con el Herrera reformador se reflejaba y se apoyaba en su relación con el Herrera hombre y supuesto amigo. Trasladado a un lenguaje de sesgo guzmanesco se podría decir que para Alemán obras y hombre son indisociables, son una misma cosa: «ambas cosas han de concurrir, intención y obra» (GAII, p. 176)[11].

Así como la primera carta, bajo una aparente comunión de miras, expresaba en realidad dudas sobre el programa reformador de Herrera y lo sometía a escrutinio, la segunda, bajo una apariencia de amistad fusional, cuestiona la autenticidad de esta amistad y examina el comportamiento de Herrera hacia Alemán. Lo hace, sin embargo,

---

[10] Incluyendo el tenor algunos de los preliminares del AdP (1598) y más adelante de los de sus *Proverbios morales*.

[11] En el caso de Herrera estos dos términos del binomio no confluían. Ello sí se daba, sin embargo, en el caso de fray García Guerra, protector y amigo de Alemán quien «hazia lo que dezia, y obrava lo que mandava» (*Sucesos de D. Frai García Gerra*, «Oración Fúnebre», p. 58).

dentro del contexto de la nunca nombrada pero ubicua referencia a la reforma asistencial, objetivo compartido por ambos. Mediante este paralelismo, Alemán sugiere que las dos vertientes de su relación con Herrera, la ideológica tratada en la primera carta y la personal en la segunda, se habían desarrollado al unísono y estaban umbilicalmente unidas[12]. Desde esta perspectiva, esta segunda carta sería matriz *a posteriori* de la primera y prisma con que enfocarla en un adecuado registro de lectura. Pese a ser cronológicamente posterior, Alemán concede a esta segunda carta prioridad causal respecto a la etiología de la incómoda relación entre sus obras y las de Herrera, que la primera carta había desarrollado[13].

«NO ENTIENDAS, MÁXIMO, QUE TE LLAME AMIGO EN ÉSTA, AUNQUE DE VERAS LO SOY TUYO, HASTA SABER DE TI SI LO ERES MÍO»

Alemán comienza su carta del 16 de octubre con una desconcertante revelación que resquebrajaba la imagen que de su relación con Herrera se había podido forjar el lector de la carta del 2 de octubre; revelación que dada su importancia hemos utilizado aquí como encabezamiento de este apartado. Alemán cuestiona la amistad de Herrera y le exige pruebas que disipen sus sospechas[14]. A espera de las mismas, le retira entretanto el apelativo de amigo y dedica el resto de la carta a someter

[12] Recordemos que la temática central de la primera carta aparece plasmada en la «primera parte del pícaro» y la temática central de la segunda en la versión revisada de la «segunda parte» de 1604. A decir de Alemán en los preliminares de GAII («Letor», p. 20), la versión original de esta segunda parte (nunca publicada tras el saqueo del apócrifo) ya debía de estar compuesta o por lo menos pergeñada en «papeles y pensamientos» que al parecer Alemán compartía confiadamente con sus conocidos. Esta franca prodigalidad le produjo sin embargo graves perjuicios y daños ya que abusando de ella se «los cogieron a el vuelo». Alemán explicita los daños que este plagio acarreó: la obra tuvo que sufrir importantes modificaciones con duplicación de esfuerzo y trabajo por parte de Alemán.

[13] En habla guzmanesca esta segunda carta sería la sede de la «intención»; aquélla, la primera carta, sería la de las «obras». Para Alemán, «intención y obras» eran indisociables.

[14] Ello sugiere que fue Herrera quien traicionó a Alemán.

a examen el equívoco comportamiento de Herrera. Esta inesperada declaración pone en entredicho la relación de amistad entre Alemán y Herrera y por lo tanto merma legitimidad a la premisa sobre la que Alemán parecía apoyar su confianza en la rectitud deontológica de Herrera como reformador. Este nuevo enfoque pone en tela de juicio la profesionalidad reformadora de Herrera, su capacidad de autocrítica y su voluntad de cooperación con las recomendaciones de Alemán[15]. La duda expresada por Alemán subvierte una interpretación literalista del sentido de la primera carta. Replantea cuestiones sobre la verdadera «intención» de Herrera, asunto que la primera carta había esquivado zanjar; sobre la calidad de su «curioso discurso»; sobre la admiración de Alemán por el mismo; y sobre la coincidencia de miras y metas entre este discurso y «la primera parte del pícaro». Por otra parte, esta duda aporta coherencia a aspectos de la primera carta que, fuera de este enfoque, se presentaban como ilógicos e irreconciliables con el sesgo general de la misma; tales como el repudio del discurso de Herrera puesto finalmente en evidencia y parodiado en la última sección de la carta del 2 de octubre; denuncia que incluso en esta última sección aparecía sin embargo envuelta en un simulacro de ilusoria creencia en la amistad de Herrera.

La provocativa declaración con la que Alemán comienza su segunda acaba con la pretensión de autenticidad y descubre que en las cartas de octubre de 1597 la realidad quedaba expresada frecuentemente por la apariencia de su contrario[16], y que su verdadero sentido debía ser buscado a un segundo nivel de lectura, a menudo expresado en clave paródica. Burlas y veras aparecen mezcladas en una sutil dinámica, cuya alternancia de registros el lector acaba por aprender a discernir[17]. Existe,

---

[15] Cooperación que de haber sido sincera hubiese supuesto una disposición favorable por parte de Herrera para aceptar las correcciones que Alemán se disponía a presentarle encaminadas a subsanar la grave situación creada por su errado programa asistencial.

[16] En un registro epistolar, Alemán estaría empleando con Herrera la misma fórmula didáctica que empleaba en el programa didáctico de su libro donde, a decir de Hernando de Soto: «enseña por su contrario la forma de bien vivir». Paralelismo éste entre cartas y obra narrativa que refuerza la existencia de un cierto nexo entre el interlocutor del *Guzmán* y Herrera, el interlocutor de las cartas.

[17] Conviene practicar este ejercicio semiológico conjuntamente con la lectura de otros escritos coetáneos dirigidos a Herrera, como los ya indicados de Vallés y Barros,

sin embargo, en ellas un hilo conductor que, una vez identificado, sirve de herramienta de lectura para la interpretación de las diversas partes del «pícaro», de las que las cartas son un adelanto; pista que Herrera parece haber descubierto.

En efecto, en los preliminares al *Amparo de pobres* (1598), Herrera utiliza más tarde, sin identificarlas directamente, expresiones entresacadas de la primera carta de Alemán, al parecer con miras a desactivar su explosiva carga, lo que sugiere que Herrera era consciente de su peligrosidad. Esta era muy real ya que Alemán concluirá su segunda carta desvelando que Herrera era no sólo un falso amigo sino su mayor enemigo. En realidad, Alemán simula descubrir lo que ya sabía de antemano. Su propósito es revelar oficialmente a Herrera que había descubierto su engaño y prepararle a afrontar las consecuencias de su traición: la llegada del «pícaro». Huelga decir que incluso antes de escribir sus cartas Alemán era consciente de la enemistad de Herrera y por lo tanto sabía que su requerimiento de enmienda y corrección estaba abocado al fracaso. Leída a la luz de la sospecha expresada en las primeras lineas de la segunda carta, la vacilante propuesta en la primera de envío de un escrito correctivo adquiere nueva tonalidad de amarga ironía pues se hizo a sabiendas de que era la suya una misión imposible. Para corregir el programa de reforma de Herrera, sus obras, habría que comenzar por corregir al reformador, Herrera el hombre; y Alemán sabía que Herrera era impermeable a toda sugerencia de auténtica corrección[18]. Por eso Alemán en su «primera parte del pícaro», ya compuesta, se le había adelantado y lo había enmendado y corregido. Al trasladar su historia personal a la vertiente poética de su obra narrativa, Alemán no busca, como lo hacía Herrera en su discurso, una «obra perfecta» sino que aspira a crear «un hombre perfecto», pues sabe que en el hombre reside la sede de la «intención», que es base de la

---

y tener presente que el lector contemporáneo estaba además habituado a seguir partituras musicales compuestas en polifónico contrapunto.

[18] Alemán había subrayado que era consciente de lo inútil de su intento de corrección expresando la promesa de su envío en modo de subjuntivo condicional: «por ventura si me acordare». Simulando culpar a su propia memoria mediante el carácter aleatorio de este modo verbal, Alemán consigue poner de relieve su irremediable desconfianza en Herrera, sus dudas frente a él como amigo y como reformador.

moral. Sabe que este ideal no es alcanzable de tejas abajo, y menos en el caso de Herrera su modelo temático; por eso en la tercera parte, en su *San Antonio de Padua,* acabará por llevar el devenir del pícaro por otros derroteros[19].

Enmienda y corrección, la doble receta de Alemán a Herrera es una recomendación bifronte dirigida en parte a la necesidad de cambio en la vida de Herrera, y en parte a la necesidad de rectificación de su «curioso discurso» que en plagio adulterador había alterado el sentido del pensamiento de Alemán basado en la obra de Giginta. En su *Atalaya de caridad* (1587), dirigida a Don García de Loaysa[20], Giginta había utilizado la misma expresión para deplorar la «falta de enmienda y corrección»[21] de aquellos pobres mendigos cuya miseria y marginalización los habían hundido en una existencia desvinculada de toda norma o límite, como consecuencia de su total abandono por parte de una sociedad que los condenaba a la desesperanza de una vida sin posibilidad de mejora o redención. Mediante referencia intertextual al sentido atribuído a la expresión «enmienda y corrección» en el tratado reformador de Giginta, Alemán estaría asimilando en su primera carta el comportamiento de Herrera, cuyo discurso tampoco respetaba principio o límite alguno, a la depravación de aquellos perdidos miserables. Con la diferencia, sin embargo, de que así como ellos eran víctimas de su condición de abyecta pobreza, Herrera era plenamente responsable de su conducta, que dada su situación de privilegio debiera de haber sido ejemplar. Alemán está así pidiendo a Herrera no sólo la rectificación de su discurso a nivel intelectual

---

[19] Por otra parte, en la meta de perfección asignada por Alemán a la trayectoria del pícaro se parodia el criterio de perfección aplicado por Herrera al pobre menesteroso, a quien confundiendo conceptos y registros quería obligar a convertirse en pobre de espíritu o pobre perfecto.

[20] Como «Limosnero mayor», Giginta atribuye a Loaysa la función de «atalaya». Como tal limosnero su función consistía en «atalayar y ver entre otras cosas, qué pobres ay que padezcan necessidad, para procuralles remedio… Y el mesmo officio de Atalaya en el mesmo caso de pobres, tiene tambien V. S. por su Magestad, que le tiene dado cargo de Limosnero mayor. Para que como a ojo suyo… atalaye y vea donde los ay con necesidad de remedio…» («Epistola», *Atalaya de caridad*, en R. Carrasco y M. Cavillac (eds.), *Le débat sur les pauvres*, p. 157).

[21] Ibid., p. 176.

sino también arrepentimiento y reparación de sus faltas como gran adulterador de la causa en favor del pobre. Así como la recomendación «enmiendes y corrijas», utilizada en la primera carta, provenía implícitamente del *Atalaya* de Giginta, obra de tipo autobiográfico sobre las vicisitudes encontradas por el autor en la trayectoria de su reforma asistencial, la recomendación de Alemán a Herrera quedaba gráficamente plasmada dentro de la trayectoria autobiográfica de la vida del pícaro, contrapunto a la reforma de Herrera en la que sus faltas quedaban enmendadas y corregidas. Mediante esta referencia intertextual a la obra Giginta que desde un principio adoptó como emblema de su propio pícaro[22], Alemán está subrayando el paralelismo entre ambas obras. Está informando a Herrera de que el «pícaro» ha tomado el relevo del inacabado proyecto de Giginta, adulterado por la obra de Herrera. En defensa de la verdadera *Atalaya*, su pícaro tendrá una misión correctiva como contradiscurso dirigido a Herrera, falso atalaya y falso amparador de pobres. En el marco de este paralelismo, se puede añadir que el papel de atalaya desempeñado por Alemán respecto al discurso de Herrera es asimilable al desempeñado por el pícaro respecto a la conducta de su principal interlocutor poético, hacia quien también actuó «como atalaya»[23]. En ambos casos el interlocutor de elección era una misma y única persona: Herrera. Dado el contexto conceptual de las cartas es lógico suponer que Herrera tenía que haber detectado el origen y sentido de la crítica de Alemán. Ello parece ser corroborado por el hecho de que desde los mismos preliminares de su *Amparo de Pobres* (1598), teniendo ya asegurada la publicación de sus discursos y en un gesto fingidamente ecuménico con el que rompía la ley del silencio a la que había sometido a la oposición en sus *Respuestas* de 1596, Herrera invitaba a todos sus lectores, sin distinción entre defensores y opositores, a que mirasen y examinasen los escasos errores que se hubiesen deslizado en el texto impreso de los mismos, «algunos yerros casi inexcusables», para que «vistos y disputados entre todos, se enmienden y corrijan»[24].

---

[22] Con fecha de 16 de febrero de 1598 se concedió el «Privilegio» a «un libro intitulado *Primera parte de la vida de Guzmán de Alfarache, atalaya de la vida humana*».

[23] GAII, «Letor», p. 22.

[24] AdP, 1598 «Carta al Lector». Véase Apéndice I.

En un vaivén de saques y contrasaques, las muletillas se entrecruzan entre las obras de Alemán y de Herrera. En GAII, el pícaro implora al autor potencial de un posible nuevo apócrifo que no se inmiscuya una vez más en su vida, cambiándola de rumbo. Le ruega encarecidamente que no quiera ahorcarle: «Lo que le suplico es que no tome tema ni tanta cólera conmigo que me ahorque por su gusto, que ni estoy en tiempo dello ni me conviene. Déjeme vivir, pues Dios ha sido servido de darme vida en que me corrija y tiempo para la enmienda» (GAII, pp. 47– 48). El pícaro parece aplicarse aquí el módulo correctivo que, utilizando las mismas expresiones, Alemán receta a Herrera en su primera carta respecto a su discurso reformador. Alemán estaría creando con ello una asimilación conceptual entre el pícaro y el discurso de Herrera con el fin de subrayar su simbiótica conexión. Alemán estaría también jugando con la expresión «tomar tema» con significado de montar en cólera, aplicable en este caso a la inquina del potencial plagiario hacia el pícaro auténtico, así como con el concepto de «thema» en el sentido de «sugeto... o texto que se toma por argumento, assunto, u materia de un discurso» (DA, s.v. «thema»), en cuyo caso le estaría advirtiendo que no le tomase o «hurtase» su argumento. En otro plano, Alemán se estaba asimismo dirigiendo a su interlocutor de siempre, Herrera, auténtico «sujeto» o «tema» de su obra, anticipando su intervención en un posible nuevo intento de continuación del pícaro. Interlocutor y potencial plagiario comparten un común y principal propósito: desviar y desvirtuar el sentido de la obra auténtica con el fin obliterar su mensaje. Aunque optaran por utilizar un nuevo seudónimo, se trataba siempre del mismo grupo de interés, Herrera y sus fautores. En palabras de Alemán por boca del pícaro: «no faltará otro Gil para la tercera parte, que me arguya como en la segunda de lo que nunca hice, dije ni pensé» (GAII, p. 47). Es por ello por lo que Alemán emite en un mismo párrafo advertencias aplicables a ambos. El pícaro auténtico pone en guardia al potencial plagiario apuntándole los riesgos y consecuencias que un hipotético desenlace vengativo hacia la figura del pícaro, como sería una condena a la horca, podrían acarrear. Ello supondría una injerencia en el designio de Dios que interrumpiría el proceso de enmienda y corrección del pícaro, lo que para éste implicaría un riesgo de eterna condena. Por medio de este aviso del pícaro en vena pirandeliana, Alemán estaría asimismo recordando a su interlocutor y modelo temático, Herrera, que su figura y destino estaban ya de alguna manera indisociablemente ligados a los de Guzmán. Parece recordarle que así como existe una correlación entre realidad y ficción, en el que ésta sería reflejo de aquélla, se crea asimismo, como por un proceso de realismo mágico, un influjo en sentido contrario que corre desde la vertiente poética hacia la vertiente histórica. En otras palabras, que el optar por un guión que culminase con la ejecución del pícaro representaría una suerte de suicidio para su modelo temático Herrera, quien a ojos de la opinión pública iniciada estaba ya indeleblemente asociado al pícaro «sujeto» del libro (GAI, p. 12). Por otra parte, el hecho de que esta advertencia estuviese dirigida al potencial plagiario desvela la íntima complicidad que a ojos de Alemán existía entre éste y el modelo temático, Herrera. Alemán está advirtiendo a su potencial plagiario que, fuera de una condena perpetua a las galeras para su enmienda y corrección, todo intento de intervención en el destino del pícaro sería un verdadero callejón sin salida abocado al fracaso, y ello pese a la tentación de un posible desenlace alternativo que el final abierto de la obra ofrecía al aspirante continuador. La advertencia de Alemán respecto a cualquier intento de injerencia en el desenlace del pícaro tiene la contundencia de quien sabe que está hablando de un futurible irrealizable. Ello se debía a que su tercera parte estaba ya escrita, y que por lo tanto era Alemán quien detentaba la clave del destino del pícaro. En 1604, el AP, tercera parte del pícaro que se hacía pasar por santo, estaba ya en circulación en tirada limitada y sería debidamente publicada en 1605. Ello implicaba que no había ya cabida para una tercera parte apócrifa. En ese mismo apartado, Alemán deja claramente indicado que primera, segunda y tercera partes forman un todo, de donde se deduce que su interlocutor seguiría siendo el «sujeto» o tema de la tercera parte: «informándote para que sepas encadenar lo pasado y presente con lo venidero de la tercera parte y que, hecho de todo un trabado contexto, quedes cual debes, instruido en las veras» (GAII, p. 48). Esta declaración hace recordar la advertencia del propio Herrera en 1596 cuando en referencia a los diversos discursos del AdP instaba a sus seguidores a «eslavonar y aferrar uno con otro, no faltando alguna cosa de lo essencial dello… porque no se me pueda imponer alguna culpa por aver dado este aviso… pues no la

tendre haziendose con menos perfection que conviene» (RD, fol. 13v.).
Como hemos indicado más arriba, la concatenación a la que Herrera
aspiraba tenía como objeto conseguir una obra perfecta; la propuesta
por Alemán por boca del pícaro narrador tenía por finalidad lograr un
hombre perfecto. Pero dada la relación simbiótica que unía a narrador
e interlocutor, lo que afectaba a uno afectaba intrínsicamente al otro.
Esta relación entre narrador e interlocutor, que en el ámbito poético
era un calco de la que existía entre Alemán y Herrera (dos hombres y
dos discursos), queda recogida en el ámbito histórico en las cartas de
octubre de 1597.

Tras el análisis de la primera carta y la presentación de la segunda,
el lector es consciente de la importancia capital que para Alemán
representaba su relación con Herrera en los ámbitos ideológico y
personal, que las cartas presentan como indisociables. El lector ha
descubierto que la unilateral declaración de amistad que Alemán ofrece
a Herrera en su introducción a la segunda carta era un provocativo
simulacro ya que Alemán conocía perfectamente la auténtica naturaleza
del sentir de Herrera hacia su persona. Teniendo presente este factor, la
segunda carta se podría considerar como un juego con el que su autor
somete a prueba psicológica al amigo desleal. Sin embargo, las cartas a
Herrera son demasiado elaboradas, complejas y trabajadas como para ser
simple expresión de un gesto lúdico. En su correspondencia de octubre
de 1597, Alemán presenta su relación con Herrera como tan esencial
en su vida que no puede menos de haber sido reflejada en su obra. Si
Alemán hubiese experimentado una amistad tan excepcional como la
que *prima facie* y a su decir le brindaba Herrera, su obra la hubiese de
alguna manera recogido. Contrariamente a ello, la experiencia crucial
que parece haber marcado la vida de Alemán es el indeleble recuerdo de
una amistad traicionada[25]. Sabemos, como lo sabría el propio Herrera,
que las cartas contenían un reto amenazante que Alemán, aunque
carente de relevancia social y conocido de pocos, se atrevía sin embargo
a dirigir a un enemigo social y políticamente protegido por poderosos.
La amenaza consistía justamente en comunicar a Herrera el alcance e

---

[25] Este recuerdo alcanza dramática expresión tanto en el desenlace de su encuesta
sobre la autenticidad de la amistad de Herrera en la segunda carta como en el desenlace
de la segunda parte del *Guzmán de Alfarache*.

importancia de una relación cuyo recuerdo Alemán había trasladado al ámbito poético de su obra, donde confiaba poder garantizarle «la perpetua memoria» de su «deshonra».

Las enigmáticas cartas de 1597 no sólo descubren mucho sobre Herrera y su relación con Alemán sino que además son reveladoras de la psicología y talante del propio Mateo. En su provocativa osadía, las cartas proyectan a su autor como personalidad excepcional que conjuga valentía y temerario espíritu vengativo. A nivel de estructura profunda, la dinámica de las cartas quizá se encuentre en su casi patológica reiteración temática, indicativa de un carácter dado a la neurosis obsesiva. Herrera y su traición parecen haber constituído la idea fija de Mateo Alemán, que él mismo describiría analógicamente como «los banquetes de Heliogábalo... muchos y varios... empero todos de un sólo pasto... Una sola vianda era; empero, como el manna, diferenciada en gustos»[26]. En el magma de ambigüedad de las cartas de octubre de 1597 Alemán deja claro que su duda respecto a la naturaleza del sentir de Herrera hacia su persona había sido provocada por el propio Herrera. La traición emanaba de Herrera, ya que él, Alemán, se declaraba como su amigo «de veras». Daba a entender que en un momento dado fueron amigos; o mejor dicho, que Herrera le había hecho creer que lo eran. El Alemán epistolar aparece como un ser de gran sensibilidad y buena fe que había sido víctima de un terrible engaño, como el Roque Guinart cervantino a quien tanto se asemeja; como alguien cuyo carácter se hubiese ensombrecido como consecuencia de un agravio original. Tanto Alemán como Guinart comenzaron siendo víctimas. Su pasión de venganza fue una consecuencia que vino después. Era Herrera y no Alemán quien al parecer había cambiado. Ello explica que Alemán le someta a un riguroso examen e interrogatorio, designando a Herrera el doble papel de reo y de jurado. En su segunda carta, Alemán le sienta en el banquillo de los acusados. Por otra parte, sin embargo, como Herrera era asimismo su interlocutor-destinatario de elección, Alemán convoca su presencia, exige su atención y le presenta pruebas como si se

---

[26] GAII, p. 48. Alemán se cura en salud a la vez que -simulando atribuir su monotemática pero aparencial diversidad al universal deseo de su público: «Y no quieran todos que sea este libro como los banquetes de Heliogábalo... » – en otro registro y simultáneamente reitera a su «discreto» lector el propósito fundamental y único de su libro.

tratase de un tribunal. En cuanto al veredicto final, Alemán sabía que podía contar con su aceptación ya que era él Alemán quien controlaba el desarrollo y desenlace de la carta[27].

El planteamiento introductorio de la segunda carta se asemeja a una especie de diálogo humanista en el que Alemán parece invitar a Herrera a asumir la voz del contradictor. Sin embargo, uno se percata muy pronto de que Alemán no podía haber esperado una respuesta directa e independiente de Herrera. Alemán alcanzará por sí sólo la respuesta a la pregunta planteada a Herrera al inicio de la misma. Será la actuación del propio Herrera, que Alemán ha recogido y someterá pronto a escrutinio, la que por sí misma revelará la verdadera naturaleza del sentir de Herrera hacia él. Alemán no necesita de la colaboración de Herrera. Gracias a su talento de escritor tiene la capacidad de recrearla. Como queda ya indicado, Alemán ya había alcanzado su conclusión y la había trasladado a su «pícaro».

Alemán tiene aprisionado a Herrera en el espacio intelectual y emocional de su carta, atrapado en una camisa de fuerza de la que no hay escape posible. Como presunto amigo ha quedado orgánicamente fundido con el propio Alemán dentro de la estructura hermética de la verdadera amistad de cuya definición se aprovecha exclusivamente a nivel formal. Alemán ha convocado la presencia espiritual de Herrera para que asistiese desde dentro como espectador interno a una reconstrucción de su traicionera trayectoria respecto a la amistad que le brindaba Alemán. Alemán actua movido por el vengativo placer de contemplar el fruto de su venganza, no sólo mediante la evocación imaginativa de la reacción de Herrera, su lector electo, sino también a través de la posibilidad realista de observarla directamente: recordemos que Alemán y Herrera eran vecinos del mismo barrio de San Martín y que, con anterioridad al gran despegue de Herrera, habían alternado en los mismos círculos.

---

[27] En este punto, Alemán había tomado sus precauciones ya que el ámbito epistolar que nos ocupa era fruto de su creación. Herrera quedaba presentado como fusionalmente unido a Alemán mediante una figura cristalizadora de la amistad ideal en la que ambos eran «una misma cosa… siendo conformes en querer y no querer». La carta es un discurso a cargo de Alemán en el que Herrera no tiene ni voz ni autonomía. Si tras analizar su propio testimonio, Alemán presenta su requisitoria y un fallo de culpabilidad por traición a la amistad, Herrera el acusado no tiene otra opción que estar de acuerdo con este veredicto condenatorio.

En esta segunda carta Alemán habla en nombre propio, como tribuno de su propia causa. No actua como portavoz de un sentir colectivo, como lo hiciera en la primera. Lo de ahora es un ajuste personal de cuentas. Sin embargo, Alemán no carecía de amigos en 1597, entre los que hay que seguir destacando la figura de Alonso de Barros, celebrado hombre de letras y aposentador real, detrás de la cual se podría vislumbrar el discreto apoyo de Don García de Loaysa, limosnero mayor, a quien recién accedido en 1598 a la Silla Primada y al Consejo de Estado dedicaría Barros sus *Proverbios morales,* obra a la que Alemán contribuyó de manera significativa. Ello parece indicar que el prelado no rehuía la asociación pública de su nombre con el de Mateo Alemán[28]. El homenaje que Alemán dedica a Barros, como autor y como amigo, en su «Prólogo» a los *Proverbios morales* parece haber sido escrito en fondo y forma como contrapunto a sus cartas a Herrera de 1597, cuya ironía paródica parece subrayada por la rigurosa sobriedad con que el texto del «Prólogo» ha sido redactado. Este inferido parangón intertextual parece apoyar la hipótesis de que las cartas a Herrera hubiesen podido circular entre grupos de intelectuales comprometidos con la reforma asistencial. A estos *cognoscenti,* lectores de sus cartas a Herrera y de su manuscrito de la «primera parte del pícaro», se dirige Alemán desde su «Prólogo» a los *Proverbios morales* de Barros, dándoles el apelativo de «benigno lector» y despidiéndose de ellos con un «vale amice».

Teniendo en cuenta el rango de los personajes involucrados, las precauciones tomadas y las reacciones observables en unos y otros, la controversia en torno a la reforma asistencial presenta visos de haberse ido transformando en una auténtica *cause célèbre,* en la que se van paulatinamente perfilando los contornos de dos posturas o facciones ideológicamente encontradas. Fue una confrontación cuyo alcance

---

[28] Como ya se ha indicado, el «Privilegio» del GAI fechado el 16 de febrero de 1598 fue otorgado a una obra cuyo título había sido modificado respecto al que aparece en la «Aprobación». El título que aparece en el «Privilegio» recoge la filiación ideológica entre la obra y la de Miguel de Giginta *Atalaya de Caridad.* El «Privilegio» no fue otorgado por el Rey sino por el Príncipe. Quizá ello se debiere a alguna indisposición del rey ya enfermo, o bien a que el preceptor del príncipe había sido Don García de Loaysa (el *Atalaya* según Giginta) quien había actuado como portavoz oficial de la oposición al AdP de 1595 y seguía quizá simpatizando con ella una vez que ésta se había visto obligada a pasar a la clandestinidad y a optar por el lenguaje de la ironía.

trascendió de manera notoria el caso personal de Alemán y Herrera, quienes contrariamente a lo que la crítica ha venido defendiendo pertenecían a campos enfrentados.

«VEO QUE TE HAS AVENTAJADO TANTO CONMIGO, TANTO TE HAS ENDIOSADO»

En resumen de lo dicho hasta el momento se podría concluir que Alemán, desasosegado por el cambio anómalo observado en la actitud de Herrera hacia su persona, había decidido examinar este comportamiento en su segunda carta. La suya era una relación que, según da a entender la carta, Herrera presentaba como de entrañable amistad pero que Alemán percibía como relacion de creciente distanciamiento y repudio hacia su persona; desajuste entre apariencia y realidad que Alemán explora y denuncia por medio de una carta que, a su vez, describiríamos como herméticamente contradictoria. Alemán simula descubrir la felonía de Herrera como si se tratase de un proceso gradual, en cuya pausada y sistemática exposición el autor parece deleitarse[29]. Por otra parte, la segunda carta puede ser considerada como una oda al superlativo libre de ataduras y epítetos cualificadores. Herrera sigue siendo «Máximo» pero ya no es considerado amigo. El privilegio del que goza es al parecer de tal magnitud que queda presentado en ilimitado *crescendo*: Herrera queda descrito como aquel tan «aventajado» que se había «endiosado». Alemán está subrepticiamente deslizándose de un plano social a un plano moral. Denuncia la corrupción de Herrera quien como consecuencia de su privanza con Arce se había convertido en el soberbio por antonomasia. Herrera aparece asimismo presentado como el más estimado de «todos» en el ámbito de su relación con Alemán: «de no estimarte en más que a todos». Alemán esta parodiando el hipertrofiado narcisismo de Herrera, quien buscaba, como fin en sí mismo, el ser reconocido como máximo exponente en todo aquello que con esfuerzo ajeno le aportase fama instantánea y lucro, indiferente a sus desoladoras consecuencias para el prójimo. En resumen se podría decir que Alemán acusa a Herrera en su

---

[29] Alemán utiliza esta táctica de simulación para mantener la tensión dramática de la carta. Desarrollada como encuesta de tipo sicológico-jurídico, la carta reserva el elemento de sorpresa para su desenlace.

segunda carta de latrocinio y doble traición: ideológica y personal. La segunda carta refuerza lo dicho en la primera y desde un plano personal culpa a Herrera de haberle fingido amistad con el fin de inmiscuirse en su vida, aprovecharse de sus consejos y robar el fruto de su trabajo y desvelos.

Alemán estructura su análisis del comportamiento de Herrera en torno a tres ejes o parámetros referenciales. Comienza cotejándolo con el concepto de verdadera amistad, ilustrada con la evocación de una figura fusional, plasmación de la unión de dos amigos. Prosigue comparándolo con la conducta de aquellos ingratos, compañeros de juventud, que Alemán había tenido equivocadamente por amigos; y acaba con una consideración sobre el comportamiento malévolo de aquellos que designa como sus «malos amigos», categoría que por inferencia era aplicable a los falsos amigos de fecha más reciente. Al final de la carta, el descubrimiento por parte de Aleman de la alevosía de estos «malos amigos» se produce conjuntamente con su descubrimiento de la naturaleza del sentir de Herrera hacia su persona, como si se tratase de un mismo y único conocimiento. Al aplicar los dos primeros parámetros al caso de Herrera Alemán no queda del todo conforme con los resultados, que en ambos casos cualifica[30]. En la última instancia, sin embargo, la conclusión no deja lugar a dudas; es definitiva e irrevocable ya que no la ha alcanzado por sí sólo sino que le ha sido comunicada por divina revelación en un momento epifánico: «Alabo su divina providencia, doyle infinitas gracias, en haberme dado este conocimiento y el tuyo a tal ocasión». El conocimiento de sus «malos amigos» y de Herrera le había sido simultáneamente revelado por Dios. Alemán cierra aquí su pesquisa y concluye su carta con abrupto dramatismo, indicando a su lector que holgaría proseguir. El veredicto es tan inapelable que Alemán no se digna especificarlo: Herrera sabía, o debía de haber sabido, que Alemán le había reconocido como enemigo; como enemigo máximo. Alemán confiesa que su fallo respecto a sus «malos amigos», que ahora a renglón seguido designa como «enemigos», había consistido en no haberlos examinado. Ha conseguido corregir *a posteriori* este error en el caso de su relación con Herrera. Su examen epistolar concluye con una

---

[30] Por lo que tenía de desconcertante disimulo, el comportamiento de Herrera no parecía encajar exactamente con ninguna de estas dos categorías.

doble declaración en la que alaba a la «divina providencia» y da «infinitas gracias» a Dios por haberle guiado; solemne declaración de gratitud que subraya las consecuencias y magnitud de un descubrimiento en el que los «malos amigos» y Herrera son presentados como categorías sinónimas e intercambiables. Estos eran asimismo enemigos de Dios: «Castigóme Dios justamente con los amigos porque no los busqué suyos… con sus enemigos que verdaderamente lo fueron también míos».

«LA VERDADERA AMISTAD CONSISTE EN UNA IGUALDAD Y TAL QUE TÚ Y YO SEAMOS UNA MISMA COSA Y CADA INDIVIDUO MEDIO DEL OTRO»

Alemán lleva el enfrentamiento con Herrera a un reducto intimista. La definición de «verdadera amistad» como igualdad absoluta y simbiótica entre dos hombres sirve a Alemán de telón de fondo sobre el que proyectar su relación con Herrera mediante imágenes analógicas ilusoriamente ambiguas que parecen querer invitar a una asimilación conceptual entre ambos ejemplos de amistad, la verdadera y la de Herrera, y que podrían asimismo sugerir una figura fusional. Sin embargo la fundamental desigualdad entre Alemán y Herrera queda patente y gráficamente evidenciada en la carta, lo que hace descartar por incompatibilidad todo intento de identificación entre los dos ejemplos de amistad, y excluye una interpretación literal del sentido de sus palabras. De haberse tratado de una amistad auténtica, su mismo escrutinio hubiese supuesto la violación de un espacio sagrado en el que no hay cabida para la sospecha. Alemán va más lejos. Como quien no quiere la cosa, deja caer dos serias acusaciones relativas a la privanza de Herrera, a quien describe como «aventajado» y «endiosado», apuntando con ello al favoritismo del que gozaba y a su engreída soberbia. La asombrosa naturalidad con que se profieren tan graves denuncias es indicativa tanto de la autenticidad de la acusación como del poco respeto que Alemán sentía hacia Herrera, quien como iba siendo notorio recibía las críticas con frivolidad e indiferencia. Elevado a alturas siderales, el reformador se creía inalcanzable. No prestaba oído y despreciaba toda posible injerencia en su programa reformador, tema del que la segunda carta se seguirá ocupando. El ensalzamiento de Herrera debe ser entendido en relación con su instalación *de facto* como reformador máximo, autor del programa oficial, colaborador y privado del Presidente del Consejo Real, y no simplemente como un comentario general respecto a su situación social. Alemán presenta su relación con Herrera en términos de competición en la que ambos hubieran participado, y en la que Alemán hubiese tomado la iniciativa y llevado la delantera antes de que Herrera ganara ventaja con su subida a la privanza de Arce: «veo que te has aventajado tanto conmigo». Alemán observa asimismo que Herrera corresponde a «sus pobres palabras con magníficas obras»[31]; es decir, que las palabras de Alemán precedieron a las obras de Herrera y sirvieron de materia prima y base de su edificio[32]. En el paso del ámbito privado al ámbito público, las palabras de Alemán habían sido corrompidas y su autor eliminado. No existía igualdad entre los términos de la ecuación. Bajo apariencia de reciprocidad, lo que en realidad Alemán está planteando es una falsa correspondencia, que su carta denuncia y pone en evidencia.

[31]   Las «palabras» de Alemán eran fruto de su experiencia y estudio en materia asistencial; conocimiento compartido con Herrera del que éste se había apropiado presentándolo como propio en versión adulterada y con visos de grandiosidad. Ya en 1596, aludía Herrera a su programa de reforma como «cosa tan importante y de tanta consideración» y como «cosa tan grande … y de tanta importancia» (RD, fol. 6v.). La megalomanía de esta visión era asimismo diana de la sorna de Francisco de Vallés, quien en su carta a Herrera, también redactada en 1597, comentaba maliciosamente que el que la obra de Herrera hubiese sido objeto de burla «es el mayor argumento que yo hallo de que es grandiosa y de mucha importancia y dificultad» (CM, fol. 10r.–v.). En su OVM de 1597, Herrera menciona las críticas dirigidas a su AdP, alegando que «el mayor indicio que tiene de ser bueno, es tener muchas contradiciones y dificultades», pues eso era lo propio de las «cosas grandes» (OVM, fol. 10r.–v.). Al referirse a las «magníficas obras» de Herrera, Aleman podría estar específicamente aludiendo con ironía tanto a la obra recientemente inaugurada en 1596 del gran Albergue de Madrid, edificio de envergadura un tanto faraónica, como al «discurso sobre la ejecución» de su programa asistencial de 1597 en el que Herrera desplegaba su plan de acción para que «obra tan insigne y santa» se realizara «con la perfección que conviene» (AdP [1975], pp. 182 y 189).

[32]   En su «Elogio» a la *Vida del Padre Maestro Ignacio de Loyola* (1609) de su amigo Luis Belmonte Bermúdez, Alemán denuncia esta actitud predatora : «ni es onroso trato, quitar alguno para el ornato de su casa, las piedras fundamentales del edificio ajeno».

«DUDO SI HA SIDO TRATARME CON SUPERIORIDAD O LO TOMAS POR ACHAQUE CANSADO DE MIS IMPORTUNIDADES PARA DEJARME»

No había correlación entre sus respectivas visiones reformadoras, ni amistad entre Herrera y Alemán. De haberla habido Alemán no se hubiese sentido tan abandonado frente al espectacular despegue de su amigo; ni tan desolado frente a su propia impotencia ante el desastroso giro que había tomado el asunto de la reforma asistencial. De haber sido Herrera su amigo verdadero, el protegido de Arce le hubiese podido sin duda ayudar y se hubiese brindado a hacerlo sin necesidad de que Alemán se lo hubiese tenido que pedir. Pese a su total desamparo, Alemán no busca ayuda en Herrera; no le pide nada porque sabe que nada podía esperar de él. Alemán no expresa dudas acerca de su abandono por parte de Herrera ya que ello era cosa obvia. Donde Alemán vacila es sobre si este abandono se debió a altanería o a hartazgo: «dudo si ha sido tratarme con superioridad o lo tomas por achaque cansado de mis importunidades para dejarme». Lo que Alemán cuestiona y le produce perplejidad y consternación es la falta de correspondencia entre sus «pobres palabras» y las «magníficas obras» de Herrera; y ello no porque, como se podría erróneamente pensar, éstas obras fuesen reflejo exacto de aquéllas palabras sino y por encima de todo porque la obra de Herrera había adulterado el sentido de la palabra de Alemán. Ello explica la insistencia con la que éste intenta defender su visión en las cartas, corrigiendo la deformante interpretación que de ella hacía Herrera; insistencia que no hubiera sido necesaria sin, como queda inferido, el precedente de repetidos y fallidos intentos de reencauzar el asunto en el marco extraepistolar de la vida real, cuyo vano resultado Alemán describe, para mayor efecto, desde la perspectiva de su interlocutor, a quien imagina «cansado de mis importunidades». Es posible que Alemán se estuviera refiriendo aquí a su impotencia frente al inicio de la fase de ejecución del programa de reforma que no había conseguido frenar y que pudo haber sido el paso decisivo que zanjara la ruptura entre ambos y marcara un abandono por parte de Herrera que la carta recoge y expresa como pretexto o «achaque… para dejarme». El paso a la ejecución del programa, de la que Arce había tomado cargo personal, podía haber sido el pretexto utilizado por Herrera para disuadir a Alemán de seguir luchando por su causa, quizá alegando para eludir su responsabilidad que a partir de ese momento la posibilidad de cambio ya no estaba en sus manos sino en las del Presidente.

«HAS TRATADO MIS COSAS POR TUYAS, HECHO UN ESCUDO FUERTE A LA DEFENSA DELLAS»

Pese a ser consciente de lo bien fundado de su requisitoria, Alemán simula perpleja incredulidad frente a la traición de Herrera y aparta de sí su propia tentación de suspicacia como si se tratase de un mal pensamiento o idea fija: «Y nada me parece posible cuando considero los trabajos en que por mí te has puesto». Haciendo hincapié en la importancia de la intención, Alemán simula substanciar la anterior observación basándose en la engañosa conducta de Herrera: «que es el toque verdadero si de buena gana se ponen los hombres a recibir la carga del oprimido amigo en que has dado a conocer que fielmente lo eres». Llevando el examen a sus últimas consecuencias Alemán constata que en la actitud de Herrera hacia su persona la falsa apariencia alcanzaba registros superlativos: «Demás que tomaste mi amistad no en el tiempo de las abundancias, antes en el estéril y de conocida pobreza». Alemán no está aquí validando una conducta que podría ser erróneamente interpretada como manifestación de amistad altruista hacia el amigo necesitado. Confesando su asombro frente a lo engañoso de las apariencias, apunta al peligro de confusión derivado del desorientador espejismo de mismidad entre ambos creado por la falsa compasión desplegada por Herrera hacia su persona. Lo que Alemán está rememorando y constatando es el hecho de que Herrera había «tomado» su amistad – es decir, que se la había hurtado – y entrado en su vida en un periodo de desempleo y pobreza cuando en 1593 cesaron sus actividades de funcionario tras su truncada inspección como «juez visitador» de las minas de Almadén, a raíz de la enigmática confiscación de su «Informe secreto» sobre las condiciones de vida de los forzados a la extracción del azogue.

De acuerdo con la hipótesis ya expuesta, para apropiarse del conocimiento que Alemán había adquirido y que había tenido el candor de compartir con él, Herrera se había infiltrado en su vida en un momento de grave necesidad, su tiempo «estéril y de conocida pobreza», durante el cual Alemán había estado volcado en el estudio del fenómeno de la pobreza. Esta comunicación de conocimientos queda descrita con ironía. La presenta Alemán desde la perspectiva del receptor, describiéndola como un «recibir la carga del oprimido amigo»; postura de fingido altruísmo con la que Alemán denuncia el engañoso comportamiento de Herrera. Herrera no había recibido la carga de Alemán con el fin de aliviar a su «oprimido amigo». Se había apropiado de ella para utilizarla en su programa de reforma con fines mercenarios y de medro personal. Por ello Alemán evoca la procedencia y trayectoria del proyecto reformador de Herrera cuando con triste ironía le invita a que ambos den gracias a Dios por el mismo: «… tú por el don y yo por haberlo dado a quien conmigo lo comunicó».

Las dos cartas están temáticamente ligadas en la segunda, la cual actúa como espacio de fusión enfocado desde un ángulo existencial. En la segunda carta, Alemán ya no predica desde la cátedra del reformador sino que se proyecta como figura de pobre, con la que se identifica. Con ello consigue presentar su caso personal como ilustrativo por antonomasia de la actitud de Herrera hacia el necesitado de carne y hueso; aquí en concreto hacia el pobre y repudiado Mateo Alemán, quien se describe en los siguientes términos: «ya sabes mi soledad, mi flaca substancia, ya me ves por oprobio reputado»; circunstancias éstas aplicables tanto a la figura genérica del pobre como a la situación concreta de quien escribe la carta. Dado el contraste entre estas circunstancias y la posición privilegiada del propio Herrera, las palabras citadas anulan por incompatibilidad toda pretensión de que en realidad se diese una dimensión de compasión y amistad por parte del «endiosado» hacia el pobre y hacia el propio Alemán.

Lo que comienza siendo presentado como un Herrera volcado en cuerpo y alma sobre la vida y «cosas» de Alemán, ejemplo del ideal de verdadera amistad que encabezaba la carta, según esta avanza se va revelando como un proceso de apropiación parasítica, de sesgo fagocítico, de todo aquello que constituía la vocación y meta de Mateo Alemán, proceso que éste llegó a percibir como un intento de suplantación identitaria. El que Herrera tomase las cosas de Alemán como si fuesen suyas propias y estuviese dispuesto a defender su fraudulento derecho de propiedad sobre las mismas como si se tratase de un botín de guerra («has tratado mis cosas por tuyas») no puede ser confundido con la noción de comunidad de bienes («sin haber tuyo ni mío») que se da en la verdadera amistad, la cual implica reciprocidad y no uso unilateral de esos bienes. Alemán, pues, no está alabando el espíritu de sacrificio de Herrera sino subrayando la magnitud de su impostura. Siente que Herrera le había desposeído del fruto de su trabajo en un momento en que vivía con gran estrechez y en un paro voluntario que le permitía dedicarse plenamente al asunto asistencial. Para Alemán la actuación de Herrera tiene algo de siniestro que va más allá de la simple impostura como las siguientes palabras lo dan a entender: «he visto también en ti que en todas tus obras te acuerdas de mí sin ausentarme un punto de tu pecho... y cuando duermo, fatigado de tristezas, te desvelas en cómo divertirme dellas». En este punto, la clave interpretativa de la carta la ofrece el trasfondo conceptual del «pícaro» en el que, como queda dicho, se hace hincapié sobre la ambivalencia semántica de algunas de las expresiones allí utilizadas; entre ellas ese «desvelarse» que a veces es expresión de cuidado y a veces de atención vigilante. Enmarcado en este contexto, el velar de Herrera sobre la persona de Alemán no debe ser tomado como actitud protectora sino como expresión de constante acechanza.

«EL TIEMPO NI LAS ADVERSIDADES TE HAN DERRIBADO... YA SABES MI SOLEDAD...»

Alemán entra en el juego de las apariencias y pretende seguir el hilo de la impostura en la presunta dedicación de Herrera hacia su persona. Concluye el primer apartado de la segunda carta admirando la excepcional capacidad recuperativa de Herrera: «el tiempo ni las adversidades te han derribado». La expresión utilizada tiene resonancia de *déjà vu* pues recuerda una característica indisociable del comportamiento del pícaro[33]. Alemán pudiera estar aludiendo al hecho de que Herrera, en

---

[33] La capacidad de recuperación es un rasgo identitario del pícaro que sirve de hilo conductor a través de los diversos avatares de su trayectoria. En AP, o tercera parte, esta metafórica elasticidad queda ilustrada en un epigrama que establece un punto de comparación entre la humildad del santo y la palma, árbol que mientras más se dobla y abaja más sube: «Humilitatem palma comparatur, cujus hoc est ingenium, ut quò plus deprematur plus ascendat». Este epigrama es el último elogio con el que concluyen los paratextos del AP de 1605. Está encabezado por una cita del salmo 95: «Iustus ut palma

cuanto modelo temático del «pícaro», había estado desde hacía tiempo presente en la mente de su autor, quien sin duda venía observando sus tribulaciones desde el momento de su primer encuentro (c.1591); azaroso camino que por los aledaños de 1597, con los vaivenes del asunto de la reforma, había tomado un giro particularmente alarmante. Pese a encontrarse frente a una presunta evidencia que parecería confirmar la amistad de Herrera hacia su persona, Alemán sin embargo no le vuelve a llamar amigo directamente sino que se limita a indicarle que se comporta como tal: «de manera que en cuanto de ti he conocido puedo decir haber hallado un verdadero amigo»[34]. Sin embargo, así como según su análisis al inicio de la carta Herrera le había dejado voluntariamente, en el desarrollo de la misiva Alemán anuncia a su interlocutor que ahora es él quien le va a dejar y de manera inminente, «presto», pero «por necesidad forzosa». Atribuye al ataque conjunto de «la edad, las penas y enfermedades» como la razón que le ha obligado a tomar la decisión de separarse de su amigo.

Alemán se proyecta aquí como un hombre acabado, próximo a su fin: «son mis fuerzas pocas». Dudamos, sin embargo, que estuviese

---

florebit». El poema es un tanto misterioso. Comienza por cuestionar, por ejemplo, si la fidelidad puede ser desleal. Pasa a preguntarse qué pesos son capaces de hacer más ligera la palma de modo que ella misma se levante con su propio peso. La palma es empujada hacia abajo, pero resurge de su opresión y recobra su poder. Se apoya en lo prohibido. Concluye con un juego de palabras en el que la palma es analógicamente entendida como símbolo de los premios recibidos por el santo: «Palma tuas decet (Antoni sanctissime) palmas», y queda establecido un paralelismo entre la palma y el santo: la palma se levanta de sus obstáculos, y tú de los tuyos: «Palma suis remoris surgit, et ipse tuis». El epigrama sugiere una aproximación entre la figura de Antonio y la del pícaro, caracterizados ambos por Alemán, autor tanto de la poética biografía del segundo como de la hagiografía del primero, con un común rasgo idiosincrático y definitorio: su capacidad recuperativa y su elasticidad; como si ambos no sólo hubiesen sido trazados por la misma pluma sino asimismo cortados por el mismo patrón. Sugiero que en ambos el modelo temático era Herrera, a quien se aplica y en quien se explica la un tanto misteriosa frase arriba aludida: «Nititur in vetitum».

[34] Poco más adelante y contando con su tácita complicidad, Aleman confiesa a Herrera, su interlocutor y lector electo, el gran error que ha cometido al haber tomado a los ingratos por verdaderos amigos: «por amigos los tuve, como a ti te tengo»; declaración que implícitamente supone una reiteración de su duda inicial. El que Alemán tuviere a Herrera por amigo no era garantía de que éste lo fuera de Alemán.

aludiendo a lo avanzado de su edad. En 1597 Alemán tenía 50 años, y pese a haber sufrido serias contrariedades era al parecer un hombre vigoroso, en plenitud de vida, que con la composición de su «pícaro», aunque todavía no publicado, había realizado su gran momento de creación. Alemán no estaba sólo, tenía amigos, y como se ha visto en el caso de Barros, no dudaba en declarar públicamente su recíproca amistad. Aunque había sin duda conocido la adversidad[35], la injusticia y la crítica malévola, la palabra «oprobio» no parece encajar del todo con una reputación públicamente celebrada como ejemplar, al menos por algunos[36]. Alemán, pues, en su segunda carta no estaba anunciando el final de su vida sino el final de la vida del «pícaro», quien desde su ocaso y por pluma de Alemán anticipaba en privado a Herrera el final del *Guzmán de Alfarache* (para cuyo público anuncio habría que esperar a la «Declaración para el entendimiento deste libro» en 1599); obra creada primordialmente en beneficio de su interlocutor y principal destinatario, quien en un registro sobre el que volveremos y sólo en él era también su antagónico *alter ego*: Herrera, su mitad maldita, que como una patología autoinmune le devoraba por dentro. Sin embargo, la vida de Herrera continuaba y ni la vida del pícaro ni la suya propia habían alcanzado todavía su meta final. Es por ello por lo que se podría decir que el «pícaro», siempre por pluma de Alemán y con mordaz ironía, continuaba rogando a Herrera en la segunda carta a que perseverase en su cometido hasta el final.

---

[35] Las circunstancias en torno a su cese como funcionario le supusieron sin duda una ruda prueba. La resultante precariedad de su economía daba con toda probabilidad gran inseguridad a su vida.

[36] En su «Elogio» a GAI, Alonso de Barros alaba la conducta del «contador Mateo Alemán», tan modélica como lo era la enseñanza contenida en su libro. Alemán era además «opuesto y antípoda de la figura inconstante deste discurso». Pese a no nombrarlo directamente, se estaría refiriendo a la figura histórica o modelo temático de la obra de Alemán, que Barros designa aquí como «discurso». Tal y como queda descrita por Barros, esta figura podría considerarse tan cuestionable como a ojos de la opinión pública iniciada lo era la de Herrera.

«SUPLÍCOTE TE ESFUERCES PROSIGUIENDO COMO LO HACES QUE LA CORONA SE ALCANZA, VENCIDA LA BATALLA; POCO TE QUEDA DE ELLA»

En otro plano de lectura, el anuncio de su forzosa separación de Herrera y su ruego a éste de proseguir animosamente con su cometido pueden ser entendidos como una doble reflexión sobre el desarrollo del discurso reformador del *Amparo de pobres*: su peligrosidad por una parte, y su vulnerabilidad por otra. El sistemático acoso de Herrera respecto al pobre había ganado terreno. La ejecución de su programa se había iniciado y ese avance podía ser descrito como un embate contra el pobre y contra su defensor Alemán. En nombre del pobre y del suyo propio, Alemán zahiere aquí a su común enemigo, Herrera, a quien bajo capa de afectado entusiasmo está en realidad acusando de cobardía. Esta clave de lectura es tristemente paródica. En la ejecución de su programa Herrera estaba llevando a cabo lo que Alemán percibía como una auténtica «batalla». Pero no se trataba de una batalla en la que las fuerzas unidas de dos amigos, Alemán y Herrera, se enfrentaran contra un tercero y común enemigo. Se trataba de un cuerpo a cuerpo entre dos enemigos: Alemán y Herrera. Pero también, y de ahí proviene el patetismo que la metáfora refleja, se trataba por encima de todo de una contienda en la que el pobre abatido sería sacrificado en aras del glorioso triunfo del gran reformador. Alemán sugiere que Herrera obtendría su triunfo no mediante la derrota de la pobreza sino de la del pobre y de su verdadero defensor, el propio Alemán, auténtico merecedor del reconocimiento que Herrera le había usurpado, quien en materia reformadora y como autor de un antidiscurso respecto al de Herrera, se encontraba en situación de gran vulnerabilidad: «ya sabes mi soledad, mi flaca substancia, ya me ves por oprobio reputado». Al mencionar la corona destinada al vencedor, Alemán está denunciando la impostura de Herrera y poniendo en evidencia su ansia de gloria como el auténtico motor de su programa de reforma. También Barros, en su «Carta» atalayera anunciadora del *Amparo de pobres* (1598), no satisfecho con un laurel, llegaría a pedir que se otorgasen dos a su autor: «la corona obsidional… y la otra… de hojas de encina»; coronación dual de Herrera en paródico reconocimiento a sus presuntos logros tanto en lo militar como lo civil. Los simulados vítores de Alemán y Barros en sus ovaciones a Herrera, encierran una común denuncia del penoso tributo que la victoria reformadora de Herrera supondría para el pobre, a cuyas expensas la intentaba lograr. Por último y a la luz de las graves acusaciones dirigidas por un influyente sector de la opinión pública contra el programa de Herrera y contra el mismo reformador, recogidas en la primera de las *Cartas familiares* que Francisco de Vallés redactó en 1597, se puede colegir que cuando Alemán evoca en su segunda carta el inminente final de la batalla pudiere asimismo estar aludiendo a la quizá no tan lejana posibilidad de fracaso que amenazaba tanto a Herrera como persona, como a su programa de reforma.

No contento con los resultados del cotejo entre el comportamiento de Herrera hacia su persona y un concepto de verdadera amistad que pese a las apariencias en contrario no le era aplicable, Alemán prosigue su indagación por medio de otros paralelismos. Cumplida la primera prueba, la carta pasa a comparar el comportamiento de Herrera con el de aquéllos a quienes tacha de «ingratitud», grupo con el que la conducta de éste hacia Alemán presenta algunas afinidades. Estos compañeros de juventud a quienes Alemán regaló en su día su confianza y generosidad, lo abandonaron cuando precisó más tarde de su ayuda. Algunos «pasaron adelante por la posta… dejáronme atrás, y nunca más los vi». Otros «volaron tan alto que se olvidaron de mí». Recordemos que Aleman había experimentado el sideral adelantamiento de Herrera como un abandono de su persona, expresado con dos nociones correspondientes a las citadas analogías: «te has aventajado tanto conmigo, tanto te has endiosado». Por último, había otros, añade Alemán, que o bien habían dejado de tratarle o bien lo hacían por mero cumplido. En lo que a Herrera atañía queda ya indicado que había puesto fin a todo trato con Alemán, cuyos comentarios y objeciones a su programa consideraba como «importunidades», ignorando sus palabras y continuando con la ejecución de sus planes.

«POR AMIGOS LOS TUVE, COMO A TI TE TENGO»

La relación analógica entre el comportamiento de los ingratos y el de Herrera ha sido expresada mediante un no decir; sutileza que invita a proseguir el examen por la misma vía de comparación. Cuando Alemán confiesa a Herrera su error de juicio respecto a los ingratos («por amigos los tuve, como a ti te tengo»), el lector infiere que la equivocación de Alemán es asimismo aplicable a su apreciación de Herrera y que éste era tan ingrato como aquéllos. Mediante el espejismo de un superlativo («de no estimarte en más que a todos»), Alemán ha colocado subrepticiamente a Herrera en cabeza del grupo de los ingratos, tan indiferentes a su suerte que lo mismo les daba que estuviese vivo que muerto. En realidad Alemán va más lejos, les acusa de desear su muerte: «ahora veo que desean mi muerte pues no reparan en mi vida»[37]; aunque, como añade, «a todos procuré ayudar y hacer bien». Alemán esperaba de ellos una reciprocidad que expresa por medio de la analogía de la medicina de cuerpos y almas: «de cualquiera de ellos entendí que me fuera medicina en la vida y consuelo en la muerte»; analogía ésta indisociable del Doctor Herrera que en su *Amparo de pobres* se presentaba como médico de cuerpos y almas. Alemán está así declarando que en la categoría de los ingratos a quienes tuvo por amigos se incluía a Herrera, a quien tuvo por amigo. En ambos casos la relación es expresada en términos subjectivos, «tener por», y no como manifestación de una realidad objetiva que de haberse dado hubiese sido expresada con el verbo ser. Para evitar, sin embargo, una clara identificación de Herrera como uno más de entre los ingratos, cosa que hubiese puesto límite prematuro al tema, Alemán utiliza la expresión «de cualquiera de ellos» para como en un tira y afloja dar a entender que lo dicho acerca de aquellos ingratos que tuvo por amigos debía ser entendido genéricamente y no como a un comentario dirigido a uno de ellos en particular. Alemán suministra y camufla pistas, prosiguiendo con una acusación cuya gravedad va en *crescendo*.

---

[37] Si aquellos ingratos le fallaron, mayor sería el fallo de aquél a quien consideraba como *primus inter pares* y máximo en todo. Sin olvidar que nos estamos moviendo en un campo analógico, no sería sin embargo descabellado sugerir que Alemán estaba acusando a Herrera de albergar un deseo de obliteración de su persona que con licencia poética se podría expresar como intención homicida y se podría equiparar al sentir de los ingratos.

«MAS HAY [DE] DIFERENCIA QUE A ELLOS LOS GRANJEÉ... CON PROSPERIDADES Y A TI EN ADVERSIDAD, A ELLOS REPARTIÉNDOLES BIENES Y A TI COLMÁNDOTE DE MALES»

Pese a compartir algunas características esenciales no existía una ecuación exacta entre Herrera y esta segunda categoría referencial. La diferencia entre los ingratos y Herrera se situaba en otro registro. En sus años mozos, Alemán había colmado a aquéllos de «bienes» y se los había granjeado con «dineros, con buen trato, con prosperidades». A Herrera, cuya relación era de factura mucho más reciente, Alemán se lo había granjeado con «adversidad» y «colmándole de males». Pese a lo cual, en el momento de necesidad en el que escribe y en contraste con las hueras promesas de los falsos amigos de la juventud («de mis deudos ausentes recibo buenas palabras y promesas»), la respuesta de Herrera parece haber sido verdaderamente generosa. Herrera respondía a las tristes ofrendas de Alemán con «mejores obras». Una vez más, el superlativo debe ser valorado con precaución ya que el baremo de comparación es la ausencia de ayuda por parte de los ingratos. En realidad la relación de Alemán con Herrera carece de esa luminosidad con la que la memoria tiende a conservar y adornar los recuerdos de juventud. Se trata de una relación reciente que se presenta envuelta en las tonalidades sombrías de una travesía por el desierto; es decir, de su paso por Almadén y sus consecuencias tanto desde un ángulo personal como desde el de su compromiso vocacional con la causa de los pobres[38].

[38] Por ello Alemán evoca su «don», su regalo a Herrera como si se hubiese tratado de una ofrenda de «adversidad» y «males»; a saber, los suyos propios y los del pobre que había incorporado como parte de su vivencia. En un juego semántico en el que utiliza las dos acepciones de la palabra «don» (como don sobrenatural y como dádiva) Alemán comienza por invitar a Herrera a unirse a él en una conjunta acción de gracias a Dios: «le debemos dar por ello las gracias, tú por el don y yo por haberlo dado a quien conmigo lo comunicó». Sin embargo, la ambigua formulación de la frase invita a sugerir que Alemán estuviere apuntando a su propia persona como el origen del «don» de Herrera. Alemán está revelando haber sido él la fuente de aquel conocimiento que, una vez comunicado con Herrera, éste había hecho suyo presentándolo al mundo en su AdP en versión adulterada como un don sobrenatural. Herrera, quien se presentaba a sí mismo como «tan flaco gusano... ignorante y pequeñuelo», decía haber sido elegido por Dios para servir de «instrumento para cosa tan grande». Naturalmente,

Pequeñas vetas luminosas permiten adivinar aquí y allá los huidizos contornos de la laberíntica estructura de la carta; variaciones sobre un mismo tema en mántrica cadencia apuntalada por un obsesivo *leitmotiv* del que recogemos un estribillo que invita a establecer paralelismos. En el primer apartado de la carta, Alemán establecía una relación causal entre «sus pobres palabras» y las «magníficas obras» con las que Herrera correspondía, indicando que las segundas eran de alguna manera consecuencia de las primeras. En el segundo apartado, retoma el esquema y expresándolo ahora como relación causal entre la pobreza de su don a Herrera («adversidad» y «males») y las «mejores obras» con que éste le había correspondido, y lo lleva a su última expresión: «pues todo lo que he dicho dejo yo tan bueno y en ti tan digno de premio».

Lo que hasta aquí había sido presentado como granjeo o canje gananciosos en el que Alemán daba y en contrapartida recibía, en el último análisis queda expuesto como una acción unilateral, sin atisbo de reciprocidad por parte de Herrera. Como si se tratase de una relación directa de causa y efecto, Alemán ha presentado una ecuación en la que entre su primer y segundo término se ha producido una suplantación de sujeto. Mediante una curiosa alquimia, las palabras y el pensamiento de Alemán, absorbidos y metabolizados por la psique de Herrera, parecían haberse transformado en las obras de Herrera; obras por las que éste, y no Alemán, era celebrado y premiado: «todo lo que he dicho dejo yo tan bueno... y en ti tan digno de premio». En este proceso de suplantación, Alemán y sus palabras parecen haber sido eliminadas de la ecuación; lo que claramente sugiere una usurpación que afectaba, según lo precisa Alemán, a la totalidad de su discurso ya que se aplicaba a «todo»; es decir, al conjunto de aquel ámbito crucial para Alemán al que tras su paso por Almadén había dedicado sus últimos años. Esa es la «corona» que Herrera quería alcanzar para sí. Alemán está así acusando a Herrera de haberse apropiado del fruto de su trabajo, de su pensamiento y de haberlo adulterado: «que ya me hallo incapaz de poder cancelar aun la menor parte dello».

Acto seguido, en un *coup de théâtre* con brusco cambio de registro y como si su templanza se hubiera colmado dando libre cauce a su

Alemán quedaba obliterado en el proceso «pues es obra de la mano de Dios, a su Divina Majestad le damos las gracias por todo» (AdP [1975], p. 153).

furor contra Herrera hasta ahora reprimido, irrumpe Alemán en la escena epistolar en primera persona. En un gesto dramático de repudio expulsa al impostor – su interlocutor-destinatario y sujeto o tema de la carta – de su ámbito vital con palabras de inequívoca y definitiva ruptura proferidas en estilo directo: «despídete que de mí [nada] puedes haber». Herrera, «endiosado» y electo como el máximo de entre los ingratos, había antes sugerido la figura bíblica del endiosado e ingrato por antonomasia. Ahora despedido por Alemán en un ademán de sesgo antiguo-testamentario evoca de nuevo la figura del angel caído[39]. Por otra parte, la expresión «de mi [nada] puedes haber» sugiere que Herrera había vaciado a Alemán de sus haberes[40], del fruto de su reflexión sobre la «adversidad» y «males» a los que se veían sometidos los pobres, su reflexión sobre pobreza y asistencia, y que el plagio adulterador de Herrera era de tal calibre que no tenía posibilidad de arreglo. Desolado frente a su propia impotencia, Alemán parece dispuesto a tirar la toalla, declarándose incapaz de «cancelar aun la menor parte dello». ¿Podía por lo tanto esperar que fuese el mismo Herrera quien enmendase y corrigiese sus propias obras, como se lo había pedido en su primera carta?

«QUEDANDO A MI CARGO SER INMORTAL PRECURSOR DE TUS OBRAS»

Alemán sabía que Herrera era incapaz de corrección. Sin embargo, no capitula sino que contraataca anunciando a Herrera su próxima misión: «quedando a mi cargo ser inmortal precursor de tus obras». La expresión se presta a diversas interpretaciones. Podría indicar que Alemán se había resignado, contentándose con reivindicar el haber sido el predecesor de Herrera, la fuente de inspiración de su obra reformadora; o bien, que Alemán, revelándose contra su situación de postergación, había asumido

---

[39]   El epíteto «endiosado» que Alemán aplica a Herrera en su segunda carta debe ser retenido en la memoria no sólo porque encarna una acusación de soberbia sino porque además era directamente aplicable a la rebelión de Lucifer contra Dios.

[40]   Con ello queda inferido que Herrera era el insaciable consumidor de la miseria de los pobres con la que alimentaba su afán de medro.

el cargo de «precursor» como desafío a la obra de Herrera[41]; y no sólo de precursor cualquiera sino de precursor «inmortal». Mediante esta profética autoinmortalización, Alemán deja constancia de la percepción trascendente que de su misión tenía. Consideraba que se trataba de un cargo que iba más allá de sus circunstancias personales; de una misión de proyección histórica a tiempo largo. Alemán va incluso más lejos: el desempeño de su misión lo compartiría con el mismo Dios. Dios se encargaría de otorgar a Herrera su justa retribución («te dará el premio que mereces»), corriendo por cuenta de Alemán en un plano terrenal la responsabilidad de anunciar sus «obras», denunciándolas. Alemán estaría tomando a su cargo la responsabilidad de prevenir a la opinión pública, proporcionándole una interpretación crítica del verdadero sentido de las obras de Herrera, con el fin de que, alertada sobre su peligrosidad, se movilizase e impidiese su ejecución. Alemán estaría anunciando la llegada de su «pícaro» y su función de «atalaya».

La importancia que Alemán otorgaba a su misión respecto a las obras de Herrera queda reflejada en su elección del vocablo «precursor» para describir su papel. «Precursor» es denominación indisociable de la figura de San Juan Bautista, anunciador de la llegada de Cristo Salvador, intercesor del pobre por antonomasia. Mediante esta doble evocación de Cristo y del Bautista Alemán está invitando a explorar una determinada línea de asociaciones[42]. Así como el Precursor anunciaba la venida de Cristo, el Alemán «precursor» alertaba a sus lectores sobre el peligro que representaba la llegada de las obras de Christóbal, el «endiosado»[43]; figura demoníaca disfrazada como falso intercesor del

---

[41] En el discurso sobre la «ejecución» publicado en suelta alrededor de febrero de 1597 (AdP [1975], «Discurso Sexto») en el que designa a Arce como «Protector» del programa reformador, Herrera se reservaba para sí, aunque sin nombrarse, el papel de «Procurador». Quizá con los citados cargos en mente, Alemán a su vez se reservaría para sí con cierta ironía la misión de «precursor» de las obras de Herrera.

[42] Véase Apéndice II.

[43] Así como Cristo era el hijo de Dios anunciado por el Precursor, San Juan Bautista, ¿quedaría aquí inferido que Herrera, el anunciado por el precursor Alemán, se tomaba o era tomado por hijo adoptivo de su protector Arce, el todopoderoso Presidente, quien a su vez se tomaba por un dios? En el AP, aparecen a un segundo registro de lectura varias pistas al respecto. En uno de sus diálogos con su hacedor, que Alemán dramatiza, Antonio dirigiéndose a su «Señor» dice: «Tampoco quiero mas padre que

pobre. El grupo de oposición en el que Alemán era figura señera tenía
por misión evitar que el impostor, Christóbal Pérez de Herrera, fuese
erróneamente tomado por la opinión pública por figura cristológica[44].

Al elaborar el concepto de «precursor», Alemán concede
protagonismo no a la figura del anunciado, como en el Evangelio, sino
a del propio precursor, Alemán, quien quedaría inmortalizado no por el
anuncio de Herrera y de sus obras sino por el mérito y triunfo de la suya
propia, su «pícaro», gracias a cuya misión precursora respecto a las obras
de Herrera el autor alcanzaría su consagración literaria. Alemán está
lanzando un desafío a Herrera. Le está anunciando que sería él, Alemán,
quien quedaría inmortalizado gracias a su interpretación de las obras de
Herrera, de cuyo verdadero sentido sería descifrador y pregonero. En
cierta medida se podría también decir que Alemán anuncia a Herrera
su común inmortalización, de la que él, Alemán, sería el artífice[45]. Las
obras de Herrera no serían recordadas por sus cualidades intrínsecas sino
gracias al talento indagativo y literario de Alemán, cuya misión consistiría
en denunciar públicamente su impostura de manera deleitosa, aunando
en su «pícaro» lo útil a lo agradable. Por medio de ésta, en expresión
epistolar alemaniana, «estratagema o cautela», Alemán lograba que
Herrera quedase fuera de la ecuación, condenado a servir de vehículo a
la inmortalidad de su precursor Alemán. A lo largo de una obra en la que
Herrera y su relación con Alemán sería una constante temática, éste no

a ti, que assi me mandas que te llame; tu me criaste… hechura tuya soy» (AP, fol.
44v.). En otra ocasión, el narrador Alemán, dirigiéndose a su interlocutor (que no es
el hombre en sentido genérico) le incita a aceptar su suerte con resignación, confiando
en los misteriosos caminos de su Señor: «Dexale hazer a quien tanto a hecho por ti,
que te dio el ser que tienes… hizote hijo adoptivo suyo, y heredero del cielo» (AP, fol.
79r.). En otra oportunidad, se dirige a sus lectores, incluyendo a un segundo registro
al grupo de los discretos, como si fuera un predicador que estuviera instruyendo a su
rebaño: «Dionos a su hijo unigenito, con el… se nos comunican todos los bienes que
le comunicó ab eterno, y siendo el hijo eredero de su gloria, lo somos juntamente con
el nosotros» (AP, fols. 406v.–407r.).

[44] Vallés insistía en la importancia de evitar «que no tomen su figura, ni representen
a Christo hipocritas y fingidos» (CM, fol. 23r.).

[45] En su GAII Alemán recalca a su principal interlocutor de siempre, Herrera, el
empeño que tenía en completar su obra: «pues en su fin consiste nuestra gloria»
(GAII, p. 41).

nombra explícitamente a su correlato ni una sóla vez, ni aún siquiera en los paratextos de la misma[46]. Al reclamar su inmortalización a expensas de la de Herrera, Alemán parece estar haciendo un guiño cómplice a Vallés, quien en crítica paródica a su notoria ambición recomendaba a Herrera el desechar «pensamientos de eternizar su memoria»[47] por medio de su programa de reforma asistencial.

La presencia de la figura de San Juan Bautista en el transcurso de la vida del «pícaro» ya ha sido observado por la crítica (GAII, p. 521, n. 36) Sin embargo, dada la trascendencia de la declaración de intención que el propio Alemán plasma en su segunda carta por medio del anuncio de su misión precursora, alcanzado este punto se impone un alto en el curso de nuestro análisis, desde el cual poder calibrar el entramado y ramificaciones del manifiesto de Alemán, cuya relación con el papel del Bautista en la vida del «pícaro» no ha sido explorado. En retrospectiva notamos que este observatorio epistolar ofrece como atalaya tanto una visión periférica como una visión proyectiva de la relación entre Alemán y Herrera, cuyo alcance y partiendo de la analogia del «precursor» vamos a intentar perfilar más allá del *Guzmán*[48]. El desenlace de la

---

[46] Alemán, de quien el AdP no hace mención directa alguna, está de alguna pagando a Herrera con su misma moneda. Su aversión a introducir «personas públicas y conocidas, nombrándolas por sus propios nombres» en «historias fabulosas» (GAII, «Letor») no debiera de haber sido aplicable a su «pícaro» ya que su historia ha quedado definida por el propio Alemán desde el primer momento no como fabulosa sino como «poética historia». Tampoco debiera de haberse aplicado a los paratextos, ya que éste es un espacio reservado a contribuciones de figuras públicas contemporáneas, donde por lo tanto hubiese encajado una mención a Herrera, de haberlo deseado. La razón de la omisión que nos ocupa responde a la búsqueda de una retribución proporcional al agravio sufrido por Alemán a manos de Herrera, quien tras haber hecho uso de él parece querer obliterarlo.

[47] CM, fol. 35v.

[48] Años más tarde en su OC, Alemán hace hincapié sobre la envergadura de su misión, indicando lo difícil que es alcanzar el punto de observación idóneo que permita captarla en su conjunto y profundidad, como si se tratase de un conocimiento esotérico de cuya transmisión quiere asegurarse pasando la antorcha a sus seguidores: «En este lugar dejaré plantadas mis colunas, para que mañana (con ocasión) se levante otro valerosísimo Carlos, que las pase adelante. Cada día, se van sutilizando los injenios, i subidos encima destos trabajos, otros, aunque sean enanos, descubrirán más mundo de que... agora no les doi noticia. Pasen con esta dieta, hasta tenerla

segunda parte del *Guzmán de Alfarache* había sido previsto para el día de la fiesta de San Juan Bautista, hecho tácticamente subrayado por el propio narrador. (GAII, p. 521). Esta insistencia sobre una misma fecha parece indicar que el episodio fue cuidadosamente diseñado por su autor, Alemán, con miras a realzar su conexión con su propia función de «precursor» de las obras de Herrera, tal y como lo había anunciado en su segunda carta. La ejecución de Soto, prevista para el día de San Juan Bautista pero pospuesta por tratarse de un día «de tanta solemnidad» sería así la traslación poética de la venganza de Alemán hacia su enemigo Herrera, a cuyo «discurso» y programa de ejecución el capítulo final de la segunda parte del pícaro parece asimismo apuntar[49]. Mi sugerencia se apoya en el mecanismo de transferencia ya utilizado por Alemán en el caso del personaje «Sayavedra», como castigo y venganza de Mateo Luján de Sayavedra.

La aparición de la figura del «Baptista» al comienzo del «Libro Tercero» del *San Antonio de Padua,* donde se trata el tema de la canonización de Antonio propiciada por una «milagrosa revelación», es asimismo indisociable de la función de «precursor» que Alemán

---

ya dijerida, que si alcançare à el tiempo, no lo dejaré ir ocioso, ni lo llevaré à el sepulcro; mas, cuando lo contrario sucediere, sucederánme otros fuertes Atlantes, de más fuerça, que tomando sobre sus ombros este peso, lo levanten i sustenten. Suplícoles, lo comuniquen, para que se navegue por el Océano de sus entendimientos, i aviendo trabajado, en llegar, de una en otra mayor perfeción , digamos con verdad ... aver llegado a igualar las letras con las armas» (OC, p. 10). Asimismo en su carta «Al Lector», Alemán infiere que su texto no debe de ser tomado como un tratado ortográfico *ad pedem litterae* ya que, como queda precisado, sólo tratará de las «letras ortográfamente, poniéndolas en su lugar i uso, añadiendo à las que tenemos la que nos falta» al «fin deste tratado» (OC, p. 10). De lo dicho se puede deducir que hasta ese citado momento final, el tratamiento que Alemán reserva a las «letras» en su OC va más allá de la mera ortografía. Consciente de la dificultad interpretativa de su trabajo, Alemán está invitando a su lector discreto a atalayar el horizonte para desentrañar la pista que le permita acceder al adecuado registro de lectura. Se trata de un proceso cumulativo cuya mantra indefectiblemente conduce a la crítica de Herrera.

[49] Según queda anunciado en el discurso sobre la ejecución del programa de Arce y Herrera, «el día de San Juan Bautista deste año que viene de noventa y ocho» había sido elegido como primer hito en la implementación del programa (AdP [1975], «Discurso Sexto», p. 186).

se atribuía en su segunda carta[50]. En *San Antonio de Padua,* el reconocimiento de la figura del Bautista por el propio Cristo representa por analogía la consagración de Alemán como «inmortal precursor» de las obras de Herrera; consagración que por haber sido hecha en el marco de una hagiografía adquiere dimensión de irrevocable legitimidad[51]. En contrapunto a la descripción de la canonización del

---

[50] Véase Apéndice III.

[51] El episodio del reconocimiento del «precursor» por Christo sirve de preludio a una relación acerca del desarrollo genérico de lo que es un proceso de canonización, seguida por la de la propuesta concreta de canonización de Antonio y su realización. Alemán se demora y explaya en esta concatenación secuencial a la que dedica 29 folios (AP, fols. 266r.–295v.). Todo ello, presuntamente, con el propósito de «satisfazer a los curiosos» (AP, fol. 274v.). Como si estuviese anticipándose a una acusación contra la gratuidad de su método, Alemán parece excusarse frente a sus previsibles críticos, consiguiendo con ello alcanzar su verdadera meta: atraer la atención del discreto lector sobre lo riguroso de todo proceso de canonización; o entendido en lenguaje profano, advertir a su lector sobre el riguroso escrutinio al que sería sujeta toda reivindicación de actuaciones y hechos excepcionales. Alemán parece deleitarse en la relación del tamizado «examen» al que quedan sometidos los supuestos méritos de todo aquel a quien se presenta como canonizable (AP, fol. 277r.). Precisa que el proceso de «averiguacion» se vuelca sobre «su vida» y sobre «la comun opinion» en la que el candidato era tenido. Todo ello es llevado a cabo con «todo rigor juridico» e interrogación de «testigos fidedignos» para que «hagan escrutinio de todo lo que les pareciere necessario, para que la verdad quede resplandeciente, limpia de toda sospecha y mancha» (AP, fol. 275 r.–v.). Alemán parece trasladar al ámbito divino los mismos requisitos exigibles en el plano humano para juzgar el valor de todo hecho en el que se precisaba la conjunción de intención y obras: «la virtud de las costumbres, y la verdad de los milagros, y mas claramente hablando, merecimientos y milagros, para que sean los unos testimonio de los otros; porque merecimientos faltando milagros, o milagros no aviendo merecimientos, no bastan enteramente, para dar testimonio de su Santidad entre los hombres» (AP, fol. 284v.). Todas estas precauciones se toman para evitar que haya «yerro» alguno. Por muy «dignas de admiracion» que aparezcan las «alabanças y virtudes» y «los meritos» del «que se quiere canonizar», se precisa «el divino auxilio… no consintiendo que la santa iglesia Romana yerre», ni que Su Santidad «yerre en tan importante y grave negocio» para lo cual «tambien suelen hallarse algunos protonotarios». Queda asimismo notado que el «promotorfiscal… tambien presente a este acto… pide a los protonotarios que le den fè de los pareceres, y consentimiento de los Cardenales y mas prelados» (AP, fols. 276r.–277v.). La «averiguacion» se lleva a cabo en un «consistorio secreto» encargado de «la probança», compuesto de protonotarios, auditores y comissarios (AP, fol. 277r.–v.). Alemán

santo pero tras un examen comparable en rigor al aplicado a su proceso de canonización, Alemán concluye tanto su correspondencia de 1597 como su trilogía del pícaro confirmando la infamia del impostor que se hacía pasar por santo: en ambos casos Herrera. En su trazado de la figura de Herrera, Alemán habría conseguido realizar lo que Plotino había querido evitar al rechazar la propuesta de dejarse retratar por «un famoso pintor de los de su tiempo». En el libro tercero de *San Antonio de Padua*, tercera parte del «pícaro», donde pese a no hacerlo nominalmente Alemán revela la identidad de su modelo temático, se ha cumplido la profecía anunciada en su segunda carta a Herrera. Para el lector discreto, Alemán, famoso ya en 1604, quedaría consagrado como «inmortal» pintor de «la perpetua memoria» de la «deshonra» de Herrera[52]. Para legitimar este proceso de identificación contamos con el apoyo de Alemán, quien hace una pausa en pleno desarrollo de su *San Antonio* y nos ofrece una clave de lectura: «cuando la diferencia no es de essencia» lo principal es que lo que se trata «sea cierto… que lo

---

concluye su relación con lo que interpretamos como una invitación a su lector a aplicar en un plano profano y contemporáneo el mismo proceso de riguroso escrutinio que el observado para la canonización del santo: «Quede advertido de passo, que de la manera que se dize voy a palacio, los que estan en la corte, assi los que van a la Iglesia de San Antonio, por excelencia no dizen mas que voy a el santo» (AP, fol. 295v.). Mediante este deslizamiento de planos Alemán está por inferencia animando a su lector a examinar con escrupuloso rigor la RM que Cristóbal Pérez de Herrera – quien se hacía pasar por heroico soldado, dedicado y brillante galeno, y santo varón interceso del necesitado – había elevado al Rey quien a su vez lo había remitido a su Consejo de Estado a través de un billete del Duque de Lerma. La publicación de la primera edición del AP, puesta en circulación limitada a finales de 1604, precedió en muy poco a la elevación de la RM de Herrera en enero de 1605 de cuyo proceso de elaboración Alemán tenía con toda probabilidad que haber estado al corriente. Con su subliminal toque de alerta a las altas instancias competentes en el asunto, la acelerada primera edición del AP podría haber sido una emboscada que Alemán tendía a las pretensiones de honores e inmortalización a las que Herrera aspiraba por medio de su RM. Véase Apéndice IV.

[52] AP, fol. 403v. Al aplicarlo a su propio papel como inmortalizador de la figura de Herrera, Alemán está irónicamente subvirtiendo el sentido de la respuesta de Plotino a sus admiradores acerca de la perpetuación de su imagen. Despreciando el cuerpo como gravamen del alma, Plotino se negaba a dejar el retrato de lo que por convencimiento filosófico consideraba ser «la perpetua memoria de su deshonra».

acessorio es tratar de… si se llamava Juan o Francisco»[53]. Mediante una identificación analógica entre plano trascendente y plano terrenal ya utilizada en su primera carta[54], Alemán esboza en otra ocasión la figura del santo con rasgos de cortesano contemporáneo, invitando así a su lector a descubrir su identidad: «acude a tu santo auxiliador, que aun assi se acostumbra en las cosas del siglo, cuando uno dessea negociar con el principe […] Los de la llave dorada, los de la camara de Dios, los que le tratan de ordinario, y tienen con el privança, son los Santos: y como el principe gusta, que los de su camara tengan ayudas de costa, con las intercessiones que negocian, assi quiere Dios, que los de la suya tengan tambien ayudas de ruegos particulares […] Y para que veas… cuanto importa… tener santos por intercessores, oye lo siguiente»[55]. Alemán está aquí aludiendo de nuevo a la autobiográfica *Relación de servicios* que Herrera se aprestaba a elevar al monarca por medio de su Consejo con el propósito de obtener mercedes (1605); escrito que de puro autoencomioso se podría describir como autohagiográfico y al que Alemán se había paródicamente adelantado en la primera edición de *San Antonio de Padua,* haciendo a un segundo nivel de lectura veces de «precursor», denunciando la *Relación* en la que el pícaro Herrera se hacía pasar por santo. En su *Relación* Herrera suplicaba al monarca le señalase «algunos juezes particulares ministros, o algún Consejo, donde se viessen los papeles» de sus «muchos y señalados servicios… en mar y tierra… y consultassen a V.M. la remuneracion que merecian»[56]. Esta recopilación de pruebas y «papeles» es paródicamente evocada en *Antonio de Padua* en la recopilación de las pruebas necesarias para el proceso de canonización del santo, cuyo fallo es pronunciado por el «papa Gregorio nono» con palabras que Alemán traslada en primera

---

[53] AP, fol. 365r.

[54] En la primera carta y en alusión a las respectivas privanzas de Herrera con Arce y de Arce con el monarca, Alemán describía su falsa pobreza de espíritu en términos de «pobres de la camara, de la llave dorada de Dios… a quien aventajó en su casa y corte». Analogía ésta muy gráficamente apropiada ya que como camarista Arce era de los de la «llave dorada».

[55] AP, fols. 309v.–310r.

[56] «por ser hechos con mucho riesgo de su vida, gastos de su hazienda, y derramamiento de sangre, en defensa de la Fe, y en tan gran utilidad publica». (RS, fol. 177v.)

persona: «de consejo de nuestros ermanos… lo escrivimos en el catalogo de los santos. Pues (como segun la verdad evangelica) ninguno enciende la candela, para ponerla debaxo del mediocelemin, mas antes encima del candelero, porque todos los de la casa sean alumbrados. Y como la candela del dicho Santo, assi aya ardido hasta agora en este mundo, que (por la gracia Divina) ya no debaxo del medio celemin, mas encima del candelero merezca ser puesta»[57]. El estilo descriptivo utilizado para narrar el evento en términos prosaicos sugiere que Alemán no estaba evocando un auténtico proceso de canonización sino por paródica analogía el proceso de evaluación de la hoja de servicios que Herrera estaba a punto de elevar en su *Relacion*, cuyo contenido debía de ser leído a la luz de las esclarecedoras revelaciones expresadas al respecto en la hagiografía.

En la segunda carta, Alemán anuncia a Herrera un compromiso vitalicio: como autodeclarado «precursor», su misión sería indisociable de las «obras» de Herrera (de por vida, se sobreentiende, frente a la ausencia de todo cualificativo). El estudioso de Alemán deberá por lo tanto tener en cuenta este factor, el cual pide la presencia de Herrera y su obra en su campo de visión al acercarse a la obra de Alemán. Este compromiso vitalicio de Alemán es tanto un desafio como una limitación ya que suponía admitir que las obras de Herrera tendrían un papel capital como una de las fuentes de inspiración y *raison d'être* de su propio trabajo. Por otra parte, este lazo con las obras de Herrera presta coherencia interna a los escritos de Alemán, tanto a las cartas en un plano histórico como a su obra poética y a su mutua interacción. Al presentarse ante Herrera como el «inmortal precursor» de sus obras, Alemán parece estar parodiando, por inversión, el deseo expresado por Plinio el Joven, quien, intuyendo la futura fama de Tácito y su obra, pedía al historiador que le incluyese en ella para a su vez conseguir pasar a la posteridad. La declaración de Alemán iba en dirección opuesta. Era un reto, una suerte de conjuro, una declaración de hostilidades. Así parece haberlo percibido Herrera, quien no tardó en contraatacar[58].

---

[57] AP, fol. 285v. Véase Apéndice V.

[58] Véase Apéndice VI.

«NO PARA QUE CON ELLO TE DESVANEZCAS... PERO PARA QUE SE ANIMEN OTROS A SEMEJANTES OBRAS Y LOS NECESITADOS TENGAN CONSUELO...»

Alemán no buscaba inmortalizar a Herrera ensalzando al hombre y a sus obras. Este es un punto sobre el que la segunda carta hace hincapié como para subrayar que su próposito es precisamente lo contrario. Como si estuviese anticipando lo que al parecer consideraba como proclividad natural de su interlocutor, Alemán pone en guardia a Herrera contra la tentación de envanecimiento: «no para que con ello te desvanezcas»[59]. Tal y como la define e ilustra, su misión como «precursor» podría ser entendida como una operación de rescate preventivo. Alemán actua de esta manera porque, dada la imposibilidad de impedir la puesta en marcha del programa de Herrera y la impermeabilidad de éste y de Arce a toda sugerencia de cambio, se ve obligado a aceptar su impotencia: «que ya me hallo incapaz de poder cancelar aun la menor parte dello». Como si fuese un Abacuc llevado por Dios milagrosamente por el cabello, su misión era conseguir que se animasen «otros a semejantes obras y los necesitados» tuviesen «consuelo». Con este llamamiento, Alemán esperaba conseguir una reacción por parte de la opinión pública que, frente a los peligrosos planes de Herrera, fomentase nuevas y mejores propuestas de reforma asistencial.

En este apartado medular de la carta, Alemán expresa el dramatismo de la situación en la que se hallaban sumidos los pobres expuestos a las consecuencias del inicio de la fase de ejecución del programa reformador de Herrera. Como ilustración gráfica de este punto, ha recurrido, como se ha indicado, al ejemplo del profeta Daniel «entre los fieros leones», salvado *in extremis* gracias a una intervención divina conseguida por intercesión de Abacuc. Como lo había anunciado en la primera carta, Alemán se había autodesignado la misión de desenmascarar y denunciar

---

[59] Alemán recuerda a Herrera que no tiene ningún mérito en el asunto: «lo que recibiste y tienes, de Dios lo tienes y dél lo recibiste». Como beneficiados, tanto Herrera como Alemán estaban obligados al agradecimiento: «y le debemos dar por ello las gracias». Las palabras de Alemán sobre este común deber de agradecimiento para con Dios apuntan al hecho de que la inmortalización que profetizaba se aplicaba tanto a sus obras como a las de Herrera, inmortalizadas éstas mediante la actuación del «precursor».

públicamente las «estratagemas y cautelas de los fingidos» para conseguir que los pobres «fuesen de veras remediados». Este propósito se mantiene en la segunda, sólo que ahora se añade una dimensión de patético realismo: la necesidad de alertar a la opinión pública sobre la fiereza de los falsos reformadores, de «los fieros leones», cuyo apremiante amenaza requiere un milagro. La diferencia entre ambas cartas consiste en que en la primera Alemán indica haber confiado su misión al «pícaro», y en la segunda la asume él mismo en tanto que «precursor». El «pícaro» y el «precursor» parecen desempeñar así papeles intercambiables; lo que a su vez indica el grado de identificación entre Alemán y su «pícaro». Desde esta perspectiva, Alemán actuaría como «precursor» de las obras de Herrera a traves del «pícaro», su propia obra. Dentro del marco de las asociaciones sugeridas por el pasaje bíblico de Daniel y los leones, lo que queda claro es que la misión de Alemán era lo suficientemente arriesgada como para haber sido analógicamente descrita por medio de la evocación del heroismo de la figura de todo un Daniel.[60]

La segunda carta podía haber concluído una vez alcanzado este punto. Sus temas principales habían sido presentados y analizados lo suficientemente como para que el lector pudiera hacer su propia composición de lugar. La carta, sin embargo, no ofrecía todavía al lector la experiencia compartida de un descubrimiento simultáneo. Presentaba el examen de un caso bien conocido mediante la recreación de una encuesta. Pero en la gradual presentación de sus diferentes etapas se intentaba además potenciar su impacto. Por ello *le plat de résistance* se reserva para el final. Alemán controlaba el formato y el contenido de su requisitoria contra Herrera, que expondrá sin prisa, con cierto cadencioso deleite, sin concesión alguna. Su acusación avanza en sostenida amplificación. Abandona el tono comparativamente liviano que había utilizado para expresar el daño que le habían causado sus «ingratos» compañeros de juventud, y expone su descubrimiento de

---

[60] Como si se tratase de una carnada echada para consumo de las fieras, Alemán invita a su despiadado interlocutor a que despedace su libro (GAI, «Al vulgo»). Describe asimismo la previsible reacción violenta del «vulgo» contra la publicación de la primera parte como «las mortales navajadas de tus colmillos y heridas de tus manos». Alemán se estaba refiriendo al furor que su manuscrito había desencadenado en aquellos poderosos que habían intentado destruir su obra impidiendo su publicación: el Presidente Arce, su protegido Herrera y su facción.

los «malos amigos» utilizando un registro de resonancia trágica, como si se tratase de una experiencia más reciente aplicable a una categoría diferenciada de enemigos cuya actuación le causa consternación. Se presenta como fagocitado por el ansia devoradora de los que «gozaron la flor de mi tiempo, el fruto de mis trabajos, la nata de mi substancia, y, en viéndome en el suelo, me dejaron». Así como con los «ingratos» de antaño Alemán había compartido ocio, bonanza y alegría, con estos «malos amigos» había al parecer tenido trato en sus momentos más recientes de intenso trabajo y estrechez material: experiencias separadas por un intervalo de tiempo y que había ya expresado respectivamente como «prosperidades» para la primera, y «adversidad» para la segunda. A estas alturas de la carta, ha quedado establecida la relación entre Herrera, presunto amigo de cuño reciente a quien había granjeado con «adversidades», y los «malos amigos» que le habían destruído después de nutrirse de la substancia de sus esfuerzos y adversides[61]. Agotada su utilidad, los «malos amigos» habían zancadilleado y pisoteado a un Alemán ahora postrado sin poderse levantar: «los unos me pusieron el pie delante porque cayera, otros me ayudaron, no a que me levantase, sino a que del todo cayese y, postrado en tierra, hicieron puente de mí, pasando por encima».

Mediante esta serie de imágenes, Alemán describe gráficamente la saña aniquiladora de los «malos amigos»; metáforas que por su patetismo evocan la utilizada anteriormente al contrastar la «verdadera amistad» con el comportamiento de Herrera, simulacro y falsa figura de esta amistad. Las características atribuidas ambiguamente a su relación con Herrera y abiertamente a su relación con sus «malos amigos» son presentadas en tramos paralelos que invitan a cotejarlas como preparación al desenlace de la encuesta. En un movimiento de oscilante alternancia entre apariencia de amistad y realidad de enemistad, Alemán ha sembrado su opaco texto de pistas que aquí y allá ponen en evidencia la auténtica naturaleza del comportamiento de Herrera hacia su persona.

---

[61] Desde su reincoporación a la Corte en 1592, Herrera se había instalado en el barrio de San Martín, infiltrándose en la vida de Alemán y extrayéndole sus conocimientos.

«EN FIN HICE EN ELLOS CONFIANZA Y QUEDÉ CONFUSO
(¡O HOMBRES!) … CASTIGÓME DIOS JUSTAMENTE
EN LOS AMIGOS PORQUE NO LOS BUSQUÉ SUYOS …
DOYLE INFINITAS GRACIAS, EN HABERME DADO ESTE
CONOCIMIENTO Y EL TUYO A TAL OCASIÓN»

La segunda carta culmina con un momento epifánico que le añade una dimensión de trascendente infalibilidad. En su preparación, el apartado final arranca con un dramático ademán de Alemán, quien «suspenso y mudo» y como en un trance se prepara a recibir el conocimiento de la verdadera naturaleza del sentir de Herrera hacia su persona. Con un toque de vengativo sibaritismo, Alemán concluye esta seguna carta convocando a su interlocutor a compartir con él su momento de iluminación, en el que le sería revelado el «conocimiento» de sus enemigos. Esta vez la conclusión de Alemán no admite cualificación alguna: la actuación de Herrera cuadra con el comportamiento de los «malos amigos»: «Castigome Dios justamente en los amigos porque no los busqué suyos; en la hacienda porque la perdí, gastándola con sus enemigos que verdaderamente lo fueron también míos. Alabo su divina providencia, doyle infinitas gracias en haberme dado este conocimiento y el tuyo a tal ocasión». Herrera era el enemigo con quien Alemán había gastado su «hacienda» y conocimientos: «tiempo… trabajos… substancia». El común denominador entre los falsos amigos de Alemán y Herrera era por encima de todo el haber hecho «en ellos confianza». Una confianza irresponsablemente otorgada a unos y otro, sin previo examen y confirmación de que eran amigos de Dios. Esta ciega confianza queda puesta en tela de juicio en la carta, en la que Alemán resuelve la duda que había planteado al comienzo de la misma: «No entiendas … que te llame amigo en ésta … hasta saber de ti si lo eres mío». Ya no vuelve a llamar amigo a Herrera. El proceso de la carta lo había desvelado como enemigo; en realidad como su mayor enemigo. El veredicto de Alemán es inapelable ya que le ha sido revelado por la «divina providencia»; expresión que le permite concluir su pesquisa con un guiño hacia la presunta fuente iluminadora del pensamiento de Herrera, quien como autodeclarado «instrumento» divino[62] era de suponer que actuaba movido por «divina inspiración».

---

[62] RD, fol. 6v.

Aunque aquí concluye la segunda carta, la correspondencia de Alemán con Herrera no había hecho sino comenzar. La última parte de este estudio la dedicaremos a esbozar la proyección que las cartas tuvieron más allá de su propio texto. Alemán había descubierto que sus «malos amigos» eran también enemigos de Dios y que por lo tanto Herrera el «endiosado» compartía con éstos la más grave de las culpas. La acusación llevaba implícita una afirmación de superioridad ética por parte de Alemán respecto a Herrera; acusación justificada mediante la argumentación presentada en su segunda carta en la que Alemán examina la naturaleza y circunstancias específicas de la doble traición de Herrera. Esta no se limitaba a la traición de un amigo concreto sino que además suponía una traición a un postulado esencial del credo cristiano. Como falso reformador, Herrera había violado el precepto de amor al prójimo en su aspecto más elemental: el deber de caridad hacia el necesitado. En nombre propio como en nombre del pobre de quien actuaba como portavoz, Alemán se sentía con suficiente autoridad moral como para enfrentarse con el protegido de la más alta autoridad del reino y denunciar su culpa. El fingido reformador y fingido amigo succiona indistintamente tanto la «substancia de que el pobre se había de sustentar[63]» como la «nata de [la] substancia»[64] de su traicionado amigo Alemán. Respecto a los malos amigos, Alemán atribuye su error de juicio al hecho de no haberlos examinado, de no haberse percatado que no existía correlación entre sus palabras y sus obras: «no los examiné como debía, pareciome que sus obras fueran más pródigas que sus palabras, y que ninguno faltara». Alemán se desquita de este error en sus cartas y cierra su examen en la segunda declarando irónicamente que hasta ese preciso momento final no se había percatado de su equivocación. Alemán aboga en favor de examinar a todo candidato aspirante al nombre de amigo; un examen que permita distinguir entre verdaderos y fingidos. Está aplicando a Herrera el mismo criterio de selección que éste había aplicado a los pobres. De la conclusión de la segunda carta se desprende que puesto que los enemigos de Dios eran asimismo enemigos de Alemán, en justa contrapartida éste y sus amigos estaban en el lado de Dios, de quien a su vez eran amigos. Conclusión ésta que

[63] Carta del 2 de octubre de 1597.

[64] Carta del 16 de octubre de 1597.

otorgaba a las palabras de Alemán, es decir a su obra, la legitimidad de corresponder a la palabra de Dios.

La correspondencia de octubre de 1597 indica que existía una clara dicotomía entre Alemán y Herrera, con campos opuestos bien delimitados. Sin embargo, dado el desequilibrio de fuerzas, la estrategia de ataque de Alemán se mantiene deliberadamente velada. Desde un plano histórico, su táctica epistolar podría ser tomada como anticipo del consejo del pícaro poético respecto al enemigo: «Mucho importa no tenerlo y quien lo tuviere trátelo de manera como si en breve hubiese de ser su amigo»[65]. Mi propuesta de que la trilogía del pícaro tiene un mismo modelo temático y principal interlocutor se apoya en que Herrera no era para Alemán un enemigo entre otros. Era su peor enemigo, el enemigo por antonomasia, el máximo transgresor. Para Alemán la amistad constituía un valor sagrado digno de ser tratado en términos nobles. Su antítesis, la enemistad, era así tema trágico. En *Guzmán de Alfarache* (1604) deplora la extinción de la estirpe heroica de los grandes amigos: «No hay Pílades, Asmundos ni Orestes. Ya fenecieron y casi sus memorias»[66]. Por su parte, el enemigo es la encarnación del mal: «¿Quieres conocer quién es? Mira el nombre, que es el mismo del demonio, enemigo nuestro, y ambos son una misma cosa»[67]. Alemán también había aplicado términos luciferinos al describir a Herrera como «endiosado». El pícaro narrador y Alemán tenían por lo tanto un común enemigo: Herrera, designado con uno de los nombres del diablo, con quien quedaba equiparado a nivel semántico mediante esta homonimia.

[65] GAI. p. 308. Véase Apéndice VII.

[66] GAII, p.157.

[67] GAI, p.308.

«HE VISTO TAMBIÉN EN TI QUE EN TODAS TUS OBRAS TE ACUERDAS DE MÍ SIN AUSENTARME UN PUNTO DE TU PECHO... Y CUANDO DUERMO, FATIGADO DE TRISTEZAS, TE DESVELAS»[68]

Para el estudioso de la obra de Alemán iniciado en su clave de doble lectura, la vocación atalayera de las cartas y su alcance conceptual quedan plasmados en el polimorfismo de esta declaración. Evoca la figura jánica de un Herrera dotado de ambiguos atributos aplicables tanto a la expresión del bien como a la expresión del mal: ¿ángel de la guarda, o bien araña en acecho?; ¿devoto amigo, o bien figura luciferina?; ¿admirador de Alemán y de sus obras, o bien plagiario sin escrúpulos?

La revelación de la traición de Herrera en la segunda carta parece preludiar en fondo y forma el descubrimiento de la de Soto en *Guzmán de Alfarache* (1604); desvelamientos que, aunque situados respectivamente como culminación de estos dos escritos, parecen ser en ambos casos como apéndices situados casi fuera de lugar con fines dramáticos[69]. En la segunda carta, Herrera quedaba acusado de traición, saqueo de propiedad intelectual y espíritu vengativo; cuadro clínico que parece un anticipo del acoso de Guzmán por su enemigo Soto. Tanto en el marco histórico de las cartas como en el poético de la novela, la relación entre los respectivos protagonistas que inicialmente había sido presentada como fusional acaba revelándose como división terminal. A la luz del acercamiento entre Herrera y el demonio que las cartas establecen, su comportamiento hacia Alemán queda revelado en toda su cruda realidad. Su velar sobre Alemán no era desvelo sino vigilancia y acecho: «cuando duermo... te desvelas». Herrera era como el demonio

---

[68] Aquí hemos alterado el orden secuencial de nuestro análisis para poder concluir con una cita que plasma y sella la relación de Herrera hacia Alemán. Desde su retrato écfrasis en el que preside como retante legitimador de la autoría de sus obras, Alemán dejará grabada emblemáticamente esta relación, atrayendo hacia ella la atencion del lector.

[69] La segunda carta presenta esta revelación fundamental como si se tratase de una ocurrencia de última hora: «Pero se me ofrece una cosa, tanto en ti de consuelo cuanto en mí de tristeza.». Algo parecido ocurre en GAII cuando ya se podía haber dado la historia por concluida: «Sucedio al punto de la imaginación» (GAII, p. 520).

que «vela y nunca se adormece»[70]. En términos analógicos, esta actitud era equiparable a la de Soto hacia Guzmán: «se desvelaba mi enemigo Soto en destruirme»[71]. La revelación experimentada por Alemán en su segunda carta sobre la auténtica naturaleza de un enemigo que le fingía amistad debe de ser utilizada como instrumento hermenéutico en el análisis de la obra de Alemán en su conjunto[72]. Para ello hay que

[70]   GAII, p. 314.

[71]   GAII, p.514.

[72]   En OC Alemán impreca a su enemigo en términos aplicables a alguien que pareciera ejercer funciones de médico y de reformador pero cuyo cuidado «del otro» fuera sin embargo puro simulacro. La figura evocada era la de un falsario en ambos desempeños que no pensaba sino en destruir al prójimo necesitado: «Haze oficio de malsín, acechando i buscando la vida del otro; no para curarle la enfermedad, mas para descubrirle la llaga, no para remediarle los daños, mas para dañarle los remedios: al revés del que sabe, del piadoso i justo». El comportamiento del falsario quien «pretende por aquel camino malo, que lo tengan por bueno, haziéndose consumado, en lo que de todo punto inora», evocativo de Herrera, se contrasta aquí con el «del que sabe, del piadoso i justo», quien volcado en su noble tarea se desvelaba por encontrar un auténtico remedio y que de verdad «sabe a qué saben desvelos» (OC, p. 68). Esa era la meta del propio Alemán quien en su primera carta se describe como «desvelándome en el amparo de los pobres»; dedicación ésta de cuyas «vigilias» resultaría su «libro», elogiado como ejemplar conjuntamente con su autor por Alonso de Barros (GAI, «Elogio» p.117). Este libro era la «primera parte del pícaro» donde Alemán exponía su visión reformadora o contradiscurso respecto al falso discurso de Herrera. El desvelo de Alemán durante «muchas noches» era contrapunto o reacción a la tan alardeada vigilia de Herrera quien se describía como «desvelandome muchas vezes pensando el modo mas conveniente y agradable para la execucion dello» (RD, fol. 13v.). Herrera se desvelaba buscando como realizar la ejecución de lo que era un pernicioso programa reformador; realidad que encaja con la del enemigo impostor que Alemán describe en la «Oración Funebre» a la memoria de fray García Guerra en su *Sucesos*. En esta ocasión, Alemán retoma la misma expresión en vena abiertamente acusatoria: «Velan y no duermen los que mis carnes despedaçan» (p. 61). Como si 16 años más tarde estuviese recreando y reviviendo las mismas desoladoras experiencias de antaño, Alemán inserta esta denuncia en una sección de la «Oración» donde el acoso del enemigo aniquilador parece un extracto o variación sobre un tema ya tratado dilatadamente en su segunda carta: Desconsolado en el exilio y quizá fragilizado por la muerte de fray Garcia Guerra, su protector y amigo, Alemán parece haber sufrido una recaída emocional, como si estuviese afligido de un mal incurable. Se identifica con el dolor de Noemi, cuyo lamento, en el que intenta disolver su propia pena, utiliza como portavoz de su sentir: «No me llameis ya Noemi». (*Sucesos*, p. 61). La etiología

tener presente que el «curioso discurso» de Herrera y la «primera parte del pícaro» eran en el momento de su respectiva publicación obras antagónicas escritas por autores enemigos cuya relación no acabó con la correspondencia de octubre de 1597[73]. La gravedad del efecto de la traición de Herrera en el ánimo de Alemán queda expresada en términos psico-somáticos como una aflicción del alma que le produce agotamiento: «fatigado de tristezas».

Las obras de Herrera no se limitaron al *Amparo de pobres*, aunque ésta sería la principal veta que seguiría explotando. Su vida continuaba y, como ha quedado apuntado en los capítulos anteriores, Herrera seguiría intrigando. El y sus obras seguirían constituyendo para Alemán el principal modelo temático de su propia obra, su inspiración y némesis. El apelativo «Maximo» que las cartas habían hecho indisociable de Herrera invita a ser explorado cuando reaparece en la obra de Alemán. Dado lo excelso de su modelo, el caso que mas se presta a la indagación del superlativo es el de San Antonio, patrono y máximo intercesor de Alemán[74], quien queda aludido en la hagiografía como «*O doctor optime*»[75]. El supremo doctor divino, y el supremo amigo («O amigo Máximo») que como médico también ostentaba el título de doctor, podían ser tenidos ambos como máximos veladores e intercesores de Alemán, uno en el plano divino y otro en el plano humano. Establecida esta correspondencia, el lector se percata de su intrínseca incompatibilidad. Puesto que el velar de Herrera sobre Alemán había resultado ser un eufemismo que debía ser entendido como malévolo acoso, ¿qué significado debe darse al velar de su bienaventurado patrono sobre nuestro autor? Como no cabe pensar que la naturaleza demoniaca del velar de Herrera fuese equiparable a la protección que Alemán atribuía al velar del santo, cabe suponer que, disimulada tras la hagiografía del santo verdadero y en un registro paralelo al de la principal línea narrativa, Alemán estaba simultáneamente narrando la

---

del dolor de Alemán se remontaba a la traición de Herrera y ya quedaba recogida en su segunda carta de 1597.

[73]   Véase Apéndice VIII.

[74]   AP, Libro Tercero, fol. 347r.

[75]   AP fol. 273r.

biografía de su fingido intercesor, Herrera, quien se hacía pasar por santo.

Dado el papel excepcional que las cartas de 1597 atribuyen a Herrera como figura pública y como persona privada es de suponer que su figura se encuentre temáticamente representada en la obra de Aleman, y ello en proporción con el papel medular desempeñado por su vida y obra en la propia vida del escritor, como lo atestiguan las cartas. Según Alemán, como se ha indicado, su interacción con Herrera se extendía a «todo» (primera carta), y Herrera ocupaba un lugar preferencial entre «todos» (segunda carta). Si la presencia de Herrera en la obra de Alemán es por lo tanto más que probable, salvedad hecha de que por tratarse de una persona pública y conocida no se podía esperar que fuese directamente nombrado, todo es cuestión de lograr desentrañarla. Mi estudio propone la deconstrucción del mito de Herrera como reformador ejemplar y víctima olvidada de la ingratitud oficial, y la exhumación del otro Herrera, figura enigmática y «sujeto» o tema del «pícaro» inmortalizado por Mateo Alemán.

Mediante un sutil mecanismo de deslizamiento intertextual, las cartas funden los planos histórico y poético, invitando a considerarlos como un todo indivisible, como una narración única expresada en registros diferenciados. La falsa apariencia utilizada en el marco epistolar no es argucia de Alemán sino eco de la mentira original de la que él había sido víctima a manos de Herrera; mentira que reproduce en el texto de sus misivas simulando refrendarla. Simultáneamente, a un segundo nivel de lectura, Alemán desenmascara y denuncia la impostura original de Herrera. Esta fórmula narrativa a doble registro utilizada en las cartas en beneficio de Herrera sería el cauce que guiaría y daría acceso como talismán al sentido de la totalidad de la obra del sevillano. Las cartas dejan asimismo asentada la doble vertiente de la relación entre Alemán y Herrera como binomio ideológico y personal. Situan a los dos personajes en sus respectivas e interrelacionadas circunstancias, y revelan algunos de sus rasgos psicológicos más sobresalientes. Alemán aparece como el *speculator* cuya pasión de investigador encuentra su parangón en el acechar de Herrera, quien pretextando ayudarle se «desvela» para dañarle. Alemán observa desde su atalaya. No sólo mira lo exterior sino que penetra en lo más recóndito de la psique de Herrera, a la que somete a un proceso de intención. Su enemigo Herrera vela asimismo sobre Alemán desde su propia atalaya. Las cartas escenifican una contienda dramática que podría ser plasmada por la figura del Atalaya *versus* Atalaya[76]. Dada la carga emocional que Alemán le otorga, este enfrentamiento se podría asimismo expresar como fuerzas del bien contra fuerzas del mal.

Utilizando la misma táctica que su enemigo, Alemán no se contenta en sus cartas con simular creer en una coincidencia de miras entre ambos sino que pretende tomar la fingida postura de Herrera como si fuese la suya propia, presentando su relación en términos de mismidad. Herrera, el presunto amigo, es presentado como parte constituyente de Alemán: «porque la verdadera amistad consiste en una igualdad y tal que tú y yo seamos una misma cosa y cada individuo medio del otro, gobernados como un solo corazón, siendo conformes en querer y no querer, sin haber tuyo ni mío». Ideal de fusión éste que no sorprendería si las cosas hubiesen sido como la carta daba a entender a un primer nivel de lectura. Sin embargo, al aplicar este diseño al espacio de ambigüedad y mentira propio de la relación entre Alemán y Herrera, no reconocemos la realidad armónica esbozada en la definición de la carta sino la esperpéntica figura de un híbrido, producto de una irreparable fractura causada por una traición de orden ideológico y personal que, sin embargo, mantendría a los dos enemigos fusionados en una mueca de mismidad: incompatibles pero indivisos, como en el registro poético también lo estarían tanto el propio Guzmán, fisurado y presa de sus propias contradicciones internas, como Guzmán y Soto hasta el momento de su terminal separación en el desenlace de la novela. El vicio estructural de la escindida psique guzmaniana puede ser entendido como transferencia y traslación del conjuro arrojado por Alemán a su falso amigo traidor Herrera: «que tú y yo seamos una misma cosa y cada individuo medio del otro». No es un «otro yo», sino una mitad maldita, dos en uno.

Pese a tratarse de un personaje aglutinador, no es el personaje Guzmán sino el *Guzmán de Alfarache* en su totalidad el que se presenta como cristalización de la definición de verdadera amistad, complemento a la ya anticipada en la segunda carta de 1597. La nueva definición reza así: «Y si aquel se llama verdadero amigo que con amistad sola dice a su amigo la verdad clara y sin rebozo, no como a tercera persona, sino como a

[76] GAI, p. 308.

cosa muy propia suya, según la deseara saber para sí, de cuyas entrañas y sencillez hay pocos de quien se tenga entera satisfacción y confianza; con razón el buen libro es buen amigo, y digo que ninguno mejor»[77]. Por boca del pícaro narrador, Alemán estaría ofreciendo a Herrera, su interlocutor epistolar de antaño y su interlocutor de siempre, el máximo ejemplo ilustrativo de la verdadera amistad: su libro, fruto de las entrañas de su propio ser, en el que Herrera había quedado orgánicamente absorbido. Sin embargo, dados los antecedentes de irreconciliable animosidad entre ambos que el lector conoce gracias a las cartas de 1597, la oferta, válida y loable en sentido general, aplicada al caso de Herrera sólo podía ser tomada como cáliz envenenado. Mimetizando la hipocresía de Herrera el traidor, Alemán le presentaba su demoledor ataque, su «pícaro», bajo cubierta de amistad y con simulado deseo de ayudarle a enmendar y corregir no ya sus obras sino su propia persona. Con este objeto quería conseguir un imposible, fabricar un «hombre perfecto»[78]. En el universo de Guzmán, el desasosiego proviene de que en realidad este universo contiene dos discursos antitéticos y es portador de las biografías enmarañadas de dos personalidades irreconciliables. Este universo es *summa* de la verdad y de su sombra; abarca lo verdadero y su mitad maldita: la mentira y la traición. El libro que Alemán ofrece Herrera como inmortalización de su relación no es prueba de amistad sino crónica de una traición. Bajo apariencia de fusión en realidad esconde una fisión.

Lo que Alemán ofrecía a Herrera en su segunda carta no era una definición general y clásica de la amistad, como la que utilizaría un año mas tarde en su «Prólogo» a los *Proverbios morales* de Barros. La variante utilizada en la segunda carta es de sesgo personalizado, como si fuese exclusivamente aplicable a su relación con Herrera, algo reservado a los dos: entre «tú y yo». Es una definición vitalista que evoca un ente individual dotado de vida propia. No sugiere la imagen tradicional de un doble, de ese *alter ego* con que se solía definir al amigo[79] y que

---

[77] GAII, p. 155.

[78] GAII, p. 127.

[79] Alemán aplica esta definición de la amistad para su relación con Barros: «Y si como es verdad que mi amigo es otro yo, y nosotros lo somos tanto recíprocamente, como a todos es notorio» (A. de Barros, Proverbios, «Prólogo»). La gran diferencia entre ésta y la relación entre Alemán y Herrera es que esta última adolece de falta de

Alemán utiliza en el caso de Alonso de Barros, su «otro yo». Sugiere la imagen de dos mitades soldadas en una unidad discordante que suscita una dimensión de conducta impredicible, no aplicable en el caso de un «otro yo». Embebido en esta definición, Alemán proporciona a Herrera el genoma de su obra narrativa como transmutación poética de su relación personal; obra cuya estructura sugiere una dinámica de autonomía y vida propia que va más allá de la vida de Guzmán. Se trata de una estructura aplicable a la obra de Alemán en su conjunto, incluyendo los dos aspectos que a nivel formal definen su *genre*: historia y ficción en fluida correspondencia. El pícaro y su universo van más allá que la suma de sus partes, más allá incluso que la relación entre Alemán y Herrera, cuya dinámica la novela refleja sin embargo y a la que está a su vez ligada. Guzmán es un ente que, aunque independiente y dotado de su propio proceso evolutivo, también recoge aquí y allá circunstancias, trazos biográficos y rasgos psicológicos que pertenecen a una u otra de las dos mitades cuya mutua relación fundamenta su propio ser. El «pícaro» es la representación de la conflictiva relación entre Alemán y Herrera en sus vertientes ideológica y personal que, como si se tratase de un universo paralelo, recoge también la corrección y enmienda de Herrera y sus obras que Alemán sabía que no podía realizar en el plano histórico de la vida real. Esta representación corre a cargo de Guzmán en su trayectoria vital y, de manera conjunta, a cargo del discurso del pícaro narrador, todo ello bajo la batuta de su creador y quizá pícaro máximo, Mateo Alemán[80]. Lo que Alemán no proporciona a Herrera en su segunda carta ni lo que debido a la naturaleza vitalista de su guión támpoco puede proporcionale en su obra poética es la fórmula del metabolismo evolutivo entre las dos mitades, el cual como reflejo de la relación entre Alemán y Herrera en un plano histórico era un proceso en devenir al que todavía no se le podía poner límite temporal.

reciprocidad. Como se ha visto, se trató de una amistad traicionada, de una amistad unilateral: «No entiendas Máximo que te llame amigo en ésta, aunque de veras lo soy tuyo, hasta saber de ti si lo eres mío» .

[80] La finalidad del pícaro no era sin embargo conseguir la voluntaria edificación de Herrera y corrección de sus obras. Alemán sabía, como en efecto le fue corroborado, que Herrera era incorregible. Se puede, pues, decir que la misión del pícaro respecto a Herrera y sus obras no era edificadora, era denunciadora y punitiva. Véase Apéndice IX.

En *Guzmán de Alfarache* (1599), fuera de algunas coincidencias biográfico-circunstanciales, la presencia de Herrera y su programa como modelo temático y «sujeto» del libro es existencialmente externa al personaje de Guzmanillo. Guzmanillo, quien ha mantenido su sentido crítico incontaminado, se revela en esta primera parte contra la mentira oficial; a veces en nombre propio con sabiduría de niño precoz, a veces apoyado por la protesta airada del narrador adulto, Guzmán[81]. En la segunda parte se observa un proceso de contaminación en la psique del niño que pasa de Guzmanillo al Guzmán adulto. A medida que evoluciona va siendo penetrado por las fuerzas del mal, evocando con ello la figura de Herrera con cuya biografía la vida del pícaro adulto llega a alcanzar instancias tangenciales de auténtica fusión. El episodio, por ejemplo, de Guzmán al servicio del embajador tiene connotaciones que apuntan al tipo de relación que pudo haber unido a Herrera y Arce, tanto en un primer tiempo en Lisboa[82] como en el periodo matritense cuando como Presidente del Consejo Real de Castilla en la década siguiente cuando este último utilizaría de nuevo los servicios de Herrera, esta vez en el contexto de la reforma asistencial. Otro ejemplo es la *mise en abîme* de la confesión particular del pícaro dentro de una obra que él mismo ha descrito como una «confesión general». Esta confesion constituye quizá el momento emblemático de la fusión entre el «sujeto» de la obra y su protagonista. El «pícaro» revela que en un momento de su pasado se proyectaba públicamente como el gran amparador del pobre. El pícaro tenía al parecer en aquel momento acceso a alguna fuente de poder, hecho que le otorgaba prestigio y hacía que fuese depositario de graves secretos: «hartas veces me decían y supe de algunas cosas muy secretas»[83]. Ello le permitía dedicarse a la intriga y tráfico de influencias. Como consecuencia, se había creado un aura en torno a su persona y se decía de él que actuaba movido por

---

[81] El discurso de Herrera se deja oir como la voz del contradictor. Representa el discurso demagógico oficial, condenatorio del pobre a quien culpabiliza de su propia miseria y hace responsable de todos los males que afligían al Reino.

[82] Este primer encuentro tiene como marco la anexión de Portugal, cuando Arce desempeñaba el papel de embajador de España en Lisboa e iniciaba su proceso de visita contra Antonio Pérez.

[83] GAII, p. 476.

«divina revelación»[84]. En esta reveladora y sorpresiva escena el pasado del pícaro parece confluir con el de Herrera cuando como consecuencia del patronazgo de Arce éste era tenido por figura relevante y supremo reformador asistencial.

Este episodio de identificación entre el pícaro y Herrera sirve de portal a la irrupción de la figura de Soto y de su hasta entonces desconocida relación con Guzmán. Con la evocación de Herrera en su momento de auge y la injerencia del ámbito histórico en el poético, Alemán hace confluir las dos vertientes de su narrativa en tanto que poética historia basada en el modelo temático de Herrera y su relación con Alemán. A través de la tenebrosa aparición de la figura de Soto[85] y su subsiguiente traición el autor consigue asimismo recrear por analogía la pesquisa histórica a bordo de las galeras, a la que el protomédico Herrera había sido sometido alrededor de 1591, y reabrir subrepticiamente un juicio en el que Herrera, único entre los otros oficiales imputados, había sido «dado por libre»[86]. Pero Alemán, mediante el veredicto final de su novela, consigue cambiar esta sentencia favorable tornándola en una venganza cumulativa. Soto, trasunto de Herrera, confiesa su culpabilidad sin alegar ninguna circunstancia atenuante. Condenado a ser «despedazado», a desaparecer sin dejar traza, el simbolismo de la ejecución de Soto no debe coger al lector por sorpresa ya que el suicidio aniquilador de Sayavedra, sepultado en el mar sin dejar rastro (GAII 308), en venganza del plagio de Martí había servido de precedente a

---

[84] GAII, p. 476.

[85] Soto era desconocido de todos, incluso de la esclava enamorada de Guzmán a la que se debe el anuncio de su tardía salida a escena. La esclava subraya el dato con un «aunque no le conozco» y lo consigna por escrito en una reveladora carta que dirige a Guzmán. Por medio de esta táctica de *mise en abîme* y actuando como apuntador, Alemán podría estar indicando a su lector la importancia del hecho. Como quien no quiere la cosa y siempre por medio de la sabrosa verborrea epistolar de una esclava a quien ni siquiera se ha dignado dar un nombre, Alemán descubre al lector un elemento crucial cuyas connotaciones son de largo alcance. Por pluma de la esclava, Alemán anticipa a su lector que Soto era un cobarde delator de quien «se burló mucho el verdugo… hasta hacerlo músico… Hame pesado que un hombre tan principal… de su miedo haya dicho lo suyo y lo ajeno» (GAII, pp 485–486).

[86] RS, fol.171r.

esta segunda fórmula retributiva de Alemán[87].

En *San Antonio de Padua*, tercera parte del «pícaro» y secuencialmente posterior a la segunda[88] a la que queda temáticamente ligada, se produce una separación entre autor y sujeto; escisión que, en el plano histórico de la hagiografía, recoge y refleja la división entre Guzmán y Soto en un plano poético. El cambio de *genre* marcado por el paso de autobiografía a biografía y el simbolismo catártico, liberador para el propio Aleman, de la ejecución de Soto plasman asimismo el distanciamiento psicológico que Alemán había conseguido poner de entre él y su enemigo Herrera; enemigo sobre quien ahora, en un plano histórico[89], podía escribir desde fuera, como si lo hubiese expulsado de su mente exorcisando su latente obsesión. El *San Antonio de Padua* marcaría así un inicio al proceso de liberación anímica de Mateo Alemán respecto al trauma causado por la traición de Herrera.

[87] Véase Apéndice X.

[88] Ello es así pese a que la primera versión del AP fuese publicada en Sevilla por Clemente Hidalgo en 1604, antes de la publicación de GAII en Lisboa a finales de 1604. Hay que tener en cuenta sin embargo que aunque la aprobación y tasa del GAII se concedieron en septiembre de 1604 y el privilegio en diciembre del mismo año, todos estos trámites se llevaron a cabo cuando el texto del libro estaba ya compuesto.

[89] Como plano hagiográfico contaba con licencia poética para ubicarse en las esferas lindantes con el ámbito de la trascendencia; esfera inalcanzable que le ponía fuera del alcance de los potenciales apócrifos y a salvo de ser acusado de libelo.

APÉNDICE I

La expresion «se enmienden y corrijan» que Herrera utiliza en AdP de 1598, es gemela a la de la primera carta de Aleman de 1597. En Herrera sin embargo la invitación a enmendar y corregir es formulaica, tiene como objeto una rectificación de tipo meramente limitado al ámbito de la «impresion», reducido en consecuencia a los aspectos tipográfico y ortográfico. En el discurso sexto del AdP consagrado a la ejecución del programa asistencial, la invitacion se reitera pero aplicable ahora al citado discurso y como ruego exclusivamente dirigido al monarca y a Arce para que hagan uso de ella cuando, donde y como lo estimaren necesario: «Y habiendo de parar todo y pasar por los ojos de V.M... y de su presidente y Consejo, que con tanto acuerdo lo sabrán corregir y emendar» (AdP [1975], p. 200). Pese a presentarse como un ruego para que «oyendo lo que otros dicen y lo que yo escribo» se hiciera una buena elección, el ofrecimiento de Herrera dirigido a la cúpula de poder era una mera formalidad; petición retórica encaminada a conseguir la divulgación de una aprobación que ya le había sido otorgada. Con el envio de su «Instrucción», el Presidente Arce ya había puesto en marcha la maquinaria de la entrada en fase de ejecución del programa asistencial, que alcanzado ese estadio no iba a ser ni corregido ni enmendado. Todo ello sugiere que Herrera daba por supuesto que la prohibición de la salida del «pícaro» estaba garantizada, y que por lo tanto la provocativa pretensión de Alemán, expresada en su primera carta, de presentarle por escrito una propuesta de enmienda y corrección de su discurso reformador se podía dar por abortada y fracasada.

Años después, sabiéndose ya libre de la antigua amenaza y hostilidad del Presidente y Consejo Real y rompiendo desde México con su rechazo del género tratadístico, Alemán se desquitaría de la afrenta de Herrera desde los paratextos de su OC (1609), tratado presuntamente de reforma ortográfica, que presenta deliberadamente salpicado con copiosas y provocativas faltas de ortografía. En la lista de «Erratas», Alemán atrae la atención del lector sobre sus descarados errores en los siguientes eufemísticos términos: «En el correjir deste libro hize lo que pude, algunos acentos van trocados, i letras por otras, aunque no alteran la significación del vocablo, súplalo el prudente, i emiéndelo el sabio, que no es posible corregir bien sus obras el autor dellas». Con esta propuesta de enmienda y corrección, eco de lo dicho en su primera carta y de lo expresado por Herrera en los preliminares de su AdP (1598), Alemán parodia la corrección puramente cosmética que Herrera había aplicado a sus discursos del AdP. Alemán se expresa con ironía ya que, como apunta la cita por inferencia, su propio autor Herrera no hubiese podido corregirlos: el discreto lector bien sabía que Herrera ni quería ni estaba capacitado para hacerlo. La OC es así tambien una continuación de la trilogía del pícaro y de sus temas, formando con ella una suerte de tetralogía en la que Alemán seguía enmendando y corrigiendo las obras de Herrera. Consciente de la dificultad interpretativa de su OC y de su presunta misión correctiva, Alemán no recurre a la lingüística ya que la obra no era un estudio meramente ortográfico. Situándose en un segundo registro de lectura, Aleman recurre a los iniciados en el entramado del asunto: al «prudente» para suplir lo que falta, y al «sabio» para enmendarlo. Herrera había concluído asimismo su «Carta al lector» del AdP (1598) exhortando a los «prudentes» a que «perficionen», y «ayuden … a que se prosiga la buena ejecución» de su «obra», incluso si ello suponía que fuese otro, y no Herrera, quien «llevase después la gloria de acabarlo perfetamente». Desde nuestra perspectiva que considera parte del *Guzmán de Alfarache* como una reelaboración crítica de la obra de Herrera, se puede sugerir que al asimilar su obra a la del pintor que había logrado una «obra … con toda su perfeción» (GAII, p. 509), Alemán estaba declarando que él era aquel «prudente», invocado en AdP (1598), que había conseguido llevar la obra de Herrera a su punto de perfección; es decir, «enmendada y corregida» por y dentro del *Guzmán,* obra en la que la de Herrera había quedado de alguna manera absorbida.

Así como al final de GAII, Alemán deja al pícaro, trasunto de Herrera desde un ángulo temático, en espera de una gracia real que nunca llegaría; y al final de AP deja al desahuciado de remedio espiritual, asimismo trasunto de Herrera, en eterna espera de una gloria que nunca alcanzaría. En su tratado de reforma ortográfica Alemán va más allá. Propone como gran «innovación» la supresión de los grafismos *ch* y *r*, (OC, «Estudio Preliminar», pp. xxiv–xxv) y su sustitucion por signos supuestamente novedosos. Se trataba de dos letras que correspondían a las dos primeras del nombre de Christóbal. Su eliminacion podía ser entendida como la expulsion simbólica de Christóbal Pérez de Herrera del mundo de las letras. Pese a llevar un título que podría hacer creer que se trataba de un tratado exclusivamente ortográfico, la OC de Alemán es un tratado reformador relacionado con el tratado de reforma asistencial de Herrera y de la contienda que le enfrentaba con su autor. Es un tratado polisémico en el que cada «letra» es tratada en sus múltiples acepciones semánticas: desde su valor como grafismo alfabético, hasta «letras» en sentido de «ciencias, artes y erudición», pasando por la letra de molde y haciendo hincapié en su utilización como nemotecnia para evocar nombres propios de entronque histórico relacionados con la vida de Alemán. Es este el caso de la *ch* y la *r*, que evocan a su portador Christobal Pérez de Herrera. OC es también imitacion paródica de la jactancia de un Herrera que presentaba su propio tratado reformador como deslumbrante innovación[90]. En un atípico despliegue de vanagloria, Alemán presenta su reforma ortográfica como un tratado excepcionalmente innovador y a sí mismo como gran inventor (OC, «Letor», pp. 7–10)[91]. Su meta, sobre la que vuelve reiteradamente, es acabar con la letra «falsa». Como si se tratase de una letra impostora que evocara a un falso pobre o a un falso reformador y falso amigo, la *ch*, a la que llama «mala letra», debe de ser sustituida por «sola una i verdadera» letra (OC, p. 59). Alemán prosigue utilizando formas y conceptos evocativos de su contienda con Herrera: «no vâ ni viene, que sea de aquesta ò de otra manera, no lo quiero poner en questión, cuál sería mejor, que sería yerro; pues, por mucho que uno se desvele, perficionando una cosa, no à de faltar otro que se la tache; ni por más

[90] Herrera también se jactaba de otros escritos sobre «letras humanas», a los que decía tener dado «muy buen principio» y pensaba sacar «a luz» (AdP [1975], «Carta al lector», p. 15).

[91] Los nuevos signos que proponía ya habían sido propuestos anteriormente por otros sin que por ello Alemán se dignase reconocer sus fuentes. El signo que Alemán adoptó para sustituir a la *ch* era una *c* invertida ya propuesto por Pedro de Madariaga en 1565. La supuesta innovación de Alemán presentaba el inconveniente añadido de precisar un signo tipográfico inexistente en las imprentas: «sin apoyo en la tradición del español ni de ninguna otra lengua». La propuesta de remplazar la *r* simple por el signo de la *r* gótica era algo que Alemán había tomado de los códices antiguos y que entonces estaba «igualmente desligado del uso nacional y extranjero» (OC, Intr., pp. xxiv–xxv). La ausencia de toda mención de sus fuentes y el anuncio a bomba y platillo de un cambio tan futil como engorroso deben de ser entendidos como una parodia del comportamiento de Herrera en su AdP.

que procure hazer buenas obras, quien se las calunie; mas à mí no me importa; Hágase aquí el milagro, i óbrelo cualquier santo» (OC, p. 61). En otro capítulo dedicado a aclarar «la confusión de algunas letras», Alemán ofrece el ejemplo siguiente: «Lo mismo es *Xpo*, *Xpoval*, que para uno i otro, la *x* y la *p*, andan sobradas... no considerando que la *X*, es una *C* aspirada suya, como la *che*, de los latinos, para decir *charitas*: i la *P* nuestra, es *R*; i aunque, para todos es una (en ambas letras) la figura, sirven à cada uno diferentemente, acerca de su voz» (OC, p. 48). Volviendo de nuevo a la *ch*, declara más adelante: «Esta letra es importantísima, no más para la propiedad, que para escusar con una dos, haziendo verdadero lo falso, i últimamente, que oi vemos escrevir à muchos *Christo, charidad, patriarcha, parrochiano, architecto i architectura*... para evitar estos i otros inconvenientes, nos importa tener letra sola, natural i propia» (OC, p. 91). Si bien ya no lo hacía por boca del pícaro, Alemán seguía escribiendo sobre su obsesionante tema de siempre. Ahora podía, sin embargo, hacerlo directa y más abiertamente: «Ya los años i la verdad, me dan atrevimiento a tomar la mano, después de dar noticia con este libro: el que quisiere sígame, que pocos venceremos à muchos, con las armas de la razón. La lengua latina, fué procurando cuanto pudo, quitar las letras dobladas; i estoi cierto, si tuviera pronunciación de *che*, que uviera hecho lo mismo (con la *ch*) acerca dellos. A nosotros, como quien les importa, toca la obligación i reparo; que si el rico no se remedia, el soldado no se defiende, i el necesitado no busca, el entendimiento les falta, ò la pereza sobra, i todo les amenaza daño» (OC, p. 91).

APÉNDICE II

Con diversas variaciones, esta línea de asociaciones sería desarrollada a lo largo de su obra. En su «Cancion» preliminar al AP, Lope de Vega asimila el papel de Mateo Alemán, a quien llama «Matheo coronista», al de «Matheo Evangelista» por haber ambos desempeñado función de cronistas respecto a dos modelos temáticos que, a un segundo nivel de lectura, se presentan simbióticamente relacionados, como si se tratase de dos biografías orgánicamente fusionadas. Siguiendo las pistas proporcionadas por Lope, el lector queda invitado a descubrir la identidad del aquí evocado bajo el nombre de Christo y sobre el cual el libro-crónica de Alemán «parece que da como el Baptista testimonio» por medio de la vida de Antonio, con quien a un registro paralelo de lectura el denominado Christo parece ser intercambiable Es decir, que así como «Matheo Evangelista cuenta vida y milagros del Maestro», el «Matheo coronista» dará testimonio del «dicipulo santo en amar diestro». Siguiendo la analogía, Alemán sería «el nuevo Matheo» que escribiría sobre el «nuevo CHRISTO» a través de la vida de Antonio ya que en un determinado registro Antonio y Christo son uno: «Vuestra fê, religion, pluma y desseo / os haze el nuevo CHRISTO... Mas si uno en otro vive / Quien de Antonio escrivio de Christo escrive». La utilización de un tiempo verbal cuya función no tiene porqué quedar limitada a la de presente histórico genérico sugiere que el aquí designado como Christo-Antonio pudiere representar a un personaje concreto contemporáneo del autor. La secuencia cronológica utilizada parece dar precedencia temporal a Antonio, quien por lo tanto serviría de soporte biográfico sobre el que se proyectará la figura del denominado Christo; montaje que a un cierto registro produce la impresión de fusión entre Antonio y Christo; quizá el nuevo Christo, como en Christóbal Pérez de Herrera[92]. Consciente de la acusación de sacrilegio de la que podía ser objeto, Alemán indica en su AP la presencia de un segundo nivel de lectura al que reiteradamente invita a su lector discreto a acudir: «la Imagen... no es Dios... ni el santo que representa: porque todas las imagenes de CHRISTO... y santos, solo son dispertadores del alma... El San Antonio que el cincel de Alemán labra es proteiforme. Interviene taumatúrgicamente en el caso de un «monje professo... [que] padecia gravissimas tentaciones de la carne» y se daba por desauciado ya que todo previo intento de remedio había resultado en vano: «antes parecia que todo era como el rocio en la fragua del herrero». Designado por Dios, el santo actuó como «el medico de su salud, y remedio a la enfermedad; cometiendo esta grande y maravillosa empresa, de que avia de resultar su alabança y gloria». El santo a cuyas «manos» fue encomendada la cura de la «cruel tentacion carnal» que afligia al monje es descrito por Alemán simultaneamente como «un tan valeroso Capitan» y como

---

[92] En su canción, Lope alude a Antonio a secas, omitiendo el apelativo de «San». Es posible que Lope deseara indicar con ello que la relación entre Antonio y Cristo que su canción establece y la identidad de ambos pudieren leerse en registro profano.

«un gusanito, pobrezito» (AP, fol. 215v.). En otra ocasion, la figura del santo, designado en estilo directo autobiográfico como «tan vil gusano como yo» (AP, fol. 44v.), evoca a Christóbal Pérez de Herrera, quien en su respuesta a la «sexta objeción» (1596) se había descrito como «tan flaco gusano como yo», mientras que en el marco del desempeño de su empresa reformadora se definía como valeroso soldado que se había puesto en «tantos peligros de perder la vida» (AdP, fol. 3v.); aspecto que amplificaría en su *Relación de servicios*. La intervención del santo evoca asimismo la del pícaro en la enfermedad de su señor el Embajador, quien «desauciado de los médicos», en palabras de Guzmán, «puso su cura en mis manos» (GAII, p. 64). Como se ha indicado anteriormente la relación entre Guzmán y el Embajador es evocativa de la que con toda probabilidad existió entre Herrera y Arce durante la estancia de este último en Lisboa en funciones de Embajador de España.

Alemán subraya en su OC la importancia de «los efectos de entonación» y de las inflexiones de la voz en el «valor expresivo de la palabra». Aplicando esta noción, intentó la «transcripción gráfica de las partes de las clausulas», y utilizando una puntuación esmerada hizo hincapié en las «circunstancias afectivas de las palabras más que a su orden gramatical» (OC, estudio preliminar, pp. xxi–xxii). Con esta señera contribución a la ortografía como vehículo para expresar y comunicar el «ánimo del que lo escribió», Alemán estaba proporcionando a su lector la clave de lectura para la comprensión de su propia obra, escrita predominantemente en un registro de ironía paródica dirigido a la obra de Herrera. Para que el sentido de una obra se revele al lector no basta con las explicaciones del autor. Alemán subraya que para que ello se produzca se precisa la existencia previa de un terreno de complicidad entre autor y lector. Quizá sea por ello por lo que en su obra singulariza la figura del «discreto lector» como lector iniciado con quien el autor comparte «afinidades de resonancia» (OC, Intr., p.xxii).

APÉNDICE III

Mediante una referencia al capítulo XI del evangelio de San Mateo, Alemán subraya en su AP la gratitud de Cristo hacia el Bautista a quien en justa compensación por su misión precursora va a inmortalizar realizando las obras que el Bautista había anunciado: «Bien paga Dios lo que por el se haze… bien sabe honrar a quien le honra». En una exegesis *sui generis* de San Mateo, Alemán atribuye a su Cristo las siguientes palabras dirigidas al precursor, a quien ha designado como «aposentador» para, a nuestro entender, diferenciarlo del precursor auténtico: «Pues a fe Baptista… Aveisos anichilado por mas levantarme, yo levantare vuestro nombre sobre todos los de los hombres… Este es porquien se dixo: ves ay embio mi Angel delante de ti, para que sea tu aposentador, y te aderece los caminos» (AP, fols. 267v.–268r.). Mediante un idiosincrático uso de las fuentes bíblicas, Alemán parece confirmar en su hagiografía lo que había profetizado para sí mismo en su segunda carta a Herrera: que su inmortalidad sería resultado de haber sido el precursor de las obras de Cristóbal Pérez de Herrera. Al parafrasear tan libremente el evangelio de San Mateo, Alemán parece estar invitando a hacer una lectura a un segundo nivel. El lector se pregunta a qué otra figura podría estarse refiriendo quien, hablando supuestamente por boca de Dios, se presenta como si fuese Cristo, campeón de la causa de su precursor, a quien describe específicamente: «Pues a fe Baptista, que aquessa humildad, essa confession, y essa honra que me days, a de quedar premiada de mi mano, yo me humillare a que me baptizeys de la vuestra, confessare quien soys, para que todo el mundo lo sepa de mi boca, y hare que seais honrado» (AP, fol. 267v.). Una posible respuesta es que Alemán estuviere apuntando aquí, a un segundo registro de lectura, a la consagración de su propia obra por boca de su modelo temático, no Christo sino Christóbal Pérez de Herrera, a quien por medio de esta inferida analogía habría obligado a declarar públicamente la inmortalización de su precursor, la del «pícaro», y la suya propia por medio de la aceptación de su inmortal *sobriquet*. En este mismo registro de lectura, Alemán estaría aquí obligando asimismo a Herrera a celebrar la consagración de la figura y obra de Alonso de Barros, su desaparecido amigo y compañero de lucha contra la impostura de los falsos reformadores, «aposentador» real y su «otro yo». En el contexto de su «reciproca» amistad (*Proverbios morales*, «Elogio»), la denominación de «precursor» y de «aposentador» eran por lo tanto intercambiables. La figura de Barros queda evocada en aquél «por quien se dixo: ves ay embio mi Angel delante de ti, para que sea tu aposentador» (AP, fol. 268 r.). Así como en la segunda carta Herrera era presuntamente el más «estimado» del entorno de Alemán, al identificarse éste con la figura del «precursor» se estaba, a un segundo nivel de lectura, autodeclarando como el electo no ya de Cristo sino de Cristóbal. Conviene, sin embargo, recordar que en el marco de la hostil relación entre Alemán y Herrera elección no significaba amistad superlativa sino la más profunda enemistad.

APÉNDICE IV

El «Libro Tercero» del AP, ubicado en el ámbito póstumo de la hagiografía tras la muerte del santo, puede ser considerado como cristalización de una tercera parte del pícaro dedicada a la visión reformadora del «precursor» Mateo Alemán; es decir, a su visión original y a su corrección del plagio adulterador de Herrera. Su importancia en la obra de Alemán queda aseverada por la específica recomendación que de su lectura hace Luís de Valdés aludiendo a ella como «todo el tercero libro» – expresión ambigua aplicable tanto al AP en su totalidad como al «Libro Tercero» de la hagiografía – donde su autor «más mostró el océano de su ingenio» (GAII, «Elogio», p. 27). Este «tercero libro» está escrito en clave tragicómica, con triste ironía paródica similar a la de las cartas de 1597. En esta tercera fase del AP, libre de las ataduras impuestas por la biografía histórica del santo que le servía de soporte narrativo en las dos primeras partes, Alemán dispone de margen para poder dar rienda suelta a un examen socioantropológico de las causas de la desoladora situación que atribulaba al país; es decir, para presentar su propio «Amparo de Pobres» cuyas letras iniciales se reflejan en su *Antonio de Padua*; en ambos casos «A d P». Nos limitamos a indicar aquí que su taxonomía no encaja dentro del esquema clásico de los tratados reformadores, en especial el AdP de Herrera, cuyo contenido Alemán subvierte y parodia. Alemán comienza analizando no al pobre sino el fenómeno de la pobreza como potenciador de los males que afligen a la condición humana en general. Parte integrante de la misma, el pobre es su máximo exponente como víctima de la pobreza: «Si esto passa en el madero verde, que hara en el seco? Si estas calamidades padece un rico, de que manera las podra llevar un pobre». De estas aflicciones la más letal es la combinación de enfermedad y pobreza: «Pobre y enfermo, a todos cansa, ninguno lo consuela, huyen los amigos, enfadanse los criados, desamparanlo sus deudos, aborrecenlo sus hijos, y la propia mujer lo persigue, y en todo esto no peco Job» (AP, fol.

372v.). Alemán legitimiza su postura apoyándose en el emblemático ejemplo de Job, que utiliza para exonerar al pobre de la acusación de culpabilidad de la que era objeto en el AdP de Herrera. Para Alemán, el pobre es víctima de la pobreza no causa de ella. Sin embargo, hace también referencia a la tradición cristiana según la cual la pobreza, en casos excepcionales, puede ser abrazada voluntariamente como pobreza de espíritu: «Parecioles a los Gentiles, que todos los daños y miserias dichas, nacian de la pobreza. Pareceles a los Santos, que con ella tienen sossiego libres de sobresaltos y cuydados. Aman con ella la hambre, la sed, el frio, la injuria, el desprecio, la pobre casa, la dura cama, y los vestidos viles: porque con ello aman a Dios que lo amó, y fue quien hizo el camino con sus obras y palabras, desde la ora en que nacio, pobre, desnudo, en el pesebre de un establo, hasta la en que murio clavado en una Cruz». Establecida esta diferencia conceptual entre pobreza de espíritu y pobreza de hacienda, Alemán denuncia por inferencia a quien por no haber sabido tenerla en cuenta se había lanzado a establecer un programa de reforma asistencial viciado: «Mas es dolor, que perdida esta santa consideracion, se halla un hombre ocasionado (como dize el glorioso San Juan Chrysostomo) a buscar feos y torpes medios, para su remedio». La acusación va dirigida a Herrera, quien en su tratado reformador confundía las dos nociones, exigiendo la conversión universal de todo pobre de hacienda en pobre de espíritu. Apoyándose tanto en la patrística como en escritores laicos de la antigüedad (AP, fols. 369v.–372r.), Alemán presenta, como lo había hecho en GAI, a la pobreza no voluntaria como un terrible mal que destruye al pobre: «¿Que no haze hazer la pobreza? ¿Que no intenta y efectua?». Sus víctimas «mienten, adulan, fingen, matan, engañan, y roban a los estraños, no perdonando a sus propios hijos». Alemán ve lúcidamente los estragos causados por este tipo de pobreza la «desvergonzada que se convida, viniendo sin ser llamada» (GAI, pp. 384–385), y los repudia, pero condena más a los ricos inhumanos y avaros que con su falta de caridad y exceso de dureza son la verdadera causa de estos estragos y perpetuan el trágico *status quo* (AP, fol. 370r.–373r.): «su dureza, siendo tanta, y su caridad tan poca, que dan ocasion con su avaricia, para la invencion de tan atroces delitos» (AP, fol. 370r.). Exorta a la compasión indiscriminada hacia la suerte del pobre a quien no divide en categorias de verdaderos y fingidos, y lanza un vigoroso mensaje para que se incremente la ayuda que se les da. No establece un programa concreto de acción, sino que enmienda y corrije el programa de Herrera tanto a nivel conceptual como a nivel de intención, e insiste sobre la común humanidad de todos los hombres. Por inferencia expresa reservas frente al febril y optimista entusiasmo de Herrera en su discurso, en el que de manera irresponsable presentaba su reforma asistencial como panacea a todos los males que afligían al reino y a la humanidad. Alemán hace hincapié en las limitaciones de la ciencia frente a la vulnerabilidad de la condición humana, apuntando una y otra vez a la impotencia e ineficacia de los médicos, desligitimando con ello la autoridad que el Doctor Herrera se arrogaba como médico y reformador: «Esta es la suma miseria, y verdadera pobreza, faltar ciencia en el medico para el remedio, y no averlo en las caxas botes, ni redomas de los boticarios, ni poder en el mundo con que se compre» (AP, fol. 372r.–v).

Alemán ha desplazado el eje de culpabilidad desde el pobre (reo permanente en el programa de Herrera) que en su AP queda exonerado de culpa hacia otros grupos transgresores del orden moral, tales como los «ingratos» y «los soberbios». El grupo que se lleva la palma es el de los «endemoniados», categoría que incluye a un alguien concreto al que Alemán indica estarse específicamente refiriendo, «de quien aquí voy hablando», tan conocido de sus lectores que no ha necesitado nombrarlo. La maldad de este individuo endemoniado es tal que Alemán desea que a nadie «le acontezca tener tan mal vezino en su casa, en su vezindad, ni barrio». Este endemoniado «puede mucho, sabe mucho, y aborrecenos mucho» (AP, fol. 378v.–379r.). Alemán está haciendo referencia directa a Herrera, su mortal enemigo y vecino del barrio de San Martín, a quien acusaba de haber «inficionado» una «casa», un «barrio» y un «pueblo» en su primera carta , y de «ingrato» y «endiosado» en su segunda.

Dado el grave peligro que esta categoría de culpables representa para la salud del cuerpo social, Alemán les dedica un estudio particular en el que sus máximos exponentes son aquéllos incapaces de «lealtad», los «fingidos amigos, de trato falso, dobles y mentirosos». Parodiando la acusación que Herrera solía dirigir contra el «pobre fingido», en su análisis Alemán hace culpables a estos «fingidos amigos» de la gran crisis que asolaba al reino: «Todo esta contraminado, y lleno de contradiciones». Recurre a la autoridad de Isaias y a su dramatismo antiguotestamentario para, al amparo de su inmunidad bíblica, poder dirigir hacia los «fingidos amigos» las terribles acusaciones proferidas por el profeta hacia los jefes de Judá a quienes hacía responsables de «los hurtos, los homicidios, mentiras, testimonios, violencias, opressiones a los justos, incestos, fornicaciones y sacrilegios». Alemán concluye refiriéndose a las consecuencias de su comportamiento: «Luego de aquí se sigue, que permite Dios que causen las enfermedades, hambres y pestilencias» (AP, fols. 404v.–405r.). Estas palabras se hacen nítido eco de las proferidas por Herrera cuando en 1598 acusaba a los pobres fingidos de ser «provocadores con sus pecados y excesos de la ira de Dios contra todo el pueblo, y causa de los contagios y enfermedades perniciosas dél, y aun en cierta forma ladrones de la caridad y limosna cristiana» (AdP, «Letor»). Alemán ha suplantado la figura del pobre «fingido» por la del «fingido amigo», apuntando con ello a Herrera, su máximo exponente, cuya traición como falso amigo había sido ya puesta al descubierto en la segunda carta, y las «contradiciones» de su discurso señaladas y parodiadas por Vallés. (CM, «Carta primera», fol. 10 v.)

Alemán prosigue su interrogatorio en un juego de alternancias que oscila entre lo genérico y lo particular (AP, fols. 405r.–406v.). Se ampara en la autoridad bíblica, que sin embargo aquí utiliza de manera laxa, y adaptándola a su propio subtexto se acerca temerariamente a una revelación pública de la identidad de su principal acusado: «Quien es aqueste hombre? Que prendas buenas tiene? Que calidad es la suya, que assi lo engrandeces? O para que lo amas tanto, que lo tienes dentro de tu coraçon? Visitaslo cada dia en amaneciendo, antes que de la cama se levante, y luego le das tientos, y lo pruevas». Esta declaración queda engarzada con otra más genérica, como si se tratase de una provocativa variación sobre el mismo tema: «Quien es el hombre. Que cosa buena hallas en el, para que tanto lo tengas en tu memoria? Como lo visitas tan amenudo. Y siendo de fabrica tan vil, tuviste por bien adornarlo».

Hay que preguntarse dónde acaban las referencias de inspiración antiguotestamentaria (Salmos, 8, 5; Job, 7, 17) y dónde se inserta la requisitoria de Alemán. En un segundo registro de lectura, esta requisitoria va dirigida a un interlocutor concreto en el contexto contemporáneo de una situación de privanza, insólita e injustificable, entre un anónimo interlocutor en posición de autoridad suprema a quien Alemán llama «Señor» y a quien se dirige como si estuviere hablando con un dios situado en un plano extraterreno, y una criatura de su hechura. Dada la insignificancia y caractéristicas negativas del protegido, Alemán presenta esta relación como relación escándalosa, encubridora de un gran misterio que al parecer daba mucho que hablar en ciertos círculos. Se trataba de un asunto de actualidad sobre el que Alemán reclama el derecho a indagar para sí y para su grupo de allegados del que actua aquí como portavoz: «licencia se nos puede dar que con el santo y justo Job, te preguntemos… Aqueste atrevimiento nuestro, tambien lo favorece tu intimo amigo el real Profeta David: el cual dice, que no se quiere meter en secretos tuyos, empero, en las cosas naturales y de razon, le parece cosa justa preguntarte… de lo mismo que Job te pregunta» (AP, fol. 405v.). Al parecer, Alemán quiere dejar claro que está utilizando un doble registro, que detrás de la voz de Job está la de Alemán y su grupo dirigiéndose a una persona que se situa fuera de este mundo; es decir, a alguien que ya estaría muerto y habría pasado al plano trascendente.

Mediante una aproximación a los rasgos identitarios de los aludidos, Alemán intenta indagar el misterio que se ocultaba bajo el inmerecido favor otorgado por el personaje interpelado a un individuo ingrato y corrupto: «Que misterio ay encerrado en esto al parecer poco mas que nada? En este hijo de inobediencia, concebido en pecado, inclinado a malicia, contrario tuyo, y tanto, que dizes averte pesado de averlo hecho? Para que miras por el, con tan estraño cuydado, que hagas a tus Angeles, que lo administren y guarden; y te lo traygan en las palmas de las manos?». En su proceso de indagación del misterio, Alemán y su grupo han tenido que excavar el pasado «sacando cimientos». En su encuesta han seguido la pista ofrecida por San Juan Evangelista en su análisis acerca del amor de Dios hacia «su hijo unigenito». La solución del misterio la encontraron al percatarse de que Dios tiene la potestad de hacernos «hijos adoptivos suyos, aqui por gracia, y alla por gloria» (AP, fol. 407r.). Alemán considera este hallazgo como una suerte de piedra angular sobra la que se apoya la reconstrucción de un enigma: un «edificio» levantado sobre antiguos «cimientos» (AP, fol. 406r.) Este proceso indagativo de un asunto, que Alemán presenta en el tercer libro como de interés público, es parecido al que empleó en el libro primero para revelar el pasado de su interlocutor, a quien pese a ser enemigo suyo presentaba como amigo por razones tácticas. En ambos casos el desentrañamiento del secreto se expresa en términos de escavar, de desenterrar «algo de lo mucho que tenia (casi ya) sepultado el tiempo» (AP, fol.14r.). Alemán parece estar exhumando y reconstruyendo la posible estructura de la insólita relación entre Arce y Herrera. En el tercer libro, el interlocutor de Alemán sería el todopoderoso Arce, ya fallecido, cuyo único hijo había muerto sin tomar estado mucho antes que su padre. Arce, dada la diferencia de edad entre ambos y el favor que le brindó, hubiere podido haber tenido a Herrera como hijo adoptivo. Durante la jornada portuguesa en la que se inició su relación de favor con su protegido, Arce desempeñó el cargo de distribuidor de la «gracia». Herrera se había beneficiado de sus favores, de su «gracia» en un sentido intramundano. Muerto su protector seguía, aunque de manera menguada, beneficiándose de su cuarteada «gloria» en algunos círculos influyentes donde seguía teniendo importancia la relación que los había unido. Los dos ejemplos aducidos en el AP sobre la exhumación de esta relación, dirigen la atención del lector hacia el AdP de 1598 en el que Herrera recogía detalladamente la ceremonia de colocación de la primera piedra de su Albergue de Pobres de Madrid, en el que la relación jerárquica entre Arce y Herrera quedaba recogida para la posteridad en este emblemático edificio: «para... memoria en siglos venideros» (AdP, [1975], p. 237). La referencia a la traición del favorecido, «hijo de inobediencia...contrario tuyo», cuyo descubrimiento habría hecho que el protector se arrepintiera de haberle concedido su favor («dizes averte pesado el averlo hecho»), podría aludir al viraje efectuado por Herrera cuando consciente en 1598 de la inminente caída de Arce parece haber aceptado un arreglo con la oposición. Como se ha indicado, este arreglo conllevaba la inclusión en AdP del discurso nono acerca del «amparo de la milicia», lo que constituía un acto de sabotaje respecto a los demás discursos y al espíritu de Arce, su fuente de inspiración. Recordemos además que Herrera pidió para sí en Cortes el cargo de «protector y procurador general de los pobres y albergues destos reynos» (20 y 23 noviembre 1598), siendo así que había ya pedido para Arce el mismo cargo de «Protector general» en el discurso sexto redactado en 1597 e incluído en la versión definitiva del tratado (AdP [1975], p. 189).

El rechazo en 1604 por parte de Alemán de todo posible intento de relance del programa reformador de Herrera, quien aprovechándose de una nueva coyuntura favorable intrigaba al respecto, queda gráficamente plasmado en el fomento de un culto un tanto pueril al santo. Frente al peligro de la retoma de un programa reformador viciado, Alemán parece abandonar sus reflejos de humanista que confía en la capacidad humana de cambio y mejora. En un elocuente gesto regresivo, parece tirar la toalla y recurrir paródicamente a la tradicional eficacia taumatúrgica practicada en serie por Antonio de Padua, el santo taumatúrgico por antonomasia. Luis de Valdés apunta a este rasgo cuando subraya tautológicamente la necesidad de acercarse a ello desde un segundo registro de lectura. Celebra «cuán milagrosamente» Alemán trató de la «vida y milagros» del santo, tanto que «aun se podía decir de milagro». Valdés apuntaba al hecho de que Alemán no se limitaba a reelaborar una biografía sino que la «componía» como su autor-creador: «pues yéndolo imprimiendo y faltando la materia, supe por cosa cierta que de anteanoche componía lo que se había de tirar en la jornada siguiente». Es decir que la función de Alemán podía ser descrita de varias maneras, dentro de una gama que corre desde el concepto de «constituir, formar, dar en cierta manera ser» al de «urdir, tramar y fingir una cosa que es contraria a la verdad», pasando por el de «conformar y poner en paz a los que estan discordes» y por el «aderezar, concertar y poner en orden lo que está descompuesto» (DA, s. v. «componer»). La noción de riesgo recogida en la expresión «de milagro» cobra sentido a la luz de la riqueza polisémica del concepto «componer». Valdés estaría apuntando a lo arriesgado del desafío de Alemán, quien en su composición del *Antonio de Padua* se exponía a salir indemne sólo de milagro.

APÉNDICE V

San Antonio de Padua era una de las figuras consagradas del *Flos Sanctorum* y de las más celebradas por la devoción católica popular. Para ser recordada, la figura del conocido antonomásicamente como «el Santo» no precisaba de los 417 folios de Mateo Alemán, quien además no añade en substancia nada nuevo al conocimiento que de la vida y obra del santo se tenía. El propósito de Alemán va por otros derroteros. Como si se tratase de un juego, el AP parece construir algo para después esmerarse en deconstruir lo edificado. Por una parte, la hagiografía parece haber sido escrita como una historia fabulosa, una colección de milagros amontonados sin orden ni concierto, desde los nimios a los portentosos. Por otra, previniéndose quizá contra una posible tergivesación de su propósito, Alemán ofrece en la obra una clave para otra lectura de la misma: una definición de milagro, cuya sobriedad de tono y grave claridad de matizada exposición contrastan con la incontrolada exuberancia que caracteriza la narración de los milagros en el plano de la acción. Este soporte teórico, al que dedica todo el capítulo primero» del «Libro Segundo» de AP (fols. 104r.–110r.) refleja una espiritualidad interiorizada de sesgo erasmista, ajustada a lo que era de esperar de un hombre de la formación y talante de Mateo Alemán; espiritualidad muy diferenciada de la expresada por la devoción popular a la que, sin embargo, parece dar pábulo en su catálogo de milagros a un primer nivel de lectura. Para Alemán, el único milagro merecedor de ese nombre es un milagro que la vista no percibe: la transubstanciación, en la que «dexa el pan de ser pan y el vino vino, y son el mismo Dios verdadero CHRISTO Señor nuestro». El milagro se produce mediante las palabras del sacerdote, siempre y cuando sean pronunciadas «teniendo intencion de consagrar» (AP, fol. 108r.). Mediante esta aclaración, Alemán invita al lector a no caer en el error de confundir la imagen con su significado. Ya había apuntado a que «la Imagen ante quien te arrodillas es Imagen de Dios, pero no es Dios» (AP, fol. 106v.). Ahora reitera que «en la Imagen pintada de CHRISTO no estava CHRISTO... Que son las imagenes un recuerdo para representarnos ante la consideración, aquello que significan. Que solo tenemos aca el Santisimo Sacramento que sea el verdadero Dios. Ya con esto entenderas, cuando vieres la figura del glorioso padre San Antonio, que le as de hazer debida reverencia, y cerrando los ojos a el bulto presente, abrir los del alma y ponerlos en aquella santisima suya» (AP, fol. 108r.–v.)

Alemán está ofreciendo al lector una guía de lectura exegética con la que le insta a no confundir apariencia con realidad en el marco teológico; principio, por otra parte, igualmente válido y aplicable, en el marco de la hagiografía, tanto a la figura del santo como a la del pícaro que se hacía pasar por santo. En este último registro, Alemán hace uso de esta advertencia de no confundir el «bulto» con el santo, o las imágenes de Cristo con el verdadero Cristo, como vehículo analógico para iluminar al lector acerca de la presencia en su obra de personajes que pertenecen al plano terrenal. Desde el marco sacramental de la eucaristia, Alemán está aplicando a nivel humano uno de sus conceptos nucleares: la importancia de «la intención» en la apreciación de toda acción humana. Analizada desde el punto de vista de su relación con Herrera, la obra de Alemán en su conjunto podría ser definida como un gran proceso de intención, aspecto ya explicitado en su primera carta: «si como lo escriviste tuviera tu intención verdadero efecto sin duda me dejara el ánimo con apacible sosiego, por haber sido ése mi principal intento». En este fundamental capítulo primero del «Libro Segundo» de AP, Alemán está facilitando a su lector la fórmula hermenéutica de acceso al doble sentido de su obra. Quizá también se estaba protegiendo contra una potencial acusación de sacrilegio.

APÉNDICE VI

La presentación que Alemán hace de la «primera parte del pícaro» en su primera carta omite toda mención nominal a Guzmán, quien se dota a sí mismo la identidad de ser presunto hijo de ganancia, de la estirpe de los Medina Sidonia (GAI, p.161). Por otra parte, en su respuesta a la «sexta objeción» (AdP 1598, «discurso quinto»), cuyo enunciado es una ampliación de la misma objeción recogida en su RD de 1596, Herrera ilustra su argumentación en defensa de la legítima autoría de sus discursos, entonces seriamente controvertida, mediante la explícita evocación de una leyenda protagonizada por un «Guzmán… de la casa de Medina Sidonia». La irrupción de este Guzmán, figura histórica con visos míticos, en el discurso del AdP de 1598 es impactante, no sólo porque se anticipa al pícaro cuya llegada parece anunciar revelando su nombre artístico, sino además porque supone una injerencia del género poético en el entramado de un discurso tratadístico, lo que concede a AdP, al menos en este punto, una textura mixta similar a la de la «poética historia» de Alemán con su pícaro presente a dos niveles de lectura: discurso y narración. En su versión de 1598, el texto ampliado de la «sexta objeción» añade lo siguiente al original de 1596: «Y no falta también quien diga que no debe ser mío este trabajo, sino de alguno que, después de haberlo hecho, me lo entregó a mí, para que lo sacase en mi nombre». Del auge creciente de la polémica sobre la autoría del programa reformador nos siguen llegando reverberaciones cuya frecuencia confirma lo apurado de una situación que parece haberse agravado tras el anuncio por Herrera del cierre de la consulta pública y el paso a la fase de ejecución (RD, fol. 13v.). A Herrera, autodeclarado único autor y primer «inventor» de un gran programa de reforma asistencial, a su decir nunca visto (AdP [1975], «Carta al Lector», pp. 9–16), no se le creía. En su respuesta ampliada a la «sexta objeción», Herrera rechaza la acusación alegando que dada la buena acogida otorgada a su propuesta por el Rey y por «personas tan insignes y doctas… las cuales lo aprobaron» y mandaron se pusiese en ejecución, si el verdadero autor del trabajo «fuera otro» ya se hubiera «descubierto y mostrado el girón del sayo del rey, o la lengua de la serpiente de Africa (que cuentan las historias antiguas de España, cómo lo hicieron dos caballeros Guzmán y Girón, de la casa de Medina Sidonia y de la de Osuna) porque se le diese las gracias y premio de su buen celo y trabajo» (AdP [1975], pp. 154–155). Herrera pretendía acabar con la acusación indicando que de haber sido otro el autor, este otro, atraído por el fulgor del éxito reservado a su discurso, ya se hubiese dado a conocer, presentando pruebas que corroborasen su autoría. Al escoger de entre los Guzmanes a aquél a quien se atribuía el protagonismo del relato conocido como el de la lengua de la serpiente de Africa, Herrera está identificando con precisión a su modelo. Se refiere a Don Alonso Pérez de Guzmán, conocido como el Bueno, relacionado con el fundador del linaje de los Guzmán, el caballero bretón Gotman de quien era descendiente de «ganancia»[93]. Es posible que en el momento de la publicación de su versión definitiva de AdP, hacia finales de la primavera de 1598, Herrera conociera el manuscrito de la «primera parte del pícaro», cuyo texto estaba en trámites de publicación desde finales de 1597. La mención de un Guzmán en su respuesta a la «sexta objeción» no era inocente coincidencia; era un desafío. Mediante esta alusión a un Guzmán de Medina Sidonia, está indicando Herrera que conoce la obra de Alemán y que se ha reconocido como el modelo temático retratado en ella. Por ello, desde la propia identidad de su protagonista, Guzmán, Herrera intenta desligarse de toda asociación que el lector discreto pudiera establecer entre su figura y la del pícaro poético al que, a juzgar

---

[93] Pedro de Medina, «Crónica de los Duques de Medina Sidonia», 1561, Libro Primero, caps. XIII y XIV, pp. 71–75, en Marqueses de Pidal y de Miraflores y D. Miguel Salva (eds.), *Colección de Documentos Inéditos para la Historia de España*, Madrid, Viuda de Calero, tomo XXXIX,

por su propia reactiva admisión, Herrera parecía estar reconocible e indisociablemente unido. Por medio de otro Guzmán, también bastardo como Guzmanillo, pero de ilustre casa, Herrera reclamaba para sí la legítima autoría de la obra reformadora. Se podría, pues, decir que la primera mención pública del *Guzmán* proviene no de Alemán sino de Herrera. Como si con ello Herrera estuviese reclamando para sí el derecho a ser reconocido como el primero en dar noticia de una obra cuya condena al aborto editorial daba por descontada. Por ello, en provocativo gesto paródico, Herrera – interlocutor y destinatario de la segunda carta – podía a su vez permitirse actuar como el «precursor» de la obra de Alemán, que a su juicio nacía editorialmente muerta. Con su otro Guzmán, Herrera parece proclamar el silenciamiento del *Guzmán* verdadero, atalaya y contradiscurso de sus planes de reforma; cuya autobiografía confiaba que nunca sería publicada. En contrasaque a la presunta renuncia anunciada en su primera carta, a la que Alemán se brindaba con el fin de salvar la viabilidad de su obra: «para que con ajeno calor cobren vida nuestros muertos deseos», Herrera responde respecto a la suya con parejo simulado espíritu de sacrificio: «porque como a hija la amo tanto, que más quiero que viva con ajeno nombre, que no verla muerta con el mío» (AdP [1975], «Carta al lector», p. 16). Herrera desafiaba a Alemán desde la seguridad del burladero de su privanza con Arce. Ello no obstante y contrariamente a sus expectativas, sus palabras resultarían proféticas. El discurso del «pícaro» *Guzmán* sería el triunfador, el que relataría la controversia en torno al discurso herreriano y a su autoría ya que éste, cuya ejecución Herrera deba por asegurada, quedaría en mero futurible.

APÉNDICE VII

En el AP, o tercera parte del pícaro, Alemán interpela sin preámbulo alguno a un misterioso personaje con un: «considérate un íntimo amigo mío». Alemán insta a su interlocutor, al parecer el mismo de siempre ya que no ha precisado presentación, a que en una imaginaria simulación de amistad considerase «que favoreciste mis necesidades, acudiste a mis trabajos, a mi tristeza diste alegría, socorriste mis faltas, defendiste mis causas, y solicitas mis pretensiones» (AP, 12v.–13r.). Estos rasgos de abnegada amistad coinciden, como elocuente *déjà vu,* con los que

Alemán atribuye en su segunda carta al comportamiento de Herrera hacia su persona. Alemán estaría aplicando en 1604 al amigo virtual de AP la misma receta que en 1597 había utilizado con su enemigo Herrera: la simulación de actuar como amigos y de creer en su fingida amistad. En AP el contexto sugiere que Alemán no se está dirigiendo a un amigo sino a un enemigo, cuyo turbio y encubierto pasado se dispone a revelar públicamente: «pareciome lisonjearte con verdades y cosas de tu gusto. Responde agora, si por ventura lo tienes bueno, cual otro lo pudo ser mayor, o en que te lo puede dar que le igualasse, a oyrme referir en presencia de un auditorio tan generoso, y a tanto concurso de gentes, las grandes excelencias, cosas ilustres y memorables de tu patria, donde naciste, donde tienes el solar conocido de tu nobleza y de tus passados? Que sin duda (si entendimiento tienes) las tales glorias y alabanças en ti cambian, y quedan por tuyas propias» (AP, fol 13r.). Alemán se está dirigiendo a Herrera, su ubicuo interlocutor de siempre, cuya presencia conjura y a quien, en presente de indicativo para subrayar la actualidad de su conducta, insta a asumir las consecuencias de su impostura («solicitas mis pretensiones»)[94], aceptando lo que, de haberse tratado de una sincera relación entre dos amigos, hubiese representado una prueba de amistad; a saber, la pública exhumación de facetas ocultas de la vida del amigo con el fin de celebrarlas: «No te parece que tantas causas, y cualquiera dellas tomara la mia por suya, para defender este breve discurso?» (AP, fol. 14r.). En el caso de Herrera, su enemigo, ello suponía la revelación pública de sus verdaderos orígenes, de su infancia y años formativos[95], de momentos significativos de su

---

[94] En enero de 1605 Herrera elevaría su RM donde entre otras cosas se presentaba como autor de los «discursos del Amparo de pobres» (fol. 174r.), plagio adulterador del pensamiento de Mateo Alemán en materia de reforma asistencial. En este sentido irónico debe interpretarse el hecho de que Herrera fuese presentado (por inferencia) en AP como solicitador, función que en justicia pertenecía a Mateo Alemán.

[95] A falta de material documental, los primeros veinte años de la vida de Herrera sufren de una gran oquedad informativa, cultivada por el mismo Herrera y que en su día dio pie a conjeturas. Todavía no se ha podido localizar su fe de bautismo. Alemán parece hacer alusión a esta escasez de datos biográficos cuando en su hagiografía la aplica a los orígenes de su biografiado. En referencia al bautismo de San Antonio, comenta: «Aun hasta en esto parece que uvo misterio, como en todas las mas cosas deste santo, desde que salio del vientre de su madre a la luz del mundo» (AP, fol. 33v.).

pasado lisboeta en el contexto del inicio de su relación con Arce y del subsiguiente alcance de la misma que desembocó en la gestación de su falsa vocación reformadora. Episodios éstos de un pasado que sin duda Herrera prefería mantener ocultos en 1604. Ello explica la sorna de Alemán frente a la previsible hostilidad de Herrera ante esta divulgación de datos: «¿porque te cansa leer lo que me fue trabajoso regalo escrivir?» (AP, fol. 14r.)[96].

APÉNDICE VIII

No se puede descartar que para 1599 Alemán tuviere ya escrita, o por lo menos abocetada, la primera versión original de la segunda parte del *Guzmán de Alfarache*. Así parece indicarlo en su «Declaración para el entendimiento deste libro», paratexto de la primera parte, donde explicita: «Teniendo escrita esta poética historia para imprimirla en un solo volumen... que agora, dividido...». Alemán retoma esta afirmación en los paratextos del GAII donde declara que pese a que llevaba «algunos años» con la segunda parte «acabada y vista», hasta entonces no se había atrevido a publicarla. Dado el caracter explosivo de las acusaciones contenidas en la segunda parte, Alemán pospondría temporalmente su publicación, bien por voluntad propia o bien por imperativos de la censura. Opino que fue la publicación del *Guzmán* apócrifo, obra que además de un plagio adulterador era un vehículo propagandístico encaminado a restaurar el concepto del pobre reformado según la visión de Herrera y a fomentar el relance de su programa asistencial, lo que decidió a Alemán a publicar la versión revisada de la segunda parte, a pesar de las reservas que todavía abrigaba al respecto: «que sería mejor sustentar la buena opinión que proseguir a la primera» (GAII, «Letor» p. 20).

Declaración que deja al lector algo atónito ya que en AP Alemán había presentado detalladamente los orígenes del santo, lo que además no tiene nada de sorpresivo ya que era material bien documentado y universalmente conocido.

[96] Esta advertencia de inminente revelación es indisociable de Herrera. Alemán la contextualiza en términos que sugieren el AdP y la relación que unía a Herrera con Arce.

APÉNDICE IX

En GAI, el discurso de la vida de Guzmanillo comentada por el Guzmán narrador adulto, servía de contradiscurso al discurso de Herrera. En GAII, la traición de Herrera quedaba escenificada en la suerte del pícaro, con la ejecución de Soto, su mitad maldita, y la condena perpetua de su otra mitad. Haciendo uso del soporte hagiográfico de la vida de un santo verdadero, la tercera parte de la vida del pícaro escenifica a un segundo plano la trayectoria biográfica de la falsa vocación de Herrera, falso amparador e intercesor del pobre que se hacía pasar por santo; vocación surgida como fruto de su relación personal con su dios, Arce, a cuya sombra protectora Herrera había alcanzado su propia «gracia» y «gloria». El soporte biográfico de un santo que nació en Lisboa y murió en Arcela se proyecta como envoltorio narrativo y legible palimpsesto de la biografía de Herrera, cuya vida pública tuvo sus comienzos en Lisboa al amparo de Arce, «distribuidor de la gracia real», y se extinguió con la caída en desgracia y muerte de su ángel protector (cuyo nombre queda recogido en el de Arcela, lugar de la muerte del santo); relación ambigua a nivel personal que la hagiografía también explora. En esta tercera parte, la impostura sacrílega de Herrera recibe, a modo de contracanonización, condena de deshonra eterna mediante la figura del endemoniado, desahuciado de remedio y condenado a una eterna solicitación de la gracia celestial que se expresa en términos indisociables de la figura Herrera y de su función como amparador e intercesor del pobre: «Y pues a todos ampara con su favor… y con su intercession socorre, lleguemonos todos a su amparo» (AP, fol. 417r.–v.). Esta antihagiografía corre totalmente a cargo de Mateo Alemán, sin narradores intermedios.

APÉNDICE X

El concepto de mímesis conflictiva ha sido aplicado por la crítica a la lectura de la reacción de Alemán frente al *Guzmán* apócrifo. Como ha quedado sugerido en este estudio, este concepto según nuestra lectura es también aplicable a la reacción de Alemán frente a Herrera, su primer plagiario. Constatación ésta que invita a una revaluación del virtuosismo de una técnica narrativa que en el GAII tiene que saldar cuentas no con uno sino con dos impostores: en el caso de Martí, como se acepta generalmente, mediante el suicidio de Sayavedra; y en el caso de Herrera, mediante la ejecución de Soto antítesis o trastoque de «proto». Soto sería así como sombra del protomédico Herrera, mitad maldita de Guzmán y por analogía también de Alemán. Su pasión de venganza hacia Herrera había llegado a posesionarse de él y necesitaba ser expulsada de su sistema como si se tratase de una maléfica figura luciferina. En el desenlace de GAII Alemán habría cumplido con los deseos expresados por Herrera en los paratextos de AdP [1975], donde Herrera instaba a sus seguidores a que prosiguiesen con la «buena ejecución» de su «obra», consejo al que, como se ha indicado más arriba, Alemán atiende en clave paródica con la «ejecución» de Soto. En un intercambio de pullas cortadas al filo de la ley del talión, al «quedando a mi cargo ser inmortal precursor de tus obras» de la segunda carta de Alemán de 1597, replica Herrera en 1598 en referencia a su propia obra y trabajo: «contentándome con haber sido el que haya dado principio a ella, aunque otro llevase después la gloria de acabarlo perfetamente» (AdP [1975], «Carta al Lector», p. 16); aseveración que, en mirada retrospectiva, se revelaría como dicho oracular para gloria de Alemán y para infamia de Herrera. Pero se trató de una gloria por la que Alemán pagaría un alto tributo emocional. Quizá Alemán hubiese podido decir lo mismo que Guzmán: «El enemigo mayor que tuve fue a mí mismo» (GAII, p. 382). Soto, simbólica mitad maldita de Guzmán, representa al falso amigo traidor («saliome zaino») cuya figura parecer brotar de las capas más lóbregas de la psique del pícaro. La dramática irrupción de Soto en la vida de Guzmán actua como exutorio o herida abierta que facilita la supuración curativa de la antigua llaga engangrenada que la traición de Herrera había infligido en la psique de Alemán. Como si se tratase de una neurosis obsesiva, Alemán volvería una y otra vez sobre el mismo tema. Para comprender mejor su postura conviene recordar que su contienda con Herrera fue una contraofensiva ya que Alemán había sido el primero en ser ultrajado. Fue víctima de un agravio inicial al que se irían sumando otros con el correr de los años, dando pábulo a un conflicto inacabado que terminaría pasando a la historia como una *vendetta* sin fin. En los episodios de Ginés de Pasamonte y Roque Guinart, Cervantes intentara ofrecer solución a esta venganza.

CAPÍTULO
CUARTO

Puesto que las cartas de octubre de 1597 anunciaban la llegada de la «primera parte del pícaro» al que servían de proemio o manual de lectura es lógico asumir que cuando finalmente éste se publica en 1599 bajo el título de *Primera parte de Guzmán de Alfarache*, la atención del destinatario de las cartas, Herrera, y la de aquel selecto grupo de lectores entre los que éstas habían circulado (y hoy en día también la nuestra) se interesara en los preliminares de la obra publicada para encontrar algún tipo de retoma de un diálogo epistolar interrumpido. En efecto, la esperada reanudación parece surgir con toda naturalidad: «Mucho te digo que deseo decirte, y mucho dejé de escribir, que te escribo»[1]. El antecedente de estas palabras de 1599 se encuentra en la primera carta de 1597 a Herrera donde Alemán se lamenta de no poder decir entonces todo lo que podía y deseaba decir: «!Qué pudiera decirte de cosas si hubiera de satisfacer mi gusto! !Cuántas, contra él, dejo de escribirte!»[2]. En este enlace intertextual, el primer texto va dirigido al «discreto lector» (GAI), dato que en un principio militaría contra nuestra hipótesis ya que Herrera, al que iba dirigido el segundo texto aquí citado[3], había sido desvelado en las cartas como el máximo enemigo de Alemán. Propongo sin embargo que en los paratextos de la «primera parte del pícaro», GAI, Alemán continua dirigiéndose a Herrera, quien, aunque ya no es su lector único, sigue siendo su principal interlocutor y destinatario, ora como «discreto» ora como «vulgo».

[1] GAI, «Del mismo al discreto lector», p. 111.

[2] Véase Cápítulo Primero, n. 2. P. Jojima «El *Guzmán de Alfarache*: en favor o en contra», p. 331.

[3] Carta del 2 de octubre de 1597.

«A DON FRANCISCO DE ROJAS»

Entre las cartas de 1597 y los paratextos de 1599 se ha operado un deslizamiento de planos. Se ha pasado del espacio privado del circuito epistolar al foro público de los preliminares de una obra literaria debidamente autorizada y presta a ser publicada; deslizamiento situacional propiciado por la desaparición del principal obstáculo frente a su salida editorial, por la caída en desgracia y destierro de Arce[4], presidente del Consejo Real y protector de Herrera. A este respecto interesa observar que el *Guzmán de Alfarache* (1599) está dedicado a Don Francisco de Rojas, Marqués de Poza, Señor de la casa de Monzón, Presidente del Consejo de Hacienda, víctima en su día de la sed de poder de Arce, cuya prepotencia Rojas denunció en repetidas ocasiones. En una carta a Moura de marzo de 1596, Poza deploraba «la esorbitancia del Consejo y el estar persuadidos a que lo pueden tomar todo y el yr a la mano en todo no teniendo por ajenas de sí ningunas materias que no se puede curar con ensalmo, y de la misma manera veo rebuelta ahora con el Consejo de las Yndias y tambien a llegado aqui ahora un relator de la audiençia de Valladolid... que biene a quejarse de que el Consejo les quita quantos pleitos tiene sin que ynformen y sin consulta. El presidente tiene las mejores palabras del mundo si se le habla en ello y después los efectos hemoslos trocadisimos y luego diçe que el Consejo lo haçe y alla sabra dar su raçon mucho mejor que yo...»[5]. Alemán declara en su dedicatoria que busca la protección del Marqués de Poza para conseguir que, bajo su «amparo», su libro quedase libre de las venenosas lenguas de los calumniadores. Para describir su vulnerabilidad frente al temible ataque de sus implacables enemigos, Alemán recrea analógicamente en la dedicatoria a Rojas la misma situación de batalla desigual que había utilizado en su segunda carta

---

[4] Arce fue desterrado a su villa de Carpio, donde murio en agosto de 1599.

[5] «y por sus canas y serviçios y muchas partes en que me haze ventaja también me la hará en ser creído y con esto yo no sé más que deçir sino que me rindo a tanto letrado junto, y V. S. está obligado a defenderme»; Ignacio Ezquerra Revilla, «*El Consejo Real en la Transformación Administrativa de la Monarquía*», p. 250, n. 396 (BL. Add. 28378, ff.1r.–2v). El Marqués de Poza implícitamente alude aquí también a la proverbial hipocresía atribuída a Arce que, como se ha indicado, le valió el mote de «ajo confitado».

a Herrera. En esta carta, Alemán se describía como un calumniado, «por oprobio reputado», cuya «flaca substancia» sufría las arremetidas de un enemigo invencible, Herrera, al que nada había «derribado». En la dedicatoria a Rojas, Alemán evoca una metafórica contienda entre «las flacas fuerzas» de una plaza desprotegida y el «ímpetu furioso de los enemigos» que la asaltan, analogando su indefensión con la suerte que su libro pudiera correr, siendo por ello por lo que busca cobijo bajo «las alas» de la «acostumbrada clemencia» de «tan poderoso píncipe», designándolo por inferencia como su ángel de la guarda o protector. Al poner su libro bajo el «amparo» del presidente del Consejo de Hacienda, enemigo declarado del depuesto Presidente Arce, Alemán está retando a Herrera, quien había puesto su *Amparo de pobres* bajo el ala protectora del Presidente Arce. Los rasgos con los que Alemán había caracterizado a Herrera en su correspondencia de 1597 se corresponden con los atribuídos a los enemigos de su persona y libro tal y como estos quedan descritos en la dedicatoria a Rojas. Se trata de hombres de «mala intención», nunca sometidos a corrección alguna, en permanente «acecho» para provocar la «perdición» de su víctima. Adolecen de doblez, operando por medio de «lazos engañosos». Son «basiliscos que, si los viésemos primero, perecería su ponzoña y no serían tan perjudiciales». Son grandes traidores, «mas como nos ganan por la mano, adquiriendo un cierto dominio, nos ponen debajo de la suya». Se creen invencibles e impunes, y «son escándalo en la república». Estos enemigos abusan de su posición de poder, causan temor, y actuan como «fiscales de la inocencia y verdugos de la virtud». Alemán no está hablando aquí de un enemigo genérico. Esta primordialmente hablando de Herrera, su enemigo por antonomasia, de su alto protector ahora desaparecido, Arce y de su entorno «contra quien la prudencia no es poderosa»[6].

---

[6]   Al parecer, el ataque contra Alemán había ya tenido lugar. Dirigiéndose a Rojas, Alemán expresa su reacción mediante un tiempo verbal pretérito («así fue necesario valerme de la protección de Vuestra Señoría»), aludiendo quizá a la fuerza de la oposición que su manuscrito había encontrado por parte de sus poderosos enemigos, quienes habían intentado impedir su publicación. Herrera es el designado por el pronombre relativo «quien»; es el enemigo en permanente vigilia, desenmascarado y denunciado en la segunda carta. Alemán había plasmado este concepto de acecho malévolo en el lema «ab insidiis non est prudentia», ilustrado por una culebra dormida sobre la que se descuelga sigilosa y siniestra una araña, adoptándolo como empresa indisociable de su retrato, sello legitimador de su obra. Sobre la intención malévola

«AL VULGO»

En su vilipendioso «Al vulgo», al que dedica el texto preliminar siguiente, Alemán convoca la presencia de su interlocutor por medio de un vocativo, retomando así su confidencial *tête à tête* con su indefectible *confident* electo, reconociblemente Herrera, su enemigo de siempre. Sólo que aquí ya no se trata de un *hortus clausus* epistolar, como en 1597, sino de un foro público de tan amplia resonancia que incluso hoy en día recogemos el eco acusador de la reveladora substitución utilizada por Alemán en el citado texto. El «O amigo Máximo» de la primera carta de 1597 se ha convertido en un «oh enemigo vulgo». Fuera de esta suplantación, la información que Alemán y su círculo de allegados nos han venido proporcionando sobre la personalidad y *modus operandi* de Herrera encaja bien dentro de la descripción e imprecación que Alemán reserva al «vulgo». Alemán ya no habla aquí del enemigo indirectamente, como lo ha hecho en su dedicatoria a Rojas. Ya no se refiere a él «como a tercera persona». Le acusa directamente, desde las entrañas mismas de su propio libro[7]. Aunque aquí Herrera no es

de la araña Alemán no deja resquicio a la duda ya que reproduce fielmente a Plinio (GAI, p. 298 y n. 46) y retoma la empresa en GAII (p. 135) ofreciendo su traducción castellana «No hay prudencia que resista al engaño». En 1604 el estado anímico de Alemán permanece inalterado frente a su percepción del acoso sin tregua del enemigo de siempre, el mismo que le acosaba en 1599 y en 1597. El énfasis observable en la permanencia de la identidad de sentir entre Alemán y el pícaro narrador a través de los años, invita a establecer un acercamiento identitario entre sus respectivos enemigos, fusionados en un mismo emblema en el que se aunan dos registros diferenciados, el histórico y el poético.

[7]   A su decir, el mejor de los vehículos para llevar la función crítica: en un registro literal, para corregir al amigo; en un segundo registro indisociable del mundo al revés del universo guzmaniano, para denunciar al enemigo. En ambos casos la crítica va dirigida a alguien con quien el libro habla con intimidad, «no como a tercera persona, sino como a cosa muy propia suya» (GAII, p. 155). Ese amigo-enemigo no es una figura genérica. Es un ente específico y singular, cuya identidad se indica mediante el versículo evangélico «muchos son llamados, y pocos escogidos» (Mt., 22, 14). Aplicada a la amistad, esta sentencia adquirió forma de proverbio: «muchos son los amigos y pocos los escogidos» (GAII, p. 274, n. 55). La sentencia fue adaptada por Alemán, quien le añadió un apéndice: «y uno sólo el otro yo» (GAII, p. 274). En el caso de Alemán, ese «uno solo» no es otro que Herrera, el Máximo amigo epistolar, su

el único, sí es el principal interlocutor. En su imprecación, Alemán recoge un cambio de circunstancias que presenta como la causa de una notable degradación experimentada por el imprecado que no es otro que Herrera, de cuya vida aquí se trata. Algo que al parecer le había hecho descubrir «los muchos malos amigos» que tenía; lo poco que valía y lo poco que sabía[8]. Tras la pérdida de la protección de la que había gozado bajo Arce, Herrera había perdido a sus aduladores, quienes durante su periodo de privanza le habían hecho creerse un portento. La filípica de Alemán contra el vulgo es el explosivo desquite de una ira contenida, amordazada hasta entonces por la censura ejercida por Arce. El descubrimiento de estos «malos amigos», nos lleva a su segunda carta a Herrera[9], sólo que ahora, en su imprecación al «vulgo», GAI, el descubrimiento atañía a Herrera y no a Alemán como se había dado el caso en aquélla.

En su «Al vulgo» Alemán no se estaba dirigiendo a la plebe, analfabeta en gran parte, ni tampoco a ningún grupo específico de lectores a cuya reacción Alemán no podía anticiparse. No se estaba dirigiendo a un colectivo sino a alguien por quien sentía un odio enconado y a quien conocía muy bien. La exuberancia de su acusación es no sólo explosión de un odio singular, como se ha indicado, sino que podría considerarse como vehículo portavoz de un odio colectivo que, por su contrario, trae a la memoria los simulados halagos que tanto Alemán en sus cartas de 1597 como su círculo de allegados en

---

mitad y espejo, su «igualdad… y… misma cosa» de la segunda carta; pero tambien su mayor enemigo.

[8]   «No es nuevo para mí, aunque lo sea para tí, oh enemigo vulgo, los muchos malos amigos que tienes, lo poco que vales y sabes» (GAI, «Al vulgo», p. 108). Reproche éste sobre la falta de conocimientos de su interlocutor que nos lleva al dirigido por el pícaro narrador al suyo: «¿Pues no consideras, pobre de ti, que lo que llevas a cargo no lo entiendes ni es de tu profesión y, perdiendo tu alma, pierdes el negocio ajeno… ¿No sabes que para salir dello tienes necesidad forzosa de saber más… ¿Preguntáronte por ventura o tú contigo mismo hiciste algún escrutinio… si lo podrías o sabrías hacer bien?» (GAI, p. 282). Sugiero que en ambos casos Alemán y pícaro narrador se estaban dirigiendo a un mismo interlocutor, Herrera.

[9]   En esta carta, Alemán confesaba a Herrera la profunda emoción que sintió al hacer un descubrimiento parecido: «suspenso y mudo quedo, viendo los malos amigos que tuve».

sus respectivos escritos[10] habían dirigido a Herrera, su común enemigo y destinatario de la presente arenga.

El «vulgo» es presentado como sañudo difamador[11]. Por un lado, inquieto e inconstante: «qué fácil de moverte»[12]; por otro, poco aplicado e incorregible: «qué difícil en corregirte». Alemán insiste sobre la incorregibilidad de un vulgo de quien no se puede esperar ni corrección ni «enmienda» alguna: «¿cuál enmienda se podrá esperar …?». Como si después de lo dicho, el lector discreto pudiese todavía precisar de señas identitarias todavía más definitorias, Alemán añade algún que otro complemento indisociable de Herrera[13]: «¿Cuál piedad amparan tus obras?»; «¿Qué santidad no calumnias?»[14]. El lector se percata

[10] Mosquera de Figueroa en 1596, Vallés en su carta de 1597 y Barros en su carta y tratado *Reparo de la milicia* en 1598.

[11] «cuán mordaz, envidioso y avariento eres; qué presto en disfamar…» (GAI, «Al Vulgo», p. 108).

[12] En AP en referencia al bautizo del Santo queda precisado que el ponerle de nombre «Hernando», su nombre de pila, «fue lo mismo que llamarle monte movedizo» (AP, fol. 34r.)

[13] En su primera carta, Alemán ya había relacionado a Herrera con el vulgo cuando le amonesta a modo de advertencia: «no me pones la objeción del pueblo, o vulgo», identificándolo así con una categoría a la que Herrera trataba con desprecio en sus escritos, en los que utilizaba la palabra «vulgo» para designar despectivamente a sus críticos.

[14] El AdP era una obra despiadada, y Herrera un impostor que se hacía pasar por santo varón. En su carta a Herrera, denuncia Barros los implacables interrogatorios que él preveía iban a tener lugar en el Albergue de Pobres, al que rebautiza como «Palacio del Desengaño». Barros aludía a la pública mortificación del pobre cuyas mañas serían desveladas por los «censores» del Albergue, apuntando con ello a la profanación de la santa noción de caridad a manos de Herrera y sus empleados. El vocablo «censor» podía tener significados muy negativos: «censor, significa también murmurador, vituperador, maldiciente, que supone faltas, y atribuye defectos a las personas u cosas que no los tienen» (DA, s. v. «censor»). Barros ilustra el dramatismo de la rigurosa actuación de los censores sobre los pobres considerados falsos diciendo con gráfica ironía que «como por milagro sanarán los que parecen mancos… andarán libremente los cojos… cerrarse han las heridas que parecen incurables, y curarse han las cuartanas, mal de corazón, y gota coral». Barros está otorgando paródicamente al cuerpo de vigilantes, ideado por Herrera para asegurar la persecución de los pobres tenidos por ilegítimos, las dotes taumatúrgicas atribuíbles a los santos. La amplitud del

asimismo que en esta letanía de imprecaciones se incluyen rasgos, tales como el ser perseguidor de la inocencia y de la virtud, que este «vulgo» calumniador comparte con el enemigo, Herrera, calumniador del libro de Alemán, aludido en la dedicatoria a Rojas. Este «vulgo», descrito como vivo retrato de «un infierno» en su luciferismo se hace asimismo eco de Herrera el «endiosado», imprecado en la segunda carta. En su denuncia al «vulgo», Alemán por asociación está acusando a Herrera de haberle perseguido en su voluntario retiro y de haberse valido de malas mañas para aprovecharse en beneficio propio y tergiversar los conocimientos que había extraído de Aleman[15]: «Huí de la confusa corte, seguísteme en la aldea. Retiréme a la soledad y en ella me heciste tiro, no dejándome seguro sin someterme a tu juridición»[16].

En contraste con la situación que la segunda carta reflejaba, en los paratextos del *Guzmán de Alfarache* (1599) es Alemán quien parece aventajarse a Herrera. Es Alemán quien cuenta ahora con la «protección» de un noble de gran alcurnia, mientras que el «vulgo», Herrera, es quien abiertamente importuna[17]. Sin embargo y pese al cambio de circunstancias, Alemán sabía que Herrera era incorregible y por ello le trata con desprecio olímpico. En su filípica al «vulgo» se lo sacude cómo si fuese una «moxca importuna, pesada y enfadosa» y lo despide con la misma ira que había desplegado en su segunda carta para expulsarle de su ámbito: «No quiero gozar el privilegio de tus honras ni la franqueza de tus lisonjas… Quiero más la reprehensión del bueno… que tu estimación depravada, pues forzoso ha de ser mala». Alemán

campo de actuación de los censores, cuya primordial misión como queda precisado era averiguar «cuáles son los pobres ricos», es analógicamente evocativa de la cornucopia milagrera que Alemán atribuía al santo en su hagiografía.

[15]   En su «Elogio», Barros corrobora el voluntario aislamiento de Alemán, quien se retiró para estudiar y escribir su libro después de haber cesado como funcionario. Barros alude al periodo en que Alemán, interrumpida en 1593 su visita a las minas de Almadén y afectado por esta dramática experiencia, se había retirado para dedicarse de lleno al estudio de la pobreza. El acoso del vulgo, de Herrera, se situaría en este momento. Como resultado de ello Alemán terminaría por escribir no un memorial sino su *Guzmán de Alfarache*.

[16]   GAI, «Al Vulgo», p. 109.

[17]   En la segunda carta era Alemán quien imaginaba a Herrera «cansado de mis importunidades».

acusa al designado como «vulgo» de falta de discernimiento y de cultura, le sabe incapaz de captar el sentido de lo que aquí y allá consigue pillar y lee sin asimilarlo: «No miras ni reparas en las altas moralidades de tan divinos ingenios, y sólo te contentas de lo que dijo el perro y respondió la zorra. Eso se te pega y como lo leíste se te queda»[18]. Por ello Alemán le arroja su libro como carnada a una fiera, con la que el «vulgo» y Herrera quedan comparados: «desenfrenado eres, materia se te ofrece: corre, destroza, rompe, despedaza…». Alemán había deplorado la falta de piadoso «amparo» en las obras del «vulgo» y, anticipando con ello su previsible reacción despiadada hacia su libro, le anuncia que la daba por descontado, pero que sin embargo cuenta con el apoyo del «discreto[19]», bajo quien se sabe «amparado» de las «adversas tempestades» que le reserva su enemigo, el «vulgo» Herrera.

«DEL MISMO AL DISCRETO LECTOR»

Finalmente, en el paratexto siguiente «Del mismo al discreto lector»[20], Alemán parece haberse lanzado a revelar el trance que había vivido en los últimos tiempos en relación con la publicación de su libro. Al parecer Alemán había sido sometido a una verdadera pesadilla por parte de un grupo al que designa como el de «los ignorantes a cuya censura me obligué». Alemán no se estaba refiriendo aquí a la censura oficial[21]. Se estaba refiriendo a un grupo a cuyo juicio o a cuya apreciación

[18] Esta memoria retentiva y por inferencia poco analítica sugiere la que años después sería descrita como propia del santo por Alemán, quien decía que Antonio «tenia… una memoria, que le servia de libreria» (AdP, fol. 94v.).

[19] «Las mortales navajadas de tus colmillos y heridas de tus manos sanarán las del discreto». (GAI, «Al Vulgo», p. 109).

[20] Siempre en el marco conceptual del mundo al revés, lo que está indicando es que no ha cambiado de interlocutor. Alemán, «el mismo», se sigue dirigiendo a un mismo interlocutor que reaparecerá en el siguiente apartado dedicado al «discreto lector».

[21] Censura cuyo público vituperio no le hubiese sido permitido. Además la aprobación eclesiástica se le había ya otorgado el 13 de enero de 1598, seguida muy de cerca por el «Privilegio» el 16 de febrero del mismo año. La demora en el proceso de publicación parece haber estado relacionada con la dispensa de la tasa, finalmente concedida por el Consejo el 4 de marzo de 1599, una vez que Arce ya había caído en desgracia. En España no se podía imprimir ningún libro sin licencia del Consejo Real.

parece haberse sometido de alguna manera voluntariamente[22]. Puesto que Alemán habla del «proemio pasado» se podría sugerir que se estuviese refiriendo a la oposición que su manuscrito encontró durante el dilatado periodo previo a su publicación – a partir del momento en que fue puesto en circulación limitada y presentado a tramitación – entre el influyente grupo de allegados al presidente, resueltos a impedir su publicación y favorables a Herrera y su programa[23]. Dada la ferocidad y desproporcionada influencia de estos «ignorantes», se precisaba una excepcional motivación para atreverse a enfrentarse con su «barbarismo»[24]. Alemán confiesa que se sintió comprometido a sacar el libro en cumplimiento de una promesa: «Empeñeme con la promesa deste libro». Aunque se puede conjeturar sobre la naturaleza específica de esta promesa; sugiero que se trataba del compromiso contraído por Alemán en su segunda carta carta donde declaraba que a partir de aquel momento quedaba encargado de «ser inmortal precursor» de las obras de Herrera[25].

---

[22] Censores en el sentido de «maldicientes».

[23] El insólito epíteto utilizado por Alemán para describir a este grupo, a «los ignorantes», es indisociable de la figura de Herrera, a quien, entre otras cosas, se le tachaba de no estar a la altura de la empresa que había acometido por falta de cultura y competencia intelectual.

[24] «Tal he salido del proemio pasado, imaginando el barbarismo y número desigual de los ignorantes, a cuya censura me obligué».

[25] Esta especie de proclama complementa y reafirma con contundencia la promesa un tanto elusiva y condicional hecha por Alemán a Herrera como conclusión a su primera carta («si me acordare te escribiré otro día»), donde le anunciaba que le informaría por escrito sobre cómo «enmendar y corregir» su programa reformador antes de que, como queda inferido, se completase la recién iniciada ejecución del mismo y fuese demasiado tarde. Por una de esas vueltas que da la rueda del destino, sería Alemán y no Herrera quien conseguiría completar su programa reformador aprovechando el vacío producido por el inesperado aborto de la ejecución del programa de Herrera; ejecución que se había dado por descontada alrededor de 1597 y que el propio Herrera auguraba sería tan exitosa que la describía como obra de «perfección» (RD, fol. 13v.). En el discurso sobre la ejecución expresaba Herrera su deseo de ver fructificar y perpetuarse sus «discursos y pensamientos... porque no digan: Este hombre comenzó a edificar, y no pudo acabar el edificio» (AdP [1975], Discurso VI, pp. 181–182). Como si estuviese atando cabos, Alemán parece tocar este mismo punto por boca de Guzmán: «y es imperfección y aun liviandad notable comenzar las cosas para no fenecerlas, en especial si no las impiden

La acusación de Alemán en los paratextos de la «primera parte» se hace más inteligible a la luz de la prueba sufrida a manos de su enemigo. Alemán no le imprecaba anticipando su previsible reacción, sino que hablaba como alguien que ya había experimentado esta reacción en relación con sus cartas y con el manuscrito de su obra. Una vez asentados estos antecedentes, Alemán cumple rapidamente con el auténtico «discreto», a quien sobran los halagos[26] y las recomendaciones de lectura: «No me será necesario con el discreto largos exordios no prolijas arengas». Declarando tener plena fe en su discernimiento, integridad y benevolencia, Alemán le confía su obra abierta y candidamente y se remite a su «amparo»: «A su corrección me allano, su amparo pido y en su defensa me encomiendo». Alemán habla del «discreto» en estilo indirecto, como en referencia a tercera persona. Sin embargo, en el siguiente párrafo, pasando sin más al estilo directo y al informal tuteo, se dirige familiarmente a un interlocutor con quien está

súbitos y más graves casos, pues en su fin consiste nuestra gloria. La mía ya te dije que sólo era de tu aprovechamiento» (GAII, p. 41). La obra de Alemán, sin embargo, no consistía en seguir la senda de Herrera sino en prepararle una emboscada que impidiese permanentemente toda posibilidad de que su programa avanzara en su ejecución. En su segunda y tercera partes del pícaro, Alemán no sólo había enmendado y corregido el nuevo intento de relance del programa de Herrera que el *Guzmán* apócrifo camuflaba, sino que se había adelantado, destruyéndola de antemano, a toda tentativa de nueva continuación apócrifa a su segunda parte. Habiendo pasado a un plano trascendente, el pícaro estaba a salvo de potenciales imitadores. Alemán había así cumplido con la profética promesa hecha a Herrera en sus cartas de 1597. Había corregido las obras de Herrera y había también logrado la común consagración de ambos, que en su GAII designaría como «nuestra gloria». Alemán podía incluso pretender sentirse con la conciencia tranquila ya que había obrado con la vista puesta en el «aprovechamiento» de su interlocutor, cuyos deseos por añadidura parece haber cumplido al pie de la letra. Alemán había logrado alcanzar en su obra ese punto de perfección (GAII, p. 509) tan ansiado por el propio Herrera (AdP [1975], p. 16). Como ponderando lo dicho, López del Valle en su prólogo al AP declara que la hagiografía, tal si se tratase de una característica indisociable de «las vidas de los varones perfectos», serviría «de espuelas, a los varones perfetos, para que lo sean mas». Pero ¿cómo se puede mejorar la perfección?. El corte tautológico de la declaración es un guiño en dirección de Herrera, quien a lo largo de su AdP reitera el alcance a ultranza de la perfección como elemento intrínseco e indisociable de su obra. Véase Apéndice I.

[26] El auténtico «discreto» no parece haber tenido proclividad a «desvanecerse» (GAI, p. 110); contrariamente a Herrera a quien Aleman en su segunda carta subraya su inclinación a la vanidad con un «no... te desvanezcas».

al parecer reanudando un interrumpido intercambio: «Y tú, deseoso de aprovechar…». Alemán parece estar retomando el hilo de su inacabada correspondencia de 1597 con Herrera[27], al mismo tiempo que continua su intercambio con el «vulgo» iniciado en el paratexto anterior, con quien esta subcategoría, o categoria alternativa, de «discreto lector» a quien tutea parece tener mucho en común, pese a las apariencias en contrario. En ambos casos se trata de un interlocutor singular, proclive a reirse con la «conseja» y a pasar por alto el «consejo»[28].

El discreto lector específico a quien Alemán tutea parece ser lo opuesto del verdadero «discreto», designado sin epíteto[29]. Contrariamente al auténtico «discreto», este falso «discreto lector» parece precisar de largos exordios. Por ello Alemán le completa las explicaciones que ya le había proporcionado en lo que pudieramos llamar ‹proemio› a la obra (inscrito en las cartas de 1597) cuando ahora en el paratexto al *Guzmán de Alfarache* (1599) le dice: «Mucho te digo que deseo decirte, y mucho dejé de escribir que te escribo». Dentro de un mismo texto, Alemán se dirige a dos categorías diferenciadas de lector discreto. Por una parte está un público selecto tanto de simpatizantes como de detractores, conocedores ambos de la controversia entre Alemán y Herrera acerca del programa de reforma asistencial. Estos lectores iniciados comparten con el autor «afinidades de resonancia»[30] que les permiten una interpretación incisiva de la obra a un segundo nivel de lectura. Por otra, está ese individuo singularizado como categoría aparte, cuya indefectible y absorbente atención Alemán daba tan por supuesta que se dirige a él directamente y tal si éste estuviese orgánicamente integrado en el entramado mismo de la obra. Este es su interlocutor-destinatario de elección, que Alemán presenta como diferenciado de la categoria del «discreto» genérico, al parecer el mismo de siempre, ya que Alemán no

---

[27]   Como botón de muestra indicamos que tanto aquí como allí Alemán hace referencia a su propia falta de «caudal» y a su meta altruista del «bien común».

[28]   Concepto expresado en su carta «Al vulgo» mediante alusión a la fábula del «perro y de la zorra».

[29]   «No me será necesario con el discreto largos exordios ni prolijas arengas» (GAI, «Del mismo al discreto lector», p. 110). Se trata de dos categorías nítidamente diferenciadas.

[30]   OC, Intr., pp. xxi–xxii.

entabla sino que prosigue una conversación anteriormente iniciada con él. Este no es otro que Herrera, su interlocutor y destinatario epistolar de elección, para quien compuso y a quien ofrece su obra con ánimo supuestamente constructivo[31]: «Y tú, deseoso de aprovechar, a quien verdaderamente consideré cuando esta obra escribía… Mucho te digo que deseo decirte, y mucho dejé de escribir, que te escribo». Alemán parece haber establecido para él un manual de lectura idiosincrático, en específico registro de lectura; diferenciado de la somera presentación reservada al «discreto» así como del que a continuación y separadamente ofrecerá a su lector general bajo el epígrafe de «Declaración para el entendimiento deste libro».

Ello no obstante y pese a la citada diferenciación, la última sección del paratexto «Al discreto» parece ir dirigida a ambas categorías de lector («el discreto» y «tú») tratadas bajo el citado epígrafe a las que respectivamente pudiere ser de utilidad. Alemán en esta última sección ignora la vertiente ficcional y se concentra en el aspecto histórico y doctrinal de la obra, que designa como «discurso», en su tema o «sujeto» y no en su trama narrativa. Indica que su base conceptual son las fuentes tanto profanas como religiosas, en cuya autoridad se apoya para legitimar su propio pensamiento: «No es todo de mi aljaba; mucho escogí de doctos varones y santos: eso te alabo y vendo»[32]. Reitera que se trata ante todo de una obra cuya vertiente discursiva ofrece amplio margen para moralizar[33]. Sin embargo, al utilizar la palabra «aljaba», Alemán está poniendo a Herrera en guardia acerca del caracter combativo de su contradiscurso[34].

---

[31] En referencia a los «consejos» en ella insertos le dice «recibe los que te doy y el ánimo con que te los ofrezco».

[32] En su respuesta a la «Primera objeción», Herrera apoyaba explícitamente su argumentación en los escritos de «muchos varones santos y doctos» (RD, fol. 2v.; AdP [1975], p. 139).

[33] «En el discurso podrás moralizar según se te ofreciere: larga margen te queda» (GAI, p. 112).

[34] Apoyándose en el prestigio moral de los sabios y justos, Alemán está adaptando aquí un tanto libremente el sentido de la frase proverbial «Bien se conoce de qué *aljaba* salen las flechas» (DA, s. v. «aljaba»), lo que le permite advertir a su interlocutor que sus dardos iban dirigidos contra «una persona o personas» (cuya identidad quedaba inferida) que «hacen malos oficios, o escriben contra otra, aunque no se manifiesten ellas». Por una parte Alemán estaba indicando a Herrera que se diese por aludido, y

Le advierte asimismo que ocasionalmente encontrará frivolidades e incoherencias deshilvanadas, «lo… no grave ni compuesto»; aspecto sobre el que Alemán se descarga de toda responsabilidad ya que como reflejo del «pícaro el sujeto deste libro» son en cierto modo «cosas» que le son ajenas. Estas disonancias recogen tanto la esencia como la existencia, el «ser» de un individuo concreto, «un pícaro» cuya voz, puesto que se trata de un «discurso», encuentra también eco en la obra. Este sujeto o ente histórico con ínfulas de moralizador, que hace al parecer incursiones en la obra narrativa, es utilizado por Alemán como «sujeto» de su libro; es decir, como modelo temático del mismo. Este «ser de un pícaro» exterior a la obra, tiene vida propia, hecho que condiciona en parte la libertad creativa de Alemán, quien hasta cierto punto tiene que atenerse a un guión preexistente. El que Alemán presente las «cosas» de este modelo temático como incursiones imprevisibles, es decir vitales, suscita la imagen de un ser contemporáneo. Alguien tan conocido de ambos que no precisa presentaciones y respecto a quien Alemán, como si se tratase de una pueril adivinanza, invita a su interlocutor a que picardee con sus cosas[35]. Dado que, como se precisa, «las tales cosas … serán muy pocas»[36], hay que descartar que Alemán esté aludiendo a Guzmán de Alfarache protagonista del libro y hay que asumir que se está refiriendo a otro pícaro, cuya presencia e identidad hay que desentrañar a un segundo registro de lectura y cuya esencia es el sustrato mismo del discurso, el auténtico «sujeto» o tema del mismo. La descripción del «sujeto» del

por otra que su repudio de su persona y obra trascendía el ámbito de la animosidad personal y era un ataque contra una conducta ya reprobada en los tratados de moral. La conducta y obras de Herrera eran objetiva y moralmente censurables.

[35] «Las tales cosas… picardea con ellas».

[36] Esta precisión ilustra el hecho, apuntado más arriba, de que la presencia de Herrera en esta «primera parte» se sitúa en el plano de un discurso, psíquicamente exterior al personaje, que representa la voz del discurso oficial demagógico, frente a cuyo engaño Guzmanillo se mantiene lúcido. Ello no obstante, la insidiosa propaganda podía hacer estragos. En algún que otro momento Guzmanillo presenta signos de contaminación mental, como cuando explotado y agotado como «sollastre de cocina» y modelo de sumisa laboriosidad al servicio de un desalmado cocinero, cae en la tentación de decir que «la ociosidad ayudó en gran parte y aun fue la causa de todos mis daños» (GAI, p. 318); como si el pobreto Guzmanillo, convertido en prosélito del discurso de Herrera, se hubiese sentido culpable sin tener culpa alguna.

libro como el «ser» de un ente definido como «un pícaro» es evocativa de la que Barros ofrece del tema de la obra de Herrera en su «Carta para el lector» (1598), en la que antropomorfiza el «zelo» de «nuestro autor», Herrera, que consistía en «dar ser y forma a la caridad». Esta afinidad de expresión en las respectivas definiciones de las obras de Herrera parece presentar una invitación, dirigida al lector coetáneo iniciado, al cotejo de la carta al «Lector» de Barros y la de al «Discreto lector» de Alemán.

La invitación al «picardeo» se presenta como un reto un tanto provocativo. Sugiere la existencia de un terreno de complicidad entre un «pícaro» específico, modelo temático y sujeto del libro, y un interlocutor y destinatario del libro, «pícaro» lector capaz de picardear con el primero, quien no era un pícaro genérico. El principal interlocutor y destinatario de Alemán es Herrera, a quien los textos preliminares del *Guzmán de Alfarache* (1599) aluden frecuentemente mediante referencias a los paratextos del *Amparo de pobres* de 1598. En los textos preliminares de la novela, la evocación a Herrera comparte un espacio con el «discreto lector», quien como él es también un lector iniciado en los arcanos del pícaro. Como gran conocedor del asunto, Herrera es de alguna manera el «discreto lector» por antonomasia, aquí también el máximo. La invitación al picardeo ofrecida tentatoramente por Alemán a Herrera, su interlocutor de elección, dirige asimismo la atención del «discreto», en el sentido lato del lector iniciado, hacia la identidad del modelo temático de la obra, indicándole al mismo tiempo por inferencia que Herrera, su modelo temático, no debía de ser tomado por el protagonista de la fábula. La «poética historia» y su principal protagonista todavía no han sido anunciados específicamente. Su reparto aparece bajo el epígrafe de «Declaración para el entendimiento deste libro». Cambiando de registro y dirigiéndose a un público más amplio que incluía al lector medio no iniciado en los arcanos del asunto pero sin excluir al «discreto», Alemán opta en este nuevo paratexto por un módulo de exposición de su obra más objetivo y estructurado. Sin embargo, explica que la «poética historia» no es simplemente una narrativa lineal. Es también un componente activo del «discurso»[37]. La «poética historia» incluía un discurso y una fábula, pero no era exclusivamente ni lo uno ni lo

---

[37] Entendido en sentido lato como trasfondo conceptual y como desarrollo de la trama narrativa.

otro, era una fusión de ambos elementos. Luego de alguna manera las incursiones del pícaro «sujeto del libro» aparecerían reflejadas tanto en la parte discursiva como en la parte narrativa de la obra. Mientras que la fabula corría enteramente a cargo de su autor Alemán[38], la «poética historia» contenía elementos que, como su denominación sugiere, provenían de un plano histórico. En este plano se situa el guión que subyace a la obra de Alemán. Un guión cuyo origen se situa fuera de la obra literaria, a la que sin embargo alimenta y contribuye de manera consubstancial y simbiótica.

Conviene sin embargo tener presente que se trata de un guión preexistente[39]; hecho que determina que la relación entre ambas vertientes, la histórica y la poética, la discursiva y la narrativa, contenga una dinámica cuyo curso no quedaba totalmente bajo el control de Alemán – y que además prosigue, ya que el modelo temático sigue en vida. Consciente de la dificultad interpretativa de su «poética historia», cuyo *terminus ad quem* desborda los lindes del libro, Alemán invita a su lector a que acepte el presupuesto de un determinado final previamente anticipado: «para lo cual se presupone…».

En la «Declaración para el entendimiento deste libro» Alemán presenta a su protagonista, otro pícaro diferenciado del pícaro «sujeto» del libro. Pero así como el «discurso» queda integrado en el «libro», el «pícaro sujeto» forma también parte del pícaro protagonista, con quien comparte ciertos aspectos. En la novela, los correspondientes registros narrativos estarán consubstancial pero fluidamente ligados, como también lo estarán los dos pícaros en su dinámico devenir. Aunque el pícaro «sujeto», modelo temático e histórico, permanece anónimo, el pícaro protagonista queda específicamente identificado como «Guzmán de Alfarache», a quien Alemán designa afectuosamente como «nuestro

---

[38] «en lo que adelante escribiere se dará fin a la fábula, Dios mediante».

[39] Para la primavera de 1599, fecha de salida de la «primera parte», el influjo de Herrera como figura pública se había profundamente debilitado; era, metafóricamente hablando, hombre condenado «por delitos que cometió» (GAI, «Declaración para el entendimiento deste libro», p. 113). Su programa reformador había comenzado a zozobrar antes de la caída de Arce y terminó hundiéndose con el destierro del Presidente.

pícaro»[40]. Por medio del pronominal «nuestro», Alemán está creando una relación de complicidad con su lector[41]; complicidad en la que también entra el lector «discreto», quien en su más penetrante lectura tendría presente el hecho de que detrás de la línea narrativa existe otro registro, de que detrás de Guzmán de Alfarache, «nuestro pícaro», existe un pícaro «sujeto», modelo temático del libro[42]. Este ámbito de complicidad podría asimismo albergar un malicioso guiño de Alemán en dirección del propio Herrera, modelo temático del pícaro «sujeto», y lector destinatario de elección. En este caso, el pronominal «nuestro» a un segundo registro suscitaría una relación de odio visceral plasmada en la figura de un pícaro fusional ya esbozada en la segunda carta a Herrera con la frase que «tú y yo seamos una misma cosa y cada individuo medio del otro, gobernados como un solo corazón... sin haber tuyo ni mío». Conviene por lo tanto tener presente que en esta relación entrañadamente conflictiva recogida en la «primera parte del pícaro», en éste pícaro *ur* también está incluso el propio Mateo Alemán. Así como el pícaro «sujeto» es un ente relacionado con pero independiente del pícaro protagonista, Guzmán de Alfarache es un personaje con vida propia, no un mero trasunto del pícaro «sujeto». Guzmán de Alfarache es nada menos que el coautor del *Guzmán de Alfarache* en su totalidad.

La hipótesis según la cual la expresión «nuestro pícaro» debe ser entendida como referencia a un ente aglutinador del pícaro «sujeto»

[40] Este orden de presentación paratextual se corresponde con el orden de aparición de las diferentes facetas o avatares del pícaro en la narración, en la que la voz anónima del pícaro que nos habla desde otro tiempo y otro espacio precede a la salida a escena de Guzmán de Alfarache. Su autobautizo o toma de nombre escénico como personaje independiente sólo tendra lugar al final del capítulo segundo del libro primero (GAI, pp. 161–162). El epígrafe del primer capítulo no menciona a Guzmán de Alfarache, se limita a indicar: «En que cuenta quién fue su padre».

[41] Esta complicidad es de alguna manera comparable a la que también se daba entre el «pícaro» como sujeto del libro y el «discreto lector» como interlocutor y destinatario de Alemán.

[42] El pronominal posesivo «nuestro» sugiere connivencia entre autor y lector y es evocativo del «nuestro autor» con que Barros designa dos veces a Herrera en su «Carta para el lector». Dada la cercanía entre la fecha de publicación de las dos obras y su afinidad temática, el lector discreto quedaba invitado, a un segundo registro de lectura aplicable a ambas, a aproximarlas y reflexionar sobre la identidad de «nuestro pícaro».

y del pícaro protagonista encuentra corroboracion en el hecho de que Alemán presente una descripción del mismo como «muy buen estudiante, latino, retórico y griego» que no se corresponde con la trayectoria biográfica de Guzmán de Alfarache en la primera parte[43]. Dado el alcance de esta aseveración, no se puede pensar que se trate de una inexactitud o pequeño despiste por parte de Alemán. Se trata de una incursión deliberada, de una traslación poética del registro histórico. En efecto, del pícaro «sujeto», de Herrera, sí se podía decir que para la elaboración de sus «discursos»[44] se había servido de una erudición clásica que, sin embargo, en muchos casos, como se ha indicado, no había asimilado debidamente; incompetencia que hacía de él objeto de burla por parte de la crítica iniciada. Los «discursos» de Herrera representan así el transfondo conceptual contra el cual la vida de Guzmán de Alfarache se revela como contradiscurso que denuncia, enmienda y corrige el «discurso» de Herrera.

La desorientación proveniente de la falta de correspondencia entre el personaje descrito en los paratextos de la primera parte y el protagonista del *Guzmán de Alfarache* (1599) queda incrementada en

---

[43] «Guzmán de Alfarache, nuestro pícaro, habiendo sido muy buen estudiante, latino, retórico y griego, como diremos en esta primera parte...» (GAI, «Declaración para el entendimiento deste libro», p. 113).

[44] Ya en 1595, se jactaba Herrera de que los teológos más prestigiosos y eruditos del Reino habían aprobado su discurso teniéndolo «por muy llegado a la ley de Dios y natural, y verdadera Teología, Economica, y politica» (AdP, fol. 21v.). En la versión definitiva del AdP (1598) incluyó por vez primera esta aprobación, fechada el 1 de mayo de 1595 (AdP [1975], p. 245–247) pero no incluída en AdP (1595). En esta aprobación la lista de firmantes va encabezada por «Fray Diego de Yepes, confesor de Su Majestad». En su carta preliminar al AdP de 1595, Herrera ya presentaba a fray Diego como su principal apoyo. Por otra parte la ausencia de la firma de Don García de Loaysa en la aprobación publicada en 1598 es digna de ser notada. Alemán ironiza sobre la presunta erudición de Herrera cuando en su «Prologo» a los *Proverbios* (1598) de Barros celebra la verdadera erudición de su autor en términos que por inferencia ponen en tablas la supuesta formación clásica de Herrera. Alemán describe la obra de Barros como «la quinta essencia de la Etica, Politica, Economica». En su «Elogio» a Mateo Alemán, Luis de Valdés describe el GAII en los mismos términos como «escuela de fina política, ética y euconómica», dando como por supuesto que en el caso de su autor se trataba de un conocimiento auténtico de estas materias.

el «Elogio de Alonso de Barros»[45] . En los textos preliminates, Barros y Alemán se reparten como buenos amigos el botín de su prolongada, ardua y amordazada contienda contra su común enemigo, Herrera, al que por fín han conseguido emboscar y desenmascarar públicamente. La reseña que Barros ofrece de la «historia» que Alemán «ha sacado a luz» támpoco se corresponde con la historia de Guzmán de Alfarache en la primera parte. O bien Barros conocía de antemano el desenlace de la obra, reservado para otro volumen y no narrado en la «primera parte», o bien Barros se estaba refiriendo a otra historia, a otro guión, o por lo menos a un guión paralelo sito en un segundo registro de lectura. El personaje que según Barros quedaba retratado «tan al vivo» por Alemán, no coincide en absoluto con el Guzmanillo del *Guzmán de Alfarache* (1599). Guzmanillo es lo opuesto del «hijo del ocio... padre... de todos los vicios... centro y abismo de todos» quien a decir de Barros queda retratado «tan al vivo» por Mateo Alemán. Por su personalidad y vivencia, Guzmanillo es asimismo la antítesis de la figura del pobre fingido en el discurso reformador de Herrera. Guzmanillo es laborioso, moderado en sus costumbres, riguroso practicante del rito católico, vulnerable y maltratado: «sin saber dónde iba, desbaratado, desnudo, sin blanca y aporreado»[46]. Niño-adolescente, es un pobre válido y vigoroso que tiene que buscarse la vida no como quiere sino como puede. La picaresca no es su vocación sino su destino, un callejón sin salida[47]. Por otra parte, lo idiosincrático de su trayectoria, al origen de cuya genealogía y etiología se remonta la obra, es demasiado singular para poder haber servido de prototipo genérico del ocioso depravado descrito por Barros. Además, si abandonamos los prejuicios adquiridos

---

[45] Por su semejanza con el tenor del «Prologo» que Alemán le había escrito en 1598 como paratexto de sus *Proverbios*, esta contribución de Barros representa una gráfica ilustración de lo allí declarado; a saber, la pública y recíproca amistad que unía a los dos autores.

[46] GAI, p. 384.

[47] Guzmán presenta su modo de vida como una fatalidad provocada de alguna manera o por lo menos precipitada por la inexorable mirada del otro, de la opinión pública; mirada en la que antes de haber pasado al acto ya se veía reflejado como condenado al latrocinio: «acusado de ladrón en profecía» (GAI, p. 263). El pobreto picarillo era víctima del prejuicio institucionalizado: «Lo de los otros era pecado venial y en mi mortal» (GAI, p. 318).

por la lectura del discurso de Herrera, nos percatamos que en realidad Barros no especifica en ningún momento que se estuviese refiriendo a un pobre mendigo vocacional, de aquellos acusados por Herrera. ¿A quién, a qué individuo concreto se estaba entonces refiriendo? Barros estaba reproduciendo el retrato de un adulto, a su decir magistralmente descrito por Mateo Alemán en su obra, cuyo desastroso final, al parecer ya acaecido en otro volumen, en otro espacio o registro, parecía conocer directamente: «pagó con un vergonzoso fin las penas de sus culpas y las desordenadas empresas que sus libres deseos acometieron». Esta cruda descripción desprovista de toda empatía hacia un individuo descrito como depravado e irredento, no coincide con la conmovedora figura que del protagonista Guzmán de Alfarache, forzado autobiógrafo en avanzada vía de redención, nos ofrece Alemán en su «Declaración para el entendimiento deste libro».

Barros no nombra ni una vez a Guzmán de Alfarache, ni tampoco se refiere a pícaro alguno. El retratado por Alemán al que Barros alude como «el hijo del ocio» es reconocible no tanto por sí mismo cuanto por su parecido con su padre: «ninguno, por más que sea ignorante, le dejará de conocer en las señas, por ser tan parecido a su padre … como lo es él de todos los vicios…». Es la figura del padre la que disfruta de suficiente notoriedad como para ser universalmente reconocida. El padre es por lo tanto una figura con proyección de pública actualidad[48]. Este «padre» evoca la figura del inventor y generador del slogan del «hijo del ocio». En su programa de reforma, Herrera había en efecto acuñado un estereotipo de pobre, sinónimo del «hijo del ocio», que demonizaba al pobre verdadero y, por perversa asimilación propagandística con el ocioso, justificaba su sometimiento a la despiadada jurisdicción de los reformadores. La figura del pobre como «hijo del ocio» era una mentira[49] fabricada a imagen y semejanza de la falsedad de su inventor. En el «Elogio» se estaba aludiendo no tanto al pobre ocioso cuanto a su «padre», o creador del slogan, al propio Herrera, cuya impostura había alcanzado tal notoriedad que Barros podía confiar en que, pese a no haberlo designado con su nombre, toda persona informada sabría reconocerle «en las señas»; es decir, en los indicios o pistas

---

[48] Guzmanillo no tenía uno sino dos padres.

[49] Engaño denunciado por el testimonio de la vida y circunstancias de Guzmanillo.

proporcionados para facilitar su desenmascaramiento tanto en el texto del libro como en los paratextos. Barros precisa sin embargo que el retrato pintado por Alemán en el libro con tan logrado parecido estaba enmarcado y como protegido por celosías: «en los lejos y sombras con que ha disfrazado sus documentos, y los avisos tan necesarios para la vida política y para la moral filosófía»[50]. Esta cautelosa presentación, indicativa del arriesgado sesgo de una obra basada en personajes y situaciones históricos contemporáneos, coincide con las reservas expresadas por el propio Alemán, quien, dirigiéndose a su interlocutor de elección, decía: «Muchas cosas hallarás de rasguño y bosquejadas, que dejé de matizar por causas que lo impidieron…». Por una parte, las precauciones tomadas indican lo delicado y grave de los asuntos tratados. Por otra, parecen sin embargo servir de acicate para interesar a su interlocutor con un provocativo tira y afloja, como si Alemán en su libro hubiese estado tentando los límites de tolerancia de sus adversarios: «Otras están algo más retocadas, que huí de seguir y dar alcance, temeroso y encogido de cometer alguna no pensada ofensa…»[51]. No es difícil adivinar la reacción de Herrera y de las personas del entorno del depuesto presidente favorables al programa reformador que, habiéndose reconocido en la obra, se vieren puestos en evidencia y ofendidos por ella. Estos eran los que Alemán designaba como los «fingidos», cuyas «estratagemas y cautelas», como ya lo anunciaba en su primera carta, prometía dar a conocer en la «primera parte del pícaro».

A juzgar por lo expresado por Barros en su «Elogio», habría que

[50] Barros hace hincapié aquí sobre la dimensión «política» de la obra de Alemán. Noción ésta que a su vez evoca la formulación que del contendio del AdP hacía fray Martín Vázquez Arce en la segunda aprobación al AdP dispensada en 1597 tras la inclusión del «Discurso del modo que parece podría tener en la ejecución, para el fundamento, conservación y perpetuidad de los albergues, y lo demás necessario al amparo de los verdaderos pobres, y reformación y castigo de los vagabundos destos reinos»; aprobación que respecto a la dispensada por Don Alonso Coloma en 1596 añadía que los discursos también trataban de «materias políticas». Aunque la primera aprobación del AdP se remonta a 1596, la compilación de los discursos en un sólo volumen sólo se publicaría en 1598. La segunda aprobación es de 1597, el privilegio real está fechado el 6 de marzo de 1598 y la tasa el 19 de mayo de 1598. Todo ello parece indicar que se trató de un proceso editorial accidentado, controvertido y lento.

[51] GAI, «Del mismo al discreto lector», p. 111.

descartar el que Alemán se hubiese limitado en su obra a sólo retratar la vida y obras de un personaje ficcional. Su modelo provenía de otro registro y Alemán había conseguido captarle de manera tan «al vivo» que Barros se siente como si él mismo hubiese sido testigo presencial de los hechos relatados: «sólo nos vienen a hacer ventaja en haberlo escrito, pues nos persuaden sus relaciones, como si a la verdad lo hubiéramos visto como ellos». Alemán, quien según Barros «ha conseguido felicísimamente el nombre y oficio de historiador», está al parecer describiendo a alguien contemporáneo y conocido a quien el autor del «Elogio» presenta como «la figura inconstante deste discurso», siendo así que una de las críticas más constantes que se hacían a Herrera era, como ha quedado ampliamente indicado, la de su inconstancia y veleidad. Alemán había conseguido inmortalizar la figura de su sujeto, a quien parecía conocer personalmente ya que según la expresión de Barros lo había «visto». Alemán, para Barros, se asemeja a los grandes pintores cuyos lienzos «como en archivo y depósito guardaron ... las imágenes» de sus modelos perpetuando la memoria de su gloria o de su infamia en acorde respectivo a su comportamiento. El castigo sufrido por el modelo de Alemán fue «debido y ejemplar». Aunque, como en el caso de los modelos de los pintores citados, Barros omite especificar su naturaleza, por inferencia se puede asumir que el dicho castigo podría haber consistido en la inmortalización de su «imagen», figura y obras, que no eran otras que las del modelo aludido, Herrera, que con el rigor del historiador y el talento del escritor Alemán habría recogido para la posteridad, tal y como se lo había anunciado al propio Herrera en su segunda carta. La autodeclarada misión de Alemán respecto a Herrera sería análoga a su función respecto a su sujeto en la «primera parte del pícaro» que consistía en inmortalizar la imagen de su «infamia» para incitar el «escarmiento» en el lector[52]. Se podría decir que Barros estaba leyendo a Herrera la sentencia a la que ya había sido condenando, y que lo estuviese haciendo *in situ,* desde el mismo enclave en el que el fingido reformador ya había sido castigado; a saber, desde el seno mismo

---

[52] Dado el revés de fortuna sufrido por la imagen de Herrera, el hombre y su obra, tras la caída en desgracia y destierro de Arce, Barros podría estar apuntando a su sonado fracaso y pública deshonra como *exemplum* de escarmiento para los lectores de malas costumbres.

del libro prometido en la primera carta de 1597 y por fín publicado en 1599 donde «la figura inconstante deste discurso», evocativa del retrato de Herrera, «pagó con un vergonzoso fin las penas de sus culpas y las desordenadas empresas que sus libres deseos acomentieron» (GAI, «Elogio», p. 116). De esta manera, la infamia de Herrera sería inmortalizada en la «primera parte del picaro» en paradójica y simultánea exaltación de Alemán, cuya gloria es celebrada por su amigo Alonso de Barros en su «alabanza» del «libro» y de su «autor».

Así como Alemán en su «Declaración para el entendimiento deste libro» había proporcionado el perfil biográfico del pícaro protagonista, Barros completaría en su «Elogio» la presentación del libro concentrándose en suministrar un esbozo de su «sujeto» o modelo temático. Alemán había indicado que su obra tenía dos fuentes de inspiración, dos modelos; Barros indicará que la moraleja de la obra era aplicable a dos categorías o tipologías de público diferenciadas, a dos categorías de destinatarios. Lo que tanto Alemán como Barros dejan claro es que la obra de Alemán presentaba dos registros diferenciados de lectura. Según Barros, la historia presenta, a un primer registro, una demostración «infalible» del «conocido peligro» a que quedan expuestos «los hijos que en la primera edad se crían sin la obediencia y dotrina de sus padres, pues entran en la carrera de la juventud en el desenfrenado caballo de su irracional y no domado apetito»[53]. Estos jóvenes acaban despeñándose[54]. La elección terminológica de Barros recuerda la de los

---

[53] Precisa Barros que en realidad se trata de «demostraciones» todavía «más infalibles» que las ofrecidas por el apotegma de Licurgo citado por Plutarco (GAI, p. 116, n. 7). Alemán habría sobrepasado así incluso a los moralistas de la antigüedad en sabiduría y capacidad expositivo-demostrativa. Esta jactancia superlativa, tan atípica de la relación entre Barros y Alemán y en apariencia gratuita, es por otra parte un guiño hacia un rasgo identitario indisociable de Herrera, en todo Máximo. Con talante paródico, Barros hace mención de dos perros que aunque hermanos de camada tenían comportamientos distintos; posible referencia a la tensa unidad temática del *Guzmán* que incorpora fusionados el discurso de Herrera y el contradiscurso de Guzmán. Como Herrera, el perro carente de formación y determinación «por no estar tan bien industriado», confundió lo esencial con lo accesorio y se entretuvo en comer el hueso que encontró en el camino sin conseguir alcanzar su cometido. El otro, traslación del discurso de Alemán, «por la buena enseñanza y habituación» consiguió dar alcance a «la liebre hasta matarla».

[54] Este previsible desenlace, apenas iniciado en la «primera parte», parece anunciar

discursos de Herrera, con la noción de «inconvenientes» como uno de sus *leitmotivs*. Pero Barros indica además que el susodicho peligro de caída afecta también a un tipo muy específico de individuo, aludido en singular con un «que no está menos sujeto a ellos el que...». Este individuo, de quien se nos dice que «sin tener ciencia ni oficio señalado... usurpa oficios ajenos de su inclinación[55]... perdiéndose en todos y aun echándolos a perder, pretendiendo con su inconstancia e inquietud no parecer ocioso, siéndolo más el que pone la mano en profesión ajena que el que duerme y descansa retirado de todas», no es ciertamente Guzmán de Alfarache. No hay en la «primera parte» ningún personaje que corresponda a la citada descripción, fuera del inquieto Ozmín[56] que lo mismo hacía de jardinero que de albañil y que decía «no poder estar ocioso»[57] pese a que nunca acababa los trabajos emprendidos en oficios

de forma más precisa el irrevocable futuro reservado a Guzmán de Alfarache y a los guzmanillos de este mundo en general. Barros indica que Alemán está tratando de un tema muy manido desde la antigüedad, pero que lo hace por medio de un método discursivo supuestamente más perfecto. Barros está parodiando aquí las pretensiones innovadoras de Herrera en un campo tan trillado como el de sus propuestas de reforma asistencial.

[55] Herrera se autodescribía como persona con «inclinación a emprender cosas grandes». (AdP [1975], pp. 10–11).

[56] Aunque el paralelo entre Ozmín y Herrera es digno de ser notado, Barros no está describiendo a Ozmín en su «Elogio».

[57] «Cuando todos holgaban, buscaba en qué ocuparse» (GAI, p. 222). Su actividad era tan excesiva que suscitaba la oposición de su entorno, siendo por ello «reprehendido por... sus compañeros». Grupo éste cuya reacción es sin embargo comprensible ya que (como queda inferido), pese a las apariencias en contrario, Ozmín no era un trabajador modélico. Actuaba sin solidaridad y en detrimento de los intereses de un gremio al que se había incorporado por cálculo personal. En mimética parodia a la reacción de Herrera frente a la crítica de sus compañeros del grupo de San Martín, al que se había incorporado por afán de medro y sin vocación asistencial alguna, Ozmín se declaraba, como Herrera, libre de toda culpa y achacaba a bajeza y conscupiscencia de lo ajeno a los reproches que se le hacían: «que hasta en las desventuras tiene lugar la invidia». Ni Herrera ni Ozmín eran víctimas de sus críticos. Tanto el uno como el otro habían comenzado «su oficio procurando aventajarse a todos». Ozmín, quien como Herrera había usurpado oficios ajenos a su profesión o inclinación, dejó que el albañil acabase los «reparos» mientras que él «quedó por jardinero». Oficio éste que desconocía pero para el que había sido seleccionado no como resultado de su

ajenos a su profesión. El perfil trazado por Barros representa a alguien que no forma parte del reparto de la novela. Ello no obstante, Barros está sugiriendo que ese individuo, aunque exógeno a la narración, no por ello es «menos sujeto» de la obra. Este inconstante y ocioso impostor es el «pícaro sujeto deste libro»: Herrera[58].

Para Barros, esta figura del ocioso impostor es tan real y tangible que a renglón seguido establece una comparación entre su comportamiento y el del propio Alemán: «Hase guardado también de semejantes objeciones el contador Mateo Alemán en las justas ocupaciones de su vida, que igualmente nos enseña con ella que con su libro, hallándose en él el opuesto de su historia, que pretende introducir». Barros no está estableciendo aquí un paralelismo entre un personaje de ficción y Mateo Alemán[59]. Está invitando al lector a entrar en un segundo registro de lectura ya que el retratado representaba a un ser de carne y hueso contemporáneo, ligado a la vida y obra de Alemán y reconocible

---

aptitud profesional sino por haberse destacado aplicando otros criterios: Ozmín se había distinguido por su «solicitud». Respondiendo a Don Luis, quien le preguntó si «entendía» de los ministerios de la casa y especial de los del jardín, Ozmín «dijo que un poco, mas que el deseo de acertar a servir haría que con brevedad supiese mucho» (GAI, p. 222). El deseo de acertar era asimismo una expresión característica de Herrera (RD, fols. 1v.–13r.; AdP [1975], p. 196)), a quien (como se ha apuntado en este estudio) se aplicaban asimismo criterios de selección un tanto idiosincráticos para el desempeño de sus diversas y muy especializadas ocupaciones. Este rasgo es compartido también por Guzmán, quien al servicio del embajador confiesa que suplía las «prendas que [le] negó naturaleza… por maña, tomando ilícitas licencias y usando perjudiciales atrevimientos, favorecido todo de particular viveza» por faltarle los debidos conocimientos: «por faltarme letras» (GAII, p. 54).

[58] La crítica contra lo que era públicamente percibido como la veleidad e incompetencia de Herrera, quien acaparaba ávidamente oficios fuera de su profesión, parece haber alcanzado su momento álgido por los aledaños de 1598. Herrera alude a esta crítica en su AdP de ese mismo año: «Y porque no me pongan por cargo y culpa que me divierto a muchas y diversas materias los que se cansan y enfadan en ver gastar el tiempo a otros en cosas del bien universal de los prójimos, pareciéndoles ser fuera de camino lo que no es tratar de su particular cada uno…» (AdP [1975], p. 300).

[59] Barros ha trazado el perfil de la «figura inconstante «del discurso de manera lo suficientemente perfilada como para que no pudiese ser confundida con Guzmanillo o por lo menos no con el Guzmanillo de la primera parte. Hubiese sido improcedente establecer un paralelismo entre el comportamiento y destino de un niño ficcional, Guzmanillo, y un adulto histórico, Alemán.

por el lector iniciado «en las señas» o pistas de las que Barros ofrece amplio muestrario. La utilización de la palabra «objeción», vocablo muy utilizado en la oposición al discurso de Herrera, sugiere que en el libro de Alemán, que Barros estaba presentando, los aspectos ideológico y personal son tratados desde una perspectiva fusional. La vida y obra de Alemán son indisociables y ejemplares en igual medida: «igualmente nos enseña con ella que con su libro». Es por ello por lo que las acusaciones de sesgo tanto ideológico como personal tienen como blanco no a un individuo cualquiera, sino a un individuo específico antítesis de Mateo Alemán, luego a alguien tan cercano a él que invitaba a la comparación: «hallándose en él el opuesto de su historia, que pretende introducir». Mediante esta frase gozne, que establece una relación de íntima oposición entre la figura del ocioso impostor y la de Alemán, Barros se ha deslizado imperceptiblemente del plano poético al plano histórico, indicando con ello que en el libro ambos son tan indisociables como lo son los personajes y circunstancias históricos en él evocados; a saber, principal y específicamente Alemán y Herrera, y sus respectivos discursos en antitética relación.

Barros ha conseguido introducir al lector en la dimensión autobiográfica del libro[60], cuya autenticidad queda apuntalada mediante una utilización de la polisémia propia del término «historia». Alemán, quien durante su infancia y juventud había cultivado una afición a las «letras humanas» que nunca abandonaría, cuando al retirarse «del honroso entretenimiento de los papeles de Su Majestad» volvió a dedicarse de lleno a ella, no podía ser tachado, como sí podía serlo el ocioso impostor, «de que en esta historia se ha entremetido en ajena profesión». Barros prosigue indicando la fuerza imperativa de la llamada a la escritura que movió a Mateo Alemán a volcarse en ella

---

[60] Este libro arranca con una somera biografía de Alemán ofrecida por Barros en su «Elogio». Esto podría ser una indicación de que Alemán había introducido en su libro aspectos de su propia historia personal. A un segundo nivel de lectura, la historia narrada en el libro de Alemán, aunque reelaborada, estaría relacionada con la historia de la vida de Alemán, en la que se daba una oposición ideológico-personal con alguien; oposición que Alemán introduce en su libro y que Barros recoge en su «Elogio»: «hallándose en él el opuesto de su historia, que pretende introducir» (GAI, «Elogio», p. 117). De ahí que Alemán la definiese como «poética historia» (GAI, «Declaración para el entendimiento deste libro», p. 113).

abandonando su oficio. No se trataba de un deseo abstracto sino de la necesidad de relatar una historia, al parecer la propia: «su historia»; «tan suya y tan aneja a sus estudios»[61] que «el deseo de escribirla le retiró… de los papeles de Su Majestad, en los cuales…se hallaba violentado»[62]. Contrastando con el caso del ocioso impostor, Alemán no se había metido en profesión ajena sino que, por el contrario, había conseguido formar «este libro» retomando su «primero ejercicio» y a costa de asiduo trabajo y «vigilias». Si Barros dice formar y no crear es por que no se trata simplemente de un cuento imaginario sino de una obra, «poética historia», entroncada con la historia de una relación preexistente. Obra ésta en la que Alemán quedaba asimismo vitalmente plasmado como autor de una historia que reflejaba la suya propia. Tras haber desenmascarado y denunciado públicamente la figura del impostor, «sujeto» del libro, y dejado establecida su relación de radical oposición con Mateo Alemán y su obra, Barros pasa a exponer el antagonisto de sus respectivos objetivos. Paradójicamente lo hace expresando la meta de la obra de Alemán en términos afines a los utilizados por Herrera para presentar el objetivo de la suya. Si Herrera reiteraba que actuaba movido por el deseo del «bien común» (AdP, «Al lector») y por el «bien universal de los prójimos»[63], a decir de Barros, Alemán tomaba «por blanco el bien público y por premio el común aprovechamiento» (GAI, p. 117). La intención de Barros no es sin embargo invitar a un acercamiento conceptual de sus respectivas posturas, sino subrayar, mediante una ilusoria proximidad de forma, su abismal e insalvable diferencia de fondo.

La moraleja final del «Elogio» de Barros es de sesgo prescriptivo, su enseñanza se aplica específicamente y va dirigida a los lectores del libro de Alemán, y en particular a aquellos «hijos de la doctrina deste

---

[61] Barros se refiere aquí al plagio adulterador del que Alemán había sido víctima a manos de Herrera, quien se había aprovechado de su trabajo.

[62] Mediante el término «violentado», Barros está evocando aquí el brusco cese impuesto a la investigación de Alemán sobre las condiciones de vida de los forzados en las minas de Almadén.

[63] AdP [1975], p. 300. Herrera expresa la misma idea en otras ocasiones: «enderezado al bien público… beneficio público, y opinión universal» (AdP [1975], p. 11); «provecho universal de los prójimos» (AdP [1975], p. 16).

libro» quienes[64] tienen el deber de no mostrarse «desagradecidos» hacia «su dueño, no estimando su justo celo» (GAI, p.117). Esta advertencia correctiva de corte universal, que no admitía excepciones y que parecía anticiparse a la previsible reacción del lector ingrato, iba dirigida primordialmente a Herrera, ingrato máximo y principal destinatario del libro. No contento con ello, Barros, con simulado candor, parece instar al lector a considerar que con su agradecido reconocimiento podría salvar a Alemán «de la rigurosa censura, e inevitable contradición de la diversidad de pareceres». Censura que por otra parte como ya sabemos por declaración del propio Alemán, ya se había ensañado con el autor. El enfrentamiento con el rigor de la censura era para Alemán un hecho ya consumado del que, sin embargo, había conseguido salir finalmente victorioso pese a la actuación de aquellos «desagradecidos» que Barros ha descrito también como «hijos de la doctrina deste libro»; es decir, pese a la actuación de quienes habían intentado suprimirlo al verse retratados en él. Barros estaba denunciando públicamente aquí el papel desempeñado por Herrera en la prohibición que impidió durante un tiempo la publicación del libro de Alemán. Estaba acusando a Herrera de instigación y colaboración con la censura y le estaba cínicamente instando a que ahora, desaparecido su protector Arce y frente a la inevitable publicación del libro de Alemán, se mostrase solidario y agradecido hacia su autor.

El ansia de desquite de Barros no acaba aquí. En el apartado final de su «Elogio» parodia el discurso de Herrera[65] de manera tan atrevida que sus voces podrían llegar a ser confundidas. Utilizando el ya mencionado método de suplantación paródica, Barros consigue que esta parte final del «Elogio» pudiese ser atribuible al propio Herrera, quien parecería estar contribuyendo, mediante este ardid, a la inmortalización de su propia parodia. Así como el epílogo del *Amparo de pobres* concluía

---

[64] Deber que en el marco familiar los hijos tienen hacia sus padres biológicos.

[65] En «Apología y Discurso quinto de las respuestas a ciertas dudas y objeciones opuestas al Doctor Cristóbal Pérez de Herrera», Herrera intentaba neutralizar el ataque endulzando el tenor de las críticas de sus detractores. Hablaba con eufemismo de «algunas objeciones» presentadas a sus discursos «con buen celo» (AdP [1975], p. 136). Por ello Barros insta a los lectores, «hijos de la doctrina deste libro», a que juzguen a Alemán «estimando su justo celo» (GAI, «Elogio», p. 117).

falazmente con una presunta elogiosa aprobación de Barros[66], el del contradiscurso de Alemán correría, mediante la intervención de Barros, a cargo de un *ersatz* del propio Herrera. Barros al presentar como un futurible la realidad ya de hecho experimentada por Alemán a manos de la censura, puede realisticamente plantear la necesidad de aceptar la «contradición de la diversidad de pareceres» como algo «inevitable». Barros imita con ello la afectada resignación expresada por Herrera frente a la diversidad de pareceres a la que achaca la contradición que sus discursos han experimentado: «como los pareceres de los hombres todos no sean unos»[67]. Barros hace hincapié sobre este punto cuando observa que quien pretendiese escribir «para todos» quitaría a la naturaleza su «mayor milagro ... que puso en la diversidad, de donde vienen a ser tan diversos los pareceres como las formas diversas: porque lo demás era decir que todos eran un hombre y un gusto». Barros está asimismo informando al lector que Herrera aparecería representado en el libro de Alemán bajo las formas más diversas, pero todas metamórfosis de «un hombre y un gusto». El Herrera que bajo el ala de Arce había actuado como censor implacable de la diversidad de pareceres, en el libro de Alemán sería ofrecido como manjar único, aderezado para deleite del discreto de las más variadas maneras y sabores, a imitacion del menú-maná de los banquetes de Heliogábalo[68].

Herrera tendría su debut literario en 1618 con la publicacion de sus *Proverbios morales*[69], obra en la que omite hacer mención de sus

[66] La intencion aprobatoria se consiguió mediante la desnaturalización del título y propósito de la «Carta de Alonso de Barros... para el lector», publicada en suelta a principios de 1598 como advertencia del peligro que se avecinaba con la públicación y ejecución de los discursos de Herrera. Una vez incorporada en la versión definitiva del AdP (1598), el epígrafe de la carta aparecía trocado como «Carta de Alonso de Barros... epilogando y aprobando los discursos del Doctor Cristóbal Pérez de Herrera».

[67] RD, fol. 1v.; AdP [1975], p. 136.

[68] «Y no quieran todos que sea este libro como los banquetes de Heliogábalo, que se hacia servir de muchos y varios manjares, empero todos de un solo pasto... una sola vianda era; empero como el manna, diferenciada en gustos» (GAII, p. 48).

[69] Obra miscelánea que contenía la versión impresa de su *Relación de servicios*; versión ampliada respecto a la manuscrita de 1605 (fols. 179r.–183r.), que reproduce integralmente (fols. 166r.–179v.).

fuentes en materia de tan ilustre tradición. Dada la relación personal que los unía, la ausencia más notable quizá sea la de toda referencia a Alonso de Barros, autor de los muy celebrados *Proverbios morales* (1598)[70], a quien erróneamente la crítica actual ha venido considerando como amigo de Herrera y campeón de su causa reformadora. Sabemos, sin embargo, que Barros era íntimo amigo de Mateo Alemán, y que Herrera se vengaría de ellos como enemigo que era de ambos. A pesar del prestigio literario de Barros, fallecido en agosto de 1604, Herrera no esperó muchos años para atreverse a sacar su propia y homónima obra. Herrera se autodesignó en ella como discípulo, no de Barros, Hernando de Soto o Covarrubias, sino del mismo Alciato, como si se tratase de una filiación directa sin contribución o influencia intermedia. En los paratextos de sus *Proverbios,* Herrera especifica que en realidad los tenía ya escritos y acabados desde mediados de la década de los noventa, y que la demora en publicarlos se había debido a razones de modestia personal[71] así como por temor a la reacción crítica de algún enemigo concreto.

Según dice Alemán en «Declaración para el entendimiento deste libro», el formato de impresión de su «poética historia» había sido sometido a ciertas modificaciones. Concebida para ser impresa en un sólo volumen, «en el discurso del cual quedaban absueltas las dudas» que en su actual presentación, «agora, dividido, pueden ofrecerse». Alemán decidió «quitar este inconveniente» añadiendo una breve explicación al

---

[70]   Segunda edición de su *Filosofía cortesana.*

[71]   El rasgo característico de Herrera no era la modestia. En la conclusión de su AdP (1598) anuncia que aunque tenía ya terminados otros importantes discursos para «servicio de N. S. y provecho de la república», había decidido no incluirlos para evitar las críticas de sus detractores que le tachaban de meterse en asuntos que le eran profesionalmente ajenos. Pese a lo cual Herrera declara ya en sus discursos de 1598 que había incluído «emblemas morales y versos» para estimular la «curiosidad» de «algunas personas aficionadas a curiosidades y letras humanas» y conseguir por este medio interesarles en ser «muy amigos de pobres verdaderos» (AdP [1975], p. 300). Con la seguridad de quien se cree inatacable, Herrera podría estar aquí aguijoneando a Mateo Alemán cuyo secuestrado libro conocía, devolviéndole el saque y sentándole en el banquillo del «curioso lector», convencido de que el «pícaro» nunca se llegaría a publicar. Su atrevimiento se extendía también a Barros, amigo de Alemán y consagrado autor del género emblemático, aludido en el grupo de los «aficionados» interesados en «emblemas morales».

respecto: «pues con muy pocas palabras quedará bien claro». Alemán da aquí «señas» terminológico conceptuales que indican la existencia de un lazo entre su obra y la de Herrera y apunta maliciosamente al hecho de que el proceso de elaboración de su poética historia evoca por su contrario el de los discursos del *Amparo de pobres*. En su versión definitiva de 1598, Herrera explica que había decidido reunir todos sus discursos, hasta entonces separados, «en un cuerpo de libro»[72]. Así como el formato final adoptado por Herrera reune lo que estaba estructuralmente dividido, la «primera parte» del pícaro era parte de un todo que, por razones que desconocemos, quedaba ahora «dividido». El discreto lector quedaba invitado a conjeturar si un tan opuesto planteamiento de forma pudiere conllevar una pareja oposición de fondo. Lo que Alemán ha dejado «con muy pocas palabras... bien claro» es la relación existente entre su discurso y el de Herrera; entre la identidad de este anónimo «sujeto» del libro y la del «pícaro». Alemán parece estar estableciendo una relacion antitética entre ambos cuando afirma que aunque no es impropiedad que un «hombre de claro entendimiento, ayudado de letras y castigado del tiempo aprovechándose del ocioso de la galera» escribiere «alguna doctrina», sí lo es que «muchos ignorantes justiciados, que habiendo de ocuparlo en sola su salvación, divertirse della por estudiar un sermoncito para en la escalera». Así como la figura del inteligente galeote corresponde a la del Guzmán narrador, los «ignorantes», evocativos de «los ignorantes a cuya censura» Alemán se había obligado[73], representaban a Herrera, a quien se acusaba de «divertirse» en materias ajenas de su profesión y cuyo discurso, o «sermoncito», iba a ser simbólicamente ajusticiado en el cadalso o libro de Alemán. Esta figura bifronte podría incluso prefigurar el desenlace de *Guzmán de Alfarache* (1604) con la conclusión del discurso de Guzmán y la ejecución de su mitad maldita Soto.

Expuestas las pistas textuales que descubren la presencia de Herrera en la primera parte del pícaro, paso ahora a esbozar concatenaciones y proyecciones que apuntan a una lectura globalizadora de la obra de Alemán; lectura que substancia la hipótesis propuesta al inicio de este estudio acerca de la ubicua presencia de Herrera y su obra como

---

[72] AdP [1975], «Discurso primero», p. 24.

[73] GAI, «Del mismo al discreto lector», p. 110.

inspiración y némesis de la obra del sevillano. Con su laberíntica red
sináptico-obsesional, el envolvente y temerario desafío de Alemán tuvo
que dejar suspenso a más de un lector, creando entre los círculos de
cognoscenti un ambiente de inquietud que pudiera explicar lo que ha
sido descrito como la «tácita conspiración de silencio» con que el libro
fue recibido[74]. Alemán declaraba haber sido calumniado de «temerario
atrevido»[75]. Por otro lado estaba, sin embargo, el raudo éxito editorial
reservado a la obra por un público internacional de admiradores, así como
un lapso temporal entre la publicación de la *Primera Parte* auténtica y la
Segunda Parte apócrifa lo suficientemente breve como para comprender
el disgusto de Alemán y la virulencia de su respuesta, ya que la obra
de Martí tuvo que haberle cogido totalmente desprevenido. Martí
operó como si hubiese estado acechando la salida de la obra de Alemán
para prepararle una emboscada e intentar despojarla de su identidad[76].
Conviene dejar asentado que el apócrifo no era un continuación sino
un sabotaje de la esencia misma del *Guzmán de Alfarache* original[77],
que corría así el riesgo de verse suplantado en la mente del lector medio
por su falso doble. El autor o los autores del apócrifo no eran simples
seguidores entusiastas de las aventuras del pícaro; eran discretos lectores
que incluso previo a la publicación de la primera parte conocían
probablemente su clave de lectura. El apócrifo puede interpretarse como
una venganza colectiva por parte de aquellos que se vieron atacados
en el *Guzmán de Alfarache* (1599); grupo encabezado por Herrera, su

[74] Francisco Márquez Villanueva, «Sobre el lanzamiento y recepción del *Guzmán de Alfarache*», *Bulletin Hispanique*, 92, 1990, pp. 549–577. Tomo la cita de José María Micó, «La conciencia textual de Mateo Alemán», en Pedro M. Piñero Ramírez (ed.), *Atalayas del Guzmán de Alfarache*, Seminario Internacional sobre Mateo Alemán, IV Centenario de la publicación de *Guzmán de Alfarache* (1559–1999), Sevilla, Universidad de Sevilla. Diputación de Sevilla, 2002, p. 241 .

[75] GAI , «A Don Francisco de Rojas» , p. 107.

[76] Martí hubiera encajado en la categoría de los descritos por Alemán, ya en su dedicatoria a Rojas, como personas de «mala intención… en acecho de nuestra perdición» (GAI, p. 106). De alguna manera su actuación le acercaba a la percepción que Aleman tenía de Herrera, sobre cuya intención reformadora y deseo de velar sobre su persona albergaba profundas dudas.

[77] Luis de Valdés, refiriéndose a la segunda parte, lo expresa en términos de «habérsela querido contrahacer» (GAII, p. 28).

modelo temático, ya que Arce, quien había ya fallecido,[78] quedaba fuera de toda sospecha. Aunque Herrera no contaba con las competencias literarias y narrativas necesarias para el desempeño de tamaña tarea, la obra sería con todo atribuíble a alguien que, imbuido de la quitaesencia de la controversia en torno a la abortada reforma asistencial de Arce y Herrera, tenía pendiente una cuenta personal con Mateo Alemán. Razón por la que no se puede descartar que el apócrifo fuera una obra de encargo[79]. Notamos que Martí en su segunda parte apócrifa, asimila la figura del «pícaro» a la de *Guzmán de Alfarache*. En su citado gesto de identificación deliberadamente reduccionista excluyente de las diversas facetas del pícaro, titula su obra *Segunda parte de la vida del pícaro Guzmán de Alfarache*[80], en un intento de eliminar de la psique colectiva del lector discreto la conexión que entre el «pícaro» y la figura de Herrera establecida por «la primera parte del pícaro» se mantuviese indeleblemente asociada[81].

Entre estudios genealógicos, discursos sermoneadores y fisiparas

---

[78] Agosto de 1599.

[79] El apócrifo puede ser considerado como un apresurado intento de borrar pistas incriminatorias, volviendo por así decirlo al lugar del crimen. Aunque Alemán, a decir de Barros, era merecedor del «nombre y oficio de historiador», en su poética historia se había guardado muy bien de mencionar abiertamente nombre alguno de «personas públicas y conocidas» que pudiesen ser directamente relacionadas con la narración. Por su parte, el apócrifo, «al introducir personas públicas y conocidas, nombrándolas por sus propios nombres» (GAII, «Letor», p. 22) estaba admitiendo que las había reconocido en la obra de Alemán, aunque en su contraataque utilizase otros ejemplos. *Excusatio non petita, accusatio manifesta*; observación crítica que por inferencia parece detectable asimismo en la redargución del pícaro cuando asaetea a su interlocutor con un descarado: «O te digo verdades o mentiras. Mentiras no… digo verdades y hácensete amargas. Pícaste dellas porque te pican» (GAII, p. 42), con lo que se indica que Alemán sabía que su interlocutor y su entorno se habían reconocido en su «pícaro» y que su reacción al respecto era detectable en el «apócrifo».

[80] Mateo Luján de Sayavedra, *Segunda Parte de la Vida del Pícaro Guzmán de Alfarache*, Valencia, Pedro Patricio Mey, 1602, libr. III, cap. IV (citado en adelante como GAA). Utilizo la edición de Angel Valbuena Prat, *La Novela Picaresca Española*, Madrid, Aguilar, 1946, pp. 579–702.

[81] De su proprio albedrío, la opinión pública había apodado la obra de Alemán como *Pícaro*, cuando en realidad su autor la había titulado *Atalaya de la vida humana* (GAII, p. 115).

aventuras de Guzmán, el apócrifo ocultaba un principal objetivo bien preciso: la rehabilitación de la imagen de los reformadores, Arce y Herrera, y la restauración de su programa asistencial[82]. Para conseguir su meta y recuperar el terreno perdido por la devastadora crítica llevada a cabo por parte del pícaro auténtico, Martí precisaba desnaturalizar su figura, convirtiéndolo en un personaje unívoco, genérico y folklórico[83]. Sólo entonces y con un Guzmán descastado se conseguiría la voluntaria conversión en Monserrat del falso Guzmán como neocatecúmeno de la doctrina demagógica oficial propugnada por la reforma asistencial de Herrera que el apócrifo intentaba relanzar. Pero para conseguir disipar las dudas y objeciones contrarias a la citada abortada reforma y los reformadores, reforzadas en la opinión pública por el contradiscurso del pícaro auténtico, era imprescindible que Martí acallara la voz del enemigo. Por ello mi estudio sugiere que la venganza del apócrifo va dirigida personal y reconociblemente contra la persona de Mateo Alemán con intención de neutralizarle, atemorizándolo e impidiendo que respondiese al contraataque del falso pícaro. En su sermón, el falso Guzmán ofrece a su interlocutor una idiosincrática exégesis evangélica en la que amar activamente a los enemigos es presentado como un deber moral prescriptivo, como un dogma extremado llevado hasta el histrionismo, y un tanto contradictorio: «¿Es cosa dura amar al enemigo?… mirado con ojos desapasionados este precepto, no es cosa dura, sino muy suave… Si te probase yo que es más dificultoso desamar al enemigo que amarle, convencida quedaría tu rebeldía». Este discurso a un segundo registro de lectura ironiza paródicamente el comportamiento de Alemán[84] como el presunto acólito por antonomasia de un evangelio alternativo que contradice al auténtico, «opuesto a este que aquí nos predica el Señor», y que reza: «yo os digo a vosotros; aborreced a vuestros enemigos; haced mal a aquellos que os quieren mal; maldecid y detestad a aquellos que os persiguen y calumnian, para que seáis hijos de Satanás, vuestro padre, que arde en los infiernos… y llueve odios sobre justos e

---

[82]   Pese a la desaparición de Arce, el programa seguía teniendo adeptos.

[83]   La simplificación del personaje de Guzmán y el sostén del programa reformador en el apócrifo, ya han sido observados por la crítica desde otro ángulo.

[84]   Inferido aquí como el vengativo interlocutor, aproximación que desarrollamos más adelante.

injustos. Pregúntote, hermano: ¿conténtate más este evangelio? Pues guárdale, y mala pro te haga, que buena no puede ser»[85]. También se le acusa de «envidia» y de «ira» desaforadas propias de un demente: «mira que en el desamar tus enemigos está incluída la invidia; y si quieres mal, te ha de pesar del bien que vieres en el que aborreces, y la invidia y pesar del bien ajeno, es la mayor carnicería y más duro tormento que nadie te puede dar; eso te quema la sangre, y ahelea el contento, y consume la vida. ¿Puede ser tormento igual que mandarte ser verdugo de ti mismo?... Pues a esto acompaña la ira, que es bestia tan brava y fiera: con ella, por vengarse de su enemigo, ¡qué de peligros, qué de costas y trabajos echa sobre sí el vengativo!»[86]. El autor del apócrifo no sólo está reprochando a Alemán su comportamiento vengativo sino que además está intentando impedir que Alemán tome represalias so pena de condenarse en esta vida y en el mismo infierno: «porque el injuriado, en mármol escribe, y no hay cabello que no haga su sombra. Nadie haga mal, si quiere vivir, aunque sea a un gato; si no, ahí está la justicia, que quien a hierro mata, a hierro debe morir; y a bien librar perderás la tierra, que, como si te hubiese tragado, así has de desaparecer [...] Enojarse es acto natural... pero salir de seso con la pasión es cosa viciosa y escándalosa; y quien sigue los apetitos de la ira, se precipitará en abismos de males»[87]. Notamos

[85] Estas acusaciones pudieran ser un desquite de Herrera tanto contra Alemán, quien en su segunda carta le había llamado «endiosado» y enemigo de Dios y en GAI («Al Vulgo») por inferencia «retrato» del «infierno», como en contra de Barros quien en su «Elogio» al GAI le había llamado por inferencia «padre» del «hijo del ocio» y «de todos los vicios... centro y abismo de todos».

[86] Véase Apéndice II.

[87] Mateo Luján, GAA, libr. III, cap. VI, p. 675. Martí enlaza esta disquisición con otra que puede leerse como parodia del «endiosamiento» que Alemán reprochaba a Herrera en su segunda carta de 1597 dentro del contexto de su privanza con Arce, quien también se tomaba por un dios. Para captar el sentido de las insinuaciones de Martí, dirigidas a un segundo registro de lectura contra Alemán, conviene recordar que la naturaleza de la relación paterno-filial entre Arce y Herrera era objeto de conjeturas. Cuando en el apócrifo se lee «¿Quién hay que no sea amigo de honra? ¿Y qué mayor honra que ser hijo de Dios? Por esta dilección y amor del enemigo, se promete este parentesco con Dios, que seamos hijos», Martí esta irónicamente implicando que Alemán tiene que amar a sus enemigos si quiere alcanzar el tipo de privanza que Herrera gozó con Arce. Martí prosigue diciendo que si en el mundo el apellido se da a los que son parientes de sangre no es así en el caso de Dios que «da

que el discurso de Martí no encaja dentro del *ethos* evangélico, el discurso del pícaro narrador de Martí es sesgado y descaradamente parcial. No predica con el ejemplo y sólo exige magnanimidad y suprema capacidad de perdón por parte de su interlocutor a quien tacha de obseso vengativo. Por otra parte el presunto citado «injuriado» quien permanece oculto tras el burladero del anonimato y de cuyos instintos vengativos el falso Guzmán, con afectado candor, actúa como portavoz y campeón, al parecer se arroga el derecho a la más cruenta venganza ejecutada impune y jactanciosamente bajo capa de discurso reformador dirigido a su interlocutor. Aquí, Martí pudiere estar aludiendo, con vengativa sorna, a la iracundia de Alemán frente a los grandes obstáculos con los que se había enfrentado en su lucha por conseguir publicar la «primera parte del pícaro», prueba de cuyo altísimo precio pudiere haber quedado plasmada en el ya citado clamoroso mutismo con el que en ciertos sectores se había recibido la obra, quizá en un intento de obliteración del impacto de la misma. Martí concluye la andadura del apócrifo volviendo a la carga sobre un objetivo que ha venido persiguiendo a lo largo de su obra: atemorizar a Alemán lo suficiente como para conseguir hacerle abandonar todo intento de respuesta publicando una segunda parte. En los párrafos finales se le advierte que de hacerlo se verá sometido a ostracismo[88]. Se le amenaza no sólo con la muerte como escritor sino

con la nombradía la filiación, y hace que seamos hijos por gracia, y danos caridad, que es amor divino y sobrenatural, con que le amemos». Martí estaría aludiendo aquí al hecho de que Arce, dispensador de la gracia real, tenía potestad absoluta para decidir como un dios a quien nombraba como hijo. Este era el caso de Herrera, hechura de Arce y nombrado por él como dirigente responsable de la reforma asistencial. Martí chancea con Alemán, acercándose aún más arriesgadamente al meollo del asunto: «y advierte el agudísimo Orígenes, que no sólo una vez seremos hijos, sino tantas cuantas amáremos al enemigo, y le hiciéremos buenas obras, seremos engendrados en hijos de Dios». El autor concluye: «En esto quiso que pareciese la generación de los hijos adoptivos a la del unigénito natural, que así como él es eternamente engendrado, y siempre su padre le está engendrando... con cada acto de amor os estará Dios de nuevo engendrando en hijo suyo. ¿Qué mayor premio se puede esperar ni pretender?» (GAA, libr. III, cap. VI, p. 676). Recordemos que el hijo unigénito de Arce, Antonio, había fallecido y que quizá Herrera intentaba de alguna manera suplantarlo. A un segundo registro de lectura, el protagonista del AP, evocativo de la figura de Herrera, aparece en ambigua relación de sesgo paterno-filial con Dios.

[88] En el apócrifo, Guzmán se expresa como si fuese portavoz de un poderoso prelado,

incluso con la condena eterna. Tomando en efecto como trasfondo la temeridad de algunos galeotes, descritos como «tan perversa escoria del mundo que están casi como los condenados en el infierno», Martí suministra un ejemplo concreto de su conducta, deslizándose así desde una observación de tipo general a una acusación contra un individuo particular cuya actitud extremada le permite afilar su puntería y asegurar que detrás de la osada temeridad[89] se encuentra la «soberbia», a la que la «temeridad» queda así asimilada: «Esta ya sé que fue temeridad bestial que es vicio que nace del mayor de todos, que es la soberbia». A través de la figura del citado galeote, falsamente evocativa del Guzmán auténtico (de la que en realidad era lo opuesto) Martí consigue trasladar sobre la figura de Alemán la acusación de «soberbia» que éste y su entorno habían dirigido contra Arce y Herrera y que aquí se le devuelve con creces[90]. Teniendo siempre a Alemán como principal diana, Martí a continuación glosa sobre la conducta del citado galeote y se mofa de su osadía, alegando que «ser atrevido sin término, el que no tiene de qué caer muerto, no es maravilla […] éste no es valiente, sino atrevido, como no le tira cosa que tenga miedo de perderla»[91]. En diversas misiones a lo largo de su carrera profesional, Alemán había demostrado un arrojo quijotesco que le hacía enfrentarse contra quien fuere necesario, incluyendo las autoridades, tales en el marco de los pleitos extremeños de Usagre. El último ejemplo de esta disposición de ánimo se había desarrollado en el marco de su visita a Almadén, que desembocó en su dimisión de la Contaduría y en una consecuente estrechez económica. Por el intermedio de la figura del galeote, tomada como antonomasia del desposeído, Martí está achacándole a Alemán su citada falta de bienes materiales, y está restando mérito a su valentía, infiriendo que Alemán, como el galeote del apócrifo, tenía el atrevimiento facilón de quien no tiene nada que perder. Llevando su apreciación a sus últimas consecuencias, concluye Martí que «en razón desto no hay que maravillar que el galeote, que es el más pobre y miserable

alguien con autoridad divina y humana.

[89]   En el ejemplo dado, la temeridad del galeote consistió en apuñalar al capitán de la nave, siendo sin embargo consciente de que ello le conduciría a la horca.

[90]   A Herrera se le acusaba asimismo de una ciega y poca escrupulosa temeridad que le hacía acometer los más variados y complejos asuntos echándolos todos a perder.

[91]   Mateo Luján, GAA, libr. III, cap. XI, p. 701.

del mundo, sea temerario». Alemán, como se ha indicado, ya en su dedicatoria del *Guzmán de Alfarache* (1599) a Don Francisco de Rojas deploraba que su enemigo acechador, cargado de «mala intención» y «lazos engañosos» le hubiese calumniado tachándole «cuando menos, de temerario atrevido», adulterando la verdadera motivación que había conducido a Alemán a su mal llamado «atrevimiento». Renglón seguido, en un segundo registro de lectura, Martí previene a Alemán que si se atreve a vengarse del apócrifo quedará sólo y abandonado de todos, como hombre y como escritor: «Solo era primero; y si en alguna cosa fuere arrojado y sin consideración, solo se queda con nota de loco, sin pérdida de lo suyo, pues no lo tiene; ni de lo ajeno, pues no lo manda»[92].

[92] M. Luján, GAA, libr. III, cap. XI, p. 701. En su segunda carta a Herrera subraya Alemán su sensación de aislamiento, que su destinatario conocía muy bien: «ya sabes mi soledad, mi flaca substancia, ya me ves por oprobio reputado». Situación anímico-social de Alemán que aparece trasladada a la descripción de la situación socio-existencial del pobre expresada por Guzmán: «¿Qué haré, dónde iré, o qué será de mí?» (GAI, p. 331); «Yo escapé… como perro con vejiga… aporté sin saber dónde iba, desbaratado, desnudo, sin blanca y aporreado» (GAI, p. 384). Es también posible que en el trasfondo de la velada acusación y advertencia de Martí hubiese un deseo de vengarse de las acusaciones de las que el propio Herrera era objeto. Herrera llegó al mundo asistencial sólo y sin bagage alguno y en su temeraria empresa acabó sólo y tenido por loco. Así se lo recordaba irónicamente Vallés cuando le incitaba a continuar su obra siguiendo el ejemplo del rey David, quien en su «heroica» obra de celebración de lo sagrado, «tañendo y dançando delante del Arce del Testamento», fue objeto de burla por parte de Micol que le reprocha el comportarse como «truhan». Vallés animaba a Herrera a no sentirse abrumado si en la realización de su obra «fuesse … burlado, y tenido… por truhan y loco». En otra ocasión le animaba a no desmayar cuando para realizar su empresa se viera «solo…. y ver que no hay quien se ofrezca a ayudar» (F. Valles, CM, fols. 31v–32r. y 5v.–6r.). Martí evoca también la imagen de los forzados suicidas que se arrojan «al mar con sus hierros»; hierros que les impedían «ver la piedra preciosa de la libertad» (GAA, p. 701). Un leitmotiv del discurso reformador de Herrera era el «no errar». Alemán juega con las nociones intercambiables de hierro y yerro. En el desenlace de la segunda parte, el galeote quedará desherrado: «el capitán… me mandó desherrar» (GAII, p. 521–522). Detrás de todo ello está la figura de Herrera, evocada por Alemán con espíritu de denuncia y por parte de Martí con el propósito de disipar toda sospecha de aproximación o identificación que hubiese podido suscitarse en la mente del lector por las pistas nemotécnicas entre el nombre de Herrera y las nociones de «hierro» y «yerro» proporcionadas por Alemán. El propósito de Martí era crear una nueva sinapsis en la psique colectiva que asociase en la mente del lector la noción de «yerro» o «hierro» con el interlocutor del apócrifo, quien habría

Alemán, solitario anticonformista, había llegado tarde al mundo de los profesionales de las letras en cuyo seno no había sido plenamente aceptado. Por ello es por lo que Martí se podía permitir tratarle con altanero desdén y amenazarle con expulsión como si se tratase de un paria. Alemán era un transgresor que representaba una amenaza subversiva contra algunos poderes establecidos. El intento de intimidación de Martí parece haber potenciado y enardecido el espíritu temerario de Mateo quien respondería con un doble acto de represalia con la prácticamente conjunta salida de *Guzmán de Alfarache* (1604) y *San Antonio de Padua,* la tercera parte del pícaro (1604). La amenaza de Martí, que había exacerbado el ánimo vengativo de Alemán, pudo haber conducido y contribuido a una ulterior sacudida cuando, como se ha indicado, años después, tras una nueva publicación del *Amparo de pobres* de Herrera en forma de epílogo en 1608[93], presentándose Alemán en *Ortografía castellana* (1609)[94] como el gran inventor de un extraordinario programa de reforma ortográfica[95] estaba en realidad sugiriendo, a un segundo registro de lectura, la simbólica expulsión de Christóbal de Herrera del mundo de las letras[96] mediante la supresión de las letras *ch* y *r*, que correspondían a las iniciales de su nombre de pila. Sin embargo, dado que la *Ortografía castellana* se publicó en México, se podría decir que la amenaza-conjuro de Martí había llegado a tristemente cumplirse conduciendo al exilio a Mateo Alemán.

Para Alemán, el apócrifo representaba una amenaza de envergadura mayor que la de un simple pastiche literario. Indicaba que Herrera seguía contando con el apoyo de una sin duda reducida pero todavía

---

sido reconocido como Mateo Alemán por el lector discreto.

[93] Cristobal Pérez de Herrera, *Epílogo y suma de los discursos que escribió del amparo y reducción de los pobres mendigantes y los demás destos reinos, y de la fundación de los albergues y casas de reclusión y galera para las mujeres vagabundas y delincuentes dellos, con lo acordado cerca desto por ... Felipe II.* Madrid, Luis Sánchez, 1608.

[94] Publicada en México en 1609, pero prácticamente redactada en España según indica el autor en la dedicatoria.

[95] Véase T. Navarro, «Estudio Preliminar», en OC (ed. J. Rojas Garcidueñas), pp. xxiv –xxv.

[96] Mundo de las «letras» en el que por otra parte, a decir de Barros, Alemán se había «criado» (GAI, «Elogio», p. 117).

influyente camarilla[97], que se mantenía al acecho, vengativo e incorregible, sin haber sacado lección alguna del discurso del *Guzmán* auténtico, dispuesto a intentar relanzar su abandonado proyecto de reforma. Tras la salida del apócrifo, la amenaza de retoma del programa reformador volvió en efecto a ser percibida como un peligro real, tema de preocupante actualidad para sus detractores. Así lo da a entender el hecho de que Vallés se decidiese a publicar precisamente en 1603 su ya citada demoledora «Carta primera» (CM) redactada en 1597, dirigida a Herrera y consagrada a la controversia, en aquel entonces de gran actualidad, en torno a la reforma y al reformador, que probablemente había sido reactivada por el hecho de que, como se ha indicado, el Hospital General se había mudado al Albergue de Pobres del Camino de Atocha en 1603. El apócrifo debería así ser primordialmente entendido como un intento de relance del abortado programa de Herrera. La querella continuaba, alimentando el genio creador de Alemán[98].

Aunque desconocemos si la segunda parte de la novela de Alemán estaba o no escrita en 1602, la publicación del apócrifo en ese año supuso un plagio con el que se intentaba adulterar el sentido de la primera parte. El apócrifo no era una continuación sino una marcha atrás; un intento de retroceso a una situación virtual, ya que, en parte como consecuencia del impacto del GAI, para entonces el programa de reforma asistencial de Arce y Herrera había sido por lo menos temporalmente abandonado. En la primera parte del pícaro Alemán enmendaba y corregía el discurso de Herrera. Por su parte, el apócrifo enmendaba y corregía el contradiscurso del Guzmán de Alfarache (1599), desviaba y adulteraba el propósito de Alemán[99] y saldaba cuentas con algunos de sus más significativos correligionarios, tales

---

[97] Aunque menos públicamente visible que bajo Arce y Felipe II, el grupo clientelar del depuesto y fallecido Presidente era todavía capaz de ejercer presión en defensa de sus intereses creados. Este grupo de partidarios de la reforma de Arce y Herrera incluía sin duda a personas bien intencionadas que habían sido embaucadas por las dotes de persuasión del falso reformador Herrera. Sugiero que Alemán, convertido en chivo expiatorio, fue tenido en algunos círculos como el principal responsable del fracaso del programa de reforma asistencial de Arce y Herrera, y fue penalizado por aquello mismo por lo que hubiese debido ser celebrado.

[98] Véase Apéndice III.

[99] El apócrifo también lanzaba contra Alemán un despiadado ataque personalizado.

como Mosquera de Figueroa y Francisco de Vallés[100]. Por ello Alemán

[100] En su viaje a Nápoles, el falso Guzmán traba amistad con un «clérigo venerable» muy docto que le instruye sobre la diferencia entre un juicio civil y un juicio militar, adjudicando categóricamente la primacía al juicio civil: «y esto está confirmado por los mismos legistas que afirman que el juicio militar no se puede sostener por ley divina, canónica ni civil, sino sólo por la costumbre prescripta. Añádase que el juicio civil tiene principio de los romanos y griegos y el orden del militar de los longobardos, nación tan diferente... que no se puede creer que cuadrasen y conformasen en los juicios». M. Luján (GAA, p. 587). Martí, quien desarrolla en su obra el tema de la superioridad del juicio civil (GAA, pp. 587–588), se está desquitando del análisis ofrecido por Mosquera en su BCDM de 1596 en el que como Auditor General de la Armada retaba a su homólogo civil, el Presidente Arce, a un encuentro entre sus respectivas funciones en el que el papel del juez militar había salido victorioso. Por medio del discurso del ermitaño Martí está por inferencia haciendo campaña para el relance del programa reformador de Arce y Herrera, cuyo abandonado inicio de ejecución presenta como si se tratase de un hecho de actualidad: «en Madrid y en otras partes se ha empezado a poner remedio; y ha ordenado su Majestad... que se hagan albergues para los pobres mendicantes... y se castiguen rigurosamente los que estuvieren sanos y no quieran trabajar». Martí no se está dirigiendo aquí exclusivamente al auditorio compuesto por Micer Morcón y sus compañeros pobres ilegítimos; el sermón del ermitaño va más allá de Montserrat. El apelativo «hermanos» con el que los designa, por inferencia incluye a una categoría específica de personas que al parecer criticaban las dichas medidas, reprochándoles que se trataba de un programa reformador que no acudía a los pobres «como es razón». Martí insta a esta categoría de «hermanos», descritos por el ermitaño como «los que no son pobres [y] no tienen que quejarse desto», a que no se metan en el asunto reformador «y si acaso valéis para otros ejercicios, dejad éste». Les urge a que «dejen al mundo con su frialdad y poca caridad, que en él a los amigos acatan con el caudal de la cortesía, y les dan de los primeros y mejores manjares, y el mejor o igual aposento de casa, y les tienen conversación hasta las medias noches». Sugiero que Martí no se está refiriendo aquí, al menos no únicamente, a la figura del pobre ilegítimo, sino también a los «hermanos» del barrio de San Martín, es decir a los críticos de la reforma oficial, a el grupo de amigos en el marco de cuyas reuniones, aquí evocadas, Herrera se apropió de los conocimientos que distorsionaría en su AdP; grupo de amigos, como Alemán y el «aposentador» Alonso de Barros, quienes pública y recíprocamente se reconocían en sus respectivas obras, hecho que aquí podría haber sido expresado maliciosamente por el dicho «acatar» entre amigos (GAA, p. 625). A éstos Martí les lanza una advertencia preñada de elocuentes connotaciones familiares: «No queráis representar a Jesucristo falsamente». En la primera de sus CM redactada en 1597 advertía Francisco de Vallés a su destinatario Herrera que había que impedir «que no tomen su figura, ni representen a Christo hipócritas y fingidos, y pobres que no lo son» (CM, fol. 23r.). Como ha quedado indicado más arriba, esta insinuación iba principalmente dirigida a Arce, cuya hipocresía era proverbial, y a Herrera,

acusa a su autor de haber hecho «abortar» su trabajo, que compara a un «embrión», impidiendo su desarrollo. Cuando Alemán afirma que por ello se ve en la tesitura de «hacer la cosa dos veces», es muy posible que se estuviere refiriéndo no sólo a su «segunda parte» sino también a la necesidad en que se encontró de tener que corregir una vez más el intento de desnaturalizar el nucleo central, el «embrión» del discurso de su primera parte[101]. Como el inicial plagio de Herrera respecto a la visión reformadora de Alemán y el plagio de Martí estaban en realidad relacionados, las palabras de Alemán a propósito del segundo eran aplicables a ambos: «De donde tengo por sin duda la dificultad que tiene querer seguir discursos ajenos, porque los lleva su dueño desde los principios entablados a cosas que no es posible darles otro caza, ni aunque se le comuniquen a boca. Porque se quedan arrinconados muchos pensamientos de que su propio autor aun con trabajo se acuerda el tiempo andando, la ocasión presente...»[102].

Es importante no perder de vista el alcance y etiología del plagio original de Herrera para así comprender mejor la virulencia de la respuesta de Alemán al segundo plagio y para, al mismo tiempo, apreciar

ambos fingidos intercesores del pobre. (En el caso de Christóbal Pérez de Herrera, con el elemento añadido de que las dos letras iniciales de su nombre correspondían con las de Christo). Estas eran las pistas que el autor del apócrifo necesitaba borrar, suplantándolas en la mente del lector con nuevas asociaciones. Por ello Alemán se desquitaría en su AP llegando a incluir por analógica nemotecnia a Herrera dentro de la categoría de los endemoniados, precisando que el demonio, tomando figura humana, «aparecio hecho Christo» (AP, fol. 397r.).

[101] Es significativo que Alemán, por boca de Sayavedra, a un segundo registro parezca indicar que el mayor intento de falsificación de su personaje en el apócrifo hubiese sido su conversión a la reforma del ermitaño de Montserrat (GAA, 625) trasunto de la reforma de Herrera: «En oyendo a el otro prometerse a Monserrate, allá me llevaba» (GAII, p. 308).

[102] GAII, pp. 22–23. Alemán termina el párrafo con estas palabras: «como a el rey don Fernando de Zamora para la infanta doña Urraca, su hija». Las Cortes denegaron a Herrera en 1597 la plaza de suplente del doctor Ramírez, médico del Reino entonces en baja por enfermedad. En consideración a su trabajo como reformador asistencial y quizá instado por Arce, Felipe II hizo merced a Herrera de la escribanía mayor de rentas de «la ciudad de Toro y su partido que es el obispado de Zamora, con el correspondiente salario anual de 21,220 maravedís». Alemán estaría quizá apuntando a esta anomalía mediate la evocación de la herencia zamorana de doña Urraca.

una técnica narrativa que en el *Guzmán de Alfarache* (1604) tuvo que hacer frente a un segundo plagio dentro del plagio original. Como ha quedado indicado Alemán, en la segunda parte de su obra, tiene que saldar cuentas no ya con uno sino con dos impostores cristalizados respectivamente en Sayavedra y en Soto.

En una exposición adaptable tanto al primero como al segundo plagio, Alemán dedicará parte del capítulo segundo de la segunda parte del GAII (1604) a realizar la anatomía de la citada doble impostura y de su común origen. Alemán identifica este origen mediante una elección de conceptos y expresiones que lo revelan, tanto en el registro del discurso como en el registro narrativo. Indica como hay príncipes que prefieren favorecer a un cierto género de «gracioso», adulador y arribista, que atender los «avisos» sobre asuntos graves y de importancia ofrecidos por un «sabio virtuoso y honrado». Alemán desarrolla este tema explayándose sobre el proceso de usurpación de propiedad intelectual al que es sometido el «sabio» a manos del *entourage* del príncipe, grupo que actua movido por «el viento de su vanidad y violencia de su codicia» en pos de «ganar gracias». Al «sabio virtuoso» se le menosprecia y contradice; sus ideas son plagiadas y adulteradas: «ya sabíamos acá eso y tiene mil inconvenientes». Tras el citado saqueo intelectual, el sabio es despedido sin «paga ni gracias del beneficio» y los impostores se presentan como habiendo «dado ellos primero en ello», como autores y dueños de la propuesta. Alemán deplora la gravedad de las consecuencias de este plagio adulterador: «Con esto se quedan muchas cosas faltas de remedio». Reitera sobre la desvirtuación de la propuesta original a manos de los usurpadores quienes «dando de mano a el verdadero autor» disponen del negocio «de modo que lo ponen de lodo y, vendiéndolo por suyo, sacan previlegio dello». Concluye diciendo que «desta manera se pierden los negocios, porque no pudo éste quedar tan enterado en lo que le trataron, como el propio que se desveló muchas noches, acudiendo a las objeciones de contra y favoreciendo las de pro»[103]. Con el enlace de estas dos secuencias

---

[103] GAII, pp. 59–60. La citada requisitoria evoca la segunda carta a Herrera donde Alemán expresaba su impotencia frente a la adulteración de su pensamiento, de la que al parecer hace a Herrera responsable: «que ya me hallo incapaz de poder cancelar aun la menor parte dello».

Alemán consigue esbozar una *vignette* sugerente de una proximidad concupiscente y cómplice entre los hombres de poder y el citado tipo de «gracioso» superlativamente dañino.

Sin necesidad de mencionarlo específicamente, Alemán está evocando el proceso seguido en el primer plagio, adulterador de su visión de reforma asistencial, cuyas graves consecuencias seguían siendo de candente actualidad: «como no lo supieron entender, támpoco se dan a entender» El desamparo de los pobres seguía sin remediar; trauma éste avivado en la psique de Alemán con la salida del apócrifo[104]. La identificación de los responsables del plagio, aquí evocado en un registro discursivo, queda facilitada por pistas ofrecidas en el episodio contiguo en el que Alemán narra el servicio y privanza de Guzmán en casa del Embajador[105] que podría ser leído como ilustración gráfica del citado proceso. Aunque el pícaro se veía obligado a compensar su falta de «letras» con otras habilidades, con «ilícitas licencias y... perjudiciales atrevimientos», su amo se «holgaba» de oirle. Entre los dos solicitaban y recogían las «habilidades de hombres de ingenio», aunque fuesen «menesterosos»[106]. Asistido por su hombre de paja, el fagocítico Embajador, «como deseaba saber y acertar... acostumbraba de ordinario sentar dos o tres déstos a su mesa, donde se proponían cuestiones graves, políticas y del Estado, principalmente aquellas que mayor cuidado le daban». El Embajador «desta manera, sin descubrirse, recibía pareceres y desfrutaba lo más esencial dellos», cosechaba información y conociminetos y componía «su ramillete» como «buen jardinero»[107]. La naturaleza de la relación

---

[104] Hay aspectos de este proceso que, tal y como Alemán los reelabora en su capítulo segundo del GAII, son indisociables del tema de la reforma, de la personalidad de Herrera y de su cuestionable competencia en el asunto. Herrera recibió ayuda pero no supo cómo utilizarla: «Entienden las cosas mal... pero, aunque más les digan y más les den... como no lo supieron entender, tampoco se dan a entender» (GAII, p. 59). La mención que Alemán hace aquí de las dificultades encontradas por su plagiario impostor parecería un *déjà vu* para el discreto lector contemporáneo, quien las asociaría con las «objeciones», «dudas» e «inconvenientes» suscitados por la falta de claridad y contradicciones en los discursos de Herrera.

[105] ¿De Francia o de España? (GAII, p. 83, n. 40).

[106] En este caso se les mantenía «contentos, pagados y agradecidos» con una módica ayuda dada «por un modo discreto, sin que pareciere limosna» (GAII, p. 60).

[107] En palabras de Guzmán, luego «conversaba conmigo de secreto lo que decían

del pícaro con su señor era elocuentemente ambigua. Guzmán actuaba de «gracioso», de «truhán chocarrero[108]», de confidente y médico de su amo[109]. Se había convertido en «dueño de [su] amo ... y el señor de su voluntad», tenía la «llave dorada de su secreto»[110]. Guzmán no era tenido por criado sino «en lugar de hijo». Como recuerdo de despedida recibió de su amo una «cadenilla de oro»[111] que más adelante le sacaría de más de un apuro. El episodio ofrece así elementos sugerentes de la ambigua relación entre Arce y Herrera, tanto en su fase inicial, cuando Arce ejercía en Lisboa la función de Embajador de España, como en la década siguiente en Madrid, cuando la privanza de Herrera, neófito en materia asistencial y tenido también por «truhán y loco»[112] por parte de la opinión pública iniciada, con un Presidente que le había convertido en su allegado y reformador máximo era tema que daría mucho que hablar. Alemán podía reconocerse como uno de aquellos «hombres de ingenio... menesterosos», cuya propiedad intelectual había sido extraída, plagiada y adulterada para la composición del «ramillete» del prócer Arce y su acólito, Herrera. Dentro del marco de lo que percibimos como invitación de Alemán a establecer un paralelismo entre las dos parejas de Embajador y Guzmán y de Arce y Herrera, notamos que en abril de 1584 Giginta había publicado un tratado, recopilación glosada de citas bíblica, en torno a lo que denomina «nuestra obligación con los pobres». Titulado *Cadena de oro*, este tratado «se hacía eco de los muchos reparos que todavía suscitaba la reforma»[113]. No se puede descartar la posibilidad de que al referirse a la «cadenilla de oro» que el Embajador regalara al pícaro, Alemán estuviere aludiendo a que Arce hubiese facilitado a Herrera copia del tratado de Giginta para ayudarle a salir de sus propios apuros conceptuales en materia asistencial y que

otros en público».

[108] GAI, p. 465.

[109] «puso su cura en mis manos, desauciado estaba de los médicos» (GAII, p. 64).

[110] «era el de la privanza, el familiar... habíame vendido su libertad» (GAII, p. 55).

[111] GAII, pp.140–141.

[112] Francisco de Vallés, CM, fol. 32r.

[113] M. Cavillac, «La reforma de la beneficencia», p. 21.

en este tratado se encontrase la auténtica fuente de la inexplicable y repentina erudición biblíca de Herrera, que, como ha quedado indicado, éste atribuía a divina inspiración. Fuente mal asimilada que Herrera sin embargo explotaba como si se tratase de un rico filón aurífero para su propio medro[114].

En el apócrifo reside la clave del endurecimiento de la postura de Alemán. El dramático cambio de registro entre la primera y la seguna parte no puede ser imputable a la osadía de un mero continuador, sino al hecho de que Alemán reconoció en el apócrifo la inconfundible

---

[114] Alemán podría estar aquí obligando a Herrera a confesar, por boca de Guzmán, su quizá mayor transgresión: la manipulación del sentido de las Sagradas Escrituras en su propio provecho. El desajuste entre la insignificancia de una cadenilla, cuyo valor sentimental Guzmán exagera cínicamente ya que era regalo de un amo desleal en recuerdo de lo que en realidad fue un despido laboral y caída en desgracia, y la importancia que el pícaro le otorga volviendo sobre ella en repetidas ocasiones (GAII, pp. 140, 172, 270), es deliberada y sugiere por analogía los repetidos intentos de relanzar la reforma asistencial a lo largo de los años, reforma para la que una y otra vez Herrera recurriría a su *vademecum* inicial, el tratado de Giginta, de donde extraía su inspiración. Presentada inicialmente como símbolo de un posible renacido y renovado Guzmán («ya no pensaba volver a ser el que fui, sino un fénix nuevo, renacido de aquellas cenizas viejas» (GAII, p. 142), la cadenilla sería en breve transformada, como parte del sistema metamórfico propio del *Guzmán*, en símbolo del innato talento de embaucador del pícaro, al que acudía según sus impulsos: «Usábalo a tiempo y con intermitencias, como fiebres». Guzmán lo presenta como un rasgo genético incontrolable, como un pecado original («era indeleble, como carácter, según estaba impreso en el alma»), indisociablemente ligado a su periodo de privanza al servicio del embajador («como si lo tuviera colgado del cuello en la cadenita del embajador mi señor»); cadenita de cuya protección Guzmán parece haberse beneficiado algún tiempo: «que aún la escapé de peligro mucho tiempo» (GAII, p. 270). Ello sugiere que se trató de un momento nuclear en la trayectoria degenerativa del pícaro, momento en el que estuvo cerca de la sede del poder ejerciendo un cierto grado de influjo en el foro público mediante su privanza; condición aplicable tanto a Guzmán como a Herrera bajo la protección de Arce. Aquella cadenilla, que inicialmente había desempeñado función de escapulario y que al pasar el tiempo había adquirido posibilidades monetarias expresadas en blancas («pensando en la hora que había de blanquearla» (GAII, p. 172), acabando por convertirse en una suerte de talismán maléfico al servicio de las necesidades de Guzmán, refleja el mecanismo que, a un segundo registro de lectura, incluiría el ámbito de la reforma asistencial en el que se inscriben Herrera y la protección de la que había gozado.

impronta de Herrera[115]. A este respecto, notamos sin embargo – como ya lo hemos indicado más arriba – que existe una correlación anímica y temática entre las dos cartas de 1597 y las dos partes del pícaro, como si ambos planos reflejasen un parejo proceso de ensombrecimiento respecto a sus respectivos interlocutores; a nuestro entender una única y misma persona, Herrera. Dado el éxito ya obtenido con la primera parte, Alemán al parecer pensaba que hubiese sido preferible el «sustentar la buena opinión que proseguir a la primera». Consciente de que se lo jugaba todo, Alemán dudó «poner en condición el buen nombre»[116]. Sin embargo y como si se tratase de una acción compulsiva, Alemán se lanza a una empresa de vindicación personal de sesgo neurótico-obsesivo que le impulsaría a escribir simultáneamente y en difíciles circunstancias no sólo una segunda sino también una tercera parte. Parangón y apostilla indisociable de la segunda, esta tercera parte sería tan agotadora para el lector como al parecer lo había sido para el propio Alemán, a quien el ritmo de su composición parece haber dejado exhausto. Con el fin de impedir un nuevo plagio adulterador, Alemán parece haber querido cubrir todos los flancos, cerrando todas las vías posibles de continuación, tanto en el plano o registro humano como en el divino.

El calibre de osadía proyectado en el citado desafío queda plasmado en el vacío que parece haberse creado en torno a Aleman[117]. El maleficio lanzado por Martí parecía haber producido su efecto: si Alemán se

---

[115] El ensombrecimiento observable en el desarrollo de la segunda parte, donde se refleja la vida del modelo temático de manera mas personalizada que en la primera, debe de ser leído a la luz de las dificultades dramáticas que la emboscada del apócrifo supuso para Alemán a nivel literario y personal.

[116] No dice, sin embargo, mi buen nombre; lo que sugiere que se pudiere estar refiriendo al buen nombre del pícaro y al «buen nombre» de los componentes de su orgánica relación: Alemán y Herrera. A pesar del empeño que había puesto en la composición de esta segunda parte, Alemán confiesa que llegó a desconfiar de su capacidad de acertar en su cometido: «que de ordinario donde mayor cuidado se pone suelen los desgraciados acertar menos» (GAII, «Letor», p. 20). Alemán era consciente de que se trataba de un asunto muy delicado.

[117] Fuera de la notable contribución de Lope de Vega, los preliminares de las partes segunda y tercera reflejaban su carencia de apoyos. Se sospecha que gran parte de los elogios impresos en estas partes se pudieran deber a la pluma del propio Mateo Alemán. Barros había fallecido el 18 de agosto de 1604. Véase Apéndice IV.

vengaba respondiendo al apócrifo, sería sometido a ostracismo. Por otra parte para ser efectivo, el reto de Alemán precisaba de la complicidad del discreto lector, que Alemán pensaba conseguir prescribiéndole la lectura de la tercera parte, insistentemente anunciada en los paratextos de la segunda como indispensable. Con esta lectura a doble carril, el lector conseguiría apreciar el sentido profundo de la segunda parte. Sin ella, quedaría con una lectura incompleta, sin poder alcanzar el sentido global de la coherencia semántica del conjunto de su obra, ya que primera, segunda y tercera partes formaban un todo, «un trabado contexto» que permitía «encadenar lo pasado y presente con lo venidero de la tercera parte». Sólo la lectura de la trilogía completa dejaría al lector «instruído de veras». Este mensaje sería difundido por el pícaro, narrador y protagonista[118], y por los prologuistas de la segunda parte y del «tercero libro», *San Antonio de Padua*. Tanto Luis de Valdés como Juan López del Valle recalcan la importancia de una lectura conjunta del *Guzmán de Alfarache* (1604) y del *San Antonio,* que consideran complementaria. Alemán se limita a anunciar que su tercera parte ya está lista y que se dispone a ofrecerla «muy en breve»[119]. El «Elogio» de Luis de Valdés en *Guzmán de Alfarache* (1604) la presenta asimismo como un futurible realizable en breve[120], y ello a pesar de que el *San Antonio* ya había sido publicado en 1604. Alemán parece utilizar su segunda parte como atalaya publicitaria de su tercera parte ya que Valdés en GAII dedica más tiempo a elogiar el *San Antonio,* al que con táctica ambigüedad llama el «tercero libro», que a elogiar la «segunda parte» del *Guzmán de Alfarache»,* y completa su «Elogio» expresando su entusiasmo por «cuantos della [la hagiografía] pudieron alcanzar parte»[121]. Valdés utiliza la palabra «parte» y la enlaza con el párrafo

---

[118] GAII, p. 48; GAII, p. 522.

[119] GAII, «Letor», p. 23.

[120] Refiriéndose a las cavilaciones del lector respecto a la autoría de la «segunda parte» dice Luis de Valdés: «Ya saldrán de su duda cuando hayan visto su *San Antonio de Padua,* que por voto que le hizo de componer su vida y milagros tardó tanto en sacar esta segunda parte».

[121] Estaba Valdés quizá refiriéndose a la tercera parte, descrita al inicio de esa misma frase como «tercero libro». Su comentario aludía así al aprecio expresado por el grupo de lectores iniciados entre quienes Alemán había al parecer hecho circular

siguiente en el que reaparece integrada como sustantivo fantasma en relación con su presentación de la segunda parte, implicando con ello que en el parráfo anterior estaba en efecto aludiendo a la «tercera» parte: «¿Qué diré, pues, agora desta segunda de su *Guzmán de Alfarache?*»[122]. No hay así error o contradicción en la declaración de Valdés. Alemán y Valdés se estaban refiriendo a la salida de una misma obra que como ambos lo anunciaban sería oficialmente publicada «muy en breve»; ambos se referían a la «tercera parte» del pícaro[123]. Para mayor ampliación de la relación entre el libro de Guzmán y el libro de Antonio, Alemán ofrece la contribución de fray Custodius Lupus a quien parece haber encargado la exégesis del arcano asunto[124].

A pesar al parecer de haberse tratado de una edición no autorizada, la publicación de la tercera con anterioridad a la publicación de la segunda ponía serias cortapisas a todo intento de continuación del *Guzmán de Alfarache* (1604). Alemán no sólo se había anticipado a otro potencial plagiario. Al cambiar del plano terrenal al divino y al ubicar el final del pícaro en un horizonte trascendente, había además llegado a un *non plus ultra*, al fin de la historia en más de un sentido. Alemán advierte a los plagiarios que esta vez no se precipiten a escribir una continuación: «Advierto en esto que no faciliten las manos a tomar la pluma». Les incita a que se apliquen en la lectura de la segunda parte (1604), a que intenten elucidar su sentido, implicando que lean la historia hasta su final, incluyendo el «tercero libro»: «no escriban sin que lean, si quieren ir llegados a el asumpto, sin desencuadernar el propósito[125]» Habiendo cambiado de plano, Alemán sabía que estaba a salvo, «que allá» le

---

clandestinamente en 1604 copias de lo que suponemos haber sido una edición limitada y no autorizada de «aquella joya», *San Antonio de Padua*, «tercero libro» o tercera parte. La edición oficial de la hagiografía saldría en Sevilla en 1605 impresa por Juan de León.

[122] Esta especificación sugiere que la tercera parte podría pertenecer a una categorización diferenciada de las primera y segunda partes del *Guzmán*. Se trataría del *San Antonio de Padua* o tercera parte del «pícaro».

[123] Véase Apéndice V.

[124] Véase Apéndice VI.

[125] GAII, «Letor», p. 22.

darían «lugar entre los muchos[126]». Sus lectores, potenciales plagiarios incluídos, debían de comenzar por percatarse de que lo que Alemán estaba anunciando no era la tercera parte de la vida de Guzmán de Alfarache sino la «tercera parte» del pícaro. Es decir, del pícaro esencial, del modelo temático «sujeto del libro»[127].

El libro de Martí no logró desviar el rumbo marcado por Alemán a su obra. El interlocutor de la segunda y tercera partes auténticas seguía siendo el mismo que el de la primera. En la segunda parte Alemán ya no le invita a que en su discurso «picardee» con las cosas del pícaro, como lo hacía en la primera[128] En términos que mantienen la conexión ontológica entre su interlocutor y el pícaro le reprocha su reacción al mismo: «O te digo verdades o mentiras. Mentiras no... digo verdades y hácensete amargas. Picaste dellas, porque te pican»[129]. Respecto a su interlocutor, en el paso de una a otra parte el énfasis parece haberse desplazado. Ya no lo ve como su principal objeto de edificación («tú, deseoso de aprovechar, a quien verdaderamente consideré cuando esta obra escribía»)[130] sino como su único blanco de edificante persecución («Pues a ti sólo busco y por ti hago este viaje»)[131]. Herrera, cuyo perfil había sido cuidadosamente cincelado en los preliminares de la primera parte, seguía siendo el interlocutor y destinatario de elección en la

---

[126] GAII, «Letor», p. 21.

[127] Ni en su dedicatoria a «Don Juan de Mendoza» ni en su al «Letor» dice específicamente Alemán tener escrita la tercera parte del *Guzmán de Alfarache*. En su primera carta a Herrera de 1597, Alemán anuncia la existencia de su primer libro al que designa como «primera parte del pícaro». Esta denominación esencial es a mi entender la raíz genérica, prometedora de continuidad, de otra partes que debería de primar sobre cualquier otra nomenclatura posteriormente adjudicada y superimpuesta a su apelación de origen. Como se da por supuesto que la *Segunda parte de la vida de Guzmán de Alfarache, Atalaya de la vida humana* es la segunda parte del pícaro, el «tercero libro» anunciado por Valdés (GAII, p. 27), *San Antonio de Padua*, no era otro que la «tercera parte» anunciada por Alemán (GAII, p. 23), del «pícaro» se sobreentiende.

[128] GAI, p. 112.

[129] GAII, p. 42.

[130] GAI, «Del mismo al discreto lector», p. 111.

[131] GAII, p. 49.

segunda, sólo que ahora la interpelación de Alemán se desplaza del plano histórico de los paratextos, como en la primera parte, al poético[132]; desplazamiento que al mismo tiempo indica la indisociabilidad de ambos planos y la ubicuidad de la presencia de Herrera en la totalidad de la obra.

Respecto al deber de amar al enemigo (tema utilizado por Martí como advertencia a Alemán sobre las consecuencias nefastas que se derivarían de la publicación de una segunda parte como represalia por el apócrifo), Alemán con marcada ironía subraya en *Guzmán de Alfarache* (1604) tanto el presunto espíritu de sacrificio de Guzmán como el suyo propio que accedía a sacrificar a su personaje en aras de la salvación de su interlocutor: «Yo aquí recibo los palos y tú los consejos en ellos… Yo sufro las afrentas de que nacen tus honras»[133]. Después del forzado desvío intentado por el apócrifo, Alemán tiene que recentrar su objetivo, el cual consistía primordialmente en ser «inmortal precursor» de las obras de Herrera; objetivo que parece retomar cuando lo presenta reelaborado ahora por boca del narrador, quien anuncia a su interlocutor su voluntad de proseguirlo: «Y es imperfección y aun liviandad notable comenzar las cosas para no fenecerlas… pues en su fin consiste nuestra gloria». A este respecto, Alemán recuerda a su lector por boca del narrador que su historia no partía de una hoja en blanco, de una *tabula rasa* en la que se hubieran delineado sin cortapisa alguna todo tipo de conjeturas y guiones. En este capítulo correctivo del *Guzmán de Alfarache* (1604) el pícaro verdadero se siente en la obligación de recordar al lector que su narración autobiográfica está basada en el guión preestablecido de su propia vida: «Una sóla he vivido y la que me achacan es testimonio que me levantan… la verdadera mía iré prosiguiendo»[134]. Alemán no se está dirigiendo aquí a un potencial plagiario anónimo. Se está anticipando a la previsible reacción de un enemigo concreto frente a la suerte que el desenlace de su obra ha deparado para el pícaro sujeto del libro. Alemán quiere evitar que Herrera intente una vez más desnaturalizar al pícaro y a su própósito. Por ello le pone en antecedentes mediante alusiones

[132] Esta interpelación se expresa por boca del pícaro narrador en la segunda parte.

[133] GAII, p. 41. Con esta actitud Alemán parece estar ilustrando el espíritu edificante atribuído a su libro por Cutodius Lupus.

[134] GAII, p. 47.

expresadas en términos indisociables de los dos plagios de Herrera: «Y no faltará otro Gil para la tercera parte, que me arguya como en la segunda de lo que nunca hice, dije ni pensé. Lo que le suplico es que no tome tema ni tanta cólera comigo que me ahorque por su gusto, que ni estoy en tiempo dello ni me conviene. Déjeme vivir, pues Dios ha sido servido de darme vida en que me corrija y tiempo para la enmienda»[135].

Mediante la ya mencionada aclaración acerca de la existencia de un hilo conductor preexistente, Alemán está anunciando un viraje en la vida del pícaro. Respecto a la primera parte, la segunda presenta un mayor acercamiento biográfico entre el pícaro como sujeto, basado en Herrera, y el pícaro como personaje, Guzmán de Alfarache. El substrato histórico de la obra aparece asimismo reflejado en el título de la segunda parte: *Segunda parte de la vida de Guzmán de Alfarache, Atalaya de la vida humana.* Aunque la referencia moralizadora a la «atalaya» tiende a difuminar su sesgo histórico, la obra es una fábula basada en la esencia de una «vida» concreta, de la que Alemán nos ofrece dos versiones poético-biográficas: la del pícaro, conocido como Guzmán de Alfarache, que en el plano terrenal acabaría condenado a galeras y en espera de una gracia real que nunca llegaría; y la del pícaro que se hacía pasar por santo, disimulando su identidad tras una apariencia de desprendimiento franciscano como si se tratase de un San Antonio, que en el plano espiritual acabaría condenado a la espera eterna de una gloria que nunca llegaría en *San Antonio de Padua.*

Se trata siempre de un mismo pícaro, cuyas cualidades protéicas quedan establecidas en los preliminares de la segunda parte donde se compara la obra con las «*Metamorphosis* di Nasone». El proceso metamórfico del pícaro parece entrar en su fase de mayor dramatismo en el momento de su retorno a sus orígenes, a Sevilla, su ciudad natal, donde la reanudación de su relación con su madre produce un como nuevo alumbramiento. A ojos de un fraile «en opinión de un santo», el pícaro es una aparición milagrosa: «creyó de mí ser algún santo». Mediante una estratagema urdida con su madre, el pícaro presenta

---

[135] GAII, pp.47–48. Alemán está aludiendo tanto a su carta a Herrera de 1597, en la que le recomendaba la enmienda y corrección de su discurso, como al episodio del galeote ahorcado a quien en el desenlace del Guzmán apócrifo se acusaba de «bestial temeridad» fruto de la «soberbia», en referencia acusatoria contra Mateo Alemán.

como «heroica hazaña» una coartada tras la que escondía un grave hurto. Gracias a sus circunstancias de estrechez material consigue que su conducta engañosa parezca un acto de tan generosa restitución que el fraile en su «santidad y sencillez» lo tomó por manifestación de una obra «sobrenatural y divina»[136], cuando era en realidad un fraude. El pícaro se había comportado como un fingido pobre de espíritu, era un pícaro que se hacía pasar por santo. Esta escena sintoniza con la visión que Alemán tenía de Herrera, quien presentaba su reforma como obra de inspiración divina, con lo que engañaba a personas bondadosas como el fraile[137]. El episodio antecede secuencialmente a otra instancia, ya citada en este trabajo, en la que el pícaro evoca, en registro metanarrativo, un recuerdo en el que aparece como un gran embaucador que, haciéndose pasar por pobre de espíritu y bajo capa de santidad, robaba la limosna destinada a los pobres[138]. En la trayectoria final, el recurso a la santidad fingida resurge aquí y allá como ubicua estratagema del pícaro. Incluso en la situación más extrema y de mayor ambigüedad moral, el pícaro optaría por la carta de la falsa bondad. Después de las despiadadas medidas punitivas impuestas a miembros de la tripulación como consecuencia de su delación, el pícaro comenta con cinismo la credulidad del capitán: «exagerando el capitán mi bondad».

[136] GAII, p. 470.

[137] El pícaro era consciente de las consecuencias que su traición acarreaba a sus protectores. Para el confiado fraile, «famoso predicador en opinión de un santo», supuso «dejarle fallida la opinión», causándole «harto perjuicio contra su buena reputación». Creyendo en él «según pudo presumirse de los actos que mostré de tanta perfección», el fraile le había asentado con una señora que le tomó a su servicio, fiándole su «hacienda y familia», tratándolo «no como a criado, mas como a un deudo y persona de quien creía que le haría Dios por [él] muchas mercedes». El pícaro «respondíale a todo como un oráculo, con tanta mortificación, que le hacía verter lágrimas». Pese a todo ello, el pícaro confiesa haberla traicionado: «con esto la engañé, la robé y sobre todo la injurié, ofendiendo su casa». Con su traición, Guzmán no sólo abusó de la confianza de sus protectores sino que además menoscababa gravemente su buen nombre y y el de su casa (GAII, p. 477).

[138] GAII, pp. 475–477. En el marco de la reforma asistencial, Herrera había también engañado a una categoría de personas justas, entre las que quizá inicialmente se incluyese el propio Alemán: «Que no hay cosa tan fácil para engañar a un justo como santidad fingida en un malo» (GAII, p. 472). En AP, Alemán recuerda especialmente al caballero Enrique Alemán «por ser muy justo» (AP, fol. 8v.).

Alemán utiliza en este caso una técnica anticipatoria del salto final que llevará al pícaro de lo abyecto a lo sublime, cuando aureolado de fingida santidad le veremos acceder en el *San Antonio de Padua* al plano de la inmortalidad bajo el avatar de un falso santo franciscano[139]. Como preparación a esta tercera parte, Alemán utiliza la técnica de Ovidio en las *Metamorphosis,* haciendo que las nuevas formas mantengan en lo posible los materiales de las viejas. En este contexto, el avatar del *San Antonio* estaba ya anunciado por la falsa santidad del pícaro.

A excepción de algunos elementos biográficos o circunstanciales, la influencia del modelo temático opera en la primera parte fuera del universo mental de Guzmanillo por lo cual Alemán reta a su enemigo como a un ente exterior al protagonista, mayormente como representativo del discurso demagógico oficial. En la segunda parte se observa un gradual proceso de posesión en cuyo desarrollo el protagonista va siendo penetrado por el modelo temático o sujeto del libro, trasunto de Herrera, de manera más personalizada llegando a alcanzar momentos fusionales. El sigiloso y proteico enemigo se va subrepticiamente infiltrando hasta alcanzar lo más recóndito del alma del pícaro protagonista, dañando su intención[140]. La aparición de la figura de Soto, plasmación del falso amigo traidor, y la revelación pública de lo que las cartas de 1597 habían designado como «estratagemas y cautelas de los fingidos[141]», proporcionan el punto de convergencia de los planos poético e histórico, cuando protagonista y modelo temático confluyen en la galera, espacio híbrido orgánicamente animado[142], cuya insostenible tensión interna es aliviada en un segundo registro por la progresiva división simbólica de Guzmán y de Soto,[143] trasunto de la de Alemán y de Herrera, que

---

[139] Parecido proceso se daba en Herrera, falso pobre de espíritu, quien según la primera carta de Alemán de 1597, se hacía pasar por «un san Francisco».

[140] GAII, p. 475.

[141] Carta del 2 de octubre a Herrera.

[142] En este plano de convergencia, el arrizamiento de Guzmán falsamente acusado de larcinio escenifica la simbólica inmolación del pobre a manos de las autoridades reformadoras que por sistema acusaban al pobre de ser ladrón.

[143] «fue necesario volvernos a dividir, porque aun divididos...» (GAII, p. 495).

culminaría con la catártica ejecución de Soto[144]. La clave de lectura de la figura de Soto como enemigo visceralmente entrañado en la esencia misma del pícaro, a quien sólo la muerte le podría liberar de su vengatividad, había quedado formulada conceptualmente mediante la gráfica analogía de la amalgama entre el azogue y el oro diseñada para ilustrar la amistad indisoluble. En esta amalgama el azogue se mete por las entrañas del oro «haciéndose de ambos una misma pasta, sin poderlos dividir otra cosa que el puro fuego, donde queda el azogue consumido, tal el verdadero amigo, hecho ya otro él, nada puede ser parte para que aquella unión se deshaga, sino con solo el fuego de la muerte sola»[145]. Al evocar el «azogue» Alemán se está remontando a su camino de Damasco en materia asistencial, a su visita a Almadén con su informe sobre las condiciones de vida de los forzados a la extracción del mercurio[146], a los orígenes de su amistad con el Protomédico Herrera propiciada al parecer por el conocimiento que éste tenía de las condiciones de vida de los forzados al remo y su interés en las ideas de Alemán, y asimismo a los orígenes de lo que se tornaría en terminal enemistad por la traición de su citado antiguo falso amigo. La citada definición de amistad fusional dada en el *Guzmán de Alfarache* (1604) se inscribe a modo de continuación a la proporcionada por Alemán en su segunda carta a Herrera[147]. Puesto que bajo una aparencia de amistad, esta carta era en realidad expresión de una relación de enemistad, el discreto lector sabría reconocer en la

---

[144] En el ámbito picaresco del mundo al revés, Soto es la máxima encarnación de la definición que, en el plano histórico de los paratextos del GAI, suministra su homónimo Hernando de Soto acerca de la esencia moralmente edificante del pícaro, el cual «enseña por su contrario la forma de bien vivir» (GAI, p. 121). Definición a la que Alemán parece conducir a su lector discreto llevándole por la vía onomástica de Soto a Soto, enlazando el ámbito poético con el ámbito histórico, y el desenlace de la historia con su próposito inicial que ha logrado realizar con la ejecución de Soto cuyo apellido es evocativo «por su contrario» de ‹Proto›, como en protomédico.

[145] GAII, pp. 154–155.

[146] Como se ha indicado, este informe fue posiblemente secuestrado por el Consejo. Alemán recibió orden tajante de entregarlo sin más demora mucho antes de la fecha prevista para su finalización. Ello no obstante, Alemán había conseguido completar el interrogatorio personalizado de cada uno de los forzados. Al informe no se le dio curso y al parecer fue enterrado.

[147] GAII, pp. 153–157.

posterior definición de amistad indisoluble proporcionada en el GAII la evocación de la figura de Herrera, inveterado enemigo de Aleman[148]. Este apartado es uno de los grandes hitos del *Guzmán de Alfarache* (1604). Herrera quedaba en él reconocible e indisociablemente ligado a la explotación del pobre mediante la evocación de la figura del forzado condenado a las minas de azogue[149], y a su visceral relación de enemistad que le mantenía fusionado a Mateo Alemán como en una aleación de oro y azogue.

La definición de amistad ofrecida en *Guzmán de Alfarache* (1604) presenta una significativa variante respecto a la definición epistolar de 1597. Si bien mantiene el sesgo fusional de dos entes ya presentado en la carta, introduce como nuevo factor la absorción de uno de los dos componentes, sacrificado para mayor realce del otro en el que queda «consumido»[150], como se consume el azogue para conseguir la mayor pureza del oro[151]. Esta segunda definición hace hincapié en la indisolubilidad de la relación fusional pero no subraya la pujanza de su *élan vital* como lo hacía en la primera, donde era presentada como pulsante y volitiva.[152]. Por el contrario, esta segunda evoca una pulsión

---

[148] «no hay dolor que iguale a el sentimiento de ver faltar los amigos a quien siempre tuvo deseo de conservarlos. Ya me robaron y quedé perdido» (GAII, p. 157).

[149] Creemos que esta es la única instancia en la que Alemán hace mencion específica del «azogue» en su obra.

[150] Esta noción sugiere la explotación del pobre para el enriquecimiento del rico; reproche que con cercana analogía Barros había asimismo expresado en su «Carta para el lector» en donde con crudo sarcasmo notaba que Herrera «nos ofrece unas minas riquíssimas, que se hallan en la esterilidad de la pobreza y en la amarillez del mismo pobre» (AdeP, [1975], p. 260).

[151] Esta imagen es anticipo del extraordinario «grano de oro puro, tan subido de quilates…y de tanta perfección, que teniendose por cosa nunca vista… se hizo del un rico presente… al Rey don Felipe segundo». Este grano de oro es evocado fugaz y al parecer gratuitamente en la «Dedicatoria» al AP (1604) donde comparando a San Antonio con un «grano de oro finissimo» se describe su vida como «vida santissima en perfecion de quilates» y al mismo santo como «criado en las entrañas del reyno Lusitano, dentro de Lixbona»; descripcion que evoca tanto el precioso metal como el terrible proceso de su extracción y elaboración del metal.

[152] «cada individuo medio del otro, gobernados como un sólo corazón, siendo conformes en querer y no querer» (Carta del 16 de octubre de 1597).

de muerte, ya que la muerte es presentada como única vía o escapatoria para disolver el vínculo fagocítico. A un segundo registro de lectura, el lector sabe que Alemán se está refiriendo a su relación de enemistad visceral con Herrera; lazo tan opresivo al que Alemán no le ve otra salida que la muerte. En su citada definición Alemán está utilizando una técnica anticipatoria que, aunque aplicable a la muerte de Sayavedra y a la de Soto, trasuntos respectivamente de sus dos plagiarios Martí y Herrera, usurpadores ambos de la identidad de su obra, va más específicamente dirigida a la relación Soto Herrera[153], al proceso de contaminación de la mente del Guzmán auténtico, pícaro protagonista, por la del pícaro sujeto, y a la condena de ambos a un odio a muerte; pero a muerte de ambos, ya que del enemigo entrañado se podría decir lo que Alemán decía a Herrera sobre la verdadera amistad que consistía en que «tú y yo seamos una misma cosa y cada individuo medio del otro»[154] y que refuerza en el GAII donde asocia el proceso de aleación con su consiguiente consunción de uno de los elementos «queda el azogue consumido, tal el verdadero amigo, hecho ya otro él».

En la segunda parte, el modelo temático del libro, Herrera, se va posesionando gradualmente del personaje hasta llegar a fundirse con él y «hacer una misma pasta». El momento culminante de esta identificación es, como se ha indicado, la confesión auténtica del pícaro[155] que coge al lector, inmerso en las vicisitudes de la vida de Guzmán, totalmente desprevenido. Presentada de forma sesgada y descontextualizada esta confesión del pícaro sirve de preludio a la sigilosa entrada en escena del misterioso Soto en el capítulo siguiente, sugiriendo que en la vida del pícaro existen oquedades, zonas y épocas cruciales que parecen situarse fuera de la línea narrativa de su historia[156]. Se descubre ahora

---

[153] Sayavedra nunca llegó a posesionarse de Guzmán, nunca fue necesario dividirlos.

[154] Esta maldición sería asimismo aplicable a la relación entre Alemán y Herrera, quienes dieron pruebas de su recíproca inquina hasta el final de sus días, aunque la de Alemán parece que se apaciguó notablemente en la última etapa de su vida.

[155] GAII, pp. 475–477.

[156] Se ha hecho notar que Guzmán recuerda a veces episodios ubicados en localidades que no forman parte de su itinerario picaresco ni pertenecen a etapas de su vida narradas en la novela, subrayándose dos anécdotas granadinas (GAI, p. 170 y GAII, p. 191) donde el narrador utiliza la fórmula «soy testigo» o «yo conocí» (Ángel María

que en un tiempo y espacio totalmente desconocidos para el lector y como si se tratase de un ámbito situado fuera del libro, el pícaro se había ocupado de la colecta y gestión de la limosna pública. En su momento de prosperidad, cuando trataba de su «acrecentamiento», había conseguido alcanzar una «grandísima reputación». Visitaba cárceles y hospitales, fingía ser el campeón del pobre mas todo él era mentira: «pedía limosna públicamente para él a los que me conocían y, juntando mucho dinero, le daba muy poco, quedándome con ello: quitaba para mí la nata y dábales el suero». Reconoce que disimulaba sus bellaquerías recubriéndolas bajo una capa de «santidad, con sumisión, con mortificación ... y asolaba por el pie cuanto quería». En aquel momento fausto en el que llegó a ser tomado como uno de los pilares de la sociedad, el pícaro era una persona con proyección pública, cuyo propio prestigio, queda inferido, tenía necesariamente que provenir de lo más alto y apoyarse en un protector, cuya potestad era tenida por absoluta e infalible. Por eso el soplo inspirador del pícaro es presentado por una perífrasis, como «divina revelación»[157], con clerical aspaviento tal si fuese sacrilegio el nombrarlo directamente. De donde se deduce el grado de privanza del que a ojos de la opinión pública gozaba el pícaro, quien como emanación de la voz del inferido todopoderoso era tenido asimismo por infalible. Hurgando en lo más recóndito de su psique, en el marco de su confesión el pícaro sin embargo admite su disimulada cobardía y espíritu vengativo[158]. Como se ha venido indicando a lo

García Gómez, «*Guzmán de Alfarache*: la transformación del pícaro y la posibilidad orgánica de una tercera parte», en *Golden Age Research Symposium*, University College Cork, 19–21 November 2010, sin publicar).

[157] GAII, p.476. Mediante esta expresión Alemán estaría apuntando a un posible lazo entre el pícaro y el santo. En la tabla de los capítulos del libro segundo del AP, la expresión «divina revelación» es utilizada cuatro veces (AP, cap. IV: «declara San Antonio por divina revelación»; cap. XIV: «Sabiendo San Antonio por divina revelacion»; cap. XV: «Descubre San Antonio por divina revelacion»; y cap XVII: «Sabiendo San Antonio por divina revelacion»). Herrera por su parte explicaba su vocación y actuación en el campo de la reforma asistencial como resultado de divina revelación.

[158] «¡Y cuántas otras veces, teniendo sangriento el corazón y dañada la intención, siendo naturalmente pusilánime, temeroso y flaco, perdonaba injurias poniéndolas a cuenta de Dios en lo público, quedándome dañada la intención de secreto» (GAII,

largo de este estudio, era ésta asimismo la percepción que de Herrera tenía Alemán y un sector iniciado de la opinión pública[159]. El pícaro parece estar evocando el pasado de Herrera – en su fase de, presunto, ejemplar reformador asistencial, falso amparador del pobre, hechura del todopoderoso Arce – como si ambos compartiesen una misma memoria de fraudulenta gloria pretérita. Pícaro y Herrera tenían ambos «dañada la intencion»[160].

Este autoretrato del pícaro presentaba rasgos asimismo aplicables a la personalidad de Soto, también ladrón, pusilánime y vengativo. El periodo de privanza cuando el pícaro actuaba como falso amparador de pobres, y el misterioso origen de su relación con Soto, falso amigo que resultó ser el mayor traidor, provienen de un contexto histórico extratextual. Son una evocación de Herrera y de su traicionera relación con la reforma asistencial y con Mateo Alemán. ¿De qué pasado, o de qué registro proviene Soto el enemigo «*de profundis*»[161], el amigo traidor con quien Guzmán había compartido tantas confidencias? Su aparición viene propiciada por una cuidadosa coreografía anticipatoria, mediante rumores que corrían a su respecto, recogidos en una carta escrita por la esclava enamorada de Guzmán[162] Esta carta es un valioso testimonio interno, una suerte de protogénesis de Soto ya que al parecer nadie le conocía fuera de Guzmán. Soto no da la talla de un personaje dramático autónomamente estructurado. Es un esbozo invertebrado, una como exhalación espectral evacuada terapéuticamente del sistema de Guzmán, expulsado de su psique y más tarde de su universo como Alemán había expulsado a Herrera de su ámbito vital en su segunda

---

p. 475). Utilizando reiteradamente la expresión «¡cuántas veces!» en diversas variantes (GAII, pp. 475–476), el pícaro hace hincapié en el carácter reincidente de su colosal engaño.

[159] Acrecentada a raíz de la publicación del apócrifo.

[160] Alemán examina la intención de Herrera tanto en su primera como en su segunda carta. La mala intención del pícaro y su «dañada intención» son recalcadas dos veces en una misma frase.

[161] GAII, p. 487.

[162] GAII, pp. 484–486.

carta de 1597[163]. En ambos casos, figura luciferina del elegido que como soberbio traidor había caído del espacio ideal de la verdadera amistad ideológica y personal que Alemán y Guzmán habían respectivamente ofrecido a Herrera y a Soto. Desde esta perspectiva, Soto era simbólica encarnación de una doble traición contra Alemán y contra Guzmán. Era el falso amigo que, como Herrera lo hacía con Alemán[164], se «desvelaba» en vengativa obsesión en cómo destruir a Guzmán[165]. Para propiciar en la mente del lector discreto este acercamiento identitario entre ambos falsos amigos traidores, Alemán hace que la elusiva figura de Soto consiga en última instancia cobrar un inesperado realismo. Mediante un breve esbozo de semblanza trazado con contadas pero certeras pinceladas por el propio pícaro, el fantasmagórico Soto queda metamorfoseado en un personaje de corte histórico cuya biografía ofrece curiosas afinidades con la de Herrera. Soto, como Herrera, había sido soldado «una temporada»[166]. No había sido caritativo ni piadoso: «no vino a las galeras porque daba limosnas ni porque predicaba la fe de Cristo». Estas dos carencias, presentadas como rasgos idiosincráticos, eran asimismo tan propias de Guzmán en su periodo de falso amparador de los pobres, como de Herrera tanto en su periodo como protomédico, en el que hacía pingües ahorros recortando el presupuesto destinado al mantenimiento de los remeros, como en su periodo de falso reformador asistencial. Soto había sido «el mayor ladrón que se había hallado en su tiempo en toda Italia ni España». Es Soto, más que el propio Guzmán, quien parece corresponder a la descripción de «ladrón famosísimo» – superlativo en ambos casos – aplicada por Alemán al pícaro desde los paratextos del *Guzmán de Alfarache* (1599)[167]. Soto, el presunto amigo electo, era a Guzmán lo que Alemán en su segunda carta a Herrera describía como uno de los componentes de una amistad fusional: «una misma cosa, cada uno medio del otro»; el uno «hecho ya otro él» de la

---

[163] «despídete que de mí [nada] puedes haber» (Carta del 16 de Octubre de 1597).

[164] «cuando duermo… te desvelas» (Carta del 16 de Octubre de 1597).

[165] «se desvelaba mi enemigo Soto en destruirme» (GAII, p. 514).

[166] GAII, p. 520.

[167] «habiendo sido ladrón famosísimo, como largamente lo verás en la segunda parte» (GAI, «Declaración para el entendimiento deste libro», p. 113).

definición de la amistad ofrecida en el GAII (p. 155), que siguiendo el consejo de Hernando de Soto para ser debidamente interpretada como concepto, debe de ser entendida por su «contrario» (GAI, «Al autor»), como manifestación de enemistad visceral. Pero si Soto representaba al pícaro ¿a quién representaba Guzmán? En su confesion, (GAII, pp. 475–476) Guzmán se había autodelatado como un gran ladrón que en su época de protagonismo y privanza había sido ladrón de los pobres. Pero en cierta manera Guzmán es pícaro hasta que consigue separarse y dividirse de Soto; [s]oto el de debajo, el acechador disimulado, el pícaro dentro del pícaro, evocador por específica oposición onomástica del *proto*médico Herrera, cuya conducta parece asimismo reflejar. El papel de Soto en la vida del protagonista Guzmán es un *coup de théâtre* que sume al lector en un estado de confusión, ya que a partir de su aparición no se sabe a ciencia cierta dónde acaba Guzmán y donde comienza su «otro yo», su mitad maldita. Tanto el retrato trazado en la confesión del pícaro, como su cristalización poética en Soto parecen confirmar por asociación que Herrera era el pícaro y «sujeto» del libro, su modelo temático[168]. Ello no obstante, hay que tener presente que, como queda ya indicado, la novela de Alemán es un universo en el que se fusionan diversos elementos y resgistros poéticos e históricos; entre ellos los avatares de Guzmán, quien, sin embargo, se mantiene siempre como personaje independiente que va más allá que la suma de sus partes[169].

[168] ¿Estaría Alemán acusando por inferencia a Herrera de haberse apropiado de la hacienda destinada a los pobres en el marco de la reforma asistencial? Es posible que corrieren sospechas o rumores al respecto ya que tanto en su AdP, como en su RS, Herrera parece sentir la necesidad de hacer reiteradas afirmaciones que pudieran disipar las dudas: «Las limosnas que se van juntando para este albergue se depositan en el pagador general Juan Pascual… para que en todo esto haya mucha claridad y verdad; no entrando jamás en mi poder dinero alguno, porque el vulgo, que suele siempre juzgar las cosas como quiere, eche de ver que en este negocio hay gran puntualidad, y que sólo me mueve a hacerlo el servicio de Nuestro Señor y de V.M. y el bien común, y no interés de hacienda, ni otra cosa» (AdP [1975], p. 234); «Para la fabrica deste albergue, juntó de limosna con increible trabajo mas de cincuenta mil ducados… no queriendo para mayor claridad (como hombre desinteressado, y de limpieza y zelo) que entrasse este dinero en su poder, sino en el depositario general de la Corte y villa de Madrid». Añade que durante sus seis años de dedicación a la empresa: «gastó, y dexó de ganar de lo que antes solia, mas de doze mil ducados» (RS, fol. 175r.–v.).

[169] Como la vida de Guzmán contiene varios avatares del pícaro, su narración ofrece

La segunda parte concluye en la galera, lugar de confluencia de la narrativa poética y de su substrato histórico. Las galeras, a bordo de las cuales se formaron tanto Herrera como Guzmán de Alfarache, son emblema y marco escénico-conceptual de la obra. Fuente de inspiración del protomédico de galeras tornado reformador, sin ellas no tendríamos el *Amparo de pobres* de Herrera. Tampoco contaríamos con el *Guzmán de Alfarache*, su contradiscurso, ni con la tercera parte del pícaro el *San Antonio de Padua*, cuya fuente de inspiración, el presunto «milagro» que Alemán hizo voto de narrar ocurrió a bordo de una galera. A través de las galeras y su versión subterranea, las minas de azogue, conocemos los extremos de inhumanidad a los que se veían sometidos los pobres desahuciados, desechados por la sociedad así como la escandalosa desproporción entre crimen y castigo que en ellas imperaba. La galera de Guzmán destruye la versión almibarada que de las galeras había ofrecido Herrera, quien las presentaba en su discurso del *Amparo de pobres* como un espacio saludable y de edificación moral[170]. Esta obra tiene su origen en los doce años que Herrera ejerció como protomédico de galeras, experiencia que su tratado resume en un breve párrafo, y que concluyó con un excepcional proceso de investigación como consecuencia de un fraude de alta cuantía relacionado con el bizcocho destinado a las galeras, pesquisa en cuyo marco pudo, como ya queda dicho, haber tenido lugar el primer encuentro entre Alemán y Herrera. La sentencia pronunciada en esta investigación histórica concuerda llamativamente

varios desenlaces posibles. En consecuencia es también una historia que ofrece no una sino dos terceras partes. Una vez «divididos» y separados sus caminos, habría una tercera parte para Guzmán de Alfarache, el pícaro protagonista, y otra para el «ser» del pícaro «sujeto» del libro o modelo temático basado en Herrera. Puesto que no había acabado en las galeras, la de la vida de Herrera seguiría siendo narrada no ya por Guzmán de Alfarache sino directamente por Alemán en la tercera parte.

[170] Refiriéndose a los pobres que él consideraba fingidos, Herrera declaraba que «tengo por cierto y sin duda que estaran mas en servicio de Dios sirviendo a V.M. en sus galeras que andando haziendo insultos y escandalos por estos Reynos (pidiendo limosna fingida debaxo de especie de pobres) pues alli nos ayudan a defender la sancta Fee catholica contra los enemigos della, y se tiene mucha cuenta en que bivan bien, y mas al presente que el general dellas Conde de Sancta Gadea como tan puntual en el servicio de Dios y de V.M. no les consiente bivir con mal exemplo, y haze que todos se ocupen cumpliendo sus sentencias» (RD, fols. 11v.–12r.) En otro lugar celebra la calidad del aire del que gozan los galeotes (AdP [1975], «Discurso segundo», p. 79).

con el fallo decretado tras la investigación llevada a cabo a bordo de la galera de Guzmán. En ambos casos hubo cinco ejecuciones: «ahorcaron cinco» (GAII, p. 521); «resulto fuessen cinco personas degolladas» (RS, fol. 171v.); y múltiples condenas al remo de por vida: «muchos otros» (GAII, p. 521); «otros muchos» (RS, fol. 171v.). En ambas instancias el único exonerado fue su respectivo protagonista narrador: el pícaro «desherrado» anduvo «como libre» (GAII, p. 522), y Herrera «solo el fue dado por libre» (RM, fol. 171r.)[171]. Dado que la amistad traicionada y la suerte de los desposeídos, cuya ilustración máxima eran los forzados – condenados al remo, o a la extracción de azogue en las minas – eran dos aspectos indisociables y centrales de la relación entre Alemán y Herrera, no extraña que Alemán reservara un papel importante a la evocación de Herrera, protomédico de galeras, en sus capítulos finales del *Guzmán de Alfarache* (1604), dedicados a una escenificación de estos dos temas a bordo de la galera de Guzmán.

A partir del momento en que los forzados embarcan en las galeras, se inicia el proceso de separación entre Guzmán y Soto, expresado como un reiterativo dividir[172]. Se observa la creciente emergencia y cristalización de Soto como personaje maligno, vengativo, traidor en serie y asesino en potencia que parece haber absorbido y fagocitado en sí toda la energía negativa del drama. Este proceso degenerativo de Soto coincide con el inicio del proceso de regeneración moral de Guzmán, quien a partir de su llegada a las galeras se va progresivamente vaciando de su propia dañada intención hasta llegar incluso a alcanzar una conciliadora disposición hacia su enemigo, el implacable acechador Soto. A un segundo registro de lectura, Alemán paralelamente proporciona pistas

---

[171] En su RS (1605), Herrera utiliza este episodio como ilustración de su excepcional honradez (RS, fols. 171r.–v.). Dada la proximidad entre ambos desenlaces, se puede sin embargo sospechar que Alemán estaría invitando a su discreto lector a trasladar la duda sobre la inocencia del pícaro, con la que había concluido la segunda parte de la poética autobiografía, al caso de la autodeclarada inocencia de Herrera en su autobiografía. Como se ha indicado, Alemán estaría aquí invitando a una reapertura del mencionado expediente.

[172] La afirmación «fue necesario volvernos a dividir»(GAII, p. 495) evoca el proceso de división por la muerte anunciado en la metáfora del «azogue y el oro» (GAII, p. 155) anteriormente analizada. Con esta asociación se indica al lector que se está entrando en un proceso de división terminal que acabará en muerte.

circunstanciales que apuntan a la figura y area de influencia de las actividades de Herrera, el protomédico[173], como si estuviese recreando el ambiente en que éste se movía. Describe el uniforme y la dieta del galeote, recoge incluso una referencia de Guzmán a no haber querido «remojar el bizcocho»[174], referencia aparentemente gratuita pero que en un segundo registro histórico anticipaba el asunto del grave fraude del bizcocho sobre el que volvería en su momento oportuno Guzmán informa sobre la distancia emocional que separaba a la oficialidad de la suerte del forzado: «no tratan de menudencias ni saben quién somos»[175], comentario que evocaría la manera glacial como Herrera, en su *Amparo de pobres*[176], hacia referencia al forzado. La galera de Guzmán es una entidad orgánicamente impregnada de Herrera en la que mediante una recomposición de elementos se consigue recrear protéicamente diversos estratos de su vida: el falso amigo ladrón, vengativo y traidor implacable; el miembro de la oficialidad, distante y cruel; el mal médico, cuya falta de vocación queda subrayada por el hecho de que toda mención de asistencia a los remeros brilla por su ausencia[177]. A los forzados llagados por los azotes no se les aplicaban ungüentos curativos, se les restregaba el cuerpo con «sal y vinagre fuerte»[178]; al propio Guzmán, torturado de muerte y próximo a exhalar, no se le trasladó a la enfermería sino que se

[173] Herrera era considerado en la galera como un miembro de la oficialidad, con amplia gama de responsabilidades, entre las que se contaban el control del uniforme, la alimentación de los remeros y en particular la calidad del bizcocho (RS, fol. 171r.).

[174] GAII, p. 497.

[175] GAII, p. 499.

[176] «informandome algunas vezes a caso... de muchos remeros forzados» (AdP, fol. 3r.).

[177] El dato anécdotico, al parecer gratuitamente apuntado, de que existía lazo de parentesco entre el caballero que vino a «profesar en galera», a cuyo servicio fue asignado Guzmán, y el «capitán» que llevaba el mismo «apellido» (GAII, p. 509), podría evocar la relación de familia entre Don Alvaro de Bazán, Capitán general de la armada, y Don Juan de Benavides Bazán, sobrino del marqués, administrador del hospital y enfermería del ejército bajo cuyas órdenes sirvió Herrera durante la jornada de las Azores.

[178] GAII, pp. 504 y 517.

le curó en su propia «corulla»[179]. Mediante esta recreación del mundo
de las galeras, en la que la denigrante inhumanidad a la que es sometido
el forzado queda puesta en evidencia Alemán se está vengando de la
catastrófica incursión de Herrera en el campo de la reforma asistencial[180].

Como toda verdadera *metanoia*, la conversión de Guzmán es
progresiva, se va haciendo por etapas. Su primer momento fue
resultado de una meditación o «discurso» nocturno en el curso del
cual descubre una dimensión trascendente, añadida y superior a
la de la conducta de galeote reformado de la que él era ya ejemplar
ilustración en un plano inmanente. Guzmán descubre que ese desvivirse
buscando «invenciones» por complacer a su amo y «ganarle la gracia»,
podía alcanzar una dimensión trascendental poniéndolo «a la cuenta
de Dios»: «Esos trabajos, eso que padeces y cuidado que tomas en
servir a ese tu amo, ponlo en la cuenta de Dios». Ello le permitiría
«comprar la gracia». Pese a las apariencias de lo contrario Alemán está
denunciando aquí en términos de transacción comercial la demagogia
del discurso reformador oficial que utilizaba la sagrada escritura como
texto legitimizador de su explotación del pobre de hacienda a quien
querían convertir a los falsos valores de una versión adulterada de
la verdadera pobreza de espíritu. Presentando como algo sublime lo
que en realidad no era sino la sumisión voluntaria del pobre al poder
temporal: el abnegado servicio al amo como vía de salvación eterna.
Esta confusión podía causar estragos en la mente de aquellos pobres que
interiorizaban el mensaje de este sacrílego evangelio y se convertían en
incautos colaboradores de sus opresores.

[179] GAII, p. 518.

[180] Quizá Alemán estuviere invitando a las autoridades competentes, a la sazón el
Consejo de Estado como órgano receptor de la «Relación de servicios» que Herrera
se disponía a elevar, a volver a examinar las verdaderas causas que permitieron al
protomédico realizar grandes ahorros sobre lo que «antes se solía gastar en medicinas y
dietas». Herrera en su RS se explaya al respecto: «dio orden en su oficio de Protomedico,
como se ahorrase de la hazienda Real… mas de ochenta mil ducados… que es mucha
la suma de hazienda que ahorro, pudiendo ser sin alargarse, mas de quinientos mil
ducados en todo» (fol. 171r.). A la luz del cuadro recreado por Alemán como cierre a
su GAII, se puede sospechar que estos ahorros pudieren haber sido conseguidos con
los graves recortes aplicados a la alimentación y al cuidado de los forzados llevados a
cabo bajo el protomedicato de Herrera.

Precisando que a raíz de entonces trató de confesarse a menudo y de proseguir «reformando» su vida, Guzmán se expresa como una víctima indoctrinada, por lo que llama un «discurso», cuya exégesis ofrece a la mirada crítica del discreto lector: «El que quisiere saber cómo le va con Dios, mire cómo lo hace Dios con él y sabrálo fácilmente... Mira si te trata cómo se trató a sí... ¿Qué tuvo Dios, qué amó Dios, qué padeció Dios? Trabajos. Pues, cuando partiere dellos contigo, mucho te quiere, su regalado eres, fiesta te hace... No creas que deja de darte gustos y haciendas por ser escaso, corto ni avariento. Porque, si quieres ver lo que aqueso vale, pon los ojos en quien lo tiene, los moros, los infieles, los herejes. Mas a sus amigos y a sus escogidos, con pobreza, trabajos y persecuciones los banquetea»[181]. En el discurso de Guzmán, los regalados de la fortuna son «los moros, los infieles, los herejes». Fuera de que entre los galeotes de su quinta había moros pobres y desafortunados, muchos a quienes cortarían «las narices y orejas», la nomenclatura de Guzmán omitía toda mención de los cristianos favorecidos por la fortuna, entre los que se encontraban los despiadados oficiales de la propia galera que trataban a los forzados con tal falta de caridad y a cuyo yugo él mismo estaba sometido, y en otro registro estaban los cristianos poderosos, los miembros favorecidas de la sociedad, como el poderoso y muy rico Presidente Arce y el protegido de su «gracia», Herrera. Esta falsa conversión ilustraba el proceso de degeneración al que el mensaje cristiano había sido sometido a manos de los falsos reformadores. La gravedad de las consecuencias del engaño para el pobre queda ilustrada por la ceguera de Guzmán y su pérdida de sentido crítico autónomo[182]. Tras esta primera etapa en su proceso de

---

[181] GA II, pp. 505–507.

[182] Esta falsa conversión representa un proceso de regresión en la psique de Guzmán, quien a lo largo de los años había perdido su sentido crítico como resultado de su exposición al proceso erosionante de la propaganda oficial. Esta pérdida de sentido crítico contrasta con la lucidez de Guzmanillo, quien después de haber escuchado en la primera parte un sermón de un docto agustino sobre el capítulo quinto de San Mateo comprendió por sí sólo su propia valía como persona, en paridad con el resto de la humanidad. Sin pasar por la universidad, Guzmanillo había comprendido la doctrina del «cuerpo místico» de Cristo expuesta por un fraile, cuya figura es evocativa del también «docto agustino» Erasmo (GAI, pp. 284–286).

cambio interior, Guzmán dice haber quedado «muy renovado»[183]. Mas no se trataba de una conversión auténtica sino de un tropezón que le había hecho caer en un falso credo afín al propugnado por Herrera que Alemán paralelamente, en un segundo registro, denuncia desvelando su impostura, que ofrece al juicio del discreto lector. Por boca del narrador, Alemán en una declaración crucial anuncia a su interlocutor de siempre, Herrera, que a partir de aquel momento sus caminos se birfurcaban: «Y pues hasta aquí llegaste de tu gusto, oye agora por el mío lo poco que resta de mis desdichas, a que daré fin en el siguiente capítulo». Alcanzado este punto había llegado el momento de demarcarse del falso discurso de Herrera que hasta entonces había presentado a nivel formal, como inextricablemente enmarañado con el suyo propio. Alemán aquí concluye su capítulo octavo declarando su propia excisión de Herrera, anunciando el final del ente híbrido cuyo molde había presentado al propio Herrera en su segunda carta de 1597 como «siendo conformes en querer y no querer, sin haber tuyo ni mío».

Su libro podía haber conluído aquí, ya que al unísono del «discreto pintor» y pese a las apariencias en contrario, Alemán estimaba que su propia obra había alcanzado «toda su perfeción» (GAII, p. 509). La «obra perfecta» era un objetivo al que como se ha indicado aspiraba Herrera, quien sin embargo no había logrado alcanzarlo ya que su programa no se había llevado a cabo. Se podría así decir que en este punto, tras la primera conversión de Guzmán a los valores propugnados por Herrera, Alemán habría conseguido completar la abortada obra del reformador, cumpliendo con ello de alguna manera su inacabada misión tal y como el propio Herrera en su carta «al Lector» había previsto que ocurriría a manos de algún continuador no especificado: «contentándome con haber sido el que haya dado principio a ella, aunque otro llevase después la gloria de acabarlo perfetamente» (AdP [1975], p. 16). Sin embargo Alemán no lo hacía con el fin de aprobarla, sino todo lo contrario lo hacía para poner en evidencia su perversidad. Por ello la obra de Alemán no había alcanzado todavía su auténtico desenlace. Guzmán debía de recuperar su independencia de juicio y permitir que la escena del feroz castigo infligido al galeote Guzmán fuese analizada por la mirada de la víctima de nuevo lúcida, que sirviese de vehículo al pensamiento del propio Alemán.

---

[183] GAII, p. 506.

Como con el lienzo del famoso pintor, para descubrir el verdadero sentido de la obra en toda su perfección bastaba con volver «lo de abajo arriba» (GAII, p. 508). En una primera instancia ello nos proporciona una pista indicativa de que cuando decimos Soto, en un segundo registro de lectura, hay que pensar en su antónimo «proto», como en protomédico; trueque mediante el cual Alemán sigue evocando la figura de Herrera, que por medio de este ardid nemotécnico, como se ha indicado, quedaba asimismo indisociablemente identificado con el enemigo por antonomasia Soto. Alcanzado este punto, Alemán situa a su lector no ya frente a un final unívoco sino frente a una encrucijada; punto de inflexión en el que confluían dos vías discursivas y punto de arranque de dos desenlaces. Con la primera pero falsa conversión de Guzmán se había alcanzado la meta de una de las vías o discursos; hecho que Alemán expresa a su interlocutor, Herrera, como la realización de «tu gusto». La otra vía todavía no alcanzada representaba el gusto de Alemán, «el mío»: «Y pues hasta aquí llegaste de tu gusto, oye agora por el mío lo poco que resta». La contraposición que Alemán establece entre «tu gusto» y «el mío» es una figura que se se hace eco del esquema de su enfrentamiento epistolar con Herrera, el «como dijiste» *versus* «como digo», el «tu intención» *versus* «mi intento» de sus cartas de 1597. Ello desvela una vez más la existencia subyacente de un doble guión en la novela, de dos discursos diferenciados e irreconciliables, de dos viscerales enemigos, Alemán y Herrera enmarañados en una historia inacabada. En contraposición a la citada errada conversión de Guzmán, Alemán abandona ahora su discurso a dos voces y pasa a exponer su versión de lo que supone una auténtica conversión a la pobreza de espíritu.

La conversión a una auténtica pobreza de espíritu se da en Guzmán en tanto en cuanto que protagonista del *Guzmán de Alfarache*, a saber se da en «Guzmán de Alfarache, que basta» (GAII, p. 516). En un acto de justicia poética y humana, Alemán salva a su personaje al consagrarlo como figura cristológica emblemática del pobre. Crucificado en la galera, «rezaba con el alma lo que sabía, pidiendo al cielo que aquel tormento y sangre que con los crueles azotes vertía, se juntasen con los inocentes que mi Dios por mí había derramado y me valiesen para salvarme, ya pues había de quedar allí muerto»[184]. Es ahora cuando Guzmán de Alfarache

---

[184] GAII, p. 516. Alemán salva a su personaje con una plegaria que se hace eco de la

experimenta su camino de Damasco al conocer «entonces … qué cosa era ser forzado» (GAII, p. 517). Hasta alcanzar este momento epifánico de identificación con el dolor del pobre, parecía haber vivido engañado, e indiferente a la brutalidad de los castigos infligidos a sus camaradas frente a cuyo espectáculo celebraba su buena suerte sin escrúpulos: teniendo como marco el sádico apaleamiento del arrizado forzado que había ejecutado el hurto de su «dinerillo», Guzmán expresa con gozo su propia feliz circunstancia: «Iba creciendo como espuma mi buena suerte, por tener a mi amo muy contento» (GAII, p. 504). Hasta entonces Guzmán se había comportado como si a nivel metanarrativo hubiese sido contaminado por el concepto de la falsa figura del modélico pobre servilmente sometido a la autoridad propuesta por Herrera. «Guzmán de Alfarache, que basta» en el capítulo noveno libre de la contaminación del falso discurso de Herrera habla como auténtico portavoz del galeote, del pobre genérico que se defiende del «falso testimonio» que se le «levantaba» (GAII, p. 517). A un segundo registro de lectura Guzmán aquí se revelaba contra la versión adulterada que de la figura del pobre, de su sentir y sufrimiento, se había dado en el *Amparo de pobres*. La versión de Herrera había conseguido hacer creer a todos, incluso al propio Guzmán en su primera y falsa conversión, que el pobre galeote era siempre merecedor de su desproporcionado castigo, «como si fuera por algún gravísimo delito», incluso en aquellos casos en los que era inocente. Guzmán de Alfarache, recuperando ahora su sentido crítico, denuncia la injusta asimetría entre falta o delito cometido, por menor que fuera, y el indefectible rigor del castigo impuesto, sistemático en lo que al pobre atañía: «mandaron al cómitre que ninguna me perdonase; antes que tuviese mucho cuidado en castigarme siempre los pecados veniales como si fuesen mortales»[185]. Este episodio de la simbólica crucifixión de Guzmán de Alfarache escenifica la auténtica conversión de un pobre de hacienda en pobre de espíritu, cuyo sufrimiento queda

epifánica toma de conciencia de Guzmánillo como parte del «cuerpo místico» (GAI, p. 285), experiencia vivida de niño y que reformulada aquí le redime a ojos del lector, a quien el autor predispone así para aceptar la sinceridad de su mudanza.

[185] GAII, p. 518. El forzado Guzmán de Alfarache retoma aquí su voz de Guzmanillo, el pobreto picarillo, cuando injustamente tratado por su amo el cocinero decía que lo «de los otros era pecado venial y en mí mortal» (GAI, p. 318.)

asimilado al cuerpo místico de Cristo. Dada su excepcional grandeza, esta instancia representa la consagración iconográfica de la figura del pobre, rehabilitada tras haber sido difamada por Herrera en su *Amparo de pobres*. Recoge y plasma el espíritu del contradiscurso de Alemán, e invita al lector a la búsqueda de un verdadero remedio de pobres. Tras la inmortalización de ese momento, resurge con creces el ritmo frenético de la vida del pícaro galeote, ahora relegado a la corulla. Cambiando de registro, Alemán pasa de lo sublime a lo ridículo y en estilo exuberante pone a cargo de Guzmán la destrucción emblemática del sistema reformador de Herrera. Como colofón a la última actuación de Guzmán de Alfarache «que basta» (GAII,516) Alemán nos ofrece aquí una como viñeta con la que ilustra el esquema de sumisión, tan humillante como laboriosa, que se le exigía al pobre en el programa reformador de Herrera.

En bajeza de oficio, Guzmán se llevaba la palma. Como curullero había tocado fondo en la miseria «más ínfima de todas» (GAII,p.22). Desde la indigencia del máximo exponente de los humillados – quien sin embargo se esmeraba en «no errar» (GAII, p.519) – Alemán seguía retando a «Máximo» Herrera, su interlocutor epistolar y creador de la noción de pobre perfecto, aquí ilustrada. Haciendo gala de casi histriónica ejemplaridad y con un comportamiento de autómata desnaturalizado, el curullero consigue que dudemos de su identidad. Antes de abandonar la escena consigue sin embargo lanzar al discreto lector un guiño, indicándole que tras su adocenada fachada sigue siendo el pícaro de siempre, cuyo instinto de supervivencia y capacidad recuperativa expresa con un revelador «yo siempre confié levantarme» (GAII, p.519), con el que sella y testimonia su auténtica identidad.

Guzmán de Alfarache abandona la escena regalando al lector con su inolvidable sonrisa de antaño. Vencedor por su fuerza anímico-espiritual de las adversidades de la fortuna, que cuando es contraria «hace prudentes a los hombres» (GAII, p. 519), Guzmán parece haber hecho su paz con el mundo y con su alma. Su figura no sólo parece coincidir con la descripción que de Guzmán de Alfarache ofrecía el propio Alemán quien lo presentaba, ya en el GAI, como un «hombre de claro entendimiento… castigado del tiempo» (GAI, «Declaración para el entendimiento de este libro», p. 113), sino también con la figura de «hombre perfecto» anunciado por Alemán en la carta al «Lector» de la segunda parte, quien como «atalaya» y «castigado de trabajos y miserias» desvela «toda suerte de vicios» y es «atriaca de venenos varios... después de haber bajado a la más ínfima de todas, puesto en galera por curullero della», que parece complemento a la citada primera descripción del GAI. Como «atriaca de venenos varios» el Guzmán de Alfarache anímicamente transfigurado parece cristalización del perfecto antídoto contra la toxicidad del «vulgo»; traslación del enemigo por antonomasia, avatar de Herrera. En efecto, en la letanía de apodos o renombres que Alemán aplica «al vulgo» en su carta paratexto al GAI se encuentra el de «basilisco» emponzoñador de «atriaca» que envenena lo bello e inocente. Por lo tanto el Guzmán de Alfarache reinvigorado en la fe auténtica sería el vencedor del enemigo del pobre, del enemigo de Dios … del enemigo de Alemán: Herrera. El curullero regenerado en la fe de Christo podría en efecto ser la figura emblemática a la que, enriquecida por la sabiduría del tiempo, Alemán hubiese confiado una de las voces de su narración. Esta podría ser la voz que desde dentro del mismo pícaro, realizando el «principal intento» de Alemán estuviere desvelando al lector las «estratagemas y cautelas de los fingidos» y suplicando «por el cuidado de los que se pueden llamar, y son corporalmente pobres»[186], la que en un registro alegórico depurase a Alemán del veneno que desde el emblema de su retrato écfrasis la acechadora araña tenía por compulsivo instinto el inyectar en la confiada culebra, con la que Alemán se identificaba. Guzmán de Alfarache abandona las tablas antes de que caiga el telón sobre las páginas del libro. Su trayectoria como personaje ha tenido un principio, un desarrollo y un final compartidos por el lector medio. Sale de escena sin rencor alguno. Este podía haber sido, y de alguna manera es el final de Guzmán de Alfarache, a quien ya no se volverá a nombrar. Su salida marca el final de su participación en la vida del pícaro, la cual prosigue sin embargo en la última escena y más allá del final del libro. Alemán no había acabado con Herrera, con quien tenía una cuenta personal que saldar.

Guzmán había cumplido airosamente su función. Sin embargo, la narración de su vida no se circunscribía en su propósito a conseguir su salvación como personaje de ficción. Servía también como soporte ejemplar y somático para el discurso correctivo encaminado a la

---

[186] Primera carta a Herrera, 2 de octubre de 1597.

edificación moral del principal interlocutor y destinatario de la obra, a quien el pícaro narrador quería transformar en «hombre perfecto» (GAII,p.127). Alemán y el pícaro narrador tenían pues una misión conjunta: la reforma de su respectivo y único interlocutor principal, Herrera[187]. Al final de la segunda parte del *Guzmán*, este intento de reforma no había surtido efecto. Situación que el propio pícaro confirma cuando pide a sus autores apócrifos potenciales que no pongan fin a su historia, reclamando para sí una prórroga vital, un «tiempo para la enmienda» y más «vida en que me corrija» (GAII, p.48). De esta manera, la corrección y enmienda del discurso de Herrera y la corrección y enmienda de la vida del pícaro son dos misiones intercambiables. Es por ello por lo que al no haberse alcanzado ninguno de estos dos objetivos, tanto Alemán como el pícaro narrador (GAII,p. 23 , GAII p. 522) anuncian una tercera parte, en la que proseguirán con su proyecto de reforma y edificación. Ambos reformadores, Alemán y pícaro, sabían sin embargo que Herrera era incapaz de corrección. Esto hace que el pícaro describa la misión de enmienda en términos inalcanzables de «hombre perfecto», y que Alemán la situe en un plano utópico y trascendental, más allá de toda realidad verificable. Alemán basa su juicio en la observación directa de la trayectoria vital y conducta impenitente de Herrera que utiliza como modélo temático y pauta sobre la que desarrollar su obra reformadora (la trilogía del pícaro) dirigida principalmente a Herrera. Es esta misma proximidad respecto a su «sujeto» la que explica el pronóstico de devenir calamitoso que Alemán como autor depara a su pícaro, ya que en realidad es reflejo de la situación de Herrera en la vida real. En 1604, año de publicación de la segunda parte del *Guzmán* y de *San Antonio de Padua*, Herrera no había recuperado la confianza de sus pares y seguía como médico supernumerario en espera de un puesto fijo. Como traslación poética de esta situación, Alemán deja al pícaro a bordo de una galera a espera de una gracia real que nunca llegaría. También en 1604, el programa de reforma de Herrera seguía en punto muerto. Tras el destierro y muerte

---

[187] La misión del narrador era también la regeneración moral de alguien que se situaba en un plano histórico, exterior al poético de la obra. Este lector interlocutor es el mismo que el interlocutor epistolar a quien Alemán había prometido un escrito correctivo en su carta del 2 de octubre de 1597.

de Arce, se prolongaba la retoma del programa de reforma con el que Herrera había contado para conseguir gloria inmortal. En la tercera parte o *San Antonio de Padua*, esta situación de estancamiento osificado vivida por Herrera queda reflejada en ese «desahuziado[s] de remedio» a eterna espera de un «amparo» que nunca llegaría (AP,fol.417 r.-v.) ya que como el lector discreto lo sabía el «amparo», evocativo a un segundo registro del AdP, estaba en manos del falso intercesor del necesitado por antonomasia, del propio Herrera quien juega aquí el papel tanto de desahuciado como de amparador. Habiendo logrado su objetivo de «hombre perfecto» en un registro poético, Alemán y el pícaro narrador, su portavoz, prosiguen en su empeño de perfeccionar a su común interlocutor, Herrera, empresa que debe de ser interpretada en clave paródica. Dado su dual propósito, Alemán plantea un doble desenlace adaptado a la estructura de la obra desarrollada en dos planos, el poético y el histórico. El plano histórico queda evocado en la escena final de la segunda parte del pícaro y prosigue fuera de ella en una tercera parte histórico-poética, en una hagiografía situada en parte en un plano trascendental.

El pícaro es un conglomerado de componentes varios. Guzmán de Alfarache es solo parte de la historia. Una vez cumplida su misión, Guzmán de Alfarache sale de escena y el pícaro *ur*, sujeto del libro, despojado de su avatar (Guzmán) toma el relevo y ahora es él quien desempeña el papel de protagonista en la última escena. Alcanzado este punto, Alemán crea una situación escénica estructuralmente análoga a la ofrecida al comienzo de la novela en la cual el pícaro «sujeto» o modelo temático, antecedió a la salida en escena del protagonista Guzmán de Alfarache. Aquí como parangón a aquélla, tras la salida de escena de Guzmán, es el pícaro «sujeto» quien permanece en escena. El personaje o avatar guzmaniano que aparece en las última escena es el «ser» del «pícaro sujeto» del libro, su modelo temático e histórico, Herrera en su relación con Alemán, a su vez endógeno y exógeno a la narración. Este final es un añadido lleno de artificio[188] en el que narración y protagonista sufren un viraje forzado[189] que prepara el terreno para la apoteosis de la obra; la gran venganza. Por medio de este viraje y cambio de registro

---

[188] GAII, pp. 520–522.

[189] Véase Apéndice VII.

Alemán consigue situar al lector en un plano apto para la recreación histórica de la pesquisa en torno al fraude del bizcocho. El viraje sirve también de entronque con el *San Antonio de Padua,* tercera parte de la vida del pícaro «sujeto»[190], Herrera, cuya vocación de reformador e intercesor de los pobres, en la que a su decir actuaba movido por divina inspiración y en el marco de la cual se autodefinía como un San Francisco[191] (RD, fol. 6v.), eclosionó inmediatamente después de su periodo como médico de galeras.

Fuera de una somera indicación («Sucedió al punto de la imaginación») que parece soplada por un apuntador exterior al drama en preparación a un imperceptible cambio de registro escénico, Alemán pasa sin más de una escena de tipo costumbrista sobre la vida de los galeotes al complejo guión de un drama personal desarrollado en la última escena con gran economía de tiempo y elaborado en su núcleo central dentro del reducto introspectivo de la ambigua y calculadora psique del pícaro[192]. El mismo nos dice con orgullo cómo gracias a su intervención se abortó un proyecto de sublevación cuando habiendo sido previamente informado en secreto («diles buenas palabras y híceme de su parte»)

---

[190] La tercera parte esta basada en el modelo temático, Herrera.

[191] Como «camino tan flaco», como «tan flaco gusano».

[192] Alemán anuncia que, mas allá de la ficción, va a hacer algo inverosimil que precisa la colaboración imaginativa del lector. En una *mise en abîme* de «imaginación» dentro de la ficción, Alemán ha conseguido salir de la fábula y conectar directamente con el registro histórico o «sujeto», trasfondo y modelo temático de su obra. Alemán realiza su *grand coup de théâtre* mediante un apéndice de ambientación histórica que parece situarse más allá de la fábula, en un registro extratextual que entronca con la biografía de Soto. Al revelar que había «sido el mayor ladrón que se había dado en su tiempo» consigue que esta descripción de Soto encaje con la que Aleman da de «nuestro pícaro» como «ladron famosísimo» (GAI, «Declaración para el entendimiento deste libro», p. 113). Asimismo y en un registro extratextual por medio de la figura del famoso ladrón Alemán evoca el discurso de Herrera, quien defendiendo las «galeras o destierros» como castigos mas idóneos que la pena de prisión, declaraba que «las cárceles no son de más provecho que para … deprender… nuevas liciones para ser más famosos ladrones» (AdP, [1975], p. 79). Si en Soto hay algo del pícaro y algo de Herrera, y si Alemán y Herrera, a decir de Alemán en su segunda carta, son dos mitades de un mismo ente fundidas en una relación del enemistad, a un segundo registro el pícaro como ente aglutinador tiene también que quedar asimilado a la citada estructura de correspondencia relacional y a su vez reflejarla.

opta por delatar y traicionar a los implicados alertando «secretamente» a un soldado. El intento de amotinamiento fue seguido de una pesquisa cuya sentencia dictó cinco ejecuciones y múltiples condenas perpetuas. El pícaro delator fue el único en ser dado por libre. Como colaborador de la oficialidad se hizo además merecedor de la admiración del capitán: «exagerando el capitán mi bondad, inocencia y fidelidad, pidiéndome perdón del mal tratamiento pasado». Alemán está ofreciendo aquí un nuevo modelo de hombre perfecto, un modelo que sin embargo supone una regresión respecto al nivel ético alcanzado por el curullero Guzmán de Alfarache. No se da incongruencia en la línea narrativa seguida por Alemán en la penúltima y última escenas de su segunda parte ya que éstas se desarrollan alternativamente en dos planos, el poético y e histórico, en parte paralelos y en parte tangenciales. La última escena privilegia el registro histórico. El paralelismo con el episodio histórico acerca del fraude del bizcocho en el que Herrera estuvo involucrado es facilmente observable[193]. Sita como punzante colofón a la segunda parte, la última escena se presenta como una reapertura del expediente histórico y una invitación a reexaminar el papel jugado por Herrera en su desarrollo: ¿Por qué fue Herrera el único en ser dado por libre?; ¿por qué en su *Relación de servicios* siente la necesidad de especificar como cosa excepcional que ha ejercido su oficio «con tanta limpieza» pese a haber tenido «ocasión entre manos de poderse aprovechar de mucha hazienda» (RS, fol. 171r.–v.). Apostilla ésta que quizá respondiese a que de hecho existían sospechas al respecto ya que de haberse hecho de *motu propio* y sin un ulterior motivo esta no solicitada aclaración hubiera debilitado la fuerza de su personal apología.

Una vez conseguido el salto imaginativo con el que se invita al lector a situarse en una perspectiva histórica, Alemán retoma el hilo de la

---

[193] En la RS, como se ha indicado, se relata de manera descontextualizada y deshilvanada cómo durante unos disturbios que tuvieron lugar en Barcelona (motivados con toda probabilidad por una crisis de subsistencias), Herrera «habiendo sabido en secreto cómo la gente plebeya irritada avía tomado las armas en deservicio de su Magestad, que está en el cielo, y daño del Reyno, previno y dio parte dello al Adelantado». Respecto a la investigación de la oficialidad en torno al asunto del bizcocho (con toda probabilidad relacionada con estos disturbios) declara que «solo él fue dado por libre». Añade que hubo tantos culpados «que resulto fuessen cinco personas degolladas, y otros muchos castigados y echados a galeras» (RS, fols. 170r.–171v.).

trama narrativa que le permite «encadenar lo pasado y presente con lo venidero de la tercera parte» (GAII, p. 48). Se opera sin embargo una substitución de narrador. Esta última escena parece protagonizada y narrada directamente por el pícaro «sujeto» del libro sin pasar por el tamiz de la conciencia y de la voz de Guzmán de Alfarache. Localizada en un ámbito regido por criterios ajenos al sistema de valores que había servido como punto ético de referencia a lo largo de la autobiográfica obra narrada hasta aquí por Guzmán de Alfarache, Alemán se venga aquí de Herrera por partida doble. Denuncia y ejecuta a Soto tras un juicio público. Deja en suspenso y en manos del lector el veredicto ético acerca de la actuación de su otra mitad, Guzmán. Como resultado, consigue sembrar una insoluble duda acerca de la verdadera intención de un pícaro que acabó siendo considerado como santo por la oficialidad[194]. La historia esconde sin revelarlo su veredicto de inocencia o culpabilidad, y su final abierto obstaculiza una absolución cabal del pícaro de la escena final. Alemán ha escenificado un duelo en el que han quedado enfrentadas las dos mitades de un mismo pícaro: Guzmán y Soto, su mitad maldita y trasunto poético de Herrera[195].

Para llevar a cabo su vindicta contra Herrera era necesario que Alemán despojara al pícaro de sus diversos avatares hasta alcanzar la esencia del «sujeto» de su libro. Necesitaba extraerla, liberarla y aislarla

---

[194] Alemán también consigue sembrar dudas sobre su propia intención respecto a Herrera en la composición de su novela. ¿Se trató de un intento benevolo de corrección, o fue más bien un deseo de venganza?

[195] Puesto que Soto, como se ha indicado, encaja a la perfeccion con la descripción que del pícaro había suministrado el propio Alemán quien lo describía como «ladrón famosísimo» (GAI, p. 113), Soto tenía que ser tambien ese «uno sólo el otro yo» descrito por Guzmán en el marco de su definición del amigo predilecto (GAII, p. 274). Soto parece haber sido para Guzmán lo que Herrera era para Alemán, «una misma cosa y cada individuo medio del otro» (Carta segunda). Ello establece un paralelismo simbólicamente intercambiable entre las dos parejas y sus respectivos planos, el poético y el histórico. Por ello cuando el pícaro descubre a su lector lo superlativo de las «culpas» de Soto (cuyo derrotero hasta ese momento era totalmente desconocido para el lector) queda sugerido que éstas podían haberse situado en un registro *extra muros* de la narración. Sugiero que estas «culpas» se ubicaban en un universo paralelo al poético y fuente del mismo: el plano histórico, ámbito de Herrera, modelo temático del pícaro, quien por asociación quedaba así identificado con la figura de un famosísimo ladrón.

de su soporte dramático. La suerte final de Soto es parte de este proceso de acendramiento. Su muerte supone un auténtico desentrañamiento en el que el pícaro «sujeto» es condenado simbólicamente a su propia ejecución por su otra mitad. El ajusticiamiento de Soto fue una catarsis colectiva; suma de venganzas en nombre del pobre y en nombre del propio Mateo Alemán[196]. Tras la desaparición de Soto, trasunto de Herrera, los pobres como grupo genérico, Guzmán de Alfarache y el propio autor quedaron anímicamente desherrados: «el capitán ... me mandó desherrar», declara el pícaro como suma de todos ellos.

La ejecución de Soto no corre sin embargo a cuenta de Guzmán de Alfarache, quien había ya abandonado la escena. La responsabilidad de la muerte de Soto y de los otros cinco, y el terrible castigo de muchos no podía mancillar la imagen perfecta de pobre rehabilitado, portavoz del pobre de carne y hueso, que Alemán había restaurado en la escena anterior. La venganza contra Soto correría a cargo de su otra mitad, a cargo de ese otro pícaro que era trasunto del propio Mateo Alemán[197].

[196] Herrera había acusado a los pobres de ser «casi... homicidas de si propios» (AdP, fol. 4r.). Esta provocativa acusación de Herrera tuvo que ser lo suficientemente controvertida como para reaparecer, desnaturalizada por supuesto, en el apócrifo. En esta obra, la acusación iba dirigida al interlocutor del falso Guzmán, por inferencia Mateo Alemán, a quien Martí acusaba de ira vengativa: «¿Puede ser tormento igual que mandarte ser verdugo de ti mismo?» (GAA, p. 675). En el desenlace de GAII, Alemán por su parte se vengaría de Herrera por sus declaraciones en contra de la figura del pobre y, como colaborador de Martí, por las declaraciones en contra de su persona en el *Guzmán* apócrifo.

[197] Aunque la substitución no era discernible a simple vista, Alemán había sin embargo proporcionado a su lector discreto su clave de lectura en la primera parte del pícaro mediante el ejemplo de la subrepticia substitución de «Contento» por «Descontento», de la que los hombres no se habían percatado: «creyeron los hombres haberles el Contento quedado... y no es así, que sólo es el ropaje y figura que le parece y el Descontento está metido dentro» (GAI, p. 207). Ello explica que en la última escena del GAII se introduzca el aspecto de la indiferencia del pícaro frente a las ejecuciones de sus camaradas; indiferencia comprensible hasta cierto punto en el caso de Soto, su mortal enemigo, pero ya menos excusable frente a la suerte de los demás condenados y en todo caso tan opuesta al élan de compasiva solidaridad que Guzmán había experimentado en el capítulo anterior frente a la tortura de los forzados, pese a que los torturados eran los sospechosos y el responsable del hurto del que él mismo había sido falsamente acusado (GAII, p. 504). Mediante la frialdad emocional del pícaro en la escena final, Alemán quizá estaba proporcionando una pista al discreto lector que le llevara a considerar la

El pícaro de la última escena parece impermeable a su entorno, como si lo que estaba ocurriendo sólo incidiera en su destino personal. Mas que como oportunidad de expresar su sincero arrepentimiento, la pública confesión de Soto está diseñada para recalcar la irreductible vengatividad del enemigo[198], de la que Soto era encarnación antonomástica respecto a su otra mitad, y absolver la conciencia del pícaro; cuya delación había además tenido lugar antes de que se conociera la intención de Soto.

La última escena de libro esta marcada con el sello del «precursor». En el desenlace del libro, las etapas cruciales se desarrollan en torno al día de San Juan Bautista, sin otra aparente finalidad que la de atraer la atención sobre esta fecha. Al insistir en esta fecha Alemán parece conferir a la figura del Bautista un papel simbólico como parte del reparto y como punto omega del *dénouement*. La fecha acordada para el amotinamiento de los galeotes era la del «día de San Juan Bautista por la madrugada»[199]. La delación del complot, el descubrimiento de las pruebas y la fulminación del proceso tuvieron lugar la víspera. La «ejecución» de Soto y sus cómplices se aplazó para después del día de la fiesta: «por ser el siguiente día de tanta solemnidad entretuvieron el castigo para el siguiente». El día de San Juan Bautista había sido elegido también como fecha para implementar los planes de reforma asistencial expuestos por Herrera en su *Amparo de pobres;* y se había también previsto la posibilidad de diferir «la ejecución de las premáticas… para otro día de fiesta solene»[200]. El aplazamiento de la «ejecución» de Soto

glacial factualidad con la que Herrera describe en su RS el desenlace de la investigación histórica. Herrera prodiga encendidas alabanzas al «gran cuydado y zelo del servicio de V. M. de castigar culpados»; celo demostrado por el «Adelantado Mayor de Castilla» y por el «Marques de Valle, que fue Presidente del Consejo» en el curso de sus «visitas» a las galeras de la escuadra en la que Herrera servía. Herrera no muestra atisbo alguno de solidaridad o de interés por la suerte de los condenados, pese a haberse tratado de sus propios camaradas (RM, fol. 171v.). Postura que sin duda era ya conocida entre los círculos iniciados previo a la elevación de su RM.

[198] «se desvelaba mi enemigo Soto en destruirme; pues, cuando más no pudo, compró a puro dinero su venganza» (GAII, p. 514). Alemán pudiere estar refiriéndose aquí a la posible relación de Herrera con el Guzmán apócrifo, posiblemente obra de encargo.

[199] Sobre el simbolismo de la figura de San Juan Bautista ver Michel Cavillac, *Pícaros y mercaderes en el Guzmán de Alfaroche*, 1994, pp. 148–150, 152–153, 174, 600, 602.

[200] AdP [1975], p. 186.

sería así una evocación del proceso de implementación del programa de Herrera. La figura del «precursor» se hace así indisociable del triunfo del pícaro sobre su enemigo. Con su actuacion, el pícaro lleva a cabo lo dicho por Alemán cuando en su segunda carta se declaraba como «inmortal precursor» de las obras de Herrera. Al final de la novela, el pícaro actua como «precursor», adelantándose para que los planes de Soto, trasunto de Herrera, no se llevaran a cabo, substituyendo su ejecución por la ejecución del propio Soto. Con la publicación de la segunda parte de su obra en 1604, Alemán se adelanta a la *Relación de servicios* que Herrera presentaría al Consejo de Estado en enero de 1605, en la que describe como ejemplar su actuación en el episodio de la pesquisa del bizcocho (RS, fols. 170r.–171v.). Enterado quizá secretamente de sus planes, Alemán consigue sobotear el propósito de Herrera utilizando la última escena de su novela para alertar a las autoridades competentes, al Consejo de Estado como órgano receptor de la *Relación*, y al público iniciado acerca del cuestionable papel desempeñado por Herrera en el asunto del bizcocho. La escena final cuestiona la presunta inocencia de Herrera en este asunto y le aplica, mediante la ejecución de Soto, el castigo poético del que Alemán le cree merecedor, con el propósito de poner punto final a sus planes de reforma asitencial.

El personaje que a bordo de la galera queda a la espera, como en busca de un autor que escriba una tercera parte de su biografía, no es Guzmán de Alfarache sino el último avatar del pícaro «sujeto» del libro. Ya no puede contar con Guzmán de Alfarache, galeote autobiógrafo, para relatar su historia ya que éste permanece afincado en la obra como un ente diferenciado después de una auténtica conversión[201]. Es el pícaro «sujeto» del libro quien declara: «Rematé la cuenta con mi mala vida. La que después gasté, todo el restante della verás en la tercera y última parte, si el cielo me la diere antes de la eterna que todos esperamos». Este pícaro sabe que ya ha vivido más allá del límite temporal marcado por el final de la segunda parte. Ahora sin embargo precisa de un narrador que cuente ese «restante» de su vida ya que no se indica que la tercera parte, con la que tiene forzosamente que cumplir, fuera a ser autobiográfica[202]. Esta continuación no es la tercera parte de

---

[201] GAII, pp. 516–519.

[202] Como hemos indicado no se trataba de la tercera parte de *Guzmán de Alfarache* sino

Guzmán de Alfarache sino la «tercera parte del pícaro». Despojándolo de sus diversos avatares, Alemán reduce al pícaro a su esencia, a lo que definía como su «ser»[203] y como «sujeto» del libro. En el párrafo final del *Guzmán de Alfarache* (1604) lo ha reducido a su mero componente vital. Mediante la última suerte deparada al pícaro en una escena final que no tiene continuación, Alemán le condena, como se había dado en el caso de Herrera, a la espera sin esperanza de una gracia real que nunca llegaría[204]. Simultáneamente, Alemán prepara al «sujeto» del libro a dar un salto final hacia una nueva metamórfosis digna de Ovidio que lleva inscrita en su seno la noción de contigüidad entre dos planos existenciales[205]. Reducido a su nucleo, el «ser» del pícaro transmigraría

de la tercera parte del pícaro, cuyo autor sería el mismo que el de la «primera parte del pícaro», Mateo Alemán, como éste lo precisaba en su primera carta a Herrera, quien ya no necesitaría de narrador intermediario. La tercera parte ya estaba escrita pero, en un segundo nivel de lectura, se podría decir que quizá el pícaro no lo sabía. En ese otro registro, el pícaro duda como en su carta dudaba Alemán (por ello dice «si el cielo me la diere», como en su primera carta Alemán decía «si me acordare») de que su tercera parte del pícaro o AP, entonces distribuída en edición limitada no autorizada, llegase a obtener la licencia de publicación; situación de precariedad que se hacía eco de lo ocurrido respecto a la primera parte. A este respecto Luis de Valdés se refiere en su «Elogio» a la composición del AP en términos taumatúrgicos: «se podría decir de milagro». Percepción corroborada por el hecho de que Valdés se refiera a su difusión editorial como si se tratase de una publicación todavía no puesta en circulación, por lo menos oficialmente: «ya saldrán de su duda cuando hayan visto su *San Antonio de Padua*». Valdés precisa que el «tercero libro» (designación aplicable tanto a la hagiografía en su totalidad como al «libro tercero» del AP en particular) trataba no de una sino de «varias historias» (GAII, «Elogio», pp. 27–28). Esta aclaración puede también ser entendida como una indicación de que el AP contiene más de un registro narrativo y más de una biografía.

[203] GAI, «Del mismo al discreto lector», p. 112.

[204] Herrera no lograría recuperar la gracia perdida despues de la desgracia y muerte de Arce. Este último avatar del pícaro puede ser considerado como un *doppleganger*, un ser desvitalizado que parece haber perdido su *élan* y su pulsión proyectiva. No es una figura de esperanza sino un despojo sacrificado por necesidades de guión como vehículo del «ser» del pícaro reducido a su esencialidad. Así y todo, como si quisiera dejarlo libre de la contaminación del influjo de Herrera, Alemán toma la precaución de dejarlo desherrado, «como libre», pero eternamente condenado a la galera de la que al no haber una tercera parte del *Guzmán de Alfarache* nunca podría escapar.

[205] «degna d'esser celebrata, che la *Metamorphosis* di Nasone» (GAII, «Al libro et al

de la galera a los altares, pasando de pícaro a pícaro que se hacía pasar por santo. En este nuevo avatar, la autobiografía ficcional es substituida por una hagiografía que, como aquélla, contiene también elementos biográficos indisociables de Herrera y Arce. En la tercera parte, la narración de la historia corre sin mediador a cargo de Mateo Alemán, quien al recoger el origen de la vocación de San Antonio, el milagroso eclosionar de su ciencia infusa y su privilegiada relación con Dios, espeja a un segundo nivel de lectura la vocación reformadora de Herrera y varias de las características asociadas con ella, tales como su relación con el todopoderoso Arce[206]. Trascendiendo la poética historia de la novela pero sin por ello perder el entronque biográfico, la vida que se va a narrar («una sola [vida] he vivido y la que me achacan es testimonio que me levantan»)[207], Alemán la prosigue en un plano hagiográfico que le permite subrayar su dimensión histórica, anticipando incluso la previsible reacción de aquél o aquéllos que se sintiesen aludidos por el carácter histórico del *genre* utilizado: «(con demasiada curiosidad) pudiera culpar alguno, el estilo historico que sigo, en la vida del glorioso santo»[208]. En particular quizá respondiese al temor de desvelamiento identitario de las figuras históricas que a un segundo nivel de lectura quedaban reconocibles tras la figura del santo y de su relación con Dios. A éstos responde Alemán afirmando que en su hagiografía ha

---

auctore, fatto da un suo amico», p. 29). Dada la estructura propia a la obra de Ovidio la asociación que entre ella y la obra de Alemán hace el autor del poema, pudiera ser entendida como una invitación a una lectura totalizadora de su texto que incluyese tanto un primero como un segundo registro de lectura, tanto un registro poético, como un registro histórico.

[206] Alemán no presenta el AP como una hagiografía tradicional. Insiste sobre su aspecto biográfico, pero subraya también reiteradamente sus novedades en exclusiva. Como en el caso de una de las figuras más conocidas del santoral la noción de novedad sería sorprendente, estas novedades en exclusiva apuntaban a algún aspecto oculto sobre el que existían incógnitas que se quieren despejar satisfaciendo, como dice Juan López del Valle, «la justa y buena curiosidad de los lectores» (AP, «Elogio en alabanza de Mateo Alemán»). Sugerimos que ese aspecto oculto era la historia de la relación entre Arce y Herrera, que AP narra cifrada en contrapunto a la vida del santo. Véase Apéndice VIII y Apéndice IX.

[207] GAII, p. 47.

[208] AP, «Letor».

procedido como «cualquier historiador», «guardando inviolablemente lo que tocare» a la «verdad»; puntualizando sin embargo que dado el género elegido tenía «por permitido … ponerle algunos adornos con que se guarnezca». Alemán ha pasado así de una «poética historia» en su novela a una historia poéticamente narrada en su *San Antonio*, sin por ello cambiar de modelo temático, Herrera.

El paso de la segunda a la tercera parte supone sin embargo un cambio de plano, un cambio de reparto y decorado. Precisa de un rito de pasaje purificador en el que los antiguos componentes, sometidos a un proceso de metamórfosis, vayan resurgiendo con una nueva apariencia que no altera su esencia; como se deja entrever en las mismas palabras de Alemán: «y (como antes è dicho) cuando la diferencia no es de essencia, importa poco que sea el tiempo, la persona, el nombre, o el pueblo diferente: lo principal que se trata sea cierto, que no se quite ni ponga cosa, con que se mude o altere, que lo acessorio es tratar de que color venia vestido, si tenía más o menos años, o si se llamaba Juan o Francisco»[209]. El eslabón onomástico entre la novela y la hagiografía es el nombre de Fernando, elegido en su bautizo por Ozmín – personaje que a un registro metarranativo evocaba la figura de Herrera – y dado en la pila bautismal al futuro santo, quien más tarde lo cambiará por Antonio, su nombre de religión[210]. El más elocuente denominador común entre ambos personajes quedaría indicado en la etimología hebrea del nombre «Hernando» que Alemán proporciona a su curioso lector como parte de la descripción de los rasgos identitarios del santo: «pusieronle nombre Hernando, que fue lo mismo que llamarle monte movedizo de Har Nad, nombres hebreos, porque Har, quiere dezir Monte, y Nad, movedizo: y las divinas letras interpretan por los

---

[209] AP, fol. 365r. Alemán parece estar haciendo aquí una declaración de principio que avalaría y daría *carta blanche* al sistema metamórfico como eje fundador de sus recursos narrativos.

[210] «Y viendose ya otro, que antes era... se hizo llamar Antonio, a devoción de San Antonio abad, patrón y dueño de aquella santa casa, y a quien el procurava imitar en todas las acciones; para que como retrato suyo, pudiesse conseguir el dichoso fin que desseava, y tenerlo por el en gloria» (AP, fol. 70r.). La relación onomástica entre Ozmín/Fernando y Antonio/Fernando ya ha sido observada por la crítica.

montes, los patriarcas y santos»[211]. Lo que Alemán no menciona es que los santos son comparados con las montañas para subrayar su firmeza y estabilidad. Como él mismo recuerda en *Ortografía castellana*, la «escritura sagrada» tiene dado el nombre de «montes» a los «prudentes i sabios, constantes varones». «Nad» sin embargo sirve de eslabón etimológico entre Ozmín/Fernando y Fernando/Antonio. El sentido de algo «movedizo» del adjetivo hebreo apunta al carácter inconstate y mudable de Herrera, sobre quien por añadidura también pesaba la sospecha de ser de origen converso; sospecha a la que Alemán parecería aludir cuando analiza la etimología hebrea de «Hernando».

Otra pista que establece un lazo iluminador entre Antonio y Herrera, y entre la segunda y tercera partes es el maravilloso grano mencionado en la «Dedicatoria» del *San Antonio de Padua* (1604). Este grano de oro nos retrotrae a la amalgama del azogue y del oro, ilustración analógica de la enemistad indisoluble entre Alemán y Herrera[212]; como si esta enemistad hubiese sido trasladada a la tercera parte del pícaro bajo el simbólico avatar de «un grano de oro puro» del que paradógicamente y pese a haber sido «de tanta perfecion» no se volvería a hacer mencion ni en el texto de la hagiografía ni en los paratextos de la edición de 1605[213]. El propósito de esta mención que pudiere parecer gratuita es situar la hagiografía en un específico contexto histórico. El extraño y maravilloso acontecer que por analogía genérica se asocia con la figura del santo tiene un entronque histórico muy específico ya que, como queda precisado, pese a aparecer como de refilón y entre paréntesis tuvo lugar bajo «(el Rey don Felipe segundo)». La fugaz irrupción en escena de este «grano de oro puro», recogido en la «recamara» real nada más ser recibido por el monarca a quien había sido ofrecido, se produjo por lo tanto en el contexto de la anexión lusa, quedando aclarado que el habérsele ofrecido la feliz coincidencia de hallar un personaje como San Antonio, supuso a su vez para Alemán como el haber recibido un tesoro tan valioso e inesperado como lo había sido el del grano de oro aludido en la historia: «Esto es casi lo que se me à ofrecido en la ocasion presente,

---

[211] AP, fol. 34r.

[212] GAII, pp. 154–155.

[213] Como ilustración del mencionado *double entendre* indico que la tercera parte del pícaro, *Antonio de Padua* en sigla de A d P parecería ser acróstico de *Amparo de pobres*.

con este grano de oro finissimo, entre los hombres Angel, san Antonio de Padua». Es pues evidente que la dimensión de feliz descubrimiento expresada por Alemán no podía aludir a una simple evocación de uno de los santos más populares de la devoción católica, quien había vivido en el siglo XIII y de cuya bien trillada biografía no se podían esperar sorpresas. Alemán utiliza la expresión «ocasión presente» para indicar que estaba tratando de un hecho concreto de candente actualidad respecto al momento preciso en el que estaba hablando. Alemán va a poder utilizar las felices concidencias que le ofrecía la biografía de San Antonio como base sobre la que asentar, a un segundo registro, la de otro ser tenido por asombroso y contemporáneo de Alemán, Herrera: «criado en las entrañas del reyno Lusitano, dentro en Lixbona, y en el coraçon della, por el mismo autor de la naturaleza, purissimo sol de justicia verdadera, dador de vida». A renglón seguido, el reino lusitano es descrito como una «mina» donde se halló la inestimable joya, que a Alemán defendía y favorecía «cada día, y cada dia tantas vezes con prodiga voluntad... milagrosamente». Sugiero que, a un segundo nivel de lectura, Alemán está evocando aquí el nacimiento de Herrera a la arena pública en Lisboa, en la que irrumpió como un *stupor mundi* por obra y gracia de su todopoderoso protector Arce, quien durante su periodo luso gozó de excepcional favor e influencia. El asombro causado por las propiedades del insólito grano de oro son reminiscentes del espanto causado por la nunca vista actuación de Herrera a decir de Lope y Vallés. En otro registro, la irrupción del grano de oro en el marco de la hagiografía, evoca la penetración de un elemento proveniente de otra esfera o registro, símbolo de la esencia misma del pícaro, en su nuevo ámbito presto a tomar su nuevo avatar de santo. Evocación de la nueva metamórfosis del pícaro, lo era también de la nueva metamórfosis de «Máximo», suscitado aquí como el primero entre los metales «y de tanta perfecion». Alemán está indicando con ello que en su hagiografía había encontrado el «perfecto» avatar para su pícaro, falso amparador de pobres que se hacía pasar por santo. El continuo velar de esta «joya» sobre Alemán es una variación más de la denuncia del acecho al que Herrera había sometido a Alemán: «No hay prudencia que resista al engaño». Es disparate pensar que pueda el prudente prevenir a quien le acecha» (GAII, p. 135).

La ejecución de Soto no supuso un acto purificador para su otra mitad. El pícaro y Soto estaban indisolúblemente amalgamados: «hecho ya otro él, nada puede ser parte para que aquella unión se deshaga»[214]. Como «una misma pasta» eran divisibles sólo por el «fuego de la muerte»[215], por la muerte de ambos. Por el momento sólo se había producido la obliteración de una mitad por su otra mitad[216]. Por ello el «ser» del pícaro que transmutaría de la segunda a la tercera partes era una esencia contaminada. La gran venganza de Alemán consiste en hacer que el pícaro, testigo ocular de la traición de Soto, sea también cronista de su propia alevosía delatando a su *alter ego,* trasunto de Herrera[217]. En la última escena, Alemán parece descorrer el velo de su propia intención. La indiferencia emocional del pícaro ante la ejecución de Soto dejaría adivinar la de Alemán frente a la simbólica ejecución del trasunto de Soto, la de Herrera. Al concluir la novela, el pícaro es una figura siniestra incapaz de emoción humana. La pregunta que se impone es qué fue de este Guzmán del cuadro final, utilizado como *doppleganger* del pícaro hasta el límite del espacio narrativo ficcional antes de su salto a un nuevo género; personaje sin destino condenado en inmortal stasis al ignominioso papel de cobarde delator, colaborador del opresor, sacrificado moralmente para facilitar el paso del pícaro que se hacía pasar por santo al del falso santo con atributos de pícaro[218]. Abandonado como muda del reptil, este Guzmán es al mismo tiempo utilizado como reelaboración poética de la figura de Herrera, quien tras

[214] GAII, p. 155.

[215] GA,II, pp. 154–155.

[216] La pregunta que surge es la de qué conclusiones analógicas se podrían sacar de esta imagen respecto a la de la relación entre Herrera y Alemán, que éste describe también como indisoluble: «una misma cosa y cada individuo mitad del otro» en su segunda carta a Herrera. Al final de GAII, Alemán da indicios de haber conseguido extirpar su trauma inicial y de haber tomado cierta distancia respecto al objeto de su pasión de odio. Este distanciamiento terapéutico se hace mayor cuando Alemán pasa del registro autobiográfico al biográfico, pero no por ello consigue librarse del todo de ese odio obsesivo, sobre el que volverá durante el resto de su obra, aunque de manera gradualmente atenuada.

[217] El narrador hace confesar a Soto que aunque le «habia prometido amistad, era con animo de matar[le] a puñaladas» (GAII, p. 521).

[218] «yo aquí recibo los palos y tú los consejos en ellos» (GAII, p. 41).

su última actuación en las galeras, donde en el marco de la pesquisa parece haberse arrimado del lado de la autoridad, se trasmutó en supremo intercesor amparador del pobre. Pese a su salto de la corulla a los altares, la esencia volatil del pícaro transmutada de uno a otro registro seguía permaneciendo inalterada.

La historia del pícaro es una historia inacabada en la que el pícaro galeote quedaba condenado a un esperar eterno. Cervantes acudiría en su ayuda. Cuando Alemán desembarcó en San Juan de Ulua en 1608, las autoridades aduaneras confiscaron un ejemplar de la *Primera parte del Ingeniosos Hidalgo Don Quijote de la Mancha* con el que había viajado. Este ejemplar le sería devuelto pronto gracias a la intervención personal de fray García Guerra. En el interés de Alemán por las aventuras del Caballero de la Triste Figura podrían anidar razones de sesgo muy personal. En el capítulo 22 de la primera parte del *Quijote* y en los capítulos 60–61 de la segunda, que quizá Alemán no llegase a conocer, la libertad física que Quijote otorga a Ginés de Pasamonte y la emocional que con sus consejos consigue para Roque Guinart hacen recordar la liberación de Guzmán de Alfarache y la del propio Alemán de sus cadenas, respectivamente físicas y emocionales.

Cervantes parece haber completado la historia del pícaro a través de la de Ginés de Pasamonte, figura evocativa de Guzmán. Cervantes ofrece un futurible, un desenlace alternativo a las vidas de Guzmán[219]; a

---

[219] Esta hipótesis no carece de dificultades. Como la publicación de la primera parte del *Quixote* (1605) debió de coincidir con la publicación de el auténtio GAII, no se puede dar por supuesto que Cervantes llegase a conocer su desenlace con anterioridad a su publicación en diciembre de 1604. Sin embargo, una confrontación entre los dos textos parece indicar que sí lo conocía. Si como se opina Alemán y Cervantes trabaron conocimiento en la carcel de Sevilla alrededor de 1602, no se puede descartar que aprovechando esta oportunidad hubiesen intercambiado información y opiniones sobre sus respectivos trabajos. Es también posible que para entonces Alemán ya tuviera redactada esa segunda parte del *Guzmán* que fue objeto de conocido plagio. Por otra parte y en otro registro, respecto al desenlace del *Guzmán* verdadero, dado el calibre del espíritu vengativo de Soto y aunque sólo fuere por instinto de conservación, Guzmán no tenía otra opción que delatar los planes de su feroz enemigo. El dilema de este callejón sin salida moral explica la venganza urdida por Alemán, ya que de alguna manera Guzmán no tenía otra alternativa que actuar como lo hizo. Por analogía, ésta era una circunstancia que explicaba, atenuaba e incluso exonoraba el propio espíritu vengativo de Alemán hacia Herrera, del que se le acusaba.

la del verdadero y quizá sobre todo a la del Guzmán apócrifo, de quien podría estar ofreciendo una continuación en vena reprobatoria a modo de subversiva «tercera parte» de su «historia»[220]. En la historia de Ginés de Pasamonte, Cervantes introduce un subtexto narrativo indisociable de la contienda entre Alemán y Herrera en materia asistencial. En su «Respuesta a la octava objeción» de 1596, Herrera había apaciguado los temores de un sector de opinión frente a la posibilidad de que los mendigos reformados para quienes no se pudiere encontrar ocupación recurriesen al bandolerismo como última solución de su miseria. Según Herrera, estos temores carecían de fundamento: «se podra tener poco temor, que esta gente tenga brio para andar salteando por los caminos, siendo como son gente pusilanimes, amilanados, y cobardes»[221]. Este prejuicio despreciativo del pobre queda desmentido por la valiente actuación de Ginés de Pasamonte, a quien Cervantes presenta como galeote liberado, cabecilla de un grupo de rebeldes que se han adueñado del camino. La valentía de Ginés de Pasamonte contradice la visión de Herrera en su *Amparo de pobres*, y también rehabilita por analogía el último avatar del Guzmán auténtico: Ginés no abandona a los suyos para pasarse al bando de los poderosos. Con la conducta de Ginés, Cervantes ha mostrado a Herrera y a sus seguidores que el galeote, figura emblemática del pobre vagabundo de mala conducta según el canon oficial, no era pusilánime, amilanado ni cobarde. Tampoco era vengativo. Aunque se había apoderado de «la espada y escopeta» del comisario, Ginés no utilizó estas armas, consiguiendo la libertad de sus camaradas «sin disparalla jamás» y sin derramar sangre.

Este episodio, donde Don Quijote actua como libertador de los

---

[220] Por medio de la actuación de Ginés de Pasamonte, Cervantes estaría obligando al falso pícaro, escapado de las galeras y libre, a desechar el comportamiento del estereotipo del pobre forzado creado por Herrera y a adoptar un modelo de conducta concorde con la figura de un Guzmán auténtico que, salvo en el último episodio, estaba en vía de liberación respecto al contaminante discurso oficial. El galeote de Cervantes había asimismo desechado su papel de representante encargado de interpretar el papel del odio que enfrentaba a Alemán y a Herrera, papel que en el *Guzmán* auténtico le había sido asignado por Mateo Alemán y a cuyas aras, a un segundo registro de lectura, había sido sacrificada la última manifestación de Guzmán a bordo de las galeras.

[221] RD, fol. 12r.

galeotes[222], trae a la memoria no sólo al *Guzmán de Alfarache* sino también a Mateo Alemán, dejando entrever un buen conocimiento de su psicología y circunstancias por parte de Cervantes. Conmovido por la suerte de los «desdichados» que encadenados iban camino de las galeras, Don Quijote exigió «saber de cada uno dellos en particular la causa de su desgracia». Haciendo caso omiso de la oposición de los guardas, «se llegó a la cadena» y preguntando a cada uno de ellos inquirió sobre las causas que les habían llevado a tan trágico destino. Este interrogatorio parecer reflejar el que Alemán hizo a los forzados a la extracción del azogue en las minas de Almadén en 1593. Entre una y otra investigación existe sin embargo una diferencia. El resultado de la primera se dio a conocer en el *Quixote* como resultado de la determinación y dotes de persuasión de don Quixote quien consiguió permiso de una de las guardas y con «esta licencia» comenzó a preguntar a los galeotes uno tras otro[223]. En este episodio, Cervantes parece estar denunciando y al mismo tiempo rompiendo el obligado silencio al que había sido sometido el «*Informe secreto*» sobre la situación de los condenados en las minas de Almadén, elaborado por Mateo Alemán y secuestrado al parecer por el Consejo. La actitud compasiva de Cervantes hacia el forzado y la denuncia de la desproporción entre crimen y castigo, afines a las de Mateo Alemán, son el reverso subversivo de la postura defendida por Herrera. Liberados los galeotes, Sancho los socorre con limosna de su propio dinero: «túvole Sancho tanta compasión, que sacó un real de a cuatro del seno y se lo dio de limosna»[224].

---

[222] El epígrafe del capítulo reza: «De la libertad que dio don Quijote a muchos desdichados que, mal de su grado, los llevaban donde no quisieran ir».

[223] «Aunque llevamos aquí el registro y la fe de las sentencias de cada uno destos malaventurados, no es tiempo éste de detenerles a sacarlas ni a leellas; vuestra merced llegue y se lo pregunte a ellos mesmos, que ellos lo dirán si quisieren, que sí querrán, porque es gente que recibe gusto de hacer y decir bellaquerías» (Miguel de Cervantes, *El ingenioso hidalgo don Quijote de la Mancha*, ed. Luis Andrés Murillo, Madrid, Clásicos Castalia, 1982, Primera Parte, cap. XXII, p. 266 (citado en adelante como DQ).

[224] DQ, Primera parte, p. 270. En DQ (1615), Cervantes reitera esta postura compasiva. Durante la visita a las galeras en Barcelona y conmovido ante el panorama de degradación humana que tiene ante los ojos, exclama Sancho: «¿Qué han hecho estos desdichados, que ansí los azotan, y cómo este hombre sólo, que anda por aquí silvando, tiene atrevimiento para azotar a tanta gente? Ahora yo digo que éste

La empatía con la que Cervantes presenta la figura de Roque Guinart[225] es parecida a la mirada comprensiva con que presuntamente contemplaba el comportamiento un tanto extraño, por no decir neurótico, de Mateo Alemán exiliado desde 1608. La semblanza cervantina del misantrópico y atormentado bandolero exiliado en las montañas presenta semejanzas con el perfil psicológico de Mateo Alemán. Ambos comparten un insaciable deseo de venganza. Roque confesó a Don Quijote que había sido víctima de «un agravio», a raíz del cual «como un abismo llama a otro, y un pecado a otro pecado, hanse eslabonado las venganzas de manera que no sólo las mías, pero las ajenas tomo a mi cargo». La declaración de Roque evoca la situación de Mateo Alemán[226], víctima también de un traumático agravio inicial. Cervantes aclara sin embargo que, no obstante su patológica vena vengativa, Roque es «compasivo y bien intencionado» por naturaleza. No es vengativo por vocación. Sus múltiples venganzas arrancan de circunstancias en las que él había resultado ser el más dañado. Roque Guinart reconoce que está atravesando una aguda crisis, que se encuentra «en la mitad del laberinto de [sus] confusiones»; pese a lo cual declara no haber perdido «la esperanza» de «salir dél a puerto seguro». En el *San Antonio de Padua* y sobre todo en la *Ortografía castellana,* la obra de Alemán, reflejo de su estado anímico, se había convertido en un «laberinto»[227]. Don Quixote considera sin embargo como un «buen discurso» la exposición que Roque hace de su vida y circunstancias. Es posible que Cervantes tuviese en parecida opinión la obra de Alemán. Mediante un paralelismo entre médicos de cuerpos y médicos de almas, Don Quijote diagnostica la dolencia de Roque, pecador discreto cuya cura o enmienda será paulatina, «poco a poco y no de repente y por milagro» ya que se trata de una «enfermedad de su conciencia» para la que no hay remedio fuera de la cura de Dios. Los

es infierno, o, por lo menos, el purgatorio» (DQ, Segunda Parte, cap. LXIII, pp. 523–524).

[225] DQ, Segunda Parte, cap. LX. pp. 501–502.

[226] Después de la confiscación de su informe sobre las minas de Almadén, Alemán fue víctima del plagio adulterador de Herrera, sufrió la destrucción de su trabajo y vio perdida la posibilidad de un verdadero programa asistencial para el pobre.

[227] La figura del laberinto aparece en GAI, p. 296; AP, fol. 24v.; y OC, p. 82.

puntos de convergencia entre el Roque cervantino y Mateo Alemán son lo suficientemente numerosos como para poder tomarlos como indicios de un deliberado designio de aproximación entre ambos por parte de Cervantes. Además de los expuestos, apunto otros. La fama de Roque para la que en palabras exclamativas de Don Quijote «no hay límites en la tierra que la encierren» parece reflejar la del propio Alemán, «el español divino» admirado tanto en España como en toda Europa[228]. En una carta de recomendación dirigida a un amigo, Roque anuncia la llegada de Don Quijote a Barcelona precisamente el día de San Juan Bautista, el día del Precursor. Roque se despide con un abrazo de Don Quijote y de Sancho «la víspera de San Juan» fecha asimismo evocativa del *Guzmán de Alfarache* cuyo desenlace tuvo lugar en torno al dia del Precursor. La profunda empatía entre Roque y Don Quixote y la admiración del caballero hacia el bandolero inclinan a pensar que la mirada de Cervantes hacia Alemán era admirativa y benevolente[229]. Ello no obstante, el diagnóstico final de Don Quixote es que Roque Guinart sufría de una dolencia de etiología anímica, al parecer incurable con remedios humanos.

La obsesión de venganza de Mateo Alemán contra Herrera tenía algo de morbosidad patológica. El paso de la novela a la hagiografía es parte de un proceso circular. Alemán partió de una correspondencia histórica, las cartas a Herrera de octubre de 1597, apuntaladas en parte por un texto anunciado, la primera parte del *Guzmán de Alfarache,* escrito ya pero todavía no publicado. En el paso de la primera y segunda partes a la tercera o *San Antonio de Padua,* la «poética historia» de la novela se convirtió en una historia poética, cambiando de registro y de énfasis pero no de tema. La novela escenificaba una dinámica relacional en la que el modelo temático o «sujeto» del libro iba paulatinamente identificándose con el protagonista hasta que, lograda la fusión y acorralado el agente fagocítico dentro de su propio sistema, Alemán logró, como autor y co-protagonista, expulsarlo sin por ello aniquilar a Guzmán, quien aunque ya «dividido» de su enemigo Soto quedaba todavia en parte

---

[228] GAII, «Elogio», p. 27.

[229] Quizá es por ello por lo que don Quixote expresa en términos de atalaya su misión de caballero andante cuando la describe como un «vivir contino alerta, siendo a todas horas centinela de mí mismo» (DQ, Primera Parte , cap. LX, p. 495).

contaminado. Alemán había logrado iniciar su propio proceso de liberación, evacuando la pasión de odio entrañado que sentía hacia su enemigo mediante su transferencia a la excisión entre Guzmán y Soto, trasunto de Herrera; proceso liberador de distanciamiento anímico que el *San Antonio de Padua* subraya con su paso de autobiografía ficcional a biografía hagiográfica. En esta tercera parte Aleman escribe desde fuera de su personaje. Ello no obstante, el autor sigue tratando en ella del mismo tema que le había obsesionado en la primera y segunda partes.

Las cartas de octubre de 1597 no son la única fuente documental que da a conocer la relación entre Alemán y Herrera. Además de este testimonio directo, las publicaciones del uno y del otro dejan constancia de su existencia y evolución mediante conceptos y giros lingüísticos que en galería de espejos deformantes revelan su enemistad a lo largo de los años. Mediante referencias a las intervenciones escritas de Mosquera, Vallés, Barros, Lope de Vega y del mismo Alemán hemos intentado captar las opiniones y voces más significativas en torno a lo que llegó a ser una auténtica *cause célèbre*. Voces éstas que recogían en fondo y forma un doble discurso, portador a un segundo nivel de lectura del sentir de la oposición al proyecto de Arce y Herrera. En canto llano proclamaban sus vítores, mientras que en contrapunto expresaban su denuncia por medio de la ironía satírica. Este fue el entramado que gradualmente fue envolviendo y amordazando el proyecto reformador hasta lograr neutralizarlo. El cambio en la cúpula de poder motivado por el rápido declinar de Felipe II permitió que la oposición, más cauta en un primer momento, se fuese progresivamente afianzando. Para 1598 se sentía más segura, obligando a Herrera a incluir en su *corpus* el «Discurso nono» en defensa de la milicia, caballo de Troya falsamente atribuído al protomédico[230]. Respecto a la persona de Herrera, la crítica se fue haciendo más irreverente. Vallés consigue que Herrera le confíe públicamente sus temores, dudas y vacilaciones acerca de su proyecto

---

[230] «me pareció no salir fuera del propósito e intento a que voy enderezado, recopilar en éste lo que en el discurso tercero se trata» (AdP [1975], p. 269); «Con esto doy fin a mis pensamientos y discursos por ahora… que , por ser este último del amparo de gente tan necesitada dél como son los soldados, parece que no me he apartado del intento que en los ocho discursos precedentes he llevado» (AdP [1975], p. 300).

de reforma[231]. Dos décadas más tarde, los prologuistas de los *Proverbios morales* de Herrera se expresan sobre la persona y obra del autor con la misma ambigüedad que sus presuntos admiradores de antaño utilizaban en torno al *Amparo de pobres*. Una vez más, estas manifestaciones de aparente y desbordante aprecio encubren un acto de sabotaje interno en contra de Herrera y su obra.

En 1618, algunas de las contribuciones a los paratextos de los *Proverbios morales* de Herrera parecen un acto póstumo de adhesión a la profética proclama que Alemán dirigiera en 1609 a la posteridad desde tierras americanas: «No se dirá de mí, pues me falta de qué ser invidiado; mas, deste agravio me nace confiança, que aviendo fallecido, me dirán responsos, i bolverán à envainar, las armas con que agora trataren de ofenderme; porque, la luz natural avrá dádoles vista, i me tendrán ausente de la suya. Que nunca la sal sala ni haze su efeto, hasta ya estar deshecha» (OC, p. 7). En su carta «Al Vulgo» que sirve de colofón a los *Proverbios morales* de Herrera, Céspedes y Méneses parece invocar el retorno del exiliado y recientemente fallecido Alemán[232], proyectando nostálgicamente la expectativa creada en ciertos círculos en torno a lo que hubiese sido su previsible reacción frente al debut literario de Herrera. Como mero futurible preñado de tristeza ya que a Alemán se le daría por desaparecido en la corte, Céspedes le invoca con estas palabras: «Buelve... fiscaliza y reprueba, que si mientes no acusaremos tu delito, en tanto que tu no te desdizes y arrepientes... Bueno fuera por cierto que tu espanto, entre la mofa y risa picaresca causara en nuestro autor

---

[231] «Y dezirme que ha avido quien burlasse desa obra, y contradiciones en ella, es el mayor argumento que yo hallo que es grandiosa, y de mucha importancia y dificultad»; «Y no siendo esto mucho, mucho menos sería, si no antes mucha dicha, si acaso fuesse burlado, y tenido V.m. por truhán y loco en opinión de los hombres, por amor de Dios» (CM, fols. 10r.–v. y 31v.–32r.).

[232] La última información situa la + en 1614, Marciala Domínguez García y Pedro M. Piñero Ramírez, «Cronología de la vida de Mateo Alemán», en P. M. Piñero y K. Niemeyer, *La obra completa*, tomo I, p. cx. Hasta fechas recientes se aceptaba como válida la noticia de que en 1615 Alemán residía en Chalco. (GAI, «Introducción», p. 24). Dado que murió en extrema pobreza sin dejar «bienes algunos» es posible que la noticia de su muerte tardase en ser conocida en España. En este punto, la última información documental procede de una «prueba legal» realizada en Sevilla en 1619 con el fin de determinar el fallecimiento del escritor.

tristeza y llanto»[233]. Lanzada desde los paratextos de los *Proverbios morales*
para provocar la vergüenza pública de Herrera, esta llamada al retorno
de la irónica mirada del pícaro es testimonio doble; del prestigio del que
Alemán gozaba en círculos iniciados y del oprobio público en el que
Herrera había caído. Por añadidura y pertinentemente para el propósito
de nuestro estudio, en la llamada de Céspedes se refleja la simbiótica
y antitética relación entre pícaro y modelo temático, entre la obra de
Alemán y Herrera, *leitmotiv* de la obra del primero. La declaración de
Céspedes da asimismo a entender que en su momento Alemán habría
sido injustamente acusado de calumniador, hecho que pudo haberle
conducido a su exilio y que la *intelligentsia* representada por Céspedes
pasado algún tiempo estaba dispuesta a reconsiderar: «no acusaremos
tu delito, en tanto que tu no te desdizes y arrepientes». Dado que todo
apunta a que Céspedes sabía que Alemán ya había fallecido y por lo tanto
tenía la certeza de que nunca prodría ya desdecirse o arrepentirse, su
declaración puede ser entendida como una rehabilitación *de facto* de la
figura de un gran autor incomprendido, un *poète maudit avant la lettre*.
Alemán sufrió una especie de ostracismo porque con su crítica revelaba
no sólo la impostura de Herrera sino también, y sobretodo, porque
ponía al descubierto las implicaciones de su relación con el Presidente
Arce; figura por otra parte indisociable de Antonio Pérez en uno de los
asuntos de estado más delicados de su época. Céspedes y Meneses pone
punto final a los *Proverbios morales,* obra en la que su autor, Herrera,
había incluído copia de sus escritos más significativos, con una carta-
colofón en la que a modo de moraleja recoge y corrobora la mirada de
Alemán y su propia opinión de Herrera, carta que encabeza con una
dedicatoria «Al Vulgo», epígrafe indisociable de la carta «Al Vulgo» de
los paratextos del GAI. El broche que cierra los *Proverbios morales* de
Herrera es un homenaje póstumo a Mateo Alemán.

[233] PM, p. 222. Véase Apéndice X.

APÉNDICE I

La promesa de Alemán a Herrera en su primera carta sería renovada en la segunda parte del *Guzmán* («prometido tengo y –como deuda– debo cumplirte la promesa en seguir lo comenzado» (GAII, p. 41)); reiterada en la tercera parte («y porque prometí dezir algo de lo por mi sucedido, para gloria... del bienaventurado San Antonio mi patrono»: AP, fol. 347r.) y revestida de particular solemnidad en la segunda y tercera partes por los prologuistas que la describen como «voto», como lo haría también el propio Alemán en su dedicatoria a Don Antonio de Bohorques (AP, 1605). Finalmente la promesa sería renovada en las «Erratas» de *Ortografía castellana*. En este tratado de reforma ortográfica, Alemán parece tirar la toalla frente al empecinamiento de Herrera (pues de él se sigue tratando) tomando la decisión de leerle él mismo la cartilla ya que «no es posible correjir bien sus obras el autor dellas». Alemán pudiera estar aludiendo aquí a la última publicación de Herrera. En febrero de 1608 Herrera suplica y obtiene permiso para publicar en forma de epítome el texto del *Amparo de pobres*. Se estipula que la edición no puede exceder los cien ejemplares y que éstos se distribuirán entre los procuradores de las Cortes[234]. Alemán tenía que ser conocedor de este último relance del discurso de Herrera ya que su viaje a México lo inició en junio de 1608. En la dedicatoria de su OC a México declara haber escrito «este discurso» en España, aunque no lo pudo «imprimir por no tenerlo acabado» cuando se preparaba «à pasar à estas partes». Sin embargo y pese a ello consideró que se trataba de una de sus obras más significativas: «entre otras, elejí sola esta» como manifestación de «las prendas» de su propia «voluntad». Alemán consideraba que su tratado reformador era un manifiesto ético. Mas que un tratado escuetamente ortográfico, era un «discurso» correctivo que le involucraba personalmente y que Alemán selecciona como el más gráfico testimonio de su sentir, ahora libremente expresado en México.

Alemán parece haber abandonado toda esperanza de que Herrera aceptase los consejos de enmienda y corrección que le había ofrecido en la trilogía del pícaro. Por ello, en OC opta por una intervención más directa. Mediante el ardid de presentar una lista de erratas

---

[234] AdP [1975], Intr., p. lix.

marcadamente exigua en un texto de supuesta reforma ortográfica salpicado de errores, Alemán estaría parodiando la cosmética corrección llevada a cabo por Herrera respecto a su obra. Al mismo tiempo, el carácter provocativamente incompleto y fragmentario de su capítulo de «Erratas» era indicio de que su tratado no era una obra meramente ortográfica, invitando a ahondar en su sentido. Alemán está invitando al discreto a una lectura en contrapunto de su tratado de reforma ortográfica. Para ello, le facilita una clave con la que descifrar la identidad del modelo temático de la obra; clave que puede también utilizarse como instrumento para interpretar la fórmula narrativa y el estado anímico del propio Alemán, autor de la obra. A este fin establece una analogía entre las diversas modalidades de canto y los diferentes registros de lectura de un texto. Las aves enseñaron al hombre «las diferencias de cantos, el contrapunteado i glosas dellos, aviendo sido su principio, el son de los martillos de una herrería» (OC, p. 14). Alemán recurre a la metáfora de las repetidas martilladas de una herrería para describir el origen de un burdo material de base, inspirado en los repetitivos y pedestres escritos de Herrera, a partir del cual Alemán ha construído su propia obra. Material de base al que se pueden aplicar las modalidades expresivas y recursos utilizados por la música, canto llano y contrapunto, en el que por analogía caben discurso y contradiscurso. Alemán está invitando a su lector a explorar la musicalidad de su propio discurso: la riqueza de sus registros de lectura, de su aparato conceptual y retórico, la determinación de su intención y la rica gama cromática de sus estados de ánimo. Por medio de su arte Alemán transforma su prosaica materia prima en un tema cuyas variaciones explora y desarrolla una y otra vez como si se tratase de un texto musical, repitiéndolo «mil vezes» (OC, p. 66). Alemán está invitando a su lector discreto a que sintonice con su discurso.

APÉNDICE II

En *Guzmán* (1599), Alemán había tratado el precepto evangélico de amor al enemigo de manera un tanto paródica. Su marco es la plática de Guzmán con unos clérigos camino de Cazalla, uno de los cuales no predicaba con el ejemplo ya que había venido a Sevilla con su compañero «con cierto pleito» (GAI, p. 178). Las palabras del clérigo pleiteador son poco convincentes; parecen utilizadas por Alemán más como crítica de la hipocresía que como sermón edificante. Son una exposición caricaturesca de un principio evangélico adulterado demagógicamente por el discurso reformador oficial para subyugar y silenciar al oprimido. La obligación de amar al enemigo es presentada como una orden inapelable, emanada de un todopoderoso príncipe celestial que parece desconocer el sentido del principio que está estableciendo: «así lo manda el Señor, es voluntad y mandato expreso suyo...Y aquel decir: ‹Yo lo mando›, es un almibar que se pone a lo desabrido de lo que se manda.». Las «nueces verdes» y «cáscaras de naranjas» que el médico receta al enfermo se hacen «confitar» para que la medicina «le sepa bien». El mismo principio se aplica en otro registro a lo que por ser «amargo y ahelear» queda «almibarado» por orden de Cristo y palabra de Dios: «yo mando que améis a vuestros enemigos» (GAI, p. 182). Lo interesante de esta plática es su reiteración del concepto de endulzar lo amargo. Alemán estaría mezclando aquí dos registros de lectura. Su primer registro acorde con el precepto evangélico de no tomar venganza. Su segundo registro refleja la pasión de mando del endiosado Presidente Arce, conocido como el ajo confitado por su proverbial hipocresía, y de su acólito Herrera, de quienes se podía decir que, como los «poderosos» que Alemán denuncia en otra ocasión, querían «agregar a sí todas las cosas, haciéndose dueños de lo espiritual y temporal, querían hasta en eso ser dioses» (GA II, p. 56). Alemán parece indicar que había recibido la orden, en este caso apoyada en un uso manipulativo de los evangelios, de no vengarse de la amargura que le habían causado sus enemigos Arce y Herrera.

En una disquisición de su obra paralela a la arriba citada del *Guzmán*, Martí no hace uso de la noción de dulce-amargo utilizada reiteradamente por Alemán y acendra este pasaje de toda expresión que pudiere hacer referencia al apodo de ajo confitado con el que se motejaba a Arce. Emplea sin embargo el verbo ahelear en su significado de amargar como la hiel: «la invidia ahelea el contento». La fuerza expresiva de este verbo utilizado por Alemán y por Martí sería señal identificadora del pasaje del GAI, que el apócrifo reelabora. Existe un paralelismo entre las disquisiciones del uno y del otro. Sin embargo allí donde Alemán disimulaba su blanco bajo capa de una consideración de orden general, su plagiario Martí parece ensañarse, aguijoneando sin tregua y directamente a su interlocutor, a alguien concreto. Martí hace una y otra vez hincapié en un rasgo de comportamiento al parecer idiosincrático de este interlocutor: la proclividad a la venganza, que Martí describe como «invidia y pesar del bien ajeno»[235]; rasgo que le haría reconocible para un público de lectores iniciados conocedores de la contienda entre Alemán y Herrera, quien reprochaba a sus opositores por actuar movidos por la «envidia» (AdP [1975], fol. 10r.), por el «odio, embidia, y mala voluntad» (OVM, fol. 10r.). Entre los círculos de iniciados se sabía que Alemán era el mayor opositor de Herrera. Alemán era así el blanco de las acusaciones de envidia y odio proferidas por Herrera en sus discursos. Mediante una técnica de exageración a ultranza Martí deja a su anónimo interlocutor grabado en el imaginario colectivo como la personificación del espíritu de venganza, plasmando la imagen de Alemán, pues de él se trataba, en un registro semejante al utilizado en algunos círculos para designar proverbialmente a Arce como ajo confitado y a Herrera como el «pícaro». Sin embargo, el ensañamiento de Martí en contra de su interlocutor deslegitimiza la validez de su discurso y, paradójicamente, invita a su lector a cuestionar los móviles de su feroz y vengativo ataque.

APÉNDICE III

El discurso del ermitaño en el apócrifo (GAA, lib. II, cap.V, pp. 624–625) encarna una visión afín en su conjunto a la del programa de Arce y de Herrera, aunque sensiblemente más modulada. Quizá Martí sea aquí el portavoz de alguien, quizá una voz colectiva, que habiéndose situado de buena fe al lado de Arce y Herrera no se hubiese percatado todavía del engaño y del alcance de la impostura de la que había sido víctima. Como posible, pero no única victima de este engaño, sugerimos a fray Diego de Yepes, confesor de Felipe II, y primer promotor del proyecto de reforma, a quien Herrera había originalmente «comunicado» su «negocio» (AdP, «Lector»). Después de su conversión al discurso reformador del ermitaño, el Guzmán apócrifo abandona Monserrat. Con cronología que estimamos deliberadamente imprecisa, el ermitaño del relato apócrifo parece estar instando a Felipe III a imitar a su padre,

---

[235] GAA, lib. III, cap. VI, p. 675.

prestando su apoyo a un programa reformador semejante al que se había comenzado a ejecutar en Madrid bajo Felipe II. Por boca del ermitaño, Martí esta creando un trasunto del abortado programa de Arce y Herrera con intento de darle nueva vida (GAA, libr. II, cap. V, p. 625). En una edición compartida, Herrera y fray Diego de Yepes publicaron en 1604 un elogio a las virtudes de Felipe II[236]. Según Cavillac, el panegírico de Herrera al rey difunto «redunda a veces en solapada requisitoria contra la acción de su sucesor» (AdP [1975], Intr., p. lvi). Observación ésta que cuadra con una lectura del discurso del ermitaño que, como la aquí expuesta, va encaminada en esa misma dirección. Fray Diego de Yepes, posible contribuyente y quizá coautor del apócrifo, pudo haber sido víctima de engaño. Había creído en la sinceridad de la vocación asistencial de Herrera, sin percatarse de que era un falso reformador. A la vista de estos datos, uno se pregunta si Diego de Yepes no esta de alguna manera reflejado en la figura del «famoso predicador en opinión de un santo», cuya celda visitó el pícaro con intención de engañarle (GAII, p. 468).

APÉNDICE IV

La segunda parte recoge una instancia concreta en la que Guzmán había sido víctima de un latrocinio cometido por alguien que tenía padrinos influyentes. El padre del ladrón ocupaba una posición tan aupada en Bolonia que respondió a la acusación de Guzmán presentando a su vez «querella» contra el demandante. Por su parte, el juez encargado del caso tenía más «ganas de hacerle placer», al padre del ladrón, (GAII, 181) que de hacer justicia. Esta figura paterna todopoderosa que acusaba a Guzmán alegando que su acusación era «un libelo infamatorio contra su hijo, de que le resultaba quedar su casa y honra difamadas» (GAII, p. 183), reflejaba la relación filiopaternal entre Herrera y Arce,

---

[236] Cristóbal Pérez de Herrera, *Elogio a las esclarecidas virtudes de la C. R. M. del Rey N. S. Don Felipe II que está en el cielo, y de su ejemplar y cristianísima muerte, y Carta oratoria al poderosísimo Rey de las Españas y Nuevo Mundo Don Felipe III Nuestro Señor, su muy amado hijo*, Valladolid, Luis Sánchez, 1604. Adjunto a esta obra, se publica un anejo de fray Diego de Yepes con título de «Relación de la enfermedad y muerte de S. M. y los Consejos admirables que la Majestad Católica del Rey N. S. envió por escrito a V. M. antes de que Dios le llevarse, por mano de su confesor».

quien con toda probabilidad intervino contra Alemán dificultando la publicación de la «primera parte del pícaro» (en la que como se ha indicado Alemán acusaba a Herrera de plagio adulterador) pensando como Bentivoglio padre que le infamaba su casa acusando a su hijo de latrocinio. Comentando el episodio, apunta Guzmán a que con la demanda presentada en su contra el caballero de Bolonia «pretendía pedir su justicia para que fuese yo por ello gravemente castigado». Ciertos giros y expresiones utilizados por el narrador en este episodio se hacen eco de otros utilizados por Alemán en su primera carta a Herrera. Guzmán se describe aquí como víctima de un enemigo a cuya «mala intención» hace repetida alusión.

La narración del episodio aparece entreverada de imprecaciones que el pícaro dirige a su interlocutor de siempre. Este parece haber sustituido subrepticiamente a Bentivoglio, de cuya actuación y entorno criminal Alemán parece haberse servido como soporte analógico para evocar la figura, comportamiento y circunstancias de Herrera, su interlocutor destinatario de elección. Alemán prosigue su experiencia bolonesa con una acusación dirigida a su interlocutor, a quien reprocha el haber robado mucha «hacienda» de pobres. Puesto que no hay solución de continuidad entre esta acusación y su requisitoria de robo en contra de Bentivoglio, se deduce que el interlocutor a quien ahora se estaba dirigiendo sería también condenado: «será imposible salvarte tú con la hacienda que robaste, que pudiste restituir y no lo hiciste por darlo a tus herederos, desheredando a sus propios dueños». Con voz de profeta bíblico, Alemán otorga a su veredicto una dimensión lapidaria: «¡Miserable y desdichado aquel que por más fausto del mundo y querer dejar ensoberbecidos a sus hijos o nietos, a hecho y contra derecho, hinchere su casa hasta el techo, dejándose ir condenado!» (GAII, p. 185). Advertencia ésta ya reiterada en parejos términos por Vallés en su carta a Herrera de 1603 en la que le encomendaba no «ensorberbecer(se)», y desechar «pensamientos de eternizar su memoria… y fundar casa y descendencia», y no poner «por blanco… su acrecentamiento y el de los suyos» ya que el «intento principal» de todo reformador asistencial debe ser otro muy distinto: «Y si con essas obras pretendiesse alguno alcançar honras, y ser rico de bienes de la tierra, no avria a quien con razón no pareciesse nueva manera, y traza extraordinaria de ambicion, y echarian de ver, que con cubierta y capa de caridad andan buscando *Non quae*

Jesu Christi, sed quae sua sunt» (CM, fols. 29v. y 35v.–37r.). Alemán concluye su admonestación a su interlocutor con un estribillo-*leitmotiv* que de manera reconocible ha venido reservando para su interacción con Herrera desde su correspondencia de 1597: «Créeme que te digo verdad y verdades... No son burlas». (GAII, p. 185).

La injusticia de la que Guzmán había sido víctima era sin embargo conocida de todos. El único consuelo de Guzmán era «la voz general de [su] agravio». En esta afrenta contra Guzmán se reflejan por asociación analógica las consecuencias del doble plagio del que Alemán había sido víctima: la adulteracion del programa de reforma asistencial en la línea de Giginta perpretada por Herrera en su *Amparo de pobres*, y la distorsión de su *Guzmán* a manos del apócrifo. Como Alemán, también Guzmán se percibía a sí mismo como pobre ante el poder: «De tener yo justicia nadie lo dudaba. Sabíanlo todos, como cosa pública; mas era pobre... no era razón dármela» (GAII, p. 183). Por otra parte, aunque ya no estaba en la cumbre de su privanza, Herrera seguía beneficiándose del apoyo de poderosos padrinos del entorno del depuesto y fallecido presidente, a quienes al parecer eran pocos los que osaban oponerse. Mediante la reiterada referencia a lo bien fundado de los cargos del pobre Guzmán contra el poderoso Bentivoglio, Alemán nos da la medida de sus propios cargos en contra de Herrera y Arce y, dada su propia insignificancia social, también de su lucidez frente a lo temerario de su cometido: «mas ¿qué aprovecha? Pero García me llamo». Guzmán declara ser consciente de las consecuencias dramáticas de dedicarse a «deshacer agravios» (GAII, p. 185). Reconoce que no es un papel apto para «todos». Quizá Alemán intuía que para el desempeño de su oposición a Herrera se precisaba no sólo de una disposición quijotesca, sino de la intervención de un quijote.

APÉNDICE V

Como se ha indicado, la edición de 1604 del *San Antonio de Padua*, impresa por Clemente Hidalgo en la casa del propio autor, no incluye todos los requisitos requeridos para publicación[237]. Dice constar de Privilegio Real para Castilla y Portugal, pero no menciona el número de

---

[237] P. Jojima «Aproximación a un intento de identificación», p. 1086.

años para los que le había sido otorgado. No incluye la tasa. La edición de 1605 fue impresa en Sevilla «en casa de Juan de León». Esta edición consta de Privilegio Real extendido «para los Reynos de Castilla, y de Aragón y Portugal por diez años», y de tasa otorgada el 21 de marzo de 1605. Del cotejo de estas dos ediciones del *San Antonio de Padua* y examen de las anomalías indicadas se desprende que la de 1604 pudo haber sido una edición no autorizada oficialmente y destinada a ser distribuída entre lectores iniciados con el fin de sondear el terreno y preparar la salida de *Guzmán* (1604), con el que estaba relacionada[238]. La edicion del AP de 1605 iba dirigida a Don Antonio de Bohorques, en una dedicatoria en la que se hace reiterada referencia a su padre, el «Señor Licenciado Alonso Nuñez de Bohorques, del Consejo de la Santa General Inquisición, del Supremo de Justicia, y de la Camara del Rey nuestro Señor, Cesar en las letras», a quien en la conclusión de la misma se le augura una larga vida. La insistencia con que Alemán subraya la solera y prestigio de don Alonso, sugiere que se trataba de una codedicatoria, dirigida al hijo y al padre, en la que el realce concedido a la figura del padre sería un gesto estratégicamente estudiado. Esta evocación de la figura de Don Alonso respondería al hecho de que Herrera le citaba en su *Relación de servicios* como «el Licenciado Bohorques del Consejo y Camara de V. M.», depositario de las «ya casi acordadas leyes y pragmaticas» que de «todas sus [de Herrera] advertencias y discursos» el difunto monarca le había encomendado por «avérselo suplicado el Reyno con particular memorial» (RS, fol. 174v.). Alemán pudiere estar recurriendo aquí, quizá con su beneplácito, al prestigio de Don Alonso como advertencia a Herrera, señalándole que si se estimase necesario se podría apelar al testimonio del Licenciado Bohorques respecto a la autenticidad del incondicional refrendo que presuntamente el difunto

---

[238] M. Vitse informa sobre el descubrimiento por Francisco Ramírez Santacruz de un ejemplar del *San Antonio de Padua* fechado en 1604 e impreso en casa de Clemente Hidalgo idéntico al de la *princeps* salvo en los folios preliminares. Esta edición que Vitse llama «intermedia» consta de «privilegios… por diez años» y al parecer no fue impresa en el «microtaller instalado en casa del escritor sino en el taller oficial de Clemente Hidalgo»: *San Antonio de Padua*, eds. H. Guerreiro y M. Vitse, en P. M. Piñero y K. Niemeyer (dir.), *Mateo Alemán, La obra completa*, tomo 2, Madrid, Iberoamericana, 2014, pp. 79–84. Las razones que condujeron a esta «edición intermedia» quedan por elucidar pero ciertamente no contradicen mi propuesta.

monarca, Felipe II, habría dado a las propuestas de Herrera, que éste, con vistas a una posible retoma de las mismas, presentaba en su *Relación* como asunto prácticamente acordado.

En su dedicatoria de 1605 a Bohorques, Alemán precisa que fue el mismo santo quien le había guiado en su elección de destinatario y protector de su hagiografía: «quedó vencido el miedo, favoreciendo el Santo mi atrevimiento, dandome v. m. su tan devoto, para que aca, en esta peregrinacion que hago… me defienda del… vulgacho emulador». La elección de Bohorques tiene una significación especial para Alemán. Como defensor de su obra ha elegido al hijo de aquel otro Bohorques a quien Herrera presenta en su RS como legitimador de la suya. Para ese público iniciado que sabía que a un segundo nivel de lectura el «santo» representaba a Herrera, Alemán estaría insinuando con ironía que era la referencia del propio Herrera al licenciado Bohorques en su RS la que le había inspirado en su propia elección de protector para su AP. La función protectora del Bohorques hijo iría dirigida contra del «vulgacho emulador», enemigo de Alemán. Rasgo indisociable de Herrera, el desprecio al «vulgo» se lo interioriza aquí Alemán bajo el despectivo apelativo de «vulgacho» como señal referencial de la figura de Herrera y sus obras. Estas obras quedan asociadas a la noción de emulación, de plagio y de «ilicita licencia» que, si se diera el caso, Bohorques «enfrenará» defendiendo los derechos de Alemán. Al insinuar que se estaba previniendo en contra de un potencial plagiario, Alemán estaría asimismo indicando que la hagiografía era parte de la saga del «pícaro», cuya segunda parte ya había sido emulada por el apócrifo de Martí. Por último y como para reforzar la relación entre el AP y el AdP, Alemán suministra en su dedicatoria un dato genealógico, relacionado con la familia política de los Bohorques, entre cuyos miembros se encontraba un «ermano del señor del Carpio». Dato este en apariencia suplerfluo que evoca la figura de otro señor del Carpio: Arce. La posible y futura decisión negativa por parte de Bohorques tocante a Herrera y a su programa reformador, cuyas leyes y pragmáticas aprobatorias estaban solo «casi acordadas» por Felipe II, quedaría como posibilidad implícita en el hecho de que Alemán concluyese su dedicatoria a Bohorques hijo augurando larga vida a su padre.

APÉNDICE VI

Consciente de la dificultad semántica que su obra presentaba, sugiero que Alemán inventa la simbólica figura de fray Custodius Lupus, cuya sugestiva apelación parece conferirle el papel de custodio y defensor del verdadero sentido de su obra contra todo posible error interpretativo o tergiversación difamatoria. La noción de ferocidad inscrita en su nombre parece presagiar un inminente ataque cuya malevolencia era previsible. Alemán confía a Lupus la misión de intérprete, guardian y valedor de la obra y de su autor, tanto frente a sus contemporáneos como frente a la posteridad. Lupus es heraldo de la llegada de una obra bifronte – la segunda parte del *Guzmán* y el «libro de Antonio», desarrollada en los ámbitos terrenal y divino – y defensor de su adecuada modalidad de lectura. Lupus presenta el libro como un escrito eminentemente edificante y a Mateo Alemán como a guía espiritual. La clave de lectura del escrito de fray Custodio es la ambigüedad paródica. La obra de Alemán custodiada por un lobo sugiere un escrito sagrado que precisase ser protegido, o bien un escrito peligroso que necesitase ser controlado. Al indicar que se trata de dos obras «gemelas», fray Custodio está sugiriendo que ambas son un mismo escrito dividido en dos partes, dos versiones complementarias de un sólo asunto cuyo sentido, a decir de fray Custodio, sólo sería plenamente revelado al lector mediante la lectura conjunta de ambas. Queda asimismo indicado por inferencia que, pese a tratar respectivamente de un pícaro y de un santo, ambas fueron elaboradas en un mismo molde, con la misma estructura, formadas de una misma materia prima o modelo temático. Una y otra obra fueron forjadas en un mismo yunque, «incus», instrumento propio del herrero que por nemotecnia conduce a Herrera. Eran así dos libros «gemelos» sobre un mismo sujeto, Herrera, elaborados por un mismo autor, siguiendo un mismo modelo narrativo de discurso y contradiscurso, y respondiendo a un mismo propósito. Este marco referencial es una invitación a realizar una serie de permutaciones y suplantaciones. A partir de esta premisa se puede sugerir que el *Guzmán* narraba la vida de un pícaro con algo de santo, y el *San Antonio* la de un pícaro que se hacía pasar por santo. Como el *Guzmán,* la hagiografía, a un segundo registro de lectura, tendría también un sesgo marcadamente autobiográfico. Ello supondría que el personaje retratado en ella pertenecería al entorno vital de Alemán. Por otra parte, su autor tendría asimismo mucho de pícaro, como lo tenía el autor del *Guzmán*. Como libros «gemelos», el *Guzmán* y el *San Antonio* podían también ser considerados como partes de esa «poética historia» ya descrita como un todo escindido en partes en la «Declaración del entendimiento deste libro» (GAI, p. 113). Borrando la línea divisoria entre el *Guzmán* y el *San Antonio de Padua*, Custodius Lupus logra presentarlos como dos partes de una sola obra, con el «ser de un pícaro» como único tema o «sujeto» del uno y del otro.

APÉNDICE VII

La ausencia de todo atisbo de rencor o vengatividad por parte de el curullero transfigurado hacia sus falsos acusadores y torturadores sea quizá su rasgo más significativo, ya que en una actitud de sublime magnanimidad acepta su suerte con gozosa resignación. Esta actitud de inalcanzable altruísmo por lo que tiene de excepcional y de ajena al comportamiento humano natural, evoca el modelo de conducta inhumano presentado como mandamiento de amor al enemigo según la versión ofrecida en el apócrifo (GAA, p. 675). Allí el modelo descrito no aparece en términos de ideal de perfección al que se aspira como entelequia, sino que es presentado como exigencia ineluctable por parte del narrador a su anónimo interlocutor. Como se ha indicado anteriormente, en el apócrifo el primero representaba la postura de Herrera y el segundo en este caso no era otro que Mateo Alemán, aquí el inferido interlocutor electo del falso Guzmán narrador. Este imperativo de amor al enemigo se proyecta como tanto más incongruo cuanto que provenía de un narrador que aquí se caracteriza por su actitud de fría vengatividad respecto a su interlocutor y víctima. Desde un registro irónico se podría decir que en la conversión del curullero Alemán había logrado realizar la figura del enemigo perfecto, amante de su enemigo y consentidor de su propia condena al silencio, tal como se lo exigía el apócrifo. Tras haber alcanzado simbólicamente por medio del curullero el *non plus ultra* en cuanto a ejemplo de abnegación hacia el enemigo, Alemán cumplida la dicha exigencia en el ámbito poético, opera un viraje, cambia de registro y pasa a efectuar directamente una sibarítica venganza de su enemigo. La venganza de Alemán se situará en un plano que se podría definir como parahistórico que, dado el sobrehumano sesgo de las exigencias del falso Guzmán, con paródica ironía Alemán confiará a una figura que se situaría más allá de las pasiones humanas. Alemán como aplicado ejecutor de la reforma moral prescrita por su enemigo en el apócrifo, simula amar tanto a su enemigo que le otorga la apariencia de un santo.

APÉNDICE VIII

López del Valle en su «Elogio» alaba la técnica indagatoria utilizada por Alemán en AP respecto a la vida de los santos, consistente en sacar «a luz, lo que ellos escondieron», con metodología propia de una crónica histórica que auna «diligencia y verdad». Por su parte Alemán subraya la modalidad biográfica de su escrito que actua a más de un registro. Como se va descubriendo a lo largo de su lectura, la hagiografía no sólo relata la vida de Antonio sino que también desvela puntos cruciales de la biografía del anónimo interlocutor (AP, fol. 13r.), que rescatados del olvido Alemán ofrece al público en su AP. Haciendo hincapié sobre la dimensión indagatoria de su trabajo, que aquí denomina «breve discurso», Alemán lo asimila a una excavación arqueológica: «con gustoso trabajo desenterré algo de lo mucho que tenía (casi ya) sepultado el tiempo» (AP, fol. 14r.), mediante la cual está parodiando al propio Herrera, quien en su AdP había recogido y celebrado el simbolismo de los objetos utilizados en la ceremonia de colocación de la primera piedra del gran Albergue de Madrid, memoria histórica imperecedera de la conjunta misión reformadora de Arce y Herrera «para … memoria en siglos venideros» (AdP [1975], p. 237). Como si se tratase de una obra de intriga basada en hechos históricos contemporáneos y publicada por entregas, López del Valle y Alemán avivan la curiosidad del discreto lector anunciándole que en esta tercera parte se alcanzará el desenlace. Alemán se dispone a revelar la trama y la misteriosa identidad de los personajes en ella involucrados, pero lo hará sin nombrarlos directamente y en lenguaje cifrado: «diremos algo en cifra» (AP, fol. 291r.). Asimilando la publicación de su obra a un foro público, Alemán convoca la presencia de su biografiado y anónimo interlocutor ante un concurrido «auditorio» (AP, fol. 13r.), ante la opinión pública. Proveniente de un pasado al parecer conocido por y compartido con Alemán, este anónimo interlocutor no es otro que Herrera.

El AP incorpora de manera deshilvanada pero orgánica rasgos propios de Herrera, de Arce y de su mutua relación. El santo nació en Lisboa, murió en «Arcela» y subió a los altares por la gracia de Dios. Herrera nació a la vida pública y a la privanza en Lisboa por la gracia de Arce, y murió a ella con la caída y muerte de su protector. De alguna manera, Herrera murió con y en Arce, nemotécnicamente relacionado con «Arcela». Al describir la relación entre Dios y Antonio como relacion del «Señor y del privado» quienes en Lisboa vivían en tan cercana vencidad «era muy justo viviessen juntos, que assi lo acostumbraban los perfetos amigos» (AP, fol. 32v.), Alemán está proporcionando a su lector una clave de lectura de la fórmula narrativa que utiliza en la tercera parte para plasmar la relación entre Arce y Herrera, iniciada en Lisboa. Era la misma fórmula de dos en uno que Alemán había ofrecido a Herrera en su segunda carta como expresión de la perfecta amistad, y la misma que había utilizado en la primera y segunda parte del pícaro para ilustrar su propia relación con Herrera. El AP no es ya, sin embargo, una relación autobiográfica narrada por el propio pícaro sino una biografía narrada por un tercero, Alemán, quien asume el papel desempeñado por el pícaro en la primera y segunda parte. Aunque no directamente nombrados, Arce y Herrera son los «soberbios» vituperados en la hagiografía. Son ilustración del modelo de comportamiento antitético al de la conducta ejemplar del santo. Aquí son ellos quienes «enseña[n] por su contrario / la forma de bien vivir». La presencia de estos enemigos de la humildad queda inferida en el texto mismo de la hagiografía, la cual nos descubrirá «abueltas, el peligro» que los «sobervios» representan. Detrás de la consagración de la memoria del santo para la «hedad siguiente» en un segundo plano la hagiografía trata de la venganza del «delito» del soberbio, cuya memoria «para atormentar nunca acaba de passar». Este enemigo será vencido «con las mismas armas» empleadas por él para ofender a su prójimo y al Señor (AP, «Elogio» de Juan Lopez del Valle).

En AP Alemán recrea y revela en «cifra» las circunstancias que rodearon el proceso de elaboración de la que se había previsto como imperecedera obra reformadora de Arce y Herrera, que culminaría en solemne procesión para marcar el inicio de la construcción del gran Albergue de Madrid, joyel del citado programa. Lo hace bajo cubierta de la febril expectativa creada en su momento en torno a la construcción del santuario dedicado a la memoria del santo, cuya anual conmemoración tenía lugar con aparatosa procesión la «víspera de San Antonio». La invitación a una aproximación entre los planos temporal y divino se hace patente en AP cuando Alemán advierte a su lector «que de la manera que se dize voy a palacio, los que estan en la corte, assi los que van a la Iglesia de San Antonio, por excelencia no dizen mas, que voy a el Santo». Alemán ofrece una descripción ditirámbica de las «sumptuosidades y grandezas» de la «santa casa» erigida a la gloriosa memoria del santo, en términos aplicables al grandioso Albergue de Pobres de Madrid, beneficiario asimismo de excepcionales subsidios, construído para la gloria de Arce y Herrera más que para socorro de los pobres. Para el «ornato y fabrica» de la obra descrita en AP se habían recibido «dones y limosnas de mucha estimación», incluyendo las provenientes de «Principes Christianos», entregadas directamente o, como queda precisado, mediante personas «interpositas». Alemán subraya el hecho de que para la fábrica de esta obra se contó con medios excepcionales, con «las indicibles dadivas con que para todo le acudiron todos» con «artifices para executar, y desseo en todos de perfecionar». En este asunto «el poder fue grande, por ser el de la bolsa del Señor». Frente a tanta bonanza, frente al espectáculo de «los beneficios de Dios, repartidos por San Antonio», Alemán exlama: «quien duda que resultasse de todo esto, un grande superlativo» (AP, fols. 290r.–295v.). Este superlativo enlaza con el de «Máximo» Herrera, con su «grandiosa» obra reformadora, su escrupuloso empeño en que «acierten a ponerlo por obra con la perfección que conviene» (AdP, [1975], p. 182), y asimismo con las excepcionales limosnas y ayudas recibidas para la construcción del gran Albergue de Madrid, impulsadas por su campeón y mayor benefactor, el Presidente Arce. Todo ello recolectado por Herrera y a su decir depositado «en el pagador general… y depositario desta villa… para que en todo esto haya mucha claridad y verdad» (AdP, [1975], pp.232–235). Como ha quedado indicado es sin embargo probable que en ciertos sectores existiesen dudas respecto a la integridad de Herrera en cuanto a la utilización de las limosnas, crítica que éste despacha de un plumazo atribuyéndola a la malicia del «vulgo» (AdP [1975], p. 234). Mediante la utilización de conceptos, expresiones y situaciones indisociables del proceso de elaboración y ejecución del AdP y de las figuras de Arce y Herrera, en AP Alemán ha conseguido crear un pastiche de todo este conjunto de elementos. Sin embargo, advierte a su lector que lo que ofrece es una evocación somera e incompleta. Una recreación exhaustiva del asunto supondría «un discurso largo, que pide un libro entero; y ponerlo en este, dariamos una parte, que fuesse mayor que su todo» (AP, fol. 291r.). Con ello Alemán está indicando que su hagiografía es parte de un discurso más amplio, cuyo sentido global sólo queda revelado a la luz de una lectura completa de las diversas partes que configuran su «todo»; es decir, la primera, segunda y tercera partes del pícaro.

APÉNDICE IX

A lo largo del AP, Alemán parece invitar a establecer un paralelismo entre la trayectoria de Antonio y la de Herrera, incluyendo la relación con sus respectivos señores, terrenal el de éste y divino el de aquél. En la «Dedicatoria» del AP de 1604, la «nación Lusitana» queda descrita como una «mina donde se hallò esta joya», subrayando con ello el rico filón de valiosas coincidencias ofrecidas entre las biografías del Santo y de Herrera. Ofrecemos algunos ejemplos ilustrativos. Alemán precisa que Antonio, aunque bautizado con el nombre de «Hernando», se hizo mas tarde «llamar Antonio» a imitación de San Antonio Abad en cuyo «retrato» o semejanza quería transformarse (AP, fol. 70r.). Aunque fuese su retrato, el San Antonio de Lisboa no era el San Antonio Abad, lo que a un segundo registro de biografía superpuesta aquí apunta a la presencia de un falso imitador, Herrera, quien habiendo asimismo cambiado de identidad se hacía pasar por santo. La total dedicación que en sus años de formación Hernando consagraría al servicio y amor de Dios se expresa en términos que sugieren la devoción que Herrera profesaba al todopoderoso Arce, por la que sacrificaría incluso su relación con sus antiguos amigos, a quienes traicionó por engrandecerse y complacer a su señor. Mediante declaraciones presentadas como monólogos interpolados, el lector tiene la sensación de estar escuchando directamente la voz del santo en oración, en términos aplicables a la voz de Herrera en virtual plegaria dirigida a Arce: «Tu amor no sufre otro amor... No quiero parientes, que tu lo eres mio... No quiero hermanos, que a ti solo tengo que me bastas... Tampoco quiero mas padre que a ti, que assi me mandas que te llame... hechura tuya soy... encamina mi voluntad, mis obras, mis pensamientos a ti ... para que naciendo de ti ...

caminen a ti, buelvan a ti» (AP, fol. 44v.). Para no ser importunado por «algunos amigos que tuvo siendo seglar» y que le visitaban «mas vezes de las que a su quietud convenia… y tambien con desseo de ocuparse algo en el exercicio de las Divinas Letras, movido por el Espiritu Santo, y no por otro algun humano respeto, pidio... licencia, para yrse a vivir… en el convento de Santa Cruz», donde residio nueve años (AP, fol. 45r.–v.). La reacción de San Antonio ante las frecuentes e inoportunas visitas de amigos de antaño con los que quiere cortar para dedicarse de lleno a Dios, se hacen eco del rechazo experimentado por Alemán por los desdenes de Herrera, el «endiosado» de la primera carta, importunado por la insistencia de su antiguo amigo. Como nombre de institución formativa, el Convento de Santa Cruz evoca el Colegio de Santa Cruz de Valladolid, donde Arce fue colegial también durante casi nueve años (1548–1556). La vocación franciscana de Antonio surgió cuando a imitación de unos mártires cuya historia había conocido «hallavase tan invidioso» que deseo «ser martyrizado» (AP, fol. 66v.). Alemán escenifica dramáticamente la salida de Hernando de la comunidad de canónigos regulares: «los frayles de la orden de los menores (con quien estava tratado) vinieron, traxeron un abito de los de su religion, que le vistieron para llevarlo consigo a ella» (AP, fols. 68v.–69r.). La metamorfosis experimentada por Antonio, causo «dolor… y duda» en algunos de sus antiguos compañeros. Su vocación fue tardía. Tenía 26 años cuando abandonó su hábito de canónigo regular para abrazar el de los menores. Esta «mudança» supuso un cambio de identidad. Mudó incluso de nombre «para ser desconocido» (AP, fol. 70r.). El deseo de martirio que Hernando experimenta evoca el de aquellos, amonestados por Alemán en su primera carta, que como Herrera no podían resistir la tentación de meterse en la boca del lobo, y salían al «cosso» exponiéndose a que les tirasen «garrochas». Herrera también tenía probablemente 26 años de edad cuando a raíz de su relación con Arce en Lisboa cambió dramáticamente de vida y rumbo, embarcándose en las galeras bajo el mando del marqués de Santa Cruz. Seguiría embarcado durante un largo periodo que, a su decir, le sirvio de formación para llevar a cabo su vocación de reformador asistencial.

El debut de Antonio como predicador de su orden fue un hecho inesperado que causó gran conmoción. Ejemplo ya de máxima humildad, «recogido, como las barreduras de la casa, preciandose de ser el desecho de todos, y mas minimo dellos» (AP, fol. 91r.), el santo recibió de un «ministro» de su orden la orden de tomar la palabra y dar una plática al capítulo general. Sintiendose «atajado y vergonçoso» frente a «tantos y doctos varones», como el santo «respondio no ser aquel su oficio... que ni era suyo, ni para ello se hallava capaz». Imaginando su plegaria a Dios que reproduce en estilo directo, Alemán pone estas plalabras en sus labios: «pues mi facultad es tan pobre, y mi saber tan limitado assi te suplico... pues no soy aquel a quien aqueste oficio pertenece, lo des a su verdadero dueño»; pese a lo cual el ministro le mandó «dezir lo que supiesse, y Dios le dictasse, cualquiera cosa que fuesse». (AP, fols. 92v.–93r.). Mas como «avia recibido del Espiritu Santo sus dones y... tenia con esto una memoria, que le servia de libreria ... fue tal aquella platica que hizo» que dejó a todos «tan absortos y admirados... que de alli en adelante» atrajo «a si las voluntades con aquel talento» (AP, fol. 94v.–95r.).

Acudiendo a estos datos de la trayectoria del santo y a los conocidos de la vida de Herrera el lector discreto podía observar una serie de coincidencias sugerentemente cotejables mediante un contraste análogico. La crítica reprochaba a Herrera su falsa humildad, su ignorancia y falta de capacitación en el desempeño de un oficio que no le pertenecía y que había usurpado a su verdadero autor. Se le reprochaba que actuaba sin escrúpulos como vehículo de la voz de su amo, quien le dictaba los términos de su discurso. Aunque declaraba actuar movido por divina inspiración, se le echaba en cara el uso de textos que había memorizado o a los que tenía acceso sin por ello haberlos comprendido. Herrera utilizaba sus fuentes de manera inapropiada y poco rigurosa, se paraba en la «conseja» sin entender el «consejo». En el marco de la reforma asistencial, su comportamiento llegó a causar estupor entre sus críticos, a pesar de lo cual y debido a la altísima protección de la que gozaba había también conseguido causar admiración y ganar adeptos en algunos sectores. Mediante esta señalización estratégicamente ubicada a lo largo del texto, Alemán animaba a su lector a buscar en la hagiografía un segundo registro de lectura, invitándolo a conjeturar acerca de la identidad del personaje oculto bajo la figura del San Antonio histórico.

APÉNDICE X

Como sugerimos en el capítulo introductorio, no se puede descartar la posibilidad de que la fecha de publicación de los *Proverbios morales* de Herrera, 1618, estuviese relacionada con el prolongado silencio de Mateo Alemán, cuya última obra, *Sucesos de D. Frai Garcia Gera*, remontaba a 1613. Algunos podrían haber pensado que Alemán se había retirado voluntariamente del mundo de las letras tras la muerte de su amigo y protector, o bien que su mutismo era debido a su muerte, que ahora sabemos ocurrió por los aledaños de 1614[239].

Como él mismo lo indica, Herrera tenía sus *Proverbios morales* en el telar desde la década de los noventa, «a imitacion del celebre jurisconsulto Andres Alciato, que en lo mas intenso de sus estudios, y libros insignes que saco a luz… compuso el de sus *Emblemas* … que causo no menor admiracion que los mas graves». Herrera precisa que su demora en publicarlos se debió en gran parte al temor que sentía frente a la previsible reacción de sus enemigos, «la censura rigurosa de algunos», entre los cuales destaca a un individuo concreto a quien define como calumniador «muy mordaz». ¿Qué pudo haber ocurrido para que, «vencido pues este rezelo», se decidiese no sólo a sacar el libro

---

[239] Como ya se he indicado, hasta hace muy poco se aceptaba que las últimas noticias conocidas de Alemán remontaban a 1615 indicando que por entonces residía en Chalco (GAI, «Introducción», p. 24, n.30). Apoyándose en información sacada de una «prueba legal realizada en Sevilla entre 1619–1620» por Juan Cartaya Baños, indica P. M. Piñero que según un primo del escritor, Alemán habría muerto en la Ciudad de México en 1614. Lo que este documento parece indicar es que en torno a los años 1619–1620 no se sabía a ciencia cierta en Sevilla la fecha exacta de la muerte del escritor. Ello parece corroborar nuestra propuesta de que en 1618 (fecha de la publicación de los *Proverbios* de Herrera), se seguirían lanzando conjeturas en la Corte sobre las circunstancias y fecha de la desaparición de Alemán. Un aspecto en el que coinciden los testigos de la «prueba legal» mencionada es la penuria económica del escritor por esas fechas. Albín de Moscoso, primo del escritor, declara que murió «sin dejar bienes algunos», y Miguel de Neve llega incluso a decir que «se había pedido limosna para enterrarlo» (P. M. Piñero Ramírez y K. Niemeyer (dir.), *Mateo Alemán, La obra completa*, t. 1 pp. cix–cx). La muerte de un pobre da poco que hablar. El destino final de Alemán parece ilustración de sus consideraciones sobre la condición del pobre de quien, como lo desarrollaba en su segunda carta a Herrera, nadie se acuerda: «Somos los pobres como el cero de guarismo» (GAI, p. 420).

en 1618 sino también a hacerlo de manera jactanciosa y provocadora? Herrera alude a «persuasiones y ruegos de amigos sabios... y preciso mandato de superior». Sugerimos que Herrera se animó a publicar su obra porque para 1618 Alemán había dejado la escena y ya no podía ser su contradictor. El tenor de algunas de las contribuciones a los *Proverbios* hace que cuestionemos la motivación de los que le instaron a publicar, y nos interrogamos sobre le identidad del denominado como «superior».

Nos inclinamos a pensar que Herrera tenía su libro de *Proverbios* redactado desde hacía años y que ello era conocido por Alemán, éste habría tenido este ansiado debut literario en mente cuando compuso su *Ortografía castellana* (1609), obra en la que, como se ha indicado, se oblitera simbólicamente a Christóbal Pérez de Herrera del mundo de las letras mediante la supresión de sus iniciales *ch* y *r*. Sugerimos que los paratextos de los *Proverbios* se hacen eco de este ataque de OC, contra el que Herrera a su vez arremete. Consciente al parecer de que en OC sus correcciones en la lista de «erratas» quedaban incompletas, Alemán como se ha indicado solicitaba con ironía la colaboración de ciertas categorías específicas de lectores, con cuya complicidad contaba para completar su incabada tarea: «súplalo el prudente, i emiéndelo el sabio, que no es posible correjir bien sus obras el autor dellas». Los *Proverbios* contienen dos evocaciones de estas categorías de lectores. Herrera dedica su carta introductoria al «sabio y prudente lector», exhortándole a que preste atención. Por su parte, Céspedes y Meneses concluye su carta al «Vulgo» en *Proverbios* precisando como colofón que lo que se escribe en el libro está «sugeto a la correccion de la Santa Iglesia Catolica Romana, y a la censura de los sabios y prudentes». Dada la coincidencia tipológica entre las categorías de lectores a los que tanto Alemán primero como Herrra y Céspedes después se refieren, el hecho de que Céspedes invierta las funciones normalmente atribuídas a la «Iglesia», a la que designa el papel de corrector, y las de los «sabios y prudentes», a quienes designa como censores, son una invitacion al lector discreto para que establezca una relación entre los *Proverbios* y OC. Conviene sin embargo tener presente que las evocaciones de la obra de Alemán por parte de Herrera y de Céspedes no corresponden a un mismo propósito. La intencion de Herrera era vengarse y ridiculizar la memoria de Alemán. La de Céspedes era lanzar un mensaje de complicidad entre Alemán y el lector discreto en el que se declaraba en memoria del exiliado que eran los «sabios y prudentes» y el mismo Céspedes como su portavoz los que habían incitado a Herrera a efectuar su bautizo literario con la publicación de sus *Proverbios*, sabiendo que halagando su vanidad le estaban empujando a un suicidio literario.

Las características que en su carta preliminar Herrera atribuye a sus enemigos parecen un contrasaque de vuelta en respuesta a las acusaciones que Alemán y Barros habían lanzado contra el modelo temático y principal interlocutor del pícaro en los paratextos del GAI; acusaciones que Alemán siguió reiterando a lo largo de su obra. Herrera reprocha a sus enemigos de juzgar «por yerro todo lo que su capacidad no percibe» y les tacha de «doctos intrusos, que ignorantes en todas ciencias, se venden por mas que consumados en ellas». También dice de ellos que «cicatrizan, desmenuçan, solicitan con desprecios agenos, reputacion propia, y de las flores que se pudiera sacar provechosa miel, procura hazer ponçoña y veneno». En esta carta Herrera utiliza también expresiones y giros semejantes a los utilizados por Alemán en su carta «Al Vulgo» de GAI. Herrera tacha a su enemigo de «mordaz», acusación que Alemán también dirigía al vulgo. Estas acusaciones se hacen asimismo eco de la filípica que en su OVM (1597) y bajo cubierta de un discurso urbanístico Herrera había lanzado contra los opositores de su *Amparo de pobres*, los mismos cuya memoria vitupera más tarde en su carta preliminar a sus *Proverbios*.

Envalentonado por el conocimiento de que la voz de Alemán estaba para siempre silenciada, Herrera parece recrearse en su hostigamiento, recurriendo a expresiones que antaño habían sido punzantes saetas entrecruzadas entre él y Alemán a lo largo de su dilatada contienda. Como dando holgado curso a un resentimiento largamente reprimido, Herrera declara ahora que «con razon podre yo replicar a quien este libro no contentare, que se reprima y calle, o escriva otro mejor». Alemán había retado a su interlocutor desde las diversas partes del pícaro y desde OC, incitándolo a que se atreviera a replicarle: «si te ha parecido bien lo dicho, bien está dicho, si mal, no lo vuelvas a leer ni pases adelante… O escribe tú otro tanto, que yo te sufriré lo que dijeres» (GAII, p. 186); «ya sê que dirá que soi libre, yo se lo confieso, i que salgo con libertad, osadamente al tablado, porque vengo pagado de mi mano, diziendo lo que tiene que dezir; agora, podrá hazer lo que mandare, muerda en la piedra… desfleme i hable, que todo se lo perdono por lo dicho…

saque a luz, lo que contra esto le pareciere; publique al mundo, las obras de su injenio; quedaremos con armas iguales, que no se dize buen toreador, el que subido en la ventana, llama el toro». Alemán en su OC declara que venía a saldar una cuenta que tenía pendiente desde luengo: «vengo pagado de mi mano». Su reclamación va dirigida a un engreído polígrafo derrumbado de su encumbramiento, uno de aquéllos «que començando de dotores, acaban en bachilleres», incapaz de tomar la pluma por sí sólo y de reconocer «dónde lo erraron». Uno de aquéllos que metiéndose en asuntos ajenos a su circunstancia o profesión «tratan en paz, de la guerra; con salud y dineros, de la enfermedad i pobreza; hartos, ahítos i vestidos, de la hambre i desnudés». Este anónimo sujeto no es sólo ilustración de una determinada tipología, sino también alguien específico por quien Alemán se desvela: «desvelado cuando él duerme, para dezirle lo que no sabe». Alemán aquí está evocando la figura de Herrera quien había tratado de estos temas y había caído de su pedestal, cuyo esbozo completa en el desarrollo de su filípica, describiéndolo como el falso médico y falso remediador de «daños», y a quien en lo sucesivo alude en tercera persona singular. Alemán quien aquí se revela como origen de los conocimientos de Herrera, reta a su sujeto a que trueque «las plaças», de teórico a práctico, invitándole con ello a que pase de receptor de conocimientos, rescostado «en su silla» limitándose a «tachar» lo escrito por otros, a la investigación activa «a buscar i trastornar libros en pie», y a descubrir lo que son los auténticos desvelos (OC, pp. 67–68). Alemán aquí estaba parodiando la impostura de Herrera quien en su AdP se describía como desvelándose en la causa de los pobres y quien, tras subrayar el aspecto vocacional de su actividad reformadora con un: «cuán libre estoy», invitaba a sus émulos a continuar en su línea, pues más fácil es «añadir a lo inventado… que inventar de nuevo» (AdP [1975], «Carta al lector», pp. 14–15).

Mas en 1618, Herrera sabía que la sorna de Alemán no volvería a dejarse oir. Herrera parece deleitarse cuando hurga una y otra vez en las llagas de su enemigo caído. Le agradece con ironía sus «advertencias», «avisos» y «documentos sabios» con los que pretendía «enmendar» en la obra de Herrera las «faltas» o lo que le «pareciere digno de enmienda». Con espíritu de revancha, le promete una segunda edición enmendada del libro: «para que regulado por tu piadosa censura se buelva a imprimir a tu gusto lo que agora no te lo diere». Como si precisase disipar alguna duda que pudiere todavía existir, Herrera añade un punzante apartado más personalizado que tiene a Alemán como inconfundible diana: «a los de torcida y depravada intención, que passaren los limites de su talento con objecion impertinente, les respondere, *Quid furor ultra cupidam?*, como Apeles al que puso falta en lo demas, a que no se estendia su ministerio de cortar çapatos». En su carta preliminar a los *Proverbios* y como si desease proclamarlo públicamente, Herrera nos brinda pruebas que le identifican con ese «tú, deseoso de aprovechar», misterioso interlocutor del narrador en el *Guzmán* (GAI, «Al discreto lector»). Declara en efecto Herrera que, «deseoso al fin de acertar y que dé el fruto que espero», «sacó» su libro «a vista de todos, como sus pinturas el famoso Apeles». Como Herrera en sus *Proverbios,* también Alemán se refiere al «famosísimo pintor Apeles» o el «celestial Apeles» en OC (pp. 11 y 13). Ambos hacen también mención de los zoilos, de los críticos malignos y murmuradores, cuya crítica Alemán dice no temer (OC, p. 65). Cuando Herrera alude a ellos anticipa su previsible ataque contra su libro, dando como razón el que «para los mas celebres... no han faltado [zoilos]… en todos tiempos». Herrera añade que, pese a la advertencia que había dirigido a quien «no contentare» su libro para que callara o escribiera otro mejor, sabía que su crítico e interlocutor era incorregible e incapaz de «enmendarse». Con ello está ofreciendo prueba de que conocía el registro de lectura de Alemán: la clave de ironía paródica que éste le había ofrecido en su correspondencia de 1597 en la que le anunciaba que iba a corregir y enmendar su «curioso discurso» porque sabía que su interlocutor, Herrera, era incapaz de enmienda voluntaria. Como si se tratase de un comentario retórico, Herrera añade que quizá su advertencia pudiera «ser infructuosa». Ello no obstante, declara que ha decidido publicar su libro por haber vencido «este rezelo». Herrera sabía muy bien que su crítico enemigo, que el fallecido Alemán esta vez no escribiría ningún otro libro mejor.

Pese a las apariencias en contrario, la carta «Al Vulgo» con la que Céspedes y Meneses pone cierre a los *Proberbios morales* no es una loa al polifacetismo de Herrera, ni una consagración de su talento literario tardíamente revelado. Es una crítica paródica a su disipación intelectual, a su mediocre talento literario, y a su ansia de gloria e inmortalidad. Poniéndose a sí mismo como ejemplo, Céspedes establece que para acceder al panteón de los inmortales se necesita una verdadera vocación a la poesia, la cual no debe confundirse con una mera afición, confusión que ridiculiza: «Yo conozco de mi, que si me viesse penitente, o ministro, seguiría aquello que a mi estado conviniesse. Pero esta advocacion no me hurtaria de las manos el plectro, y del oficio a las vezes con el descansaria. No quiero yo dezir que este exercicio repita a profesion, que entonces fuera mas que ilustre virtud, infame vicio. No permita mi Dios, mi Dios no quiera que a mercader de coplas me levante, y mi talento a este caudal prefiera». A estas líneas siguen una serie de alabanzas dirigidas al singular y único talento del Doctor Herrera, a quien al parecer no se aplicaba la distinción entre «exercicio» y «profesion» ya que sobresalía en todo aquello que emprendía: «Tu solo (Docto Herrera) que constante triunfador de los emulos escrives a honor de tu nacion, premio bastante. Tu, que entre todos dignamente vives, famoso y singular, y a tu alabança mil gloriosos renombres apercibes. Tu solo asilo y ultima esperanca de la Española educacion renuevas quanto la antigua disciplina alcanza. Tu del sacro laurel la frente llevas ceñida en torno, y a tu dulce lira lo irracional, y lo insensible elevas. Tu genio Dios, que resonante inspira… Este si, que doctissimo merece la soberana sombra, en cuyo amparo teme la emulacion, la fama nace. En ti portento milagroso y raro, general profesor de todas las ciencias, y en la tuya eminente, culto y claro. En ti se emplean bien las diferencias de honores y alabanças singulares mejor que las comunes excelencias, pues nunca entre los terminos vulgares, y de conceptos frivolos la fama erige templos, y dedica altares. Esta (Lector) y su verdad te llama donde veas y gozes los trofeos que liberal y prodiga derrama; acude a su opinion, y a mis desseos». En este elogio, cuya misma exageración lo hace paródico, Céspedes parece sobretodo subrayar que, veinte años después de la sonada controversia en torno al *Amparo de pobres*, Herrera seguía metiéndose en asuntos ajenos a su profesion y talento , siendo por ello al parecer motejado con apodos: «mil gloriosos renombres apercibes». Esta observación parece corroborada por el libelista Pedro Torres Rámila, autor de la *Spongia* (1617). En uno de sus epigramas, Rámila identifica a Herrera como «Xyrophoncius Thalassius» en alusión a su función de protomédico de galeras, y por lo tanto de hombre de mar, posiblemente en referencia al razonamiento particularmente burdo empleado por Herrera en su respuesta a la «Séptima Objeción» (AdP, 1598) en la que defendía la obligación de trabajo en el pobre y el derecho al ocio en el rico, apoyando su argumento en una interpretación *sui generis* basada en el ejemplo de «Xenophonte» y del rey Ciro. El seudónimo aquí otorgado al protomédico pudiera ser combinación onomástica de los nombres de estos dos personajes. Rámila ataca a Herrera como autor literario. También denosta sus contribuciones médicas, a las que describe como «necios delirios médicos»[240].

La consagración de Herrera, quien «famoso y singular» recibia en su alabanza «mil gloriosos renombres», era fruto de la obra de Alemán, creador de la polimórfica figura del «pícaro» con la que Herrera quedaba asociado en algunos círculos. Por inferencia, esta conexión es detectable desde los paratextos del *Amparo de pobres* (1598) en los que algunos de sus prologuistas ya reivindicaban reiteradamente la consagración de Herrera, sugiriendo que era merecedor de perdurables epítetos: «de inmortales renombres eres dino»[241]. De haber sido verdaderamente deseada, esta inmortalización del nombre de Herrera hubiese supuesto una impropiedad deontológica por darse en el marco de un actividad consagrada al amparo del pobre. Negaba asimismo las reiteradas aseveraciones del propio Herrera, quien decía actuar de manera desinteresada. Lo que estos augurios de inmortalidad parecen sugerir es que la asociación de Herrera con el apodo o «renombre» de «pícaro» estaba ya asumida en ciertos círculos en 1599, antes de la publicación editorial del GAI; y que el manuscrito de esta obra, impedida su publicación por la censura ejercida por el Consejo Real, había circulado entre círculos iniciados, suscitando una gran expectativa en torno a su salida en prensa. En 1618 Herrera seguía al parecer sintiendo la necesidad de afirmar que actuaba «sin ambicion de gloria del mundo», confirmando con ello que en la percepción pública perduraban sospechas en contrario.

Quizá la crítica más demoledora de Herrera sea la de Don Fernando de Acebedo, Presidente del Consejo Real de Castilla a partir de 1615, a quien Herrera remitía en 1618 sus *Proverbios morales* dentro de la dedicatoria a «Don Felipe de Austria». En sus memorias, Acebedo

---

[240] Joaquin de Entrambasaguas y Peña, *Una guerra litraria del Siglo de Oro. Lope de Vega y los preceptistas aristotélicos*, Madrid, Tipografía de Archivos, 1932, p. 223, n. 173.

[241] AdP, [1975]: Discurso II, «Soneto»; Discurso III, «Soneto»; Discurso IV, «Soneto»; Discurso VIII, «Soneto».

critica la actitud del Doctor Herrera, ilustrándola con un incidente acaecido durante el viaje de regreso de una visita del rey a Portugal (con toda probabilidad en noviembre de 1619). Herrera formaba parte de la comitiva real en su calidad de médico del rey. Acebedo declara que habiéndosele denegado al Doctor Herrera su petición para que se proveyese un oficio palaciego en favor de su hijo, prolongó su estancia en Guadalupe «tomando pretexto de devoción» y se desgajó de la comitiva, que prosiguió su camino. En Casarrubios se deterioró el estado de salud del rey, quien venía enfermo desde Talavera, y fue necesario recurrir a los servicios de Herrera, que formaba parte del equipo médico regio. Comunicado el caso, Herrera respondió que no asistiría a no ser que se le concediera la merced que había solicitado, respuesta que provocó la ira del Presidente («cosa que sobremanera me irritó»), quien no obstante tuvo que acceder a su petición para asegurar la mayor asistencia médica posible al monarca, quien dada la gravedad de su estado estaba asistido por seis médicos de cámara. La actitud de Herrera motivó el que Acebedo emitiera un juicio general sobre la terrible amenaza que para la seguridad del rey y del Reino suponía la existencia de un cuerpo médico infiltrado de medicos sin vocación que no hubiesen sido debidamente examinados, pero que movidos por su sóla ambición tuviesen entre sus manos la salud del monarca[242]. Dada la dramática polarización observable entre la visión que de sí nos da Herrera y la que nos proporcionan los autores mencionados en este apéndice, el lector se siente inclinado a suplantar la primera por la de un Herrera como figura jánica (grotesca en Rámila y en Céspedes y Meneses, siniestra a ojos de Don Fernando de Acebedo) cuya faz oculta pone en cuestión la autobiográfica *Relación de servicios* y es digna de ser estudiada con mayor amplitud. Como broche final de mi propia contribución al tema sugiero que la figura de Herrera pudiere quedar cristalizada con el epígrafe: «*San*» *Christóval Pérez de Herrera, Pícaro: Inspiración y Némesis de Mateo Alemán.*

[242] M. Escagedo y Salmón, «Los Acebedos», texto de Fernando de Acebedo, publicado de manera fraccionada de 1923 a 1927 en *Boletín de la Biblioteca Menéndez Pelayo*, 1926, p. 246. Esta información me ha sido proporcionada por el Profesor Jesús Bravo Lozano.

CARTAS

DOS CARTAS
DE MATEO ALEMAN
A UN AMIGO[1]

PRIMERA CARTA EN LA CUAL TRATA DE LO HECHO CERCA DE LA REDUCCIÓN Y AMPARO DE LOS POBRES DEL REINO

Muchas veces me puse a considerar (O amigo Máximo) y muchas noches, aún cansado de negocios, dejé de pagar el censo a naturaleza, desvelándome en el amparo de los pobres, tanto por el bien común cuanto por mi propio interés que, habiendo de tratar su causa, no pudiera excusar la mía. Pero, como semejante negocio requería más acción y mayor poder, siempre lo temí, viéndome falto del caudal que pide tan alta mercadería y materia tratada de tan doctos varones que, cuando quisiese decir algo, sería reiterar lo que ellos tienen dicho y estampado y a todos es notorio. Quien ignora ser los pobres en tres maneras. Unos, a quien les faltó la naturaleza, dejándolos no solamente imposibilitados a toda granjería, pero faltos de salud con que tratalla. Otros, viciosos y perversos que, por andarse haciendo estaciones del bodegón a la taverna, buscan cuantas trazas pueden inventar para ello, fingiendo lo que no son y manifestando lo que no tienen, que propiamente se pueden comparar a la mala hierba en el sembrado, que, como hija natural de la tierra, crece tan alta que ahoga la buena semilla. Estos hijos de ira y de maldición, hijos del pecado, el pecado los trae perdidos y, siendo malos, por ellos pierden los buenos, chupando la substancia de que el pobre se había de sustentar, con que había de

[1] Las cartas se reproducen aquí según la grafía y texto editado por Edmond Cros en *Protée el le Gueux* , *Recherches sur les origines el la nature du récit picaresque dans «Guzmán de Alfarache»*, Paris, Didier, 1967, «Appendice», «Deux épîtres inédites de Mateo Alemán», pp. 436-444. Procedencia: «Madrid, Real Biblioteca, ms. 1146, tomo III, fols 237r.–246r.».

crecer y remediarse; adelántanse y consumen la limosna, dejando a los dueños de ella sin substancia y miserables, porque, como dijiste, somos hombres de poder limitado, si tenemos determinación de hacer alguna limosna, la damos a tres y no podemos a diez; llévala el que más madruga y primero se levanta y mejor importuna; quedánse sin ella los impedidos, enfermos, a quien se había de dar, que ni la salud los dejó madrugar ni la lesión andar y así no la pudieron solicitar; de donde crecieron sus necesidades y, durmiendo en el suelo, sin abrigo, estando rotos y hambrientos, enfermaron, podreciéronseles los humores; de la putrefacción, salió la corrupción; un cuerpo inficiona una casa, una casa un barrio y un barrio todo un pueblo. Fue permisión de Dios, causada de nuestra negligencia, por no acudir a lo importante, con cuidado, que de nada se haga un algo (contra toda filosofía natural) y deste algo un mucho que atribule un reino entero. No son burlas, no son fábulas, no te cuento patrañas ni mentiras. Bien sabes que es así somo lo digo.

Hay otros pobres de la cámara, de la llave dorada de Dios, queridos de su regalo, a quien aventajó en su casa y corte, con quien familiarmente se trata y comunica; éstos son los de espíritu, pobres ricos y ricos pobres. ¿Viste alguna vez unos cazadores que traen colgando de los hombros unas grandes alcándaras, con muchos halcones apihuelados en ellas, que llevan uno en la mano, el mejor de talle y obras, de quien están más confiados que les ha de valer mucho? Eso mismo hace Dios, cazador de las almas; anda cercado de halcones, y trae sobre sí la alcándara de la necesidad y en ella los pobres apihuelados que no pueden volar; todos penden de sus divinos hombros, a todos tiene cuidado de cebar y es de su justicia complicada con su misericordia, que habiéndolos impedido con pihuelas de trabajos y necesidades, los provea en ellas como lo hace de ordinario. Pero al pobre de espíritu, de quien sabe que ha de resultar su gloria, como un san Francisco y otros que le imitaron, ésos, en la mano, al ojo, al regalo, componiéndoles las plumas de virtudes, no les falten o se les quiebre alguna y, si acaso en la tentación se les quebrare, injerírsela luego con el arrepentimiento porque no haga falta en tanto que con la muda de la confesión y penitencia le nazca otra nueva. Destos halcones también suele el cazador, si alguno sale bravo, de mal natural y malo, dar con él contra una pared y hacerlo pedazos. No piense el pobre, por ir en la alcándara de Cristo, que no ha de ser el que debe que, de doce halcones escogidos con él, uno dio en el infierno por su culpa. No nos deje Dios de su mano ni se aire contra nosotros por lo que somos ingratos a sus beneficios.

Éstos pues podemos llamar verdaderamente pobres; fue una traza celestial, un excesivo deseo de nuestra salvación que los hubiese para que fuesen espejos de humildad al rico y que, viéndose en él cada día, conociese quién es y no crea que su valor, ni de sus mayores merecieron por sí lo que tienen, sino que fue divina voluntad para los fines que los hombres no alcanzamos y conociésemos que quien al pobre hizo pobre y al rico rico, pudiera trocar los brazos y trocar las bendiciones. Quiso también que, siendo humildes, fuésemos caritativos porque con la caridad mereciésemos la bienaventuranza que sin ella son todas las más virtudes como guitarra sin puente, que, aunque haya muchas y buenas cuerdas, no tienen de dónde asirse; es cal en polvo y sin arena que no fragua y el viento se la lleva y en el último día se nos pedirá estrecha cuenta, haciéndonos Dios cargo de ella y no podremos alegar: «¿Cuándo, señor, tuvimos pobre y no le socorrimos?», porque nos tiene prevenida la respuesta: «En verdad os digo que lo que por cualquiera destos pobrecitos habéis hecho, por mí lo hicisteis». Grandes frutos encierra en sí la pobreza y grandes bienes nos hacen los pobres, gran consuelo del justo; y así es justo no se nos quiten de la vista, ni falten de nuestra presencia que son despertadores, son la campana de rebato que nos hacen alistar las armas, son triaca finísima contra la ponzoña del pecado. Anden, anden por las calles y plazas, éntrense por las puertas de nuestras casas, abrámosles las de nuestras entrañas en que se reparen, que son fieles retratos de Dios y nuestra misma carne, repárese su necesidad y remediaremos la nuestra, que la suya es corporal y la nuestra espiritual y sin duda Dios hizo al rico rico para pensionero del pobre y al pobre pobre para enriquecer de gloria al rico; más nos dan que les damos. No puedo ni sabré decir cómo se debe entender esta verdad para estamparla en el alma, animando los hombres a la necesidad del prójimo, cuando no por caridad, por naturaleza, como lo hacen las bestias de una especie, que unos a otros se conservan en ella. Cuanto más que lo que al pobre se da es darlo a logro sobre prendas de plata, dinero seguro y cierto que ponemos en el cambio de que nos dan letra sobre Dios sacándolo por pagador. Ved si puede salir incierta la paga con tan saneada y generosa dita. Desta celestial verdad (como otra vez en otro lugar lo dije) se otorgó escritura, ante san Matheo en el capítulo veinte y cinco de su divino registro, en que da poder a los pobres que lo reciban y él se obliga a la paga de todo con ganancias de ciento por uno. Siendo esto así tan infalible cuanto notorio, no hay para qué detenernos en ello, sino venir a lo que sólo pretendo tratar tocante a la reducción y amparo de los mendigos del reino, de quien con estilo grave y singular elocuencia hiciste un curiosos discurso que si como lo escribiste, tuviera tu intención verdadero efecto, sin duda me dejara el ánimo con apacible sosiego, por haber sido ése mi principal intento, en la primera parte del pícaro que compuse, donde, dando a conocer algunas estratagemas y cautelas de los fingidos, encargo y suplico, por el cuidado de los que se pueden llamar, y son sin duda corporalmente pobres, para que, compadecidos dellos, fuesen de veras remediados. Para lo cual, con prevención digna de grande alabanza y tal que parece haber sido comunicada con Dios y por divina inspiración suya revelada se ha tomado traza para que sean conocidos y nadie se haga pues, si es, o no es pobre, ni haya en que reparar si le daré, o no le daré limosna, que ya sería buscar achaques para no darla y es menos malo que no la des que ponerte a juzgar ni censurallo. Hame satisfecho mucho el habelles puesto una tablilla sobre el pecho en que lleven licencia para pedir con pasaporte de pobres porque nos han representado en ella los mesones y casas de posadas donde las tienen por señal puestas encima de la puerta como si en ella nos dijesen: «Aquí está Dios, aquí dan posada de vida eterna, éste es el mesón de los caballeros de Cristo; quien aquí entrare será bien acogido y regalado, no le hurtarán ladrones el tesoro, ni sus vestidos comerá la polilla; en este erario se ha de atesorar la joya en que han de ser empleados los talentos, el granero y pósito para los tiempos estériles del alma». Muy bien me ha parecido pero dígote de cierto que lo quisiera ver en otra manera, con más calor proseguido y conforme a nuestro buen acuerdo ejecutado. También es verdad y podrá ser que adelante corra con orden diferente y que ahora se tratan deste modo por algunos fines que me son ignotos, mas mucho me alegraré cuando esta señal vea puesta no en los que la traen sino en los que la deben traer, que yo no llamo pobre, ni lo es, el roto sino es el que fuere lisiado y no lisiado solamente sino impedido para podello ganar, inútil para todo trato y oficio. ¿Qué importa ser uno cojo? Que no es falta para dejar de ser zapatero, ni la mano manca para ser lacayo o despensero. ¿Por qué un corcovado no será sastre? ¿Y un mudo, tundidor o carpintero? ¿No habemos visto muchos y vemos cada día comer en el sudor de su rostro y con defectos tales acomodarse al trabajo? Luego no es culpa de naturaleza sino invención de haraganes, amigos de ser viciosos. ¿Por ventura no conociste ciegos músicos enseñar a tañer? ¿Y las mujeres hilar sin vista? Pues aun muchos conocimos una labrar en redes delgadas aderezos de camas. Larga labor te parecerá que está cortada porque los hombres ya maduros están duros y no podrán con facilidad acomodarse a lo que no hicieron pequeños. Es así, pero, remediándose lo que se puede por lo presente, se podría ir entablando el juego para lo venidero y se hallaría para después todo hecho como el que planta una huerta o viña que, aunque los primeros años todo es costa y trabajo, pagan en siendo criados colmadamente las expensas y te alegras en verlo fructificar. Con muchos destos defectuosos, ya que no con todos, se hincheren otras tantas plazas para servir en obras del campo y en la república. Dime por ventura si los niños están recogidos o encuentras copia dellos por las calles? ¿Has visto que sus madres los traen de las manos pidiendo limosna y no sus madres, que no lo son, antes los alquilarán para ganar con ellos y mover a mayor compasión? Las tales mujeres mejor parecieran siriviendo y que los niños fueran acomodados en lo que les pudiera ser más provechoso. ¿No has visto por ahí hasta los rincones llenos y los campos con infinito número de mozuelas perdidas que, cursadas en la torpeza de sus vicios, cebadas en ellos y en brutas carnalidades, no quieren ocuparse en ministerios domésticos, coser, labrar, hilar, o ya en otras cosas, las que pudieren, de que resultaría, estando los unos y los otros ocupados, haber más oficiales, más trabajadores y gente de servicio? Y, habiendo abundancia en todo, vendría a bajar el excesivo precio de las cosas. Ni éste fuera el menor útil como no es el menor daño, si vuelves a mirar mayores inconvenientes, porque la ociosidad provoca lujurias, juegos, blasfemias, hurtos; con ella se ofende Dios, y el prójimo se escandaliza, multiplícanse las maldades, conciértanse las traiciones, óbrase todo género de pecados ; es nociva pestilencia la gente deste trato porque con el contagio enferman lo sano, engañándose con ellos otros mozos de poca edad y doncellas que, con la golosina de aquella desenfrenada y perversa libertad, perdiendo el temor y la vergüenza hacen lo mismo como gente bestial, simple y sin entendimiento. Estos daños (Máximo mío) quisiera yo atajar, este cáncer se había de cauterizar, para gloria del Señor, provecho de la república, y bien particular de todos ellos, que, perdiendo el vicio ganarían las almas y repararían sus cuerpos estos mal empleados.

Deberíase criar para esto un Padre de pobres cuyo nombre le sería justo, tanto por amparar los verdaderos, como a hijos, cuanto en castigar los ladrones y extraños que les usurpan la limosna, patrimonio suyo. Debiera ser lego, de buena vida, blando y afable a los buenos, severo y áspero a los malos, no aceptador de ruegos, ni exceptador de personas, entero y tal que dél se hiciese toda confianza para que con mero mixto imperio, cuchillo, y horca, pudiese administrar justicia, que serviría de poco si tuviese superior que desbaratase sus designios, y, cada uno por su utilidad y ensanchar su jurisdicción andando encontrados, no tendría efecto el fin que se pretende, como en muchas cosas graves, por haber dos o más cabezas en ellas, ha sucedido. ¡Qué de cosas pudiera el tal remediar! Paréceme que las veo y vuelto atrás al siglo dorado, cumplido nuestro deseo. Considera en la desvergüenza que algunos mendigos piden por las iglesias. Sabes que me parece que no como pobres, pero como delincuentes y mal hechores están retirados en ellas. Bien conozco de tu prudencia lo mal que desto sientes porque si un pecador quiere volverse a Dios, que fue servido llegase un punto de dolor a su alma, cuando más fervoroso en su conversión, gimiendo entre sí la ofensa, negociando con el eterno Padre que por los méritos de Jesucristo su hijo le conceda indulgencia de sus culpas, llega un bellacón, ministro del infierno, enviado por Satanás a impedir el paso de la oración, volviéndolo de su devoción a respondelle; no se contenta que por señas lo despidan hasta que lo den o le hablen; de manera que el buen hombre cuando quiere volverse a cobrar no es con el calor que antes tenía; fue jarro de agua fría que, entibiando la caliente, le remitió en los grados en que estaba. Esto fue lo que todos pretendimos que se remediara por lo que fuera importante. No me dirás que razón hay para que tantos vagamundos anden por las calles, vendiendo frutas, membrillos, nueces, dátiles de Berbería que con fuerza de brazos pudieran los tales arrancar de raíz no un árbol membrillo pero un grueso nogal y conquistar a Berbería, que ni llevan postura, ni arancel sino un solo peso y pesas falsas, engañando el pueblo, y no se sigue sólo esto sino que son algunos acechadoras espías (como yo he conocido) que, entrando en cada casa, miran de día libremente como mejor de noche pueden robarlas. Estos de florida edad y mejores fuerzas, ágiles y con salud, ¿no esgrimieran mejor un azadón en las manos, que andarse danzando con unas espuertas en los hombros o canasto en los brazos? Bien sabes que puedo responderte y así no me pones la objección del pueblo, o vulgo, cuánto importa que por las calles anden las tales cosas y se vendan, para que la doncella honesta, la viuda recogida, y el necesitado o enfermo compre en su puerta lo que en la plaza no puede. Bien me parece, mi voluntad ofrezco a la tuya, mas ¿de qué inconveniente sería que estos robustos mocetones, o rufianes encubiertos, que tales son algunos dellos, anduvieran ocupados en trabajos mayores, y los hombres y mujeres de cansada edad y los estropeados lo vendieran? ¿No iría mejor un desacomodado viejo, tras un perezoso pollinillo, vendiendo esto, o el agua, y un valiente mozo con un arado rompiendo la tierra? ¡Qué pudiera decirte de cosas si hubiera de satisfacer mi gusto! ¡Cuántas, contra él, dejo de escribirte! Y aun éstas pudiera excusar pues no las ignoras. Pero quisiera tener la voz de un clarín y que mis ecos llegaran al oído poderoso, mas ya sabes cuál estoy, en la piscina sin hombre, y lo poco que sirve estar a la orilla de la fuente, ni tener vasija con que sacar el agua, si la soga del favor no alcanza. Poco aprovechan razones al que falta el poder que con acreditallas, y pues del pobre nada es bien recibido, cuando tesoros ofrezca, dejemos lo que no es nuestro, sirvamos la pelota a quien con ella haga alguna chaza, valga de apuntamiento para que con ajeno calor cobren vida nuestros muertos deseos y todo se remedie. Pues queriéndolo ejecutar, será fácil, dando trazas cómo cada partido sustente sus pobres, el medio que se ha de tomar en remitillos a ellos, cómo los peregrinos y pasajeros vayan registrados vía recta, y en la república se sepa quién vaga en ella. Y pues no somos llamados ni escogidos y, cuando nos convidemos, nos faltan vestiduras de bodas, no vamos a ellas, tratemos de nuestro negocio, que no es tiempo de otra cosa y para no errar en público brindémonos con los trabajos ajenos de secreto, no seremos murmurados; no nos metamos en el coso donde nos tiren garrochas, porque cuando se nos caigan y sacudamos de nosotros los palos de la reprehensión, a lo menos no despediremos los hierros de habernos metido en lo que no era nuestro. Gran preñez me queda de lo que aquí se me ofrece que por ventura si me acordare te escribiré otro día, para que como verdadero amigo lo enmiendes y corrijas, conocida la confianza que puedo hacer de ti en todo, Dios te dé colmada salud con que más le sirvas y te salves.

De casa y octubre dos del año mil quinientos y noventa y

Matheo ALEMAN.

CARTA SEGUNDA EN QUE TRATA MATHEO ALEMAN DE LA VERDADERA AMISTAD

No entiendas, Máximo, que te llame amigo en ésta, aunque de veras lo soy tuyo, hasta saber de ti si lo eres mío y si estoy en tu gracia porque la verdadera amistad consiste en una igualdad y tal que tú y yo seamos una misma cosa y cada individuo medio del otro, gobernados como un solo corazón, siendo conformes en querer y no querer, sin haber tuyo ni mío. Veo que te has aventajado tanto conmigo, tanto te has endiosado, correspondiendo a mis pobres palabras con magníficas obras que haces; dudo si ha sido tratarme con superioridad o lo tomas por achaque cansado de mis oportunidades para dejarme. Y nada me parece posible cuando considero los trabajos en que por mí te has puesto, que es el toque verdadero si de buena gana se ponen los hombres a recibir la carga del oprimido amigo en que has dado a conocer que fielmente lo eres. Demás que tomaste mi amistad no en el tiempo de las abundancias, antes en el estéril y de conocida pobreza. He visto también en ti que en todas tus obras te acuerdas de mí sin ausentarme un punto de tu pecho, procuras mi sosiego con tu cuidado, mi descanso a costa de tu trabajo, y cuando duermo, fatigado de tristezas, te desvelas en cómo divertirme dellas. Lo que de ti tuve necesidad, que pudieses hacer luego, no lo dilataste para mañana, has tratado mis cosas por tuyas, hecho un escudo fuerte a la defensa dellas. Pésate de mis males, alégraste de mis bienes. El tiempo ni las adversidades te han derribado de manera que en cuanto de ti he conocido puedo decir haber hallado un verdadero amigo y cuando de necesidad forzosa lo habré de dejar presto, porque la edad, las penas y enfermedades cargan juntos y son mis fuerzas pocas contra tantos enemigos en cuya defensa te es imposible ayudarme que aun allá (siendo factible) cierto estoy que a toda costa te dispusieras y pues tantas adversidades o mi curso se habrá de acabar presto, suplícote te esfuerces prosiguiendo como lo haces que la corona se alcanza, vencida la batalla; poco te queda de ella. Ya sabes mi soledad, mi flaca substancia, ya me ves por oprobio reputado. Los que de mí recibieron bien me dejaron, los que alegremente comieron a mi mesa, con rostro triste y enfado me despiden de su puerta, negándome su conversación y compañía, que es por la ingratitud; más me duele[n] los que me halagaban y consolaban; querían despeñarme muchos en mi mocedad, tuve juntos con muchos que se lo llamaban, burlé, reí, jugué, y anduve en travesuras los años; volví la cabeza, no los hallé, pasaron adelante por la posta, dejáronme atrás, y nunca más los vi. Otros volaron tan alto que se olvidaron de mí; otros quedaron en su buen puesto que por no caer dél ni favorecerme con lo que dicen haber menester para sí no me hablan; otros que, como yo, vinieron a pobreza, como no los puedo ayudar, aunque me tratan, es de cumplimiento. Pues acuérdome bien que a todos procuré ayudar y hacer bien y de todos juzgué su corazón por el mío, de cualquiera de ellos entendí que me fuera medicina en la vida y consuelo en la muerte. Ahora veo que desean mi muerte pues no reparan mi vida; estimábalos más que oro ni plata; faltó la plata, gastóse el oro y ellos con ello; por amigos los tuve, como a ti te tengo, mas hay [de] diferencia que a ellos los granjeé con dineros, con buen trato, con prosperidades, y a ti en adversidad, a ellos repartiéndoles bienes y a ti colmándote de males. Y aunque de mis deudos ausentes recibo buenas palabras y promesas, tu me das mejores obras. Y así, de no estimarte en más que a todos, pues todo lo que he dicho dejo yo tan bueno y en ti tan digno de premio, despídete que de mí [nada] puedes haber, que ya me hallo incapaz de poder cancelar aun la menor parte dello y espera, que si lo hiciste en un hombre, puesto el fin principal por Dios, que te dará el premio que mereces, y él mismo será la paga, quedando a mi cargo ser inmortal precursor de tus obras no para que con ello te desvanezcas (que lo que recibiste y tienes, de Dios lo tienes y dél lo recibiste y le debemos dar por ello las gracias, tú por el don y yo por haberlo dado a quien conmigo lo comunicó), pero para que se animen otros a semejantes obras y los necesitados tengan consuelo que no les puede faltar Dios que lleve por el cabello un Abacuc, con la comida para Daniel, entre los fieros leones. Pero se me ofrece una cosa, tanto en ti de consuelo cuanto en mí de tristeza. Dice Dios: «El desbaratado, el loco, el desatinado y tonto no puede tener amigos ni lo será nuestro, comeránle su pan aduladores y reiránse dél.» No sé qué te diga ni qué me diga, suspenso y mudo quedo, viendo los malos amigos que tuve, cómo gozaron la flor de mi tiempo, el fruto de mis trabajos, la nata de mi substancia, y, en viéndome en el suelo, me dejaron. Caminaba con ellos, creyendo que en todo tiempo me ayudaran; apenas tropecé cuando los unos me pusieron el pie delante porque cayera, otros me ayudaron, no a que me levantase, sino a que del todo cayese y, postrado en tierra, hicieron puente de mí, pasando por encima. En fin hice en ellos confianza y quedé confuso (¡o hombres!). Mas como toda confianza de verdadera amistad ha de ser poniendo por blanco a Dios y el que lo supiere temer será verdadero amigo misericordioso, faltóme este principio; nunca los procuré tales, no los examiné como debía, parecióme que sus obras fueran más pródigas que sus palabras y que ninguno faltara. Eran hijos de hombres, mintieron todos, lisonjearon sus lenguas mis defectos, no me reprehendieron por ellos, no contradijeron mi gusto, siguieron mis pasos alegremente, loaron lo que sin pensar acaso dije, solicitaronme a los vicios y contra el bien del prójimo. Castigóme Dios justamente en los amigos porque no los busqué suyos, en la hacienda porque la perdí, gastándola con sus enemigos que verdaderamente lo fueron también míos. Alabo su divina providencia, doyle infinitas gracias, en haberme dado este conocimiento y el tuyo a tal ocasión. El te guarde y conserve como más le sirvas.

De casa y octubre 16 de 1597 años.